清华北大法律研讨课

研 讨 法 律

清华大学法学院2021年春季“世界贸易组织法–中国案例研究”
本科生课程汇编

本卷编者 杨国华 方怡婕

中国商务出版社
·北京·

图书在版编目（CIP）数据

清华北大法律研讨课 / 杨国华编著. --北京：中国商务出版社，2023.12

ISBN 978-7-5103-5021-4

Ⅰ.①清… Ⅱ.①杨… Ⅲ.①法律—学习方法 Ⅳ.①D9-4

中国国家版本馆 CIP 数据核字（2024）第 006967 号

清华北大法律研讨课

杨国华　编著

出版发行：中国商务出版社有限公司
地　　址：北京市东城区安定门外大街东后巷 28 号　邮　　编：100710
网　　址：http://www.cctpress.com
联系电话：010—64515150（发行部）　010—64212247（总编室）
　　　　　010—64515164（事业部）　010—64248236（印制部）
责任编辑：薛庆林
排　　版：北京天逸合文化有限公司
印　　刷：宝蕾元仁浩（天津）印刷有限公司
开　　本：787 毫米×1092 毫米　1/16
印　　张：46.5　　字　　数：761 千字
版　　次：2023 年 12 月第 1 版　　印　　次：2023 年 12 月第 1 次印刷
书　　号：ISBN 978-7-5103-5021-4
定　　价：158.00 元

本卷为2021年春季学期清华大学法学院本科生“世界贸易组织法-中国案例研究”课程实录，由27位选修同学的课程综述和课程感想组成。授课教师杨国华。

课程综述与感想全文共130万字，每一专题27篇，共收录了189篇综述。为出版需要进行缩减，对于课程概况部分，本书每一章节仅选取一位同学的课程综述进行介绍；对于课程内容部分，本书每一章节仅选取一位同学的综述进行介绍。

本卷编者

杨国华：清华大学法学院教授，WTO上诉仲裁员，西南政法大学讲座教授，中国法学会世界贸易组织法研究会常务副会长

方怡婕：清华大学法学院2020级研究生

前言一

讨论课的节奏

——2021 年春季学期清华大学法学院
“世界贸易组织法-中国案例研究”课程实录

我的课程，都是采用一种自主开发的教学方式：讨论式教学法。这种教学法是以人本主义为指导思想，师生作为学习共同体，围绕特定主题进行研讨，从而增加学生的知识和培养学生的思维的教学方法；由学生课前阅读、课堂讨论、课后研究三个环节组成，其中课堂讨论环节，以学生发言和辩论为主，教师只是讨论的主持人和促进者。十多年的课程实践证明，这种教学法效果良好。（参见杨国华：《讨论式教学法的理论与实践》，厦门大学出版社，2014 年）。

本学期课程“世界贸易组织法-中国案例研究”，共有 27 名本科生同学选修。这是标准的 16 周课程，其中有一次放假停课（5 月 4 日），实际上课为 15 周。按照课程大纲，前两周为“WTO 概述”（概述），中间 12 周分别为“中国知识产权案（DS 362）”（案例一）、“中国出版物和音像制品案（DS 363）”（案例二）、“中国原材料案（DS 394）和中国稀土案（DS 431）”（案例三）、“美国反倾销和反补贴案（DS 379）和美国反补贴和反倾销案（DS 449）”（案例四）、“中国电子支付服务案（DS 413）”（案例五）和“美国关税措施案”（DS 543）（案例六）。最后一周为课程论文展示。课程采用讨论式，其中概述和案例一至三由我主持，而案例四至六由同学主持。这是一次整学期课程，比较典型地反映了讨论课的节奏，仿佛一首交响乐，从序曲、发展、高潮、变奏到尾声，结构严谨完整，旋律引人入胜。

课程开始前 10 天（大年初一），我就在网络学堂发布课程公告，公布课程资料，建立班级微信群，宣称本课程将采用“讨论式教学法”，课堂以同学们讨论为主，并要求同学们浏览“WTO 概述”方面的资料，在课程前一天提交问题和感想。课程资料中有大纲案例和参考资料等常规内容，也有课程实录、课程攻略和教师介绍等独特内容——课程实录是上一届21位同学课程综述汇编，多达18万字；课程攻略是以往10个学期87位同学撰写的学习建议，多达19万字；教师介绍是自我介绍，也有4千多字。我的想法是：这门课的基本内容、上课方法和任课教师等情况，都应该向同学们明确交代，以便他们有总体了解及合理预期。

第一节课上，我先是简单介绍了课程内容、同学们讨论为主的特点以及课程大纲中16项“课程小贴士”中的几个方面，例如使用桌签和微信“合法化”，即每位同学都有桌签，申请发言就立起桌签；班级微信群是分享资料和发表意见的重要“场所”，可以在课堂上“堂而皇之”使用。桌签制度来自我参加国际会议的经验，我感觉这样非常有秩序，并且能够让我很快认识同学们；而使用微信，既是必要，也是不得已——微信是很好的分享平台，应该成为有效的教学工具；与此同时，使用微信已经成为大家的习惯，与其禁止，不如“合法化”。

课程简介结束后，同学们开始介绍课前提交的“问题和感想”。每位同学起立发言，简明扼要地介绍自己的想法。课前分享已经是交流的开始，看到其他同学的观点，自己会受到启发，而课堂陈述，则能够突出重点，弥补书面阅读的不足。我向同学们声明：“每节课都包括‘自由发言’和‘集中讨论’两个阶段。在‘自由发言’阶段，每位同学简要陈述，提供思维的广度，而在‘集中讨论’阶段，则是全体同学围绕某些问题进行思考，提供思维的深度。具体而言，第一阶段主要是每位同学陈述，除了必要的澄清，一般不进行讨论，而在第二阶段，针对同学们在微信群提出的疑问，进行深入讨论。”

第一节课进展顺利，让同学们亲身体验了讨论式教学法的课堂情景，因为在第一阶段，我只是让同学们按顺序（班级微信群中作业提交的倒叙）发言，偶尔要求清晰表述，而在第二阶段也只是就资料来源和逻辑理念等不断追问和引起辩论。在此过程中，主要是同学们发言，而我不发表自己的看法。第一节课的作业，是研究讨论中所出现的几个未决问题，于下节课前一天提交。来自讨论中的问题具有“真实性”，同学们非常有兴趣。因此，第二节课所讨论的问题，已经相对集中，并且其深度明显超过第一节课。当然，这节课讨论仍然是两个阶段，在“自由发言”阶段是陈述各自研究成果，而在“集中讨论”阶段则是更加深入的思考。两节课结束，同学们撰写“专题综述”，即“双周综述”，回顾总结课堂讨论的过程和内容以及感想。总结反思是重要的学习方式，而在讨论式课堂，总结反思尤为重要，因为课堂上大家七嘴八舌，需要课后整理思路，而整理思路就是“反刍”，是再思考的过程，大有温故知新之功效。

前两周课程是“热身”，同学们对 WTO 及其争端解决机制有了大致了解，为案例研究提供了基础知识。这些案例都是涉及中国的案件，我都参与办理过；选读段落为精彩的法律分析，并且考虑了深浅度（由浅入深）、覆盖面（货物贸易、服务贸易和知识产权）和时代感［中美贸易战背景下的“美国关税措施案”（DS 543）（案例六）］。我坚信法律分析（法律推理），即解释法律并将其适用于案件事实，是法律人的基本功，应该成为法学院学生的主要训练，而这些案例就是不可多得的教材。因此，这门课的主要内容就是案例研讨，而所选案例与中国的相关性，能够引起同学们的兴趣。当然，从课堂情景看，案例研讨与前两周的知识讨论大同小异。“大同”是课前提交作业、课堂两个阶段，课后深入研究和双周专题综述等步骤基本相同；“小异”则体现在“自由发言”阶段可能会有更多讨论，常常由于案例中某个段落或个别文字的澄清而引起，而在“集中讨论”阶段，经常出现无果而终，即发现问题而没有结论的现象。“小异”展现了课堂讨论的灵活性，而不是一成不变的死板，以及同学们对于法律问题的认知，即法律或者社会现象常常没有标准答案，只有更加合理的看法。此外，需要特别说明的是，从第二节课开始，每节课都要先行交流过去一周 WTO 的最新发展，我和同学们一起谈论陆续分享在微信群中的信息。这学期课程期间，WTO 总干事确定，美国对 WTO 态度缓和，渔业补贴谈判有所进展，这些都成为我们交流的内容。不仅如此，李成钢就任中国常驻 WTO 大使，张向晨担任 WTO 副总干事，也是我们在课堂上津津乐道的话题。关注 WTO 新闻，能够增加同学们对于 WTO 的亲切感，而我与这些著名人物的个人交往，也能够增加同学们对于 WTO 的亲切感。我懂的，于是经常“情不自禁”地透露一两件轶事！

当同学们对于讨论式课堂渐渐熟悉，习惯于课前、课堂和课后的自主学习和讨论模式，课程却进入了同学主持阶段，自愿报名，一个同学主持一节课，而我则变成普通学生，参与课堂讨论。如果说我所主持的课堂已经是“学生主体”，由老师主讲变成同学讨论，那么同学主持、老师参与的课堂，则是彻底的“翻转课堂”，课堂情景大为不同，增加了新鲜感，也能引发更多思考。

同学主持，是自我挑战，也是感觉好玩。我把自己总结的《讨论式教学法的理论与实践》一文发给他们看，但是声明不必与我的主持方式相同。事实上，在“双周综述”的课程感想中，早就有同学对我提出了“改进建议”！经历了8周课程，他们一般都是“照葫芦画瓢”，大致模仿我的主持方式，同时也有自己的风格。同班同学担任主持人，同学们一定更加放松，畅所欲言，而坐在台下参与讨论，我则有了全新的角色。看着同学们的主持方式，我也开始反思自己的主持风格。我可以畅所欲言、发表观点、提供资料，而不必担心抑制同学们的发言积极性。我渐渐发现，有人专门“找茬”“寻不是”，挑战我的观点，并以此为荣！我不以为意，明白虽然这些案件是我办理的，是我选择的，并且已经在课程中反复使用，但是这些案件的法律分析复杂而精彩，至今还有很多没有照顾到的地方，难免会说错。我享受着与这些最聪明的年轻人思维交锋的快乐，感觉当年不可能考上清华，现在是补上一课！

最后一节课是论文大纲展示，相当于研究生论文开题。我鼓励同学们三三两两合作写论文，因为未来的法律工作大多是团队合作。不仅如此，从以往经验看，合作的论文质量更高，以至于时而出现论文发表的情况。他们不用担心不好打分，因为课程大纲已经明确表示，课程考核由三个部分组成，即课堂发言、专题综述和课程论文。也就是说，合写论文者，课程成绩仍然有可能不同。每个展示结束，我和其他同学就会提出一些问题和意见，以便论文完善。同学们的选题各有千秋，有理论层面的，也有制度层面的，显示了一学期的学习成果。同时，这也是最后一次课堂讨论学习的机会，相信会有很多启发。

回顾一学期课程，仿佛听一首完整的交响曲，师生合奏，精彩纷呈，令人回味长久。结课三周后，随着课程论文，同学们还会提交一篇课程综述和感想，总结整个学期的课程内容和收获。我相信，他们也会像我一样，仿佛听一首交响曲，一首自己参与演奏的交响曲，感慨颇多，包括见识了同学的优秀和看到了自己的进步。

杨国华

2021年6月9日星期三

前言二

回望与展望之旅

——“中美经贸法律问题”与“WTO 中国案例研究”课程对比与感想

本学期杨老师开设了两门课程，分别是研究生课程“中美经济贸易关系中的法律问题”（以下称“中美经贸法律问题”）以及本科生课程“世界贸易组织法-中国案例研究”（以下称“WTO 中国案例研究”）。我作为研究生课程的课堂参与者以及本科生课程的助教，有幸于本学期跟着杨老师及同学们在 WTO 法及中美关系领域一同思考与学习。一学期的课程在此画上了句号，然而杨老师特别的授课方式所给予我们的学习技巧和对国际法的体悟将伴着我们在未来的学习道路上前行。在此我将两门课程带给我的感受进行了对比与总结，以作纪念。

一、课前阅读：扎根已有的案例材料 vs. 自我补充材料及知识体系

课前阅读是课堂讨论和深入分析的基础。在“WTO 中国案例研究”一课中，同学课前阅读内容的核心在于相关案例的 WTO 专家组报告以及上诉机构报告。案例研究势必要牢牢扎根于报告本身，只有对案件有全面的了解才能进一步探讨其中的法律问题；而在“中美经贸法律问题”一课中，同学们课前阅读的两份美国发布的《中国 WTO 合规报告》（2016 年和 2020 年）只是基础阅读，为同学们接触和了解相关议题进行铺垫，而要想全面理解中美关于知识产权、贸易救济、WTO 争端解决等不断发展和更新的问题，这两份报告远远不足，这就要求同学们在课前搜索和阅读大量相关官方文件和案例，关注时事最新进展，丰富知识框架和体系。

二、课中讨论：从面到点 vs. 从点到面

课中讨论是课程的精华，杨老师的讨论式授课在调动学生积极性和参与度的同时，更多的是启发学生们不同的思考角度。在“WTO 中国案例研究”课堂上，同学们在通读 WTO 案例报告的基础上循着报告中的关键字词句分析并挖掘重点。同学们讨论的这些问题，或是本身即案件争议焦点，曾受到专家组或上诉机构的关注，或是并未在当时引起争议双方的反对，而同学们自主发现了值得探讨的问题并展开了热烈的讨论。诚然，一个案例仅只有几份报告内容作为阅读基础，但同学们并不受文本限制，亦不受专家组或上诉机构思维的限制，而是跳脱出来有了自己的思考，并在此基础上寻找更多的案例或学理支撑，一来一往地展开了辩论。如，若是一同学提出了字典的解释，另一同学则将质疑字典的客观和中立性；若运用条约法解释，则同学将询问条约法解释是否是唯一适用的方法；若引用别的案例中专家组的解释，则将会展开专家组得出的结论是否必然正确的讨论，等等。这立足于文本又超越文本、深入钻研某一细小却关键重要的问题，从面到点是该课堂讨论的核心模式。

在“中美经贸法律问题”一课中，除了围绕既定课程议题进行讨论和分析之外，同学们更多的是针对较为精简的新闻或报告提出疑惑，如中美阿拉斯加会议中，抓住美国主张的“rules-based”展开分析 rules 的内容；在阅读第一阶段协议文本时，从另一个角度开始探讨自从中国赢了 WTO“美国关税措施案”(DS 543)，基于美国关税贸易战而起的第一阶段协议在国际法层面的有效性为何；将美国支持疫苗专利豁免一事与 TRIPS 进行联系，等等。在该课堂中，同学们所探讨的更多的是发散性问题，与时事和材料有关，但每个问题背后所想探讨的是更为广阔且可能是完全不同角度的话题。这般从新闻的点到国际法的面的讨论将时事与法律进行了对接，培养了学生阅读新闻时独特的法律思维。

三、课程形式：同学主持 vs. 老师主持

由于两门课程在内容上的不同，在“WTO 中国案例研究”课堂上，杨老师采用了前八周老师主持，后八周学生主持的方式，而“中美经贸法律问题”一课上，整学期都是老师主持课堂。

本科生课程上的同学们显然对杨老师能够共同参与讨论感到欣喜，纷纷在综述的感想中给予了正向反馈，我一边旁听课程一边整理和阅读同学的感想，更能感受出大家对此形式的支持，如同学们写的“杨老师如同学一样地参与讨论使得课程能够更加顺利，有时候甚至还起到拨正方向的作用”“杨老师总是会在大家卡住的时候立桌签，给大家以点拨，并且也会在微信群中一一回复大家课前预习中的问题，这样的上课感受是很有趣的”“当同学们在讨论问题时杨老师能够迅速发现关键点，一方面查漏补缺，进行补充；另一方面能够及时回应同学们的困惑，让每个同学受益匪浅”等等。诚然，由学生主持课堂的形式存在着学生知识局限性等困境，但通过这种方式更能促进主持人与同学双方的学习，主持人既要掌握课堂进度、讨论的范围和深度，又要对案件有更全面和深入的了解；而台下的学生，面对台上熟悉的同学，亦更能大胆地参与到讨论之中。

在研究生课堂上，由于该课程可探讨的法律内容之新颖丰富，且每周时事不断更新发展，课堂讨论的展开方向难以预测，若让学生主持可能难以提前进行准备，因此该课程采取了全程老师主持的方式，结合杨老师的实务经验和一个个小故事，协助学生锻炼法律思维的敏感度。

四、其他观察：与老师相左观点 vs. 跟随老师思路探索

除了以上关于课程形式和内容的对比和感受外，另一个令我感到特别的是“学生在课堂上提出与老师相左的观点”这一点上的不同。

在本科生课堂上，同学们能较为积极地提出与杨老师观点不同的想法，而在研究生课堂上，同学们一般是跟随着杨老师的思路进行思考，较少提出相左的看法。我尚不清楚这是否与年级有关，但我认为这和授课形式可能有着一定联系。在本科生课堂，尤其是在后半学期同学们主持的课堂上，由于杨老师也跟随着同学们一起参与了讨论，学生有了更多的机会去了解杨老师的观点和论证思路，且与杨老师在课堂身份上更为亲切（不再是“主持老师”而是一同讨论的具有亲和力的“同学和朋友”），所以大家也许会更勇于发表自己的想法；而研究生课堂中，由于杨老师担任的是引领大家讨论的角色，且有着丰富的实务经验和国际法知识，因此我猜测大家对老师的观点可能更多的是持相信权威的态度。

五、感想与总结

作为助教，我在整理本科同学门作业的时候，每次都会感叹大家作业字数和内容之丰富，深愧不如；作为研究生课程的学生，我在阅读其他同学的作业时，亦总是讶于大家思路之新颖，提出了许多我没思考过的问题。

在阅读中提问，在提问中讨论，在讨论后及时总结和钻研。杨老师独特的授课方式适用在不同的课堂上存在着共性，亦有着区别。而正是这种共性与不同，让同时上两门课的我更能感受到这个教学方式对学生的吸引力。正如这两门课程，一门回望已发生过的案例，深入探讨 WTO 法下的法律问题；一门时刻跟随着国际社会变化的步伐，展望中美关系未来的发展。二者内容看似不同，但最终都离不开杨老师在第一节课的那句话：不管潮起潮落，脚下要有法律和规则。

方怡婕　清华大学法学院 2020 级研究生

2021 年 6 月 11 日星期五

目　录

第一章

WTO 概述

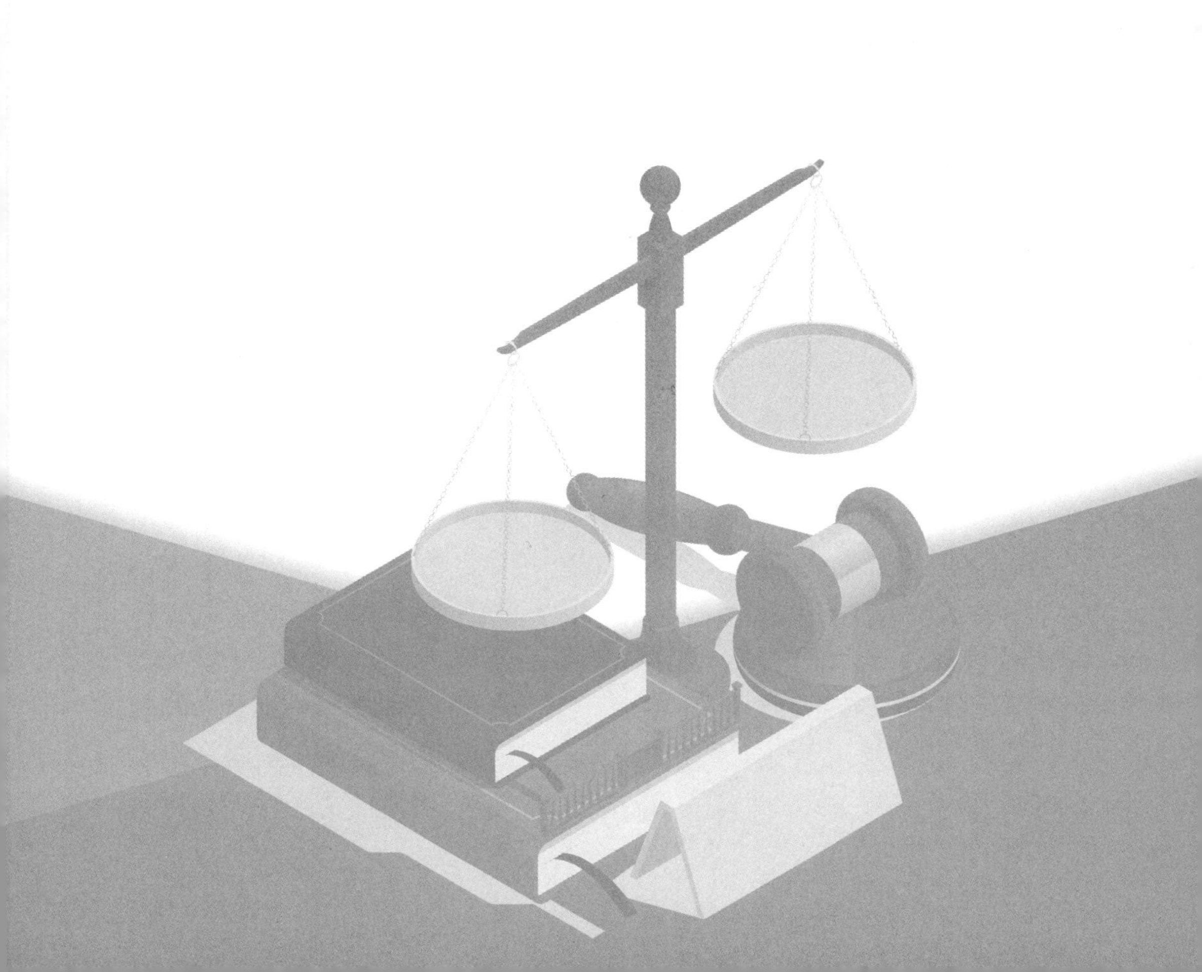

第一部分　课程概况

综述人：严君啸

杨老师的课堂是学生的课堂。第一、二周的课程中，同学们自主参与材料阅读、感想书写、提问交流等多种教学活动，不仅是在形成各自的 WTO 初印象，更是在逐渐适应这种先前没有怎么接触过的教学模式。第一周，同学们提问主题相对较散；第二周，杨老师指定了美国对上诉机构先例效力规则提出质疑的报告以及 WTO 争端解决机制相关材料作为阅读要求，课上的提问与讨论也就此内容展开。

每周的课程均分为“开放提问”与“集中讨论”两部分。本篇综述也将这两个课堂组成部分作为前两块内容。基于我对课程的理解，吸取课堂中反映出来的经验教训，可能对于同学们的意义甚至大于知识本身，因此，我在第三部分单独整理了课堂上反映出的同学学习情况的优缺点，以及杨老师相应的评价与指导。我原本在最后试图结合自己的教育哲学思考，简单谈谈对于课程的理解，但是发现思考还不是很成熟连贯，就以后再写吧。

一、开放提问

本部分中，每位同学基于课前材料阅读情况提问。由于各位同学的问题跨度大、个性强，整体较散，整理成套所花时间与收获意义并不匹配；而且我相信会有同学对于大家的提问做出分类整理，所以我仅在第三部分对同学们的提问的概况进行描述。这里需要补充第二次课开放提问过程中的一个细节，因为它包含了在网上都找不到的杨老师的工作体会，非常有趣。

当时，杨盛彪同学关注了美国利用 DSB 协商一致的规则阻挠上诉机构法官的遴选，导致 2019 年上诉机构法官仅剩 1 人，WTO 争端解决机制在事实上陷入无法正常运转的境地的问题。他希望了解目前的贸易争端是怎么解决的，又有什么更好的遴选方式能使得上诉机构恢复原来正常运行的状态。

杨老师结合自身经历，向大家介绍了“多方临时上诉仲裁安排”（Multi-Party Interim Appeal Arbitration Arrangement，MPIA）。MPIA 系基于 DSU 第 25 条[1]建立，现在共 23 个成员（其中欧盟有 27 个会员国）。杨老师是仅有的 10 位仲裁员之一，每周三晚，10 位仲裁员都要通过 Zoom 开会（老师还打趣说，新西兰的仲裁员每次都得凌晨爬起来开会）。虽然现在还没有一起纠纷提交到 MPIA，但是各位仲裁员每次都要讨论如果有案子了该怎么办。

杨老师补充说，现在 MPIA 由于未能包括贸易纠纷大国——美国，所以能够起到的作用仍有限。如第 543 号中国诉美国关税措施案，虽然中国获得了专家组的胜诉判决，但是美方上诉，导致裁判至今无法生效。MPIA 只是临时性的诸边措施，何去何从仍是疑问。

柯静姝、严君啸、王雨宁、方怡婕、陈沁心、骆鑫、严晓畅等同学在过程中提供了关于 MPIA 的资料。

二、集中讨论

我们在第一周详细讨论了先例在 WTO 裁判中的效力问题，第二周又一起思考了关于报复制度的许多问题。

对于集中讨论部分的综述，我发现先前学长学姐写得十分冗长。我非常欣赏他们态度认真、听课仔细，但是，我觉得如果一篇综述写了好几千字甚

---

1 Article 25 Arbitration：

1. Expeditious arbitration within the WTO as an alternative means of dispute settlement can facilitate the solution of certain disputes that concern issues that are clearly defined by both parties.

2. Except as otherwise provided in this Understanding, resort to arbitration shall be subject to mutual agreement of the parties which shall agree on the procedures to be followed. Agreements to resort to arbitration shall be notified to all Members sufficiently in advance of the actual commencement of the arbitration process.

3. Other Members may become party to an arbitration proceeding only upon the agreement of the parties which have agreed to have recourse to arbitration. The parties to the proceeding shall agree to abide by the arbitration award. Arbitration awards shall be notified to the DSB and the Council or Committee of any relevant agreement where any Member may raise any point relating thereto.

4. Articles 21 and 22 of this Understanding shall apply mutatis mutandis to arbitration awards.

至上万字，提供的信息还是很不集中，我们可能根本没有时间去看它，甚至还不如直接听课堂录音。这样，课堂综述的实用性就不强了。实用的一项基本要求就是能迅速传达给读者重要信息，因此，简练、突出重点是一篇实用文章的必备条件。当然，也可以不把实用作为追求，比如可以追求生动，那么就需要尽可能让语言生动鲜活，字数自然也就多了。

我也发现有同学会在综述部分直接加入自己对别的同学发言的看法。这种思考探究精神非常好，但恐怕也并不符合综述的要求。课堂综述应该清晰、全面、准确地反映他人的观点，并且在不同人的观点之间建立起明确、合适的逻辑，以反映课堂真实情况为目标。如果对他人意见有看法，可以另起一部分论述，但不宜与综述部分混杂，影响对课堂整体逻辑的理解把握。

因此，综合考虑简练性、准确性、逻辑性的要求，我尝试用不同形式，对两节课集中讨论的内容分别进行概括综述。希望找到一种最合适的方法。

（一）关于先例在 WTO 案件裁判中的效力问题

第一节课的集中讨论思维导图是我做的。我采用了经典的逻辑图进行梳理。

我将讨论划分出了三个层次。讨论的起点源于晏高兴同学提出的一个关于事实的问题：WTO 是否具有遵从先例的规则？柯静姝同学找到了 WTO 官网上相关的概括描述。同学们也通过自行翻阅《WTO 案例阅读段落汇编》验证了 WTO 的判决中常援引先例。

后两个层次，也就是我和吴雨泽同学提出的两个问题，讨论了上诉机构援引先例的原因。我从正面提问：专家组援引先例的标准是什么？张瑶同学依据 DSU 第 3.2 条认为，保证规范可预测性是专家组援引先例的原因。而吴雨泽同学从反面提问的“为什么美国要反对上诉机构援引先例”引起了同学们非常热烈的讨论。方怡婕提供了 *Report on the Appellate Body of the World Trade Organization*（2020），其中 II. E 部分提供了直接证据证明美国反对上诉机构援引先例，并给出了美国的具体理由。骆鑫认为，美国反对援引是认为先例过时，限制其发展利益，但没有引用材料佐证。张瑶从 *Report on the Appellate Body of the World Trade Organization*（2020）中找到，美国反对是认为上诉机构对于先例的解释在缺少 cogent reasons 的情况下作为 binding authority 属于越权；她猜想美国此处理解法律是从《维也纳条约法公约》（Vienna Convention on the Law of Treaties，VCLT）第 31 条出发，认为法律应该首先从字面一般含义解释，不能平白地解释出法律没有明言规定的含义。（虽然这里我不是很明白为什么张瑶会联想到 VCLT 第 31 条。）

张瑶的回答将一般国际法规则引入了大家的讨论。柯静姝找到了表明 VCLT 在 WTO 条约解释中具有权威作用的论文。晏高兴根据 ICJ 第 59 条中明确规定的国际法院的判例仅对于特定案件及其中的双方当事国有约束力，认为判例不具约束力，应当是一般国际法。张瑶回应晏高兴，指出 ICJ 第 38 条表明判例可以作为解释条约的从属性资料。王雨宁通过论文阅读，提出 VCLT 第 32 条可以解释出先例能作为补充资料，VCLT 第 31.4 条也表明先例可能作为 VCLT 第 31.1 条一般解释规则的例外。

除了一般国际法上的讨论外，骆鑫找到了一篇转述了上诉机构对于先例态度的文献：上诉机构承认先例不是 binding authority，但不代表专家组可以随意地全然不顾先例。我提出，骆鑫的材料和 *Report on the Appellate Body of the World Trade Organization*（2020）之间有何关系，这是一个需要注意的问题。但是，在后来刘玥含和晏高兴同学对于 binding authority 发表看法后，我的问题没有得到大家的关注。

所有的引用材料都已经整理在了逻辑图中（见图 1-1）。

（二）关于 WTO 案件裁判中的效力问题

这一部分，我发现大家讨论的问题均围绕着同一主题，相互之间是相对并列的，因此打算采用表格图进行整理。但由于上周有科研项目的答辩，时间有些失算了，我的思维导图还差一些同学发言内容没有填充进去，所以就不在此展示了。

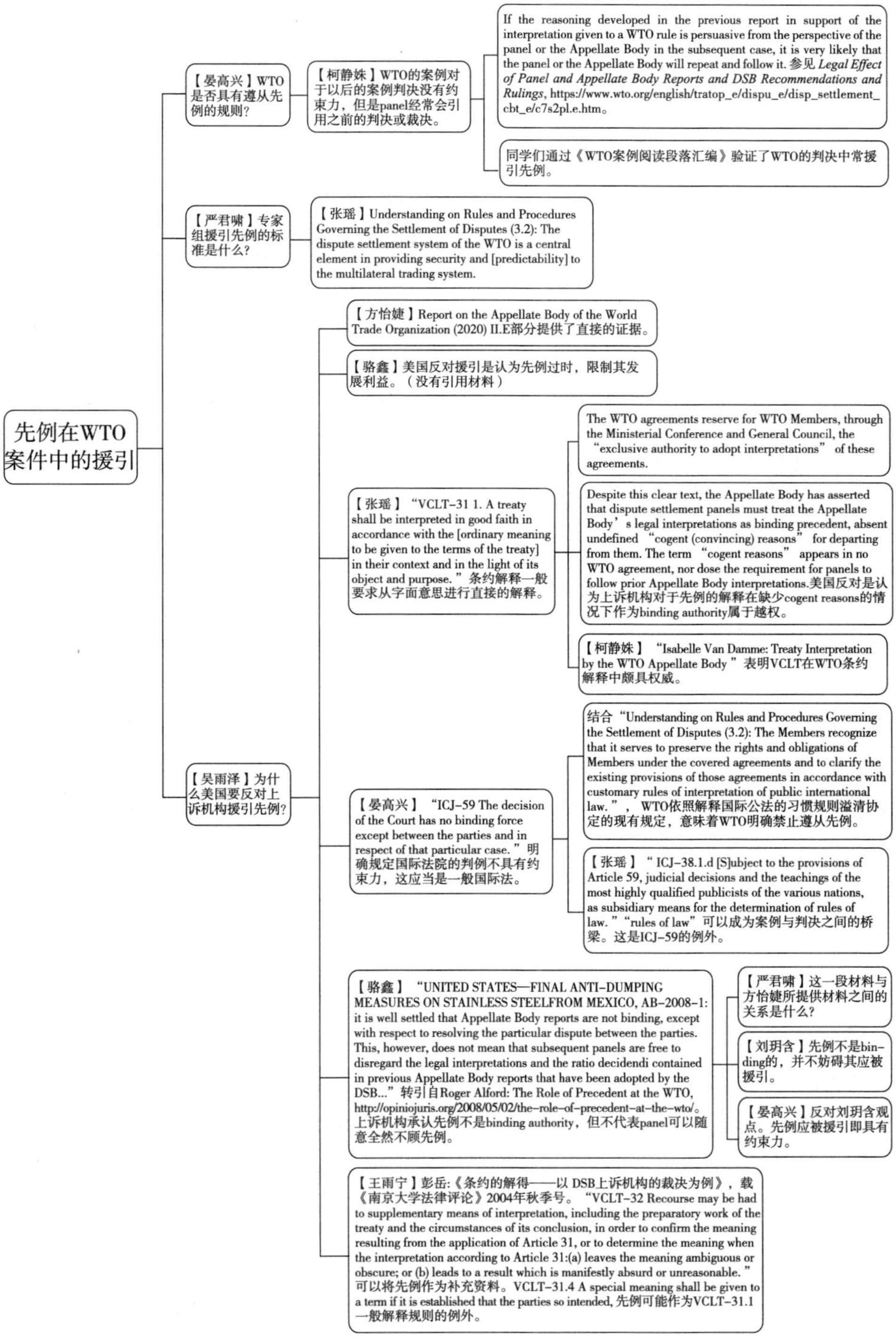

图 1-1　第一次集中讨论逻辑图

第二部分　课程内容选编

综述人：骆鑫

在进入正式的课堂内容之前，老师向我们介绍了本课程的基本形式和课程所需要用到的资料，让我们认识到，只有不断阅读案例和相关的文献，积极主动地参与课堂的讨论，才能真正领悟到本课程的精髓。本课程并非传统的讲授课，而是以同学们的讨论为核心，每次上课，大家都将提出自己在上课前已经准备好的问题，在老师的引导下，逐步深入讨论一些核心问题，并在讨论中深化我们对 WTO 的认识。以下，我将分别对前两次课的主要讨论内容进行综述。

一、第一节课

（一）课前疑问梳理

第一节课前，大家已经阅读了与 WTO 相关的一些资料，如 *understanding of WTO*，20 *Years of WTO*，《中美贸易战与 WTO 文集》等文献，同学们对于 WTO 的历史、WTO 的运行、WTO 的原则、WTO 的争议解决机制都有了一个大概的认识。在上课一开始，大家提出了自己对 WTO 的一些疑问。以下将大家关注较多的问题进行分类梳理。

1. 中国的起诉、被起诉率低的原因

- 柯静姝：中国在 WTO 的被起诉率低，除了语言导致收集证据困难的原因之外，还有可能是什么别的原因？

• 张一凡：和中国类似的韩国和日本的起诉率、被起诉率相对低，这是否可以印证语言问题是其原因呢？

在张一凡同学的问题的引导下，我们将问题从探究“被起诉率低”的原因延伸到了探究“起诉率同样低”的原因。

老师首先询问 WTO 中国案例数量是否经过核实，这引起了我们对数据准确性的重视。同时，老师也问到该问题的出处。该问题原本出自老师的著作《WTO 的理念》第 79 页，但老师澄清道，其实该文章中的原意并不是说语言是中国起诉率低或被起诉率低的原因。这也给了我们一个提示，或许我们在阅读文本时应当更加注重探究作者的原意。

对于该问题，老师认为，语言不应当是起诉或被诉少的关键原因。我与老师持相同观点。固然语言问题可能会导致诉讼搜集证据上的一些困难，但在现代社会，随着我国经济的不断开放，现代科技的不断发展，语言绝不是影响起诉或被诉的关键因素。

也许该问题并没有在课堂上得到全面的解答，但该提问打开了大家的思路，让大家更加重视数据的核实与资料的查阅，更加积极地参与讨论。

2. WTO 争议解决机制的相关问题

首先在该问题下，出现最多的关键词是“报复机制”，许多同学都提出了与报复机制相关的疑问。

• 张卓昊：WTO 争端解决机制允许胜诉方在败诉方不执行判决时进行报复，这一措施在双方力量均等的情况下还较为有力，但在双方力量严重不对等，胜诉方无力报复的情况下又该怎么办呢？由 WTO 指定有报复能力且有报复意愿的国家采取报复措施以促使败诉方执行裁决是否可取呢？

• 吴雨泽：WTO 允许缔约方在争端解决机制被告不执行裁判时在 DSB 官方授权下实施报复性措施，那么为什么没有明确依据允许缔约方在一方直接违反 WTO 规则这一更为严重的情形下实施报复性措施？

• 晏高兴：WTO 争端解决机制具有强制执行力，一个重要体现在于，败方在没有执行裁决后，胜方经授权具有报复权，如果胜方没有能力实施报复又当如何？

• 王雨宁：WTO 的贸易报复是否仅限于授权某个国家对另一国家一定金额的报复权？贸易报复是否真的管用？

• 刘玥含：WTO 如何确保其仲裁结果的约束力和报复的有效性？

• 姜艺珍：通过 WTO 争端解决机制得到报复权的国家，无法实质上实施怎么办？

虽然大家在第一节课便纷纷提出了关于报复制度的疑问，但实际上，第一节课上我们并没有在报复制度上聚焦讨论，而是在第二节课上开始集中讨论该问题。该问题的提出，无疑让大家注意到了该制度的重要性和争议性，也为第二节课大家的讨论奠定了初步的基础。

除此之外，其实同学们还提出了一些与 WTO 争议解决相关的问题，如 WTO 争议解决中的第三方地位、WTO 争议解决机制的有效性等。虽然在课堂上，我们没有就这些问题展开讨论，但依然对不少问题给出了初步的答案。

3. 小国或发展中国家在 WTO 的地位和话语权

• 吴雨泽：WTO 如何区分发展中国家和发达国家，并因此给予相应的优惠？WTO 如何在实质上保证小国、发展中国家、最不发达国家的权利和福利？

• 张瑶：哪些 WTO 机制、制度或者援助对促进发展中国家对 WTO 机制的参与起到了最显著、最不可替代的作用？

• 骆鑫：随着 WTO 的成员国范围日渐扩大，其成员国之间经济发展差异却始终存在，如何能够保证小国或经济落后的国家平等参与与 WTO 相关的国际经济活动？

• 吴沐晨：WTO 到底是否实现了互利共赢？双方的指责又是怎么回事？

• 李雅文：发达国家与不发达国家在 WTO 中的话语权分别是怎样的，如何平衡？

在课前阅读的老师的著作中，WTO 对发展中国家的支持和帮助措施是得到了重视与褒赞的。但同学们的疑问也体现出了对 WTO 制度制定和决策过程中小国和发展中国家话语权，以及 WTO 的制定是否真正实现互利共赢的质疑。

确实，WTO 的成员国经济发展程度差异较大，且对于如何评测 WTO 对发展中国家和小国是否有帮助也是一个有争议的问题。笔者认为，WTO 对小国和发展中国家无疑既是机遇也是挑战，不应该忽视 WTO 为小国与发展中国家提供的机遇，也不该夸大其帮扶小国或发展中国家的功能，毕竟 WTO 的建立初衷并不只是要帮助落后的国家发展经济。

而对于 WTO 在过去 20 年到底起到了什么样的作用，这是一个事实问题，需要我们去搜集更多的数据，进行更深的探究，才能进一步探讨。

4. **中美贸易摩擦的相关问题**

• 骆鑫：在今日中美掀开新一轮贸易战，国际贸易受阻的情形之下，WTO 是否真的还能发挥出实际的效用以促进国际贸易发展？其又有何方式保障或者促使其决策得到实施、协议得到遵守？抑或 WTO 早已走下神坛，对于许多国际贸易争端无能为力？

• 陈飞帆：虽然 WTO 致力于践行公开、公平和不受干扰的竞争的规则，但在当今现实世界中，其影响力大不如前，是否还能像从前一样解决近年来频繁发生的国际贸易争端？

• 陈红吉：美国政府对军工企业的补贴、激励政策为什么不会违反 WTO 规则，是否与《政府采购协议》有关？我国为什么不加入《政府采购协议》？

中美贸易战的开启无疑给 WTO 带来了巨大的挑战，从大家的提问中，也可以看出大家对该问题的关注，以及对 WTO 未来发展的一些担忧。这也为我们第二节课讨论中美贸易战的相关问题奠定了基础。

5. **WTO 本质的相关问题**

• 李亭漪：WTO 本质到底是什么？是组织、平台，还是机制、规则？

• 韩爱红：WTO 的实质是什么？WTO 的具体目标是什么？

• 吴玙姜：WTO 如何与 CPTPP、APEC、RCEP 等经贸合作组织共存？

WTO 是一个独立于联合国的永久性国际组织。WTO 有三大职能：组织谈判、监督协议执行和解决争端。大家在第一节课中对 WTO 本质的思考其实是很重要的，而在之后的讨论中，我们也会不断深化对 WTO 本质的认识。

6. **WTO 法律适用问题**

• 严君啸：原则和条约具体是如何制定的？其条约的基础是什么？有没有合宪性的审查？如果有，又如何执行？

• 晏高兴：既然 WTO 在争端解决中注重法律的解释，有利于法律的澄清，这是否意味着 WTO 当然具有遵从先例的规则？

在第一次课的集中讨论中，我们便是针对 WTO 争议解决中上诉机构能否援引判例展开了讨论，将在下文中记述大家的讨论过程。

（二）集中讨论

本次集中讨论的焦点其实是意料之外的。讨论的焦点来自晏高兴同学在课前提出的一个问题：既然 WTO 在争端解决中注重法律的解释，有利于法律的澄清，这是否意味着 WTO 当然具有遵从先例的规则？我们的讨论展开过程如下。

- 张瑶：DSU 第 3.2 条规定："The dispute settlement system of the WTO is a central element in providing security and predictability to the multilateral trading system."。根据该规定，援引先例的正当性应当来自保持 WTO 争议解决的稳定性和可预期性的需要。[2]

- 方怡婕助教：将美国针对 WTO 上诉机构批判的报告发到了群里，该报告中，美方明确提出了反对 WTO 上诉机构将先例作为有约束力的判决，并就此提出了批评。

- 骆鑫：援引可以让说理更加有说服力、逻辑，也可以简化说理。至于美国反对援引的可能原因：之前的案例是有其国际环境的，所以处理案件盲目运用之前的说理，可能被先例限制。

- 张瑶：根据美国的报告，其主张"除非有必要理由，否则必须遵循先例"这句话在 WTO 条文中根本没有字面依据，所以 WTO 不能为了抬高自己的权利就在没有字面依据的情况下这样援引先例。同时，《维也纳条约法公约》(Vienna Convention on the Law of Treaties，VCLT) 第 31 条规定："A treaty shall be interpreted in good faith in accordance with the ordinary meaning to be given to the terms of the treaty in their context and in the light of its object and purpose."。[3]

- 晏高兴：补充说明国际法的一般规则，先例并无约束力。ICJ 第 59 条规定："The decision of the Court has no binding force except between the parties and in respect of that particular case."。[4]

- 骆鑫：援引了上诉机构在 US-Stainless Steel 一案中的判决原文。[5] 上

---

2 *Understanding on Rules and Procedures Governing the Settlement of Disputes*："Article 3：General Provisions [⋯] 2. The dispute settlement system of the WTO is a central element in providing security and predictability to the multilateral trading system. The Members recognize that it serves to preserve the rights and obligations of Members under the covered agreements，and to clarify the existing provisions of those agreements in accordance with customary rules of interpretation of public international law. Recommendations and rulings of the DSB cannot add to or diminish the rights and obligations provided in the covered agreements."

3 *Vienna Convention on the Law of Treaties*

4 *Statute of the International Court of Justice.*

5 United States—Final Anti-Dumping Measures On Stainless Steel From Mexico (Report of the Appellate Body)，WT/DS344/AB/R 30，April 2008，158-161.

诉机构在该判决中说明：先例确实没有约束力。这意味着美方所指责的问题本就不存在，上诉机构也并不认为先例具有由于条文本身的约束力，但这并不意味可以忽视之前的判决中对相关法律给出的解释。

- 刘玥含：先例不可以有和文本一样的约束力。但是其实美国报告中所声称的并不是说先例和文本有一样的约束力，而只是说先例有约束力。

- 晏高兴：说先例没有约束力但又同意援引先例本就是矛盾的，如果先例没有约束力，那为何又要援引先例？

- 王雨宁：根据 VCLT 第 31 条第 4 款和第 32 条，可以将先例作为补充资料。

- 骆鑫："援引先例" 和 "先例不具有约束力" 之间并不矛盾。之前的案子对于某一个法律条文做出了解释，基于对法律条文的尊重、法律的可预见性，会援引之前的案例，做出相同的法律解释，即之前的案例中的法律解释应当得到尊重。但这并不代表先例中的法律解释就有了必须要被遵循的约束力。

- 张瑶：ICJ 第 38 条同意用案例解释 "rules of law"，"rules of law" 可以成为案例-判决之间的桥梁。这是 ICJ 第 59 条的例外。

在本次讨论中，我们无疑对 WTO 上诉机构的法律解释有了更深层次的理解。在讨论过程中，我们不断地搜集资料，进行深入思考，大家也提出自己的观点。在本次讨论中的收获也不只是对 "WTO 上诉机构是否可以援引先例" 这一问题的深思，也让我们意识到回到法律文本、仔细阅读文献资料的重要性。在课堂上，我们并没有充足的时间阅读美方对 WTO 上诉机构批判的报告，也没有来得及通读 WTO 上诉机构自己对援引先例的主张，因此，不得不承认，我们并没有对争议的本质有清晰的认识。实际上，WTO 上诉机构从未声称要将自己的先例作为有约束力的先例对待，问题是，美方却将 WTO 在 US—Stainless Steel 一案中关于 "cogent reasons"[6] 的表述视为赋予先例约束力。那么，关键的问题应该是，通过 "cogent reasons" approach，确定是否真的会赋予先例约束力。

在课后，笔者再次对比阅读了美方的报告和 WTO 上诉机构在 US—

6　United States—Final Anti-Dumping Measures On Stainless Steel From Mexico (Report of the Appellate Body), WT/DS344/AB/R 30, April 2008, 160.

Stainless Steel 一案中的主张，相关的观点将放到下文的“课后研究”部分讨论，此处不再赘述。

二、第二节课

在第二次上课时，进入提问环节之前，老师先是提醒大家注意微信群中老师分享的关于 WTO 改革的欧盟最新立场，并让阅读过该文件的陈红吉同学分享了其感想。这提醒了我们，应当留心 WTO 相关的国际动态，而对于老师和其他同学分享的文件，也应当仔细阅读，并从中获取新的知识与感悟。

（一）课前疑问梳理

1. 第三方的界定与影响

• 张瑶：DSU 第 10 条规定，对某一案件的处理有重大利益（having a substantial interest in a matter）的第三方可以实质参与案件审理。首先，这一“重大利益”如何计量和证明？其次，第三方的意见将如何影响法院，是实质影响到对当事双方利益的分配，还是仅仅是适当考虑到第三方利益？最后，如果声援双方的第三方数量不一、力量不一，是否会带来当事方之间的不平等？

• 梁好：DSU 第 10.2 条规定第三方必须是对专家组审议事项具备“substantial interest”，如何判断具备这种实质利益？第三方的书面陈述是仅以自身利益所涉为限，抑或是可以对整个争端发表意见？在上诉程序中出现的第三方当事人与第三方是何关系？

2. WTO 规则与一般国际法之间的关系

• 骆鑫：利用 VCLT 和《国家责任条款》中的相关规则填补空白的国际法依据是什么？“一般法替代特别法”真的能提供充分的正当性吗？又如何判断“制度缺失”与“制度失灵”？如果随意就能判定 WTO 条约出现了“制度缺失”与“制度失灵”，是否会使得 WTO 条约随意就能被替代从而缺失约束力？是否应当将 WTO 视为“self-contained system”？如果是，那么究竟应当如何处理 WTO 与一般国际法条约之间的关系？

3. 报复措施

• 晏高兴：国家通过争端解决机制解决纠纷可能需要较长的时间，在这期间，原告国如何维护国家的“正当利益”，是否有类似于国内“诉前行为保全”等临时性措施或者临时性质的“报复措施”?

• 吴雨泽：报复行动如何实质上保证小国对大国的平衡？DSB 允许在报复无效的情况下从同部门报复到同条约不同部门报复再到不同条约报复，现实中是否出现过这种报复的层层升级？

• 曹秀知：报复行为对于发达国家而言确实取得了一定的报复效果，但是对于发展中国家而言，是否有显失公平的情况存在，面对发展中国家的报复行为应当如何被保障？什么时候应当判定报复性为应当可以终止？

• 李雅文：报复的本质，是否依然是在用贸易保护主义制裁贸易保护主义？关于报复水平如何确定？回溯性报复似乎可以有效克服报复措施延迟、使得损害持续发生的情况，这也与民法“恢复原状”的原则相适应，为何不自始采取？

• 魏海跃：报复额度的计算是否包括等待期间的期限利益？

• 严晓畅：实力不足够的小国应该如何进行“报复”？是否有效？

4. WTO 争议解决机制有效性的维续

• 骆鑫　柯静姝：面对美国的不断抨击，WTO 上诉机构应当如何继续履行其功能，如何维持其判决的约束力，WTO 如何能度过这场危机？

• 杨盛彪：有什么更好的遴选方式能使得上诉机构恢复原来正常运行的状态？

• 蓝月：上诉机构目前有 6 个空缺席位而无法运转，影响了争端解决机制的两审终审制，有没有什么比较可行的替代裁决机制？

• 封舜：当下，WTO 上诉机构瘫痪之后的争端解决制度应当如何构建，应当如何拯救上诉机构，维护多边贸易体制？

• 张一初：正常运营的上诉机构人数只有 7 人，如何保证解决争议时面对不同成员国的中立性？

• 邓汉庆：在通过 WTO 争端解决机制解决问题的等待时间中，如何保障当事国家的利益？如果产生新的纠纷该如何处理？

• 严君啸：美国为什么要让 AB 停摆？这么做到底对其更有好处还是坏处？

• 朱亚博：在 WTO 上诉机构停摆期间，是否存在带提醒纠纷解决方式？

• 束永伦：如果新一轮回合谈判开始进行，应当如何优化制度和组织设计，使之更加完善而不会出现如今的困局？

5. WTO 与其他国际机构或国内法的关系

● 晏高兴：WTO 争端解决机制与区域经济合作组织争端解决机制是否可能存在冲突，如管辖权的冲突？更进一步，区域经济组织的相关协议是否可能抵触 WTO 协议？如果存在这种可能，国际社会上是否有可优解？

● 封舜：WTO 的争端解决机制与国内法的关系如何理解？

6. US Report 引发的相关问题

● 吴玙姜：DSU 第 3.2 条既要求 DSB clarify 已有条约中的文字含义，又要求 preserve 成员在条约框架下享有的各项权利与义务，不得增加或克减，这两者之间是否存在实质性的矛盾之处？

● 吴雨泽、张卓昊："同案同判"和"遵循先例"是一回事吗？

● 张卓昊：专家组和上诉机构在判例中的解释和 The Ministerial Conference and the General Council 的权威解释能否通过何种机制有效联系起来？

● 贾小我：应该如何理解上诉机构"cogent reasons" approach？这种观点何种程度上赋予之前案例以"拘束力"？与援引案例中的思路进行辅助说理有何区别？

● 陈沁心：结合美国报告 E 部分对先例在后案中效力的论述，介于 DSU 仅在协议范围内对 WTO 成员赋予唯一解释权，则不同范围下先例的援引效力和拘束力是否会不同？

● 陈红吉：panel report 和 appellate report 之间是否存在位阶效力？panel 和 Appellate Body 都隶属于 DSB 机构这一事实能够影响它们的效力等级吗？

7. 上诉庭的相关问题

● 王雨宁：上诉庭人员的组成如果是随意的，那么假如出现了上诉庭成员是某当事方国民，是否有违程序公正？

● 吴沐晨：上诉机构所负责的"法律问题"指的是哪些问题？如果对于法律问题的结论会影响专家组对事实问题的认证，而上诉机构在上诉审查期驳回了专家组对于法律问题的结论，那应该由哪个机构进行接下来的事实认证？

● 杨盛彪：WTO 争端解决机制具有强制执行力，若裁决的执行在于两个国力差距悬殊的国家之间，如何改变相对弱势的发展中国家在报复机制中所处的不利地位，保障发展中国家的权益？

• 梁好：DSB 中反向协商一致原则是否过分扩大了专家小组与上述机构调查报告的通过率？若调查报告存在错误，通过何种程序进行补救？协商一致通过的文件其效力是否远高于反向协商一致通过的文件？

• 韩世宸：美国阻挠上诉成员的遴选是否属于滥用否决权？上诉机构成员的补选机制应如何完善？在美国持续阻挠遴选期间，WTO 其他成员是否可以投票表决任命？

• 张一凡：专家组的职权和审议标准？

• 陈红吉：在什么情况下 DSB 会任命名单外的 panel 成员？在任命名单外的 panelist 时会遵循合理的标准吗？

• 朱亚博：WTO 争端解决机制中非政府组织参与其中的角色定位为何？

（二）集中讨论

本次我们集中讨论了两个问题，第一个问题是 DSU 第 25 条规定的上诉仲裁问题，第二个问题是上节课遗留的，也是本次课前大家疑问最多的“报复”措施的问题。

1. 上诉仲裁问题

关于上诉仲裁问题，其实 DSU 的法律文本还有 WTO 的官方说明等资料可以有效地帮助我们理解 WTO 的仲裁机制，包含王雨宁同学分享的 WTO 官网关于上诉仲裁的说明、笔者分享的关于 DSU 第 25 条的 *WTO Analytical Index*、方怡婕助教分享的《基于〈争端解决谅解〉第 25 条的多方临时上诉仲裁安排》的文献。这些官方的文件提供了对于上诉仲裁机制的最权威说明，这也提示了我们：在学习 WTO 相关的知识时，一定要多阅读官方的资料。

在此次讨论中，我们还惊喜地意识到，杨老师正是一位 WTO 上诉仲裁员，可以为我们解答 WTO 上诉仲裁的诸多疑问。

2.“报复”制度问题

相比起上诉仲裁问题，本次课堂上，我们对于“报复”制度的讨论则更为集中。首先雅文同学针对魏海跃和邓汉庆同学的疑问提供了参考的论文：《WTO 争议解决机制中报复制度的完善与重构》[7]。其后，笔者也分享了张军

7　孟琪：《WTO 争议解决机制中报复制度的完善与重构》上海：上海人民出版社，2016。

旗所著的论文《论 WTO 争端解决机制中的报复制度》[8]。

老师询问我们是否有实施报复的实际案例，大家才将注意力从学者的论文转向了实际案例的寻找。大家陆续分享了一些案例的截图，却并未找到案例的权威出处。此时，我在 WTO 官方上进行搜寻，发现其实 WTO 官网上有官方的授予报复权的案例的汇编。

此后，柯静姝同学引导我们思考报复的赔偿要如何计算，并提供了 WTO 官网上关于如何计算报复赔偿的链接。[9]

这时，老师问我们，为什么叫“报复”措施，“报复”又是什么意思？我们这才真正开始研读 DSU 的法律文本。我们发现其实 WTO 从未用过“报复”或“retaliation”这么极端的词语，DSU 第 22 条所规定的是“Suspension of Concessions”。我们开始通过 WTO 的官方解释[10]来理解究竟什么是所谓的“Concessions”。其实所谓的“报复”，便是中止与对方的一些关税优惠、产品开放、或特定优惠待遇等政策。而“报复”究竟有没有用，以及小国如何实施“报复”则是另外需要研究的问题了。

在本次的讨论中，笔者最大的收获是，无论面对什么疑问，我们应当先研读相关的 WTO 法律文本，理解文本以及官方的说明中的含义，并去寻找案例来深化我们的理解；而不是仅仅阅读学者的文献，而不去自己阅读官方资料去佐证相应的观点。

---

8 张军旗：《论 WTO 争端解决机制中的报复制度》，《上海财经大学报（哲学社会科学版）》，2002 年。

9 https://www.wto.org/english/tratop_ e/dispu_ e/disp_ settlement_ cbt_ e/c6s9p1_ e.htm.

10 Index.

第三部分　课程感想汇编

骆　鑫

头两次课程拉开了本学期 WTO 之旅的序幕。虽然大家刚开始面对 WTO “庞大”的体系和众多的阅读资料时，多少有些手足无措，但大家并未胆怯，而是不断地揭开 WTO 的“神秘面纱”。而且，在前两次课，课堂的讨论就出乎意料地精彩。同学们的文献检索能力和问题分析能力都让我感到敬佩。

这也更让我意识到，在这门课程中，同学们都是课堂的主人，只有积极地讨论，一起解决疑问，才能更加深入、更加主动地走进 WTO。在聆听其他同学的疑问与回答时，我会收获到许多意想不到的知识；尽管是在上课前已经了解到的一些知识，但也会在听过其他同学的观点后，刷新自己的观点。

当然，在两次课程的讨论之后，我也更加意识到 WTO 的学习和讨论，绝离不开对文本的研读，尤其是 WTO 的官方法律文献和相关的案例原文。只有在我们真正阅读了这些官方资料后，才能印证自己的观点或学者们的观点是否正确，或是否有说服力。

王雨宁

如果不是亲历这门课，我真的无法相信自己可以在老师和同学们的引导下阅读完这么多的文献，并且产生自己的想法。苏格拉底式课堂最无与伦比的地方正在于同学们可以从多个角度切入一个问题。二十多个人同时在对一个法律问题进行搜索，材料来源各不相同，大家的思路也非常开阔，在这样的讨论氛围下学习新知识，是非常美妙的体验。

当然，这门课程也让我发觉自己知识的匮乏以及对新问题反应能力的欠佳。希望接下来的课程中我可以对 WTO 有更深刻的认识，也期待和大家一起从案例中破解 WTO 的魅力。

封　舜

在第一专题的课程中我有两个体悟。一是关于课程内容和 WTO，国际社会风云际会、云谲波诡，任何国际社会的变动都会影响到 WTO，这就要求我们要时刻关注 WTO 的最新消息以及世界各国的风向。课程中贯穿着的不仅仅是 WTO 法的相关知识，也要求我们时刻以法律思维和严谨科学来判断问题，不能凭借过于主观的臆测来思考。二是关于新颖的上课方式，这种讨论式的上课模式很大程度上尊重了同学们的创新力，可以激发大家对于 WTO 每一个小细节的好奇，全面而富有创新地为后面的讨论奠定基础。当然这只是一个开始，我希望自己在之后的课程中能够更加努力，历练自己，从而得到全新的收获。

张卓昊

我此前有过反转课堂的体验，但反转得如此彻底的课堂，我确实是第一次见。课堂上同学们思维敏捷，发言汪洋恣肆，令我叹为观止。虽然我事前认真阅读过材料，但由于自己英文阅读的速度过慢，以及英文检索能力不强，我在课上还是很难迅速检索并归纳信息，得出结论，以至于没有发言。

除此之外，这一课程还对我的思维习惯提出了不小的挑战。我过去总是习惯于仔细地听，静静地想，之后再广泛地读，在内心和自己刨根问底地辩，之后再与同学针锋相对地谈，速度缓慢耗时甚久，犹如一场阵地战；而这堂课中同学们的问题总是扑面而来，并未给我留下太多慢条斯理地分析的时间，一场场遭遇战突如其来又倏然而逝，让我来不及反应。

尽管未能实际参与到课堂的讨论中去，但事后的回顾和心底的思辨已足以令我心潮澎湃。我之所以相信自己终将克服这些困难参与到讨论中来，在于大家无话不说的过程中将问题推向一座又一座高峰。

曹秀知

首先，不得不说该课程的上课方式，对于我来说十分陌生。不同于之前所熟悉的“注入式”上课方式，该课程以同学与同学之间，以及老师与同学之间的互动为主，第一次上课确实无法适应且在每次发言时都无比紧张，很难融入其中。但这样的上课方式，比起之前的“注入式”上课方式，在课堂上的思考时间大大增加，使原本漫长的上课时间感觉尤其短暂。虽然参与课堂的程度还是没有其他同学来得积极，但这锻炼了我在大众之中通过严谨的思维以及准确的语言表达自己观点的能力。我坚信在接下来课程锻炼的过程中，自己将会更加融入其中，通过该方式，获取更多法律知识，培养我的法律思维。

吴雨泽

在选课前就早有耳闻，WTO 这门课是一门“硬课”，果不其然，在开学前十天，就收到了杨老师的课程大礼包：浩如烟海的基础材料和篇幅极大的专家组和上诉机构报告。这一下子让我有些措手不及，在经历了两周的课程之后，我逐渐适应了相关节奏。前两周或者专题一，让我印象深刻的有三点。

一是问题导向。杨老师要求每节课前都要预习阅读相关材料并提出相关问题，并在课堂上就相关问题做出讨论。这一从问题出发的课程教学，让我受益极大。以往的课程中，大多是以灌输方式将知识注入我们的脑中，即使存在问题，往往也是老师提出供学生思考；但是杨老师的课堂却转而关注学生的自发性，学生提出问题，老师和学生共同讨论，在讨论中找到问题的答案，从而将学习变为对自发性的张扬。这让我们对于知识的印象更为深刻。

二是说话有依据。课程中杨老师最多的用词在于“这个问题我们要澄清一下”，即通过对于同学问题依据的追问，防止同学提出无依无靠的假问题；也通过对于同学回答依据的追问，明确问题的解决依据和权威依据，也只有在每句话都有依据的讨论环境下，我们才能逐渐接近每个人都认同的答案。这一点我确实有些欠缺，提出的许多问题固然有模糊的文本依据，但往往都不能一语中的，直接关联到立场报告、WTO 规则等直接的权威来源，这也是日后讨论我要改进的一点。

三是思维风暴。课程中通过同学和老师的讨论，逐步逼近、澄清问题。例如在第一堂课讨论“遵循先例”规则的时候，大家从对该规则确实好像存在的感性认识，到美国反对“遵循先例”的事实，转而关注“同案同判”“遵循先例”等概念具体含义，以及DSU具体规则、一般国际法地位等多个话题的深入讨论中，这一点正像一场思维风暴，让我们逐步接近了更为理性的认识。

吴沐晨

前两周的课程内容整体比较宽泛，以“WTO概述”为主题，大家广泛而深入地阅读了很多资料，了解了WTO的基本制度及其运用。课程形式也很新颖，前半场由同学们自由发问——只是单纯提问，不涉及对某个特定问题的观点交锋，其他同学可以在课程群里即时回答，我发现同学们阅读的资料并非完全重合，提出的问题也迥乎不同，即使是面对同一份资料、同一个问题，也各有各的关注点，看似十分“分散”；但后半场由杨老师主持，引导大家依次讨论unsolved questions，并且适时点评，这就使得课堂讨论逐渐集中，前面零星的观点都慢慢收束起来，于是整个过程感觉既自由又很有秩序感。比如第一节课时，大家的讨论就逐渐聚焦在WTO争端解决机制中先例的效力问题上，即“prior report by panel or Appellate Body”是否能作为binding precedent。课堂的最后，这个问题其实仍没有得到很好的解决，于是杨老师又将阅读美国针对该问题的报告之部分作为课前阅读作业布置下来，感觉针对性很强，也让心中存疑的大家由于想要进一步解惑而更有动力。第二周一开始的讨论明显比第一周稍稍“收拢”了一些，但随着课程的推进，我发现解决了一个问题后又会不断冒出新问题，大家总能根据之前的问题发散到其他问题上，思路被逐渐打开，不过所幸杨老师最后总会稍微总结重点，这使得讨论过程呈现一个由集中到慢慢分散、再集中的过程。

针对第一周的key issue的讨论，有同学为大家梳理出一张思维导图，感谢之余又不禁有些羞赧，因为课程讨论进度实在较快，很多时候我还在集中精力听某位同学的高见并试图理解其观点时，就有另一位同学在群里提出反对意见并摆出各种依据（包括但不限于WTO官网文件、其他权威机构发布的数据、学界论文等），有时候听着听着就可能感觉有些跟不上大家的思路，一节课下来可以接触到同学们分享的海量信息与知识，相比之下感觉自己所知甚少，但更重要的是，我发现自己检索信息的能力仍有很大进步空间——针对同一个问题我搜集到的资料数量与质量和其他同学相比，可能存在一些差距。总之很感谢其他同学与老师的慷慨分享，不仅可以倒逼我在有限的时间内迅速略读掌握大意、捕捉重点；还可以“顺藤摸瓜”找到信息源，无形中扩大自己的信息库。

杨盛彪

相对于其他同学来说，我接触这门课的时间算是比较少的了，经过一周的学习还是让我受益匪浅。对于我来说，课程所要求阅读的文献是庞杂且晦涩的，特别是还有比较多的英文文献，但开放式的上课方式还是给了我不少的启发。在这其中，我大多担任的是一个倾听者的角色，可能是因为自己的准备不足，可能是自己比较羞怯，也可能是自己的思维还跟不上同学们，但至少，我还是有所收获的。了解了美国与上诉机构的恩恩怨怨，了解了世贸组织的争端解决程序的真面目，也明白了如果想要了解一个机构、解决一个问题，就必须花费大量的时间去阅读、去钻研。希望自己能在后续的课程学习中有更多的收获吧！

蓝 月

通过两周的学习，老师和同学们对信息追根溯源的严谨态度令我印象很深刻。最大的收获是信息检索能力的提升。讨论式的课程有利于引导学生自主思考，围绕核心问题，一面步步深入，一面横向展开，能够使我们更快更全面地掌握相关知识。但是两周的课堂也有需要反思的地方，对问题进行复述和讨论的时候，会出现一定的混乱，课堂主线不够清晰，不过前两周的课程还未进行到案例分析的阶段，相信接下来的课程有明确的主题，会有更加精彩的讨论。

晏高兴

已经很久没有加入如此具有跳跃性、挑战性的课堂了！

之前对 WTO 的印象停留在高中政治课本中宣言性质的描述，简单认为 WTO 还只是一个国家间的经济合作组织，与其他大型官方合作组织没有很大区别。初入课堂，在“浩如烟海”的数百页文献阅读中，可谓对 WTO 建立了一个直观的印象。WTO 是平台，是规则，更是一整套国际贸易治理机制，在这个平台里，每个国家法律地位上一律平等，都有平等的谈判权，协商一致原则则保证了平等的实现。这个力图推进全球贸易自由化的平等，虽然一直面临着争议，挑战也不断，但确是以自己的方式维护着符合大多数国家共同利益的治理体制。在这里，WTO 可能无法保证大小国能够利益最大化，但是在方方面面给予小国以特殊待遇……前两周的探索中，最让我印象深刻的当属 WTO 争端解决机制，强制管辖权与强制执行力让这个国际争端管辖机制呈现出与众不同的特点，从协商到执行也一直遵循着“更好的解决争端”理念，一份份判决书体现了国际公平正义……让我每每感叹：好一个国际组织了得！

相比于获取知识的快乐，前两周最让我感到惊异的当属课程的教学模式。这是一个我从来没有体验过的课程。从课前的自主探索，到课堂中分享感想与问题，再到课堂中不知道将要围绕哪一个问题进行集中讨论，最后到总结。每一个环节都可能充满疑问，甚至“无知”，但是也是这种模式让大家更多地了解 WTO 的各个层面，也从中试图理解每一个同学看待问题的角度与方式。最具有挑战性的当属课堂集中讨论问题了吧，因为我们需要时刻保持专注，对某一个问题或者同学的某一个观点快速查找文献资料（当然也有可能找不到相应的证据支持），提出质疑或者支持。也许在这个过程中得不出一个明确的、统一的答案，但确在“你问我答”的过程中拓展了思考的角度，最后将一个个知识碎片拼接成一个完整的模型。其中的困惑与乐趣，恐怕之后经历过的人才能明白吧。

前两周，我也并未将各项任务完成得尽善尽美。反思之余，又对未来的课程旅途充满期待，那又该是一片怎样的风景？恐怕不可预料，那就让我们拭目以观之。

韩世宸

由于补退选的缘故，第二周的课程是我第一次接触 WTO 案例分析课，听过其案例研讨课硬核的传说，但果然还得眼见为实。课前自以为阅读了足够多的文献，但在课中讨论和分享的时候我才发现是杯水车薪。在课堂上，大家提出了很多有价值的法律问题，尽管没有全部解决，但已经拓宽了我的视野，丰富了我的思路。仅一节课，我就见证到了许多国家之间的纠纷以及妥协、谈判、博弈的过程，直至 WTO 面临的窘境，大量知识和信息的涌入需要花大量时间思索和消化，但这也正是这门课的独特之处吧。

这节课的课堂学习让我对自由交互式课堂有了切实深刻的体验，这样的课堂模式将主导权交到了同学们手中，也刷新了我对课堂模式的理解。“顺藤摸瓜”式的讲授，互相分享学习资料的讨论，通过交流进行思维碰撞，同学们互相辩驳，互相补充，效率极高，仅仅两个小时的学习就让我从对 WTO 几乎一无所知到能够对其法律法规和目前趋势略知一二。课堂的高效也让我更加意识到课前预习和课后积累的重要性，在接下来的课程中我会再接再厉，在努力跟上课堂节奏的同时争取更大的收获。

严君啸

1. 善用思维导图梳理问题

第二节课一开始，杨老师指出，魏海跃、吴沐晨同学的作业让他印象深刻，因为两位同学都运用了思维导图。其中，吴沐晨的思维导图还是手写的，非常清晰漂亮。杨老师也表扬了我整理的第一节课集中讨论部分的思维导图。您还提到了采用分栏方式进行整理的办法。这些方法都非常清晰简洁，应当学习。

2. 要关注涉及 WTO 最新发展的官方新闻

杨老师在 2 月 27 日于微信群分享了“关于 WTO 改革的最新欧盟立场”——*ANNEX TO THE COMMUNICATION FROM THE COMMISSION TO THE EUROPEAN PARLIAMENT*, *THE COUNCIL*, *THE EUROPEAN ECONOMIC AND SOCIAL COMMITTEE AND THE COMMITTEE OF THE REGIONS*；3 月 2 日又分享了微信文章《商务部回应欧委会将 WTO 危机归咎于中国：毫无根据》[11]。但是当杨老师询问各位同学的阅读情况时，仅陈红吉阅读了欧盟对于 WTO 改革的最新提案。后老师又问哪些同学读过课程资料包中的欧盟提案，仅能依据吴玙姜在第一节课提问中涉及欧盟，让他聊聊自己的问题。虽然陈红吉和吴玙姜后来都和大家做了分享，但由于大家没有进行相应的课前阅读，最终错过了一个有趣的讨论题目，没能形成深入交流。

杨老师提醒同学们，要关注涉及 WTO 最新发展的官方新闻，及时阅读您分享在微信群中的材料。同学们也要在课下多多搜集相关的官方资料，分享到微信群中，大家也要注意阅读。

课后，我在微信群中分享了关于 WTO 新的 DG——Okonjo-Iweala 的资料，杨老师又提供了关于李成钢大使和欧盟动态的消息。希望同学们能记得老师的嘱咐！

11　https://3g.163.com/dy/article/G3OV10380514R9KD.html.

3. 要注重问题讨论的基础

杨老师曾多次在课上针对同学们的问题或感想作出澄清性的提问，让同学找出相关的依据，列出可信的事实。这一点许多同学在整理材料中都有讨论，我就不赘述了。我更关注的是第二次集中讨论时一个有趣的现象。

同学们讨论报复制度时，张瑶同学给出了“Bown，C.，& Pauwelyn，J.(Eds.). *The Law*，*Economics and Politics of Retaliation in WTO Dispute Settlement*. *Cambridge*：*Cambridge University Press*，2010. DOI：10.1017/CBO9780511674594，pp1-10.”，一下子将讨论引入了一个很深的层次。后来，我和好几个同学就直接开始讨论“报复”对于小国是否有救济效果，它的根本性质是什么。结果杨老师问了我们一个非常意外的问题：“报复”(Retaliation）到底出现在WTO的哪一个条款中？结果我们发现，这个词根本没有在条款中出现过！那么为什么一些文献会提出“报复”呢？“报复”的具体措施到底是什么？“报复”到底有没有真的被实行过？“报复”的额度又该如何计算？同学们一下子有些答不上来了。

虽然杨老师没有对此多说什么，但是，您提醒我们：重视讨论问题的基础。在我们看到学者提出“报复”这个概念之后，我们想当然地把它用在了讨论当中，却根本没有注意寻根究底，把“报复”的来源搞清楚。我们的讨论根基其实就在于条款和事实，在对于条款和事实有清晰的掌握之前就去讨论学说是不扎实的。这是日后讨论问题的大忌。

4. 老师的表扬：广度与深度

杨老师在第二次课上说：“大家的发言、大家的提问，其实对我们拓宽思路、拓宽视野的帮助是非常大的。为什么面临着相同的资料会有这么多的想法，不同的层次，不同宽度的问题、想法？我觉得启发非常大。那么下面我们的集中讨论……根据我们上一节课的经验，任何一个问题都可能引发我们非常深入的讨论，哪怕是一个事实的问题。”

老师课后跟我说，您很惊喜，28 位同学读了相同的材料，每人都能提出好几个问题，而且一个都不重样。即便提问的话题相同，同学们也能找到不同的解读视角。这非常棒！

希望我们能一次次带给老师惊喜！

吴屿姜

第一次上这种讨论式的课程，感觉还挺新鲜的。这门课给我的最大感受就是和其他课程的差异，从材料阅读、课上分享到课后总结，都需要自己动手完成，动脑思考，而不像一般的 lecture——老师会把分装好的知识摆在你的面前。记得我当时看过往学生的课程攻略时，孙一榕学姐对课程的描述给我留下了很深的印象。她说这门课是一门使用苏格拉底式教学法的课程，在这门课上你不仅能学到 WTO 法的相关知识，更重要的是你可以学会如何成为自己的苏格拉底。两节课上完，对这句评语深以为然。第一次课，大家从 report 可能引用的 source 出发，一步步探寻到判例是否具有 binding authority 的问题，而正当大家觉得问题探讨的差不多，准备更换议题的时候，吴雨泽学长抛出了“美国为何指责 WTO 上诉机构越权管辖”这一重量级的话题，使讨论逐渐深入。而经过课下对美国 Appellate Body Report 的研究，无疑让我们对这一问题的理解提升了一个层次。可以说正是在这种互相提问、澄清、解答、你来我往的交流过程中，一个话题的答案变得清晰明确起来。

在上这门课之前，我对 WTO 规则也没有太多了解，仅仅知道其是一个多边经贸合作组织，以及当时入世成功之后大家欢呼雀跃了很久。经过两周的课程，我对其争端解决机制、整体的组织框架、设立的目标和原则有了更多了解；认识到 WTO 架构确实是非常独特也具有非常重大意义的国际法框架，其很多独特的制度设计像两审终审、报复制度、强制管辖，都为未来国际公法可能的发展方向提供了借鉴，其高达 90% 的裁决执行率也从侧面说明其模范国际法的地位。随着课程讨论的深入，我也逐渐认识到 WTO 现在所遭遇到的困难的根源，美国通过阻挠上诉机构成员的连任与遴选使得上诉机构停摆，现在仅能依靠上诉仲裁机构勉力维持。当然各方 WTO 改革方案的出台也说明，WTO 确实有其需要改进之处。

下周开始就要正式开始阅读案例，先前案例给我最直观的感受就是 WTO 的争端解决机制在解释法律条文方面颇有智慧。无论是在中国知识产权案中对 scale 的解释，还是在中国汽车零部件案中对国内费用的认定，均可体现 WTO 争端解决机构法律解释技巧的高超，也由衷希望在之后几周的课程中可以更多感受到这类巧妙法律技艺的美妙。

朱亚博

我原本在上学期就选修了杨老师的“世界贸易组织法-中国案例研究”这门课，但是由于疫情在家，原本学习效率就不高，而且其他课程压力也比较大，很遗憾地退了课。本学期选课时也认真考虑了一下，内心也挺矛盾的：一方面我的英语阅读能力较弱，很怕不能应付课后大量的英文阅读任务；另一方面我对国际贸易，尤其是中美之间的贸易博弈很感兴趣，这门课正好能给我提供一个深入了解的机会。最后，在陈子晗同学的推荐下，我最终决定选修杨老师的这门课。

这门课果然没有让我失望，杨老师把课堂的主导权都交给了我们，给了我们极高的自由度和参与度，每个人都有发言的机会，每个人的发言都会被关注，大家在第一次课就表现出了极高的学习热情，讨论激烈、针锋相对，又相互补充、彼此协作，这让我们对问题的认识更加深刻、更加全面。有时我甚至感觉这门课的课堂就像 WTO 一样，每位同学都是课堂的“缔约国”，每次的课堂就像“部长级会议”一样，大家尽情抒发自己关注的问题和想法，既有对立又有合作，而杨老师就像会议主持人一样，只是引导我们每个“缔约国”进行更有价值、更加高效的讨论，最终达成协议或继续保持争议。

我的一些建议就是希望老师在之后的课程上，增加一些引导，同时也对同学们的观点稍微做一些点评；另外，对于一些含糊不清的问题，老师能够控制时长，让更多的同学可以讨论别的问题。

魏海跃

这门课程主要采用苏格拉底式教学法，课堂讨论呈现出“精而不泛”的特点，同学们围绕着一个法律问题层层深入，挖掘出了许多要点。

例如，针对“WTO 是否有遵循先例的原则”这一问题，同学们在讨论时衍生出了“援引先例的目的”“美国与上诉机构的争论”“法律解释的依据”“国际法院规约关于遵循先例的原则与例外”等子问题；还有同学发现了美国对于上诉机构主张的误解，阅读之仔细、知识点之庞杂、追根溯源之精神令我获益匪浅。

在第一周的讨论过程中，还有一些话题被简略地涉及。例如，语言问题在收集证据上对中国有利，但并非中国在 WTO 被诉率低的主要原因；WTO 在制度设计上为发展中国家提供了优待，但这种优待未必能落到实处；WTO 争端程序中的“第三方”相比民事诉讼法的第三人，准入条件更低，立场更客观；“上诉仲裁机制”成为上诉机构的临时替代措施；实践中处于弱势地位的小国往往难以实现“报复权”等等。

上述讨论带给我的主要感想是“制度设计与实施效果之间的差距”。造成这种差距主要有三个原因：第一，法律本身的“软法性”。例如，DSU 第 4 条第 10 款规定“磋商期间，成员需对发展中国家的特别问题及利益予以特殊考虑”，理想化地保障了发展中国家的利益，但是，如何界定发展中国家、在何种情况下照顾发展中国家、何种程度地“忽视发展中国家利益”构成违法，都缺乏明确标准。第二，部分国家具有规避法律的手段。例如，《农业协定》中规定了特殊与差别待遇条款，但是，非关税措施关税化引发的关税升级以及发达国家对自身农业的补贴均导致了保护程度的升高，损害发展中国家的利益。[12] 第三，现实国力的对比导致弱国权利难以主张，最典型的例证为报复权。因此，“形式平等”与“实质平等”间存在差距。要促进成员国之间的实质平等，首先，最根本的途径是促进发展与合作；其次，应当完善法律表述，避免漏洞；还可以通过“集体报复”等制度设计来补足小国国力薄弱的问题。

严晓畅

诚如我在第一节课课前预习准备中所写，在本课之前，我对 WTO 的认识颇为局限，基本停留在中学时代的课本“定义式”介绍及“中美贸易战”相关的零星了解，相关的知识可能也基本停留在了大一所学的国际法。可以说，通过这门课，我踏入了一条几乎全新的河流，这里有我未曾见过的“浪潮”与“暗流”，这也正是精彩之处。

杨老师所采用的课堂方式对于我来说也是一条“全新的河流”。可以说，在既往的法学学习中，我已经习惯了课堂听讲、阅读书籍和背诵内容的学习方法，我所习得的获取知识的方法来自“听”和“记”。但是，杨老师在课堂上做到了许多“开放”，允许甚至鼓励我们使用电子设备进行沟通和检索（当然限于课堂讨论），翻转课堂，让我们自主地去挖掘、去讨论、去思考。

重要的在于“提问”，我理解为一种问题意识，而这正是过往学习中常常缺失的，我们会阅读、会背诵、甚至会写出极其接近于标准的回答，但我们

12　漆彤，范睿：《WTO 改革背景下发展中国家待遇问题》，《武大国际法评论》，2019 年第 1 期，第 104 页。

却甚少集中于思考问题——我所阅读的内容就是正确的吗？个中的逻辑何在？在这里，我们被允许“不知道”，疑问之后当然是进一步的讨论和挖掘，否则问题就永远只是问题。而就在这个过程之中，你能对某一问题了解得更全然，对某一概念、原则等理解得更深刻。我觉得何其神奇的是，也是杨老师在课堂中有所感慨的，一个班级包括几十位同学，所提出的问题却能少有重复，富有多样性。就以我个人为例，阅读、聆听其他同学的提问，也往往能对我个人的思考有所助益，他的问题是否与我的问题内核一致或者恰巧是“硬币的另一面”？他的问题是否更为具体，他的建议和思考是否对我的问题有所回应？这也就引出了另一个重要的内容——“交锋”。

是的，我认为另一个重要之处在于“交锋”。包括了课堂中的争论，以及我们所挖掘出来的 WTO 法之中的“争锋”，这一切都颇具吸引力。比如“先例”问题的探讨，实际上就起源于一个可能并不起眼的事实性问题，但引出了大家的争论，WTO 究竟是否可以援引先例？美国对此的态度、逻辑究竟为何？何种观点更加合理？如果没有争锋，实际上只是知识单维地僵化流动，但反之怎能迸发出意想不到的火花。在第一二节课上，杨老师也会适时地“点拨”和启发大家，也会在适当的节点引发大家进行回顾和总结，以使讨论最终不限于盲目之漩涡，使整体讨论更有效率、“含金量”更高。

但与此同时，这样全新的领域和全新的方式也毋庸置疑是一种挑战，既意味着大家课前必须投入大量时间进行预习和准备，也意味着课堂中每一分一秒全神贯注的投入，以及课后必不可少的回顾整理和再思考。这也是为什么，我想特别写出一些自我感思。

诚如上所言，这门课在启发着我，也在挑战着我，二者相互交织。第一重挑战，确实来自课前大量的投入，阅读大量的材料文献，还要从中理出头绪、简练概括出自己的疑惑与问题，实在不是一件易事，也是一个需要适应节奏的过程，而我正在这个过程中；第二重挑战，来自心理上的克服，坦诚来说自己其实不是很适应高活跃度的互动课堂尤其是对抗式互动，但我明白这其实对自己是颇有助益的，很多时候我无需给出一个“完美”的答案，但是思索答案、互动沟通的环节能让我更清晰地了解自我所想和投入深入的探索，希望自己也能更好地克服这一问题；第三重挑战，在于语言和惯用工具，关于 WTO 法，我们需要阅读大量的英文材料及进行相关检索，这种工具的切换对我也具有挑战性，但在上课过程中，通过不断地积累和尝试，自己阅读英语和检索信息的速度也正在加快。

如果没有挑战，永远待在自己的舒适区，永远尝不到挑战带来的趣意。无限期待 WTO 课堂将在未来数周带给我怎样的震撼和思考、交互和收获！

陈沁心

在对报复制度讨论的过程中可以发现，虽然 WTO 为争端裁决的执行提供了程序上的保障，但是真正实施时仍然不可避免地面临 WTO 规则作为软法的缺陷，以及国际世界弱肉强食的丛林法则对法律世界公平性的影响。另一方面，笔者认为报复制度也仅仅是在胜诉方被动接受赔偿而不得的前提下，不得以对败诉方实施的主动攻击，而这项攻击无疑原本是 WTO 规则的，但因获得了 DSB 的授权而得以使实施的“报复”具有合法性，WTO 所能赋予该胜诉方的，仅仅是对规则内报复手段所可能导致法律后果的规避和免除，而并不能帮助其规避报复在规则之外导致的其他后果，欧共体香蕉案就是一个例子，作为胜诉方的厄瓜多尔虽然获得了交叉报复的授权，但是厄瓜多尔脆弱的经济和单一的产业不足以支持其实施该“报复”，即法律制裁之外的因素限制了争端裁决的执行。

两周过去了，笔者对课程的学习方法有如下总结：

第一，英文内容的检索。以 WTO 官网为主，笔者在此前因为英语阅读能力落后，对学术内容的检索多以知网为主，在 WTO 官网上有很多关于探讨问题的文章以及相关的规则，检索较为便捷；同时从同学们的检索成果中，多留意相似的网站也可以从中有所收获。

第二，法解释方面，从王雨宁同学对 VCLT 第 31 条第 4 款的解读中，可以看到法解释的思想也可以在国际法规则中得到灵活的运用，而在尚不熟练的情况下，笔者可以参考相关的论文进行解读。

贾小我

首先令我感慨的是以讨论为主的课堂模式之奇效。同学们敏锐而开阔的思维、扎实的法学基础与检索能力共同铸就课堂“高效率”“多角度”的特点。尤其当大家对于同一问题产生不同理解时，观点的交锋不仅拓展思考的角度，更能激励我们带着尚未定论的问题继续向深处钻研，兼具拓宽与加深两重功效。

在学习内容上，令我感受最深的是法学学习中对规则本身的重视。最初接触 WTO，难免囿于中学历史政治课本中的刻板印象，试图偷懒地将所有问题简化为笼统的政治博弈。然而历经粗略的学习、阅读与讨论过后，才逐渐感受到规则与秩序在世界经济发展中扮演的重要作用、不同解释方法对规则阐释的影响以及规则背后复杂的价值抉择与理念引导。从规则中来，到规则中去，应当成为贯穿今后学习的思路指导。

李雅文

两周的课上，我一直思考怎样在这样一门自由的讨论课上得到最大的收获。我首先求助于前人的“课程攻略”，除了一些共性的方法，如多读几遍英文材料、课堂一心多用精力集中、合理安排时间等，使我印象最深的是北大法学院的任冠南学长提出的“找到自己的特色和定位”。

如果想要“完美地”上完一节课，我认为需要同时完成以下任务：第一，认真听取每一位同学的发言，紧紧跟上讨论进度；第二，快速对同学们的问题或感想做出回应，这些回应一方面是来自已有的知识储备，但还有相当一部分基于进一步的检索；第三，及时记录同学们的发言内容，以便日后形成课程综述中对课堂讨论的梳理，也便于日后回顾课上所思所学。

我自认能力极有限，难以同时“一心三用”。回顾前两周，我更倾向于完成前两个任务。做一个积极发言的讨论者，更多的是思考同学们提出的问题，进行法律检索。我认为同学们在课前提出的问题，是最有价值、最富启发的，这是因为课前有相对更丰富的时间进行阅读分析；而课上的反应时间相对较短，一些问题的检索可能不甚充分，难以得到完满的答案。很多课前提出的好问题，由于课程时长有限没有充分讨论，如果就这样被忽视了我感觉很可惜。

因此，我决定用更多的精力关注“问题”，包括在课上继续积极参与思考与检索，课后的综述重拾几个被忽略的“遗珠”问题进一步思考。对于课程讨论实录部分，我将概括总结讨论的发展，而讨论之内容难以详录，日后需要参照其他同学的优秀实录。

（我实在不是一个好的记录者，这导致我在写综述时迟迟难以下笔。对于这一困难，我思考日后有两种补足方案：第一，在课上以关键词的形式记录大家的讨论、发言脉络，可以简略，但是讨论的一步步深入与发展要记录下来；第二，下课后马上撰写综述，主要是课堂讨论梳理的部分，在脑中思维最鲜活的时候力求全面、高效地完成。）

邓汉庆

上完前两周的课，我最大的感受就是课前准备很重要，因为前两周有各种杂七杂八的事情需要处理，所以我提前阅读材料并不是很充分，造成的直接后果就是我不太能跟上课堂上同学们的思路。课堂上的所有成果除了前人的固有结论之外，还有课堂上同学们思维的即时发散，同学们的不同观点都能被展示，所有问题也没有一个强制性的解答，都是非常自由愉快的。不过老师的课前材料着实完备，不仅包括对课程的详细介绍，甚至有上一年同学们的课堂讨论实录，这也给了我课后补足知识点的凭借。有趣的是，虽然课程大纲内容和阅读材料大致相同，但是两年课堂中大家讨论的问题大不相同，更加能够反映这门课的即时性和生动性。总之学海无涯，课前预习、课上讨论、课后研究，这三样是一样都不能落下的。

陈红吉

在我两年多的学习中，“世贸组织法”这门课程的课前阅读材料是最为让人惊叹的，故而也尤为考验我们的阅读能力。在第一周阅读“WTO 概述”的资料文献时我明显感觉到的一点就是时间不够，需要首先通过要点阅读对知识进行初步筛选。最开始的时候我按照文档顺序进行逐个阅读，但是很难从看过的资料中挖掘到深入的问题。当回顾自己在这两堂课上提出的问题时，我发觉自己并没有很好地利用不同的资料进行对比阅读、分析，因而问题往往来自资料中显而易见的矛盾、争议，或是问题的范围太大了。例如我在第一节课就“中美贸易战中如何判断国内政策是否扰乱了市场”提问，但这个问题并不能在课堂上引发大家的深入思考，反而比较适合进行广泛的经济上的调研；而其他同学提到的例如“WTO 过往案例是否具有先例拘束力”“同案同判是否等同于遵循先例”这类问题并不需要艰深的术语却能涉及深层次的法律问题。面对丰富的资料，我们都容易想到提升自己阅读的速度、整理效率，但更为重要的是确定本堂课课前准备的目的是什么——一方面是丰富自己对案件、条款各方面的概要了解，另一方面是要在现实的案件中发掘有价值的法律问题、探索其后的原理。

课前的大量输入是参与课堂快语交锋必不可少的环节。通过这两次课我发现，要真正地参与这门课就必须在课堂讨论中贡献自己的观点，或是通过主动的发言，或是通过微信群里的文字。因此，自己必须增加课前的积累，思考下一次课可能的关键问题讨论并进行整理，在其他同学阐述问题时才能更快地联想回答、检索资料。

第二章

中国知识产权案

第一部分　课程概况

综述人：严君啸

这一次，我的综述就是讲故事。我选择了课堂上的几个精彩片段，根据录音，尽可能生动地还原同学们在课堂上的精彩表现。当然，我更感兴趣的是杨老师在课堂中的作用。结果发现，杨老师看似风轻云淡地放任同学们畅所欲言，实际上牢牢把握着课程的节奏，在不经意处添神来之笔，带给同学深刻感悟（希望同学们能感受到）。

一、第一堂课：问题大杂烩

第一节课，我们的课堂分成了三部分进行。首先，回顾微信群中一周以来的新闻分享；其次，浏览大家综述中研究的内容；最后，进行案例研讨。

本周主要有三则新闻材料。杨老师在前一周中转发了欧盟和美国的联合声明，还有中国驻 WTO 大使李成钢的发言；我转发了关于 WTO 新总干事的发言。杨老师先让我给大家分享了一下新闻的整体情况。我梳理了事件发生的时间顺序，大致介绍了美欧原先的激烈矛盾，最突出的就是波音和空客的纠纷，当然还有一些其他非航空领域的关税纠纷；现在美欧要将纠纷搁置四个月，后也就疫苗、环保等重要议题进行了交流。

随后，张瑶分享了对于新闻的感想。她觉得新总干事 Okonjo-Iweala 很 qualified。Okonjo-Iweala 曾在世界银行工作多年，是尼日利亚前财政部长，因为尼日利亚经济改革的显著成效获得了很多荣誉。对于美欧纠纷，张瑶认为双方都做出了很大的让步，美国暂停了一项 70 亿的关税减让，欧盟也有 40

亿（数据统计截至2021年）；美国和欧盟在协商解决方案里对中国又进行了一些攻击，说中国不是市场经济国家，很有意思。

我又提了一个问题，请杨老师介绍一下李成钢大使。杨老师笑着说，您正等着这个问题呢。您和李大使曾是同事——原来在商务部条法司，李大使是正司长，您是副司长（条法司共1个正司长，2个副司长）。2月27日，他们还进行了一次微信聊天。杨老师在几周前分享给我们的文件，因为商务部做出了声明，您就也分享给了李大使，跟李大使开玩笑说这是给他一个下马威；李大使回复："集结加速，威力加大，危机并存。"杨老师说，您和李大使的工作联系非常密切，以后关于李大使的事都可以问您。最近WTO改革要重新启动，美国新政府上台，可能李大使会有很多发言；我们可以跟踪一下他的发言，看一看中国的立场。

杨老师说："刚才我们没有提到，李大使在新年发言中提到了要尽快恢复上诉机构。欧盟的两个资料也都提到了要尽快恢复上诉机构。这意味着什么？中国和欧盟在恢复上诉机构的问题上已经达成了一致的意见。现在等着美国表态。刚刚张瑶提到了美欧达成协议，为什么要提到中国？这个joint statement，其实就是我们上节课提到的'报复'；在波音空客的问题上，美国也赢了，欧盟也赢了，双方也都获得并且实施了'报复'。现在双方说，大家别'打'了，冷静4个月。建议同学们可以跟踪一下这个问题。2020年70亿美元和40亿美元的'报复'非常引人关注，两大成员因为'报复'问题'打'起来了。现在美国新政府上台之后，他们就停战了，进行谈判，顺带拐了一下中国。总干事的讲话也值得关注。WTO要做什么事，她要表态。我在课程群里转发的讲话，是她上任之后第一次在总领事会上的发言。当然，她第一次正式讲话是在接受总干事任命的时候，那上面也谈了很多的事。"

杨老师说："虽然我们重点关注案例，但是这三个新闻也很有意思。它们告诉我们WTO发生了很多的事，让WTO与我们一下子很亲近。"杨老师再次提醒大家，看到官方关于WTO的新闻可以分享到班级群里，看到同学的分享后也要点开来看一下。

第二，课程综述。杨老师表示，第一次综述同学们一共写了18万字，洋洋洒洒，各有特色，很有意思。让老师感到印象比较深刻的是同学们的课后研究部分，比如先例问题，很多同学的课后研究内容丰富。杨老师提醒大家，其他同学的综述、提问都要点开来看一下，汇总后也便于大家保存。很遗憾我们课程时间不允许大家在课上分享课后研究成果，其深度肯定要超过课上。杨老师最后问大家，看了其他同学的综述和研究有没有特别的感想，或者自己的研究有没有特别的发现、特别的感受。可惜没有得到同学们的回复。

后面我们就正式进入案例的讨论。这次讨论也是各位同学先说自己的疑问。事实上，根据同学们课前的提问汇总，大家关心的大多是一些程序问题，比如何为 prima facie case，何为 judicial economy，third party 在案件中可以发挥怎么样的作用。但是，现在总结来看，这些问题与刑事门槛案的关系并不大，我们并没有就本案的核心法律问题进行探讨。但最后，讨论的方向还是被杨老师很好地牵回了正轨。杨老师是怎么做到的呢？下文将呈现杨老师如何把讨论拉回核心问题——对“commercial scale”的解释问题上。

当时，张卓昊提出，专家组对于美国证明完成的标准感觉很高。杨老师于是问是从哪里看出来的几个来回下来，张卓昊就说不清楚了。杨老师进一步问，到底专家组施加于美国的证明标准是什么？到底怎样才能满足“commercial scale”？杨老师说，这个问题可能是本案最核心的问题，一切其他的评论、美国到底能不能满足、专家组用了什么方法，都是附带的，最核心的是专家组怎么裁定。

杨老师让王雨宁先尝试谈谈自己的看法。王雨宁说，她感觉专家组主要是反对美国把这个 term 的含义集中在“commercial”上，一切 commercial activity 都符合“commercial scale”，专家组认为这样是不可取的。然后（其实是之前），专家组引用了 VCLT 第 31、32 条，说明只要对“commercial scale”做一般解释就可以；对于“scale”，专家组同意应该作为量化的标准。

在王雨宁回答完后，我敏锐地感觉到我们讨论的方向已经离开了原来的对于证明标准的讨论，转而变成对于“commercial scale”的解释。但当时我以为要通过发言把大家的讨论拉回证明标准问题上来，还没理解老师的良苦用心。

幸好后面发言的李雅文没有受我误导，她说，自己在看案子的时候，没有看到专家组有很多关于证明标准的讨论，而是专家组在一步一步地分析 TRIPS 第 61 条的第一句。专家组是经过了一些步骤才将最后的争议焦点锁定在“commercial scale”的解释上。首先，专家组把“commercial scale”拆解了，去查字典：“scale”没有什么争议，“commercial”找到了两种解释。之后专家组发现，“commercial”是个 qualitative 的词，而“scale”是个 quantitative

的词，这里的冲突在于，我们把“commercial”和“scale”两个词合在一起时，会完全忽视掉这个词组中的“scale”。然后，专家组就去找TRIPS、《巴黎协定》《伯尔尼公约》这些国际法上的“commercial”和“scale”，但是依然没有找到“commercial scale”运用的痕迹。在第7.542段，专家组表明他们在上述条约中找到了一个“commercial purpose”，但是这个词的意思是“为了商业目的”，只要是为了营利的商业行为都是“为了商业目的”，这个和TRIPS第61条的含义是不同的。然后在第7.543段，专家组非常有创意去解释了“commercial scale”，表明这应该是一个相对的，而非特定的量，要根据每个国家具体的国情规定“scale”到底是多少。因此，美国不能以中国没有达到其标准来指责中国违反条约中“on a commercial scale”的要求。但是后面美国为什么没有满足这个标准，李雅文还没看完。杨老师表扬说，这已经是一个很好的进步了。

随后骆鑫说，其实刚才李雅文说的对于“commercial scale”的解释是专家组在对美国的证据进行实质审查之前的前置步骤，之后，专家组开始判断美国的证据有没有证明“commercial scale”。在第7.616段，专家组回顾了美国提供的证据，认为这些证据即便真实，也不能证明“commercial scale”符合。在美国一轮轮举证之后，专家组才认为美国没有达到prima facie case的要求。在杨老师确认后，骆鑫认为专家组是觉得美国提供的信息量太少，不能证明“commercial scale”；专家组并没有纠结于一个数字，而是在看这个数据是不是足够多，足够有说服力。杨老师评价说，骆鑫这个解释比较完整了。专家组第一个步骤是对“commercial scale”进行解释，第二步是看美国的证据有没有满足对“commercial scale”解释的标准；但对“commercial scale”的解释似乎不是说证据的多少，也不是什么媒体的报道。骆鑫进一步解释说，她理解的是，美国提供的证据其实和要证明的标准都不相关，这就是为什么专家组觉得很多证据都没有办法去证明“commercial scale”。

杨老师又问，“commercial scale”能不能满足呢？标准是不是太高了呢？骆鑫补充说，她认为其实不是专家组给出的标准高，而是美国提供的证据太随意了。之后，张卓昊找到了第7.652段，指出这是专家组对于中国刑事门槛是否符合“commercial scale”的讨论结论。这里专家组表明，他们采用的标准是prima facie case。杨老师进一步追问，美国为什么没有满足prima facie case的标准？梁好指出，其实专家组在第7.630段表示，达到这个标准是一个简单的事。专家组说，没有迹象表明，在这一点上，人们将很难获得证明性的证据。我们可以得出结论：其实是美国提出的证据太宏观了，而专家组可能希望美国提供精确的证据。比如，温州的一个侵犯他人知识产权的小生产者，其产业已经达到了“commercial scale”，但是因为收入低于5万元而无法被中国刑法处罚。美国的问题其实是证据找错了。

杨老师问大家，看到第7.630段之后是否有一种有重大发现的感觉？我们讨论问题的出发点是美国怎么样才能满足专家组的标准；后来，张卓昊表示这一标准非常高，我们便又开始讨论是不是这个标准根本就不能满足。现在经过一轮讨论，我们意外地发现专家组所说的标准其实没有那么高。而张卓昊提出要讨论prima facie case，结果我们发现真正要讨论的并不是这个问题，这个问题不重要。“scale”需要一个比例，美国只提供了数字而无比例，则没有达到prima facie case，这里的思路很简单。于是，我们花了大量时间讨论“commercial scale”到底应如何解释，讨论思路很清晰。

杨老师说，这节课后有两个作业：第一，大家仔细研究专家组对于“commercial scale”是比例的概念到底是如何解释出来的，思路是什么，特别是细究根据——VCLT，查字典的办法是如何查出来的——这一点大家还要去细读，不能知道大概；第二，大家提出的问题，有什么是自己想研究的、想讨论的，再去做一下研究，成果发到群里，也特别鼓励大家把研究中进一步的疑问提出来。

二、第二堂课：“commercial scale”解释思路分析

课前，同学们又分享了许多关于专家组解释“commercial scale”并论证的思路分析。现在看来，虽然同学们的想法都很有趣，但不免有将自己的思路强加于专家组之嫌，并没有理解到杨老师在上节课末提示的精妙之处。

当然，这不妨碍我们以老师的鼓励和有趣的故事开启第二堂课的奇妙旅程。

杨老师首先肯定了大家的作业完成情况。您说，看到大家课前写的关于“commercial scale”解释思路的总结，您有一个非常强烈的感慨——今非昔比。同学们今天的课堂状态，对比上周，对于专家组解释思路的理解完全不可同日而语，非常好，非常全面，稍后也将对此进行交流。另外，大家也选择了一些问题进行研究，如果有时间，也应该对其进行交流；不少研究主题还有些集中，比如judicial economy和第三方研究得比较多，也不乏一些很特

殊的研究。

按照惯例，课程到了最有趣的信息交流时间。一周以来，大家都没有分享信息，只有我分享了学院推送的张月姣法官被评为 WTO 杰出女性的新闻。杨老师叫我介绍了相关情况。我之所以转发这则信息，主要是因为自己一开始对 WTO 的最直接的兴趣就是源于张老师上个学期的一场讲座。张老师的人生特别不容易，她在 2008 年至 2016 年担任上诉机构的法官，2011 年被选为上诉机构主席。我和大家分享了两个很有意思的细节。第一个，在 WTO 上诉机构法官从办公室到食堂的路上贴了一幅字，就写着清华的“行胜于言”。第二个，张老师每天早上五点就开始起床读书。她说，因为自己高中毕业之后，有幸被选到去法国公派留学。当时她就想，好多同龄的孩子还吃不饱饭，但是他们却能够得到国家的优待，出国读书，一定要珍惜机会。于是她就拼命地读书，每天晚上大家都睡觉了，她还在被窝里打着手电读书。这种精神值得我们学习。

杨老师补充说，您的分享是学院的新闻，是中国的新闻，也是 WTO 的新闻。张月姣老师其实就在清华的法律图书馆楼，办公室在那，她现在也经常来。她是我国第一位上诉机构成员，所以大家对她可以进行一些了解，会拉近我们与上诉机构的距离，这是很少有的机会。

杨老师还说，其实您同张老师的交往时间就更长了。1996 年，杨老师从学校毕业，想到外经贸部（就是现在的商务部）去工作。当时，张老师已经是副司长，她就带着几个处长面试了杨老师，面试后就说杨老师可以来（外经贸部）。另外，张老师工作确实非常勤奋，非常认真，演讲也很多，将来她可能在学院里会有讲座，大家可以去参加。

杨老师进一步打开了话题。您问道，除了张老师之外，还有谁是中国籍的上诉机构成员（他们自称法官）？看同学们没人知道，杨老师笑说“同学们好奇心还不够”。很快，李雅文查出了答案——是赵宏接替了张老师。那赵宏又是什么人呢？杨老师说，赵宏也是您原来工作单位的同事，也是同学。赵宏和您同一年去商务部，同一个导师，同一个专业，进入商务部条法司，然后一直在一起工作。其实 2016 年，杨老师也是上诉机构成员的候选人，您在书里也写过。2016 年，张月姣老师任期届满，我国政府想推荐他人接替，于是就推荐了杨老师和赵宏；后来赵宏选上了，您没选上。

说到后面，杨老师的故事就更加有武侠小说的味道了。上诉机构被摧毁时，老师有很多的人生感慨。那是在赵宏接任的第三年，连第一届任期都没有届满。这个时候其实非常艰难，如果进一步深入，这个故事您可以给大家讲一节课。您给大家分享了一个更加专业的消息，绝大多数人都不知道，尽管这是一个公开的消息。2020 年初，上诉机构已经停止运作，美国在 WTO 的总理事会、DSB 开会的时候，专门散发了一封 6 页纸的信。信的核心内容就是说赵宏是一个不合格的上诉机构成员。这令人非常惊讶，让全世界的人惊讶！WTO 上诉机构前后大概总共有 25 个成员，第一次课我们看到美国提交的 175 页材料还是在 2020 年初之前发的，里面还没有提到某一个成员不合格的问题。这封信就是非常严重的孤立行为了；这在 WTO 官网上是有文件的，不是一个不公开的消息，但是大家可能不会去说这些事情。现在，赵宏在上诉机构的工作等于已经结束了。

杨老师最后用一个更不为人所知的新闻事实结尾，让大家有兴趣可以研究一下。其实，看起来可能连同学们都怀疑到底是不是与课程要求相关的一个新闻，背后也可以有这么多的故事。

后面我们就步入正题。杨老师最初的设计是，讨论分两个阶段，第一阶段请同学交流一下专家组对于“commercial scale”的解释思路，看看大家是否理解一致，也看看是否真的都理解；第二阶段大家就课后研究的 1~2 个问题进行交流。

这次我们的讨论形式是，请第一个提交专家组思路整理的骆鑫同学先和大家讲一讲自己的思路，之后再由其他同学谈谈对骆鑫的介绍的看法，是否正确，有无补充，有无更新的叙述角度。

骆鑫首先指出，在第 7.500 段和第 7.501 段，专家组确定了解释原则为 VCLT 第 31 与 32 条的一般解释原则。随后，她将专家组的讨论分成了铺垫、中美争议讨论和总结三个部分。骆鑫讲得非常细致，也非常辛苦，足足讲了半个小时。但很可惜，我觉得骆鑫的思路有些乱，让我很难跟上，里面的细节又太破碎，她具体的内容我无法概括、呈现出来。

杨老师问骆鑫是否认可专家组的逻辑。骆鑫说，她认为，鉴于中美双方和第三方在过程中不断补充提交一些主张和补充证据，专家组的逻辑其实可以写得更清楚一些的，尽管专家组已经尽力了。专家组之所以把问题论述得如此详细，让大家觉得有理有据，有一部分原因就是专家组最后也无法找到一个“commercial scale”的具体的数据，只能告诉大家一个方法。但由于这个方法要求较高，因此在给出方法之前有必要进行详细论述，以免遭到第三方国家的质疑。

后来，我对骆鑫提出的模型的提出了一连串质疑，即要根据专家组使用的分析材料来划分讨论的层次。虽然起初我的意思被大家有所误解，但杨老师依然肯定了像我这样的颠覆性讨论是为您所最期待的。柯静姝、吴雨泽、李雅文也都分享了自己的看法。李雅文最后提出，她不明白专家组的解释方法究竟是否符合 VCLT 第 31 与 32 条的规定。最后，骆鑫又对同学们的质疑进行了回应。

杨老师在中场休息前重申了李雅文的问题，即专家组的解释方法究竟是否符合 VCLT 第 31 与 32 条的规定。这很关键。我们也就根据这一问题展开了下半场的讨论。

首先，我们回顾了 VCLT 第 31、32 条的内容（见图 2-1 与 2-2）。

Article 31
General rule of interpretation

1. A treaty shall be interpreted in good faith in accordance with the ordinary meaning to be given to the terms of the treaty in their context and in the light of its object and purpose.
2. The context for the purpose of the interpretation of a treaty shall comprise, in addition to the text, including its preamble and annexes:
   (a) any agreement relating to the treaty which was made between all the parties in connexion with the conclusion of the treaty;
   (b) any instrument which was made by one or more parties in connexion with the conclusion of the treaty and accepted by the other parties as an instrument related to the treaty.
3. There shall be taken into account, together with the context:
   (a) any subsequent agreement between the parties regarding the interpretation of the treaty or the application of its provisions;
   (b) any subsequent practice in the application of the treaty which establishes the agreement of the parties regarding its interpretation;
   (c) any relevant rules of international law applicable in the relations between the parties.
4. A special meaning shall be given to a term if it is established that the parties so intended.

图 2-1 VCLT 第 31 条内容

Article 32
Supplementary means of interpretation

Recourse may be had to supplementary means of interpretation, including the preparatory work of the treaty and the circumstances of its conclusion, in order to confirm the meaning resulting from the application of article 31, or to determine the meaning when the interpretation according to article 31:

(a) leaves the meaning ambiguous or obscure; or
(b) leads to a result which is manifestly absurd or unreasonable.

图 2-2 VCLT 第 32 条内容

李雅文解释了两个条文。第 31 条第 1 款：其实并不仅仅包含 ordinary meaning，还包含 context、object and purpose、in good faith 等要件。换言之，在解释条约的时候，首先要找到 ordinary meaning，还要去结合上下文和条约的目的，并以 good faith 进行。第 2 款：规定了可以用作 context 的内容。第 4 款，签署条约各方如果提出某些表达特殊含义的话，就要按照特殊含义进行解释。当然，专家组在本案中排除了这种情况。第 32 条：如果按照第 31 条的解释方法解释之后，条约含义依旧含混或者不合理时，还能够运用的一些补充性材料。

杨老师又让雅文自己判断专家组是否遵守了第 31、32 条。李雅文认为，专家组查字典的办法属于寻找表述的 ordinary meaning，但是具体查哪一本字典才符合规定她不知道。专家组还进行了体系性的解释，引用《巴黎协定》《伯尔尼公约》，这属于寻找 context。之后她就没有细看了。

张卓昊引用了图 2-3 所示的案例，表明将条约中的每一个词都解释得有意义就是 in good faith 的表现。杨老师说，张卓昊的发现很重要，其回答了之前吴雨泽对于第 7.538 段提到的一个原则的疑惑，而第 7.538 段的原则就是 good faith 的延伸；这个案子时间久远，但当时就已经确定了这种解释规则。简单来说，第 7.538 段运用了 VCLT 第 31 条。

WT/DS8/AB/R
WT/DS10/AB/R
WT/DS11/AB/R
Page 12

The provisions of the treaty are to be given their ordinary meaning in their context.[19] The object and purpose of the treaty are also to be taken into account in determining the meaning of its provisions.[20] A fundamental tenet of treaty interpretation flowing from the general rule of interpretation set out in Article 31 is the principle of effectiveness (*ut res magis valeat quam pereat*).[21] In *United States - Standards for Reformulated and Conventional Gasoline*, we noted that "[o]ne of the corollaries of the 'general rule of interpretation' in the *Vienna Convention* is that interpretation must give meaning and effect to all the terms of the treaty. An interpreter is not free to adopt a reading that would result in reducing whole clauses or paragraphs of a treaty to redundancy or inutility".[22]

图 2-3　案例呈现

我又补充说，专家组在第 5.559 段中引用的 Appellate Body 对字典使用的解释和 VCLT 第 31 条的重合度很高，既提出了 ordinary meaning，还提出了结合各国的 circumstances。第 7.570 段第二行也强调了 ordinary meaning 的作用。

杨老师说，现在有了解释的标准，找起解释方法来就方便了。您继续提问：专家组在何处涉及了 object and purpose？张卓昊找到第 7.543 段，但是这里对于立法者目的的考察并不十分明显。我又做了补充：刚刚我将第 7.559 段解释为 context 还不是很合适；第 7.559 段提到了解释必须"in the light of the intention of the parties"，这里"intention"就是 purpose。

杨老师又问，现在大家对于 context 解释还有一些含糊，context 到底是什么？我提出，context 应该包含 TRIPS 及其所引用的条约中用到相同词汇的条款，还有其他条约中的相同表述。骆鑫补充说，她认为首先 context 是第 61 条其他地方用到的相同词汇，其次是条约其他条款中有没有用到"commercial"或者"scale"；但她认为我漏掉了最重要的一点，就是"commercial"和"scale"本身就互为语境。

杨老师总结说，context 的范围从小到大来排列，最小的范围就是表述中的这两个词，放大就是同一条，再放大就是整个条约，当然也可以包括条约所引用的其他条约。还可以再放大吗？其实回过头来看 VCLT 第 31 条，其第 2 款已经解释了什么是 context。[13] 但是我们真的已经把 context 弄清楚了吗？杨老师提问，VCLT 第 31 条第 2 款提到"preamble"，其一般指一个协定的序言、前言，常常是写 object and purpose 的地方。那么"preamble"到底属于 context 还是 object and purpose？还是两者都是？我们整学期都会涉及 VCLT 第 31 和 32 条的问题，大家要引起注意。

13　第三十一条　解释之通则

一、条约应依其用语按其上下文并参照条约之目的及宗旨所具有之通常意义，善意解释之。

二、就解释条约而言，上下文除指连同弁言及附件在内之约文外，并应包括：

（甲）全体当事国间因缔结条约所订与条约有关之任何协定；

（乙）一个以上当事国因缔结条约所订并经其他当事国接受为条约有关文书之任何文书。

三、应与上下文一并考虑者尚有：

（甲）当事国嗣后所订关于条约之解释或其规定之适用之任何协定；

（乙）嗣后在条约适用方面确定各当事国对条约解释之协定之任何惯例；

（丙）适用于当事国间关系之任何有关国际法规则。

四、倘经确定当事国有此原意，条约用语应使其具有特殊意义。

第三十二条　解释之补充资料

为证实由适用第三十一条所得之意义起见，或遇依第三十一条作解释而：

（甲）意义仍属不明或难解；或

（乙）所获结果显属荒谬或不合理时，为确定其意义起见，得使用解释之补充资料，包括条约之准备工作及缔约之情况在内。

杨老师说，我们花了大量的时间讨论本案的裁决思路，由此延伸讨论了裁决思路是如何根据 VCLT 第 31 和 32 条展开的。但还有一个问题没有解决，是朱亚博在课前研究里提到的。朱亚博说，国内法与国际法的解释规则差不多。杨老师问，国际法有 VCLT 第 31 和 32 条作为条约解释的方法，这个方法是否通用？可否用于解释国内的民法和刑法？这里并非是说立法解释、司法解释这种基于权力的解释，而是理解法律内涵的方法。朱亚博发现，国内没有专门的法律法规规定法律应该如何解释，只是在《立法法》中授权权力机关、司法机关解释法律。但是，一些法律解释的思想其实是相通的，比如说要将法律中用到的实词充分解释出含义，等等。而相比 VCLT 等国际法上详细、通用、具有约束力的解释规则，国内法解释规则比较简略，因为国内法的对象是国家公民，国家司法机关做出的判决必须遵从；而国际社会由平等的主权国家构成，国际法是一种协商的结果，没有凌驾于国家之上的权威机构保证国际法的实施，故国际法的解释规则必须尽可能详细，才能保障解释结果的正当性，进而支撑其得以实施。甚至，解释规则比条约本身还要重要。

杨老师进一步提问：假设现在没有立法解释、司法解释，我们又如何去解释刑法、民法乃至合同？我找到了《民法典》中关于合同解释的法条。《民法典》第 142 条第 1 款规定："有相对人的意思表示的解释，应当按照所使用的词句，结合相关条款、行为的性质和目的、习惯以及诚信原则，确定意思表示的含义。"杨老师笑说，您觉得这就很像 VCLT 第 31 条。

杨老师说，他希望我们上这节课，最大的一个方法论突破就是学会不断地去追问国内法律的解释方法。国内法是不是不需要法律规定解释方法？课后可以再去思考一下。

第二部分　课程内容选编

综述人：梁好

第三周与第四周的课程主要涉及对"commercial scale"与"prime facial case"的理解。

第一部分　课程内容梳理

一、commercial scale

（一）专家组对"commercial scale"的解释思路

中美双方对"commercial scale"存在不同的解释进路。美国希望对"commercial"和"scale"分别进行解释，而中国希望把"commercial scale"作为一个整体进行解释。专家组对两种进路都进行了分析。

专家组首先选取了美国的思路进行解释，中美双方对"scale"一词的解释是没有争议的，可以定义为"relative magnitude or extent"，同时包含了"相对"和"数量"的概念。但"commercial"的解释就不是那么确定了。在诉讼过程中已经提出了两个定义：一是"engaged in commerce……"，二是"interested in financial return rather than artistry"。专家组认为第一个定义较为适当，它包含了买卖和商品的交换与服务的概念，这偏向于"commercial marketplace"；而第二个定义中包含的"rather than artistry"和"mere"等词汇实际上更偏向于“商业艺术家”等用法，与TRIPS中的条款关联性较弱。这样，“commercial”一词似乎是定性，“scale”一词是定量。但问题在于，若将“commercial”简单理解为定性的，即指与所有商业有关的行为，则会忽视“scale”的含义。仔细检索TRIPS《巴黎公约》《伯尔尼公约》等协议中所有“commercial”的用法，我们可以发现，该词既限定行为又限定名词，但在TRIPS谈判过程中，既没有直接以第61条第1款规范所有商业行为，也没有直接以“commercial purpose”来限缩规范范围，却使用了“commercial scale”，因而我们必须给予“scale”一词以足够的权重；而在理解“commercial”中，根据上下文，其不仅是定性词，更指示某个数量。“commercial”一词是为盈利而进行，但不单单指买卖，与各个行动联系，商业活动的规模也不能假定一定比其他的大。第61条第1款中“commercial”的使用限定了关于大小的概念。综上，专家组认为“commercial scale”一词不仅要求性质，并且要求相对规模“as a market benchmark”，这要求具备一个典型或通常商业活动的规模或程度（“the magnitude or extent of typical or usual commercial activity”），而这是因商业类型而异的。

美国反驳说自己的理解并非忽视了“scale”一词而指所有商业活动，其对“commercial scale”的理解用“seriously”和“genuinely”做限定，指“排除了trivial or de minimis activities的商业活动”，但专家组指出这两词如何限定是不清楚的，且这两词是无协议文本支撑的，因而这种限定很难确认何为“non-trivial activities”，专家组认为美国这种理解路径其实与“commercial purpose”的理解路径差别不大，同样忽视了“scale”。随后，专家组对第三方提出的观点一一回应。

专家组转向中国的解释路径，即将“commercial scale”作为一个术语理解。专家组指出由于中美双方都没主张“commercial scale”一词具备特定含义，因而排除了VCLT第31条第4款的适用，而适用第31条进行文义解释。专家组认为字典含义具备局限性，术语最普遍意义应当根据案件具体情况和缔约方当时意图进行解释，而对术语整体解释必然离不开对单个词汇的解释，因而专家组对美国路径的分析内容同样适用于中国路径。专家组注意到“commercial scale”的各种条约中的不同用法，比如各国知识产权立法中已经使用过的“commercial scale”，但没有迹象表明这是谈判者在制定第61条时所打算使用的；在WIPO Committee of Experts on Measures Against Counterfeiting and Piracy 也使用过“commercial scale”。这更加凸显“commercial”与“scale”单个词汇的意义。

中国寻找到4处“commercial scale”的整体用法（1947－1948 Havana Conference，1985 GATT Council meeting，US national legislation on alternative energy development），认为“commercial scale”指“重大侵权活动”（a significant magnitude of infringement activity），并且暗示仅指“工业规模活动”。专家小组认为这是中国故意选词的结果，而第61条更多侧重于“个人权利和个人产品侵权”，中国的解释仅将“commercial”代之以“significant”。专家组同时指出中国依据的解释性意见并不能成为普遍定义，而仅适用于特别情况，不能提升其效力。中国进一步提出美国新闻稿、文件和专利申请等证据证明其观点，但专家组认为这都是个人理解，不是普遍含义。而要理解普遍含义，除了考察其案例，也要考察其限定的名词。专家组细致考察发现“commercial scale”衔接不同词汇且这些名词多是生产性质的，这进一步证明该词组可作为术语使用，但这一术语的确缺乏精确性。整体术语的解释难以实现，只能依赖于对“commercial”和“scale”分别的解释，故专家组回顾其观点，认为“商业规模是典型或通常的商业活动的规模或程度”，这具备相对性在不同“bench market”变化。

骆鑫同学在表明解释思路时将专家组对“commercial”和“scale”以及“commercial scale”三次解释内容看作是专家组的预热阶段，而后对中国和美国的观点及其提出的证据进行了评价。严君啸同学认为专家组论证“commercial scale”的过程比较凌乱，顾左右而言他，缺乏整体性。吴雨泽同学认为专家组的论证十分清晰，很有条理，先是论证美国的思路，将“commercial”与“scale”两个词分开进行单独解释以探究整体的意思，并且得出初步结论；而后论证中国的思路，将“commercial scale”当作整体术语进行解释，但经过查找很难找到其作为整体术语运用的含义，因而又不得不转回对两个词汇分别的意思解释。笔者支持吴雨泽同学的观点。但“There are a thousand Hamlets in a thousand people's eyes.”，仁者见仁，智者见智，只要自己的理解具备逻辑性，能够把握论述的真正内涵，无所谓最终的展示路径如何。

（二）字典解释方法的评价

在专家组对“commercial scale”的解释中可以看出，专家组很依赖于对

"commercial" 和 "scale" 的单个词汇解释来最终得出整体词汇的意义，而这种解释多是源于字典，专家组在运用 VCLT 第 31 和 32 条寻找 "commercial scale" 的 ordinary meaning 时也注重是否能从字典中获取灵感。这是专家组对文义解释的直接适用，但通过查字典的方式并不意味着专家组会直接把字典含义当作词汇的普遍含义，专家组引用上诉机构的判决，指出 "查字典是分析条约含义的一个有用起点，但不一定是决定性的，条约用语的含义需要根据每个案件的具体情况进行确定。重要的是，条约用语一般含义必须根据缔约方的意图进行推测。" 这实际表明查字典只是文义解释的一种小技巧而已，旨在打开思路，而非直接将字典含义作为文义解释的结果。而事实上，专家组在进行文义解释的时候灵活地运用了 VCLT 进行解释，先通过排查确定该词汇所有用法，继而辅助以目的解释、体系解释等手段，根据具体的案件情况确定最终的 "ordinary meaning"。

（三）国内解释与国外解释

在讨论过程中，我们发现了一个有趣的现象，即虽然通过 VCLT 可以看出国内和国际解释法律技巧使用上具备惊人的相似性，但解释的详实程度却差距甚大。以 VCLT 第 31 条为例，该条规定了解释的通则，首先需 "应依其用语按其上下文并参照条约之目的及宗旨所具有之通常意义，善意解释之"，其次对上下文进行了具体的规定，包括 "全体当事国间因缔结条约所订与条约有关之任何协定、一个以上当事国因缔结条约所订并经其他当事国接受为条约有关文书之任何文书，等等"，最后规定了 "约定的特殊含义"。该条虽然在用语上避免了实质内容，赋予了法官自由裁量权的空间，但在可以确定的考虑因素及解释路径上已经展现得十分清晰。而中国的司法解释大多出自最高人民法院和最高人民检察院，其出具的大多是一种结果而不注重论理的过程，延伸到我国的法院判决也是如此。判决往往极其简单，论理过程藏于法院的内部文件不得对外展示，这实际上不利于法院自身公信力的建设，依赖于体制权威让他人遵守，不利于公众法律意识的提高。但目前此种现象已经有所改正，我们注意到很多沿海地区的法院在判决中已经将论理详细展示，甚至法官会以法院的名义作出说理解释，司法解释等也更加注重出具释义或理解与适用等文件。可惜的是，在法条中仍旧未明确写明法律解释的方法。严君啸同学注意到《澳门民法典》第 8 条规定了法律解释的方法：

一、法律解釋不應僅限於法律之字面含義，尚應尤其考慮有關法制之整體性、制定法律時之情況及適用法律時之特定狀況，從有關文本得出立法思想。

二、然而，解釋者僅得將在法律字面上有最起碼文字對應之含義，視為立法思想，即使該等文字表達不盡完善亦然。

三、在確定法律之意義及涵蓋範圍時，解釋者須推定立法者所制定之解決方案為最正確，且立法者懂得以適當文字表達其思想。”

以资借鉴。

二、Prima Facie Case

（一）定义

骆鑫同学发现，WTO 在 *WTO ANALYTICAL INDEX* 一文中对“prima facie case”做出了定义，即“made in the course of submissions to the panel-demands no less of the complaining party. The evidence and arguments underlying a prima facie case, therefore, must be sufficient to identity the challenged measure and its basic import, identify the relevant WTO provision and obligation contained therein, and explain the basis for the claimed inconsistency of the measure with that provision”，而在 DSU 第 3.8 条中也对“prima facie case”作出一定的定义“In cases where there is an infringement of the obligations assumed under a covered agreement, the action is considered prima facie to constitute a case of nullification or impairment. This means that there is normally a presumption that a breach of the rules has an adverse impact on other Members parties to that covered agreement, and in such cases, it shall be up to the Member against whom the complaint has been brought to rebut the charge.”由此我们可以初步认定，“prima facie case”其实确定的是一种表面证据规则。

在案件的判断中，专家组有一反复重申的原则，即根据 DSU 第 7.1 条和 7.2 条规定，“审查争端方提交 DSB 的事项，并提出调查结果以协助 DSB 提出建议或作出该协定规定的裁决”及“处理争端各方引用的任何适用协定的有关规定”，专家组的审查重心是涉诉法律所规定的内容，标准是是否与 WTO 相关协定一致，专家组意图避免对涉诉法律措施做出违反与否之外的判断，以避免外界做出不适当的解读。这其实表明了起诉的性质大多是一种“违反之诉”。这反映了专家组在面对涉及国家主权的事项时采取了自我约束的态度。这不仅是因为存在有公共秩序保留的条款，也因为知识产权领域的私权性质，根据 TRIPS 的规定，其宗旨是建立最低限度的知识产权保护标准（TRIPS 第 1 条），允许成员国根据其通常能够获得的司法和行政资源确立自己的执法模式（TRIPS 第 41 条），事实上协议成员国都具备很强的自由裁量权。

表面证据规则便对“违反之诉”的证明责任进行的分配，这是一种客观举证责任，要求起诉方需要提供证据初步证实被起诉方的举措违反了 WTO 相关协定的规定，若能够证明则将由被起诉方进行抗辩，而后在辩论过程中适用“谁主张，谁举证”的规则，这种规则在美国衬衫和罩衫案的先例中确立，指提出事实的一方应对该事实举证，提出某个特定诉讼请求或辩护的一方承担举证责任，如果一方举证充分足以建立起其主张为真的假设，举证责任转由另一方承担，除非另一方能够举出充分证据反驳该假设，否则即认为其举证失败；但若起诉方没有客观举证责任的要求，那么 DSB 将驳回起诉方的起诉，不继续审理案件。

（二）证明标准

上文已经可以确认“prima facie case”是一种举证责任的标准，但带有证明责任的含义，是要求起诉方的证据达到一定的证明标准，这种证明标准是在具体案件中具体分析的，其大概要求“起诉方提交证据足以初步证明被诉方的措施违背了《WTO 协定》”，同时根据 DSU 第 3. 8 条，“prima facie case”实际上构成了一种法律上的推定，即若只有当一方强有力地证明了他有权利获得对他有利的法律上的推定时，该方才证明了一个表面上可以成立的案件，这里的表面证据与“推定”密不可分，可以认为是一种足以证明既定事实的证据，如果该证据不经反驳或驳斥，就将被认为是充足的。[14]

但在知识产权案中，虽然美国经过几年的铺垫和准备，专家组仍旧认为美国的证据是没有达到“prima facie case”的证明标准的，这是否意味着

14　张华薇：《论“表面证据”——兼评我国诉讼证据制度的改革》，对外经贸大学 2002 年硕士学位论文，第 24 页。

“prima facie case”的证明标准过高以至于美国难以达到？在知识产权案中期证明标准究竟是什么？如何提交证据？

关于“prima facie case”，专家组引用了US-Gambling案的上诉机构报告中的论述：“A prima facie case must be based on ‘evidence and legal argument’ put forward by the complaining party in relation to each of the element of the claim. A complaining party may not simply submit evidence and expect the panel to divine from it a claim of WTO-inconsistency. Nor may a complaining party simply allege facts without relating them to its legal arguments.”。

专家组要求证据需要与被证明的法律争议相联系。具体到案件中，美国要提供证明中国的措施是违背《WTO协定》的，这指美国需要证明中国存在达到“commercial scale”的商标假冒和盗版侵权并未被给予刑事处罚。

专家组已经论证得出结论“commercial scale”是一个相对标准，在不同事实环境下会变化，中美双方也达成一致认为对其具体判断需要根据中国市场情况进行评估，问题仅仅在于证据的选择和提交了。专家组注意到第61条第1款在赋予强制义务时，具备很多限缩条件：一是限于假冒商标或盗版案件，而非所有知识产权侵权案件；二是必须是故意，不能是过失等情况；三是必须达到商业规模。专家组甚至在第一次实质会议后向中美双方询问“商业规模”是否因市场、产品、经营者等不同，以及其与哪种数据有关。

但美国提交的证据似乎偏离证明的中心，美国提供大量证据证明中国存在故意假冒商标或盗版侵权的行为，但并没有获得专家组的赞成。专家组在对美国提交的证据进行审议时，多次强调其不需要证明中国没有保护某一类版权或者说对盗版侵权或商标假冒没有保护，因为这并不是强制性义务，其仅仅在第4款中作为倡议性条款被规定。美国提交的证明“illegal business operation volume”“manufacture, storage, transportation, or sales”“illegal gains”“20000、50000、500”等证据都无法帮助专家组区分商业规模行为和非商业规模行为，都没法证明中国的任何相关市场基准。美国又指出中国市场充满小型制造商、中间商等小型网点，并进一步提交关于中国零售的数据，但专家组认为其过于零散，不能证明中国任何产品的商业规模水平。美国又以加拿大提供的中国人均收入水平作论证，但数据可能偏高，且仍旧与具体产品商业规模水平无关。美国提出的其他证据，如收缴盗版数额等，被专家组以同样理由否定了。

那么专家组期待的是什么样的证据呢？在第 7.614 段的论述中我们注意到："The United States agreed that 'commercial scale' must be viewed with reference to the marketplace, and acknowledged that the scale of what is commercial necessarily will vary by product and market...Nevertheless, the United States did not provide data regarding products and markets or other factors that would demonstrate what constituted 'a commercial scale' in the specific situation of China's marketplace."。

显然专家组需要的是能够直接证明中国具体市场环境下商业规模的证据。如何具体证明，我们可以发现中国提供的经济普查数据令专家组较为满意。中国在年度调查报告中指出，刑法以 50000 元商标假冒和盗版侵权作为门槛，而 50000 元仅是从事轻工业企业的年均收入的 0.41%，是小型企业年均收入的 0.8%，是中国零售业年均收入的 0.84%，是个体经营户年均收入的 22.56%，是从事零售业的个体经营户年均收入的 29.44%。专家组在第 7.626 段的论述中认为中国提交的比例数据可能有助于确定"市场基准"，但问题是"笼统"与"没有指任何特定产品"。逆向思维：若中国提供的数据指特定的产品，提供具体经营者收入占比的数据，很可能就能直接满足专家组认定的"prima facie case"的标准。比如，50000 元与商标或正版领域内经营者收入的比值，或者是盗版或商标假冒产值占整个行业产值的比率。

（三）获取证据的难度

这种证据获取的难度很高吗？专家组在第 7.630 段中论述道："There is no indication that probative evidence on this point would be difficult to obtain."。并且，专家组直接点明了可以获取信息的渠道，即"it can be noted that more specific information on prices and markets in China is contained in various US exhibits, notably information on prices of products in a report on Cinema and Home Entertainment in China prepared by Screen Digest and Nielsen NRG608（submitted in support of the claim regarding the Copyright Law）and in annexes to a letter from Nintendo of America to the United States Trade Representative."。可惜的是，美国并没有从此处提取证据，专家组也没必要给美国补齐证据。

同时，贾小我同学注意到在第 7.627 段中美国提交了一些新闻文章作为证据，中国反对认为"Panel can afford little or no weight to such anecdotal and potentially misinformed reports"，而美国指出其曾根据 TRIPS 第 63. 3 条多次向中国索要数据但中国都拒绝提供。这其实表明单纯的 TRIPS 第 63. 3 条的透明度条款不足以支撑他国搜集足够多数据，进而我们提出疑问：是否有其他法定可靠手段保障证据的搜集？或者说在证据搜集实在困难之时确定举证责任倒置原则（尤其是小国对抗大国的时候）？相关疑问并未得到解答，但我们又不能同时对一个国家的数据搜集能力做一个评估。

第二部分　其他思考

一、Judicial Economy（司法节制原则）

司法节制是 DSB 一个不成文的传统，其基本理念是争端解决过程中，为确保有限司法资源的最优化配置，以较少投入获得较大效果，专家组毋需审查争端方的所有诉讼请求，仅审查足以解决。DSU 中并未明文规定司法节制原则，一般认为 DSU 第 3. 7 条将争端解决机制的主要功能定位为"通过撤销与不一致的措施解决争端而不是创造法律解释或对任何问题提出意见"是该理论的源泉。司法节制是专家组的一种自由裁量权，专家组有权之审理为解决争端所必需的诉求。

专家组在论证过程中多次使用了司法节制原则，自成立以来经专家组和上诉小组的广泛运用，司法节制原则的效力已很少受到质疑。本案中专家组在审理《著作权法》第 4 条和刑事门槛的诉讼请求时适用了司法节制的原则：前者在认定《著作权法》第 4 条违反 TRIPS 第 9. 1 条和《伯尔尼公约》第 5. 1 条后，不再继续审查是否违反第 5. 2 条（该条进一步规定享有第 5. 1 条规定的权利不需要履行任何手续）以及 TRIPS 第 61 条提供针对版权侵权行为的刑事程序和刑罚；后者在认定我国刑事门槛不违反 TRIPS 第 61 条关于刑事程序的特别执法条款后，不再判断其是否违反第 41. 1 条一般执法条款的规定。

一般认为司法节制原则运用的要求是法律条文本身具有逻辑关联，可以跳过不是解决争端所必须解决的争议，使得运用结果不影响裁决结果。这种关联性一般具备两种表现形式：一是法律条文间的内容具备同质性，否定某一条中的同质内容就不需要再对其他内容进行考察；二是法律条文之间具备逻辑递进性，法律条文间呈现出条件与结果关系，否定条件自然无需对结果进行考察。

司法节制原则不仅能促进 DSB 有限法律资源的高效运用，有时也会帮助专家组绕开一些更复杂的问题。例如，本案中多个诉讼请求都涉及 TRIPS 第 41. 1 条，这一条是第三部分知识产权执法中的原则性条款，争端正是由该条对执法标准的模糊表述引发，而专家组利用司法节制原则恰恰绕过了这个问题。魏海跃同学提出了该原则的缺陷，引用了一篇介绍“司法经济原则”的文章：“从实然上，该原则确实没有具体适用标准，适用有随意性；从应然上，作者认为应当采取‘吸收规则’来指导司法经济原则的适用。”

二、第三方

我们注意到，本案中，包括加拿大、日本、中国台北等并非涉案双方的 WTO 成员都提交了自己的书面意见，专家组在每个 issue 之下都会对他们的观点进行总结和评述，进而我们对第三方提出疑问。

根据 DSU 第 10 条，有实质利益（substantial interests）的第三方可以向专家组提交意见。如何认定具备实质利益？王雨宁同学做出回答：“虽然规则要求有贸易利益，但是在实际运作中，如果第三方是申请参与旁听专家组，应该是不需要实质性地对 substantial interest 审理。”（substantial interest 的审理，any member who invokes a systemic interest is admitted to a panel procedure as a third party without any scrutiny whether the interest truly is substantia）但如果是磋商环节，那么根据 DSU 第 4. 11 条的规定，第三方需要获得被告方的同意才能参加磋商，与 DSU 第 10 条有出入。而根据 DSU 附录 3 工作程序第 6 条的规定，所有书面通知 DSB 其在争端有实质利益的第三方都应该接到书面邀请，在另行安排的会议上陈述观点，整个会议期间均可出席。因此我们可以看出，目前第三方的权利可以分成三个阶段来理解：磋商阶段第三方的参加由争端当事方来决定；在专家组程序中只要自己认为在专家组处理的事件中有重大利益关系就可以自动成为第三方，但要通知 DSB；在上诉阶段便还需要额外判定其在事件中是否具有重大利益以此来判断其是否享有相应的诉讼权利。

第三方在争端解决中有特殊地位，它既不同于申诉方（complainant），也不同于被申诉方（respondent），它的权利义务有其特殊性，主要规定在 DSU 第 10. 2、10. 3、10. 4 和 17. 4 条中。根据这些条款，WTO 争端解决机制中的第三方拥有以下权利：向专家组提出书面陈述的权利，该书面陈述应当分发各争端当事方，并在专家组报告中有所体现；有收到争端各当事方在专家组第一次会议上提交的书面意见的权利；如果某第三方认为专家组已在审议的某项措施，使其根据有关协议所拥有的权益受损或丧失（nullified or impaired），则有权依据谅解书求助于正常的争端解决程序；有向上诉机构提出书面意见的权利，并由该机构给予机会以听取意见。

除了在DSU中有对第三方权利的规定之外，在WTO的《争端解决机构上诉委员会上诉案件审理工作程序》（以下简称《上诉工作程序》）中也有涉及第三方的权利规定。比如公平的原因，第三方有要求上诉庭作出修改工作时间的权利，有收到每一份文件的权利等。比较特殊的是，在上诉程序中又出现了一类与“第三方”有相似之处又不完全相同的参与者——“第三当事方（third participant）”。值得注意的是，“第三方”和“第三当事方”，这两者是既有联系，又有区别的。

第三方无权对专家组的决定提出上诉，这是由DSU第17.4条明文规定的：“只有发生争端的各当事方，而非第三方，可以对专家组的报告提起上诉。”这是第三方与争端当事方的重要区别，然而这并不意味着第三方参与争端解决的过程就到此结束了，第三方如果认为有必要，仍然可以继续参与上诉程序。DSU第17.4条第二句规定：“按照第10条第2款向DSB通报其在事件中具有重大利益的第三方，可以向上诉机构提出书面意见，并由该机构给予机会听取其意见。”从这一规定，我们可以得出：虽然第三方不能对专家组的报告提出上诉，但是在争端当事方提起上诉的情况下，第三方仍然可以通过向上诉机构提出书面意见的方式参与上诉程序。

一旦第三方以主动的方式参与了上诉程序，那么“第三方”就成为“第三当事方”，即“第三当事方”是依据《上诉工作程序》的第24条提交了书面材料的第三方，该条规定“在提交上诉通知后25天内，任何第三方可以提交书面材料，表明其作为第三当事方参与上诉的意图，书面材料应包括支持其要求的法律观点”，第三当事方的相关权利主要规定在《上诉工作程序》的第27条第3款：“根据规则第24条提交材料的任何第三当事方可以出席口头听证，提出口头辩论或陈述。”

第三部分　课程感想汇编

骆　鑫

在第三周和第四周的课堂上，我们的讨论都围绕一个具体的案例展开。我认为，这两周我们的讨论内容更加丰富，大家的共识也好、分歧也好，都更具有实质性。而且随着大家研究的深入和细化，对于案例的理解也更加深入，第四周的讨论相对于第三周而言，大家对于专家组的思路都有了更深的理解。我在这两周的收获非常多，最主要的是以下几点：

首先，我认识到了案例研读的重要性。对于学习 WTO 法，仅仅看相关法律规定或者只是阅读学者的论文都不够，这样所得到的收获虽然更综合，却也是“中空”的。回首第一、二周的学习与讨论，我们虽然探讨了很多关于 WTO 的争议解决问题，为后面的学习奠定了基础，但实际上我们对于某个争议的具体解决的程序、方式和判决都不甚清晰。而阅读具体的案例则让我们直观明了地看到了双方在争议解决中的表现，专家组的裁决程序、裁决依据，以及在解决具体问题时如何适用法律等。对于这些问题的理解都是只有在自己阅读案例时才能收获的。

其次，研读案例时应当“点面结合”。我们在阅读一个案例时，应当能够从整体上把握案情，应当清楚这个案例主要的争议焦点，双方的主张和法院的结论。但同时，我们也应当深入细节，探究在解决某个问题时，专家组的依据是什么，其具体思路如何。例如，我们在第三周的讨论中，多是对案例整体性把握的问题，我们探究了判决原则，什么是“prima facie case”，但对于细节，我们的探究还不够；而第四周的讨论中，我们则专注地探究了一个虽细小但非常重要的问题，即专家组如何得出“commercial scale”的解释，又是如何运用的，对这一细节的探讨，使得我们对于专家组解决争议的思路和方式又有了进一步的理解。因此，从这两周的学习看来，“面”和“点”的学习都是重要的，所得到的收获也有所不同，而只有“点面结合”，才能够更加完整深入地探究一个案例的解决思路。

再次，如果想把握好一个案例，仅仅阅读一遍通常是不够的，需要反复研读。在初次阅读的时候，有很多问题我们可能根本没有发现，更谈不上解决，而在后面的反复阅读中，我们会不断地发现新的问题，不断地解决之前遗留的问题，不断有新的收获。在第四周之前，我们又再次阅读了专家组的观点；相比于第三周，我们在第四周对于专家组的观点已经有了更深刻的理解，以及自己的想法和立场，也有了不少改变。因此，案例的研读不是一蹴而就的，只有在反复的阅读中我们才能不断加深理解，有新的收获。

最后，便是自己在阅读时应当对较长的说理过程进行梳理，对专家组的观点有自己的思考与理解。专家组的观点通常很长，需要我们自己在阅读时去梳理其说理的逻辑。从第四周的讨论来看，大家在阅读同一段文本时，对专家组的逻辑划分不尽相同，因此都有自己独特的思考方式和逻辑划分方式，这也体现了大家对专家组观点的多元化的思考和理解。其实，我认为一段文本在不同的人看来，往往会产生不同的理解，而大家在讨论时互相交流自己的立场，就能够从彼此的观点中看到自己忽视的地方，补充缺漏的知识，或者加深自己之前的理解。

总之，在这两周的学习中，通过对案例的研读，我们的学习又上升了一个阶梯，并开启了新的阶段。在案例的研读中，我们应当耐心、细致地解剖专家组的想法，应当形成自己的理解，但也应该保持开放的心态；在讨论中，借鉴其他同学的观点，不断加深自己的理解。

吴屿姜·

这是我阅读的第一份 WTO 判决书，确实感觉和之前阅读的中国裁判文书以及美国最高法院的判决书都有所不同。与其说是判决书，不如说更像是一篇 report。行文的用词、语言风格都更像是在表达一种面面俱到、力求客观的参考性意见，而不是像传统的司法机构一般陈述法官的决定性意见。这是因为贸易政策往往牵涉到国家的主权（就像中国知识产权案中 panel 就需要面对中国刑法的解释问题），可以感受到 panel 和 Appellate Body 谨慎地在 WTO 协议框架内解决争端，而一旦由国家认为 WTO 对自身主权造成威胁，无疑也会直接损害 WTO 作为多边争端解决平台的公信力，所以 panel 和 Appellate Body 都以谦卑尊敬的态度，根据两造及第三方所呈递的材料做客观的裁决。

当然，谦卑尊敬不意味着回避问题，也不意味着法律技巧的贫乏。相反，在中国知识产权案中，panel 向我们展示了 WTO 争端解决机构极富创造力的一面。在整个刑事门槛的争点上，专家组有其清晰一贯的思路，且在条文中所使用的"commercial scale"的解释上可以说是有理有据。(对于 WTO 条约解释和 VCLT 第 31、32 条之间的关系问题，此处篇幅有限仅做摘要论述，DSU 第 3.2 条规定"clarify the existing provisions of those agreements in accordance with customary rules of interpretation of public international law"，这实际上是一个摆渡条款，也就是在司法实践中争端解决机构认定的所有解释国际法规则的习惯做法（参见 DS 2)，均可以作为解释 WTO 规则的依据，因此 VCLT 实际上是作为习惯做法被作为解释 WTO 规则的依据。如此规定的原因有二：一是美国不是 VCLT 的缔约国，直接写明依 VCLT 并不妥当；二是由于国际贸易本身的特殊性，例如更强调探求缔约者当时的原意，而非完全按照文本的通常含义，VCLT 第 31、32 条仅仅是解释国际法规则习惯做法的一部分，而非全部。)

这次案例阅读让笔者切实感受到，WTO 框架下争端解决和国内法诉讼的同和异，也对 WTO 争端解决机制所希望实现的价值目标，也就是在稳定性和灵活性之间保持平衡，有了更深的体会。

吴雨泽

通过这次课程，第一次直接体会到 WTO 争端解决机构对具体法律问题的法律推理。专家组严格从 VCLT 出发，对一个具体术语从文义解释到体系解释再到目的解释，严丝合缝，结构精巧，让人叹为观止。此外，这次课程中也进一步增长了认识，一些更为抽象的法律问题，例如 prima facie 规则、司法节制原则，甚至一个法律解释规则，都需要在个案中体现出其具体的应用模式，明确其具体的含义。正如对条约文本的解释一样，单纯抽象的规则解读是不够的，还需要结合 context 等其他内容，才能获得正确的认识。

张卓昊

进入案件的实际讨论之后，我感觉课堂讨论的发散性相较概论课有所降低，同学们提出的问题更加集中，讨论也相对深入。由于阅读材料的范围更小，自己对相关资源的检索阅读能力有所提升，因而在课上相较前两周课程更能够把握住同学们讨论的思路，并且能够加入到课程讨论之中。在第三周的课程中，我切实体验了经过同学的讨论让一个自己本不甚清楚的问题逐渐变得明确的过程，感受到了这种层层深入的魅力。在第四周的课程中，骆鑫、严君啸、吴雨泽三位同学对专家组解释思路产生的交锋更是吸引眼球，真正诠释了什么叫集思广益。这一在讨论的过程中将自己业已形成的观点和其他同学的进行比较，在其出现不同之处时判断何种思路更优的过程，不仅起到了对自己的见解进行反思检视的作用，而且挑战着我对文章内容的把握情况，以及吸收与理解能力。当吴雨泽同学提出令人信服的解释方案之时，我顿觉云开雾散豁然开朗，这当然也对我此后的阅读起到了很好的借鉴作用，即要实事求是地从作者的想法出发去理解行文逻辑，而不是在大致理解之后将自己的逻辑强加于文章之中。

吴沐晨

一个最大的感触是我越来越能跟上大家的思路了：最初两节课的快节奏实在是难以适应，但是坚持下来后发现自己逐渐能跟着同学们的讨论一步步推进了，很少出现一头雾水不知道大家在说什么，以及讨论进行到哪个环节的情况了。不过目前的“能跟上”是指能跟着大家的讨论并及时记下要点，同时及时接收并消化大家分享的资料；但还没有达到在做到上述事情的同时积极参与讨论。这也是接下来几周的努力方向。

此外，我感觉每次看专家组和上诉机构报告原文的时候还是容易confused，因为报告大多冗长复杂，有时候看着看着就会忘记论证思路与要点，很难建构阅读框架；而且，由于报告中间总是夹杂着很多琐碎的信息及对我而言比较陌生的条约和案例，有时候需要我花费很大的精力理解、鉴别、排除不重要的信息，以及跳出文本去查阅相关条约和案例的资料，这些都让我的阅读效率大打折扣。目前我还在摸索适合自己的阅读方法。

曹秀知

前两次课对于中美知识产权可谓刨根问底，但面对以上激烈的争论，在有限的时间里将其达到完全解决是没办法做到的。因此，课后再次关注相关问题是关键。面对庞大的阅读量，确实使我在这两周收获不少。

张一初

从专家组的论证结构可以看出，和大部分的法律推理一样，专家组先设定了最终的结论，并且为了自己的结论而一步步寻找支撑点。

专家组的论证无法使我信服：第一是因为仅凭借对“commercial scale”的定义就驳倒了美国的起诉显得过于“随意”，且对文义、缔约者目的的解释有“缔约”“立法”之嫌，专家组的解释有些过于夸张了；第二是因为专家组并没有彻底解决问题，而仅仅是说“美国没有提供相应的证据”，未提供明确的标准。

我认为，WTO 层面的法律法规缺少体系化、纲领性的规定，适用国际条约缺少“位阶”的约束会造成混乱，如专家组在引用其他条约时的说理显得不充分且略显生硬。尽管目前某些国际条约中有法律解释规则，但并不完善和明确以增强国际条约的可预见性。

封　舜

中国知识产权案是我接触的第一个 WTO 案例。本案的专家组报告不可谓不精彩，个中逻辑之清晰、说理之明确、论证之严谨及分析之全面都打动了我这个 WTO 的门外汉，由此也便理解了杨老师所大力褒扬的专家组报告可贵在何处。的确，对于本课来说，WTO 案例既是一手资料，又是最好的学习教材，对案例中一个争点就涉及 WTO 法方方面面的知识，课上通过讨论可以解决自己心中的疑问，并且获得同学们的全新思路。锣不敲不响，灯不拨不亮，理不辩不明。在课堂上是如此，在 WTO 的法庭上也是如此。辩论是一种手段不是目的，真正的目的在于弄清真理。在这一个专题的课程讨论当中，我最大的感受是专业性增强了，高手如云的课堂上大家会援引各路资料，自行梳理案件中的思路，提炼出核心争议点，同时熟练运用比较法上的知识来介绍各国法的处理方式和原则。说实话，在这当中可谓“压力山大”，但同样也十分享受——能够在听到老师和同学见解的同时开阔自己的思路，这种思想之间的碰撞让我的阅读能力、思维方式有所提升，并且学会去倾听别人的意见，这是令我感动的地方。

严君啸

中国知产案是我们研讨的第一个案子。在本案两节课的讨论当中，同学们都展现出了非常活跃的思路，问题面非常广，理解也各有特色。但是，同学们对于专家组报告的理解，显然是不够细致和准确的。杨老师在课堂上给了大家非常多的提示，最终还能将课堂讨论带回案件所反映的重要的问题中。但是在这个过程当中花费的课堂时间是很多的，而且很多同学在预习过程中并没有考虑到一些主要的问题，没有找过相关材料，所以在讨论时显得说不上话。

我相信这很大程度上是由于大家第一次进行案例研讨，没有理解案例研讨的整体框架和注意要点：案例研讨要在对于案件核心问题进行过扎实的讨论的基础上，打开脑洞，发现问题，拓展思路，充分利用手中的材料。如果只是由着性子发挥，就很可能学得很虚，因小失大。当然，我相信杨老师是希望同学们自己总结出这个道理。杨老师并没有在课前要求同学们发掘案件的主要问题并展开研究有两个明显的好处：首先，避免局限同学们的思路，充分尊重同学们的思考；其次，人是有惰性的，如果强调了对于主要问题的把握，学生会满足于完成老师布置的任务，能力提升就会大打折扣。

其实，这个案子中讨论的几个主要问题，在杨老师的中文参考资料中是有涉及并给出过答案的。如果同学们能够阅读得更仔细，在发现自己的理解与杨老师文章不同后追问到底何者是更有道理的，就能够获得更大的提升，上课时的讨论也能更有针对性。希望在之后的课程中同学们能够注意到这些问题，展现出更精彩的讨论。

后一节课的讨论中，许多同学不注重法条的问题又暴露出来了。这可能是我们法教义学教育的习惯问题。其实老师强调过读法条的重要性，但是刚刚入学的法科生不太能理解为什么要读法条，同时由于课业压力大，就越来越只注重理论知识而忽视法条基础。法条是法学学科中理论与实践连接的特色工具。[15]要改正这个不好的习惯也是容易的，讨论的时候多追问一下依据就好了，尤其适合用像国际法这样法源判别很见功力的法律来锻炼同学们的这种思维。相信几节课下来同学们的好习惯会形成。

---

15 我总感觉某位著名的法学家提出过这个理论，但是我写在这里的文字全是我自己想出来的。我也尚未考证，还是等待在书里偶遇吧。

以上就是本次综述的全部内容。虽然我本人很反对写长文，但这次讲了很多故事，而且我把新闻分享部分还原得很细致，结果最后字数就快到一万了。希望这么多心力能够留住我们课堂上的美好回忆。每年一波又一波的同学会对案例反复讨论，思考和观点总会多多少少重合，但是那课堂上一去不返的时光，才是脑海里最易忽略的——那些让我们成为我们的东西。

梁　好

中美知识产权案其实颇具戏剧色彩，谁都没想到，美国经过长达数年的铺垫和准备，在已经对胜诉具备相当把握之后，运用 WTO 争端解决机制的结果竟然是败诉，不该是以扎实的证据打一个漂亮仗吗？但美国的证据部分实在是过于“拉胯”，我原以为作为世界唯一超级大国，其准备的证据应当是相当充分且正中中国要害的，但实际其证据的选择过于稀碎，有点让人摸不着头脑。事实上，从解读案件开始，我并不认为中国能够逃脱指控，因为我自身经历过中国盗版猖獗的时代，自己也经常利用盗版软件或资源，在获利的同时对他人知识产权造成侵害。但这也架不住美国对证据选择之愚蠢，虽然可能会有证据获取困难的问题。

专家组对“commercial scale”一词的论述颇为精妙，向我展示了一次教科书式的词汇解释的方法。法律解释是一项反复的工作，对词汇的解释首先需要搜罗所有的用法，再经过类案分析、目的解释、体系解释等方法逐一进行分析和筛选，最终确定其普遍含义或者是约定的特殊用法。VCLT 也展示出一个细致完整的解释过程，让我们不得不检视自身在写作过程中的纰漏。

同学们案件讨论得很认真，发现了许多我未曾发现的内容。我期待在下一节课中能有更多的收获，也希望能发掘更多细节与同学们分享。

杨盛彪

每一个专题完成之后，我都会对世界贸易组织和贸易争端解决机制产生许多新的认识。虽然我们只是阅读了中国知识产权案的节选内容，但在两周的时间内能够讨论的问题仅仅只是同学们产生的问题的冰山一角，如司法节制、第三方的很多问题都没有进行深入讨论。同时，几十页的文献阅读和课上充分的讨论总是能够让我们受益匪浅。在这个过程中，我也感受到了自己很多的不足，例如文献阅读不充分，很多地方没有理解以至于在课上不是很能跟得上同学们讨论的思路等。希望自己能够在之后的案例学习中有更多的收获。

蓝　月

在课堂上听完同学对于专家组解释思路的介绍，除了对这一问题有了更深的认知之外，也让我对自己的作业进行了反思和总结，在对解释思路进行探析的时候，只是一味机械地按照文本的含义进行理解，并没有将其拆分整合，搭建出一个有逻辑的框架，因此显得混乱；此外，在案例阅读的过程中，我也欠缺对于脚注内容和专家组引用的先例的仔细探讨，只是对纸面材料进行粗略的阅读，希望自己在以后的课程中能够逐步改正这一缺点。

晏高兴

这两周的学习载体主要集中在专家组报告上，这也是我第一次系统的阅读 WTO 案件中专家组报告的内容，并惊奇地发现对 WTO 相关制度更加了解，也加深了对一些问题的理解。如在第一个专题学习中，国内法是事实问题还是法律问题仍存在疑惑，即使课后自主研究后得出了一个结论，却由于缺乏对专家组报告的了解，仍难以说服自己。但在阅读原始专家组报告的文字后，我深以为国内法只是一个事实问题无疑，正如国内法中案件事实的地位，WTO 争端解决中国内法也同属于案件事实。而且，越发深入 WTO 案件的研讨，感叹之余，我也在课程中进一步启发自己以更多的角度思考问题。

如果前两周适应了课堂讨论模式，那么这两周我也逐渐适应了专家组报告。但于我来说，专家组解释的基本方法、论证的基本思路，仍有待回味！

韩世宸

第三周和第四周的课相比第一个专题，除了加入案例的分析外，更重要的是伴随着我们对 WTO 知识了解的深入，我们看待问题的角度更加广泛，得出的结论也更加多元化。

在面对一个从未见过的复杂案例的情况下，有了前两周课程提供的分析基础，我已经逐渐能够静下心来阅读长篇的文献，并从中提取关键信息了。初读专家组对“商业规模”的解析，其逻辑之严密让我不禁惊叹，这种世界各国之法条并结合文本的高超解释技巧对我来说是前所未有的；文献内容虽多，但并无多余之词，每一个词都能精准地阐释国家或专家组的立场，上一段话刚刚产生的疑惑在下一段话中立刻就能够找到答案，层层递进，令人豁然开朗。

课程的讨论依然热烈，在对 WTO 的概念性知识有了初步了解后，同学们很快便将其运用至案例的分析当中，同学们在慨叹于专家组从起初的“伏笔”，再到最后的一锤定音，以强大的逻辑和智识，构建起了这样严丝合缝、有理有据的框架之时，也对其逐字逐句的自洽而有说服力解释进行复盘与分析，并且对其与 DSU、VCLT 为核心的国际法和 WTO 的根本要求与宗旨的关联性进行讨论交流。庞大的案例涉及诸多法律问题，仅仅一个小争点同学们就有不同的理解与看法，我十分佩服同学们发掘问题、不断探索的精神，积极发言、海量的信息，也开阔了我的思路，更加领略到 WTO 的魅力。

对于同学们的问题和讨论，老师总是在最后予以总结和澄清，看似多个毫无关联的问题在老师的解释下瞬间被联系在一起，形成清晰的知识网络。从第三周课程前初识 WTO 案例的陌生，到第四周课后对整个案例的分析已经游刃有余，短短两周的时间让我又上了一个台阶，我也拥有了更足的知识储备以面对接下来的挑战。我也期待有更多的案件积累和讨论，我会努力听取老师同学的观点和意见，在 WTO 的世界中稳步前行。

魏海跃

在知识产权案的两周学习中，同学们聚焦讨论了四个问题。

其一，prima facie case 与证明标准问题。prima facie 是指一项“起诉门槛”或者“法律推定”，需要原告提出相应的证据、法律主张来达成。本案中，专家组认为美国应当就“中国具体市场、产品中的商业规模”进行举证，且美国完全有能力进行举证。然而，美国并没有援引数据提出法律主张，因此，专家组认为美国没有达到 prima facie case。

其二，专家组对 commercial scale 的解释思路问题。在梳理课堂讨论及再次阅读专家组报告后，笔者赞同“美方思路——美方观点——中方思路——中方观点——结论”的框架。在本案中，专家组采取了文意解释、目的解释、体系解释等多种方式，结合条约有效解释规则，对 TRIPS 第 61 条中的“商业规模”进行了全面的探讨与分析，给出了令人信服的解释。

其三，“司法经济原则”的适用问题。司法经济原则旨在提高诉讼效率，在适用中没有具体的标准，可能导致恣意性。对此，有学者提出通过“吸收规则”附加审查执行义务来限制司法经济原则的适用；有学者提出可根据赋予上诉机构审查事实的权力、赋予上诉机构发回重审权或者限制专家组运用司法经济原则的权力来维护申诉方的权利。

其四，争端解决机制中的第三方及法庭之友的角色问题。第三方可以通过提交书面意见以对专家组的审理过程发挥一定作用。法庭之友也有提交书面意见的权利。第三方仅是 WTO 中的成员国，而法庭之友可以是其他非政府组织。专家组和上诉机构有接收法庭之友意见的自由裁量权，但需遵循一定程序，保障当事方获得正当程序救济的权利。

回顾课堂，我的感想是，对于专家组的裁判文书一定要精读、注重细节。例如，如果忽略了第 7.630 段中专家组对美国举证能力的考虑，就容易产生“专家组对美国举证水平要求过高”的错觉。又如，如果忽略了第 7.532 段中“首先，审查双方的解释路径……”的表述，就不容易发现专家组在解释 commercial scale 之初采取的是“先审查美国的解释路径”的思路，从而容易认为专家组逻辑混乱。同时，我也很佩服专家组“四两拨千斤”的论证技巧，通过将“商业规模”解释为相对概念，对比中国刑事门槛的绝对数字，顺理成章地得出了“美国未完成相应举证”的结论，使复杂的法律问题迎刃而解。

知识产权案是我们在 WTO 课堂上研习的第一个具体案例。通过对专家组报告原文的阅读，第一、二周课堂上讨论的许多问题（如第三方的角色等）都让我有着具象化的体会。期待能够在接下来更多案件的学习中进一步感受专家组与上诉机构的论证技巧。

朱亚博

转眼间，课程已过四周，从刚开始阅读材料的艰涩难懂，到现在已经可以基本不借助翻译工具；从刚开始上课讨论的手忙脚乱，到现在参与讨论时的驾轻就熟；从刚开始对 WTO 的完全不了解，到现在已经能够慢慢读出专家组和上诉机构裁判文本背后的小心思——我发现自己开始享受课堂，并且期待着观点的交锋与思维的碰撞，同时也期待着自己从一个门外汉变得对 WTO 略懂一二。我还发现在最近的课堂讨论中，许多在阅读中遇到的细节问题都成为交流看法、深入挖掘的对象，不仅需要把握专家组和上诉机构的判决论证思路，还需要更广泛充分的查阅、理解与对比，从而能更清楚地看到其解释方法、法律事实对应上的相似与不同之处。总之，还需继续努力！

贾小我

第一次对真正的 WTO 裁决文书进行阅读和研究，虽然过程有些许吃力，但收获颇丰。对于同一段文字，不同同学可能产生不同的理解思路、关注问题的不同侧面，课上课下的分享帮助我弥补了不少阅读与思考中的缺漏。在对解释方法的讨论与课后的研究中，我一方面感叹自己对于 WTO 整个规则体系与发展历史仍然知之甚少，另一方面却逐渐对 WTO 的理念、“安全性与可预测性”等抽象而宏观的理念有了更加立体而深刻的认识，并欣喜于这种微小的成长。希望今后能在老师与同学们的带领之下，继续探索 WTO 的无穷魅力。

张一凡

随着课程的进行，同学们对于这门课的上法渐渐熟悉，大家的讨论也愈发丰富，讨论中双方焦点明确，有时存在明显的对立两方，如骆鑫同学与严君啸同学在解释体系上存在不同的见解。不仅如此，同学们在文献阅读上也非常细致，往往能够从大量的资料里找到核心的“证据”来支撑自己的观点，对此我个人感觉自己在这方面还需要进一步加强。

除此之外，老师还提醒大家要多注意 WTO 有关的新闻，要多留意他的朋友圈中的美图。我觉得这是非常不错的建议！

陈红吉

在专题二的学习中，我感受最深刻的就是要反复阅读裁判文本，把握专家组意图，在掌握思路的基础上理解制度、抓住问题。最基础的就是对文本的掌握，在课程讨论中各位同学都能够准确快速地定位词句并说明其背后的含义，尤其是骆鑫同学能够在当堂整理出完整的逻辑线，还能在记录完同学的问题后给出妥当的回应。例如，在面对吴雨泽同学提出的不同结构构架时，她能够准确地定位到第 7.551 段、指出专家组给出的“argument”并无“美国”限定，因此这是对两方观点回应的共同预热。

在第四周的讨论中，我们将大部分时间都投入对专家组观点的分析中，杨老师更是明确了希望我们每一个人都理解专家组思路的目标。最开始我可能还有些疑惑，担心这样是否会没有时间讨论其他问题。但在梳理结束后，我们自然地对法律解释的方法，尤其是VCLT第31、32条的一般解释方法产生了疑问，吴雨泽同学更是捕捉到了裁判中的“the rule of effective treaty interpretation”，并在之后对二者进行了辨析。而后朱亚博同学更是从条约的解释方法联系到了国内法的解释规则。如果没有之前的积累，我们就不会提出有价值的法律问题，也就无从进行探索。

邓汉庆

第三、四周的课程给我最大的感受有两点，一是我感觉与其他同学相比，我比较缺乏问题意识，课前阅读材料时，可能其他同学能够善于从很小的点出发发现问题，我却是读下来顺顺利利，跟着材料的逻辑走，不会感觉有什么问题，还时常有“专家组/上诉机构好厉害，我怎么想不到这点”的想法，这也就导致我在课前阅读时没办法提出很多问题，是我今后需要改进的地方。另一方面，我感觉课堂上的时间太少，而大家提出的问题太多了，仅靠课堂上的时间或许无法解决所有问题，而且上课的时候花费了很长时间让大家说出自己的问题，如果最后没有解决，总感觉有些可惜，或许我们可以通过共享编辑文档，比如金山文档、WPS这类软件，提前将问题陈列在上面，如果有课堂上没有讨论到的，同学们也可以自行通过编辑共享文档对问题进行云解答。如此，没有解决的问题也能够一目了然了。

严晓畅

通过这几周的学习与讨论，我觉得自己收获更多了，亦略有长进，但也深深意识到自己还有很大的进步空间，无论是在课前、课中抑或课后，这些都有所体现。在此，我索性便依此序来讨论自己的感想收获。

1. 课前

最大的收获是培养了预习的习惯。坦诚而言，之前对于课程预习一直不够重视，但是WTO法课程可谓彻彻底底地扭转了我的这一习惯，每周周中开始，我便开启了“WTO法—中国案例”的探索之路，无论是老师提供的资料包还是学校提供的数据库，都是可供探索的天地。同时，老师也特别提醒大家注意课程群内的分享并跟进阅读，我觉得这在一般的课程中是很少见的。首先，很多课程并没有充分利用起微信群这一无比便利的沟通平台，在互动性上稍弱。其次，一般课程的学习并不强调时时紧跟前沿，但 WTO 法这门课却培养起同学这样的意识。我最近也关注了一个公众号——“WTO 快讯”，该公众号依托于上海 WTO 事务咨询中心编制的公益性刊物，长期关注 WTO 事务（尤其关于中国）的最新进展，常常有更新，阅读也很便利。

另外，自己阅读英文文献和对英文检索的能力也有所提升；在预习的过程中，我还发现了制作图表尤其是思维导图这一便捷而颇为有用的工具。这些都帮助我使预习更为高效。

2. 课中

WTO 课程让我切实地感受到了讨论的意义与魅力。每一次，老师的启发性“助产式提问”和同学们的提问、交锋都让我收获良多。自己在过往的学习生活中其实并不习惯课程发言与对抗性比较强的讨论，但是在这一门课中，我认为自己逐渐在改变，虽然个人线下在课上的发言并不多，但是鼓足勇气后在课程群内提问、分享和讨论的频率却大为提升了，这也是我迈出个人“舒适区”的一大步。

3. 课后

在一般的课程学习中，课后的整理可能更多是整理笔记、温习书本，而从没进行过如此系统的回顾整理工作，并且不仅是整理个人的，还整理了其他同学的发言、提问与讨论，可谓别开生面。通过这几周的整理综述工作，我觉得这项工作是极其有意义的。首先，这个步骤让我对学习过、讨论过的内容印象更深刻，思维脉络也更清晰，是真正地记在了心里而不是本子上或者电脑里；其次，这个过程让我也能更好、更全面地检视其他人对这个问题的看法和思考，一个人的视角终究是有限的，而通过这种整体性的整理，往往能看到自己视角、思维上的“盲区”，同时也能更好地“见贤思齐”，学习他人的长处。

篇幅所限，许多内容不能展开，实在难以全然概括我的感想与收获。期待接下来对“WTO 法—中国案例”的进一步探索！

第三章

中国出版物与音像制品案

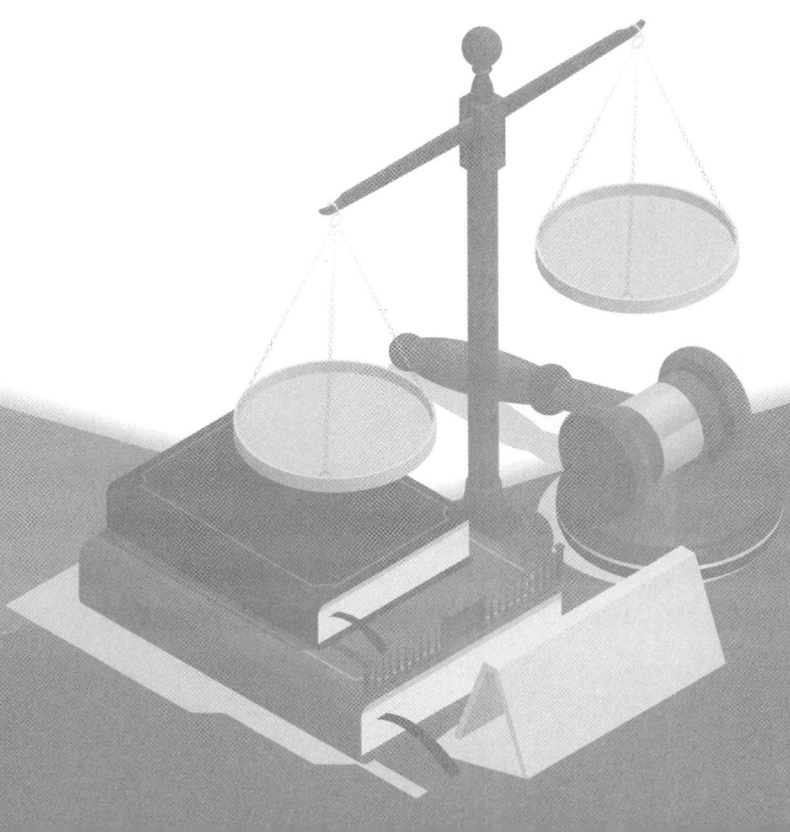

第一部分　课程概况

综述人：严君啸

这一次，我的综述仍然是讲故事的形式。我很关注杨老师对同学们的教导及对课堂的把控。不过这次，我也希望能更清晰地梳理不同同学的问题及争议，把课堂的层次感更好地建立起来。

一、第一节课：上诉机构管辖权问题的提出

本次课没有同学分享新闻，所以我们的课堂就只分成了杨老师教导与问题谈论两部分。

杨老师首先谈了大家课程综述的情况。您首先表达了对大家付出的认可，称大家写得很好，又是20万字，非常成功。杨老师说，您一直提醒大家，对别的同学提交的任何材料，新闻、感想、综述，大家都要打开看，可能就会发现自己感兴趣的、对自己有启发的内容；大家也可以看看别的同学是怎么写综述的，也可以得到启发。看别的同学提交的材料也有助于检查自己综述的纰漏，比如可能会发现自己落了一部分——有好几个同学都没有写感想，只有综述。感想应该是放在最后面的，或者按照个人的想法放在最前面的，单独的一部分。感想，包括课堂的感想、收获，包括对内容的感想，都可以，没有什么限制，但是应该有单独的一部分。杨老师说，您记得第一个专题综述的时候，就有同学只写了感想，没有写综述。这是大家需要注意的一个问题——要写综述和感想。

另外，杨老师又特别提醒了大家综述内容与写法的要求。您说，您发现

很多同学把综述和流水账混为一谈，整篇文章都是谁说了什么，条文是什么也全部写上。但是，按照您的理解，综述其实是一种能力。大家上课时说得那么乱，两节课后，就要根据自己的回忆和课堂笔记，用自己的语言来复述一下课堂到底讨论的是什么，讨论了哪些主题，线索是什么；大家通过阅读同学的综述，要能通过同学的语言知道我们这两节课讨论的思路，可以看出综述是进行过归纳总结的。也正是因为这是讨论课，所以才需要综述；如果是老师讲课，则不需要综述，只需要录音就行了。杨老师特别强调，综述应该是以自己的语言进行有逻辑地组织，不应该是仅仅列出谁说了什么，冒号，谁说了什么，冒号。可能大家平时也很少写综述，所以您觉得这可能是大家的一个共同问题，请大家以后注意一下自己综述的写法。有的同学写得比较好，还是用自己的语言，但是相当多的同学都是流水账。

进入案例讨论阶段，杨老师先就我们的讨论形式进行了整体的说明。

杨老师表示，我们在第一个案例时已经发现，虽然按理说我们应该先把28位同学每个人的感想全部过一遍（那也是很令人震撼的，同一个案例居然可以提出这么多的问题，已经很让人受启发了），但是一个案子可能刚说到四五个同学的时候就出现了某个问题，大家似乎就可以开始就此交锋了。这时候，我们可能就有必要在那里停一下。这也不是很机械地说一定要先把所有人过完，才能进一步展开后续讨论，完全是根据每个同学的研究情况、课前的阅读情况来调整上课方式。

课后大概会形成两个作业。第一，研究专家讨论主干问题的思路，这是每节课最核心的内容。第二，独立研究课题。大家可以就同学们课上提出的问题，选择若干进行研究；老师也可能会布置每个同学共同研究某一个或者两个题目作为必选项，然后再由同学自行加任选项，进行多个小课题的课后研究。由于时间关系，课堂上能够深入交流的问题数量很有限，但其实感想部分也很重要，同学们分享自己的理解也能形成讨论焦点；所以希望同学们在课后研究中进行补充。

本节课的提问和讨论，最有价值的是关于上诉机构管辖权的系列问题的提出。这个问题也被作为第二节课的重点讨论内容。

问题的起点在骆鑫和张瑶。两人的问题很相似，一开始大家也没有弄明白两人的问题有什么联系。我们用了20分钟时间反复澄清两人的问题，最终杨老师将此总结成了两个不同的层面：第一层面是张瑶提出的，上诉机构讨论的问题属不属于DSU第17.6条中的legal interpretation，或者属不属于legal issue；第二层面是骆鑫提出的，即便第一层面的答案是“属于”，那么在上诉机构对案件进行的说理过程中，出现了既未被专家组提出、也未被当事国提出的内容，是否属于越权。

刘玥含提出了关于“荷尔蒙案”的一段材料，看似没有直接回答上面的问题，却与之有千丝万缕的联系。在“荷尔蒙案”中，欧共体对专家组是否对事实进行了合理审查提出了上诉。上诉机构认为，专家组是否按照DSU第11条[16]的要求对于事实问题做出合理的判断是上诉机构可以审查的法律问题。这也就暗示了，如果上诉机构无法对事实问题进行审理的话，则其就不可能讨论清楚专家组对于事实问题是否做出了合理的判断；上诉机构也因此获得了事实问题的审查权。刘玥含认为，上诉机构在这里偷换了概念，扩大了自己的权力。

杨老师进一步让大家看看DSU第11条给专家组规定了什么职责。经过杨老师的引导，最终刘玥含总结出了三点专家组需要解决的问题：一个是事实问题，一个是法条的应用问题，一个是法条的一致性问题。杨老师追问，后面两个问题显然就是法律问题，上诉机构有权审查；现在的问题是，专家组有职责对facts进行objective assessment，如果我们作为败诉一方，认为专家组没有实现objective assessment of the facts，可不可以上诉？上诉机构的解释是，这个问题属于legal issue，当然可以上诉。

我认可专家组对facts有没有进行objective assessment是可能解释成法律问题的观点。我举了一个例子，比如一个商家本应卖给我一辆新车，但是他其实卖给我的是辆二手车，这个是事实问题。我说卖家的行为是一个欺诈行为，这就是一个对事实的法律评价，就是法律问题。有的时候，欺诈行为可能在另外的一个法条当中充当了一个构成要件，看起来与事实问题放在一起，但这并不影响其已经从最基础的事实做出了一步法律抽象，因而仍是法律问题。因此上诉机构的解释是可能成立的。

16　Article 11 Function of Panels The function of panels is to assist the DSB in discharging its responsibilities under this Understanding and the covered agreements. Accordingly, a panel should make an objective assessment of the matter before it, including an objective assessment of the facts of the case and the applicability of and conformity with the relevant covered agreements, and make such other findings as will assist the DSB in making the recommendations or in giving the rulings provided for in the covered agreements. Panels should consult regularly with the parties to the dispute and give them adequate opportunity to develop a mutually satisfactory solution.

刘玥含补充说，她认为，上诉机构现在的解释是把专家组有没有违反DSU 第 11 条直接等同于专家组对事实问题作出的一切判断。这一点她难以接受。她的理解是，上诉机构似乎可以通过这个理论对事实问题进行审查，因为如果不对事实进行审查，就没有办法判断专家组有没有对事实问题进行一个合适的审查。这看起来就超过了 DSU 第 17.6 条规定的上诉机构的权力范围。上诉机构通过这一个“花招”把审理事实问题变成了审理法律问题。

方怡婕对“荷尔蒙案”的上诉机构说理进行了补充。欧盟上诉表示，专家组忽视或者故意扭曲其所提交的证据，导致其根据证据得到的判断是有问题的。上诉机构认为，专家组是否按照 DSU 第 11 条的要求对其所审理的事实做出客观评估是一个法律问题，可以上诉，属于上述机构审查范围；但是专家组对于某种证据之可信度和证明力大小的认定，原则上属于事实问题。上诉机构并不是说自己可以对专家组没有审理的事实问题进行审查。其在“荷尔蒙案”第 132 段[17]中表示：“显然，并非在评估证据上的每个错误都可以被定性为没有客观评估事实，虽然说它可能引起法律问题。客观评估事实的义务，是指专家组有考虑所提交的证据，并据此做出事实认定的义务。因此，有意漠视或拒绝考虑当事方提交给专家组的证据，或者有意扭曲或误解提交

17 “Under Article 17.6 of the DSU, appellate review is limited to appeals on questions of law covered in a panel report and legal interpretations developed by the panel. Findings of fact, as distinguished from legal interpretations or legal conclusions, by a panel are, in principle, not subject to review by the Appellate Body. The determination of whether or not a certain event did occur in time and space is typically a question of fact; for example, the question of whether or not Codex has adopted an international standard, guideline or recommendation on MGA is a factual question. Determination of the credibility and weight properly to be ascribed to (that is, the appreciation of) a given piece of evidence is part and parcel of the fact finding process and is, in principle, left to the discretion of a panel as the trier of facts. The consistency or inconsistency of a given fact or set of facts with the requirements of a given treaty provision is, however, a legal characterization issue. It is a legal question whether or not a panel has made an objective assessment of the facts before it, as required by Article 11 of the DSU, is also a legal question which, if properly raised on appeal, would fall within the scope of appellate review.”

译文：根据 DSU 第 17.6 条，上诉复审仅限于就专家组报告所涉法律问题和专家组制定的法律解释提出的上诉。事实调查结果，与法律解释或法律结论不同，原则上不受上诉机构的审查。确定某一事件是否在时间和空间上确实发生是一个典型的事实问题；例如，法典委员会是否采纳了有关 MGA 的国际标准、准则或建议是一个事实问题。确定某一证据的可信度和适当的权重（即对证据的评价）是事实调查过程的重要组成部分，原则上由作为事实审理者的专家组酌情决定。然而，某一事实或一组事实与某一条约规定的要求的一致性或不一致性是一个法律定性问题。专家组是否按照 DSU 第 11 条的要求对其面前的事实做出了客观评估，这是一个法律问题，如果在上诉时适当提出，将属于上诉审查的范围。

给专家组的证据，都是不符合 DSU 第 11 条的规定的。”方怡婕认为，只有专家组出现 disregard 或 distortion 或 misrepresentation 情况时，才可以对其是否做到 objective assessment 进行质疑，上诉机构才可以把这当作一个法律问题进行审查。[18]

杨老师说，其实，学术界对 DSU 第 11 条跟 DSU 第 17.6 条是矛盾的有相当大的共识。学术界当然知道 EC—Hormones 的案子，那是很早的案子——1997 年 WTO 刚刚成立不久时的案子。很多人认为上诉机构的说法不对，上诉机构怎么能把事实问题变成法律问题？DSU 第 17.6 条说得很清楚，“Shall be limited to...”，上诉机构没有选择。杨老师说，您想借这个延伸讨论告诉大家，不要迷信 DSU，认为其写的就完美无缺，就像法律条文一样。规定也可能有问题。我们花这么多时间在这个问题上，正是因为将来做律师要考虑的第一个问题就是管辖权问题；您希望借此讨论给大家一个意识、一个提醒。这种提醒的意义可能是极其重大的，因为这是一个结构性的问题，给同学们带来的收获可能比后面讨论清楚上诉机构的思路还要重要。

张卓昊进一步推动了讨论。刚才谈到 DSU 第 17.6 条，之后，他就产生一个新的问题：规定中“issues of law covered in the panel report”和“legal interpretations developed by the panel”之间究竟是什么关系？如果“issues of law”包含了后面的“legal interpretations”，那么为什么这里还要用一个“and”来连接二者？如果前者和后者不是包含关系，那么这里的“and”表示什么含义？是取得这两者的并集，还是交集？杨老师评价说，张卓昊提出了一个非常好的问题。

我对于 legal interpretation 的含义进行了一些补充。在拉伦茨的《法学方法论》中，legal interpretation 包含了对法条的解释和对事实的解释两层含义。我进一步追问，DSU 第 17.6 条中的 legal interpretation 与此相同吗？

吴雨泽发现，在上诉机构报告第 211 段，中国提出了三点上诉请求，其中第三点便是审查中国是否能援引 GATT 1994 XX（a）进行抗辩。这直接对于张瑶和骆鑫最初提的问题进行了怀疑——本案是否需要考虑之前讨论的上诉机构管辖权问题？

后来张卓昊提出，吴雨泽的发现有瑕疵。在中国的 Notice of Appeal 中，

18　EC—Hormones（Canada），WT/DS48，p. 133.

中国明确表达了自己的三个诉求之间的逻辑关系，是要在承认中国在前一个问题的回答成立的情况下，讨论后一个问题。而吴雨泽提到的中国的请求是最后一个点，之前的问题上诉机构其实对于中国的主张给出了否定回答。因此，上诉机构先对中国是否能援引 GATT 1994 XX（a）进行抗辩的问题进行审理，不符合中国上诉请求的逻辑。这样可能就无法继续支持上诉机构审理的正当性了。

方怡婕又为大家补充了案例材料。在 DS31 中，上诉机构面临的问题和骆鑫假设的问题类似。本案讨论的是 non discrimination。检验 non discrimination 的第一个构成要件是两种商品构成 like product。专家组认为涉案商品不是 like product，便不再继续往下审了，用了司法经济原则。上诉机构却认为涉案商品是 like product，于是就遇到了问题——专家组没有审理后面的构成要件，上诉机构能否继续往下审？上诉机构认为他们有资格继续往下审，因为第一个条件 like product 和后面的构成要件之间是紧密联系的，根据 DSU 第 3.2 条，他们可以继续审下去。方怡婕认为这也许是讨论司法经济原则，DSU 第 17.6 条也是一个参考点。

杨老师最后发表了自己的观点并进行了总结。您让大家重新看一遍 DSU 第 17.6 条。您说，您可能要揪条文中的两个动词，“issues of law” 要 “covered in the panel report”，什么叫 “covered”？专家组报告中没有 cover 中国是否能援引 GATT 1994 XX（a）进行抗辩的问题吗？当然可以认为是 covered 了。到底应该怎么理解 covered？专家组用了 assumption *arguendo* 的方法，说中国是否能援引 GATT 1994 XX（a）进行抗辩的问题是一个 complex legal issue，先审第二个层面的问题，审完了再看看第一个层面，这个叫不叫 covered？还是说，专家组必须解释完 GATT 1994 第 20 条（a）段到底能不能适用，才叫 covered？如果用上诉机构的表述，这个问题是一个 “legal interpretation” 问题，那是不是专家组 “developed” 的呢？什么叫 “developed” 呢？可能就要去查字典了。

杨老师提醒大家说，意识到揪 “covered” “developed” 这两个动词，也是我们关注条文的好处。我们不能一带而过，把这两个词简单翻译成被专家组“审理过的”；什么叫“审理过的”？没有这个词。杨老师进一步说，在 WTO 开庭打官司的时候，律师们有一条铁律，必须把 WTO 的条款、协议，随时随地带在身边。不要自信说，我都能会背，我倒背如流，不行。因为大家说你看看第几页哪一条款，一看，你就傻了，就忘了。

杨老师总结，我们去质疑上诉机构审理相关问题的权限，让上诉机构走下神坛，这种质疑精神、批判性思维，可能比学习上诉机构的裁决思路更加重要。上诉机构也不是完全正确的。上诉机构到底是否有权审理中国能否援引 GATT XX（a）进行抗辩的问题，我们这节课没有完全解决，留作课后的必做作业。愢也会在课后发给大家一些资料，供大家参考。

二、第二节课：任选问题研究的盛宴

这节课和上一节课一样，也没有新闻分享。杨老师说，其实可能有些新闻正在发生，但是还没有公布，等公布之后大家再讨论也不迟。

杨老师说："上一次课的作业大家写得特别好。关于所谓管辖权问题，大家有很多思考，稍后交流；对于上诉机构的裁决思路，大家也写了非常全面的总结，严君啸还自告奋勇要主持讨论，来介绍思路，大家可以补充一下。除此之外，还有自选题。在必选的题目之外，大家可能还有自己感兴趣的题目。"杨老师认为这点是愢特别鼓励的，因为越是自选题可能越能体现大家的差异性和交流的必要性。

杨老师说，如果按照原来的顺序，先说管辖权问题，然后说上诉机构的论证思路问题，愢担心时间不够用，可能这两个问题说不完就下课了，这样就忽视了大家最具个性化的自选问题讨论。所以，愢想先花一点点时间，让大家把第三部分个人自选研究的成果做一个非常简单的分享；这还是很有启发性，有很大的差异性的，可以给大家很开阔的思路。这个思路体现每一位同学自己关心的问题，对大家借鉴意义也比较大。在这个部分可能会有一点点澄清，但是不一定展开讨论，重点仍然是这两个必做的问题。

不过确实，同学们的自选研究非常精彩，内容非常丰富，以至于杨老师所谓的"一点点时间"达到了一个半小时，最后主要问题没时间展开了。有许多同学的研究给我留下了深刻印象，比如吴玙姜的"《中国入世议定书》和 GATT 多边协议的关系问题"、吴沐晨的"电影的货物与服务属性之辨及相关的条约适用问题"，以及许多同学都讨论到的"专家组和上诉机构何时可以运用 assumption *arguendo* 的方法问题"等等，都非常有意思，非常值得研究。不过，我没有办法把大家的发言精华全部概括到综述中来，只能挑其中一个片段了。

课堂上，梁好同学就上诉机构审查范围问题的理论与实践进行了非常全面而细致的分析。梁好说，上诉机构的审查范围难题根源于事实问题与法律问题的区分困难——纯粹的法律问题和纯粹的事实问题其实很容易进行区分，但事实问题和法律适用问题则比较难以区分，因为法律适用问题本身是“法律向下滋生进事实的根部，而事实持续不断地向上延伸进法律”（“Boundary between an issue that is purely factual and one that involves mixed issues of law and fact is often difficult to draw.”）。当法律概念极为抽象模糊因而不得不诉诸事实细节才能确定其能否适用时，法律适用就相当普遍，如淫秽物品、正当理由等的认定。

梁好下面结合了具体案例，考察了上诉机构对于事实问题和法律问题的认识。

虽然上诉机构对事实问题的相关论述没有表现出统一的定性标准，但通过列举的方式也足以让我们掌握一些事实问题的特征。在 DS26/AB/R 132 段中，上诉机构明确认为“事实问题本身不是上诉机构的审查范围”，并解释说“事件发生的时间和空间通常是事实问题”“确定某一证据的可信度和权重是发现事实的一部分，属于事实问题”。在 WT/DS75/AB/R 与 WT/DS84/AB/R 第 161-162 段中，上诉机构认为“小组对提交的证据的审查和权衡原则上属于小组作为事实审判者的自由裁量权的范围，因此也不属于上诉审查的范围”，印证了上面的说法。在 WT/DS70/AB/R 第 211 段中，上诉机构认为“上诉机构不认为自己能审查专家组没有涉及的新事实”；同样，在 WT/DS108/AB/R 第 103 段和 WT/DS294/AB/RW、WT/DS294/AB/RW/Corr. 1 第 171 段，上诉机构认为“新的证据不在上诉机构审查范围”。这些观点在“EC-Bananas III”案中进行了集中运用。此案中，上诉机构认为，专家组关于 Del Monte 是否为墨西哥公司的结论、在欧洲共同体设立的提供香蕉批发贸易服务的公司的所有权和控制权、申诉人来源的供应商与欧共体（或非加太）来源的供应商相比的市场份额，以及“包括或直接代表欧共体（或非加太）生产者的大多数经营者”的国籍，都是事实性结论。通过以上论述，我们推断出新证据、新事实、证据的权重，等等，只要是与法律问题无关而求助于外部客观的条件的，都属于事实问题，而不属于上诉机构的审查范围。

关于法律适用问题，在 DS26/AB/R 第 132 段中，上诉机构表示“确定某事实与条约要求是否一致即为法律问题，即法律适用问题为法律问题”。在

“Canada-Periodicals”案中，上诉机构认为“确定进口和国内产品是否属于‘同类产品’是一个必须将法律规则适用于事实的过程”，是法律适用问题。在“US-Section 211 Appropriations Act”案中，上诉机构认为，“审查地方法律若是为了确定其是否与《WTO 协定》规定的义务矛盾则也是法律问题，上诉机构有权审查”。在“US-Softwood Lumber V”案件中，上诉机构称，“调查当局的方法是否公正是事实的法律‘定性’问题，因此是法律问题。”梁好评价道，在法律适用问题中，需要注意的是国内法解释的问题；他比较不理解上诉机构的观点，即上诉机构到底认为审查国内法是事实问题还是法律问题。

杨老师评价说，梁好虽然说得有点多，但是很重要、很全面。如果吴玙姜的问题是我们讨论本案中上诉机构的思路问题的一个概括提升，那么刚才梁好说的内容就是我们说的本案中上诉机构审理权限问题的一个提升。杨老师感叹道，您觉得其实大家在分享的过程中应该有人发现很多问题，一个人完成不了这么多工作，大家每个人自己的研究要花很多时间，在课上以最简短的时间分享，在微信群分享文字版，这就能在最短时间内，最高效地让大家拓宽视野，甚至更加深入地理解问题。所以，交流是非常有必要的。

杨老师补充了一个问题：上诉机构说过，对专家组涉及的国内法的解释问题属于其可以审查的问题。但是，我们曾找到部分国家对于上诉机构改革的意见，其中明确国内法问题属于事实问题，上诉机构不能审理。这个矛盾很有意思，大家可以继续研究。

随后，吴雨泽发表了对于 conditional appeal 问题的看法。本案中，上诉机构报告第 211 段对上诉方中国的诉求进行了概括，以并列关系总结为三项：一是推翻专家组中国措施不符合 GATT 1994 XX（a）“necessary”标准的结论，二是完成分析中国措施是否符合 GATT 1994 XX 前半段，三是明确中国是否可以采取 GATT 1994 XX（a）进行抗辩。而中国的实际诉求却是“Should the Appellate Body reverse the Panel's findings that China's measures are not ‘necessary’ to protect public morals, within the meaning of Article XX（a）of the GATT 1994, China requests that the Appellate Body complete the Panel's analysis and find that China's measures are fully justified under Article XX（a）of the GATT 1994”。可以发现，上诉机构总结的三项诉求，第一项与第二、三项在中国原上诉文件中实际上是条件关系，如果第一项满足才能进行第二、三项的分析。从而上诉机构实际上改变了中国的附条件上诉，存在疑问。

吴雨泽也对相关的条文和先例进行了比较全面的分析。首先是条文部分。Rule of Conduct DSU 第3.2条的一部分规定："……（上诉机构成员）应只考虑在争端解决程序中提出的和在争端解决程序中履行其职责所必需的问题，且不得将这一职责委托给任何其他人。"即表明，上诉机构成员在处理上诉时，应当只考虑"raised"和"necessary"的issue。

其次是案例部分。经过检索，上诉机构处理的与conditional appeal相关的案件有五件：一是US-1916 Act案（"Since, however, the conditions on which these requests are predicated have not been fulfilled, there is no need for us to examine the conditional appeals of the European Communities and Japan."），二是Chile-Price Band System案［"As this condition has not been fulfilled, and as Chile has not requested a finding with respect to the first sentence of Article II：1（b），we do not see it as necessary for us to rule on whether Chile's price band system is inconsistent with the first sentence of Article II：1（b）of the GATT 1994."］，三是Canada-Wheat Exports and Grain Imports案［"As we have not reversed the Panel's interpretation of subparagraph（b）of Article XVII：1，the condition on which Canada's request to complete the analysis is made has not been satisfied. ... In the circumstances of this appeal, it is neither necessary nor appropriate for us to provide 'guidance' on the issue of how conditional requests to complete the analysis are properly brought before the Appellate Body."］，四是Mexico-Taxes on Soft Drinks案（"Therefore, the premise on which Mexico's request is predicated is not fulfilled and, consequently, it is not necessary for us to complete the analysis as requested by Mexico."），五是US-Zeroing（EC）案（上诉方欧盟请求上诉机构审查专家组在Anti-Dumping Agreement 2.4.2下做出的结论。该上诉的条件是上诉机构没有推翻专家组就Anti-Dumping Agreement 9.3做出的结论或者专家组就GATT 1994 VI：2做出的结论。上诉机构推翻了专家组结论，故没有审查欧盟的附条件上诉。但是上诉机构仍然就Anti-Dumping Agreement 2.4.2做出了评论，认为这一条款的适用性在本案中是一个重要问题，但不是核心问题，而且核心问题也不需要借助该条款解决；上诉机构强调，它在本案中的结论不能被视为已经就2.4.2是否可以在9.3情形下适用的问题做出了裁决，也不能被视为专家组就2.4.2问题的分析已经获得了上诉机构的支持）。可以发现，上诉机构对于conditional appeal的处理，主要是认为未满足条件时，有部分上诉

问题“没有必要”讨论。这个和本案中的做法是不太一样的。

吴雨泽还提出了两条路径，解释本案中上诉机构审理中国是否能援引GATT 1994 XX（a）进行抗辩的问题的正当性。但内容比较冗长细碎，我难以跟上他的思路。

杨老师对吴雨泽提出了追问。我们一开始就认为，如果conditional appeal不能审理，那上诉机构就越权了，这是最简单的理解；但是如果再研究，就会发现没那么简单，情况还很复杂。那么，上诉机构在本案中是否有必要解释本案是否满足conditional appeal？如果是conditional appeal，上诉机构有没有必要加一段话，来论证自己审理的正当性，不管是用吴雨泽说的保守的路径还是激进的路径？吴雨泽有些答不上来，但他倾向于不用加这样一段解释。

杨老师请上周conditional appeal问题的提出者张卓昊再进行一次澄清。张卓昊觉得上诉机构的判决已经符合要求了，已经写得很清楚了，不需要加强，不需要讨论conditional appeal的问题。根据Rule of Conduct DSU第3.2条，notice of appeal中的问题已经摆在上诉机构面前，如果上诉请求的条件满足，上诉机构就一定有必要审理这个问题；但是如果条件没有满足，也不意味着上诉机构不能去审，上诉机构可能会从其他方面发现审理这个问题的必要性。

杨老师总结道，如果以本案中中国是否能援引GATT 1994 XX（a）进行抗辩的管辖权问题为中心，则梁好是从更直接的上诉机构审理职权范围的角度提出了正面分析，而吴雨泽是从侧面（conditional appeal）提出了分析（因为从上诉机构裁决中无法直接看出这个问题，只有结合notice of appeal才能发现）。杨老师表扬了大家的思路，非常具有启发性。

在课程最后，我也为大家讲解了一下上诉机构的裁决思路（见图3-1）。但是由于时间紧张，我对自己的表现并不满意。

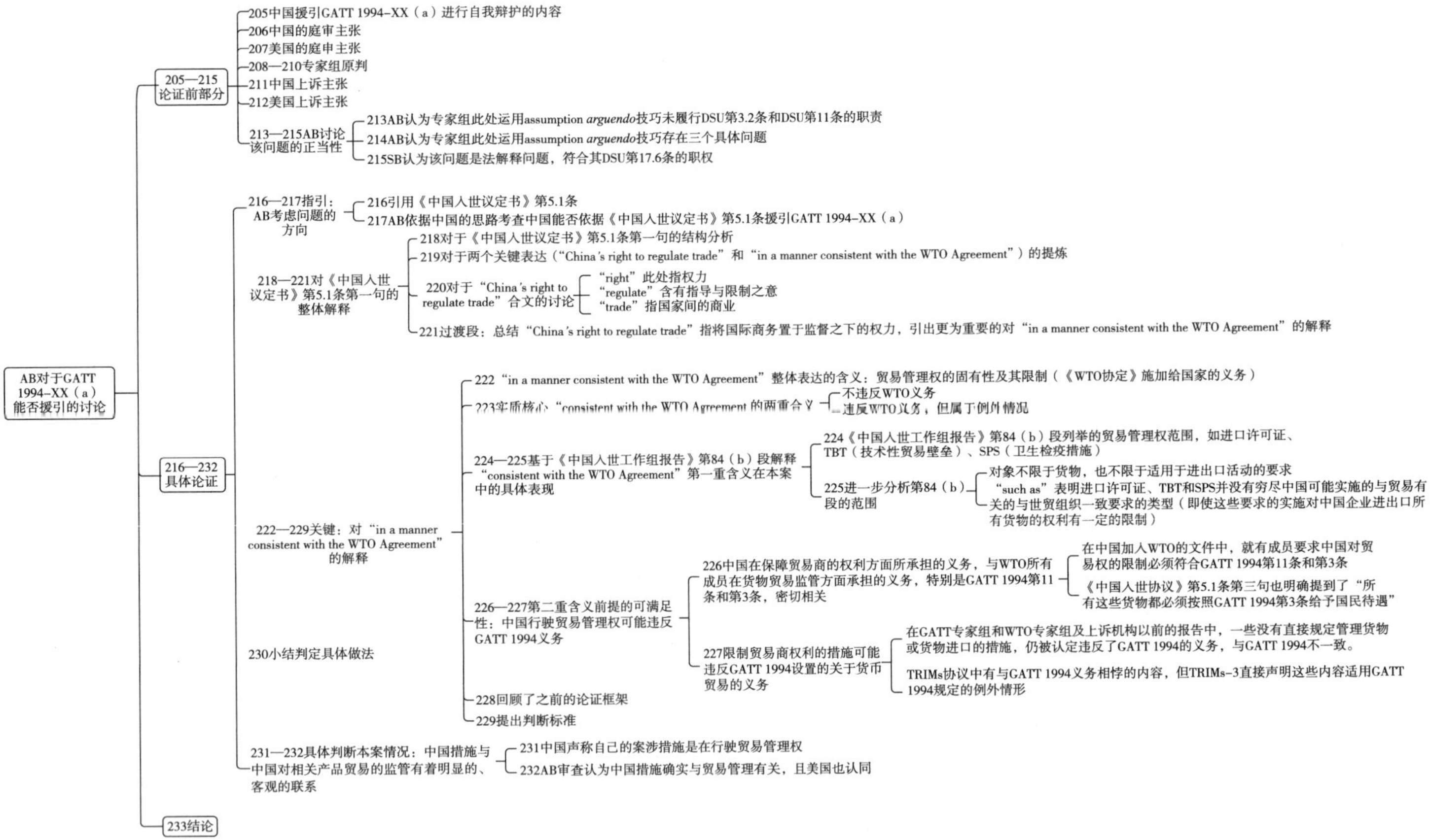

图 3-1　上诉机构的裁决思路

第二部分　课程内容选编

综述人：张瑶

一、案情简述

这两周大家共同探讨的案例是中国出版物和音像制品案（China—Publications and Audiovisual Products），美国就中国在出版物和音像娱乐产品领域“不合理地”限制外资企业贸易权和分销服务措施提起诉讼。案件裁判的重点在于中国的措施是否符合“necessary test”，而我们讨论的重点是专家组规避GATT 1994第20条（a）款的适用问题是否恰当，和上诉机构审查“专家组规避GATT 1994第20条（a）款”这一行为是否越权，也就是说assumption *arguendo* 和上诉机构权限范围的问题。

二、课堂讨论

（一）上诉机构权限问题

本次课程骆鑫同学和张瑶同学提问后，就产生了第一个争论焦点——上诉机构就专家组以“假设成立”规避掉的法律问题进行再探讨，依据为何？

骆鑫同学认为，AB声称是在做DSU第17.6条下规定的legal interpretation，对AP 5.1和GATT 1994第20条（a）款再次进行探讨，这是专家组和双方都没有提及的，是否超出了legal interpretation的范围，变成了可能超越职权的新问题讨论。

而张瑶同学把 issue of law 和 interpretation 理解为递进关系，提出了更加直接的质疑——GATT 1994 第 20 条（a）款到底是不是上诉机构有权探究的问题。既然专家组根本就没有提出过 GATT 1994 第 20 条（a）款的适用性问题，也就是“GATT 1994 第 20 条（a）款的适用性”这个 issue of law 是不是根本不应该由上诉机构管辖，更不存在 legal interpretation。换言之，上诉机构讨论 GATT 1994 第 20 条（a）款的适用性问题根本没有任何基础。张卓昊同学提出，需要明确 issue of law 和 interpretation 到底是什么关系，能否作为不同的基础进行适用。

骆鑫同学认为，专家组把“不解释或者假设成立［GATT 1994 第 20 条（a）款可以适用］”当成一种解释。柯静姝同学认为，专家组并未越权，legal interpretation 这一权利基础可以成立。

于是，我们返回法条进行检视。根据 DSU 第 11 条，专家组的职责——事实、法律应用、法律一致性（objective assessment of the facts of the case and the applicability of and conformity with the relevant covered agreements）。法律适用、法律一致性显然是法律问题，具有可上诉性。问题在于，如果 party 认为专家组没有依职权客观审理“事实”问题，是否可以上诉？上诉机构的答案是，“专家组是否对事实问题进行合理评估”是法律问题。但这样，悖论就出现了，上诉机构为了审理专家组对事实的审查是否客观，就得审查事实。上诉机构审理事实问题，岂非违反了 DSU 第 17.6 条的事实安排？

方怡婕学姐就上述悖论进行了补充。EC-Hormones 案表示，只有在专家组存在漠视、故意扭曲事实等情况时，上诉机构才能把事实问题当做法律问题处理。但是多位同学表示，这样的安排没有改变上诉机构本质上还是可以参与处理事实问题的本质，还是存在越权的风险。

老师为我们的讨论提供了重要信息——WTO 学术界对 DSU Article11 和 DSU 第 17.6 条在文义上就存在冲突，有共识性的认识。学界认为，上诉机构在玩弄巧妙的戏法，把事实问题变成了法律问题。老师还回答了我们一直纠结的问题，按照 DSU 规定，上诉机构是否有权审理被专家组“假设成立”的问题。我们再次回顾 DSU Article 17.6 的条文：An appeal shall be limited to issues of law **covered in the panel** report and legal interpretations developed by the panel。关键在于什么叫作“covered”。专家组仅对 GATT 1994 第 20 条（a）款的适用问题发表“是一个复杂的法律问题”（presents complex legal issues）

的评论，是否可以认为专家组已经 cover 了这一 issue of law？

对于上诉机构的审理范围，第二节课的新进展是对 DSU 第 17.6 条的条文结合 WTO 法规体系和实践做出了更深刻的解释，同学们可谓把 DSU 第 17.6 条的条文“庖丁解牛”，从各个角度进行了剖析。“An appeal shall be limited to issues of law covered in the panel report and legal interpretations developed by the panel”的“下刀点”大致有三个，**主语 an appeal，动词 develop 和 cover，连接词 and**。

1. **主语**

张卓昊同学认为，DSU 第 17.6 条规定的“the appeal shall be limited to…”中的 **the appeal 指的是（parties 的）上诉活动而不是上诉机构**，只是通过限制当事方**间接限制**上诉机构的审理范围。我们需要再引用 Rules of conduct for DSU 第 3.2 条使 DSU 第 17.6 条和上诉机构发生更紧密的联系。Rules of conduct for DSU 第 3.2 条规定“shall consider only issues raised in, and necessary to fulfil their responsibilities within, the dispute settlement proceeding”。张卓昊同学认为，被审查的问题应当同时满足“raised”和“necessary to fulfil their responsibilities”这两个要求。当中国依据 DSU 第 17.6 条提出有关 legal interpretation 或者有关 issues of law 的 conditional appeal 时，不论条件是否成就，这一问题就已经被提出了（the issue have been raised）。至于条件是否成就，影响的是上诉机构是否有审理这一问题的必要性的问题；如果条件成就，上诉机构必须审理这一问题，因为回应上诉人的请求对上诉机构履行职责是必要的（necessary to fulfil their responsibilities）；如果条件未能成就，到此为止的分析已经足以回应上诉方的诉请了。一般而言，对其另行分析已再无必要，但在一些特殊情形下，上诉机构结合 DSU 第 3.2 条等条文认为，这一问题的解决对履行他们的职责是必要的，则上诉机构仍然可以就这一问题展开审理。

吴雨泽同学也赞同 the appeal 指代的是上诉过程的观点，因为如果指代上诉方，则第 17.6 条仅是对上诉方诉求范围的约束，DSU 之中将不存在任何对于上诉机构本身的审理范围限制，这与 Rules of Conduct DSU 第 3.2 条“only issues raised in, and necessary to fulfil their responsibilities within, the dispute settlement proceeding”这一限制上诉机构审理范围的表述精神不符。

2. **动词**

吴雨泽、贾小我等同学对 cover 和 develop 的含义，不是就动词论动词，而是结合它们所修饰的 legal 和 law 进行了考察。cover 通常是涵盖，即只要专家组报告包含即可认为符合这一标准；develop 应当是提出，或者是对某一问题进行了详细解释。此外，law 仅指法律，而 legal 指与法律相关的，issues of law 的范围对应比 legal interpretation 范围更小，分别采用 covered 和 developed 修饰，可以使两组短语范围大致相同。

3. 连接词

王雨宁、陈沁心同学认为，issues of law 和 legal interpretations 能够独立并存，不存在前提关系，不然没有必要把 legal interpretations 单独规定出来。只不过，这两个概念之间可能存在“上下游关系”，即专家组如果把提到的某部法律、某个法条进行展开阐述，就从 issues of law 延展到 legal interpretations。

4. 结论——是否构成越权审理

本次课的最后一节主要是围绕着梁好等几个观点比较有代表性的同学，针对“上诉机构有无越权”这一核心问题展开。

梁好同学认为，上诉机构无权审理专家组规避的问题，构成了越权审理。

就 DSU 第 17.6 条规定的“issues of law covered in the panel report”，梁好同学认为“cover”不仅指“包括、包含”，而且可以指“处理，适用”，即“to deal with sth”，那么“the issue of law covered in the panel report”可以解释为“小组报告中的法律适用问题”。“cover”的这种含义已经被大量用于 DSU 文本中，如 DSU 第 3.2、3.3、3.4 条出现的“covered agreements”即指的是“适用的协定”。此外，DSU 第 17.6 条分别用了“law”和“legal”不同的词汇，这两个词的含义截然不同，前者指“法律规则本身”，后者指“与法律相关”，这一定程度上佐证了笔者的想法，因为被“包含”于“panel report”中的“法律”本身没有“issue”(争议)，只有其中的法律适用才可能存在问题。

而进一步的，笔者发现专家组职能的规定也印证了该观点。DSU 第 11 条规定了专家组的职能：对案件事实的客观评估和对相关适用协议的适用性和一致性进行评估。笔者认为该“适用性与一致性”指的就是对《WTO 协定》进行法律解释和法律适用，因为专家组并不仅仅是从理论上做出解释，而是同时在需要解决一个被诉措施是否与 WTO 协议条款相一致的情况下，将其对该条款的具体解释适用于具体的事实中去，这便是法律的适用。此处的“applicability”正好对应了 DSU 第 17.6 条的“cover”，同为“适用”之意。结合 DSU 第 17.13 条，上诉机构的职权在于“维持、修改或撤销专家组的法律调查结果和结论”，此处的“法律结论”应该指解释的结论，“法律调查结果”应该指被诉措施是否违背《WTO 协定》中的法律适用问题。因此，上诉是应该限于专家小组报告中提出的“法律适用问题”和“法律解释问题”；并且需要明确，根据 DSU 第 17.12 条“上诉机构应在上诉程序中处理依照第 6 款提出的每一问题”，我们可以推测，上诉机构仅能审查当事国上诉的“法律适用问题”和“法律解释问题”。本案中，中国能否援引 GATT 1994 第 20 条（a）款进行抗辩本质上是一个法律解释的问题，涉及对中国《入世议定书》第 5.1 条的解释，即如何理解“在不损害中国以与符合《WTO 协定》的方式管理贸易的权利的情况下”，也涉及对 GATT 1994 第 20 条（a）款的解释，属于上诉的范围内。

中国是否提出上诉要求“审查 GATT 1994 第 20 条（a）款”？上诉机构于 211 段中总结了中国的三个上诉请求：第一，推翻专家小组的结论，即中国没有证实中国依据 GATT 1994 第 20 条（a）款所采取的措施是保护该条款意义上的公共道德所必要的（necessary）；第二，完成对 GATT 1994 第 20 条（a）款起首部分的分析并确认中国的措施符合该首部分的要求；第三，确认中国可以适用 GATT 1994 第 20 条（a）款去解释其与议定书承诺相违背的措施的正当性。上诉机构在论证过程中，并没有首先论证专家组的该结论是否合理，而是直接通过否认本案中 assumption *arguendo* 的适用，跳过了认定中国的措施是否是保护社会公共道德所必须（necessary），直接进行对 GATT 1994 第 20 条（a）款的审查。认定中国的措施是否是保护社会公共道德所必须（necessary）本身是与 GATT 1994 第 20 条（a）款是无关的，GATT 1994 第 20 条（a）款仅仅提出了“necessary”的要求，但如何达到该要求依赖于法律解释。根据专家组的论述，专家组从以前的案例发现，分析第 20 条的措施应当分两步走：首先看该措施是否属于第 20 条所列举的某项例外，其次分析第 20 条的总体要求是否得到满足。专家组在第一步就得出结论。上诉机构在若干案件中审查过某项措施是否满足第 20 条（a）款［以及（b）款］所规定的“必需”（necessary）的问题，即某项措施在保护公共道德方面的必要性问题，并且将其总结为两个具体方面：专家组应当考虑相关利益或价值的重要性、对于实现相关措施目标所起的作用、对贸易的限制；在初步认定为必需的情况下，还要得到可能存在的、既较小限制贸易又起到同等作用之替代措施的确认。专家组沿着这个思路，认为要求进口公司有适当的组织与合格的人员是必需的，但交由国企垄断进口是不必须的，并且存在大量等效且损害小的替代措施。

因而，上诉机构的做法是存在问题的，变相修改了中国的上诉请求，不仅违背了 DSU 第 17.10 条，即“上诉报告未按照提供的信息和所作的陈述起草”，而且违背了前述的“上诉机构仅能审查当事国上诉的法律适用问题和法律解释问题”这一原则。因此，本案中上诉机构在未满足中国的第一个诉求时，无法更进一步去审查 GATT 1994 第 20 条（a）款。

（二）“假设成立”制度问题

1. 何时可以适用

张卓昊同学认为，arguendo 的使用不能随心所欲、自由发挥，而不能超越 WTO 的规范框架。首先，arguendo 的适用一定要尊重法条的基本结构（fundamental structure and logic of a provision），不能扭曲其内在逻辑。如果对一个问题的多个步骤的分析存在逻辑上的或者基本结构上的次第，则应当严格依照这种次第进行分析，而不能运用 assumption *arguendo*。其次，专家组需要遵循一般国际法的解释规则，这是考虑到促进多边贸易体系的安全性和可预测性，不改变成员在协定下的权利义务。

吴雨泽同学认为，arguendo 的运用很可能存在逻辑上的瑕疵，必须非常谨慎，且不能依赖。专家组进行适用时，假设了很理想化的场景，即 A 为 B 基础的情况下，假设 A 成立单纯讨论 B 问题即可，但是，现实案件错综复杂，法律条文的适用至少有两个步骤法律上的适用性（例如第 5.1 段的义务是否可以适用 GATT 1994 XX 的抗辩）和事实上的适用性（例如中国的措施是否是 to protect public morals）。在中国案例中，专家组假设了法律上的适用性，后承认了事实上的适用性，否定了中国的主张。此时法律后果是不明确的，若法律上的适用性为假，那么固然不存在问题。但是，如果本案中的 necessary test 得证（即事实适用性存在），法律本身适用性不明确，事实和法律就会处于确定和不确定的叠加状态，也没有降低争议解决的难度。这也就是上诉机构所述将争议“将法律分析置于不确定基础”之义。陈沁心同学结合 US—Steel Safeguards 案、Canada—Wheat Exports and Grain Imports 案等案例指出了 arguendo 适用在程序上的问题——过度依赖使用假设作为分析的辅助手段，可能有损小组分析的明确性，或在上诉阶段产生其他不利影响。在某些情况下，分析和假设的相互交织可能会对一个小组切实得出的精确结果造成一定程度的不确定性。这可能给各方在**决定是否上诉以及上诉什么方面**带来困难。

2. 与司法节制的异同

贾小我同学认为，不能简单地把 arguendo 作为司法节制的特殊形态。**司法节制**原则在运用过程中所关注的核心问题是经过"节制"后的论证是否足以解决争端，需对"**有实质性必要性**"的事项进行辨析，然而不同于已决案件不再理等运用形态，**arguendo** 这一技巧中却完全没有包含对争端实质内容的关注，作为一种中立性的"逃避"手段，它甚至可能帮助专家组跳过对案件核心争议的论证。因而**不谈案件实质内容、不考察纠纷解决需求**的纯粹 assumption *arguendo* 难以被视为是司法节制原则的一种体现。王雨宁同学也认同此逻辑。笔者在研究中也发现，很难说 arguendo 节省了司法时间和资源，正如本案如果直面 GATT 1994 适用性问题并进行否决，就不必有之后 necessity test 的环节了。

三、课后研究

（一）上诉机构的审理边界

1. 就 parties 没有明确提出的问题，可否审理

原则规定：DSU 第 16.4 条规定，上诉程序自上诉的 party 提交上诉通知（notice of appeal）时开始。上诉通知是上诉机构取得管辖权的基本文献。如果上诉方在上诉通知中没有指明专家小组某项裁决的法律错误，即使其随后的上诉状或上诉程序中指明了该项错误，上诉机构也无权对此进行审查。[19] 但是，案例表明，如果涉及"重大的根本性问题"，即使 party 没有明确提出，上诉机构也可以进行审理。

在美国 2000 年反补贴与反倾销抵消法的上诉案中，上诉机构对此问题进行了深入分析，并奠定了争端解决机制对于该问题的事实判例。在该案中，美国上诉状指出专家组将美国其他法律法规相结合来审查 CDSOA 是否符合

19　Appellate Body Report, European Communities-Regime for the Importation, Sale and Distribution of Bananas, WT/ DS27/AB/ R (25 Sept. 1997), para. 152.

WTO 规定，超出了专家小组的职权范围，违反了 DSU 第 7 条。加拿大提出，美国在上诉状第四部分上诉的法律依据**没有把 DSU 第 7 条包含在上诉通知中**，因此上诉机构对此问题没有管辖权。美国则认为，由于其上诉通知系对专家小组适用《反倾销协定》第 18.1 条的上诉，因而专家小组管辖权问题自然而然地包含在其中，**无需特别指出**。而且，在上诉通知中美国**概括性地指出了专家小组超越了其职权范围**。针对美国的抗辩，上诉机构认为，**鉴于专家小组管辖权问题是如此重大的根本性问题，即使未在上诉通知中提出该问题，对上诉机构而言，审查专家小组是否有管辖权也是适当的**。上诉机构通过案例的裁决，从实践角度回答了对专家小组管辖权提出上诉的特殊性，即在上诉通知中即使没有包含此项上诉，上诉机构依然可以取得管辖权，事实上拓展了上诉机构的管辖权。[20]

2. 对事实问题的审理，是否存在边界

奠基案件：EC-Hormones

- 对于某件证据的可信度和证明力大小的认定，原则上也属于事实问题，由专家小组作酌情裁定。但是就某件或某组特定的事实是否符合 WTO 某个协定条款的规定，则属于**法律定性问题，是法律问题**。[21]

- 专家小组**是否**按照 DSU 第 11 条要求对其所审理的事实**作出客观评估是一个法律问题**，可以上诉，属于上诉机构审查的范围。[22]

→未做出客观评估：漠视（disregard）、扭曲（distortion）和误导（misrepresentation）

加拿大期刊案：第一，专家组未能进行必要的分析或未能将其结论建立在事实和证据的基础上（failed to provide reasoned and adequate explanations/consider the totality of the evidence）；第二，或专家组错误的推理，例如不恰当的比较、逻辑的跳跃或得出不合理的结论（incoherent reasoning）。[23]

3. 引入事实问题讨论的进路——“完善分析”（complete the analysis）法

实际上，上诉机构也可以不通过把事实问题转化为法律问题对事实问题

---

20 Appellate Body Report, United States-Anti-Dumping Act of 1916, WT/DS136/AB/R, WT/DS162/AB/R, (26 Sept. 2000), para. 208.

21 Appellate Body Report, EC Measures Concerning Meat and Meat Products (Hormones), WT/ DS48/AB/ R, (13 February 1998), para. 132.

22 Ibid.

23 CANADA-CERTAIN MEASURES CONCERNING PERIODICALS, WT/DS31/AB/R, 30 June 1997.

进行处理，即以“完善法律分析”为由，解决专家组未解决的问题，自然也包括对事实问题的处理不足部分。

这一方法起始于“加拿大期刊案”。上诉机构认为：“确定进口产品和国内产品是否是‘同类产品’是一个法律规则的事实应用问题……由于专家组没有在报告中对此进行充分分析，因此无法对‘同类产品’进行确定……我们认为，上诉机构可以且应该审查该措施与 GATT 1994 第 3.2 条的一致性来完成这一分析。”[24] 加拿大期刊案之后，争端方越来越多地要求上诉机构完成分析。

事实上，自从在加拿大期刊案确立“完善法律分析”这一方法以来，对上诉机构这一做法的批评就不绝于耳。这一方法也没有改善上诉机构一贯面临的困境——若上诉机构决定进行完善分析时，它必然会承担越权裁决的风险，必然要遭受突破 DSU 授权限制违法裁判的质疑；相反，若上诉机构自我克制拒绝完善分析，争端将会持续悬而不决，WTO 争端解决体制的有效性将会遭到质疑。[25]

（二）司法节制（judicial economy）和假设成立（assumption *arguendo*）的异同

经过对中英文材料的检索，笔者暂时没有发现有关这两个概念对比的权威文献，于是再回到概念的本质，根据自己的理解探究二者的差异。

笔者认为，从制度功能上看，arguendo 的运用目的**并非节省司法资源，提高解决争议的速度，而是避开一些难以处理的问题**。虽然这从客观上或许可以提高解决争议的速度，但是并非一定。本案中，如果专家组不回避地论证了 GATT 1994 第 20 条（d）款的适用性问题，如果结果是不能适用的话，就可以省略 necessary test 的论证。如此计算，很难得出 arguendo 一定提高了效率的结论，就此可以看出二者的制度功能不同。

（三）Necessity test

正如老师所说，整个案件的核心，实质性问题在于能不能通过 necessity

24　Appellate Body Report, Canada-Periodicals, WT/DS31/AB/R.（30. Jun. 1997）, para. 22.

25　张炎：《WTO 争端解决规则评述——以争端解决上诉发回重审制度为视角》，《中国贸易救济与产业安全论丛（2012）》，第 295-303 页。

test。即使中国有权援引 GATT 1994 第 20 条（a）款作为抗辩，能不能满足才是本案关键，但这不是我们讨论课的关键。在司法实践中 necessity test 主要有以下具体判断标准。

1. 对贸易最少限制

“最少贸易限制”这一标准最早出现于美国-关税法 337 条款案（US—Section 337 of the Tariff Act of 1930）。专家组在解决该案美国措施是否“necessary”的纷争中，指出必要的措施是对 GATT 1994 违反程度最低，对贸易阻碍程度最低的（a contracting party is bound to use, among the measures reasonably available to it, that which entails the least degree of inconsistency with other GATT provisions[26]/the least trade-restrictive measure available[27]）。换言之，必须审查是否存在贸易限制程度较争议措施更低的措施，如果没有，可以认为为实现政策目标的涉争措施是必要的。

2. 比例原则（综合权衡）

在韩国—牛肉案（Korea—Measures Affecting Imports Of Fresh, Chilled And Frozen Beef）中，韩国零售体系要求在产品标识中区分国产和进口牛肉。这一措施被专家组裁定违反 GATT 1994 第 20 条。上诉机构支持了专家组，认为韩国该措施是“不合比例的不必要措施”（a disproportionate measure not necessary to secure compliance with the Korean law against deceptive practices）[28]。在上诉机构报告中，上诉机构首先考察了“必要”一词在词典中的含义，[29] 以及在 GATT 第 20 条下的含义，[30] 认为“必要”可以划分为多个层次：一方面是“不可或缺”（indispensable or of absolute necessity or inevitable），另一方面是“有助于”（making a contribution to）。如果争议措施并非“不可或缺”而是“有助于”，则该措施是否“必要”的判断成为对系列因素进行权衡和平衡的过程，包括措施对实现法律或法规目标的贡献、法律或法规旨在保护的共同

---

26 US—Section 337 of the Tariff Act of 1930, L/6439-36S/345, para. 5.26.

27 US—Section 337 of the Tariff Act of 1930, L/6439-36S/345, para. 5.25.

28 Korea—Measures Affecting Imports Of Fresh, Chilled And Frozen Beef, WT/DS161/AB/R, WT/DS169/AB/R, 11 December 2000, Para 174.

29 Korea—Measures Affecting Imports Of Fresh, Chilled And Frozen Beef, WT/DS161/AB/R, WT/DS169/AB/R, 11 December 2000, Para 160.

30 Korea—Measures Affecting Imports Of Fresh, Chilled And Frozen Beef, WT/DS161/AB/R, WT/DS169/AB/R, 11 December 2000, Para 161.

利益和价值的重要性，以及法律或法规对进出口货物的影响（the contribution made by the compliance measure to the enforcement of the law or regulation at issue, the importance of the common interests or values protected by that law or regulation, and the accompanying impact of the law or regulation on imports or exports.[31]）

（四）“发回重审”制度是否为终极方案

俗语道“一个谎言要用十个谎言弥补”，在WTO体系中，可能就是一个制度大框架下的漏洞需要十个修修补补的配套制度去勉强填补。上诉机构试图把事实问题纳入审理范围的努力，就是这种试图修复大框架漏洞的艰辛尝试。

司法裁判三段论中，大前提是规范，小前提是与规范相应的事实要件，法律和事实必然相互勾稽，不可分割。在有“发回重审”制度的国家，上诉机构可以将一审出现事实问题的案件发回，让法院再次就事实问题进行审查，据以在完全的事实上得出正确的裁判结论。在没有“发回重审”制度的国家，比如德、法，上诉机构往往可以同时审查事实问题和法律问题。然而，在WTO体系中，上诉机构既不能一般性地审查事实问题，也不存在发回重审制度。如果事实问题在专家组层面得不到完全处理，涉诉方很难对这样的结论满意。对此，很多学者建议DSU建立类似国内法的发回重审制度。

要理解“为何上诉机构如此受限”的问题，需要从设立上诉机构的“初心”入手。专家组报告的通过方式是“反向一致”，也就是通过非常容易，成员国认为有必要建立纠错机制。也就是说，上诉机构的设立，并非是为了和专家组形成一体的“世界法庭”，而是监督专家组使其不致损害成员国权利。[32] 本来，DSU旨在参考“上诉机构一体解决事实、法律问题”的模式进行建设，但是，DSU的审级、机构并非完全按照法理和效率要求设计，而是各国博弈和妥协的产物。但是美国基于本国利益，主张上诉机构应仅限于法律问题审理，最终在利益博弈中通过此主张。上诉机构制度设计的逻辑出发点是大陆法系下上诉机构全面审查的传统，在此传统下“发回重审”并无必

---

31 Korea—Measures Affecting Imports Of Fresh, Chilled And Frozen Beef, WT/DS161/AB/R, WT/DS169/AB/R, 11 December 2000, Para 164.

32 Communication from Canada to the Negotiating Group on Dispute Settlement, MTN. GNG/NG13/W/41, 28 June 1990, p4.

要，而在美国的强力干涉下，上诉机构的审查范围又被仅限于英美法下的法律审查，**这种“嫁接”造成了上诉机构的功能残缺**。

这样的问题，乍听起来，好像非常容易被重新设立“发回重审”制度改善。但是，长期制度的惯性，加上 DSU 现已存在的问题，使得这一方案有巨大的落实难度。

首先是**审限问题**。无论是 DSU 的规定还是各成员国的现实需要，都要求尽可能快速（prompt）地解决纷争。上诉机构超越审理期限的问题，已经多次被美国及欧盟批评。如果新设“发回重审”制度，再增一环节，必将再次降低争议解决速度。还有一种很大的可能性在于，因为可以“发回重审”，上诉机构不再努力完全解决问题，而是寄托于发回重审。如此，成员国的诉求可能更得不到满足。

其次，发回重审可能导致**已有结论的被推翻**，损害 DSU 致力维护的安全性和可预测性（security & predictability）。

对此，学界当然也提出了限制重审次数和期限等配套解决方案。[33] 但是，发回重审制度无论如何都会极大改变现有的争端处理模式和利益分配。可见，上诉机构采取各种方式“戴着镣铐跳舞”，尽可能在权限范围内和权利缝隙间完全解决问题，实属无奈却明智的选择。

33　张炎：《WTO 争端解决规则评述—以争端解决上诉发回重审制度为视角》，《中国贸易救济与产业安全论丛（2012）》，第 301 页。

第三部分　课程感想汇编

柯静姝

讨论性的课堂比起单纯由老师讲述的课堂的好处是增加了发散思维的空间及自由度。在这两周的课程内，对于同一个案件的讨论每个同学都提出了不同的角度和看法。同样，大家对于法律问题的思考宽度、广度，以及最后产出的成果也是一个人所不能及的。同学们敢于对上诉机构的审查权限和范围提出质疑也是值得赞赏的，因为学习法律在很大程度上并不能单纯通过迷信权威来实现，而是需要不断地批判和反思才能发现真正的法律的适用性。

骆　鑫

在这两周的课程中，我们阅读了上诉机构的判决。比起之前的讨论，这两周的讨论更加集中在特定的法律问题上。而且，大家在最开始就提出了审理权限的问题，这无疑提醒了笔者，无论是国际法问题还是国内法问题，首先都应该考虑一个法院或者机构的审查权。

而对于这周讨论的上诉机构是否有管辖权的问题，大家所持意见有明显的分化。一部分同学持肯定态度，另一部分同学持否定态度。笔者虽肯定上诉机构的管辖权，但也不得不承认，持否定态度的同学的论述条理清楚，确实很有说服力。或许正是在这样的有分歧的研讨中，我们才更能够深入地、有批判性地思考法律问题，而这些法律问题多数是多角度而没有所谓的“正确答案”的。

严君啸

经过前四节课的磨炼，同学们对于课程的熟悉度与掌握感更强了，课堂效率也进一步得到了提高。但是，我总感觉还可以更好。

我发现，首先是我自己在课堂上的表现应该更好一些。我总是积极在课堂上发言，但有时我的发言逻辑并不那么清晰。尤其是在我开始长篇大论的时候，我会出现难以把握时间和不能突出重点的问题。我觉得这样是在浪费同学们宝贵的课堂时间，感觉很不好意思。

杨老师其实对于课堂的节奏是有进行控制的，我注意到杨老师开始向同学们强调“先说结论”“尽可能简短”，但有时同学讲得高兴了，确实很难控制自己的语言。尤其是讲述的同学陷入细节的时候，如果之前听讲的同学没有完全跟上思路，就会感觉在听天书。这感觉很不好。

我发现这里存在着一个矛盾。一方面，同学有了自己的研究和感想，应当给大家机会充分表达，互相学习；另一方面，有时同学的表达并不能对听者很友好，也是在占用别的同学的表达机会。这个矛盾确实很难解决。

要求每一个同学发言都既有思考、又清晰生动显然不现实。不过我愿意提高自己在这方面的把控能力。如果我们自己做不到，我其实也希望老师能够提供帮助。我很纠结，是不是应该让杨老师更积极地来把控同学们的发言；如果需要杨老师加强引导与把控，又以什么标准来判断什么时候应该介入呢？其实还可以进一步上升到一个价值判断的问题——我们的课堂到底要更加追求效率，还是更加追求自由的氛围？

我现在的一点建议是，首先，如果同学的发言从一个要点转换到另一个要点的时候，可以让别的同学先进行一下提问，确保能跟上讲述人的节奏；其次，如果同学说的时间感觉可能要比较长了，杨老师可以先进行追问，或者告诉讲述的同学先把机会让给其他同学，如果时间有多可以再继续讨论。

但这样是否可操作？我也不好说。

张　瑶

两个案例的讨论已经告一段落，课堂上的针锋相对让人感觉酣畅淋漓，而课堂下在卷帙之间的上下求索也是珍贵的体验。除理性的剖析之外，笔者最想抒发的主观印象，是DSU（无论是panel还是上诉机构）的“夹缝求生”

之境地。

虽然 WTO 是各国自愿让渡一定权利而建立的机构，也确实对各国贸易起到了积极作用，但是，毕竟它并非凌驾于主权之上，尊重国家主权是 DSU 人员的价值共识。它对成员国不能抱着国内法院对当事人的严肃、权威态度，而是会呈现出一种包容甚至有些谦卑的姿态。比如，panel 论述中对第三方的意见仔细一一回应，对双方痛点也都给出了较为充分的论证（即使使用司法节制或假设成立也较为充分地说明了理由）。很多外界对 DSU 的批判，比如超长的论证篇幅和超期的审理期限，也有专家组和上诉机构无奈的成分在其中——虽希望尽可能全面、无争议地处理成员诉求，但案多人少，DSU 的人力资源又有限，故而难度很大。

学者、学界和我们的课堂讨论，可以参照国内法、其他多边体系提出很多“法理”框架下的质疑或者改良建议。但很多时候，笔者落笔完毕会想，如果我处于专家组的位置，可能也面临着进退维谷的境地。笔者也非常期望有杨老师参与的临时上诉仲裁机制能为 DSU 制度注入新鲜血液，因其“临时性”和“诸边性”，或可尝试一些之前推行阻力较大的做法。

吴雨泽

这一专题的课堂及问题讨论，给予我很多感受。首先，对于法律程序问题的关注，任何争端解决在进入实体问题前，都要经受住程序问题的考量，例如管辖权、审理范围等；如果忽视了这类问题，很可能会使得后续的法律分析成为空中楼阁。其次，对权威要存在怀疑态度，不管是专家组还是上诉机构，都存在无端但是巧妙扩大自己权限范围的操作；它们的方法和技巧并不总是为规则所允许，这些漏洞正是我们需要反思的地方。

吴沐晨

六周的课程下来，我基本已经能够做到始终紧跟大家的讨论思路，甚至偶尔也能“走在前面一步”——直接参与其中，而非简单的理解与记录。

进步无疑是有的。首先是笔记的进步：课堂上高密度的知识输出提高了我迅速识别要点、划分层次的能力，只记录核心观点并在此基础上归纳简要提纲大大节省了记笔记的时间，不仅彻底摆脱笔记上的“形式主义”，还使我能将更多精力投入对知识本身的理解与深入思考上，同时在课后复习、撰写综述时对笔记的利用效率也显著提高了。

其次是思维能力的进步，体现在两方面：第一，我发现面对同一份材料时，大家的想法总是五花八门，每次听大家分享自己的感想与问题，我总能收获很多思考问题的新角度；第二，每次阅读专家组和上诉机构的报告，并撰写对其裁决思路的分析，我总是折服于他们的逻辑能力——论述过程中的环环相扣、缜密推理、相似案件与概念之间的细微区分、以及对前提性问题的重视，都使得每一份报告充满了法学的魅力。比如第五、六周重点讨论的上诉机构审理权限的问题，其实是我在初看“中国出版物与音像制品案”时并未过多关注的，或者说我根本没有质疑过上诉机构审理“中国是否有权援引 GATT 1994 第 20 条（a）款作为抗辩依据”这一问题的前提，然而管辖权问题恰恰是诉讼程序中一道不容忽视的前置性门槛。

不过对于主持整场讨论，我还是感到非常棘手：这不仅要求主持人对案件本身与专家组和上诉机构的报告有全面透彻的认识，而且在课堂上要迅速理解所有人的发言，适时做出讨论小结，还要密切关注讨论方向、把握讨论进程。我感觉自己目前尚不具备这种能力，希望在接下来的几周里先观摩学习一下其他同学的主持。

王雨宁

课程到了第六周，感觉大家课堂参与度更高了，同学们的意见分歧也开始显现（比如上诉机构管辖权的问题，大家至今尚无统一答案）。阅读篇幅不短的案件固然非常有挑战性，但是和同学们一番探讨后终于理清上诉机构/专家组的裁决思路后的欣喜也是难以言喻的。可能比得到一个“正确的答案”更重要的是厘清我们如何得到的这个答案；比一定要 get to somewhere 更难得的是，每个同学都提出了自己的疑惑，也尝试解释了别人的疑惑，哪怕我们最后 end up nowhere（更何况我们也从未真正“山穷水复疑无路”）。接下来的几周中希望继续保持探索的精神，研究更有趣的案例。

蓝　月

课程进行到第六周，我已经由一开始的不知所措，逐渐学会了对阅读材料进行重点阅读和分析，慢慢培养自己的问题意识。同学们的课程讨论往往能够对同一个问题从不同的视角加以看待，将一个简单的问题延伸出多重维度，丰富了课堂内容，也加深了我对案件情况的理解。

在进行课程综述时，感觉到所布置的课后作业与课程综述在内容上往往会出现一定的重合，是否可以建议老师将要作为案例课后作业的重点问题提出，让同学们在写作课程综述时一并作答，能够减少对同一问题的重复回顾，减轻同学们提交作业的负担，望老师考虑。

张一初

中国出版物与音像制品案带给我的最大感受是，WTO 的审判规则更类似于普通法系国家，而且法律体系的多样性也更类似于普通法，会使用大量的先例和文义解释，并通过不同的案子得出一定的规则影响之后的裁判结果。

其中，对文义理解的不同会造成权利的扩大或缩小，这使对条约语言的要求不断提高，从而避免产生歧义或多义。此外，WTO 争端解决机构也在通过裁决增加这套规则的稳定性和可预测性。

梁　好

这两周主要讨论的案件是中国出版物与音像制品案件，但比起案件内容本身，我们讨论更多的是这个案件内容中未涉及的内容，我们侧重探讨案件的前提，即上述机构的审查范围以及附条件诉讼，对该案件最重要的内容：假设分析方法反而有所忽视。上课时间有限，深入分析一个课题就必然要减轻另一个课题的投入，这又依赖于我们课后对相关问题的探索，毕竟师傅领进门，修行在个人。

我感觉从这个案例研讨开始，同学们已经渐入佳境，参与探讨的人不再仅仅是那几个人，全员都参与了相关问题的探讨，都发表了自己的意见。前置性的课程准备让大家的思路比前几周更加集中和深刻，不会像之前一样较为复杂和散乱，同学们兴致勃勃，往往都等不到提问完所有问题就开始相关问题的讨论，思维天马行空，从这个问题到另一个问题，却会发现所有问题都会指向一个本质。有趣的循环。本周有幸能够站在台上向大家分享自己的观点，那种思维和想法的碰撞着实让人愉悦，再没有比沉浸在一个问题中不断深挖并最终弄懂这件事更美妙的了。这种上课方式与交流方式实在有趣，虽然“划水”比较容易，但调动了兴趣后俨然是另一个世界。

曹秀知

这两周与前几周的上课方式不变，但与之前有不同的收获：由于上课时间有限，且课后研究时间受到其他因素的影响，每个人想要自己研究所有话题的精力极其有限。在第六周，老师通过每个人概述自己的课后研究这一方式，使得我们每个人在短时间内，对各方面的研究内容有了一个基本了解。我在课后通过仔细阅读同学们的作业，在最短时间内获得了最大的收获。

张卓昊

在对此次案例的讨论中，同学们已近开始质疑专家组和上诉机构的判决，去追问其更深层次的理论原因。虽然在第一堂课上这些问题大都还没有展开，只是停留在对问题进行分析的层次上，但经过课后研究，第六周的课堂讨论便显得群英荟萃。在课后研究中我深切地体会到，对一个问题深入探讨非常困难，但不同的同学分别探讨各自感兴趣的问题后集中交流，便大大克服了这一困难，使得课堂的广度和深度都大为增加。我在选课一开始对效率不高的担忧，看来是杞人忧天了。在交流与讨论中，不同的人对同一个问题产生截然不同的看法是正常的，但我和吴雨泽同学在同一个问题上独立地产生了几乎完全一致的见解确着实令我惊喜，这便为此课程新增了另一重乐趣。

被判决说服，然后又去质疑；自以为找到了上诉机构说理的致命缺陷，却又找到了解决这一矛盾的药方；困厄于不知从何处下手解决问题，却发现曙光竟在自己先前解决过的其他问题之中；与同学交锋，却又惊人地达成一致——这两周的课程着实充满了峰回路转和太多的柳暗花明，跌宕起伏中，令人着迷。

杨盛彪

中国出版物与音像制品案的讨论已经告一段落了，但与之相关的思考却远没有结束。每周二的烧脑之旅都会让我既享受又难受。享受的是同学们出彩的问题和巧妙的构思，难受的是自己很难跟上同学们的思维，下课之后总有种恍然之感。当然，还有随之而来的让人倍感沉重的作业。随着学习时间的增加，越来越能感受到这门课的魅力，对争端解决机制的了解也越来越深入，对这门课也还是又爱又恨！感慨之后又生期待，不知道下次课又会有怎样有趣的讨论。

贾小我

首先令我感慨的是了解一份 WTO 案例的不易。本次学习的内容为中国出版物与音像制品案中关于“中国是否有权援引 GATT 1994 第 20 条进行抗辩”的论述，虽阅读材料仅有 20 页，论证思路也不似知识产权案中那样层次丰富、结构庞大，然而阅读过后却总有朦朦胧胧的迷惑感萦绕在脑海中：中国为什么要援引 GATT 1994 第 20 条？援引 GATT 1994 第 20 条的困难到底在何处？上诉机构为什么要反复申明第 5.1 条后半句显而易见的含义？上诉机构的论证究竟复杂在何处？虽然通过阅读文本本身大致了解了上诉机构的论证思路，但案件背景知识的匮乏使我仍然停留在“知其然而不知其所以然”的状态。

课堂讨论中，同学们的疑问和研究从不同角度击中了我心中的迷惑，让问题与问题的解决方案都一点点明晰起来，自主研究与开放讨论所带来的丰富启发便是我的第二点感慨。从吴玙姜同学的研究中我开始关注本案中义务的来源与性质，并猜想 GATT 1994 与《入世议定书》之间的复杂关系是否为本案提供了重要背景；从严君啸同学的思考和疑问中我进一步确定了这种关系的重要性，并明确了自己课后研究的内容与方向。此外，张卓昊、吴雨泽同学对我完全不曾察觉到的 conditional appeal 问题的深入研究，也使我深深受教。

下一专题中，我们仍将继续对 GATT 1994 援引问题进行探索，在本专题的学习过后，我对这一问题的兴趣也更加浓厚，在此表示期待。

韩世宸

第五和第六周的课着重对中国出版物与音像制品案进行了分析，一开始我只是明白对上诉机构的审查范围，但直到逐渐能够对案件和法条的适用提出自己的观点，才让我再次体会到 WTO 课程的学习最重要的就是对知识和信息的积累。在这门课程中，一个看似微不足道的问题可能也会引发同学们的激烈讨论，相比于知识产权案，大家对于出版物案的研讨更进一步——课堂讨论更集中，课下交流更全面，思考研究更深入，可以看出同学们对 WTO 的认识已经更加全面，渐入佳境了。

在本案中，令我感触最深的是，大家的讨论方式越来越趋近于专业化，并且不再盲目地相信权威。在之前的专题中，我们更倾向于循着专家组和上诉机构的思路寻找案件的切入点，这在知识产权案中发现专家组用“scale”一词“四两拨千斤”时尤其明显；而在出版物与音像制品案中，我们对专家组采用 assumption *arguendo* 和上诉机构反对采用 assumption *arguendo* 都产生了不同程度的怀疑，于是第一节课我们通过对比其他案件以试图解释专家组和上诉机构的做法，而第二节课我们不仅可以有理有据地找到专家组和上诉机构论证中存在的问题，还可以试图通过体制性的解释重构本案的论证思路，这都是极大的进步。同时，我在接收大家分享的信息和上课倾听大家的发言时感到收获很大。这一切都让我对本课程中的巨大收益感到惊奇，更加期待后续的学习。

晏高兴

逐渐走进了 WTO 案例学习的丛林深处……

中国出版物与音像制品案,《WTO 协定》与中国《入世议定书》之间的关系初入眼帘。最初，我曾浅显地以为，中国《入世议定书》就是《WTO 协定》的组成部分，属于中国对《WTO 协定》义务的具体化，而 GATT 1994 属于《WTO 协定》的一部分。如果遵循这样的一个思路，也许本案分析中国《入世议定书》与 GATT 1994 的关系不以为要。但是，这种思路恰恰是完全错误的，我的初步体会：问题的关键应当在于如何理解入世议定书、《WTO 协定》、各协定之间的关系，并不能简单认为三者属于一般与特殊的关系，但是不可否认的是，在具体条文上可能属于一般与特殊的关系。这表明,《WTO 协定》的法律体系要复杂得多，要想真正掌握这一构造，我们不仅要注重协议的文义表述，以对此作出合理的法律解释，仍需要在具体案例中深入学习对这一思维的具体运用。幸运的是，在下一个专题中，这种体系化思考方式再次映入眼帘。另外，观点的支持不仅仅需要理论，也要善于从实证主义的角度出发，在具体案例中研究总结专家组或者上诉机构的观点，这样才能把观点论证清楚，这也将是我接下来学习中要加强学习的。总的说来，这周学到了很多，不仅是知识上的，还有方法论上的，下个专题，我将继续努力。

同时，我也感受到，每个专题的第一周的课程讨论显得比较杂乱，具体表现为大家都抛出观点，但较多的观点很难与要解决的问题联系上，更不必说观点之间对立、统一或者联系。这也许就是讨论的优势，但有时候也可能让人难以理解讨论的前提所在、要解决的问题所在。因此，我有个不成熟的建议：也许杨老师在每个专题的第一周中应当进一步加强问题的引导，让大家在一条线上集思广益。

李雅文

转眼间一学期的课程已经快进行到一半，我在学习方法和对 WTO 的认识上都有了进步。

一方面，我逐渐克服了最开始上课时的不适应与吃力感。原本每次课前几十页的英文阅读材料都令我头痛不已，以我从前"搞懂每一句话"的阅读方法往往读得非常慢，课前难以阅读完全部的案例材料，以致不能对案例有全局性的把握。现在我逐渐摸索出了对长篇阅读材料的处理方法：首先，读一遍课程大纲中杨老师所写的案例基本情况，准确把握阅读材料的主要问题与内容。其次，阅读杨老师《WTO 案例研讨》中相关案例的文章，进一步了解专家组或上诉机构的整体裁决思路，关键问题是什么、分歧点在哪里。在这两项材料的辅助下，我再去阅读案例原文，一般第一节课只能梳理出每个部分的大致内容。我发现专家组与上诉机构报告往往内容丰富翔实，而重要的论点、结论往往在开头或结尾写明，以及裁决中的小标题起到了梳理专家组思路的重要作用。第一次课前我往往难以细读裁决，只能了解其大概的构造、所运用的分析方法、主要争议点等，而第二周才能读完裁决全文，梳理出详细的论证思路。也就是第一节课偏重于案件整体把握、发现重要问题，而第二节课则对重要问题进一步分析。

另一方面，我越发感受到 WTO 法律体系的庞大复杂，这可能与本课程案例式的学习方法有关。在学习其他法学课程时，我们往往首先把握该法的体系架构、基本原则等纲领性内容，然后"自上而下"地学习每一部分的细节内容。我认为这种一般部门法的学习方式更有利于我对学科有概览性的了解，学习的时候有更加明确的线索和抓手。而本课案例式学习方法总让我觉得自己看到的只是冰山一角，只能在这一问题涵盖半径内做相关研究，而对于该问题或内容在 WTO 法律体系中的位置不甚了解。希望未来的自己可以主动对 WTO 法律体系有系统性、整体性的研究，了解"冰山"全貌后掌握更加科学、系统的思考路径与分析工具。

封　舜

时光飞逝岁月穿梭，课程已经进行到第六周，我们也完成了三个专题的学习。我逐渐对 WTO 的争端解决机制有了更深入的理解，可以尝试把握专家组或上诉机构的裁判思路，一方面对讨论的案例进行全面的思考，对其中的经典问题进行分析；另一方面也能够跳出本案的思维定式，查找相关的案例。这一过程也解除了我的疑惑，以前所学的部门法都是先学习理论再选修案例分析课，比如“行政法与行政诉讼法”和“行政法案例研讨”,“刑法总论”和“刑法案例研讨”，我在选修本课程时就有些怀疑，直接讨论案例不学习基础知识能掌握课程中的重难点吗？但是通过将近半个学期的学习我就发现事实并不尽然，在案例当中我们会碰到非常多的“基础知识”，比如 prima facie case、third party、judicial economy、assumption *arguendo*，等等，原来案例中是包含着这些概念的，通过对案例进行抽丝剥茧的分析就可以掌握这些内容。此外，本专题的讨论过后我还有两点感受。

1. 逻辑先行

逻辑的重要性毋庸多言，逻辑思维是人的理性认识阶段，是人运用概念、判断、推理等思维类型反映事物本质与规律的认识过程。WTO 争端解决机制也要求专家组和上诉机构具备这样的逻辑。在这次案例讨论的第一节课，同学们就提出了一个非常重要的问题，即上诉机构是否有权审理被专家组忽略的问题。正如杨老师所说，上诉机构是否有权对 GATT 1994 第 20 条进行审查是所有问题的前提，如果得出的结论是否定的，那么上诉机构针对专家组报告的修改都是没有意义的，因为这超出了上诉机构的职权范围。也就是说我们要重视逻辑，不能跳出根本问题只去讨论表面的问题，这样是不合适的。

2. 强调实质

逻辑就像是一个人的骨架，而实质问题则类似于血肉，二者缺一不可。如果对一件事情的分析只从逻辑上进行推导或仅仅从实质上分析都是不足的，例如刑法中的罪名成立在逻辑上要求满足所有的构成要件，但是仍要从实质上分析是如何满足构成要件的。就像本案，专家组在面对中国是否有权直接援引 GATT 1994 第 20 条进行抗辩，采取了逻辑上的一个技巧，即 assumption *arguendo* 来阐明。但无疑这就意味着回避了“a complex issue of substance”，这就显得说服力不足，而上诉机构正是本着解决这一问题的目的纠正了专家组，有理有据地分析了该问题。

总之，我们不能直接跳过逻辑来看问题，也不能依靠逻辑回避实质。在课程已经过小半后，我更加认识到讨论课和案例课的重要性，相信在之后的学习过程中能和同学们一起升堂入室，发现 WTO 的奥秘所在。

魏海跃

中国出版物与音像制品案是 WTO 课程中学习讨论的第二个案例，相比起第一案——知识产权案的讨论过程，这两周的课程讨论更为集中。在“知识产权案”中，同学们讨论了 prima facie、专家组对“商业规模”的解释思路、解释方法，以及司法经济原则、第三方等诸多问题。而在这两周，同学们的课堂讨论集中在“上诉机构是否越权”“上诉机构裁决思路”“assumption *arguendo*”这三个问题，呈现“少而精”的特点。

同时，本周讨论的一个特色在于，同学们先分享了各自的课下研究成果，再对必做题“上诉机构是否越权”“上诉机构裁决思路”进行探讨，拓宽了大家的知识面，也为接下来两个问题的探讨做了铺垫。这种“分享研究成果”的模式令我受益匪浅。每位同学的时间精力是有限的，而将大家的研究成果汇总起来，则可以在短时间内获取广泛的知识，加深对目前案例的理解，也有利于今后对案例的学习（例如同学们在本周案例研讨中，就用到了上周研究过的 judicial economy 知识）。

这两周的课程讨论内容可以总结如下。

1. 关于上诉机构是否越权审理的问题

上诉机构的审理范围为：①当事国提出的；②专家组报告中的法律适用与法律解释问题。此外，还可以通过审理“专家组是否客观履行职责”来进行事实问题审查；可以通过“完成分析方法”审查专家组未涉及的法律问题。

本案中，虽然中国在上诉状中提出了“附条件上诉”，但上诉机构依然可以通过论证“必要性”对附条件上诉进行审理，条件①满足。GATT 1994 第 20 条适用性属于法律解释问题，且在专家组报告中有所提及，因此，满足条件②。基于上述理由，上诉机构并未越权。

2. 关于上诉机构的裁决思路

上诉机构的思路为：①解释《入世议定书》第 5.1 条，尤其是“与 WTO 协议一致”如何界定；②论证《入世议定书》第 5.1 条承诺与 GATT 1994 义务的密切关系；③论证限制贸易商的措施与贸易管制目标直接的明确、客观联系，从而认为中国可以援引 GATT 1994 第 20 条（a）款进行抗辩。

3. assumption *arguendo*

assumption *arguendo* 是一种法律论证技巧，适用条件可以总结为：①符合条文的基础结构和逻辑次序；②遵守一般国际法的解释规则、能够清晰界定成员国权利义务；③执行措施的确定性。

assumption *arguendo* 与 judicial economy 在理念、结果、逻辑、对象等方面存在差异，不能说前者是后者的特殊形态。

刘玥含

在对本案的课程讨论中，我想用梁好同学在课上的一句话来描述大家的争论——这是有关应然与实然的问题。某些观点认为上诉机构应该严格地按照 DSU 条款的狭义解释来进行实践操作，但情形也确实要求了上诉机构要审理 GATT 1994 第 20 条的适用性问题，而上诉机构面对这样的局面审理 GATT 1994 第 20 条适用性是否构成越权审理，有些同学通过重新解释 DSU 第 17.6 条的含义来赋予这一行为正当性，而在某些案件中的上诉机构则是援引了 DSU 三条有关争端解决机制目的的条款来赋予自己正当性，也有同学认为这就是越权审查，不具有正当性。

张一凡

从真正意义上而言，这两周的课程是我参与度最高，也是几乎全程跟上同学们思路的课程。不过听课注意力的高度集中也自然导致笔记做的相较于前两周差了不少，在一些地方存在缺漏，有的地方笔记的记录也不是很精准，还望见谅。因为几乎是全程跟上了同学们的节奏，较前几次课程而言，感受到了更多的乐趣。现在回想来看，前几次课程应该是还没有完全进入状态，对于这种以讨论为主的课程还没有适应。在这两周的学习中，我也发现，其实 WTO 里的不少东西与部门法及其逻辑存在很多互动，这让我在听课途中也对一些部门法的学习思路有了新启发，受益匪浅。

不过遗憾的是，没有对很多问题，包括上课讨论了的问题进行更深入的讨论与思考，而这主要是因为我这周不小心将左脚踝扭伤，导致左脚骨折，不断往返于校医院与北京三院之间，浪费了不少时间，故导致没有更多时间去进一步思考新的且有趣的问题，实属遗憾，同时也希望老师能够谅解。

朱亚博

每次上课都会被大家深入而又详细的研究而震撼，这两次课这种感受更加明显，尤其是梁好和张卓昊同学准备了翔实的资料和严密的逻辑，来论证上诉机构无权审理 GATT 1994 第 20 条。虽然我的观点和他们不同，但是他们认真的态度和求实的精神给了我很大触动，有种“珠玉在侧，自觉形秽”的感觉。同时，其他同学发散性的思维也给了我很大的启发，让我不自觉地去想一些从未思考过的问题，把一些我认为很浅显的问题剖开了、揉碎了放在面前，竟然读出了更进一步的感觉，有点像王国维读诗的三层境界。同学们的付出鞭策着我更加认真地去准备每一次课！

陈沁心

1. 对事实问题和法律问题的想法—基于审查范围

梁好对上诉机构审查范围进行了一般性分析，他的总结源于各种案例而不是从法条本身。具体而言，上诉机构的审查范围限于 panel 报告中的法律适用和法律解释问题，包括三个方面：专家组对《WTO 协定》的解释、专家组对《WTO 协定》的适用和专家组职责的履行。其中，被排除的是事实问题。《WTO 协定》中似乎也包括了法律审和事实审，事实问题不属于上诉机构的审查范围，其案例包括确定某一证据可信度的权重；专家组对所提交证据的审查；新的事实和新的证据也是事实问题。而法律问题，梁好列举了某事实与条约要求是否一致，是法律问题（法律适用问题）；确定进口与国内产品是否属于同类产品，是一个将法律适用于事实的过程；审查国内法律若是为了确定其是否与 WTO 对规定的义务相矛盾，是一个法律问题；调查当局的方法是否公正，是事实的法律定性问题，也属于法律问题。他认为在法律适用上与事实问题其实难以区分，如有案例显示审查国内法是否存在，其内容或运行的审查是事实问题。

这让我联想到在国际私法上，对外国法律进行认定时，普通法国家将外国法作为一个事实，由当事人举证，若被采信则可以适用；而在大陆法系国家，外国法被法院作为法律予以适用，主要由法院主动查明而非当事人举证。由此可见，国内法律本身在不同法系中就有对其不同的定性，因此笔者认为这不能成为事实问题和法律问题难以区分的论证依据，举例中的困难是因对一国法本身定性的差异化导致的。从另一个角度看，审查国内法是否与《WTO 协定》相矛盾属于法律问题，以及查明国内法的存在与否及其运行是一个事实问题，其实是可以区分的，前者是针对已经被提供且被 challenge 的一个国内法，对其是否与《WTO 协定》相违背进行法律层面的分析，而对国内法的具体条文内容则不需要花费时间去探知，因为在这个问题上它已经被提供了；后者并不将前者的对比是否违反等内容纳入其中，而是纯粹地对国内法内容的查找和其运行模式的了解，尽管这可能只是一个包含了事实问题和法律问题审理的全过程之中的一个阶段。

因此在解决一个案件整体，或者完成其中的一个组成部分的裁决时，往往同时包括了事实问题和法律问题，事实问题在前，法律问题基于事实问题的结论而解决。因此，二者是可以明确区分开来的。至于专家组是否履行了其职能，虽然看起来是个事实问题，但是这个事实并不属于案件事实，且是否履行其职能是通过法律的角度来考量的，故属于上诉机构审查的范围，即 DSU 第 11 条 Function of Panels 中所规定“Accordingly, a panel should make an objective assessment of the matter before it, including an objective assessment of the facts of the case and the applicability of and conformity with the relevant covered agreements, and make such other findings as will assist the DSB in making the recommendations or in giving the rulings provided for in the covered agreements.”。为了避免该条规定的审查范围在对证据的认定和采信方面与 DSU 第 17.6 条相矛盾，需要以专家组的行为为中心，以 DSU 规则的目的精神为依据，这具有一定困难，也有对其存在矛盾的质疑。当出现严重的认定偏颇时，上诉机构才对专家组履行职能进行质疑，有别于对证据认定本身的干预。

而现实中的问题是，事实审查的纳入往往具有很强的排除效果，即在上诉机构的审查范围在 DSU 第 17.6 条的字面含义上扩张时，一旦有事实内容需要被考察，就会排除上诉机构的审查权利，同时被排除的还有基于该事实问题被认为需要解决的法律问题。

以 Canada—Aircraft 案为例，上诉机构针对巴西提出的新论点表示：“原则上，新的论点本身并不排除在上诉审查范围之外，仅仅因为它们是新的。然而，我们要对巴西的新论点作出裁决，就必须征求、接受和审查小组没有审议的，也没有审议过的新的事实。”[34] 笔者认为对上诉机构的审理范围限制原则上应当是为了规避其对 panel 认定的事实问题进行审理，上案中就是因为新的论点必然包括新的事实，故而作为排除出审理范围的理由。至于能否根据前面的扩张规则例外地因为在 appeal 中有一方提出该 argument 而选择对其进行审查，笔者认为应当谨慎。

2. 案例和法规相结合的研究方法—基于 assumption *arguendo*

在第六周的课前作业中，我通过查询案例，以 Canada—Wheat Exports and Grain Imports 案为主，总结了 assumption *arguendo* 可以被适用的情况及上诉机构对其适用进行限制的原因。

其一是在适用的范围方面，上诉机构倾向于仅建议专家组在明确知道假设内容且不会引起逻辑混乱的较小争议点上予以论证使用，而反对多次利用及在复杂的法条之间关系的解释上适用。

其二是对 assumption 适用进行规制的目的层面，总体而言可分为两个方面：

第一，实操层面，过度使用假设推理法会导致提起上诉的上诉方无法明确上诉的内容；导致败诉方无法明确地履行其义务；

第二，成本层面，过多的假设可能会排除原本可以发挥作用的事实在充满假设的逻辑链条中无法发挥作用，也许可以称为逻辑论述投入成本的缺失引发事实调查成本的浪费。

而第六周的课堂上张卓昊同学从法条的角度对 assumption *arguendo* 进行分析，更加有理有据。从理论的角度将其观点厘清，主要法律依据是 DSU Article 3 General Provisions 部分的规则：

2. The dispute settlement system of the WTO is a central element in providing security and predictability to the multilateral trading system. The Members recognize that it serves to preserve the rights and obligations of Members under the covered agreements, and to clarify the existing provisions of those agreements in accordance

---

34 “In our view, this new argument raised by Brazil is beyond the scope of appellate review. Article 17. 6 of the DSU provides that' [a] n appeal shall be limited to issues of law covered in the panel report and legal interpretations developed by the panel'. In principle, new arguments are not per se excluded from the scope of appellate review, simply because they are new. However, for us to rule on Brazil's new argument, we would have to solicit, receive and review new facts that were not before the Panel, and were not considered by it. In our view, Article 17. 6 of the DSU manifestly precludes us from engaging in any such enterprise.”

with customary rules of interpretation of public international law. Recommendations and rulings of the DSB cannot add to or diminish the rights and obligations provided in the covered agreements.

5. All solutions to matters formally raised under the consultation and dispute settlement provisions of the covered agreements, including arbitration awards, shall be consistent with those agreements and shall not nullify or impair benefits accruing to any Member under those agreements, nor impede the attainment of any objective of those agreements.

这两条规则概括了争端解决机构的职责，其目标是“to provide security and predictability to the multilateral trading system”，其中安全性和可预见性是两个抽象的概念，具体化之后就是 preserve the rights and obligations of Members under the covered agreements 与 clarify the existing provisions of those agreements。因此，在专家组对案情进行分析、对法条进行解释时，必须做到可以维护安全性和可预见性，否则该解释的方法就是不合理的。在适用 assumption *arguendo* 时亦然，专家组要做到在使用该逻辑解释的技巧时，能够同时澄清相关协定的现有规定，并且不对相关国家权利义务进行变更或混淆。

assumption *arguendo* 其实是一个产生于实务中的概念，是对一种客观先行存在的理论模式的抽象概括，故这类概念或方法及其适用的场景在官方的 WTO 规则中很有可能没有明确的规定，而常见于上诉机构或专家组的点评中，因此通过案例总结其使用的场合是合理的；但另一方面，必须将在案例中得出的结果与 DSU 等 WTO 的官方文件中的原则或精神相对应，才能得出一致合理的结果，且更有说服力。因此，对该说理方式及其适用范围的学习让我掌握了部分词汇研究时“案例+回归”规则的探究模式。

吴玙姜

没有想到对于这个案件的讨论一上来就会进入管辖权范围的讨论，我本来以为本案的重点会放在对 accession protocol 与 GATT 1994 的关系上，以及对 accession protocol 5.1 文本的解释与 GATT 1994 间的连接上。但经过讨论确实让笔者意识到本案当中 AB 的审查权限虽然可以通过解释的方法予以修补，但仍然是颇有瑕疵的，以及管辖权的问题也引出了很多 AB 越权审理的事项，比如根据 DSU 第 11 条对事实问题的审查，完成分析的方法，等等。这些都是与本案看起来关联程度不大，但实则颇为关键的问题。而对于 accession protocol 与 GATT 1994 之间的讨论，则将在后续中国原材料案和中国稀土案中进一步展开，本来以为这一问题在本案当中就已画上句号，但实际上这一问题才刚刚拉开帷幕。不得不说，这也是 WTO 争端解决的精彩之处。

邓汉庆

个人感觉临近课堂结束，梁好同学的总结特别好，他从应然和实然的角度回应了大家所提出的问题。一个是从法条上，它应该是有自己的审查范围的；一个是从实际上，也是拥有了适用范围。经分析应该是上诉机构扩张了自己的审查范围，不能审事实问题只能审法律问题，只能审专家组报告中提出的法律问题，只能审当事方提出上诉的法律问题，这有三个层次的建构。

有一部分同学认为上述机构应该按照 DSU 的严格解释来进行审理的操作，而且在真正的实践中看来，上诉机构审理 GATT 1994 第 20 条的适用问题也是很有必要的，但是上诉机构在这样的选择下又面临越权，所以一些同学通过 DSU 第 17.6 条给予上诉机构这一行为正当性我课前也了解到，根据 DSU 第 3 条第 7 款的规定，争端解决机制的目的在于保证使争端得到积极解决，争端各方均可接受且与适用协定相一致的解决方法无疑是首选。从这点来看，上诉机构可以裁决专家组没有解决的问题，因为如果上诉机构没有权力，则不利于争端的解决，这与争端解决机制的目的不符，也使得案件具有不可预见性。所以，允许上诉机构对此问题进行审查，有助于争端解决本身。从对于上诉机构审查范围的规定来看，根据 DSU 第 17 条第 6 款的规定，上诉机构对于事实问题不予审查，审查的问题仅限于专家小组报告中的法律问题和专家小组对法律作出的解释："An appeal shall be limited to issues of law covered in the panel report and legal interpretations developed by the panel."，所以问题争论的焦点在于专家小组报告中的法律问题和专家小组对法律作出的解释是否存在区别，或者说该问题是否在 DSU 规定的范围内，从不同的角度来看不同的同学有不同的想法，这也是这节课最为生动的地方。

最后，老师提出写课堂综述不应是流水账，而应该是带着总结和个人思考的产物，之前我写课堂综述总是急于记下同学们的具体思路，而疏于对各个观点进行集合整理，这也是我在之后的课程中需要改进的地方。

严晓畅

在经历这几周的学习与讨论之后，个人感觉有了更深的收获并取得了一定的进步。在这样一门颇具挑战性的课堂上取得一定进步，个人认为是一件值得开心的事情，当然，还有许多不足值得改进。不过，还是简单说说我的收获与可能的进步：首先，个人在发言上更具勇气，杨老师对于大家的提问与思考总是鼓励性的，个人觉得这给我在内的很多同学带来了极大的激励。特别是第六周的课堂，杨老师突然宣布大家倒叙分享，这就意味着由我开始分享假设成立相关内容，我当时内心充满忐忑，生怕自己阐述的内容过于粗糙、幼稚或者浅薄，但是杨老师却始终是充满鼓励的，之后也看到不少同学在综述中提到了我的分享，十分感谢，也激励着我更进一步。另外，就是探索方法上的进步，我能更加熟练地通过数据库、网站、公众号进行信息检索，阅读英文材料的速度也更快了。同时，我还受到张卓昊同学的启发，在综述时也阅读了前辈学长学姐的探索，收获颇丰。

不过，很显然的是，我个人还有很多值得改进之处。一个是对案例更深入的探索与把握，此时便常常暗恨自己做得还不够，跟上课堂上每一处交锋与推动还是非常具有挑战性的，我将持续努力。另外一个非常抱歉的是，因为平常压力较大，但自己每次所想表达与记述的内容又较多，常常拖到最后才将作业发送出来，之后希望自己也能更提前一些。总之，仍需格外努力！

陈红吉

1. 从类案处理中寻找思路

在尝试研究上诉机构是否越权和 arguendo 两个问题时，我感受到的最大挑战就是找不到可供参考的文献资料，而且在“出版物”案的评析中也很少关注这两个问题的研究。尤其是在完成第五周的必做任务时，我所使用的论据基本都是 DSU 规则和自己朴素的法律解释，而且由于大家在第五周的课堂对上诉机构的态度多是认为没有越权，我在思考时非常担心，因为自己更多地考虑可能的对立观点，也没有充分地对其作出回应。当时仅有的参考就是群里老师发的有关 DSB 审查标准的文件、争端国及第三方的 DSB 会议记录总结，我在阅读时也发现参与方的意见和上诉机构以往的做法能够给我一些启发，但是自己并没有进行汇总后的联想与总结。在第六周的课堂上，梁好、吴雨泽、张卓昊三位同学的研究思路让我对如何更好地利用类案有了更深入的了解。他们的研究发现结合了 WTO 规则、学界理论与以往案例，并且在排布上以案例为线、层层展示思路，清晰且有理有据。

2. 课后梳理更加清晰

在专题三中，第五周的课堂更像是提供了一个问题的框架，不过当时我对很多问题的逻辑、关联都并未理清，仅仅是从管辖权出发似乎就能牵引到上诉机制审查的全貌。而第六周的集中讨论有拨云见日的功效，多位同学针对同一话题有不同的方向和结论，结合对比来看能够让人尽可能地对这一问题理解透彻。在课后的梳理时这一点也尤为明显，对上诉机构是否越权的问题我的见解明显比第五周时更有层次且全面了。

第四章

中国原材料案和中国稀土案

第一部分　课程概况

综述人：严君啸

这一案，是杨老师主持讨论的最后一案（当然，准确来说应该是两个案子）。这两个星期，同学们都没有再分享关于 WTO 的新闻了。我很理解，因为随着学期的展开，同学们的课后空余时间越来越少；如果杨老师有非常重要的 WTO 资讯，也希望杨老师能加以补充，拓宽同学们的知识面，因为 WTO 的消息确实较少出现在同学们的日常生活中。不过，我们的课堂时间也非常有限，杨老师大可根据课程安排做取舍。

我发现，最近的课堂中，杨老师有意识地让讨论类似问题的同学们集中发言，并且带大家梳理问题发展的逻辑线条。您也在努力追求一种课堂讨论的格局——抓住一个能让同学们集中讨论的问题向下挖深，同时鼓励更多同学分享思考以开阔思路。但是在有限的时间内如何平衡两者的比例实有难度。我们最近几次讨论似乎都有所不如意——各种问题的铺开耗费了很多的时间，最终讨论主干问题的时间非常有限。这一方面提醒我们要进一步提高课堂效率，另一方面也敦促我们落实课堂时间规划。比如非主干问题的讨论顺序也许可以再依据问题的重要程度及与案件关联程度进行调整，讨论不完的问题可以由老师简单点出，并引导同学课后阅读相关同学的文字。

一、杨老师的教导

本周课堂上，杨老师对于同学们的课程综述进行了更为深入的指导与评价。

杨老师从综述的形式切入讨论。您说，综述开篇应该清晰表述两节课中讨论了什么问题，概括出一二三点，而不是罗列第一周谁讲的，第二周谁讲的；展开部分则应整合上述几个主要问题的讨论主要是在哪些方面。这是综述的一种常见的形式。综述是对于大家讨论情况的综合介绍，以及课后思考等等。

杨老师为大家提升综述水平提供了一种重要办法——阅读其他同学的综述。同学们的综述相互间具有较大差异，水平也有差距。大家可以从形式和语言的简练程度等方面进行反思，大部分同学还处在从流水账向综述过渡的阶段。大家对比以后，可能就会发现自己的优点和缺点，在此基础上不断改进，更加精练。

综述是一种很基本的能力，尤其是对于法律人来说。比如律师开庭的时候，对方可能一下子会说一两个小时。我们最后需要很精练地指出对方说了哪几个问题，观点又是什么，是什么意思。我们自己发言的时间也会很长，讲完了以后，也要简练概括说明各个观点。课堂上也有非常多同学提问、思考和辩论，最后的综述就是要让没有上课的同学知道课程大致的进展与授课的情景。

之后，杨老师再次表示了感慨和遗憾。本次综述大家最后共写了 15 万字，内容相当之丰富。其实大家综述的过程中，有很多亮点值得分享，但是因为我们课程进度很赶，不能只停留在一个案子上，没有时间去深挖。这是很遗憾的事情。所以，应该再花一点时间，花一半的时间来请大家讲一下综述的感想。与第一节课相比，课后研究等内容已经很有进步。所以，也请大家再翻一翻助教做的汇编，以弥补课堂时间的不足。

在开始讨论中国原材料和中国稀土案之前，我们回顾了 Pauwelyn 教授关于上诉机构职权的分析。王雨宁、张瑶、梁好发表了对于该问题的看法，王雨宁与张瑶认同 Pauwelyn 教授的论述，而梁好有异见。我在课前单独发给杨老师一篇我对此的阅读分析，提出了“DSU 第 11 条和上诉机构的职权有何关系?”与“objective assessment of the facts of the case 的清晰含义为何?”两个问题；杨老师也将我的思考在微信群中与同学们分享。

二、课堂内容概括与反思

对于课堂内容的概括，我希望做到杨老师说的从“两小时”到“两分钟”。我发现用思维导图（见图 4-1）工具更有助于观点的梳理与逻辑的呈现。

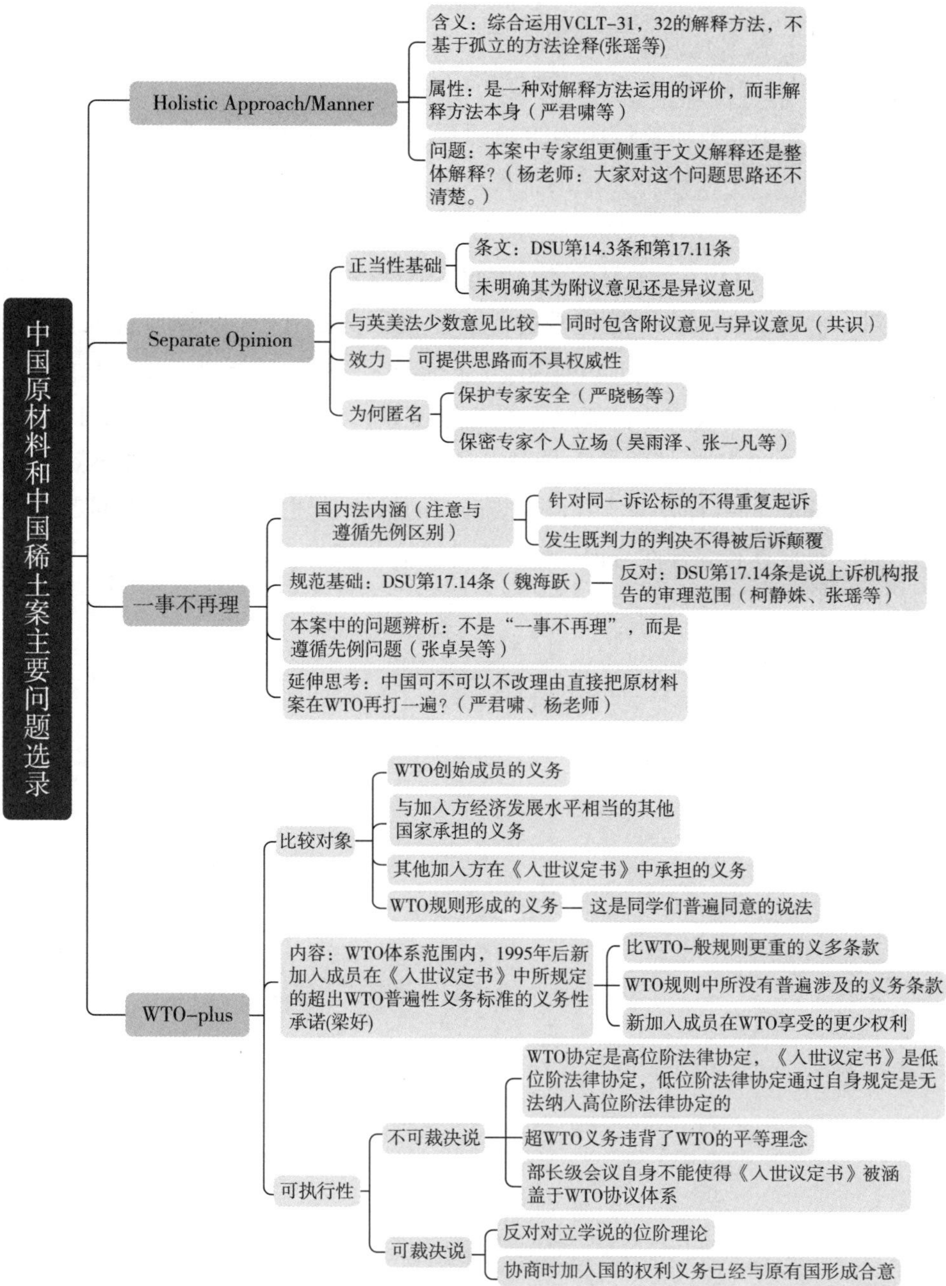

图 4-1　思维导图

由于制图技术的关系，思维导图很难再包含更多内容了（否则很可能就看不清了）。还有许多有意思的问题，比如 omission 应该如何解释（我在学习德国民法总论的时候也仔细看了这一内容），中国签订《入世议定书》时为什么会同意在本案中看似不平等的条约，专家组是否必须“遵循先例”等等，只能和课堂上一样，留有一定的遗憾了。

这两节课中让我印象最深刻的是晏高兴对于专家组和上诉机构解释中国《入世议定书》第 11 条的方法的批评。他认为，第 11.1 条和第 11.2 条的文本中之所以会提及 GATT 1994，是因为它们规定的本身是 GATT 1994 内涵下的义务；但是第 11.3 条本身就是一个超 WTO 义务，根本不可能在 GATT 1994 中找到，出现 omission 才是正常的，不能仅因为第 11.3 条没有提及 GATT 1994 的抗辩就不允许 GATT 1994 第 20 条抗辩，否则就过分囿于文字了。我进一步解释一下晏高兴的话：如此，所有超 WTO 义务的基本上不可能抗辩了，因为没有《WTO 协定》的条文是可以涵盖超 WTO 义务的，这显然不是一种符合 good faith 的解释方法。我认为晏高兴的批评是建立在课堂诸多问题讨论之上的，非常具有综合性与创造性，也非常有说服力。

第二部分　课程内容选编

综述人：吴雨泽

一、裁决思路

（一）中国原材料案专家组报告

1. 前置讨论：WTO 成员《入世议定书》是《WTO 协定》的必要组成部分

专家组首先分析道，加入 WTO 通常需要与 WTO 成员进行谈判。根据 the Marrakesh Agreement XII，加入是在加入方与 WTO 成员商定的基础上进行的。而历经多年的谈判条款即加入的条件最终会构成《入世议定书》以及相应的工作组报告，这些商定的协定体现了加入方和其他 WTO 成员之间微妙的权利义务平衡，并以文件中的具体文字为载体。专家组表示，所有 WTO 成员以及加入方都将这些商谈的内容视为 WTO 的入场费。

从文本依据上，专家组发现，中国《入世议定书》第 1.2 条规定："This Protocol, which shall include the commitments referred to in paragraph 342 of the Working Party Report, shall be an integral part of the WTO Agreement."。就具体的争端解决实践而言，①过去所有与中国《入世议定书》相关的争端当事方都同意中国《入世议定书》是《WTO 协定》的必要组成部分；②所有当事方都同意可以因中国违反加入议定书而开启争端解决程序；③所有当事方都同意在相关工作组报告中且被议定书交叉援引的承诺，在 WTO 争端解决程序中是有拘束力和强制力的。

结合这些分析，专家组认为中国《入世议定书》是《WTO 协定》的一部分，也应当采用解释国际公法的习惯法来解释，即 VCLT 第 31、32、33 条等。

2. 法律解释

(1)“先例”解析：对中国出版物与音像制品案的讨论

专家组首先关注与本案直接相关的“先例”，即中国出版物和音像制品案。该案中，也面临《入世议定书》第 5. 1 条是否允许援引 GATT 1994 XX 进行抗辩的争议。上诉机构并没有讨论《入世议定书》和 GATT 1994 的体系性关系，而是从议定书的相关条款、上下文、整体结构入手，对《入世议定书》第 5. 1 条进行解释，最终认为其包含了 GATT 1994，从而允许援引 GATT 1994 XX 抗辩。专家组表示，其在本案中将采取相同的方法对《入世议定书》第 11. 3 条进行解释。

(2) 对《入世议定书》第 11. 3 条的解释

A. Ordinary Meaning

《入世议定书》第 11. 3 条规定：China shall eliminate all taxes and charges applied to exports unless specifically provided for in Annex 6 of this Protocol or applied in conformity with the provisions of Article VIII of the GATT 1994.

专家组表示，“shall eliminate”表示中国签订《入世议定书》时，仍然存在征收出口税的情形；《入世议定书》附录 6 列举了 84 种可以继续征收出口税的商品。因此，这一条款设定了中国的一项义务，即当中国加入 WTO 之后，中国必须取消所有出口税和出口费用，除了附录 6 列举并限定最高出口税水平的 84 种商品，或者税费可以依据 GATT 1994 VIII 正当化。

专家组发现，附录 6 在列举了限定最高出口税水平的 84 种商品后，规定：“China confirmed that the tariff levels included in this Annex are maximum levels which will not be exceeded. China confirmed furthermore that it would not increase the presently applied rates, except under exceptional circumstances. If such circumstances occurred, China would consult with affected members prior to increasing applied tariffs with a view to finding a mutually acceptable solution.”。

在列举所有《入世议定书》相关文本后，专家组表示，①《入世议定书》第 11. 3 条并没有包含任何对 GATT 1994 XX 的直接援引，也不存在对 GATT 1994 的整体引用；②《入世议定书》第 11. 3 和 5. 1 条不一样，没有完整引用《WTO 协定》的引言。本案与中国出版物与音像制品案不一样。

专家组对中国的观点进行批驳。

中国认为,《入世议定书》第 11.3 条以及附录 6 的“exceptional circumstances”都允许中国援引 GATT 1994 XX 抗辩。

专家组表示,《入世议定书》第 11.3 条对中国禁止出口税费义务提供了两项例外。

就第一项例外而言，附录 6 允许中国对 84 种商品继续征收出口税，但是后续规定的第一句话的“maximum levels”设定了中国征收出口税的上限；进一步讲，第二句话和第三句话表明在“exceptional circumstances”发生时，中国应当与受影响的 WTO 成员进行协商。

就第二项例外而言，即出口税费的适用符合 GATT 1994 VIII。专家组发现，GATT 1994 VIII 允许 WTO 成员在边境征收服务费（fee）和费用（charge），只要这些费用不超过服务的大概成本，且它们的征收与进出口相关。从而，GATT 1994 VIII 是在特定情况下规制服务费和费用的。

专家组表示，无法认为《入世议定书》第 11.3 条的语句提供了除了附录 6 和 GATT 1994 VIII 以外的授权中国维持出口税的一般例外。值得注意的是，《入世议定书》第 11.3 条明确提及了 GATT 1994 VIII 而没有提及 GATT 1994 XX 等其他条款；这与第 5.1 条一般性地提及《WTO 协定》完全不一样。专家组认为，这种语句的微妙选择和对《WTO 协定》或者 GATT 1994 的整体性援引的方式表明，WTO 成员和中国并没有将 GATT 1994 XX 的适用包含在《入世议定书》第 11.3 条之中。

B. Context：China's Working Party Report

专家组接着按部就班转向对上下文的分析。中国表示，工作组报告 170 作为上下文保证了《入世议定书》第 11.3 条允许援引 GATT 1994 XX 进行抗辩。

工作组报告 170 位于工作组报告 Section D：

Internal Policies Affecting Foreign Trade in Goods，Subsection (1)：Taxes and Charges Levied on Imports and Exports，规定：Upon accession，China would ensure that its laws and regulations relating to all fees，charges or taxes levied on imports and exports would be in full conformity with its WTO obligations，including Articles I，III：2 and 4，and XI：1 of the GATT 1994…

中国认为，①including 不是穷尽式的列举，从而 WTO obligation 包含 GATT 1994 XX；②《入世议定书》第 5.1 条和工作组报告 170 的语言是非常相近的，就相关的引用（in full conformity with its WTO obligations 和 consistent with the WTO Agreement）而言，是同义词；③DSU 提供了文本依据。

专家组在批驳中国观点前先分析了《入世议定书》的上下文，即第 11.1 条和第 11.2 条，其中都包含 in conformity with the GATT 1994 的语句。专家组表示，中国认为 in full conformity with its WTO obligations 与《入世议定书》第 5.1 条包含 GATT 1994 XX 适用的语句一样，相似的语句仅仅出现在第 11.1 条和第 11.2 条，却没有出现在第 11.3 条。这种对语句的选择，让专家组认为 GATT 1994 XX 的适用已经被排除在中国禁止出口税义务之外了。进一步，专家组表示《入世议定书》第 5.1 条并不能和《入世议定书》第 11.3 条和工作组报告 170 等量齐观，两者所用的语句也并不是同义词的关系。专家组还做出了假设，即当时谈判时如果真的希望禁止出口税义务可以使用 GATT 1994 XX 抗辩，那么谈判者完全可以将其写入《入世议定书》，或者允许禁止出口税义务一般性援引 GATT 1994，或者将其加入中国的 GATT 1994 日程中，但这些都没有发生。

专家组接着对工作组报告 170 进行了分析。170 并没有针对中国的出口税义务，而是针对 "charges or taxes levied on imports and exports"，这些费用征收需要符合 GATT 1994 I，III：2，III：4，XI：1；而工作组报告 170 只是对 GATT 1994 相关义务的重申。《入世议定书》第 11.3 条直接针对出口税费，且这一义务并不是由 GATT 1994 直接调整。

专家组表示，工作组报告 342 将 170 作为中国的承诺加入议定书，170 针对的义务是中国征收国家出口税和进口税须符合特定 GATT 1994 条款，而《入世议定书》第 11.3 条则针对 GATT 1994 中不存在的义务：禁止出口税费。从而工作组报告 170 和《入世议定书》第 11.3 条的义务实质上并无关联。

专家组的解释可以被工作组报告 155 和 156 支持。这两段位于 Section C：Export Regulations，Subsection C（1）：Customs Tariffs，Fees and Charges for Services Rendered，Application of Internal Taxes to Exports。

155 规定：taxes and charges should be eliminated unless applied in conformity with GATT Article VIII or listed in Annex 6 to the Draft Protocol；

156 规定：China noted that the majority of products were free of export duty，

although 84 items, including tungsten ore, ferrosilicon and some aluminium products, were subject to export duties.

这两段几乎是对《入世议定书》第11.3条的再次陈述，并没有明示或暗示，GATT 1994 XX可以援引进行抗辩。

专家组表示，如果WTO成员和中国的确希望GATT 1994 XX可以适用，完全可以和工作组报告164和165对数量限制的规定一样，进行补充说明，但是双方都没有这么做。

在否定了文义和目的之后，专家组认为工作组报告中不存在任何允许中国援引GATT 1994 XX进行抗辩的明示和暗示。

C. Context: the WTO Agreement

专家组进一步考虑了GATT 1994的其他条款。

专家组发现，the Marrakesh Agreement中，不存在任何一般性的全局例外。每一个《WTO协定》都是提供针对自己规定的特定义务的例外。GATT 1994的其他条款可能与出口税有关系，但是这些条款都没有和《入世议定书》第11.3条一样的规则，也没有指向GATT 1994 XX的适用。

目前的问题是，GATT 1994 XX是否可以作为GATT 1994以外义务违反的抗辩？专家组认为，GATT 1994 XX的"nothing in this Agreement should be construed to prevent the adoption or enforcement…of (certain) measures…"的语句已经排除了这种适用。然而，WTO成员会在其他协定中援引或者包含GATT 1994 XX的适用，例如TRIMs。专家组认为，GATT 1994 XX之所以在TRIMs中适用，并不取决于GATT 1994 XX本身的语句，而是取决于TRIMs的语句。其他《WTO协定》则提供了其自身的例外，例如GATS，TRIPS，TBT，SPS等。

专家组表示，从这些条约的实践中，可以认为，GATT 1994 XX能否适用于《入世议定书》第11.3条，取决于第11.3条的语句使用。但是《入世议定书》第11.3条如上所述，不存在这样的语句。

中国表示，自己固有的和主权保证的规制贸易权允许其在整个《WTO协定》的范围内适用出口税费。专家组认为，中国当然有规制贸易的固有权力，不过这种权力已经在加入世贸谈判中行使了。

（3）结论

专家组认为《入世议定书》第11.3条并不允许中国援引GATT 1994 XX

进行抗辩。专家组表示其认识到禁止出口税是中国的独有义务，这可能会导致不平衡，但是没有法律依据允许其适用 GATT 1994 XX 抗辩。

（二）中国原材料案上诉机构报告

上诉机构基本维持和复述了专家组的推理和结论，但针对几个特定的问题进行了补充，加强了专家组推理中说服力不强的部分。

1. 议定书附录 6 的解释

上诉机构认为，附录 6 规定的第二句话的“furthermore”限定了附录 6 第二、三句话规定的“exceptional circumstance”仅仅是在附录 6 第一句话下的例外。附录 6 第一句话规定，附录 6 规定的 84 种可以继续征收出口税费的商品的税费存在最高限额；而在“exceptional circumstance”发生时，中国可以在与受影响国协商的情况下提高这 84 种商品的出口税费，使其高于附录 6 规定的最高限额。

从而上诉机构对专家组对中国义务违反的认定提出了异议。专家组认为中国征收出口税费而没有与受影响国协商，从而违反了附录 6 下的义务；上诉机构则认为，由于中国征收出口税的商品不在附录 6 的 84 种商品中，因此中国只是违反了《入世议定书》第 11.3 条的禁止出口税费的义务。上诉机构也在脚注中表示，它知道这一点并没有被上诉。

2. 工作组报告 170 的目的

上诉机构分析了工作组报告相关部分的整体结构。

Policies Affecting Trade in Goods 分为四个部分：“Trading Rights”“Import Regulation”“Export Regulations”与“Internal Policies Affecting Trade in Goods”。工作组报告 170 位于第四部分 Section D，这一部分有两段：169 和 170。

工作组报告 169 表示：some members of China's Accession Working Party “expressed concern about the application of the [value-added tax（‘VAT’）] and additional charges levied by sub-national governments on imports” and considered “non-discriminatory application of the VAT and other internal taxes” 575 to be “essential”。上诉机构表示，Section D 和工作组报告 169 表明，工作组报告 170 关心的是影响所有进出口服务费、费用、税收的“国内政策”，中国在此处的承诺实际上是对一些 WTO 成员对由地方政府对进口商品征收增值税和额外费用的关切的回应。

从而，工作组报告 170 的目的并非与禁止出口税等政策相关，而是与增值税等国内税费相关。这一点，上诉机构表示同专家组报告一样，可以由工作组报告 155 和 156 进一步加强。

3. 中国的贸易规制权

上诉机构对中国新的论点进行了批驳。

中国表示,《WTO 协定》、GATT 1994、《SPS 协定》《TBT 协定》《Import Licensing 协定》、GATS、TRIPS 等一系列条约的序言显示，专家组破坏了加入议定书中的权利义务平衡。专家组假定中国已经放弃了通过征收出口税去促进基础非贸易相关利益的权利，例如对自然环境和公共健康的保护。

上诉机构表示，中国提到的《WTO 协定》体系下的序言，体现了 WTO 成员协调贸易与非贸易利益的平衡。但是这些序言体现的目的，并没有为 GATT 1994 XX 是否适用于《入世议定书》第 11. 3 条提供任何具体的指导。《入世议定书》第 11. 3 条仍然缺乏 GATT 1994 XX 适用的文本依据。

（三）中国稀土案专家组报告多数意见

1. 前置讨论：先例

专家组援引 US-Stainless Steel（Mexico）和 US-Continued Zeroing 两案，表示出于 DSU 第 3. 2 条 security and predictability 的要求，自己应当对同一法律问题采取前案中的相同解决方式，除非存在 cogent reason。

专家组认识到专家组和上诉机构的独立角色，也认识到本案中国要求重新审查 DSB 已经通过的上诉机构裁决的法律问题。专家组提出了三点考虑。

首先，当事方依据新的法律理由（novel legal arguments）要求专家组背离上诉机构对法律问题的认定，而如果随后又有上诉，则当事方对这些理由进行充分解释是有利于上诉机构做出新的解释的，对于复杂的法律问题尤为如此。过去发生过专家组未充分解释而上诉机构无法解决某项复杂法律问题的情况。因此该当事方应向专家组充分解释新的法律理由，这是符合 DSU 第 11 条的要求的。

其次，专家组考虑到本案的四点特殊情况：①当事方和第三方都没有认为专家组在法律上不能重新审查这一问题；②本案的当事方与中国原材料案的当事方不一样；③需重新审查的法律问题是本案的核心问题，且具有根本性、体系性的重要性，这一点从当事方和第三方的广泛讨论可以看出；④中国所提出的议定书条款与 GATT 1994 之间的体制性关系问题，属于新理由，引起了复杂的法律问题。

专家组认为，根据中国提出的新理由重新审查该问题，由于以上因素的存在，并不是对问题的重新认定，也不是对中国原材料案的两份裁决的不尊重。但是，这一路径与 DSU 体系下专家组和上诉机构的不同角色难以协调。因此，在重新审查时，专家组将会把分析重点仅限于中国提出的特定理由。这些理由可能是新的，也可能是与中国原材料案类似的，因此专家组可能会重复原材料案两份裁定的观点。不过，专家组提到，完全复述原材料案的论证是不可取的。

最后，专家组认为，如果要背离上诉机构的裁定，中国的理由必须构成 cogent reason。对于 cogent reason 的标准，专家组表示上诉机构并未有论述，但是门槛应当很高。专家组列举了两个例子作为参考：国际刑事法庭曾经指出，这种理由包括基于错误的法律原则做出，或者由于疏忽做出，即法官由于误解了适用法而做出了错误决定。欧洲人权法院也曾经举例说，法律解释可以为了反映社会变化以与当今情况保持一致。

2. 中国论点 1：the interpretation of omissions in the covered agreements

中国认为，没有明显的文本表述并不意味着《入世议定书》第 11.3 条排除 GATT 1994 XX 的适用，并援引了“US - Carbon Steel: The task of ascertaining the meaning of a treaty provision with respect to a specific requirement does not end once it has been determined that the text is silent on that requirement. Such silence does not exclude the possibility that the requirement was intended to be included by implication.”。该案显示，沉默并不排除某一要求暗示被包含的可能性。中国认为，条约文本的沉默并不是决定性的。

专家组发现，中国原材料案没有提到 US-Carbon Steel；因此，专家组表示其将采取 US-Carbon Steel 的方法对中国原材料案上诉机构的做法进行分析。

中国原材料案中，上诉机构并不是只根据文本的沉默得出的结论，恰恰相反，上诉机构采取了整体解释的方法，考察了：①适用于《入世议定书》的条约解释规则；②先前关于 GATT 1994 XX 对中国《入世议定书》适用性的上诉机构报告；③《入世议定书》第 11.3 条的通常含义；④《入世议定书》附录 6 的通常含义；⑤中国提出的论点；⑥《入世议定书》第 5.1、11.1、11.2 条和工作组报告 155，156，169，170 提供的上下文；⑦《WTO

协定》的其他条款提供的上下文；⑧《WTO协定》的序言。如上八种材料，可见原材料案上诉机构从来没有将文本视为决定性的因素。

专家组进一步认为，中国原材料案和US-Carbon Steel没有什么不同，理由如下：

第一，两个案子包括相似的条约解释问题。US-Carbon Steel牵涉到在《渔业补贴协定》(SCM)第11.9条的最低标准能否适用于SCM第21.3条，而上诉机构最后否认了适用性；中国原材料案牵涉到GATT 1994 XX能否适用于《入世议定书》第11.3条，最后上诉机构亦否认了适用性。

第二，两个案子的分析都是从条款的文本开始的。US-Carbon Steel中，上诉机构发现SCM第21.3条的文本没有引向SCM第11.9条的最低标准；中国原材料案中，上诉机构是从《入世议定书》第11.3条和附录6是否存在援引GATT 1994 XX的文本依据开始的。

第三，两个案子的分析都重视相关条款的相互参照的立法技术。US-Carbon Steel中，上诉机构关注了SCM第15.3条对第11.9条的参照；中国原材料案中，上诉机构关注了其他条约对GATT 1994 XX的参照。

第四，两个案子的分析都存在依据同一条的一个或多个紧邻的段落所载的某一条的一个段落中没有相互参照的情况而得出的推论。US-Carbon Steel中，上诉机构分析了SCM第21.4条；中国原材料案中，上诉机构分析了《入世议定书》第11.1和11.2条。

第五，两个案子的分析都解释了WTO权利义务平衡的考虑没有为具体问题提供指导。US-Carbon Steel中，上诉机构分析了SCM Part V的目的，并认为其没有为具体问题提供指导；中国原材料案中，上诉机构分析的是《WTO协定》的序言。

综上所述，专家组认为，中国论点1不构成cogent reason。

3. 中国论点2：the systemic relationship between the provisions of China's Accession Protocol and those of the GATT 1994

中国认为《入世议定书》第11.3条是GATT 1994的组成部分。其逻辑被专家组概括为两个前提。

一是《入世议定书》第1.2条和the Marrakesh Agreement XII：1，这两个条款将《中国加入议定书》作为the Marrakesh Agreement的组成部分，也让《入世议定书》特别条款（所谓“WTO+”义务）成为the Marrakesh

Agreement 附件的多边贸易协定的一部分。

二是《入世议定书》特别条款是否构成多边贸易协定的一部分，取决于条款与协定之间是否存在内在联系。《入世议定书》第 11.3 条包含了一项货物贸易义务，且是特别针对出口税的。从而其与 GATT 1994 II 和 XI 之间存在内在联系。因此《入世议定书》第 11.3 条必须被视为 GATT 1994 的一部分，因而 GATT 1994 XX 作为 GATT 1994 的例外可以适用。

（1）前提一

A.《入世议定书》第 1.2 条

《入世议定书》第 1.2 条规定："This Protocol, which shall include the commitments referred to in paragraph 342 of the Working Party Report, shall be an integral part of the WTO Agreement."。

《入世议定书》的序言将"WTO Agreement"定义为"the Marrakesh Agreement Establishing the World Trade Organization"。

2001 年 11 月 10 日部长级会议决议表示："The People's Republic of China may accede to the Marrakesh Agreement Establishing the World Trade Organization on the terms and conditions set out in the Protocol annexed to this decision."。

《入世议定书》第 1.3 条明确表示："the Multilateral Trade Agreements annexed to the WTO Agreement."。

专家组结合这些材料认为，《入世议定书》第 1.2 条的"the WTO Agreement"，单指"the Marrakesh Agreement"。专家组通过分析 the Marrakesh Agreement II：2 认为，作为附件的多边贸易协定是《WTO 协定》的组成部分，并不代表多边贸易协定互为组成部分，或者某一多边贸易协定的单个条款是其他多边贸易协定的组成部分。因此，专家组虽然同意《入世议定书》的单个条款可以构成某一多边贸易协定的组成部分，但认为其原因不是《加入议定书》第 1.2 条，而是取决于这一条款的用语，正如中国原材料案指出的一样。

专家组列出了几项理由：

①《入世议定书》第 1.2 条的通常含义。专家组认为，该条通常含义是指《入世议定书》作为一个整体构成 the Marrakesh Agreement 的一部分，而不是指《入世议定书》的单个条款可以作为某一个 the Marrakesh Agreement 附件条约的组成部分。例如，the Marrakesh Agreement II：2 规定"the Multilateral

Trade Agreements annexed to the Marrakesh Agreement are made an integral part of the Marrakesh Agreement”，这句话就表明某一条约作为整体是另一条约的组成部分。

②GATT 1994 的第一段 the GATT 1994“shall consist of”，对 GATT 1994 的组成部分进行了穷尽封闭列举。GATT 1994 第 1 段（b）（ii）特别提及了 the provisions of protocols of accession “that have entered into force under the GATT 1947 before the date of entry into force of the WTO Agreement”（“在《WTO 协定》生效之日前根据 GATT 1947 生效的”加入议定书的规定）。这与乌拉圭回合谈判的协定超越了货物贸易范围以及 1994 年以后的加入议定书涵盖了 GATT 1994 未涵盖的服务贸易和知识产权贸易范围的事实一致。从而中国认为《入世议定书》第 11.3 条构成 GATT 1994 一部分的论断难以与此协调。

③《入世议定书》第二部分第一段：“the Schedules annexed to this Protocol shall become the Schedule of Concessions and Commitments annexed to the GATT 1994 and the Schedule of Specific Commitments annexed to the GATS relating to China.”。GATT 1994 II：7 表示作为附录的减让表成为 GATT 1994 第一部分的组成部分。如果《入世议定书》中所有与 GATT 有关的部分都是 GATT 的组成部分，那就没有必要出现这种明确要求减让表成为 GATT 一部分的说法。此外，《入世议定书》第二部分第一段不包括第 11.3 条。

④先前的专家组和上诉机构报告并不支持中国对《入世议定书》第 1.2 条中“WTO Agreement”的解释。在先前关于《入世议定书》的案件中，关于第 1.2 条有两个假定：一是使《入世议定书》（和工作组报告具体规定）的义务在 DSU 下可执行，二是保证可以根据 DSU 第 3.2 条“解释国际公法的习惯规则”来解释这些义务。将第 1.2 条中的 WTO Agreement 理解为 the Marrakesh Agreement 可以与这两项假定相协调，这是由于 the Marrakesh Agreement 是 DSU 附录 1 指称的 covered agreement，且与作为其组成部分的文件必须按照 DSU 第 3.2 条“解释国际公法的习惯规则”来解释。中国将其理解为《马拉喀什建立世界贸易组织协定》及其附件则难以协调。

⑤中国的解释违反条约有效解释规则，会使得《入世议定书》和工作组报告中明确规定 GATT 1994 XX 适用的措辞失去意义。例如《入世议定书》第 5.1 条和工作组报告 162 和 165 都是明确参照 GATT 1994 XX 的情形，在中国出口配额的问题上，中国就利用了这种措辞以援引 GATT 1994

XX抗辩。中国对于《入世议定书》和工作组报告提及《WTO协定》与GATT 1994的区别的解释也让专家组难以接受。

⑥中国对WTO Agreement的解释与中国原材料案专家组的意见是矛盾的。在原材料案中，专家组表示中国和WTO成员本来可以将中国出口税义务作为GATT 1994项下承诺的一部分，但中国和WTO成员没有这样做。这表明出口税义务本来就不是GATT 1994的一部分。

B. the Marrakesh Agreement XII：1

专家组认为，中国误读了该条款。

该条款表明，国家或关税区加入《WTO协定》时，应当适用WTO的所有协定，而不是选择适用个别协定。中国主张的所谓相关议定书条款应当被视为与其有内在联系的特定协定的组成部分没有文本依据；同时专家组也不认为该条款支持“中国关于《入世议定书》并非自成一体”，而是规定《WTO协定》及其所附多边贸易协定项下的义务的主张。专家组认为《入世议定书》确实规定了权利义务，专家组必须依据议定书的文本去找寻其与《WTO协定》及其所附多边贸易协定的联系。

专家组还难以理解中国关于《入世议定书》中针对《入世议定书》的承诺（这一承诺超越了《WTO协定》及其附件义务的范围）仅仅是为了明确成员在《WTO协定》及其所附多边贸易协定项下的义务的主张。毕竟“《入世议定书》第11.3条的义务不是GATT 1994义务”是本案的共识，中国自己也声称这些义务是“WTO+”义务。

专家组认为，即使认为中国这一观点是正确的，从逻辑和法律上，也不能得出单个条款可以构成某一多边贸易协定组成部分的结论。例如许多多边贸易协定的条款是对GATT 1994相关义务的明确，但这并不代表它们成为了GATT 1994的一部分。

（2）前提二

虽然前提一被驳回代表前提二已经没有讨论的必要，但是专家组仍然给出了部分意见。

首先，专家组认为《入世议定书》第11.3条与GATT 1994 II和XI并非内在关联。GATT 1994中没有取消出口税的规定，且其所附减让表作为GATT 1994第一部分的一部分，是可以允许成员在其中规定出口税的使用的，这也被实践所证实。但是中国所附减让表中并没有出口税的承诺。此外，《入世议定书》第 11.3 条与 GATT 1994 II 和 XI 的目的本来就不相同。

其次，专家组认为中国关于《入世议定书》第 11.3 条中没有明确用语排除 GATT 1994 XX 适用的观点是错误的。①中国原材料案中中国就提出过这一观点，已经被专家组和上诉机构驳回；②《入世议定书》第 11.3 条中事实上存在中国所说的明确用语。

（3）小结

专家组驳回了中国论点 2，认为其并非 cogent reason。

4. 中国论点 3：the terms "nothing in this Agreement" in Article XX of the GATT 1994

专家组认为此处"this Agreement"的通常含义就是 GATT 1994，这与中国原材料案的专家组意见一致，也与上诉机构在 US-Shrimp 中的意见一致。即 GATT 1994 XX 提供了针对 GATT 1994 规定的实质性义务的一般例外。

专家组也难以理解为什么中国要把"this Agreement"理解为 GATT 1994 以外的协定，这一点被中国澄清，即中国也认为其仅指 GATT 1994。

专家组认为，中国把"this Agreement"理解为 GATT 1994 以及 1995 年以后《入世议定书》中与货物贸易相关的超 WTO 义务（这种义务被中国认为是 GATT 1994 的一部分）的观点是没有实际意义的。因为专家组已经证明，《入世议定书》第 11.3 条并非 GATT 1994 的一部分，《入世议定书》作为整体才是《WTO 协定》的一部分。

从而专家组认为中国这一缺乏实际意义的论点并非 cogent reason。

5. 中国论点 4：the object and purpose of the WTO Agreement

中国认为，上诉机构的解释会导致贸易自由化和环境保护两者价值的不平衡，最终违反《WTO 协定》的目的。

专家组认为，这一点在中国原材料案中也提出过，但已经被上诉机构驳回。

中国表示上诉机构驳回是忽视《WTO 协定》目的的解释价值，上诉机构没有尽到就法律问题进行客观评估的义务。

专家组表示，完全同意中国关于某些条约解释会导致主权国家在法律上被禁止采取环境保护的必要措施会不符合《WTO 协定》宗旨和目的的观点。专家组认为，这甚至会使得案件结果上升到明显荒谬或不合理的程度。

但是，中国的前提是错误的，即中国采取保护环境的必要措施并不只有出口税一项，其他手段和法规一样可以帮助环境保护。更何况，中国并未说明出口税征收会在何种程度上有利于环境保护。因此，上诉机构认为《入世议定书》第 11.3 条不能援引 GATT 1994 XX 抗辩的解释并不会导向违反《WTO 协定》宗旨和目的的结果。

中国的论点不是 cogent reason。

6. 结论

专家组没有支持中国的意见。

（四）中国稀土案专家组报告单独意见

1.《WTO 协定》的结构

单独意见认为，GATT 1994 XX 能否用于正当化对《入世议定书》第 11.3 条的义务违反首先应当从对作为单一承诺的 WTO Agreement 的组成和功能开始。

单独意见描述了乌拉圭回合谈判的成果的组成部分：

①1994 年 4 月由各成员代表在马拉喀什签订的 the Final Act Embodying the Results of the Uruguay Round of Multilateral Trade Negotiations（Final Act）。其为一份六个段落的文件，描述了乌拉圭回合谈判的结果。其附件（a）为《马拉喀什建立世界贸易组织协定》，（b）为部长级会议决议和声明，（c）为金融贸易承诺谅解录。

②《马拉喀什建立世界贸易组织协定》（the WTO Agreement），其前十六条被单独意见称为 Marrakesh Agreement；Marrakesh Agreement II：2 将协定和相关法律文件（Multilateral Trade Agreements），包括附件 1、2、3 作为 Marrakesh Agreement 的组成部分。Marrakesh Agreement II：3 将相关法律文件（Plurilateral Trade Agreements）作为 Marrakesh Agreement 的组成部分，当然是对于诸边贸易协定的参与方而言。成员的贸易减让表也是《WTO 协定》的组成部分，因其本身是 GATT 1994 和 GATS 的一部分。

单独意见接着根据 Marrakesh Agreement II：2 和《入世议定书》第 1.2 条明确了自己的术语。WTO Agreement 指代 Marrakesh Agreement 及其四个附件、成员贸易减让表、成员在《入世议定书》中的承诺的整个《WTO 协定》体系；WTO agreements 指代四个附件；a specific WTO agreement 将指代具体的一个协定，单独意见会指出其名称。

单独意见表示，上诉机构将 WTO Agreement 视为一个单一承诺，既没有保留且所有 WTO 条款都会同时和累积适用。因此，一项措施同时受制于不同的 WTO 条款是完全可能的。例如，WTO Agreement 中，不同多边贸易协定的适用可能重叠，而其他 WTO 条款会相互排斥。WTO 条约存在解决这一冲突的特别规范。上诉机构同时指出，要将成员贸易减让表视为条约条款，但是不能与 GATT 1994、AoA、GATS 的相关条款相冲突。

单独意见认为，在 WTO 法律体系下，只有所涉协定的条款可以构成进入争端解决程序，这些协定被 DSU 附录 1 列举，其中没有明确列举《入世议定书》。然而本案中没有任何一方怀疑违反《入世议定书》，特别是违反《入世议定书》第 11.3 条，可以进入争端解决程序。因此，单独意见认为这表示所有当事方都认为《入世议定书》第 11.3 条是 WTO 所涉协定的一部分。

那么现在的问题主要在于,《入世议定书》第 11.3 条是否是 GATT 1994 的组成部分。

2. WTO《入世议定书》的性质

单独意见设定了一个新的术语 accession package，指代 WTO 加入程序的结果。其包括至少四份文件：《入世议定书》、工作组报告、不同的减让表、部长级会议/总理事会关于同意成员加入的决议。

《入世议定书》是部长级会议的决议的附件，而工作组报告是《入世议定书》的附件。

《入世议定书》规定了新成员加入 WTO 的条件。Marrakesh Agreement XII：1 规定 such accession shall apply to this Agreement and the Multilateral Trade Agreements annexed thereto，也就是说《入世议定书》是为了具体规定 WTO Agreement 对加入成员的适用条件，特别是 the Marrakesh Agreement and the Multilateral Trade Agreements annexed thereto 的适用条件。

工作组报告包含了一份导致加入的程序和条件的摘要，其中含有一些纳入《入世议定书》的有约束力的承诺，其他条款则是加入成员和工作组的解释和声明。工作组报告中的义务与《入世议定书》的义务会重叠或相互补充。中国《入世议定书》第 1.2 条表明，工作组报告 342 中所列条款都纳入议定书。且中国《入世议定书》和工作组报告都已经根据 Marrakesh Agreement XII 获得部长级会议/总理事会通过。

单独意见认为，accession package 的单个条款与 WTO Agreement 的条款之间的关系都需要进行独立的分析。其些情况下，加入成员和 WTO 成员会让 accession package 的单个条款成为 a specific WTO agreement 的组成部分；另一些情况下，可能是让 accession package 的单个条款成为一个独立规定。

单独意见认为，accession package 的单个条款与 WTO 整体协定或 WTO 单个协定之间的关系根据加入成员和 WTO 成员之间的共同意图不同而不同。有些规定明确成为 WTO 现有具体协定的一部分；有些规定是重申多边贸易协定已有的义务，从而存在重叠；有些规定是为了澄清和详细规定多边贸易协定的具体义务；有些规定则可能超出整个 WTO 体系的基本权利和义务，例如《入世议定书》第 11.3 条。单独意见认为，《入世议定书》第 11.3 条事实上是一项关于出口税的附加条款。

单独意见表示同意中国的意见，即如果争端涉及《入世议定书》中附加 WTO 条款，专家组必须根据目的和该承诺的理由，确定其是否已经成为 a specific WTO agreement 的组成部分，或 Marrakesh Agreement 或贸易减让表的新规定，或在某种程度上作为新的权利义务束成为整个《WTO 协定》的一部分。

3.《入世议定书》第 11.3 条和 GATT 1994

单独意见重申了《入世议定书》第 11.3 条规定的义务内容，并表示所有当事方都同意该条款是一项“WTO+”条款。

单独意见表示，《入世议定书》第 11.3 条提及了 GATT 1994 VIII，但是这并不意味着《入世议定书》第 11.3 条义务的履行无须遵守 GATT 1994 I (MFN)，这一点本案中没有任何人反对。单独意见认为，两者之间的关系也因此必须被全面解释。

单独意见发现，《入世议定书》第 11.3 条的义务是中国独有的，且扩大了中国在货物贸易方面的义务；结合 GATT 1994 II 和 XI：1，《入世议定书》第 11.3 条是对这两个关于边境税费的条款的修正。出于成员义务连贯履行的必要，单独意见认为，《入世议定书》第 11.3 条构成 GATT 1994 的一部分。

单独意见进一步认为，GATT 1994 的所有抗辩可以适用于所有与 GATT 1994 有关的义务，除非加入方和成员体现了相反的意图。根据《WTO 协定》序言展现的 WTO 目的和宗旨，GATT 1994 XX、XXI、XXIV、XVIII (c) 所展现的灵活性具有根本重要性，即允许政府在追求这些合法目标时享有一定政策空间以实现与其负担的 GATT 1994 义务之间的平衡。单独意见认为，要排除这种意图必须以明示形式作出，但是《入世议定书》中并没有明确表示排除 GATT 1994 XX 的适用。

从而单独意见认为 GATT 1994 XX 可以适用于《入世议定书》第 11. 3 条。

（五）中国稀土案上诉机构报告

上诉机构维持了专家组报告的多数意见，并对三点问题进行了集中阐述。

1. Marrakesh Agreement XII：1

上诉机构认为该条仅仅是加入方加入 WTO 的一般规则，其中并不能发现支持中国《入世议定书》可以被直接纳入《WTO 协定》作为其组成部分的文本依据；并表示完全支持专家组对该条的解释。

2.《入世议定书》第 1. 2 条

上诉机构表示，《入世议定书》第 1 条的三款中多次出现《WTO 协定》，其含义有广义也有狭义，但是均不是本案的关键问题。上诉机构认为，关键在于，《入世议定书》第 1. 2 条使得《入世议定书》中的权利义务和原《WTO 协定》中的权利义务实现了互通，但是这种桥梁作用仅仅是一般性的，不能解答具体条文与具体协定的关系。

3.《入世议定书》的体系性地位

上诉机构认为，这种关系的确定，必须通过仔细审查有关条款来确定，要根据相关背景、宗旨和目的来理解，同时考虑 WTO 作为一个单一权利义务束的总体结构和阐明不同条款之间关系的具体规范。

对于中国《入世议定书》也是如此，上诉机构表示这种分析当然会导致 GATT 1994 XX 可以用于 GATT 1994 以外协定的抗辩，但是正如中国出版物和音像制品案所指出，其要求“clearly discernable”“ objective link”；此外，在中国原材料案当中，上诉机构也是按照这种路径进行的解释。

对于中国提出的内在联系标准，上诉机构认为其缺乏明确性。

二、问题研究

（一）Single Undertaking

Single undertaking，即单一承诺，是中国原材料案中被诉方中国就《入世议定书》和《WTO 协定》关系提出的一项主张。从整个案件中国的意图来看，将中国《入世议定书》视为 WTO single undertaking 后，GATT 1994 XX 适用于《入世议定书》第 11.3 条就成为必然；与之相反，起诉方提出的《入世议定书》是《WTO 协定》的“integral part”则难以得出相应的结论。原材料案专家组在报告中只论证了起诉方的观点，而并没有对中国的主张作出回应，当然专家组最后的结果其实也反驳了中国的主张。

在中国稀土案专家组单独意见中，对“single undertaking”做出了一定的解释。单独意见表示：“‘Single Undertaking’ -that is, a single treaty for which there are no reservations and where all...provisions are generally simultaneously and cumulatively applicable.”。

从而，我们对于单一承诺似乎可以这样理解：一份条约或一个条约群作为单一承诺，应当是没有缔约方保留的，且条约所有条款是同时和累积适用的。这与《WTO 协定》的主体即《马拉喀什建立世界贸易组织协定》第 16.5 条明确禁止保留相一致。任何缔约方都不能对一个条约群进行保留，也就意味着该条约群所有条约的条款都必须被所有缔约方同意，其后果就是该条约群所有条约的条款同时和累积适用。

在一份术语清单中，对单一承诺的解释是：协议必须在成员对任何细节均已达成一致后才能决定的一个原则。全体成员须签署每一轮回合所形成的协议。[35] 可以发现，这就是我们前一段的认识。

此外，中国稀土案专家组单独意见对于《WTO 协定》是 single undertaking 的定性援引了 Brazil-Desiccated Coconut 的上诉机构报告；在该报告第 12 页，上诉机构专门讨论了 GATT 1947 与作为乌拉圭回合谈判结果的《WTO 协定》之间的不同。

上诉机构表示，GATT 体系包含 GATT 1947 和东京回合谈判的九份协定，每份协定都有不同的缔约方和不同的争端解决机制。这首先意味着 GATT 体系作为一个松散的整体，并不是类似《WTO 协定》的单一承诺。

此外，一个重要事实是，GATT 体系下，存在大量祖父条款和保留，对于加入 GATT 体系的缔约方，允许存在菜单式选择；这似乎也是为何 GATT 1994 将 GATT 1947 下的《入世议定书》视为其一部分的理由，作为对 GATT 1947

---

35 《WTO 成员常见术语》，《企业技术开发》2002 年第 1 期。

的承继，将其全部内容划入也是可以理解的。与之相反，乌拉圭回合谈判创立的《WTO 协定》体系则是一揽子加入，即从原则上禁止缔约方的保留，只有其附件中的部分协定会根据这些协定的保留规定进行保留。

这也意味着，任何对于《WTO 协定》的修订都必须以协商一致为原则，全体成员都同意才能构成对协定的修正；新协定的加入也必须按照协商一致原则。

也就是说，单一承诺和协商一致似乎可以被视为同一事物，或者两者可以互相推论。在此基础上，这似乎也导致了多哈回合的难产。

（二）一事不再理

中国原材料案和中国稀土案中同时涉及相同的法律问题，即中国《入世议定书》第 11.3 条是否允许援引 GATT 1994 XX 进行抗辩。在稀土案专家组报告多数意见中，陈述了对稀土案特殊情形的四个要件。这似乎与一事不再理相关，进一步的问题就是，WTO 是否存在一事不再理的适用?

1. 四个要件与一事不再理无关

一事不再理作为遏制重复起诉的原则，其主要判断标准在于诉讼标的是否一致。从国内法的角度来看，中国原材料案和中国稀土案当事方不一致，被诉措施也有区别，从而无论采取何种诉讼标的的界定学说，都不会认为此时两案诉讼标的相同；因此专家组多数意见给出的四个要件根本不在于说明本案一事不再理的问题，恰恰相反，诚如专家组多数意见自己说明的那样，这是为了后续分析路径给出的说明。

进一步，中国原材料案和中国稀土案真正重复的是法律问题，这一点事实上牵涉到 DSU 第 3.2 条规定的 security and predictability 所要求的同案同判，这在上诉机构以往的案件中已经得到了解决，即形成了所谓 cogent reason 规则。

第 7.58 至第 7.61 段实际上被统摄在第 7.57 段之下，第 7.57 段指出："The Panel has therefore given very careful consideration to how it should proceed in these circumstances and has been guided by the following considerations."。亦即，专家组下文的分析乃是为了厘清其在本判决中应当采取怎样的方式进行。这样，第 7.59 段提出的四个"要件"便不是为了说明其为什么能进一步审理这个问题——专家组能否继续审理这一问题是由 US-Stainless Steel（Mexico）一

案中提出的 cogent reasons 规则回答的。

事实上，第 7. 58 段重在从总体上说明，专家组讨论那些对充分探究复杂的法律问题很有意义的新观点是有必要的，言下之意是这些问题应当成为下文的讨论的重心。第 7. 59 段重在说明：其一，专家组无须额外进行其是否有权审理的讨论（对应第 1 和第 2 个要件）；其二，本案中被要求重新讨论的正是对解决本案纠纷有重大关系的核心问题（第 3 个要件，对应第 7. 58 段的要求）；其三，与这一重大问题相关的前案并未提出的新主张均是由中方提出的（第 4 个要件）。至此，第 7. 60 段总结到，本判决将着重关注中方提出的新的观点，而后文也正是沿着中方的论证思路展开的。第 7. 61 段作用在于归纳按照以上的分析所预期达到的目的，即去判断中方提出的新主张是否构成足以使专家组做出与前案相违背判决的 cogent reasons。

2. DSB 案例中的一事不再理

该部分来自魏海跃同学的研究。

一事不再理原则在 WTO 的两个案例中有所体现。

在印度汽车工业措施案中，DSB 先是于 1997 年成立专家组，审理美国对“印度对 2714 种工农业产品实行数量限制”的申诉。其后，2000 年，美国与欧共体又请求 DSB 成立专家组解决对“印度对汽车元件和汽车组件实行任意进口证制度”的申诉。印度提出一事不再理原则，对专家组的管辖权发表质疑。

专家组认为管辖权问题涉及两个方面：DSB 是否适用一事不再理原则；本案具体情形是否符合一事不再理原则。

由于 DSB 对一事不再理原则缺乏明确规定，因此专家组对此问题的分析又分为三个步骤：①是否有考虑一事不再理原则适用性的必要。在日本酒税案中，上诉机构认为“DSB 通过的报告对案涉双方有拘束力”。专家组认为，这一表述没有断然肯定一事不再理的适用性，仍然有讨论的空间。②根据司法节制原则，如果具体案件中不存在符合一事不再理适用条件的情形，就不必要再考虑一事不再理的适用性问题了。③结合一事不再理的适用条件（即本案与前案争议事项是否相同），本案中并不存在一事不再理的情形。因为前案的专家组报告并没有明确分析涉及汽车工业的措施，没有对后案的具体诉请作出裁决，因此两案涉及事项不同，不能适用一事不再理原则。

另一个案例是阿根廷对巴西家禽的反倾销税案。2001 年 8 月，南方共同市场临时仲裁庭裁决巴西败诉。11月，巴西诉诸WTO要求解决同一问题。在该案中，阿根廷提出了"禁反言"原则，并指出根据《奥利沃斯争端解决议定书》第1条："如果成员在共同市场或WTO提出申诉，就承诺不在另一个机制下就同一事项提出申诉。"巴西无权诉诸WTO解决同一争端。实际上，这也是一事不再理原则的体现。

本案中专家组认为《奥利沃斯争端解决议定书》尚未生效，因此对专家组的决定没有影响，驳回了阿根廷的主张。

3. WTO体系下一事不再理的存在可能性

一种可能的解释是，DSU第17.14条似乎允许了一事不再理适用的可能性："An Appellate Body report shall be adopted by the DSB and unconditionally accepted by the parties to the dispute unless the DSB decides by consensus not to adopt the Appellate Body report within 30 days following its circulation to the Members. This adoption procedure is without prejudice to the right of Members to express their views on an Appellate Body report."，即要求争议当事方接受上诉机构的最终裁决，那么可以认为争议解决的裁决具备了既判力，从而可以进行约束，不允许重复起诉。

当然，从事实角度看，重复起诉在DSB体系下发生的可能性非常低，因为DSB作为《WTO协定》唯一的争端解决机制，几乎不可能会让各个争议当事方处于如国内司法实践中寻找其他法院进行重复起诉的行为。

（三）超WTO义务可裁决性

根据DSU第1.1条的规定，"本谅解的规则和程序应适用于按照本谅解附录1所列各项协定体（谅解中称"适用协定"）的磋商和争端解决规定所提出的争端。本谅解的规则和程序还应适用于各成员间有关它们在《建立世界贸易组织协定》(本谅解中称《WTO协定》)规定和本谅解规定下的权利和义务的磋商和争端解决，此类磋商和争端解决可单独进行，也可与任何其他适用协定结合进行。"

根据该规定，DSU适用于两种情形：第一，按照DSU附件1所列的涵盖协定的磋商和争端解决条款所提出的争端；第二，成员方在《WTO协定》和DSU下权利和义务的磋商和争端解决。仅在上诉两种情况下，WTO争端解决机构才拥有管辖权，专家组和上诉机构才能进行审理。而DSU附件1明确列举了涵盖协定的范围，包括《WTO 协定》、GATT 1994 以及其他多边货物贸易协定、GATS、TRIPS、DSU 等，但《入世议定书》并不是 DSU 第 1.1 条以及附件 1 所列的涵盖协定。

“不可裁决说”主要是基于四个理由。一是文本分析。二是对上文“《入世议定书》是《WTO 协定》的组成部分的”质疑。这一质疑主要是基于法律位阶理论，该观点认为《WTO 协定》是高位阶法律协定，《入世议定书》是低位阶法律协定，低位阶法律协定通过自身规定是无法纳入高位阶法律协定的，但难道任何一个协定写明是“《WTO 协定》组成部分”就是组成部分了吗？这与《WTO 协定》自己在条约中将其附件或承诺纳入《WTO 协定》体系中差距极大。三是质疑超 WTO 义务违背 WTO 平等理念。有学者认为 WTO 多边贸易体制是规则导向型的，而超 WTO 义务明显是权力导向型，违背了 WTO 所倡导的规则之治；还有学者认为让新加入方承担更多义务导致在 WTO 内部设置两层权力体系，这会使得新加入成员沦为二等公民。谈判的条件只能限于成员方承诺国内法律措施符合 WTO 规则，以及做出货物关税减让和服务减让的承诺。四是认为部长级会议自身不能使得《入世议定书》被涵盖于《WTO 协定》体系，并且部长级会议授权的《入世议定书》不能是对《WTO 协定》的修改，也不能被确认为是《WTO 协定》组成部分，因为《WTO 协定》的修改程序严格地被规定于第 10 条；且部长级会议虽然被授权通过入世协议，但并未被授权可以规定“《入世议定书》是《WTO 协定》的组成部分”。

“可裁决说”针对“不可裁决说”的第二个理由，该说认为《入世议定书》的法律位阶不一定较低，因为在《WTO 协定》与《入世议定书》中都无法找到相关依据，组成部分并不一定意味着位阶较低。针对“不可裁决说”第三个理由，有学者认为虽然 WTO 谈判中存在政治因素的介入进而导致超 WTO 义务的出现，但这本身是根据 WTO 确立的加入规则实现的，而加入规则是所有 WTO 成员谈判后一致同意的，这种加入规则的简单性本身就是为了提供足够的灵活性以确保《WTO 协定》能够平衡申请方以及 WTO 成员方的需求。更何况，VCLT 第 15 条本身没有对加入的实体条件进行限制。在确认加入规则合法的情形下，很难否认谈判机制以及谈判结果的合法性。针对“不可裁决说”的第四个理由，该说认为部长级会议作为 WTO 最高权力机关，有权对《入世议定书》和《WTO 协定》的法律关系做出规定，这种权力来源于部长级会议做出的入世决议实际是 WTO 所有成员的共同意图。而《WTO

协定》本质也仅是 WTO 所有成员国都同意的规则，因而《入世议定书》和《WTO 协定》本质上同源。

（四）整体解释问题

中国原材料案上诉机构在报告中指出自己采取的解释方法是 holistic manner，这引发部分同学对于该方法是否包含于 VCLT 第 31 和 32 条的规定之中的争论。笔者认为这一争论是完全没有必要的，从稀土案专家组在回应中国第一个 argument 时一口气列举了原材料案上诉机构使用的八种材料就可以看出，整体解释的整体代表了解释机关对于某一法律问题全面的考察。事实上，可以直接认为，整体解释的整体就是要把 VCLT 第 31 和 32 条中的所有解释方法作为一个整体而不能偏废某一种解释方法。

以 VCLT 第 31 条为例，其中要求了文义解释、体系解释、目的解释以及善意解释等多个解释要求，在整体解释的路径下，专家组或者上诉机构就应当综合运用这几种解释方法，从而达成一定的解释结果。

在本案中，作为整体解释对立面出现的，是对于专家组或者上诉机构过度关注条约文本的指控，但是从稀土案和原材料案中可以看出，专家组和上诉机构并没有仅仅依据文本得出解释结果。而且，任何解释都不可能是天马行空的，都必须从条约的文本出发，对最终结论的不满不能简单归咎于上诉机构或者专家组的解释不够“整体”，而应当进一步考虑在整体路径下如何发现和采取新的论点与理由。

（五）Separate Opinion

司法审判中，法官在判决结果中公开其不同意见的做法起源于英美法系国家，但这种单独意见也出现在世界贸易的报告中。WTO 成立至 2015 年发布的共计 154 份专家组报告和 98 份上诉机构报告中，有 12 份出现了专家的单独意见，4 份报告含有上诉机构的单独意见。由此可见，单独意见在争端解决机制中不是个别现象。

其主要的法律依据在于 DSU：

DSU14.3：Opinions expressed in the panel report by individual panelists shall be anonymous.

DSU17.11：Opinions expressed in the Appellate Body report by individuals serving on the Appellate Body shall be anonymous.

这两条均要求单独意见以匿名形式出具，并且没有限定具体的意见形式。在实践中，WTO 争端解决裁判者就判决多数意见提出的反对意见；或者在同意多数判决结果的前提下，提出的不同认定依据或理由。因此，单独意见包括反对意见和并存意见。

在稀土案中，专家组的一位成员专门出具了单独意见以支持中国《入世议定书》第 11.3 条可以援引 GATT 1994 XX 抗辩的论断，具体的内容已经在裁判思路中列出，可以参考上文。

第三部分　课程感想汇编

柯静姝

从这两周课程的学习当中我主要有以下几点收获。

第一，在研究专家组和上诉机构的裁决思路的时候，不要单纯地把他们的裁决奉为圭臬，而是要学会批判性地去看待他们的思维，甚至可以直接否认他们的裁决思路。案例研究的精髓不在于单纯地了解专家组和上诉机构的裁决思路，而在于你是否认同背后的逻辑，以及你如果将自己带入专家组/上诉机构的身份会怎么作出裁决。

第二，从专家组/上诉机构的判决书当中涵盖了无数个可以独立研究的法律问题，但是由于课堂时间有限而无法进行全面探讨和覆盖。因此，千万不要以为课堂探讨后就已经对于本案有了充分全面的了解，可以将其束之高阁。课后自己的研究和思考也是非常重要的。

第三，对于同一个问题的研究可能得出截然不同的结论。只要双方的结论都有法律依据作为支撑，那么就不能否认任何一方的结论。

第四，国际法也可以运用国内法的结构进行研究，有的时候，这会给我们提供一些新的发现。

骆　鑫

在这两次课程的讨论中，我们对于中国《入世议定书》与《WTO 协定》尤其是 GATT 之间的体系性关系有了更深刻的理解。对之前已经接触到的法律问题有了进一步的认识，也接触了新的法律问题。同时，在这两周的学习中，笔者也感受到了大家对同一个问题的发散性思考，并从大家课后的研究中收获了很多。尽管可能在学习的初期，我们无法对某一个问题进行很深刻的研究，但大家的发散性思考依然为我们学习 WTO 案例提供了多维度的探究途径。另外，对比这两周的案例学习和知产案的学习，虽然我们在这两周探讨的法律问题更多了，但相对于知产案，我们所提出的质疑却少了。这提醒我们，在学习复杂的法律问题时，依然要保持批判性思维，勇于质疑，在不断的“冲突”中探究问题。

张　瑶

不知不觉，已经来到了第四节课的综述环节。针对最近四周的课程，笔者主要有如下感想。

首先，笔者认为我们学习的“范围”并没有变得太广，而“深度”大有加深。例如，我们几乎每周都在探讨 VCLT 第 31、32 条的问题。一开始我们只是用 VCLT 第 31、32 条识别 DSU 的论述逻辑，然后发现 DSU 未必严格按照此逻辑进行论述。从知识产权案的假设成立，再到本案的“整体解释”，DSU 解释法条的方式可谓“八仙过海”。但是，当我们理性地评断甚至批判 DSU 的此种做法是否合理时，我们又必须回到 VCLT 第 31、32 条的本源去看专家组的做法能否在此找到依据。这取决于我们对这两个条文有多深的理解，而这个理解的“深”与否又和我们所积累的案件论述逻辑有关。

其次，笔者认为，很多同学更愿意去探究现象背后的成因，是一个很好的现象。比如吴雨泽同学在“超 WTO 义务”的发言中提到了当今大国着力利用制度巩固既有优势，而小国也采取抱团取暖的方式尽可能为自己争取权利，因此 DSU 的裁决是双方博弈的战场，发达国家力图用某一裁判达成“立规矩”的作用。这些本质问题的探讨，有利于我们穿过法律技法的重重迷雾，认清看似复杂的争议背后“博弈”和“角力”的本质。

很开心和各位学友在课上探讨了很多有趣的观点。期待之后由同学们自主主持的探讨中呈现更灵活的课堂形式和更“出人意料”的精彩发言。

王雨宁

写综述的时候我才惊喜地发现原来大家在两周课中讨论了这么多东西。我用了七个小标题才能大致涵盖大家“集中交火”的问题，但是除此之外还有很多没有那么高热度但也被大家关注的小问题。看来课程到了一半，大家的思路也都渐渐打开了，五花八门的切入点让整堂课充满了不确定性。

另外印象比较深刻的是同学们也开始批判报告的思路。比如上节课中晏高兴同学认为两个案件中的四份报告过度重视 AP 的体系解释，却忽略了第 11.3 条中的内容是一个超 WTO 协议的问题。这一想法一下子从固有思维中跳脱了出来，让同学们看到了另一种可能。

几节课上下来我感觉大家非常擅于将 WTO 案件中提到的概念或者专家组、上诉机构解释思路与其他课学到的法律知识进行对比。比如大家会想到一事不再理制度，会想到 separate opinion 是不是和英美法中的 dissenting opinion 可以类比。这都是很好的迁移式学习方式。

八节课下来，虽然笔者还没有完全适应快速阅读篇幅很长的 WTO 报告（至少还是难以在比较短的时间完成），但是已经比第一次读报告的时候有了些经验。我的下一步的目标是可以在第一遍阅读报告的时候对专家组或者上诉机构的解释思路理解得更准确一点。

吴雨泽

本专题的讨论直接牵涉到了中国在 WTO 中的切身利益。如果说前几起案件还可以因为中国胜诉或者 DSB 支持中国主张而获得一些宽慰，那么中国原材料案和中国稀土案给予我们的冲击还是非常巨大的。在中国《入世议定书》和《WTO 协定》关系这一问题上，我们似乎背负了并不公平的待遇，在本专题的案件中就是《入世议定书》第 11.3 条规定的取消出口税费义务。这种义务不仅无法从《WTO 协定》中阐发，也无法获得一些合理的抗辩救济。

专家组和上诉机构在这两个案件中坚持了 VCLT 规定的解释方法，但不得不说他们还是在整体解释的路径中走向了过于保守的道路，如何在已经对《入世议定书》和《WTO 协定》关系作出如此保守认定的专家组和上诉机构的"先例"下继续就"WTO+"义务作出合理妥当的安排，还需要进一步思考。

另外，是否可以说明中国直接签订了一份不平等条约？虽然从中国原材料案和中国稀土案的结果来看，就第 11.3 条的"WTO+"义务，这或许就是一份不平等条约。但是正如中国稀土案专家组单独意见给出的路径，我们发现，事实上第 11.3 条以及其他"WTO+"义务还存在解释和回旋的余地，也不能断然认为所有条款均不利于中国。另一方面，必须承认的是，加入 WTO

带来的利益似乎高于因为这些不明条款带来的损失。不过尽管如此，WTO 自乌拉圭回合谈判向其他非贸易领域的扩张，也不能不让我们关心起 WTO 政治化的悲观前景。

最后，由于下次讨论就是同学进行主持，我也对此表示期待！

陈沁心

第一，在上周的作业里，我总结了上诉机构判定中国未就其主张的规则之间完成 intrinsic relationship test 的论证，虽然在《入世议定书》与 GATT 之间搭建了桥梁，但是并不足以让二者的条文之间直接实现权利义务的流动和例外的创设。由于检索能力的限制，我没有找到专门提及 intrinsic relationship 的文章，但是在对 holistic approach 概念的检索时，我又发现了 intrinsic relationship 这个概念，并基于概念之间的联系对其有了进一步的了解。这是我检索上的一个收获，即从相关的概念入手，多从外文文献中寻找资料。

第二，在这两周的学习中，我的另一个发现是同学们提出的问题相比之前更多，而且能更高效地找到一个案例中的值得争议的问题，这是对 WTO 争端解决机制不断熟悉和不断思考的结果。

第三，还有一个收获是对 WTO 和一般国际法规则以及普通法国家规则之间差异和联系的感知，从 separate opinion 中可以联想到判例法情境下 concurring opinion 和 dissenting opinion，但不完全相同，以及 WTO 协议前言中条款或许给其他国际法规则留下的适用空间，是在条约解释时值得思考的。另外，holistic approach 作为一种一般国际法规则中没有明言、WTO 争端解决实践中没有完全确定的规则，其适用也体现了 WTO 争端解决规则的发展。

蓝　月

在这个专题的研读中，经过两轮对专家组和上诉机构裁决思路的分析，我逐渐能够梳理出自己的立场和观点，也学会从不同的角度去理解和探寻某一做法和解释方法背后的原因，辩证地看待问题。希望自己能在日后的课程中有更多的进步。

张一初

原材料案和稀土案中，中美双方的对抗更能体现出 WTO 裁决机构的主要职能和工作是解释条款，这也体现出 WTO 条款本身的局限性和不足。在此基础上，仅凭借 VCLT 的关于条约解释的条款是不足的，WTO 成员应考虑设计更加严密的解释规则和诉讼规则。

曹秀知

在第八周课程结束后，我发现了一个重要的问题，也就是我在阅读文献的时候缺乏批判性思维。对于专家组、上诉机构的思路，没有任何的疑问和评价，只是单纯将其内容事实理解就结束了我的课程预习。但老师在上课提到，批判性的问题是上课的重点。我们在课前阅读时，需要抱着疑问和批判性思维去思考，而不是仅仅了解事实经过。因此，我认为，我在以后的学习过程中，应当更多的学会去换种思路考虑事实问题。

张一凡

本周的课程紧张而激烈，课后有关《入世议定书》与 GATT 的关系的研究，让我对这二者关系有了更为深刻的认识与了解。同时，我觉得这两周的课程也让我明白，在研究专家组和上诉机构的裁决思路时，要带着批判的眼光，不能一开始就因为专家组或是上诉机构的权威身份，从而认为他们说的什么都是对的，这是不应该的。除此之外，我觉得听了同学们对于条约解释方法的进一步讨论之后，我愈发感觉 WTO 中的解释方法与部门法学习中的解释方法在很多方面都存在类似的地方，这让我对于 WTO 中条约解释方法的学习如鱼得水。下一周就要到激动人心的同学主持的讨论环节了，我对这个部分的内容还是比较感兴趣的，也不知道谁来主持，但不管是谁，想必都很精彩。

封　舜

逝者如斯夫，不舍昼夜。不知不觉间，我们的课程已经进行到第八周，在老师的带领之下完成了四个专题的学习。在这个专题的讨论中，我们整理了两个案子四个判决的判决思路，老师说，整理判决思路应当是上课之前的必要准备，而课上我们要去探讨思路和逻辑的合理与否。的确，在之前的案例中我们显得有些机械，只知道分析而不评价，而在这个案例中我们渐渐有了自己的判断而不再全盘接受判决的意见。

还有个事情让我印象深刻，最后一节课临下课的时候杨老师同我们说，在北大上课时梁翠宁老师曾旁听了中国知识产权案，她说这不是一节课能解决的，单单一个个知识产权案 50 页的案例可以讨论一学期。诚然，一个案例中包含了太多 WTO 知识点，每个专题同学们都能从各个角度提出问题和做自己的研究，而课上所能讨论到和能被解决的问题只是那些最重要的，我们所需要做的是认真研读原始文献和同学们做的作业和综述，在别人的综述中学习自己所没研究到的问题，加深对专题内容的理解。

鉴于同学们对杨老师的课程有许多建议，于是从下节课开始老师便把主持权交给了同学们，由大家来主持讨论，我也期待能够看见内容风格各异但同样精彩的课程。

杨盛彪

一个专题两个复杂的案例，确实让我感觉到了很大的压力。不过每过一个专题都会有很多新收获，这一专题中让我印象最深刻的就是整体解释的方法和稀土案中专家组的单独意见。虽然现在也还不敢说完全弄明白了相关的内容，但上这门课最大的感触就是，自己好像在一点点地揭开世界贸易争端解决程序的面纱，不断接触一个个新奇的名词、概念和解释方法，不知道下一专题又会碰到什么有趣的知识。

韩世宸

第七周和第八周我们主要对原材料案和稀土案进行了分析，除依照以前的流程对专家组和上诉机构的论证思路进行讨论外，令我惊喜的是，我们的自选题目研究环节也渐入佳境。同学们都按照自己的想法就不同的问题进行了研究，并且在许多问题上达成了共识，形成了全新的观点，如在一事不再理问题的讨论中，由于有许多同学都选择研究该课题，使得观点发生不同，思维形成碰撞，这对于课堂的讨论和收获都极为有益。尤其体现在与大家的自由讨论中，我们可以进行多样性的选择，要么做细致的文字游戏，要么做极究的逻辑游戏，总之无论是在法条中，还是在案件的分析中，我们都能发现一些奇怪且神奇的角度，并从中获得乐趣，而正是因为有乐趣，我们才愿意进一步进行细致的讨论，深挖下去，在扩展思维中深邃思考。

同时，在八周的学习过后，我们也逐渐能够对专家组和上诉机构的论证思路进行分析和质疑，逐渐拥有敢于向权威挑战、质疑权威的能力，这也得到了老师的肯定。从出版物案到原材料案再到稀土案，GATT 1994 第 20 条能否被援引成为各方激烈争论的话题。GATT 1994 第 20 条作为一项专门用于豁免成员国义务的条款，被寄予了万金油般的希望。然而这项豁免援引起来并非易事，专家组和上诉机构在原材料案及稀土案中两次拒绝中国援引 GATT 1994 第 20 条抗辩，看似是一种不近人情的裁判，实际上却是对规则的执着坚守。但对于其中的问题我们也不能忽视，要勇于指出并“喜新厌旧”，敢于表达自己的观点。

不知不觉，本学期已过半，总结上半学期讨论过的四个专题，每个专题看似是一个独立的案例，却并不孤立，案例间的 issues、背景、条约解释的方法都有着十分紧密的交织，在第八周打开前几周的课程综述或是课程笔记回看，发现有一些当时觉得艰深难懂的内容现今清晰了不少，当时觉得已经差不多穷尽思路的问题又有了新的思考角度。可以说 WTO 争端解决真是越研究越能感受到妙趣横生，这也让我对后八周的课程有了更多的期待。

晏高兴

每个专题中，老师都会强调同学之间要互相看看综述，从大家写的内容中更好地理解讨论内容以及获取新的知识点。虽然老师基本每周都如此强调，但遗憾的是，在前几周的学习中，我还没有真正做到过，或者说我并没有彻底地认真阅读同学们的研究成果。在本专题开始，我就暗下督促自己要实际地履行该项要求的决心，也的确做到了。读完同学们的报告，存在两个直观的感受：第一，疑问更多了。总的说来，无论是共性问题，如专家组和上诉机构报告的解释思路，抑或是个性问题，如综述的体例内容结构及课后自主研究问题，都存在较大差异，这个过程考验的是自己的独立自主判断以及取舍，在自己了解问题到一定程度的时候，这个过程自然是快乐的。第二，收获更多了，正如第一点所说，在学习大家的研究成果过程中，一方面可以对自己没有接触过的问题作出一个直接的结果梳理，另一方面即使自己对同一问题已经有所了解，但是当接触不同的解释思路，不同的思考角度时，又将是一个深化的过程。

同时，在这一专题学习的过程中，我也意识到了 WTO 争端解决机构本身也面临着解释的体系性问题，比如在中国原材料案和中国稀土案中，裁判组对同一个法律文件中同一个词的解释，竟然会出现两种不同结果，实属令人惊讶。个人看来，这种解释结论既不符合 DSB 一直宣称追求的可预测性目标，也容易导致国家权利义务的不平衡，应当予以摒弃。除此之外，在对 WTO-PLUS 条款的学习中，我也意识到了所谓的 WTO 规则导向型也并不彻底，WTO 机制仍然受到政治因素的干扰，大小国之间的不平等仍然有一定的体现，背后的根本原因在于完善的 WTO 机制并没有完全建立。当然，我们都很清楚，完善的 WTO 机制的建立又谈何容易，因为任何制度的建立都是各方利益博弈的结果，在当前国家利益存在的背景下，国家不可能主动"损减"自己可得的利益。但不管怎样，人类终究是一个命运共同体，抛弃不必要的偏见，才能更好地合作共赢，才能进一步指导人类走向更通畅的未来，WTO 亦然。

最后，在本周的学习中，杨老师也为接下来的专题学习思考路径提供了指引，即要尝试批判，比如在陈述专家组的思路中，可以引入批判式思维进一步评价专家组思路，而非仅仅简单综述裁判组思路。诚然，如果综述专家组思路花的是时间，那评价专家组思路则可能是对同一问题的进一步升华，这应当成为我们接下来要重点培养的学习思维。

朱亚博

一个很明显的感受是，我渐渐发现了每个案子之间都有关联性，同时一些争议较大的问题也是紧密相关的，比如连着两个专题的主要问题都是 GATT 1994 和 CAP 的关系和冲突，回顾、对比音像制品案、原材料案和稀土案，我发现 WTO 在争端解决的过程中相当谨慎。虽然三个案件涉及了同样的议题——GATT 1994 和《入世议定书》的关系，但 WTO 并没有在任何一个案件的报告中给出二者关系绝对的划分，而是通过个案之间的细小差别来解决具体的问题，逐渐拼凑出一个在争端解决流程中可供操作的思路。不由得让人对专家组和上诉机构产生由衷的佩服。最后，还是希望在之后由同学主持的课堂上多发言，多参与讨论。

张卓昊

本专题课程的讨论给笔者两个最大的感受，其一是对错失良机的遗憾，其二是百花齐放有余而百家争鸣不足。

有关前者，笔者指的是一事不再理的问题，以及 separate opinion 中的重要观点。这一问题最初由笔者提出，我还清晰地记得在第七周课程结束之时，老师还着重点提出了这一问题，但笔者在课后的研究中过于就事论事了，没能就这一问题进行延伸。事实上，老师提出的许多问题都是非常有意义的，例如如果成员国重复起诉有何种策略应对？应该在磋商阶段阻止，还是在专家组阶段阻止，又有何种条文依据呢？这都是非常有意义的问题。除此之外，笔者还联想到，如果一国有意对同一问题进行不当拆分，又该如何处理。例如原材料案就涉及中国对多种产品的措施，如果原告有意对多种措施分开起诉应当如何处理？而有关 separate opinion 中的重要观点亦是如此，如果这一问题被尽早提出，则很可能成为同学们讨论的重心。由于这些问题都没有在课上被提出，同学们未能就其展开充分讨论，不得不说是此次课程的一大遗憾。

当然，不可否认的是，少了对某些问题的百家争鸣，带来的却是同学们对更多的问题的百花齐放，所谓塞翁失马焉知非福。但讨论课程中更精彩的还是观点的交锋，而对多样化问题的讨论尽量简略，详细内容放到课后进行阅读亦无不可，这也是我认为我们的讨论过程值得改进的地方。

老师在课上提出的一个建议同样值得关注，即对报告多一些批判的眼光。笔者在前两个专题的案例中基本做到了这一点，但在这个专题中做的显然有些不足，太容易地被专家组和上诉机构说服了，这应当是我在下一个专题中需要改进的地方。

贾小我

对比本专题与上一专题的三个案例，细微的语句差异却导致了对一法律问题完全不同的回应，专家组与上诉机构的论证让我感叹法律论证方法的丰富、角度的独到及逻辑之精妙；同时，对超 WTO 义务的历史沿革、“不平等”现状的讨论也让我意识到细微语句背后的庞大背景与深刻问题。批判性的观点及深入的理解有时应当建立在对事件背景的充分了解之上，今后案例学习中我应当对 WTO 规则发展之历史脉络进行充分了解。

魏海跃

经过这个专题的学习，我对 WTO 的“平等理念”产生了较大的质疑。

原材料案与稀土案的裁决结果无疑是“不平衡”（imbalanced）的，专家组也注意到了这一点，但专家组表示，这是中国自愿缔约的结果，从第 11.3

条中的确找不到可以帮助中国援引 GATT 1994 第 20 条的依据，专家组爱莫能助。

我认为，专家组名义上遵守了形式法治，但实际上是采取了袖手旁观的态度。既然中国会两度要求审理同一法律问题、坚持提出抗辩，就代表着中国对于第 11. 3 条的“立法沉默”并非自愿。那么为什么不能根据“《WTO 协定》的宗旨与目的”来允许中国援引抗辩呢？

虽然专家组声称自己与上诉机构“并没有从立法沉默本身得出结论”，而是采用了“整体解释方法”；但实际上，其“目的解释”大部分来源于“立法沉默”这一现象——缔约方本可以采取像第 11. 1、11. 2、5. 1 条那样的措辞，或者采取像 TRIMs 条约中的相互参照技术，但它们没有，因此它们并不意图使第 11. 3 条得以援引 GATT 1994 第 20 条抗辩——而对于“《WTO 协定》的宗旨与目的”，它们一笔带过，声称“没有对本案问题提供具体的指导”，因为“征收出口关税的并非中国维护环境、健康的唯一手段”。然而，笔者很难想象中国还能采取什么方法维护国家的战略资源。专家组与上诉机构对于“《WTO 协定》的宗旨与目的”的唯一论述也是苍白的。

专家组与上诉机构还声称，“中国在入世谈判时已经行使了其主权”，因此它们并不关心中国的“权利与义务失衡”这一结果。我认为，这一结论是假定“入世谈判中各方具有平等的缔约力量”，可以权衡利弊自主选择。然而事实并非如此。中国作为新加入的国家，不得不接受工作组成员提出的条件。虽然加入 WTO 需要付出一定的“代价”，但是否必须是如此繁重的代价？专家组与上诉机构如此拘泥于形式法治，忽视实体正义，是否意味着新加入 WTO 的成员都必须接受不平衡的“超 WTO 义务”，而且无法根据“《WTO 协定》的宗旨和目的”获得救济？这是本案裁决遗留给我的疑问。

吴玙姜

这两个案件使我感触颇深的是对于一个看似相近的法律问题，结论却可能是完全相反的。在中国音像制品案中上诉机构认为通过语义构建起的桥梁，accession protocol 5. 1 允许中国援引 GATT 1994 第 20 条进行抗辩，但在 accession protocol 11. 3 中专家组及上诉机构都认为中国不能援引 GATT 1994 第 20 条进行抗辩。其间，中国所提出的多项理由，都没有得到上诉机构的认可，包括：China’s Working Party Report 第 170 段在结构上类似于 accession protocol

5.1；accession protocol 减让表的注释中提及允许 exception；管制贸易的权利是一项固有的国家主权，不应当在条约仅仅是“沉默”的情况下就予以剥夺；accession protocol 应当被作为《WTO 协定》的一个 integral part。最终关于 accession protocol 和《WTO 协定》之间的关系，上诉机构也没有给出一个明确的结论，而是认为应当在个案当中做具体分析。换言之，违反 accession protocol 项下义务能否援引 GATT 1994 下条款抗辩要进行逐个审查。WTO 得出这一结论一方面是因为对于涉及 WTO 法体系性的问题争端解决机构一般都会采取谦抑的态度；另一方面，WTO 机构认为这一问题不适宜有一个终局性的定论，而需要通过个案审查给自身留有转圜的余地。整体来看，我认同这一问题的处理并无疑问，对 accession protocol 和《WTO 协定》之间的关系进行认定确实需要非凡的勇气。

另外，这两个案件中还给我带来一个鲜明的感受是中国涉外法治的水平确实还有提高的空间，很多时候也许不是我们不在理而是吃了“哑巴亏”。比如在课后研究的过程中，我注意到对于 GATT 1994 第 20 条第 g 款的审查，要求法律条文表述上确实体现出是为了防止竭尽资源，但中国的很多规范性文件要么缺失对立法理由的阐述，要么实际上考量了环保问题但没有清晰的表述。这使得这些管制措施在被审查的时候处于不利地位。因此，当下中国作为多边主义和自由贸易的坚定维护者，提高涉外法治的水准也是中国未来的一项重要课题。

李雅文

在第八周课上，杨老师提到梁翠宁老师“一个案子应当研究一个学期”的感慨，笔者也有相同的感受。每个案例中涉及的法律问题繁多、复杂、艰深，且大家最关注的问题都是法条没有直接规定的，单纯的条约检索无法得到，而是需要通过法理、判例、逻辑、甚至价值进行分析。

另外，我发现条约解释在 WTO 争议解决中的重要地位，回顾这几周，每个案件都涉及条约解释问题，而且往往是案件的争议焦点。DSU 第 3.2 条和 VCLT 第 31、32、33 条规定的四种解释方法的适用顺序、权重，以及其他法理上的解释方法如整体解释、有效解释原则如何选择适用争议不休。巨大争议的背后与条约本身规定的模糊、缺漏有一定关联，在长期的视角上对条约补充完善之外，笔者考虑通过判例逐步厘清条约解释规则是否是短期内的可行之路。

严君啸

这次综述之所以上交较晚，是因为我根据杨老师课上的指示，想试着做同学们“综述的综述”，对同学们上交的综述进行了一个分析。

我发现经过杨老师的指导，全班上交的 23 份综述，几乎所有同学的分节都是根据内容类型，大致可分为课堂综述、个人研究与感想三部分。综述长短各异，普遍在 5000 字左右，最多的可以达到 19720 字（见图 4-2）。

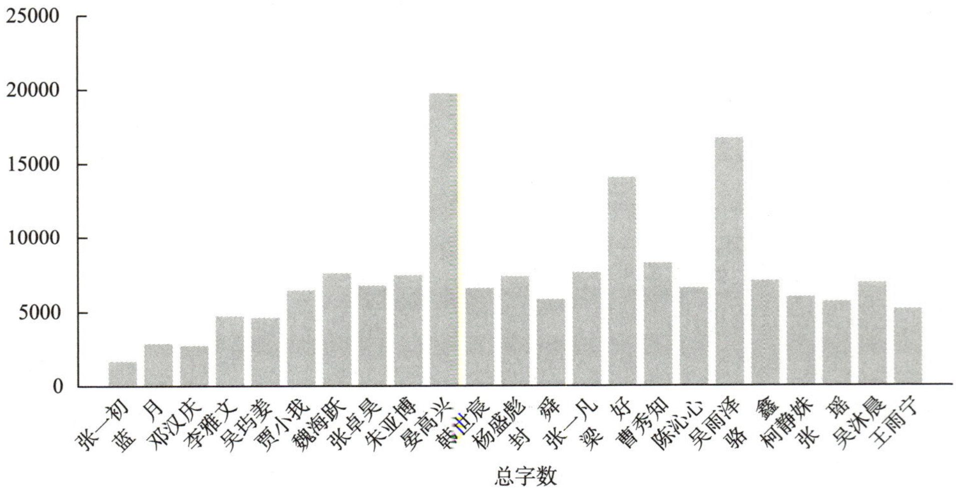

图 4-2　本班学生综述字数统计

我发现，比较充分地展现出课堂讨论思路的同学很少，很多同学会详细展开单个同学的观点，但是不太能理顺不同同学讨论的逻辑联系，内容较散。

这次有一种综述形式能够直观地体现逻辑，又简洁，又美观，类似 PPT，低等级问题比高等级问题显示多一个 Tab，如吴沐晨的综述。其实根据我这次的实操（做思维导图），这样整理要花很大工夫，需要充分理解别的同学怎么说、怎么想，还要很简练地概括出来，难度较大。但是可看性就强很多。

其实，我们在进行整理的时候，思路很简单，就是核心观点→次级观点→…→支撑材料。概括清楚这条线就是比较好的整理，以后一目了然。这应该就是杨老师口中的化“两小时”为“两分钟”吧。不过现在同学们在上课发言的时候，表述条理有时也不是很清楚；这给听者增加了很大负担，消耗的课后时间也就很多。

我发现综述的逻辑问题，其实还反映了笔记的逻辑问题。这一点我还需要自己尝试总结一下。上课的时候试一试。

严晓畅

不知不觉，已经过了一半学期，也就是说，我已经经历了八周 WTO 法的案例学习。其实就像我之前在综述中写的那样，我感受到了自己很多不足、其他同学值得学习的地方，同时也于其中取得了实在的进步。

而在这次的案例学习讨论中，我特别有两个新的感悟：一个源自杨老师提到的梁翠宁老师的评价——“一个案子就值得研究一学期”。这个评论让我产生深深的共鸣，虽然在杨老师的课堂上，我们总是能够讨论很多，但还是觉得远远不足够。许多细节，甚至是重要性颇强的问题，可能在课堂上也无法展开。一方面，这是遗憾，是未竟之处，值得我们更深入地挖掘与探索；另外一方面，也展现了这些案例的无穷魅力，着实吸引人。另一点就在于，我觉得这些案例和我们的讨论真是常看常新，比如这次的讨论中又涉及了遵循先例问题，其实这个问题在之前 WTO 概述部分亦有涉及，但是几周过后，我们重新来看这个问题时，又有了不一样的思考与收获。

还有一个特别的感触是，第八周我因为身体原因采取了线上上课，不得不说，虽然这样上课有一定的便捷性，但归根到底，参与感与体验感还是实在不如线下课堂，线下课堂所带来的互动感真的为课程增添了不少挑战与意趣。

陈红吉

在半学期的学习中，我感触比较深刻的是同一领域下的问题如何在不同案例、不同情景下引向不同的发展方向。例如我们已经在三个案例中接触了《入世议定书》及其中的 WTO-plus 条款，由此延伸出了对其成因、政治性倾向、性质等相关研究，而这些研究在案例中又会呈现为 DSB 的管辖权问题、与 GATT 1994 冲突适用问题、WTO-plus 条款的歧视性问题等多种形式。也是在三个案例的同学分享和课下研究中，我对这一领域了解渐次深入，因此也更能体会到集体的合作对循序渐进研究的重要性。我们往往需要从概念本身出发，然后再过渡到具体的应用问题，并且后者形式多样复杂，在第一层次的研究中或许个人观点还能有所交叉，在第二层次中就很容易出现“各自为政”的局面。在条约的解释中也是如此，我们对专家组、上诉机构解释思路的批判分析往往只有几位同学有所交叉，可以进行互相补充，但不同方向之间就缺少一些联系，研究主题的分化应该是我们未能就报告思路形成完整、连贯批判性分析的主要原因。而第八周课堂上贾小我同学对研究成果的简化总结让我印象深刻，如果我们能够就不同主题的研究发现在发散性思考之后做一个简化处理，剥离出与案件最关键的部分，也许可以加强课堂的集中性。

第五章

美国反倾销和反补贴案

第一部分　课程概况

综述人：严君啸

这一案开始，杨老师变为讨论的参与者，主持的舞台率先交给了吴雨泽和骆鑫。杨老师确实也给了两位同学非常大的展示空间，除了在第一节课开始时让我讲了对于同学们的综述进行统计后的发现外，几乎所有的时间都坐在台下，没有主导课堂的节奏。据我观察，杨老师也为同学们展示了什么是一个良好的讨论状态——熟悉材料、讲究逻辑、紧跟节奏，并且对于讨论主题具有材料之外的知识储备。如果每位同学都能这样进行讨论，想必讨论效果会很好。当然，这就需要同学们在课前进行非常充分的准备，可能对于时间紧张的同学们来说比较有难度。但是，不妨朝着这个目标努力！

课后，杨老师也希望我能观察主持同学的特点，进行综合分析。因此在综述里，我也会尽可能厘清主持同学的思路，看看课堂的发展是否顺利按照这种思路进行，并给出我的分析和建议。

我认为吴雨泽主持的那堂课可以说是开课以来最精彩的一堂课之一，不仅主持同学多多承继了杨老师的优点，而且同学们的反馈也非常积极，可谓天时地利人和！所以我将在下文中详细地展现和分析吴雨泽的课堂，希望能够让大家身临其境。骆鑫的主持也非常不错，只是由于时间的关系，没有办法再细细梳理，只能简要概括一下课堂内容，提提鄙见。

这次我把综述和感想放在一起写，两者融合更加连贯，更适合本文的文风。

吴雨泽主持一上台就非常有自信。在同学们分享阅读案例时的问题的阶段，他采用了和杨老师相同的办法，让同学简短提出自己的问题，在提问不清晰时补充发问，请同学澄清。他在节奏把握上做得也很好，同学们集中提出的问题很清楚，信息有效性强，也可以看出同学们对于一个问题不同角度的思考（当然，这也离不开多次讨论对同学们的锻炼）；一番没有拖泥带水的提问，只用了38分钟就推进到了集中讨论的环节，对于第一次主持较大规模讨论的同学来说做得非常好！

而且，吴雨泽还在同学提问结束之后，对于集中出现的问题进行了总结，并且划分了问题的层次。这给后续的讨论提供了整体方向，帮助同学们理清讨论的思路，很棒！

吴雨泽将需要集中讨论的问题概括为一个事实问题和两个法律问题——事实问题为“双反”措施与双重救济的关系，法律问题为“反对解释”的内涵及《东京回合补贴守则》与VCLT第31、32条的关系。如果带上后面的类案，又有cogent reason与遵循先例的问题。进一步拓展，还有市场经济地位与非市场经济地位如何区分、有何影响等问题；这些问题也非常有意思，但是和本案的核心法律问题关系又小一些。吴雨泽能够在这么短的时间内，将问题区分得如此有层次，是一件非常不容易的事。这是一个非常优秀的主持的表现。

之后，我们从事实问题出发，以陈红吉提供的一篇论文为起点，展开探讨了什么时候会出现采用“双反”措施会导致双重救济。陈红吉的论文着眼于市场经济体制与非市场经济体制的区别，对市场经济国家采用“双反”措施不会导致双重救济，但对非市场经济国家采用“双反”措施就会导致双重救济。可惜的是，陈红吉的介绍并没有让同学们听得很明白。骆鑫提供了美国CBP[36]关于AD/CVD的一些官方问答。关于“双反”措施和双重救济的关系，上诉机构在第541—543段进行了较清晰的论述。实质上，当对同一进口产品同时征收反补贴税和反倾销税时，就可能产生双重救济。然而，双重救济一词并不简单地指对同一产品同时征收反倾销税和反补贴税的事实。相反，

---

36 With more than 60, 000 employees, U. S. Customs and Border Protection, CBP, is one of the world's largest law enforcement organizations and is charged with keeping terrorists and their weapons out of the U. S. while facilitating lawful international travel and trade.

As the United States' first unified border entity, CBP takes a comprehensive approach to border management and control, combining customs, immigration, border security, and agricultural protection into one coordinated and supportive activity.

这里很有意思的是，CBP看起来更加关注国家安全层面，应该侧重于政治层面，那么其对于贸易条款进行的解释是否可信？

双重救济，又称“double counting”，是指对同一进口产品同时征收反倾销税和反补贴税，至少在某种程度上导致同一补贴被抵消两次的情况。在使用非市场经济方法计算倾销幅度的情况下，就“可能”会出现双重救济。张卓昊进一步解释说，其实并不是市场经济体制与非市场经济体制的区别导致双重救济的发生，问题的根源在于计算反倾销税的方法。倾销导致的是出口价格低于国内价格，反倾销旨在补齐这部分差额；补贴会同时导致国内价格和出口价格低于市场上其他国家产品的价格，反补贴旨在补齐这部分差额。如果采用国内价格来计算反倾销税的话，就不会存在双重救济问题；但如果按照本案中的“差异国价格”，就会出现问题。杨老师则希望大家回到上诉机构报告第 543 段，其中脚注 519 里也清楚说明了相关的原理。骆鑫、张卓昊的意思与杨老师的意思是一致的。

吴雨泽总结道，同学们对于“双反”措施与双重救济关系的问题已经讨论得非常清楚了。其实在本案中，专家组和上诉机构并没有对于美国是否构成了双重救济有过多争议。更重要的问题是，《WTO 协定》中，似乎只是在 GATT 1994 第 6.5 条暗示了禁止“双反”措施和双重救济问题，在本案涉及的条约中并没有明确提到禁止双重救济。如何解释 AD 等条约对于双重救济的态度？这就涉及了“反对解释”等方法。吴雨泽此处的过渡很巧妙，通过揭示事实问题与法律问题之间的联系实现逻辑的自然承接，说明他对于案件的逻辑和课堂的进程很有把握。

但是到了后面法律问题的讨论，课堂的发展似乎就没有像前一个小时那么顺利了。吴雨泽看微信群中没有同学就“反对解释”发表进一步的看法，就让率先提问的骆鑫谈谈理解。骆鑫讨论了一下“反对解释”与 VCLT 第 31、32 条的关系。之后，王雨宁又把“反对解释”和“明示其一、排除其他”联系起来。我发现这样讨论下去又很可能会犯在弄明白“反对解释”是什么之前就着急讨论的错误，于是提问“反对解释”在专家组报告中是如何运用的，希望将课堂节奏稳住。但是下一位发言的梁好把重点放到了《东京回合补贴守则》这一细节上面，没有顺着我的思路把专家组两次运用“反对解释”的结构点出来。后面魏海跃和曹秀知又把问题讨论到“反对解释”是一种“立法沉默”的解释手段上面去了。虽然每一位同学讲的都有道理，也都是围绕“反对解释”这一主题展开，但是作为听众就感觉有些懵，有些难以跟上节奏。这主要是因为，**我们的讨论只有一个比较宽泛的主题，缺少了一个具体**

的问题。听众刚刚明白了发言同学想讨论的问题是什么，下一个同学又提出了新的问题和看法，前后逻辑是很跳跃的。同学们的精力不可能时时刻刻保持高度集中，不停地在一个个问题之间切换，到头来就搞不清楚我们在讨论什么了。

这倒也不是说我们就不能在讨论的时候提出新的考虑问题的视角。但是，如果我们没有特别说明自己的发言与前面同学发言的逻辑联系，一般认为我们是在前一位同学发言的基础上顺着讲下去，是在解释前面同学提出的概念或者在前面同学的推理思路上继续推下去。**如果我们讨论的问题或者角度与前面同学不同了，最好是能够首先概括一下上一位同学的观点，然后说说自己的观点与其逻辑关联**。这样可以让我们的发言更加有效，对听众更加友好。

同学们的表现给吴雨泽出了一个大难题。我能够感受到他在极力理清同学们的逻辑，想把同学们的讨论聚焦起来，但还是无奈大家越说越扩散。后来对于“反对解释”没有深入讨论，吴雨泽看微信群中没有同学继续发表意见了，就将话题引到了《东京回合补贴守则》上。可是同样，《东京回合补贴守则》只是提供了一个话题，能够讨论的问题还有很多，同学们一讨论就容易杂乱。根据最初同学的提问，《东京回合补贴守则》涉及的是其在 VCLT 第 31、32 条上处于何种地位的问题。可一上来，同学们还沉浸在“反对解释”的激烈思考中，并没有回到当初的问题上。

幸好此时，杨老师来救场了。您就一开始指出了《东京回合补贴守则》出现在上诉机构报告第 577 段，并且引导同学们往两个方向进行思考：①专家组在《东京回合补贴守则》处运用“反对解释”是想要证明什么？②上诉机构反对专家组意见是不同意专家组认为《东京回合补贴守则》属于 context，为什么？

王雨宁认为，上诉机构把《东京回合补贴守则》解释为补充材料，对于支持禁止双重救济的观点反而更不利了。我马上指出，王雨宁对于专家组运用《东京回合补贴守则》的证明目的及“反对解释”的逻辑理解有偏差。杨老师进一步支持了我的看法。您请同学们注意，上诉机构报告第 576 段转述专家组报告 14.119 指出，专家组引用《东京回合补贴守则》是为了反证 SCM 不管双重救济的事；这也就回答了之前杨老师提出的第一个问题。

张卓昊提供了一个细节，推动了我们对杨老师第二个问题的讨论。在专家组报告 14.121 脚注 1027 中提到了 US-Underwear（DS24）的先例，这个先例中，上诉机构认为“前任协议”是可以作为上下文的，是“another element of context”。杨老师在课间休息时让我查找了 DS24 的上诉机构报告发到群里。杨老师说，上诉机构在本案中对于“前任协议”地位的解释确实与 DS24 不一样。DS24 中，上诉机构对 ATC 的“前任协定”MFA 的处理与对本案《东京回合补贴守则》非常相似，也就是说一项内容有 MFA 但 ATC 删去了，因此“反对解释”出 ATC 不承认这一内容。两案的差异就在于 DS24 认为“前任协议”是 context 而本案认为不是。因此，本案的裁判与 DS24 确实是不一致的。

骆鑫提问，《东京回合补贴守则》真的是确凿的 SCM 的“前任协议”吗？杨老师回应说，虽然您现在没有办法马上拿出详细的资料，但是可以运用反推法证明一下——如果《东京回合补贴守则》不是 SCM 的“前任协议”，那么上诉机构在论证《东京回合补贴守则》不是 context 的时候就会直接指出这一点，这个与本案上诉机构报告不符。

我进一步提出，本案（DS379）上诉机构报告第 579 段其实并没有直接去反驳 DS24 中专家组的观点，那么本案上诉机构得到《东京回合补贴守则》属于 VCLT 第 32 条中“补充材料”的依据是什么？杨老师认为，此处上诉机构确实是没有说理由的。但是您认为，这里本案中上诉机构的结论是更加自然的。《东京回合补贴守则》属于“predecessor agreement”，VCLT 第 31 条中并没有说“predecessor agreement”属于 context，那么凭什么认为《东京回合补贴守则》是 context 呢？因此，我们更应该追问的是为什么 DS24 的上诉机构认为“predecessor agreement”是 context。张卓昊对于杨老师的观点表示同意。

骆鑫对杨老师的观点提出怀疑。VCLT 第 31.2 条中说，context 要求的 agreement 只要“related”就好，那么“前任协议”难道就不是“related”了吗？这值得更多的研究。我支持骆鑫的观点，认为归根结底是对于 context 的理解问题。我也指出，骆鑫所依据的对于 VCLT 第 31 条的说明，权威性如何还有待考虑。上诉机构是否需要依据这些说明？还是说它自己就可以依靠权力，给出一个确定的结论就行？这都有待研究。

陈沁心指出，刚才我们的讨论都在围绕 VCLT 展开，上诉机构报告似乎也是在 VCLT 的逻辑框架之下进行讨论，但真的必须如此吗？如果要采用“反对解释”，必须要论证清楚《东京回合补贴守则》是 context 还是“补充资料”吗？并不一定所有解释方法都在 VCLT 当中。杨老师对此表示赞同。王雨宁也表示，她对于“前任协议”是否属于 VCLT 第 32 条的“补充资料”也是怀疑的。

吴雨泽最后总结道，本次课有的同学对于“反对解释”和《东京回合补贴守则》的运用逻辑还不熟悉，导致难以参与讨论。下课后，同学们还需要进行梳理。

在中途休息之后，我们的讨论就越来越顺利了，逻辑推进非常清晰。我发现吴雨泽主持得也很顺利，哪怕最后他谦虚说自己准备不充分。主要是后半段课堂，大家有了集中讨论的材料，汇聚一个集中讨论的问题。在此之后，大家的讨论甚至可以说是“内生”的，吴雨泽只需要顺着思路往下引导就可以带来一次非常精彩的课堂。**把大家讨论的问题解释清楚，明确到一个点上，讨论的深度就会自然加深下去，课堂效率就会提高，同学们就会收获感满满，主持也会变得更加轻松。**

第二部分　课程内容选编

综述人：朱亚博

一、课堂回顾

这两次课的专题是美国反补贴和反倾销案及美国反倾销和反补贴案，这两个案例最终都以美国败诉告终。在这两个案子的专家组和上诉机构报告中，杨老师让我们阅读的段落主要围绕在美国的反倾销与反补贴措施引发的双重救济问题。这个问题相对之前案例中的解释问题显然更加专业，同学们刚开始的讨论都集中在反补贴和反倾销及其导致的双重救济的概念性问题和二者的逻辑关系之上，在第一次课上同学们就主要在攻克这一难关，在第二次大家对此都有所了解之后，讨论就转向了更深层次的解释规则和认定标准之上了。此外，这两次课杨老师让同学们自己报名成为课堂主持人，吴雨泽同学第一次的主持为我们梳理了报告中专家组和上诉机构的基本思路，为之后骆鑫同学的主持打好了基础，骆鑫同学在第二次课将讨论引向更深层次的问题。最后，这两周 WTO 似乎没有太多新鲜事。

二、焦点讨论

课堂讨论内容较多，笔者主要围绕本专题的焦点问题，即双重救济问题，展开综述。

张瑶同学首先澄清了国内补贴与出口补贴的根本区别。她认为，其一，GATT 1994 第 6.5 条对出口补贴和国内补贴作出区分，其背后的经济学逻辑是假设国内补贴与出口补贴对价格的传递效应是不同的。该条款将出口补贴的传递效应假设为出口补贴充分反映在出口价格中但对国内市场价格不产生任何影响。关于国内补贴与出口补贴和双重救济各自的关系问题，基于出口补贴仅影响出口价格的假设，出口补贴引发的双重救济问题是普遍存在的，与确定倾销幅度中正常价值的计算方法无关。无论使用国内价格、结构价格、向第三国出口价格还是替代国价格，上述结论都依然成立。其二，GATT 第 6.5 条本身是值得推敲的。比如其是否忽视了补贴作用的灵活性，预设补贴接受者将如何使用补贴。事实上，补贴的经济效应可能非常模糊，出口补贴完全有可能影响国内市场价格。有学者认为该条款仅指向出口补贴是因为其预设国内补贴将对称地影响正常价值和出口价格。然而很多经济学研究已经证明，无论从理论还是实证的角度，补贴对价格的传递效应既不是完全的，也不是对称的，成本变动对不同市场上的价格会产生不同影响，市场结构、技术水平、上下游成本状况、市场份额、引起成本波动的原因和持续时间及产品差异等因素都可能影响传递效应。因此，双重救济问题在国内补贴的情形下同样有可能存在。

在此基础上，大家认同了双重救济问题在国内补贴的情形下同样会存在，那么美国是如何对中国实施“双反”措施并造成双重救济呢？吴玙姜同学的观点可以回应，对于非市场经济国家而言，一般会认为国内商品的价格并不是可比的（认为是经过政府调控手段扭曲过的），也就是说此时根据 GATT 1994 第 6.1 条（b）款的算法是用替代国的产品价格进行计算。此时对于出口补贴而言，虽然做差价的是国内产品价格和替代国产品价格，但本质上反倾销税所抵销的仍然是因为出口补贴而造成的价格差价，所以再行征收反补贴税仍然会构成双重救济。这也是为何 GATT 1994 第 6.5 条明确规定反倾销和针对出口补贴的反补贴税不得同时征收的原因所在。需要仔细考量的是对于非市场经济国家，针对国内补贴和反倾销税能否同时征收的问题。对于非市场经济国家如前所述，反倾销税的计算方法是以替代国为标准计算的，在这种情况下倘若替代国的商品价格高于国内商品价格，则在倾销税的计算部分中纳入了补贴的计算（之所以替代国商品价格高于国内商品价格部分是因为补贴，而非单纯的倾销）。此时再行征收反补贴税就会构成双重救济。也就是说，最根本的原因在于美国将中国认定为非市场经济国家。

在清楚“双反”措施和双重救济的概念和逻辑关系后，同学们转向讨论双重救济的合法性问题。陈沁心等同学直言双重救济问题违背了其法感情，这种双重征税的做法显然是不公平的，陈沁沁同学认为美国特别提出，中国《入世议定书》第15条允许对中国适用反补贴措施。但是，该条并没有直接规定可以对中国的产品无限制地适用双重救济。尽管中国也承认其《入世议定书》允许对中国的产品按非市场经济体待遇计算反倾销税和同时计算反补贴税，但坚持这一做法的同时，适用必须避免歧视性的双重救济后果。结合上诉机构判决，美国对非市场经济体同时进行“双反”并未违反WTO的规定，但美国必须修正其计算方法以避免双重救济的问题。简言之，在目前的WTO框架下，对非市场经济体同时进行反倾销和反补贴，并不违法，但是如果造成双重救济的结果，那么其计算方法违法。邓汉庆同学也归纳了双重救济的合法性认定方法，她提出，可从三个角度着手。其一，看进口国自身受倾销行为造成的损害，这是判定征税额度的硬性标准。无论单一征税还是征收双反税，都应以损害为限。其二，看出口国企业与补贴有关的倾销幅度，由于该补贴额度常常包含于倾销幅度之中，因此对其征收“双反”税须严格按照比例，否则极易造成双重救济。其三，看出口国企业与倾销无关的补贴额度。此时对进口产品征“双反”税，其比例较好判断，不易产生双重救济的情况。

但是专家组在报告中明确指出《WTO协定》中没有明确规定双重救济违法，那么上诉机构又是如何认定美国的“双反”措施违法呢？朱亚博同学认为，这是WTO条约解释原则的体现，尤其是有效性解释原则，该原则要求在解释条约时，应作通盘考虑，以使该条约最有效与最有用。他认为，本案中上诉机构报告明确指出，如果如专家组将没有超过补贴额的任何反补贴税理解为SCM第19.3条中的“适当数额”的话，则第19.3条的规定相对于第19.4条就会显得多余，依据有效解释的原则，第19.4条只是规定该“适当数额”不能超过补贴额，则意味着等于或略低于补贴额的反补贴税也应为“适当数额”。相对而言，SCM第19.2条与该争议更为相近。尽管上诉机构报告在解释本案应当适用的GATT 1994、AD和SCM其他相关条款时没有明确指出依据条约条款有效性解释原则作出的解释，但是我们可以看出其对适用于本案的几个非常重要的条款的解释仍然坚持的是“有效性解释原则”。例如，本案争议各方及DSB均认为GATT 1994第6.5条与本案争议最为相关，该条款规定：“在任何缔约方领土的产品进口至任何其他缔约方领土时，不得同时征收反倾销税和反补贴税以补偿倾销或出口补贴所造成的相同情形。”专家组以这一规定为依据认为，SCM 第 19.3、19.4 条没有涉及双重救济问题。而上诉机构认为，本条款中“相同情形”是理解本条禁止“双反”税的逻辑基础和核心；而出口补贴导致价格歧视和提高倾销幅度形成“补贴和倾销就属于‘同样情形’”;“相同情形”的这一逻辑推理过程，就使得 GATT 1994 第 6 条只禁止对出口补贴同时征收“双反”税，而未禁止对国内补贴征收“双反”税就显得合情合理，至少当正常价值基于国内销售价计算时是这样的。上诉机构进一步指出，SCM 的目的中并未清晰地表明其起草者对国内补贴双重救济的意向。但在某种程度上，该协议制定的目的与反补贴税适用的目的相联系，这就支持了我们对 SCM 第 19.3 条的解释，即“双反”税同时征收有可能会超过相应的补贴额度。更为重要的是，反补贴税不具有惩罚性功能。之后杨老师又进行了补充，严君啸同学也提出原则是 VCLT 第 31、32 条中“good faith”的体现，是一种具体的解释方法。

再回到双重救济问题上，前面提到“双反”措施之所以会导致双重救济，主要是美国认为中国是非市场经济国家，柯静姝同学认为，双重救济的前提一定是并用“双反”措施（必要条件），但是并用“双反”措施并不是成为双重救济的充分条件，需要依据倾销幅度是否受到补贴因素的影响，调查机关是否考虑正在造成的损害，并用的反倾销税中抵制的同一部分补贴时征收数额是否等于所确定存在的补贴金额的反补贴税，调查机关计算损害时是否受到替代国标准影响，以及是否有国内补贴等因素进行综合考虑。那么问题就转到了美国为何将我国认定为非市场经济国家上。吴沐晨同学作出了解释。1955 年，GATT 第 6 条给出了一条解释条款：“如果出口国完全或实质性垄断贸易，并由国家制定国内价格，则在按照第 1 款进行价格比较时将会出现困难，此时进口国会发现与这样的一个国家的国内售价进行比较可能是不合适的。”之后的肯尼迪回合、东京回合、乌拉圭回合也有此类规定。虽然 GATT 没有直接写明“非市场经济国家”这一名词，但其规定奠定了各国对“非市场经济国家”的认识和法律规定。之后 WTO《反倾销守则》将非市场经济国家称为贸易被完全或实质上完全垄断，而且所有国内价格均由国家确定的问题。此外，吴沐晨同学还列举了美国对非市场经济国家的认定标准：①货币的可兑换程度，即该国货币转换成其他国家货币的程度；②工人工资是否由劳资双方讨价还价自由商定；③允许外国企业以合资或其他形式投资的程度；④政府对生产工具、生产资料等拥有或控制的程度；⑤政府对生产资料分配、产品价格和企业产出的控制程度；⑥商务部认为适当的其他因素。她指出，按照该套标准中国仍然属于“非市场经济国家”，但我国的自身定位是不再属于纯粹的“非市场经济国家”，甚至应该在我国深入推进改革开放的过程中逐渐承认我们的“市场经济国家”地位。

那么市场经济国家和非市场经济国家的差异何在？刘玥含同学给出了答案：WTO 规则并未对成员的经济体制做出特别规定，但不容否认，自 GATT 以来的多边贸易体制的确是建立在市场经济的假设基础之上。因此，当多边贸易规则开始适用于所谓的“非市场经济体”（Non-Market Economies，NMEs 或 NME）时就引发了质疑。GATT 时期就已通过 GATT 1947 第 6.1 条的解释性说明，也即后来的 GATT 1994 附件 I 中关于第 6.1 条的第 2 款补充规定（以下简称 GATT 1994“补充规定”），对反倾销调查中 NME 出口企业的正常价值确定规定了例外做法，成为适用替代国（surrogate country）或类比国（analogue country）价格的法律依据。虽然 1994 年“补充规定”并未明确提及 NMEs 或“非市场经济地位”（Non-Market Economy Status，NME 地位）用语，但它是 WTO 法中唯一明确区分 NMEs 和“市场经济体”（Market Economies，MEs 或 ME）待遇的规则。而且，“补充规定”事实上赋予了各 WTO 成员自行界定并判断 NMEs，以及自行决定是否采取歧视性做法的自由裁量权。具体到中国的 NME 地位问题，除 GATT 1994 补充规定中的一般性规定外，中国《入世议定书》第 15 条（a）款的特殊规定是更为直接的法律依据。事实上，第 15 条（a）款并未明确规定中国的 NME 地位，而仅允许在特定条件下对中国出口产品偏离 WTO《反倾销协定》（AntiDumping Agreement，ADA）第 2.1 条规则，并“使用不依据中国国内价格或成本进行严格比较的方法”（即替代国方法）以确定中国出口产品的正常价值。该条也因此被视为允许 WTO 成员将中国视为 NME 并采取差别待遇的授权依据。但第 15 条（a）款是一个有期限的规定，根据中国《入世议定书》第 15 条（d）款，第 15 条（a）款（ii）项应于中国入世后 15 年终止（即 2016 年 12 月 11 日）。

综上所述，也就不难理解中国的货物为什么会被美国实施“双反”措施了。

三、个人研究

（一）案件裁决思路

专家组首先从中国的主张出发，审查是否存在双重救济的情况。专家组在报告中说明了美国商务部计算反倾销税的方法是将中国作为非市场经济国家的身份，基于这样的计算方法，专家组认为此举确实有可能会出现双重救济的问题，因为使用非市场经济方法可能会就反对补贴提供某种形式的救济，因此同时征收反补贴税和使用非市场经济方法的反倾销税，就可能导致两次抵消某种产品的补贴。专家组解释说，计算倾销幅度是将出口价格与正常价值进行比较，而非市场经济方法，正常价值的基础是来自第三国的“替代”成本或价格，因为出口国的价格和生产成本受到了政府干预，不能反映市场经济条件。因此，使用非市场经济方法计算出来的倾销幅度，不仅反映了被调查企业在国内和出口市场的倾销，而且反映了影响生产商生产成本的经济扰乱情况。给有关产品生产商提供的某项补贴，已经受到了反补贴调查，此时又属于被非市场经济倾销幅度计算下的经济扰乱情况。如此理解，根据非市场经济方法计算出来的倾销幅度，通常高于其他方法计算的倾销幅度，因为出口价格是与市场决定的、未补贴的生产成本相比较的，而不是与生产商实际的、经补贴的生产成本相比较的。如果部分倾销幅度来自对出口产品的补贴，则根据非市场经济方法计算出来的反倾销税便是既补救了倾销又补救了补贴。从这个角度看，如果同时在这种产品上适用反补贴税，该补贴就可能被抵消两次。

但是，专家组在认定美国商务部的举措会造成双重救济的情况，可是由于《WTO 协定》框架下并没有对国内补贴构成双重救济的问题进行规定，专家组还对现有协议进行了列举，SCM 第 19.4 条要求“对任何进口产品征收的反补贴税不得超过认定存在的补贴的金额”，SCM 第 19.3 条要求“收取适当金额的反补贴税”，GATT 1994 第 6.3 条要求“反补贴税金额不得超过……补贴的估计金额”，都不是关于双重救济问题的。GATT 1994 第 6.5 条虽然要求“不得同时征收反倾销税和反补贴税以补偿倾销或出口补贴所造成的相同情况”，明确涉及了双重救济问题，但这一规定仅仅关于出口补贴，不适用于本案的情况。因此，专家组最终得出结论，中国无法证明美国的“双反”措施构成双重救济，故不支持中国的主张。

上诉机构在报告中对专家组的裁决进行了纠正。首先，上诉机构对美国商务部将中国作为非市场经济的国家的做法进行了明确，认为采用该方式“很可能”发生双重救济的情况。接着，上诉机构将目光转向焦点问题，即如何解释 SCM 第 19.3 条的“在每个案件中收取适当金额的反补贴税”（in the appropriate amounts in each case），以及由于征收反补贴税而导致的双重救济是否妥当。上诉机构先对 SCM 第 19.3 条的含义进行了阐释，上诉机构认为该条款包含两个部分，一是在每个案件中收取适当金额的反补贴税，二是针对所有来源的补贴并造成损害产品，在非歧视的基础上征收，但对于宣布放弃补贴或接受价格承诺的进口除外。这两个部分相互关联，整体的意思就是对宣布放弃补贴或接受价格承诺的进口征收反补贴税是不适当的。在此基础上，上诉机构开始对“适当金额”展开讨论，其采用了上下文的角度。上诉机构同意专家组关于 SCM 第 19.4 条是解释第 19.3 条的上下文这一观点，但不同意仅仅根据第 4 款就界定了“适当”一词这种看法，其认为 SCM 第 19.2 条与之更加相关。该款鼓励在足以消除损害的前提下较少征税（lesser duty），表明该款是鼓励调查机关将反补贴税的实际数额与消除损害相联系的。而 SCM 第 19.1、21.1、10、32.1 条与 GATT 1994 第 6 条脚注 35、36、59 都证明了其观点，即反补贴税的目的之一是抵消或对抗造成损害的补贴，并且消除对国内产业的损害，反补贴税与损害密切相关。随后，上诉机构开始对 GATT 1994 第 6.5 条展开审查，即“不得同时征收反倾销税和反补贴税以补偿倾销或出口补贴所造成的相同情况”。此前专家组认为，这表明避免双重救济仅适用于出口补贴的情况，而不应理解为禁止第 19 条第 3 款和第 4 款所没有提及的（silent）国内补贴中的双重救济。上诉机构反对了这种机械的反向推理，而是认为，该款所禁止的是同时征收反倾销税和反补贴税以补偿倾销或出口补贴所造成的相同情况。“相同情况”（the same situation）一词，对于理解为什么该款没有明确提及其他补贴是至关重要的。上诉机构认为，出口补贴原则上会导致产品出口价格的相应降低，但不会影响国内价格。也就是说，这种补贴会增加价格歧视，提高倾销幅度。在此类情形下，补贴情况和倾销情况属于“相同情况”，同时征税就会引起抵消这种情况的双重救济。而《补贴与反补贴措施协定》第 10 条和第 32 条第 1 款提及 GATT 1994 第 6 条，第 6 条本身，以及征收反倾销税和反补贴税的义务之间的众多对应，这一切都表明，在解释《补贴与反补贴措施协定》第19条第3款的“适当金额”时，不能不考虑GATT 1994第6条和《反倾销协定》所提供的背景。最后，上诉机构回顾了SCM的宗旨和目的，其并未明确表达协定起草者对于国内补贴情况下双重救济问题的意向，但将征税与抵消造成损害的补贴相联系，就可以将反补贴税加上反倾销税超过补贴总额理解为“不适当”。因此，在确定反补贴税金额时，应当考虑针对相同产品征收的、用于抵消相同补贴的反倾销税。最终，基于上述分析，上诉机构认为专家组在报告中对SCM第19.3条的解释是错误的，特别是专家组的以下结论：按照非市场经济方法计算的反倾销税对于同时征收的反补贴税金额是否适当并没有影响，第19条第3款并没有涉及双重救济问题。上诉机构认定：双重救济，即同时征收反补贴税和按照非市场经济方法计算出来的反倾销税，两次抵消相同的补贴，不符合第19条第3款。

（二）双重救济问题的解释原则

WTO争端解决机构在审查成员之间国际贸易争端时，在法律的适用过程中，法律的解释占据重要地位。本案中，上诉机构报告明确指出，如果专家组将没有超过补贴额的任何反补贴税理解为SCM第19.3条中的“适当数额”，则第19.3条的规定相对于第19.4条就会显得多余。依据有效解释的原则，第19.4条只是规定该“适当数额”不能超过补贴额，则意味着等于或略低于补贴额的反补贴税也应为“适当数额”。相对而言，SCM第19.2条与该争议更为相近。尽管上诉机构报告在解释本案应当适用的GATT 1994、AD和SCM其他相关条款时没有明确指出依据条约条款有效性解释原则作出的解释，但是我们可以看出其对适用于本案的几个非常重要的条款的解释仍然坚持的是“有效性解释原则”。例如，本案争议各方及DSB均认为GATT 1994第6.5条与本案争议最为相关，该条款规定：“在任何缔约方领土的产品进口至任何其他缔约方领土时，不得同时征收反倾销税和反补贴税以补偿倾销或出口补贴所造成的相同情形。”专家组以这一规定为依据认为，SCM第19.3及19.4条没有涉及双重救济问题。而上诉机构认为，本条款中“相同情形”是理解本条禁止“双反”税的逻辑基础和核心；而出口补贴导致价格歧视和提高倾销幅度形成“补贴和倾销就属于‘相同情形’”；“相同情形”的这一逻辑推理过程，就使得GATT 1994第6条只禁止对出口补贴同时征收“双反”税，而未禁止对国内补贴征收“双反”税就显得合情合理，至少当正常价值基于国内销售价计算时是这样的。上诉机构进一步指出，SCM 的目的中并未清晰地表明其起草者对国内补贴双重救济的意向。但在某种程度上，该协议制定的目的与反补贴税适用的目的相联系，这就支持了我们对 SCM 第 19.3 条的解释，即“双反”税同时征收有可能会超过相应的补贴额度。更为重要的是，反补贴税不具有惩罚性功能。另一方面，上诉机构对 GATT 1994《东京回合补贴守则》第 15 条除外条款未被 SCM 所吸收，以及对第 19.3 和 19.4 条关系的解释也贯彻了“有效性解释原则”。《东京回合补贴守则》第 15 条除外条款是历史上有关双重救济相关问题条款，该条款明确规定对因非市场经济产品导致的损害的调查应在反倾销税和反补贴税之间进行选择。事实上，该条款在当时并未引起 GATT 成员方的注意，可能是由于没有成员方曾经使用过或受过其影响。结果，1990 年《补贴守则》第 15 条没有出现在谈判议程中并被 SCM 首部草案文本所取代。专家组认为，该条这一明确禁止并未反映在其后的 SCM 中，可见该规定已被 SCM 所摈弃。上诉机构断然拒绝专家组报告的这部分内容，认为，根据 VCLT 第 32 条规定，而不是根据该公约第 31 条意义内的“语境要素”（或上下文），因为该 31 条并非指“其前的协定”，《补贴守则》“至多可以成为条约制定背景的一部分”，上诉机构不认为“根据有关解释的补充方法证实 SCM 第 19.3 条的解释是必需的”。上诉机构明确指出，目前这样的论断还没办法令人信服，即有法律明确规定对源自非市场经济实体的进口产品同时征收“双反”税，以及有法律清晰地支持将 SCM 第 19.3、19.4 条解释为未涉及双重救济的允许问题；更不能因为不考虑《补贴守则》第 15 条禁止对来自非市场经济实体的产品征收“双反”税而走向另一个极端——认为 SCM 成员允许双重救济。有关 GATT 1994 第 6.5 条，我们已经对机械的相反的推理予以反驳，并“已忆及在不同的语境下，删除可能有不同的含义，而且在其中和自身的删除不是必须具有决定性的”。《补贴守则》第 15 条目的不仅在于禁止双重救济，而且在于不论是否构成双重救济就一概而论地禁止同时征收“双反”税。因此规定了在 SCM 的消失不得被解释为成员方意在排除较 SCM 不同的、更窄的限定义务，如禁止双重救济。（WTO DS 379）从上诉机构报告的文本表述中，我们可以认为，该报告就双重救济是否违法的阐释方法依据的是条约有效性解释原则。条约有效性解释原则早在国际联盟时代国际常设法院就曾强调过，要求在解释条约时，应作“通盘”考虑，以使该条约“最有效与最有用”。在此次“双反”税案中，上诉机构在解释 SCM 第 19.3、19.4 条时专门指出“根据有效性解释原则”；而对于 GATT 第 6.5 条等条款解释时，尽管上诉机构报告没有明确说明此解释是否采用有效性解释原则，但从该报告内容中仍然可以看出有效性解释原则已成为 WTO 争端解决机构，特别是上诉机构在对各协议条款解释中所必须遵循的基本原则。通过运用该原则，上诉机构推翻了专家组对 GATT 1994 第 6.5 条解释结论——该条款仅禁止同时对出口补贴和倾销征收“双反”税，认为对国内补贴行为也可以实施“双反”税，但以避免双重救济为限。[37]

---

37 胡晓红:《论“双反”税合法性边际——WTO 上诉机构“379 号报告”解析及启示》,《现代经济探讨》2012 年第 8 期，第 20-24 页。

第三部分　课程感想汇编

张卓昊

本专题是第一次由同学进行主持，与老师进行主持的模式基本类似，但也表现出相对显著的差异。在老师主持之时，老师会主动地对同学们提出的问题和讨论进行引导，这一过程往往使得我们的研究更为深入，却也有时让人跟不上老师的思路。而同学主持之时讨论更多的是沿着同学们自己的想法进行，各同学观点的交锋略显不足，主持人对课堂讨论方向的把控显然也没有老师那么炉火纯青，其结果是课堂讨论思路相对清晰，但争论不够，同学们的脑洞也没有被充分发挥。

本次研究的案件内容亦颇有新意。反倾销与反补贴乃是全新的领域，在初读之时感到判决异常晦涩，但判决却能够娓娓道来，让我们在对这些制度欠缺基础知识的情况下，都能对其有充分的了解，并且准确清晰地把握专家组和上诉机构的思路，可见其论证的细致和“浅入深出”。另外，专家组在本案中所用到的关键解释方法，即解释应当使得《WTO 协定》协调一致，亦是之前的案例所没有的。经由这一个案件的探讨，我对 VCLT 的规定及 cogent reason 规则的理解也不再是浮于表面，而有了显著的进步。

吴雨泽

本专题课程对于我的特殊之处在于作为讨论主持人主持了第一周的讨论。杨老师前八周的实践已经给我们做出了极佳的榜样，即“新闻+个人观点/问题+自由讨论”的模式；当然，杨老师主持讨论的一个突出特点在于，在个人观点或者提问发表的阶段，就直接介入，以形成进一步的激烈的讨论氛围。

与此相区别，我的主持方式则“僵化”了一些，即在所有人发表观点或问题之后，总结出整体的大框架，让同学们在大框架之下进行讨论。这一方面可能更有针对性，可以让同学们对案件相关问题的探讨更加深入；另一方面则放弃了灵活性和开放性，使得整个讨论氛围不能打开。当然，这种分工更大的一个问题是，由于基本固定了讨论架构，同学们的兴趣点就难以兼顾，同时也将同学对案件的整体理解强行分裂开来；每个同学会关注单一问题，但对其他问题并不关心或者关注度不够，从而在实际讨论时难以参与到具体问题的讨论中。

进一步，就实际的主持经历而言，我感觉就讨论的主持来说，有几点准备或者特质是必需的。首先是对讨论内容的熟悉，例如这次讨论美国反倾销和反补贴案及美国反补贴和反倾销案，需要对两个案件中的法律问题提前了解，这样才能在设定框架和引导同学讨论时胸有成竹；这一点我是比较欠缺的，虽然对两个案件争议点和法律问题有大概的了解，但在具体细节上则难以做到一一对应，从而没有办法带领同学在一些问题上进行更有深度的讨论。其次是倾听、反应和总结能力，因为同学的观点或问题通常会出乎主持人的意料，如何把这些问题串联在一起也比较考验主持人的随机应变；这一点我自觉还是合格，在前期的大框架制定上起到了一定作用。再次则是更加技术性的准备，例如需要关注全场动态、主持的语言表达和临场情绪，等等；第一周课后有同学和我说他在某一段时间举起了桌牌，但由于我站立朝向原因一直没有看到他；这些完全技术性的要点也是让每一个同学参与讨论和打开思路的可能性涌现的基础。

作为主持人，另一层感想则是对讨论式的课堂有了新的感受，特别是感受到进入课堂前的准备环节是整个讨论进行的重中之重；不管是作为引导（无论积极或消极）话题的主持人，还是参与讨论的课堂成员，对问题都要有一个基本认识和思考，这样整个讨论才会具有原动力。

晏高兴

本专题讨论了这学期第一个由中国作为原告的案例，很早之前，我就曾耳闻中美在“双反”问题上存在着巨大的争议，DS 379 给了我一睹具体内容的机会。不论裁判组报告的内容，我感受到了中国在“双反”问题上遇到的巨大障碍，虽然中国取得了双重救济问题的胜诉，但是如果美国不一反常态，宣布对“非市场经济国家”采取“双反”措施，中国企业在美国的市场环境要好得多。当然，不可否认的是，中国目前的经济体系并不完全等价于西方话语上的市场经济体系。因此，即使是这几年，中国也时常面临着西方“双反”的调查。但与此同时，中国经济的全面深化改革也在如火如荼地进行着，使得市场经济体系更加成熟。在此基础上，中国应当加强与西方的谈判，让其承认中国的市场经济地位，这才是减少“双反”措施中双重救济问题的最优解！

同时，本专题也开启了同学主持讨论的序幕。这个专题中，同学们讨论的问题似乎很集中，特别需要提出的是，杨老师如同学一样参与讨论使得课程能够更加顺利，有时候甚至还起到拨正方向的作用。虽然不是主持人，但是我也能感受到主持的挑战，主持人在课堂前要做好准备工作，如此才能更好地厘清主持逻辑。但不管怎样，我们每一个人都应当对各个主持人的付出表示进一步感谢，每一个主持人的经验教训都可以成为下一个主持人的合理参照。

张　瑶

随着学习的深入，我们解除的 WTO 相关条款越来越复杂，案件除了法律知识之外的牵涉面也越来越广。在笔者看来，有两个问题一直伴随着我们始终，在我们的讨论中不断深化：

首先是 **WTO 先例与现案的关系**。WTO 先例的指引效力和约束效力是我们第一节课就开始讨论的问题。我们理解，WTO 先例并无强制性的约束力，但基于维持 security 和 predictability 的逻辑有很强的参考作用。在相似情况下，DSB 不会轻易背离前案。本案中，“美国内衣案”中 ATC 和 MNF（ATC 的“先前协定”）的关系就给我们提供了有用的提示：MNF 的条款在 ATC 中“消失”的情况，可以推断出代表立法者的态度变化。[38] 但是，每个案件中，专家组/上诉机构在探讨是否沿用先例时，都会给出很多跟案件本身紧密联系的说理，“沿用”与“不沿用”的逻辑也是个案判断的。

其次是专家组/上诉机构使用的各种解释方法能否或如何与 VCLT 第 31、32 条规定的方法贴合。这个过程中，我们愈发领悟到 VCLT 第 31、32 条的

38　DS24/AB/R，第 17 页，当页第二段。

“good faith”“context”“supplementary means” 丰富的解释空间。VCLT 第 31、32 条看似言简意赅，却给 DSU 的“长袖善舞”提供了非常有力的规范支持。

张一初

本周讨论的两个大问题，第一个是非市场经济国家相关的问题，第二个是反向推理的问题。对于非市场经济国家的问题，可以拆分为两个方面，首先是非市场经济国家的认定标准，其次是中国作为非市场经济国家受到的对待。所谓非市场经济国家，即在该等国家内，政府对市场具有极强的干预、市场缺少竞争、商品的价格和数量无法体现供需曲线等。之所以在 NME 计算方式中采取“替代国价格”作为比较以计算倾销程度，是因为非市场经济国家中商品的出口价格不是真实价格，无法反映商品的真实成本。中国入世协议第 15 条有相关条款，约定中国的非市场经济性质将维持至 2016 年，或中国实现部分产业或全部产业的市场经济为止。不同国家对非市场经济国家或市场经济国家认定的标准是不同的，仍根据中国入世协议第 15 条，不同国家对其他国家是否属于市场经济的判断是基于自身的国内法。如今，仍有国家认定中国为非市场经济国家，这与入世协议的期限限制是相悖的。

反向推理，即 contrario reasoning，我的理解是“法无明文禁止即允许”或“法无明文允许即禁止”，典型情况（生活化便于理解）如 Jansen 在其文章 *Contrario Reasoning*：*The Dilemma of the Silent Legislator* 中所述，餐馆门上的告示牌上标明“餐馆对不穿衬衫或鞋子的顾客不提供服务”，因此可以得出结论：如果顾客不穿裤子，顾客应当会得到服务。但是，究竟是采用“法无明文禁止即允许”还是“法无明文允许即禁止”应当结合规则具体的语境去判定，比如一些规定的先例或者体系解释。本案中，东京回合协议被引用，其明文禁止对非市场国家采取双重救济（计算），而 SCM 并没有此种规定，因此专家组认为，如果 SCM 对双重救济是“立法沉默”的话，根据东京回合协议的规定惯性，则应当认定 SCM 不禁止对非市场经济国家实施双重救济。上诉机构则得出了截然相反的结论，其认为东京回合协议禁止的是对非市场经济国家同时征收反倾销税和反补贴税，而 SCM 如果采取立法沉默的解释方式应当解释出的义务范围更加狭窄，因此不得使用前者作为后者推理的基础。反向推理是解决立法沉默的方式，但使用该等方法应结合立法沉默所在法域的语境。

柯静姝

学习有关国际贸易方向的案例分析不仅需要扎实的法律背景，很多时候还需要有关经济学和税务方面的知识。经过这两周的学习，我意识到自己必须在经济学和税务方面进一步深造。

市场经济国家地位的取得虽然是由国家自己决定的，但是很多时候也是一场政治的博弈。

这两周的课程由同学们主持讨论，我深感主持案例分析的课堂讨论实属不易。这不仅需要对于整个案件和分析框架有足够的认知，还需要建构起合适的讨论框架确保每个人所研究的法律问题都得到涵盖。

魏海跃

这一专题是同学主持讨论的首次尝试，对主持人与其他同学都是不小的挑战。在第一堂课上，出现了一些冷场的情况，我认为主要是因为这一案件具有难度，在同学们初次阅读，还未进行深入研究的情况下，发言的积极性有所降低；第二堂课，有了充分的课后研究，课堂讨论也得以有条不紊地进行。相比起之前老师主持课堂的情形，同学们主持讨论的情况下，主持人对于案件了解难免有限，只有其他同学积极配合，进行充分的预习、初步研究，才能让第一节课堂讨论充实起来。

骆 鑫

在本次的主持中，我将自己的经验总结如下，分为课前和课中两个部分。

1. 课前——充分准备

①详细了解案件的裁决思路。

②初步探究大家可能感兴趣的法律问题，并标记判决相关段落。

③阅读并梳理大家的课后研究，了解每个同学所关注的法律问题，思考其中可能产生疑问的地方，并进行归类整理。

④思考不同类的法律问题的合理讨论的顺序，对各个环节的时间提前进行分配。

2. 课中——主动与克制

①主动引导大家的讨论顺序，合理追问，适当要求同学进行澄清；在

讨论内容较多或者较分散时，主动总结目前讨论的内容，为大家厘清讨论脉络。

②适当克制自己意见的发表，将话筒更多交给同学发言；在面对同学发言较长，信息量过多的时候，适当克制其发言的时间，或要求其进行总结；面对发散性较强的问题，掌握发散的度，不脱离研讨的主题。

由于是第一次主持，我觉得自己在有些问题上做得尚且不够，例如时间的分配，课堂中的讨论时常会脱离原本对时间的分配，有时正需要大量的时间讨论某个问题，才能更加深入地对某个问题进行探究，并激发更多的思考。但究竟如何安排这个时间，我觉得是难以找到正确答案的。另外，在引发大家发散性思维这点上，我认为如果有更多的经验，应该可以做得更好，可以更好地把握发散与专注讨论之间的度。

可以看出，没有充分的前期准备和知识储备，其实难以驾驭大家在讨论中提出的每个问题，并引导大家进行发散性的激烈的讨论。从这次的主持准备中，我也不得不感叹杨老师对 WTO 案例的深刻研究和深厚的主持功底。最后，还是要感谢这次的主持机会，可以肯定的是，作为主持人，虽然自己并不会有太多对于探讨问题的发言，但实际上需要的准备和学到的东西都是很多的。

王雨宁

DS 379 案确实是目前读到的比较复杂的案件，尤其是想理解双重救济和“双反”措施确实有点“烧脑”。加之从第九周开始，主持人的麦克风落到了同学们的手中，这两周的课程体验确实是不同的。吴雨泽和骆鑫两位同学的主持风格迥异，前者较为激情，后者较为冷静。可以想见两位同学面对几十页的英文案件和同学们五花八门的问题时的压力，以及面对课堂上无法预知的冷场时的小尴尬，但是两位同学的主持效果很棒。由同学们主持的课堂进行得会比较快，两位同学基本上不大会追问同学们或者要求同学们澄清问题，所以大家的讨论主要还是围绕着自己课前的研究展开，课堂上随性的产出相对较少。杨老师在这两节课中虽然不再作为时刻对同学们的发言进行点评的主持人出现，但是杨老师总是会在大家卡住的时候立桌签，给大家以点拨，并且也会在微信群中一一回复大家课前预习中的问题。这样的上课感受是很有趣的。

梁　好

这两周课程是在吴雨泽同学和骆鑫同学的主持下进行的，两位同学对大家的讨论核心做了大概的梳理，让整个讨论更具备逻辑性，每个同学都能够有自己的发言机会，能够在自己深入挖掘的领域和其他同学享受观点碰撞的乐趣，非常感谢两位同学的付出。

除此之外，我发现杨国华老师在台下的指点使我们受益良多。他学识渊博且有大量的实践经验，当同学们在讨论问题时能够迅速发现关键点，一方面查漏补缺，进行补充；另一方面能够及时回应同学们的困惑，让每个同学受益匪浅。杨老师如顶梁柱一般，每当讨论进行僵局时，他都能够“挺身而出”为讨论注入活水，引导大家进入更深或更新的层次。师者，传道、授业、解惑，正如此。

知识不会被简短的案例所困，我们讨论的往往不是案例本身，案例只是一个踏板，将我们引向更具美感的知识。通过这两周的学习，我深入且高效地掌握了许多知识点，很有一种充实的感觉，希望能在下周的学习中更多地发表自身的观点，参与到讨论中去，让大家听到我的声音。

蓝　月

本学期后半段的课程由同学们通过报名进行主持，这种方式有利于培养同学们的统筹协调能力，课程进行过程中可以明显感觉到参与主持的同学有着非常充分的准备，要将一堂课调动起来，将同学们的讨论有效衔接起来而不显得尴尬生硬，背后需要做的工作非常多，我对老师和主持同学深表敬佩。随着课程的进行，同学们对案件的讨论也越来越能够抓住重点，展开深入讨论，这次在阅读案例资料的过程中，我明显感受到掌握多学科知识的重要性，如案件中的计算公式、双重救济的经济学原理等，都是理解报告法律论证的重要前提，这让我深刻感觉到，应当多了解其他学科领域的知识，才能更好地运用法律。

曹秀知

这几周都是由同学来组织讨论，两次组织的同学在面对生疏的上课方式也表现自如。这样的方式使得在某些程度上能够让同学更加大胆地参与讨论当中。通过同学们对课后的研究，以及在课堂上简要介绍研究内容，使我们每个人在最短时间内获得最大的收获，剩下的几周课程希望继续通过这样的方式与同学们互动，掌握更多研究内容。

陈沁心

这两节课的讨论都由同学主持，可以看到两位主持人都事先认真阅读了同学们的课后研究与问题，将其归类后有条不紊地按问题展开讨论，让各个问题之下先前存在思考的同学都能够获得发言的机会。在讨论整体的运行上，同学主持与杨老师此前的主持相似。我感受到的一个区别是，在同学的主持下讨论更加偏重于各个同学对自己课前研究的陈述，汇集起来后，能够将每一个问题都有所归纳，且条理清晰，没有出现时间分配严重失衡的情况，大都依据每个问题的重要程度和同学们思考的深度展开。但是进一步的提问思考和挖掘似乎有所欠缺，也许可以进一步提出一些疑问供同学们在现场思考与课后研究。

贾小我

本专题的课堂学习采用了翻转课堂的模式，由同学担任课程讨论的主持人，这一模式是我在其他课程中从未体验过的。前八周几乎未曾感受到主持人在课程讨论引领过程中的作用之重要，直至这两周的课程我才渐渐明白。吴雨泽同学的主持风格较为自由，鼓励同学们按照作业提交顺序完整地表达自己的疑问与研究成果，且时常与大家分享自己的独到见解，在第一节课的讨论中成功为大家打开了思路；骆鑫同学则在把握同学们研究方向的基础上将第二节课的讨论过程设计得更加精致和紧凑，不仅将不同话题的研究成果各自集中讨论，还在话题与话题之间构建了很好的联系与过渡，使得课程讨论秩序井然、结构明了。过程中也不难体会到，主持人的工作十分考验同学对案件、研究内容以及课堂时间的把握，良好的应变能力与总结能力也有助于协助发言同学更加清晰与深入地展示成果。十分感谢主持本次专题讨论的两位同学，期待假期后的课程！

杨盛彪

读完这两个案例以后，同学们不仅更加深入地了解了争端解决规则的知识，也接触了不少有关经济学和贸易的相关知识。在收获了许多新知识的同时，笔者也对中国因为非市场经济国家的地位而带来的不公正的待遇感到不忿，也对美国厚颜无耻的自由裁量和诡辩感到愤怒。这也让我们感受到，中国的经济实力和法制建设虽然在不断稳步发展，但在贸易争端的应对上还是缺乏相应的经验，任重道远！

封　舜

鉴于同学们对杨老师的课程有许多建议，于是从这个专题开始老师便把主持权交给了同学们，由骆鑫和吴雨泽同学主持讨论，我也看见内容风格各异但同样精彩的课程。本专题中涉及了大量的经济学和国际贸易实务知识，一开始阅读判决书内容是难以理解的，必须通过查阅资料理解什么是补贴、反补贴、倾销与反倾销，必须通过简单的计算来理解双重救济是如何产生的。此外，WTO 法的知识密度在本专题中也是极高的，对于 VCLT 的解释方法，对于反面解释和明示其一排除其他方法，对于上诉机构权限等问题在本专题中都有涉及，这也对理解相关知识有很大帮助。

张一凡

这一专题的课程第一次采用了同学主持的方式，感觉很新颖，同时也对上台主持的同学感到由衷的敬佩，一方面是觉得他们很勇敢，敢于主持这么多人的大型研讨，另一方面是觉得他们很棒，无论是事先的准备工作还是课堂上的逻辑都堪称无懈可击，不过稍存遗憾的是就一些问题的讨论可能不太深入，但这更多是鸡蛋里面挑骨头而已。同时，杨老师也的确如同一般的学生一样，在座位上思考、感悟、提问、澄清，在群里发自己的见解，我很惊讶一门课竟可以如此，一位老师竟可以如此，对这门课愈发喜爱。很期待下次主持的同学，也期待自己有朝一日可以有上台主持的勇气。

严君啸

骆鑫主持的这堂课，一开始给了大家几个讨论的核心话题，让人很期待后续展开。不过到了课程中段之后，我就感觉想要跟上课堂节奏比较辛苦，最初的课堂设计可能执行不是很到位。

我觉得让我比较困惑的原因可能是，骆鑫将同学发言的顺序有时是提交问题的顺序，有时又是讨论话题中顺序，这个就让我很难适应。因为两种发言顺序背后的笔记方式和思考逻辑是不同的，如果频繁地进行转换，对于同学的要求就比较高。相对来说，第二节课不是很建议再按照同学提交作业的顺序进行发言，因为第二节课其实研究方向是有一定基础的，需要做的是将第一节课讨论的主题细化为一个个不同角度的问题，将第一节课讨论的问题顺下去讲清楚、讲透，或者提出不同的思路。

而且，我发现即便是在围绕一个课堂开始时总结的话题展开，也还是有不尽如人意之处。骆鑫确定的第一个话题是“双反”措施与双重救济的关系。第一节课时，吴雨泽讨论了“什么时候会出现采用“双反”措施导致双重救济的情况”，这个问题就非常具体，讨论就比较清晰。但是骆鑫这节课的讨论，好多同学从不同角度提出了研究内容，一说一大串，要想梳理清楚每一位同学讲了什么都比较费劲，更不要提再去梳理研究与研究之间的关系了；并且，第二节课有的同学讨论的观点与第一节课可能就是重复的。我现在的感觉是，第二节课还没有充分利用第一节课积累的财富。我建议：**可以在第二节课开始简单概括一下第一节课的内容，并且注重后续讨论与之呼应，使两节课成为有机整体**。

可能是讨论顺序的关系，主持人在课堂上想要把握住场面，引导课堂走向就十分困难了。课堂是需要有标杆的，如果真的找不到一个可供大家共同深入讨论的问题，其实不妨回到报告文本本身，梳理清楚报告说理的逻辑。之后在同学讲述自己研究的时候，引导同学首先将自己研究的问题在报告文本的逻辑体系中进行对位，主持人也做好笔记。这样在几位同学讨论之后，还可以进行有层次的总结；并且，能够让每一步的讨论都脚踏实地，有根有据，不至于出现讨论了半天，就被杨老师的一个提问釜底抽薪的情况。

韩世宸

本专题中，我们首次采用了同学主持讨论的方式，收获了不同的课堂体验。讨论的内容相对之前也更加宽泛。除了开始的主问题选择之外，基本上是一个自由讨论的状态。近两次课堂与往常一样，许多问题在短短的课堂时间中并不能得出确切的结论，但重点是其中思维的交锋。每一份专家组和上诉机构报告都是独一无二的作品，当中有严谨而精妙的逻辑结构，也有其引发的争议，我认为讨论并不一定要得出“正确与否”的结论，更多是从不同视角去评判它的审美价值。

相比前八周的课程，近两周的课程内容也发生了明显的变化，其一，同学主持讨论的节奏更快，对于重点问题交锋更加激烈，包括主持人也可以参与其中。其二，老师的参与让讨论的进行更加顺畅，一方面，老师在课堂中积极发言，提供了大量相关材料，包括字典、案例内容等；另一方面，老师也在引领着讨论，不少问题都因为老师的参与为同学们打开了新的思路。对此我也不禁感叹我们与杨老师在信息搜集和知识积累上的差距，也激励我更加努力进行研究。

此外，随着同学们对 WTO 案例分析也越来越熟悉，也越来越擅长广挖、深挖问题，此次专题中留给同学们课下思考的问题的难度也大大增加，这是个很好的变化，意味着我们每一堂课的信息量越来越大，基于个人研究集体讨论给同学们带来的效益也越来越大，也让我更加期待接下来的案例和讨论！

吴玙姜

在本案当中，专家组与上诉机构向我们展示了他们对于立法沉默这一极复杂的法律状况的处理，从专家组相对死板的反推解释，到上诉机构较为灵活、旁征博引的解释技巧，上诉机构最终较为妥善地解决了 WTO 框架下双重救济这一法律空白。同时这一系列案件，也引发了更多对于“双反”措施实施方式、经济形态的探讨。此外，本案所引申出的一个重大问题就是中国的非市场经济国家地位问题，这一问题显然与当前中国持续深化改革，强调市场在资源配置方面的决定性作用，加大对外开放力度的基本国策不符。因此，如何在国际秩序的重构中妥善解决这一问题就变得至关重要起来。

朱亚博

这两次课采用了同学主持的方式，可谓令人耳目一新。虽然讨论流程和结构基本保持不变，但是两位同学的认真准备和精彩主持也让人满满地佩服。与之前的不同之处在于，讨论由于老师的加入更加活跃，有时老师突然提出的一个点会将思路引向更远的地方，例如讨论 cogent reasons 时由 WTO 争端解决机制中的“遵循先例”现象引向各个不同争端解决机制中先例的地位和作用，这种贯通性和穿透性的思考也让我在比较和提纯异同中把思路整理得更清晰。另外，在这两周的阅读与讨论中，我还接触到了许多新的名词，掌握了诸如“反向推理”这样的法律解释方法，收获确实很大。在阅读材料的过程中，从中美双方各自观点的叙述、专家组和上诉机构对双方观点的总结及对法律规则的解释，都让我感受到了 WTO 争端解决过程中各方逻辑的强大。

严晓畅

这两次的课程都由同学自主主持，分别由吴雨泽同学和骆鑫同学进行了一次主持，这样的课堂对于我们来说更加自主且别开生面，但同时也对主持的同学提出了不小的挑战。不过总体来说，这两节课都让我更进一步地见识到了同学们的精彩讨论与分享，也非常感谢主持同学的充分准备与临堂的随机应变。在同学们主持的课堂上，杨老师仍然发挥着非常重要而关键的作用，在一个非常合适的时机或者问题的关键节点，他往往会提出一些问题、进行相关的补充、厘清与回应，都堪称“四两拨千斤”。

此外，就是关于本次专题学习的案例，从研习之初，我个人便感慨于其中一些内容尤其是经济相关专业术语的难以理解，但是课后自己进行了相关研究探索，也阅读了很多同学们的相关分享，从理解上能“更上层楼”，这可能也是 WTO 法案例研习中逐步培养出的不畏难的精神。

陈红吉

在专题五的讨论中我们首次采用了同学主持的形式，吴雨泽同学和骆鑫同学明显对整个案例的思路、同学们课前提交的作业、讨论的方向和时间把控都做了充足的准备。最让我钦佩的是，两位主持人都能够快速、清晰地对大家的发言做出回应，包括对其中含糊的表述要求澄清、提出自己的指正意见、总结发言的亮点加深听众的记忆，等等。而且经过半个多学期的讨论，大家熟悉了课程的流程和问题的集中点，在发言可以引向深入思考时主持人和杨老师还会特别地点出，所以整个课堂很有效率。

此外，我也感到自己的表达能力和思维能力的进步，主要得益于讨论课的快节奏和同学们不时提出的新问题迫使我们保持持续的信息吸收与凝练输出，并且两位主持人在课堂节奏上也是在我们对基础性问题讨论较为透彻后再进入下一层次。例如，第九周的课程在“双反”措施上花费了很多时间，第十周我们简单回顾了事实问题后才能延伸到对非市场经济条款规则的解释，并且在刘玥含同学提出问题后，杨老师立刻引导我们去了解了中国《入世议定书》第 15 条的规范条文和解释上的困境，不仅启发了课后的研究，在总结时我也发现自己更加熟悉这些问题间的结构和联系了。

邓汉庆

这两周的讨论由同学主持展开，与之前的老师引导不同，因为老师课上引导可能会对课堂上提出的内容进行发散，而同学的主持则主要是围绕文本内容进行讨论，对专家组和上诉机构报告中所采取的论证方法会有更深入的理解，两种方式都有不同的趣味和收获。

李雅文

本周是第一次同学主持的案例讨论，笔者深感主持讨论的不易，也为吴雨泽同学和骆鑫同学的勇气和努力深感佩服。两周复盘下来有以下几点心得，也是为笔者之后主持讨论作一准备。

第一，提前寻找焦点。同学们课前的研究兴趣可谓分罗万象，但可能只有一两个问题是大家着重关心的，其他的很多问题可能同学们听不懂或者不感兴趣。因此，在发言过程中，要不断分析与寻找同学们的集中领域，这样才能形成更好的讨论氛围。如果按部就班地按照顺序请人发言、邀人分享，可能导致课上大部分时间多数同学们没有重点、不知所云。甚至寻找焦点的工作可以通过课前阅读同学们的作业提前完成，这样在课上能够更好地把握节奏。

第二，合理分配时间。几次课程下来，似乎都出现了焦点问题讨论时间不足的问题，也许可以倒转一下第二节课的讨论顺序，首先讨论焦点问题，其次再让同学们分享自选研究。

第三，积极回应。一个好的主持人还需要在台上对老师和同学们的全新观点作出迅速的理解与回应，这是对临场反应能力的考验，更是要求课下全面深入的阅读积累，有了“台下十年功”，才能在台上的一分钟里快速作出反应。

复盘到这里，更是觉得主持之不易。再次感谢主持讨论的同学们，也期待自己能够做好 DS 543 的主持人。

第六章

中国电子支付服务案

第一部分　课程概况

综述人：严君啸

本案的两次讨论分别由王雨宁、张瑶主持。两位同学的主持都较前一案有进步，课堂组织越来越完善。整体课堂内容很丰富，问题讨论也有集中的点，讨论广度和深度都不错。杨老师还在每一次课前做了新闻分享，进一步扩充了课堂的真材实料。

我对本次综述的结构设计如下：首先，我将详尽复述杨老师两次新闻介绍的内容，没准同学们以后再看时会另发现玄机；其次，我将整体分析一下两位同学如何组织讨论，有没有改进空间，尤其关注下次我要和柯静姝一起主持的第二次讨论课；最后，我将就杨老师课下与我讨论的，为什么同学们把演化解释相关学说整理得那么详细，却找不到“演化解释”这个词出现在案子中何处的问题，给出一点简单的想法。

一、杨老师的新闻分享

第一堂课，杨老师跟大家分享了两组关于 WTO 副总干事的新闻。

第一组是已经卸任的美国的副总干事 Alan Wolff 的离职演讲。杨老师认为 Alan Wolff 的讲话值得在座的各位同学从头至尾仔细地读一下，讲得非常好，主要就当前 WTO 是什么状态，应该怎么办的问题进行演讲。

第二组关于中国新上任的 WTO 副总干事张向晨。杨老师说，张向晨当天早上还在清华公管学院和他一起开会，就坐在他对面，分享关于 WTO 的现状与出路的看法，更多是从中国的角度。张向晨曾经当过中国驻 WTO 的公使和大使，大使是2021年1月份刚刚卸任的，现在他已经在WTO工作了7年。而副总干事常规的任期应该是8年，所以他可能会在WTO工作15年。15年可能是在中国高管里面，在日内瓦工作时间最长的了。

杨老师还说，大家可能不知道，张向晨既是一位书法家，也是一位诗人（写的是格律诗），还是一位摄影家。当天中午上会以后，杨老师跟他吃饭，他说他还是红学家，他研究《红楼梦》非常多，读了几十年的《红楼梦》。杨老师还向大家展示了张向晨的作品，同学们都觉得很棒。

我向杨老师提问，大使和公使有何区别？杨老师说，这个是关于外交职衔的问题。外交职衔是国家之间通用的，表示外交官的级别。在一个大使馆里，最高的外交官是大使（Ambassador），下一级的叫公使（Minister），Minister在国内也是“部长”的意思；再下面一级叫参赞（Counsellor）。杨老师当时在成都的美国大使馆就是第三级别的。再往下面就是秘书（Secretary），秘书里面分三等。最末的，像同学们如果进入外交部，然后派驻大使馆，叫随员。张向晨一开始去WTO的时候是当公使，后来他回来了又回去就变成大使了；现在又回来了，再回去变成副总干事。副总干事已经是WTO的职员了，已经不是中国的大使了。

第二堂课，杨老师给大家介绍了中国加入WTO 20周年研讨会的相关信息。杨老师分享的内容主要包含两部分，首先是会议全程的视频，总共有3小时；其次是与会嘉宾的介绍。杨老师说，嘉宾里真正有分量的人有三个，您建议大家课后如果有时间还真要听一听这三个人的讲话，那三个小时的会没有必要听，很多人讲的没有多大意义。

第一位是大名鼎鼎的龙永图，他是中国入世谈判的首席谈判代表，非常有名。第二位是易小准，是刚刚卸任的WTO副总干事，张向晨马上要去接任他。杨老师说，在入世谈判真正的工作层面，除了高层的推动作用之外，有四个人起到最核心的作用，承担了整个谈判最核心的任务。其中两位，就是龙永图和易小准，前者是团长，后者是助手，是当时的国际司司长。第三位是张向晨，当时是处长。还有一个人现在还在商务部的WTO司工作。群里的第三个人，洪晓东，2019年刚刚卸任商务部世贸司司长。当年入世谈判，20世纪90年代末2000年初的时候，他是做服务贸易谈判（像我们这次要讲的电子支付案这种）的一位专家。

杨老师说，对于像您一样当时参加过一些相关工作的人来说，中国加入世界贸易组织是很大的事。2021 年是 20 周年，本周分享的是第一场研讨会，将来还会有很多研讨会。您自己也会组织一个研讨会，可能从法律角度来多谈一些。

二、课堂讨论的分析

王雨宁的主持让我有一种眼前一亮的感觉。她先借着张卓昊作业多做的内容，让他对于案件结构进行了介绍。在我提出张卓昊对于复杂案件结构的介绍，如果没有配上思维导图，可能会比较不清晰后，王雨宁又让柯静姝结合着自己做的思维导图，对于案件内容进行了解释，相对来说还是比较清楚的。在之前的第一节课讨论当中，我们还从未一上来就整理案件基本情况。但是，所有问题的根基，其实都是案例文本，梳理文本才是逻辑上最自然的第一步。如此“循其本”，给我的第一感觉非常好。

对于同学们的提问，王雨宁归出了主要的四类——“industry source”“including”的用法、演化解释和“essential”的解读。在课堂上，她先让未被主要问题覆盖的同学简单阐述自己的疑惑，在课程进行了一个小时的时候，切入了集中问题的讨论，课堂节奏不急不缓。听众能够跟上主持人的思路，并跟随同学们的讨论深入下去；在讨论完一个问题之后，马上就感觉到收获满满。这说明主持得非常有水平。

当然，这次王雨宁表现出色，很大的原因在于她对课前同学们的提问非常熟悉。这可能是因为我们课前多了一个星期的假期，提供了更充裕的准备时间。当然，更重要的还是主持人自身的功力。

相较而言，张瑶的主持虽然做得也非常不错，但就没有那么让人惊艳。张瑶也事先对同学们的课前研究进行了梳理，归纳出了同学们集中讨论的话题；而且张瑶的时间把控工作做得也很不错，在有限的课堂时间内，让每一位同学都比较充分地发表了自己的意见。但很多时候，我还是会感到有些难以跟上节奏。可能主要有以下几个问题。

首先是张瑶归纳总结的几个主要讨论话题，在前一节课王雨宁已经总结出来了，同学们也已经有所讨论。那么这节课我们的讨论和上一节课之间到底是一个什么样的关系？张瑶并没有帮我们梳理上一节课讨论的相关问题。所以，总会感觉有些同学的发言好像没有带来观点的创新。

其次是张瑶非常好的一点，她在每一位同学发言之后，都试图总结概括同学的核心意思，并且试着把讨论的问题聚焦在她所设定的主题上。但是相对有些不足的，是对于同学之间观点联系的归纳。杨老师在课后也评价说，张瑶的主持感觉缺少了“总结”。一方面，需要主持同学有相应的意识；另一方面，也需要同学们的发言更加容易被提炼归纳、找到联系与层次。这也反映出来，我们讨论所选取的话题，相对来说还有一些模糊。如果想更进一步提升，其实需要对每一位同学的研究做一个更细致清晰的分析。要把这个重担完全交给主持人也不现实，更有效的做法是寻求同学配合。我觉得可能有的时候同学自己也没有树立问题意识，只是就一个话题，泛泛地进行综述。下次可以尝试在布置作业的时候，就让同学用一句话归纳一下自己研究的是什么问题，看看这个问题是不是足够具体，是不是可以得到一个清晰回答，就像写论文一样。

最后是文本与讨论的结合度问题。我们在讨论逐渐深入之后，很有可能会遗忘了我们的起点。为什么我们要讨论这个问题？这个问题在本案当中到底处于一个什么样的地位？我们的学习和讨论需要的不是一匹马脱开缰绳肆意驰骋，而是一束根扎进土壤四散蔓延。马跑累了，不知归向何处；根扎紧了，任凭雨打风吹。知识只有连成体系，才能牵一发而动全身；如果是一盘散沙，那就会学到哪里忘到哪里。问题之间的逻辑，本身是很难找的，但是由于我们是案例讨论课，案件本身就成了问题之间最合适的联系点。有这个资源而不好好利用，岂不是很可惜吗？

课堂工夫，十有六七在于课前准备。我觉得下一步的改进，可能要往课前作业上找寻出路，让大家干最少的活，出最好的效果。尤其是静姝需要线上主持，在课前工作上就更需要引导同学们形成框架。

我希望在作业汇总之前，能将讨论同一话题的同学聚集起来（或许可以采用投票的方式），并且有代表性地梳理本话题下各位同学的问题与观点的逻辑关系，以及每个问题在案例结构中的位置，最好可以在课前形成思维导图。这里需要注意的是，每个同学对于案件结构的理解可能不同，所以需要代表进行事先的统合，并且提前发给大家讨论。我们的案件梳理也需要统一成“问题—论述”的形式，从最大的问题开始，中间每一步都是将大问题肢解成更小的问题，直到最后的终点归于论据（事实或法律）。每位同学的研究内容也尽可能地控制字数，有时间详述的也至少写一个摘要，将心比心，给大家看的时间。

第二部分　课程内容选编

综述人：晏高兴

本主题因为五一假期顺延了一周，同时，也有较多的 WTO 新闻。在第一节课程之初，杨老师简要介绍了转发到群里的两个推送，即 WTO 副总干事的基本讲话，推送的共同内容是 WTO 是什么，遇到的困难及应当如何应对。当然，一篇推送是从世界角度上观察 WTO，另一篇推送则从中国角度观察 WTO，因此强调重点有所差异。除此之外，老师额外对张大使进行了进一步介绍。对于老师的以上介绍，有同学提出问题：大使与公使有何区别。老师对此作出回应，即主要是级别不同，分别处于一二级。在第二节课堂，课堂群里也有少量的 WTO 新闻，老师也简要地和大家分享了自己的感想，并推荐同学们课后仔细阅读，由于内容繁多，在此不做赘述。

从课堂上来看，同学们的关注点有所侧重，课堂中也对一些个性问题的讨论得出来较为明确的答案，更对一些共性的问题提供了多种思考角度，理解方式。总的来说，课堂中讨论的主要问题是：演化解释、industrial sorts、including 问题、承诺表解释以及 essential 问题。

一、课程综述

（一）演化解释

“如果在承诺表缔结时并没有出现某种情况，后续解释是否可以将此种情况纳入承诺表”。这就引出了问题所在，即是否存在演化解释，演化解释是什么。更进一步地，演化解释的要求是什么。

所谓的条约演化解释就是采用演化的（Evolutive）、发展的（Evolutionary）、动态的（Dynamic）解释方法对条约用语进行解释，该解释方法对于条约的文本解释具有应然性和实然性。《从条约的演化看条约解释规则的发展》一文中，该文章的作者指出，该解释同样体现了法律的演变性，因为是在条约的发展过程中，没有人能够根据一套早已制定并固定下来的制度或规则来对任何非既定的情况作出清晰而明确的解释，也没有法律关系可以不受时间的影响。这指出了演化解释的必要性。当然，也有人反对演化解释的适用，如缺乏解释规则的明确认可；演化解释的灵活性威胁国际法稳定性；实践中对演化解释的认可对使用方法不一，没有形成统一的实践；演化解释导致司法权力不当扩大；演化解释可能冲击国家同意原则。

首先，应当承认演化解释的采用。一方面，虽然形式上看，VCLT 并没有规定演化解释方法，但是，并不能以此为理由认为演化解释不存在法律基础。实际上，条约解释的目的在于探讨缔约者的意图，VCLT 第 31、32 条只是规定了解释的一般方法，但绝没有认为除此之外的方法不能适用。反而，只要有助于探讨缔约者的意图，此种解释方法就应该得到承认，只不过条约解释法明确规定的解释方法应当首先予以考量。另一方面，演化解释有其实践基础，演化解释最初来源于国际法院的航行权案子。在本案中，如何解释“commerce”是一个争议点，因为在条约缔结时服务贸易还没有纳入“commerce”范围。对此，国际法院认为应当对“commerce”作演化解释，理由为两点：其一，“commerce”是一个通用术语（generic term），表示一类活动，其含义应被推定为具有与时俱进性，以应按现在的含义进行解释，即应涵盖包括游客在内的乘客运输。其二，案涉条约要处理两国之间的领土问题，故该条约试图建立一个永久、稳定的领土制度。基于以上理由，ICJ 认为可以背离条约订立时该通用术语的含义，因为缔约者在订立该条约时已经意识到该通用术语的含义会随时间的发展而发生变化。在 WTO 案中，演化解释也有其表现。比如在中美出版物案中，专家组和上诉机构也采用了类似的方法，认为“录音产品”和“分销”具有充分的通用性（sufficiently generic），这些术语使用的情形会随着时间的变化而变化。另外，在本案中，实际上也体现了演化解释的条件，即第一，要确定当事方本身是否就有以动态方式解释术语的意图。如果没有表达这样的特别意图，就要考虑这个概念所在的条约是否从一开始就是“evolutionary”的。第二，考虑到当时语言的发展、国际法和其他相关情况，选择该术语在解释时具有的含义是必须的。

其次，虽然演化解释有其适用的基础，但是这并不意味着演化解释并没有界限，最为核心的是，演化解释应当以探求当事国缔约意图为核心，只有符合缔约方意图的解释，才是正确适用演化解释的结果。更有人认为，缔约方的意图推定是开启演化解释方法的第一步，理由如下：其一，缔约方意图是正确解释的前提。其二，缔约方意图是条约演化解释“变化”中的稳定因素。其三，演化解释是条约用语随时间变化的解释，运用演化解释方法进行条约解释，可能得出条约文本意思之外的意思，即所谓缔约方的意图可以从条约文本之外推出。同时，通过分析条约解释的法理可以发现，演化解释方法在实践运用中的问题可以归纳为三个方面：武断、机械和片面。“武断”是指未能充分考虑能够真实反映当事国意图的相关证据，如缔约时的准备资料或嗣后惯例等，而贸然适用该方法；“机械”是指主要依赖条约中相关术语的通用性和条约本身的无期限性等标准来机械推定当事国有演化解释的意图；“片面”则是指通过上述方法得出的结论必然是片面的、没有充分证据支持的。那么该如何限制演化解释呢？就具体限制措施而言，因为案情不同，要保护的权利也有区别，所以在每个适用演化解释方法的案件中对该方法的具体限制也会不同。但是，一些原则性的限制已被提出，例如，欧洲人权法院的法官曾在反对意见中指出：①“演化解释……不允许将全新的概念或适用范围引入该公约，因为这是属于欧洲理事会各成员国的立法职能……”。换言之，演化解释应在条约已有概念的基础上进行。该意见后被欧洲人权法院采纳，在另一案件中，它认为，②演化方法不能适用过头，以致由此产生一项一开始并没有被条约规定的权利。此外，国际法院也指出，③演化解释方法运用的“外部界限”应是条约的目的和宗旨，即对条约用语的演化解释不能违背条约的目的和宗旨。④不得违背善意原则也是应有之意。

最后，值得一提的是，就目前而言，国际法院已经形成了演化解释的规则，即如果缔约方使用通用用语（generic terms），且规定条约长期有效或持续生效，则可推定缔约方适用演化解释方法解释该用语的意图成立。而且，除此之外，联合国国际法委员会曾试图对可能导致演化解释的条约用语进行归类，即当条约中的概念具有下列特征时可以被认为具有演化性：①该概念须考虑嗣后的技术、经济或法律的发展；②该概念为当事国规定了更多的逐渐发展的义务；③该概念具有非常强的通用性，或该概念是用一般术语来表述的以致必须考虑正在变化的情势。根据这一结论，只要条约中使用技术、经济或法律概念，或该概念用非常通用的术语来表述，就可以推定当事国有让该条约作进化性解释的意图。

（二）“industrial sources”

本案中，专家组在解释词语的通常含义时，除了引用传统的字典含义，还提到了行业来源。对此，美国认为应当承认行业来源在确定通常含义时的作用，中国则认为行业来源的定义可能是自私的，并且即使采用行业来源解释，也只能支持中国的主张。专家组认为，没有任何理由可以说明通常含义的确定一定要从词典开始，如果行业来源有利于确定通常含义，当然应当采用，但是同时应当注意行业来源的自私性，而本案行业来源并没有对词典的解释产生任何不良后果，因此维持了词典解释的结果。

课堂中，有同学提出疑问，行业来源为什么可以成为解释通常含义应当考虑的因素，如果词典已经能够确定通常含义，则就没有必要考虑行业来源了。对此，更多的人倾向于专家组的观点，解释资料如词典的目的在于找到条约的一般含义，没有理由认为词典才能确定一般含义，其他解释也应当被承认可以作为确定一般含义的手段。课堂中，大家进一步讨论，如果行业资料与字典发生冲突时怎么办？还有同学认为，当行业资料与字典发生冲突，专家组应当进行个案分析，考察案子涉及的对象，再根据这些人的立场判断采取哪种说法。还有同学认为，词典编纂者可能是有偏见的，也就是说行业来源有替代词典的空间。当然，有人对此进一步澄清：其一，如果二者存在冲突，也就意味着二者内容不同。但是，需要考虑的是，编词典的人参考的依据是什么，是不是也要看行业对意思的表述，也就是说，词典是不是本身代表了行业的习惯。从这种角度上看，二者存在冲突的可能性不大。其二，假如真的存在冲突，肯定要考虑二者哪一个更公正，倾向于采用后者优先，越专业越优先的规则。总之，正如本案专家组所言，行业来源作为确定通常含义的依据也是必要的，但是应当注意行业来源的偏见性。同时，应当承认行业来源与词典解释可能存在冲突，此时应当考虑公正性、专业性等因素合理确定其一。但是在大多数情况下，两者不太可能产生冲突。

除此之外，本案中，专家组仅在 ordinary meaning 的语境下谈论了是否可以运用“industry sources”，有同学研究了 special meaning 与 industrial source 的关系。VCLT 的 commentary 的第 105 段列举了 special meaning 的两种类型：第一种 special meaning 实际上就是指特定内容中某一术语的 ordinary meaning；而第二种 special meaning 则是指在签订协议时，协议签订方出于协议目的而赋予该术语的不同于一般含义的“特殊意义”。VCLT 第 31 条第 4 款意在规定的其实是第二种 special meaning 问题。上文中关于“industry sources”如何作为 ordinary meaning 的 evidence 适用于解释之中，实际上就是第一种 special meaning 的适用，但其实际上依然归属于 ordinary meaning。那么对于第二种 special meaning，是否可以适用“industry sources”作为其 evidence 呢？由于第 31 条第 4 款并没有规定可以用于解释 special meaning 的 evidence 类型，因此，似乎所有类型的 evidence 都可以适用，其中自然也包括“industry sources”。

（三）“including”

本案中，专家组在确定条约含义时，采用了上下文，其中的一个角度则是对“including”后内容的解释。“包括”一词的解释在专家组报告中主要出现在两处，分别是在中国《承诺表》（d）项中的“包括信用卡、赊账卡和借记卡、旅行支票和银行汇票（包括进出口结算）”，以及 GATS《金融服务附件》第 5 条第（xiv）项中的“包括证券、衍生产品和其他可转让票据”。由此引发了课程讨论问题：“including”的解释规则是什么？

有人认为，“including”在法律上没有明确规定用法，因此需要考虑生活中如何表达的。“including”表达的是一种包含范围的问题，但是不可能要求得很严格，判定方法应当有两种：形式逻辑上，是否存在上位性概念，另一种从生活经验上判定。有人认为，比较第 7. 164 段相关用法，我们可以看出，只用“including”表达的意思是穷尽性列举，“including but not limit”及其他用法则不是穷尽性列举；随之又通过比较第 7. 109 段关于“including”的用法证明这一观点。但是这种观点随之受到了质疑，有人认为，要让“but not limited to”有有效含义，并不需要“including”表示完全列举；如果“including”本来既可以表示完全列举，又可以表示不完全列举，加上“but not limited to”之后，就只可能是不完全列举了，那样“but not limited to”也算是没有白加，符合有效解释的原则，其课后又通过集合论语言去进一步支持其观点。但是，这种数学方法论受到了质疑，因为根据纯粹的形式语言可能并无法揭示

“including”的准确含义。随后这种主张得到了更多人支持，总之，更多的人倾向于“including”并不能仅仅认为是穷尽行列举或者非穷尽行列举，而是都有可能；另外，第 7.164 段 D 项和“including”不是一个维度的事情，因此不能作为解释“including”的参考依据。

课后，部分同学对此进行了进一步研究，如有同学认为，“including”可以起到的最基本的作用是“内容明确”，无法起到“内容确定”的作用，在部分情况下可以起到“类型暗示”的作用。当其起到“类型暗示”的作用时，要能够解读出缔约者“类型暗示的意图”。当“including”作为括号之中的用语时，排除其“类型暗示”的作用。当“including”后出现“not limit to”的用语时，究竟是排除“类型暗示”，还是强调“including”不起“内容明确”的作用，还需要进一步分析。

其实，不妨有另一种思考角度，即专家组在“including”问题上本身就出现了前后矛盾的现象。《承诺表》(d) 项中，“包括”就出现了两次。专家组认为，第一个“包括”表明其所包含的事项仅仅是一系列说明性的列举，而不是穷尽的列举。第二个“包括”后虽然只列出了“进出口结算”，并未列出“清算“一词，但该表述修饰的“银行汇票”在结算前通常都要经过清算这一步骤，所以该处”进出口结算”暗含了“进出口清算和结算”的意思，且可修饰除了银行汇票之外，(d) 项所列举出来的所有支付工具。《金融服务附件》(xiv) 项中，专家认为，尽管这里的“包括”所包含的事项同样是说明性的列举，但后面列出的“证券、衍生产品和其他可转让票据”表明，该项所针对的均是带有“可转让”这一共同属性的金融资产，应受“可转让”的限定。可以明显地看出，专家组在解释《承诺表》(d) 项中的“包括”时，主要运用了扩大解释的方法，而在解释《金融服务附件》(xiv) 项时却运用了缩小解释的方法。更令人疑惑的是，专家组对同一个词前后使用了完全相反的解释方法，竟然分别都得出了对中国不利的结论。这种解释的前后矛盾之处令人费解，到此，也便不难理解同学们为什么会对“including”的解释规则产生疑问了。当然，这也是另一种思考角度，并不一定是合理的。

(四)“essential”的含义

在本案中，专家组认为，“payment and money transmission services”可以被理解为管理 (manage)、促进 (facilitate) 或促成 (enable) 支付或汇划的行

为，随后专家组进一步指出其范围为“all services essential to payment and money transmission, all means of payment and money transmission, and all associated business models.”。对于“essential”的解释，专家组只在脚注142中提到“The Panel uses the term essential to refer to all component services which are needed to complete a payment transaction or money transmission”，但是对“essence”的解释仍然是抽象的，有同学提出如何理解“essence”。对此，存在三种观点。

其一，管理促进促成是对“essence”的限定。以对“facilitate”的解释为例，《牛津字典》对“facilitate”的释义是“to make an action or a process possible or easier”，那么加入“essential”的限缩，“facilitate”当然不可能再有“make an action or a process easier”的含义，因为那并不是“必须”的。

其二，专家组在刻意模糊这个概念，如此有利有弊，可以让专家组有解释的空间，但是由此引发的后来的案例可能局限于当前解释，不利于解释的发展。实际上，专家组对“essence”的解释已经相当清楚，并不存在模糊的问题。另外，WTO先例并没有法律约束力，因此也不存在影响后续案件解释的问题。

其三，单纯从逻辑上解释，专家组认为管理、促进或允许支付与转账行为的服务都属于支付与转账服务。三者的效果不是在同一个层级的，“管理”和“促进”的效果是help的作用，“允许”则是没有此条件就不能成立。所以管理和促进的范围应该比允许要大得多。而三者又是“或”的关系，这就意味着三者满足一个就可以，“essential”的标准实则很低，因为只要满足了其中最低的“管理”或“促进”标准，就是对支付与转账行为起到重要作用的服务。但是从上下文来看，专家组实际上更倾向于“enable”，即如果没有EPS，那么支付和资金移转就无法发生。比如说，在脚注142中，对“essential”有“are needed and complete”的表述，反过来说，即如果没有EPS，支付和资金转移就不能完成。

（五）承诺表解释

在课堂，同学们从不同角度研究承诺表问题。比如，对于承诺表的结构与内容，部分同学展开了详细的介绍，让我对承诺表在WTO法中的地位以及承诺表的本身结构有了充分的认识。再比如，对于承诺表的性质，有人认为，虽然从形式上来讲，一成员的具体承诺表和 GATS 的主体规范同为 GATS 的组成部分，同为多边规范的组成部分。但就其实质而言，具体承诺表和主体规范的显著不同在于，前者具有强烈的双边属性。有人认为承诺表更多的具有单边色彩；也有人认为承诺表和 WTO 一般协议虽然在产生上有所不同，但是性质相同。又如，对于如何解释承诺表问题，同学们大多认为承诺表的解释不应当与其他一般 WTO 协议保持一致，因为承诺表更多的体现承诺方的主观意志，因此承诺表的解释应当侧重于目的和宗旨，而不同于一般 WTO 协议的解释。但是也有人对此提出了质疑，包括如何考虑目的和宗旨，是否有 WTO 规则的依据等。另外，也有人提出，采取 VCLT 第 31、32 条规则解释具体承诺表是否合适，因为 VCLT 第 31 条、32 条属于客观解释，这是否与具体承诺表的主观承诺意思相违背。这需要解决两个问题：VCLT 第 31、32 条属不属于客观解释；VCLT 能不能适用于具体承诺表的解释。

1. 条约解释的基本理论

在条约的解释方法上，可以分为三个学派：主观解释学派、客观解释学派和目的解释学派。主观解释学派主张在条约解释中把重点放在探求约文背后缔约国的共同意思上。主观解释学派主张条约解释的起点是约文的“通常含义”，但因为强调的是各缔约方真正的共同意思，此处的“通常含义”是可以推翻修正的。如果有证据证明各缔约方的共同意思并不是约文的“通常含义”，则可以解释为其他含义。同时该学派还强调条约准备材料的重要性，研究条约的准备材料是探求缔约各方真正共同意思的最好的方法。客观解释学派假定缔约各方的意思都表现于条约的词语中。因此，解释条约并不是要探求缔约方的共同意思，而是解释条约本身所表达的正确含义。在解释中，将文本作为出发点，并通盘考虑在整个上下文中具体条约用语的意义。同时，要求限制对于条约准备材料的使用，因为发掘准备资料使得缔约方任意选择对自己有利的部分，而削弱约文本身的重要性。因此，该学派认为准备资料只能作为辅助方法，在采用约文解释方法发生困难时谨慎使用。目的解释学派认为条约的解释应当符合该条约的目的。法律具有滞后性，而对约文特定词语的理解也会随着时间而改变，因此需要抓住条约的目的宗旨和精神实质对条约进行解释。此种解释方法相比于前面两个解释学派采取了更广泛的视角，强调在权衡条约含义时应当将条约的目的和宗旨作为最重要的依据。

三大解释学派因各自的着重点不同，在解释条约时优先考虑的内容也不同。主观解释学派认为各方的共同意思最为重要，条约准备资料最能直接反映缔约方的实际意思，在解释条约时置于优先地位。客观解释学派认为文本最为重要，应参照上下文予以解释。而目的解释学派则强调需要侧重条约目的和宗旨在解释时应发挥根本作用。然而这三个解释学派各有其弊端：其一，主观解释学派主张探求缔约方的共同意思，在实践中会遇到很大问题。尤其是 WTO 诸协定由成员方经过长期谈判达成，在缔结的过程中，各成员方的意见表达都有可能存在与条约最终文本不同的情况。在争端中，若各方都引证对自己有利、但与条约内容并不一致的准备材料，将很难探寻到成员方的“共同”意思。其二，客观解释学派过于强调文本的重要性，容易在解释条约时因过于机械性而使得解释与现实不符。其三，目的解释学派强调的条约目的和宗旨往往表达的是缔约方的一种宣示性的态度，直接用于解释条约文本将过于宽泛，对于解释者自由裁量的限制过少。

2. 实践中具体承诺表的解释依据

GATS 承诺表指的是 WTO 各成员方根据 GATS 第 20 条的规定，在服务贸易谈判的过程中，针对各自国内的不同服务贸易部门所作出的承诺，由于该承诺按照不同服务部门分类，以列表的形式具体表现出来的，故被称为 GATS 具体承诺表。GATS 第 20.3 规定：“具体承诺表应附在本协定之后，并应成为本协定的组成部分。”也就是说，具体承诺表是 GATS 的组成部分，而 GATS 是《WTO 协定》附件一的组成部分，因此 WTO 规则的解释依据，即 DSU 第 3.2 也是具体承诺表的解释依据，即要求“按照解释国际公法的惯例”进行解释。

在 WTO 争端解决实践中，专家组与上诉机构将 VCLT 的第 31、32 条作为解释国际公法的习惯规则，对 WTO 规则中的具体条文进行解释。结合 VCLT 第 31、32 条具体规则，可以看出，第 31、32 条主要体现了客观解释学派的主张，同时兼顾了主观解释学派和目的解释学派的部分观点，因此该条款整合了多种解释方法，是一种摒弃单一的整体性解释方法。值得一提的是，上诉机构在美国——精炼汽油及传统汽油标准案的报告中指出的是，VCLT 第 31 条成为了解释国际公法惯例的一部分，而不是全部。这样也就为专家组和上诉机构引用其他解释规则留有发展空间，使得其在未来的争端解决中保有一定的灵活性。

3. 依据 VCLT 第 31、32 条解释具体承诺表应当考虑的问题

笔者认为，具体承诺表与其他 WTO 协议的解释方法上并不应该完全相同。

一方面，虽然具体承诺表属于 GATS 的一部分，但我们不能简单地将它与 GATS 乃至其他 WTO 涵盖协定混为一谈，两者的性质本质上是有区别的，具体说来，GATS 属于条约性质，而具体承诺减让表并不满足条约的构成要件。VCLT 第 2.1.1 条明确规定了构成‘条约”的三个要件：一是国家之间达成的；二是书面形式；三是受国际法的约束。这里要讨论的是国家之间形成，一般认为，国家间达成强调要有多方的谈判协商，而具体承诺减让表在谈判、起草、缔结和修改等过程都具有不同程度的单边性，并非反映了大多数或者是所有 WTO 成员方的共同意愿。因此，具体承诺表并非条约。而一般来说，VCLT 应当指导条约的解释，这在一般多边形的 WTO 协议具体解释上是合理的，因为其本身就是条约，但是承诺表既然不是条约，那么对 GATS 承诺表的解释完全以 VCLT 的解释方法为标准，本身就存在适用对象错误的可能性。在本案中，专家组适用条约解释规则对具体承诺减让表进行解释，实际上表明了其将之视同条约的态度。

另一方面，即使适用 VCLT 来解释 GATS 承诺表没有任何问题，专家组对 31 条条约解释方法的运用也有待商榷。一般说来，承诺表具有较强的单边色彩，这与其产生过程密切相关，其由作出承诺方自己起草，内容也多由自己的意志决定，修改过程也具有一定的单边性，而一般协议是所有成员方共同意愿的体现，因此具体承诺减让表则更为明显地体现成员一方的单边意志。因此，在条约解释中，解释者应当适量考虑承诺方的主管意思表示。换句话说，即使适用 VCLT 第 31 条，应当加强目的宗旨的解释权重地位。但是在实际中，专家组首先进行文本通常含义的解释，继而采用上下文解释，最后考察目的与宗旨；同时对它们的重视程度也依次递减：文本通常含义解释最为重要和基础，上下文解释次之，目的与宗旨解释最次。另外，后两者往往是用来进一步证实通过通常含义解释得出的结论的合理性：诉诸上下文、目的和宗旨所得出的结果不是替代文本通常含义解释的结果，而是确认和澄清，文本通常含义解释处于绝对优先和主导地位。因此，专家组过于看重了文本通常含义解释的地位，过于看轻了目的和宗旨解释的地位，这不仅不符合“VCLT 并没有对条约解释方法的重要性进行排序的现状”，也忽略了能够较好

反映承诺方的主观意图的目的与宗旨，容易导致作出不合理、不公正的解释。

最后，需要明确的是，GATS 承诺表虽然具有一定程度的单边性，但由于其谈判和制定过程中多成员方的参与，以及形式上属于 GATS 的组成部分，GATS 承诺表绝不是成员方制定的简单的单边宣言或单边法案。GATS 承诺表本质上仍是一种多边协议，只是难以称得上是条约罢了。

二、专家组思路

本专题主要讨论了中国支付案的核心争议，即电子支付服务是否属于中国《承诺表》第 7B（d）项，对此，专家组认为应当遵守 VCLT 第 31、32 条的条约解释方法，具体而言，专家组从通常含义，上下文，目的宗旨等角度对其进行了解释，最后也简单了提到了补充解释资料。

（一）通常含义

专家组首先考察了第 7B（d）项的通常含义。其规定："所有支付和划汇服务，包括信用卡、赊账卡和借记卡、旅行支票和银行汇票（包括进出口结算）。"本案中，对所有支付和划汇服务是否包括电子支付服务的解释成为重点。专家组先将视角放到"支付""划汇""金钱""转移"等词，认为当这四个词放在一起的通常含义是指将货币从一出转移到另一处。紧接着，专家组将起与服务结合起来，认为支付及划汇服务的提供者所提供的是一项辅助支付及划汇的服务，包括协助、管理付款行为以及资金转移行为。而且，"所有"一词也表明，中国有意承诺尽可能覆盖支付与划汇服务的所有范围。

（二）上下文

之后，专家组将审查视角转向了上下文。专家组认为构成承诺表相关内容的上下文包括：中国《承诺表》第 7B（d）项的其他部分、《承诺表》涉案部门的标题、《承诺表》涉案部门的市场准入、国民待遇及其他承诺、GATS 的结构、GATS 的《金融服务附件》，以及其他成员的承诺表。

对于中国《承诺表》（d）项其他部分，即"包括信用卡、赊账卡和借记卡、旅行支票和银行汇票（包括进出口结算）"，专家组认为"包括"并不是穷尽性的列举，这种列举表明了所有支付和划汇服务是指支付交易得到处理并且完成的必不可少服务。此外，进出口结算修饰的是银行汇票，在结算之前需要经过清算这一步骤，这表明为进出口商通过银行汇票进行的交易而提供的支付服务同样落入《承诺表》(d) 项的范畴。

对于中国承诺表其他部分。专家组先对《承诺表》7. B 的标题下的子标题“银行服务如下所列”的六种服务进行了审查，认为这六种服务虽然通常由银行提供，但是并不必然仅仅由银行提供，即银行服务包含了由银行和非银行提供的服务。因此，“银行服务如下所列”的子标题并不能表明中方试图对上述六种所列服务的提供者做出主体限制的意图，这种解释并不与 (d) 项的通常含义所矛盾。而且，专家组还认为承诺表模式——跨境支付下的市场准入承诺也属于上下文，但是这一承诺内容并不与 (d) 项的通常含义所矛盾。

GATS 的金融服务附件。中国认为涉案服务应当落入《金融服务附件》第 5 条 (xiv) 项，该项隶属于子标题“银行和其他金融服务（保险除外）”，而中方未对该项做出承诺；美方则认为《金融服务附件》第 5 条 (xiv) 项所表述的“金融资产的结算和清算”的通常含义表明，该项服务与涉案服务存在本质区别。双方在这里的争议即是该种清算和结算究竟应落入《承诺表》7B (d) 项，还是《金融服务附件》第 5 条 (xiv) 项。专家组首先审查了第 (xiv) 项中的核心词汇“清算”“结算”和“金融资产”的通常含义，接着审查了第 (xiv) 项中剩下的“包括证券、衍生产品和其他可转让票据”，这一短句具体说明了落入该项的清算和结算服务的类型，但是也并非穷尽列举，指出该项所针对的均是带有“可转让”这一属性的金融资产。专家组注意到，双方均同意支付卡及销售单据不可转让，因此，专家组认为支付卡及销售单据并不落入第 (xiv) 项中“其他可转让票据”的范畴。针对中国主张的第 (xiv) 项提及的“可转让票据”应当包括所有的可转让票据，专家组认为第 (xiv) 项中并未使用“所有”一词。此外，第 (xiv) 项表述的“其他可转让票据”中的“其他”一词，使得“可转让票据”与其前文中的“证券”及“衍生产品”两个事项之间建立起了某种联系。因此，“其他可转让票据”一词仅包括那些与证券和衍生产品具有几乎相同属性的票据，但是承诺表第 (d) 项中的支付卡和其他支付工具并非是投资工具，无法授予所有权，也不能带来投资回报，所以它们与“证券”及“衍生产品”之间并不存在相同的属性，自然案涉服务也就不落入第 (xiv) 项。针对中国主张的《金融服务附件》第 (x) 项将支票列为可交易票据的事实将与美国的观点矛盾，专家组表示已经进行了分析，所以并不影响分析的结论。总之，通过考察GATS金融服务附件，中国《承诺表》第7B（d）项中所列出的支付工具并不属于《金融服务附件》第（xiv）项下的“金融资产”，因此，基于《承诺表》第（d）项所列的支付工具进行的交易的清算和结算并不落入《金融服务附件》第（xiv）项。

GATS结构。专家组首先审查了GATS项下“部门”的概念，以考察《承诺表》第（d）项与电子支付服务相关的范围，专家组认为，即使某些服务并未被明确地列入《承诺表》第（d）项下，但是由于它们构成了提供支付和划汇服务不可或缺的组成部分，自然也就应当落入《承诺表》第（d）项下。接着专家组审查了电子支付服务中不同的构成要素可由不同的服务提供者提供这一事实是否意味着这些不同的构成要素必须被单独归类，专家组认为，中方提交的证据并不能代表必须对这些由不同的服务提供者提供的服务单独归类。实际上，涉案服务是否为整体服务相关的问题并不是该服务是否由一个服务提供者提供，而是当把各项子服务组合在一起时，它们是否变成了一个全新的、不同的服务，即一项整体服务。最后，专家组审查了涉案服务是否为组成《承诺表》第（d）项中服务的“子服务”。专家组认为，虽然中国援引《2001指南》进行抗辩，但是这不能证明其不是第（d）项的子服务。

WTO其他成员的承诺表。专家组注意到，中方援引的其他成员的承诺表使用了不同的名称来描述提供《承诺表》第（d）项服务的提供者，如“银行”“商业银行”“金融机构”“特殊财务公司”及“信贷机构”。然而，中方并未针对这些不同名称的准确内涵提交证据或提出抗辩。因此，专家组并不能肯定中方援引的这些承诺表表明“所有支付和划汇服务”只能由“银行和其他金融机构”提供。

（三）目的与宗旨

专家组首先注意到GATS前言中所列的重要目的之一，即建立一个服务贸易原则和规则的多边框架，以期在透明和逐步自由化的条件下扩大此类贸易。考虑到在美国赌博案中上诉机构认为GATS前言中所含的透明度目的要求成员准确清晰地制定GATS承诺表，使其能够容易地为其他WTO成员及服务提供者和使用者所理解”，以及上诉机构在中国出版物案中“不得利用对GATS的目的及宗旨的审查，去支持对WTO成员做出的具体承诺范围进行限制的解释”，因此专家组认为，中国《承诺表》第（d）项包含了涉案服务，即电子支付服务的解释同GATS和《WTO协定》的目的及宗旨相符。

（四）补充解释资料

专家组最后提了VCLT第32条的规定，即条约解释者可以在“为证实由适用第31条所得之意义，或遇依第31条作解释而意义仍属不明或难解；或所获结果显属荒谬或不合理时”，使用补充手段进行解释。但是本案基于第31条所处的解释并没有导致条文意思不明确或者不合理，因此没有必要运用第32条的规定对案涉条文进行解释。

第三部分　课程感想汇编

晏高兴

本专题讨论了号称“WTO 中国案例中最为复杂的案例之一”的案例。一方面，纵观两周的课堂，大家主要围绕四五个问题进行集中讨论，甚至对于个别问题，如演化解释、including 等，两周的课堂都有涉及。当然，即使这样，我们对某些问题也并没有得到统一的理解，甚至对于某些问题仍停留在初步了解阶段。另一方面，本案的课堂讨论可谓相当精彩，各种“解释学”层出不穷，令人大饱眼福，甚至毫不扩张地说，本专题的课堂才真正体现了何为观点的激烈交锋。

事实上，对于本案，我最感兴趣的不是专家组如何解释第（d）项的条约内容，而是专家组报告对中国的影响。从案件结果上，中美各有胜负，中国为了履行裁判结果，需要对国内法进行一定的修改。但是正如某些学者所提到的，中国主要的电子支付行政法规并没有被裁定违反 WTO 规则，美国的诉讼目的基本没有实现。联想到现在国内电子支付市场的兴旺发达，不禁想：中国电子支付服务案对此所作的贡献当有一席之地。

最后，有必要再谈一下本专题的主持。相比于前几周，本专题主持的最大亮点在于对每一个讨论有及时的总结，这有利于帮助同学们再一次理清讨论逻辑、观点的差异等，不得不赞！当然，结合这几周专题的第二次课堂，我对主持人可能有一个不成熟的建议：对于每个专题的课后自选问题作业，或许可以考虑一下让同学们自选研究某几个固定的问题，以免上课时某些问题可能只有一个人研究导致无法全面展示问题的相关内容，也便于课堂讨论的集中展开。

吴雨泽

本案是笔者见过结构最为工整的专家组报告，本以为这次讨论会异常简便或者争议较少，但是令人惊讶的是，同学们仍然围绕许多问题进行了激烈的讨论，涌现出了许多反对专家组和支持专家组的思路和结论。例如，严君啸同学就采取集合论方法，或者采用形式逻辑的方法对专家组的部分结论进行解析。笔者认为，这种方法当然是可取的，但是法律推理毕竟不同于形式逻辑，分析判断不能代替综合判断。这一观点其实也是为什么法律解释更像一种艺术而非科学的看法的一种支撑吧。

柯静姝

中国电子支付服务案的特殊之处在于中方败诉以后没有提起上诉。由此可见，在 WTO 的法律体系下败诉并不意味着绝对的失败。此外，同学们对于案件的分析思路和详尽的研究也令我倍受启发，特别是用数学分析方法来分析专家组的裁决思路的某位同学。

有一点遗憾的是，因为某些同学的讨论过于激烈，可能让其他同学的研究主题由于时间所限无法展开讨论。因此，我们没有能够在课堂上完成对于所有人所研究的法律问题的详尽讨论。我个人建议，为了让每位同学所研究的法律问题都能在课堂上得到充分的展示，可以考虑限制每位同学的课堂发言时间，或者干脆限定每次课堂的讨论主题在几个特定的法律问题上。这样，大家所研究的方向都能够在课堂上进行讨论。

张卓昊

本周阅读的电子支付服务案，专家组的论述可谓相当精彩。尤其是其对 subsector（d）括号内容和 subsector（iv）的解释，令笔者大为折服。在初读本案之时，笔者抱着“深深的敌意”，希望尽可能找到专家组论证中的破绽和缺漏，但随着对内容的理解越来越深入，我竟完完全全被专家组说服了。但笔者不得不指出阅读材料的一大遗憾，即这仅仅是电子支付服务案的节选，有关这一案件的更多问题，例如 EPS 各种组成服务能否作为一个整体，又如何因一部分落入 subsector（d）而使得 EPS 整体落入 subsector（d）之中，都没有被囊括在选段之中。除了阅读材料的精彩，这两周的课程讨论亦十分激烈，同学之间，同学和老师之间都出现了相当尖锐的观点交锋，使其格外引人入胜。

骆　鑫

在这两周的课程中，我明显感受到，相比起最初探讨 WTO 案例时的“懵懂”，现在大家对于 WTO 案例中主要涉及的一些法律问题都有了较为深入的了解，对于法律解释的诸多规则，大家已经能够越来越熟练地运用；而对于某一个特定的法律问题，很多同学已经能够形成自己独特的见解。

即便大家已经不再是 WTO 案例研讨的“门外汉”，但在每一周的讨论中，我总能够发现自己之前尚未充分理解或者重视的重要法律问题。在本周中，对我而言，这个法律问题就是以减让表为代表的各国承诺在国际争议中的地位，以及与其相关的单边协议或单边主张与多边协议之间的不同的解释思路与解释原则。这个问题无疑是处理国际争端十分重要的法律问题，但在本案之前，我并没有充分地注意到这个问题对于专家组法律解释可能产生的理解。

不过，本周的讨论，我也注意到了同学们在探讨某一个问题时，可能有时候脱离了案件本身。比如对“演化解释”的讨论，在课后研究中探究了“演化解释”的几位同学中竟然无一能够充分说明专家组在裁决的何处运用了“演化解释”，而自己为何要探究这个问题。尽管对“演化解释”的探讨同样是有意义的，但倘若我们探讨某个问题之前完全没有思考专家组裁决中是否涉及相关问题，专家组对这个问题又持何种态度，那么这个探讨，在最开始，就是缺乏辩证性思考的。

但正因为自己的观察总是有限的，我们才更能够在研讨中收获意想不到的成长。在这两周的案例讨论中，我也越发感受到了比起普通的教学模式，案例讨论式的教学给了大家更多的自主空间和更多角度的收获，不仅有单纯的知识，还有问题思考的能力。当然，在和持有不同观点的人进行讨论，或者向老师提出自己的疑问并获得解答时，收获的乐趣也是讲座式课程中难以获得的。

吴沐晨

随着课程逐渐进入尾声，我感觉自己的听课状态也“延迟性地”渐入佳境，但终归是好事。现在基本已经能全程跟着大家的讨论思路走了，也会留心观察主持人是怎么总结话题及引导讨论走向、把握整体课堂进度的。比如我发现主持人一般会及时要求同学澄清相关问题，并在同学们的发言之后追问一两个问题，同时用自己的话概括其要点——有助于所有同学及时跟上讨论进度；同时在略微冷场的时候可以邀请研究过正在讨论的核心话题的同学先讲讲自己的想法。

李雅文

与之前讨论的案件不同，本案讨论的问题基本集中于条约解释上：产业资料能否作为解释词语通常意义的材料、including 与所修饰概念之间的关系、演化解释方法（虽然与本案联系不是太多）、减让表特殊的解释方法选择。笔者记得自己第一节课选择的课后研究主题就是对 VCLT 第 31、32 条的细究，六个案件过去，条约解释依然是最为关键的内容。

通过对本案中 including 部分的分析，笔者对有效解释原则有了更深刻的认识，不同的语法结构对条约含义的解释都被视为是有影响的。一方面，缔约者在订立条约时的用语差别，是否确有如专家组解释出的细微差别指向，这点笔者始终存疑，过分死扣文字的条约解释难免会对缔约者真实意思有所修改或曲解。另一方面，从相反的角度来说，这也为缔约者提出了更高的要求：谨慎用词、多次审视，才能使书面表述与真实意思相同，避免未来条约解释与缔约时内心含义有出入。

梁　好

这次的电子支付服务案专家组论证思路其实非常清晰，先是运用文本解释的方法去探究通常含义，再通过上下文的解释方法对其得出的观点作论证或者至少不违背其解释观点。实际上，专家组在 including 部分就已经得出其最终结论，后面的内容不过是查漏补缺并且回应当事国的关注罢了。

因为专家组论证思路的清晰，所以本次讨论的脉络也很清晰，或者说其实讨论的内容基本是专家组列出的小标题。这两次课程给我的最深刻的感受就是课程进度的加快，因为同学们总是有许多问题的提出和新颖的观点，但课程时间有限，这就不可避免地导致了讨论的提速，在三节课的课程中讨论了许多问题，为了应对这种情况，防止囫囵吞枣、浅尝辄止，“老师们”在课下布置了自主研究的内容。这的确具备好处，但弊端就是同学们可能更多照搬论文而少了自己的参与；同时在每一个话题内都仅仅有一部分研究的人进行发言，其他人只能聆听，缺少了热烈气氛。不过，鱼和熊掌不可兼得，既要了解深度，又要了解广度，这在有限的时间内很难达到，也算是一种变通。

不得不说，杨国华老师在讲堂下发挥的作用的确更大更好，能很好地引领整个讨论过程并且回应同学们的困惑。希望下一次课程能在杨国华老师及同学们的身上学到更多。

张　瑶

笔者很荣幸主持本案的第二节讨论课，因为这次经历，我对课程的理解，对思辨碰撞的体会又加深许多。

第一点体会：每个小问题都有可能隐藏着大“爆点”。主持时，我发现大家在研究报告中写得大同小异的很多问题，实际表达时还是有很多观念分歧。对于这些分歧，双方都有严谨缜密的逻辑去推定、证实，乃至可以引经据典（案例、条文）或者联系到整个 WTO 体系的基本价值。笔者不得不频频看时间，预防大家在某一问题上耗费过多时间而无暇讨论全局。小小课堂尚且如此，真正的入世谈判、DSB 面前的辩论必然更加艰险复杂。

第二点体会：每位同学的教育背景、习惯都会塑造独特的思维方式。这也就不难理解美国人为何对大法官的教育背景、私人交际圈、政治倾向如此“掘地三尺”了。拥有数学背景的同学，喜欢依靠数学体系严谨缜密的逻辑来解决任何问题。拥有扎实的国际法素养或者浓厚兴趣的同学，能联系到 ICJ 等其他国际争议解决体系来高屋建瓴、纵横捭阖。对国内民法和民诉法掌握深入的同学，也经常对比理解。不同人的思维方式，给了我们解决问题的无限可能，这也让笔者十分乐观——很多我们现在看来是僵局的法律问题或客观难题，都可能在人类智慧的发展中得到解决。

王雨宁

这两周笔者最大的感受就是当主持人真是难。作为主持人，你会遇到很多在备课的时候没有预想到的情况，这些意外之喜会给整个主持的过程带来很多欢乐和挑战。

笔者觉得最难的事情莫过于，主持人要一边记录上个同学说了什么，一边想下个该叫谁回答问题，一边看哪个同学又立起来了桌签，一边想接下来要说什么话作为某一个小节的总结。这些事情要想同时做到真的很考验人。还好同学们的发言都很积极，杨老师也会在关键的节点为大家指明接下来的思路，所以课堂上基本没有冷场的现象。

整体而言，第十二周的主持经历是一次非常棒的体验。这是自步入大学以来笔者第一次作为主持人的身份参与一节课，这种很难得的体验让笔者能够反过来看到“听课同学”的需求，和讲师们背后的巨大付出。

蓝　月

这两次课程中间隔了五一假期，老师在群内分享了不少 WTO 相关的新闻，并让同学们在课上分享自己对于一些新闻的感受。这让我意识到，学习一门课程不是阶段性的事务，要主动去获取和更新信息才能够保持对课程的长久兴趣，也更利于从不同且更深入的角度看待问题，提高课堂学习的效率。惭愧的是，我这两周忙于毕业论文的写作和其他事务，并没有仔细阅读课前的许多材料，只是草草看过正文就结束，但是许多重要的概念辨析往往出现在脚注中，课堂讨论时同学们提出来我才发现许多之前一时半解的问题是有答案的。在最后一个案例的学习中，我会认真研读，以便深入了解案件全貌。

曹秀知

每次的讨论课收获都非常丰富，本次课堂通过中美电子支付服务案件，对于以上四个问题展开讨论，以及专家组裁决思路有了初步的认识，同学们每次精心准备的课后研究能够在最短的时间内使我们所有人的收获最大化。我个人认为比较可惜的一点就是，课堂上的时间掌握问题，可能前面的问题讨论得太过于激烈，后面问题一笔带过实属可惜，发言的同学可以掌握好时间，不重复，可能会使课堂节奏更好。

贾小我

本次专题学习中，很多同学对解释方法问题进行深入的研究和探讨。令我印象尤其深刻的是严君啸同学讲数学方法引入概念分析，以及吴雨泽等同学对这种思路的质疑。许多时候我们的疑问和疑虑在于：如何使得解释臻于准确、统一，如何使其达到逻辑上的完美无缺、无可诟病。但事实上正如吴雨泽同学指出：很多情形下法律解释所要达成的并不是“12＝5+7”这样绝对正确却也几乎无益于案件实际解决的结论。法律解释不是一门科学，而是一门艺术——在此深有领会。

杨盛彪

不知不觉之间就已经过了五个专题了。从美国的报告到现在的中国电子支付服务案，每完成一个专题进入下一个专题，都有一种“一山过后一山拦”的感觉，而且还是更高更大的山。但爬山的过程也是痛苦与愉悦并存的，痛苦的是大量的专业术语和生僻的金融词汇，以及专家组复杂的分析过程，愉悦的是能够享受同学们的机锋巧辩和启发性讨论，每次同学们观点的碰撞都能够让人收获满满。接下来就要引来最后一个专题了，也是我觉得最近几年听说得比较多的案例：中美贸易战相关的中美关税案。希望能够在新的一周继续有所收获吧。

张一凡

本周的课程非常“烧脑”，其中不单单是本案的逻辑很复杂，主要是“水太深了”，换句话说，本案涉及的电子支付服务领域，这个专业性非常高，在阅读专家组意见的时候经常会因为对支付服务没有很深刻的认识导致缺乏对案件的整体感知。同时，这样互动的、由同学主持的模式让我从中收获颇丰，其中收获的不单单是知识，也有乐趣。

魏海跃

本案专家组报告体量大、专业名词多，涉及资料丰富（在“上下文解释”阶段做了充足的复检），阅读起来有一定难度，也引发了热烈的讨论。

令我印象深刻的是“including”与承诺表的讨论部分的观点交锋。在“including”部分，杨老师认为其属于完全列举，而同学们认为其属于非穷尽式列举（可能是受了专家组报告的影响）并寻找论据支撑。开始我认为“完全列举”的观点很有道理，但听完课堂讨论后，我认为“既可能完全列举，也可能不完全列举，在‘but not limited to’的情况下仅指不完全列举”的观点更有说服力。在承诺表部分，杨老师认为承诺表具有条约性质，而同学们认为其具有单边色彩，应当在解释时赋予缔约者意图更高权重，这一论点因缺乏依据及实操性而失去支撑，但也帮助我们了解了承诺表的性质及 WTO 法律解释的考虑因素。正所谓“真理越辩越明”，我期待最后一个专题的课程讨论，也希望自己能提出有说服力的论点。

封　舜

中国电子支付服务案是一个非常精彩的 WTO 案例，个中所含的 WTO 知识十分丰富和深刻。本案的专家组报告精彩，逻辑清晰，我越发清晰地认识到对于本课来说，WTO 案例既是一手资料，又是最好的学习材料，对案例中一个争点就涉及 WTO 法方方面面的知识，课上通过讨论可以解决自己心中的疑问，并且获得同学们的全新思路。同时，对于“杨氏讨论教学法”的第二部分，也就是由同学主持、老师坐在下面与大家共同讨论的课堂魅力也深深地吸引了我。本专题中两位主持人三雨宁和张瑶思路清晰、主持进度和节奏把握得十分好，紧凑又环环相扣，让我们在循序渐进之中渐入佳境。老师也由原来的“打死也不说”，变成了现在的及时加入我们之间的讨论，在群里分享有益的文件，为我们指点迷津。在此感谢老师和同学们的付出，每个人的付出与课程的顺利进行都是分不开的。同时，我也十分期待下个专题美国 301 关税措施案的两位主持人和精彩的课堂讨论。

陈沁心

这两周的讨论中，对“industry sources”合法 evidence 地位的认同让我感到十分欣慰。在此前的案例中，专家组的文义解释部分往往局限在对字典的研究中，在较早的课程上也有同学质疑字典作为文义解释依据的合理性，我认为这和本次讨论对“industry source”的合理性质疑是相似的，因为不论是字典还是业内人士的意见或资料都有存在偏颇和错误的可能性，而字典如果成为文义解释时唯一的 evidence 似乎又存在苍白或无法提供足够的信息的危险，尤其是在专业化程度较高的行业中，字典的文本和实务很有可能脱节。

相比“industry source”，字典作为 evidence 条约解释规则中更容易找到法律依据，笔者认为这是因为字典的正确性较高，这种“正确”是指专家组适用其内容进行解释是合理的，也就是说如果字典中对该特定词汇的解释有多重含义，而专家组适用了其中不合理的一种，那么解释依然不能正确，虽然字典并不在这方面保证其正确性，但其依据是最现实可靠的。虽然字典被普遍的接受和可靠性赋予了其在文义解释中的重要地位，但可靠性并不代表其在适用时的绝对优先性，就像特别法和一般法一样，当特别法没有被制定时，一般法的规则得以适用是令人放心的。对 industry source 的承认体现了文义解释上的灵活性，也为专家组的解释提供了更充分的说服力，而不是机械地查阅字典以规避依据筛选上的技术难题。

吴玙姜

电子支付服务案可以说是中国在 WTO 参加的最为复杂的案件之一，课上所节选的片段是最为核心的条约解释问题，即电子支付（EPS）是否属于条约所称的“sector 7. B, under the heading ‘Banking and Other Financial Services’ of its GATS Schedule”，而之后还有是否违反国民待遇等一系列实体性问题。对于这一条约解释问题，专家组的做法相对而言是保守的，并未受学界对于减让表乃至 VCLT 批评的影响，仍然以 ordinary meaning - context - object & purpose 作为其解释路径，其中也不仅仅涉及复杂的法解释问题，还与金融模型、技术模式等专业知识牵扯甚多。就整体评价而言，专家组做出的裁决是较为妥当的，虽然当前的解释模式看起来欠缺灵活性，但也确实较好地保障了法秩序的稳定性。因此虽然有值得反思之处，但也确实无可指责。

电子支付服务案也留给了我一些疑问还未解决。我在辅修经济与金融课程的时候，深刻感受到现在金融科技、支付手段、平台经济这些新兴业态都以日新月异的速度发展着。比方说像支付宝、微信支付这些作为支付集成界面而存在的平台软件，对其性质的界定看起来会愈发困难。之所以现在这些新兴电子支付手段没有引起像银行卡时代的高关注，其中可能的原因是移动支付手段并没有在世界范围内风靡开来，但这一问题在可预见的未来之内也许会逐渐浮出水面。

陈红吉

在这几次的报告阅读中我能明显感觉到难度的提升，尤其是在专题六中首次接触了服务贸易和与之相关的专业金融术语，相应地，与理解报告思路有关的问题也增加了，例如三处“including”的用法、“模式 1 下的市场准入条款”一节的含义。但是，在回顾两周的研究时，我也注意到发现问题后自己并未对问题进行完整的梳理，有时甚至没有充分对问题进行表述，而课堂中能够最后解决问题的同学往往都擅长于梳理问题、把握重点。在第十一周时，我虽对“including”的用法产生了疑惑，但始终没有思考如何在不同条约的“including”使用中发现一致的规则，如何把疑惑分解为具体的子问题而后逐个击破，所以我的问题仅仅停留在表面的、混乱的层次。

第二个感想是应当从课程实录中吸取经验和教训。两周的讨论中，很多同学都提到了演化解释的问题，但直到讨论基本结束才有同学提出演化解释与报告思路的关联性不大，不知道为什么产生了对演化解释的疑惑。根据课堂的反馈，部分原因可能是参考了2020年上课同学们的讨论记录。而在简要翻阅课程实录中，我发现当年的唐仕豪同学曾表示演化解释问题的讨论开始于他的一个误解，并且感到非常抱歉。所以，可能演化解释的讨论只是对当时误区的延续。虽然讨论并非没有价值，但如果我们可以及时从课程实录中吸取教训，就能在讨论开始时对其进行澄清。

韩世宸

第六专题中，我们了解了中国电子支付服务案（China—Electronic Payment Services，DS 413）。在之前讨论的众多案子里，我们往往集中于几个常见问题，比如：我们常常质疑上诉机构是否有权力审理某个案子并思考上诉机构与专家组的关系。我们也涉及了很多具体案件中的法律解释问题，但也基本是在处理WTO法律体系下各项法律之间的位阶适用关系。在这节课讨论的案例中，我们直接关联事实与法律，深入具体地分析某项法律是否适用于某项事实。这就要求我们不仅要了解WTO的相关法律及相关关系，更要求我们了解本案针对的事实——电子支付服务。

初读电子支付服务案，我对“电子支付服务”的理解仅仅限于银行提供银行卡服务，至于其中的来往毫无头绪。我这才意识到想要理解一个案件的说理与逻辑，前提便是对案件背景事实有最基本的了解，不求精通，但需知其基本运作，由此才意识到复合型背景在当代的重要性。

这次案例阅读，我最不解的就是对于“including”的分析，在大家对于“including”的用法踊跃发言时，我起先颇为惊讶。基于有效解释原则，条约文本的每一个单词都被赋予了含义；但是面对单纯的“including”与“including but not limited to”，我最直观的感受就是由于起草者并不唯一，而导致用语习惯不同所引起的疏漏。纠结于这个用法，会不会有点过于咬文嚼字的味道？但随后，我才意识到这正是条约解释的难处与魅力之处。文字是死的，解释是活的；语言组织是死的，逻辑是活的。条约解释往往通过其极具穿透力的逻辑，才能解决争端，从而使大家达成共识。在玩文字游戏的过程中，笔者逐渐对案件的焦点问题有了更深入了解，这一过程离不开同学们的积极讨论所产生的引导效果，这也是讨论课的魅力所在。

朱亚博

本专题不同以往，我们从货物贸易纠纷转向了电子支付服务这一新兴事物，但是由于涉及金融领域，我也没有相关的知识储备，所以在读专家组报告的时候特别费力，时常需要借助翻译软件和百度搜索，花费了相当的精力来厘清电子支付服务的含义、各种模式及工具。这一点，我深有体会，就是在学习法律的过程中，还应该广泛地涉猎其他专业的知识，既然要通过法律来规制，那么必须足够了解才能够更好解释。另外，经过数周的训练，大家对专家组的文字游戏和逻辑思维已经得心应手，这在本专题的“including”的问题讨论中体现得淋漓尽致，有些同学甚至应用了数学方法来解释，虽然并不能够说服我，但是这种解释的方法还是让我耳目一新。总而言之，要继续加油学习，学好法律，也要接触更多领域！

严君啸

杨老师上次课上提出疑问：演化解释同学们讨论了半天，到底出现在案例文本的哪里？结果又没有同学能够答上来。但是，同学们对于演化解释的讨论确实是很丰富，也比较全面。为什么会出现这种情况？这种情况是否有问题？

我认为，这和我上一部分末对于案例和知识体系的思考有比较紧密的关联。同学们的讨论之所以比较丰富，是因为背后形成了一套逻辑体系。同学们在做课下研究的时候会参考很多文献，文献反映的理论研究对待“演化解释”有自己的一套逻辑。理论研究会从解释方法体系等不同切入点，建构“演化解释”的合理性与合法性。顺着理论的路径走，自然也会是一条路，也会得出不错的结果。

但问题是，我们课程的定位是案例讨论课，我们到底应该如何利用案例的价值？案例最精彩之处在于，它会用具体的情境沟通一个个细小的法律问题，提供一种难以通过人的推理建构的逻辑。我们讲演化解释，没有案例和我们朴素的法感情提供可能的方向，我们就很难找到这个问题在纷繁复杂的法律世界中的位置。找不到案例文本当中哪里是演化解释，不知道演化解释是怎么归纳出来的，可能并不影响我们对演化解释有深入的理解，但是总是错失了一种从别的视角看问题的机会。

严晓畅

不知不觉，也已经进入了课程的后半段，但直到现在，每次对于案例的研究仍然让我觉得非常有趣而富于挑战。所谓“探幽索胜”，大概如此，总是意趣无穷。不过总的来说，个人在探索过程中当然是经验更为丰富、工具更为熟练，也更为勇敢而高效。但与此同时，每每也发现自己新的不足，总是这样，常思常新。

在本专题的研究探索过程中，我个人特别的感受大概有三点：首先，关于严君啸同学的“数学分析法”，个人认为真的非常有想法，虽然可能面临一些机械化的质疑（确实也存在着这样的问题，个人认为吴雨泽同学的相关质疑确有道理），但确实也给同学们一些启发；其次，在于本次案例本身，初读时觉得相关背景知识颇为复杂，但是案例本身倒是说理论述颇为工整，意犹未尽的倒是本案例讨论总归是为节选，另外就是课堂上一些问题之讨论还可以进一步展开；最后也是对我个人影响最大的，也就是杨老师关于演化解释在本案运用的追问（还有骆鑫同学）　其实我个人也不觉得这个对本案的裁决分析有什么格外重要之影响，更多还是在于对于不熟悉概念想要探索的念头。但是杨老师的提问确实提醒了大家，就是在探索过程中切莫迷失来处，忘却根本。

第七章

美国关税措施案

第一部分　课程概况

综述人：严君啸

时光飞逝，转眼就到了最后一个讨论案例了。李雅文负责了问题的第一次讨论；而最后一周的讨论课，由我和柯静姝一起主持。为了这次主持，我做了很多准备，也从中收获很多感想。因此，我想本次综述就从做主持人的第一视角，来谈谈我对于课程的一些感受。

在先前的课上，我也一直在反思同学主持可能存在的问题，希望在自己主持的时候能够有所改进。在上一篇综述中，我就提到，我希望最后一节讨论课的主持能够帮助同学们找到前后两次讨论课之间的关系，让每个同学的发言都带来观点的创新；希望将讨论的目标，从一个空泛的话题转变为一个个具体的问题，在每一个讨论到的问题上深入扎下去；希望能够增加讨论与文本的结合度，使得大家通过案例文本，建立起相关问题之间的知识体系。

在目标上，我也意识到落实过程中可能会存在偏差。我也对具体的落实办法做了设想。我知道静姝身处国外，需要线上主持，可能在临场处理上存在难度，所以希望在课前作业上找寻出路，让大家干最少的活，呈现最好的效果，提前引导同学们形成框架。考虑到课程时间有限，可能难以覆盖大家各式各样的问题，我尝试在作业汇总之前，就能将讨论同一话题的同学汇聚起来，并且梳理本话题下各同学问题与观点的逻辑关系，以及每个问题在案例结构中的位置，在课前形成讨论问题的思维导图。我还希望每位同学的研究内容也尽可能控制字数，也至少有时间写一个摘要，将心比心，给大家足够的时间。

但是真的开干起来，我却发现了更多问题。

最大的困难出现在我和静姝的沟通交流上。我们期末时间都有些紧张，不可能就这次讨论主持进行长时间的准备交流，一个准备会议就开一晚上。我们最多只能够在微信里给对方留言，寄希望于对方及时看到相关的信息，并且从有限的文字当中准确理解彼此的意思。

可是，我对于课堂的构造有过一次又一次的经验总结，逐渐归纳出了一套自己的对“讨论式教学法”的理解体系；讨论的一些具体办法，都是在体系的基础上演化出来的。但静姝与我所处的背景不同，对于课堂的设想也不一样；当我把自己的意思表达给静姝时，静姝就产生了与我不一样的理解。

比如对于课前作业中投票选题这一项。我希望通过提前筛选出同学讨论的话题，提高讨论的效率，使讨论在一开始就非常集中，可也不想过分禁锢同学的思路，否则同学会有意见。而我在和静姝表达的时候，可能由于表达技巧的问题，虽然明确说到了自己的完整想法，但静姝只关注到措施本身，忽略了措施背后对同学自主性的保护。而静姝在发通知时，我们又没有提前审查过通知内容，导致第一次群公告中的“我们将会选出投票人数最多的法律问题作为大家的课后研究作业，然后在课堂上专门讨论这个问题”，引起了很多同学的担心。同学们以为自己的选题如果和最后的票选结果不一致，就会被强行改换选题，对我们主持人的印象也就不好了，不愿意配合我们填写问卷。虽然我在之后的群聊中多次做出解释，但“第一枪”出现的问题，给后续工作奠定的基调就不太好，影响还是很难挽回。

同样的沟通问题也出现在了课堂时间的分配上。原本，我和静姝的分工是，静姝负责案例思路整理部分的内容，而我负责同学们的课后研究。可是到了课堂上，静姝一下子把“GATT 1994 第 20 条应该如何适用”的法律问题抢了过去，打了我一个措手不及。原先我也详细读过同学们的相关课后研究，设计过这个话题的讨论逻辑，以及如何促进同学们展开辩论。但静姝就让同学挨个儿念了一下自己的研究，而且已经花了很多时间，我也不得不放弃了这个问题的讨论。

我觉得静姝是一个非常有主见，而且非常积极的 speaker，可以给课堂带来很多活力。但是这也要求我和静姝在合作的时候，有更加充分的配合沟通，心往一处想，劲往一处使。这次存在的问题是我和静姝各自在主持自己的课堂，之间的关系是割裂的；当静姝的主持陷入问题的时候，我也很难搭把手。

如何合作，是我需要进一步思考的问题。

当然，还有很多要写的内容，这次可能来不及了。最后我想说一下，我在课堂组织的时候的一个新发现。这次我在课前做了非常充足的准备，花了很多的时间，把每一位同学的课后研究都进行了整理和概括，提前组织好了问题讨论的层次。可到了实际讨论的时候，我发现有的同学对于自己所写研究内容的熟悉程度，还是我这个读者更高。我相信这很大程度上是因为大家期末的压力很大，准备不够充分；也有一部分原因是我和静姝的作业布置引起了大家的误解，给大家的研究造成了困扰。但是“讨论式教学法”的基础，是每个同学都想来参加讨论，而不是完成任务式地在课堂上发言，就为了凑一个绩点。以后有时间了，还需再好好反思一下“讨论式教学法”。

第二部分　课程内容选编

综述人：柯静姝

本案中的争端涉及中国对美国对来自中国的某些产品征收额外关税的质疑。美国根据“301 条款报告”的结论征收这些额外关税，该报告涉及中国在技术转让、知识产权和创新方面的做法，美国认为这些做法是“国家认可的盗窃”、盗用美国技术、知识产权和商业机密的不公平和扭曲性政策。

在专家组面前，中国提出了质疑。

2018 年 6 月对年贸易额约为 340 亿美元的第一组产品（清单 1）征收 25%的额外关税；以及对年贸易额约为 2000 亿美元的第二组产品（清单 2）征收额外关税，最初于 2018 年 9 月征收 10%，随后于 2019 年 5 月提高至 25%。中国声称，这些额外的关税不符合 GATT 1994 第 1 条第 1 款和第 2 条第 1 款（a）和（b）项的规定。

美国对此提出了两套主要论点。

通过参与双边谈判来解决一些贸易问题——包括本争端所涉及的一些事项——双方已经决定在 WTO 之外解决他们的争端，因此达成了《谅解备忘录》第 12.7 条第 3 句意义上的“问题的解决”。为此，专家组应将其报告限制在对事实的简要陈述和达成解决的说明上；和无论如何，根据 GATT 1994 第 20 条（a）款，作为保护美国公共道德的必要措施，额外关税是合理的。美国认为，中国在相关 301 条款报告中所涉及的行为、政策和做法相当于“国家认可的盗窃”和盗用美国的技术、知识产权和商业秘密，这违反了美国普遍的公共道德。

一、专家组的结论

专家组承认，中国和美国之间正在进行双边进程。但是，专家组注意到，这一双边程序似乎与专家组的程序平行，至少中国并不打算取代这些程序。专家组认为，双方并没有达成《争端解决协定》第12.7条第3句意义上的解决方案。

专家组认为，被质疑的额外关税表面上不符合GATT 1994第1条第1款，因为它们只适用于来自中国的产品；表面上不符合GATT 1994第2条，因为它们的适用超过了美国在其减让表中约束自己的税率。

关于美国在GATT 1994第20条（a）项下的辩护，专家组采用了一种整体的方法来确定有争议的措施是否是“保护公共道德所必需”。这种方法包括根据小组对第20条（a）项每项内容的解释以及对该争端的具体事实的适用进行全面评估。按照这一整体方法，专家组在完成对美国是否能证明这些措施具有临时合理性的整个分析之前，避免得出任何中间结论。

关于美国援引的公共道德目标的确定，专家组认为，美国援引的“是非标准”（包括反对盗窃、挪用和不公平竞争的规范）至少在概念层面上可以涵盖在第20条（a）项的“公共道德”概念中。

关于措施的必要性，专家组重点分析了美国对其选择实施的具体措施，即对来自中国的一系列选定产品征收额外关税，如何有助于实现所援引的公共道德目标的解释。专家组的调查方向是寻求确定美国所选择的措施与美国公共道德关切之间的联系，以便为审查这些措施是否以及如何有助于并因此可以证明是“必要的”，以保护第XX条（a）项意义上的公共道德这一问题提供依据。

关于对清单1产品征收额外关税的问题，专家组认为，美国没有提供解释，证明对这些产品征收额外关税与美国援引的公共道德目标之间存在真正的目的和手段关系。专家组特别发现，美国没有提供证据支持其主张，即其征收额外关税的产品受益于美国认为违反其公共道德的中国做法，也没有提供证据更广泛地表明其对选定产品征收的额外关税如何有助于实现其公共道德目标。

关于对清单2产品征收额外关税的问题，专家组认为，美国没有提供解释，使专家组能够理解对清单2产品征收额外关税与美国援引的公共道德目标之间的“目的和手段”关系。

总之，专家组认为，美国没有提供解释，说明对清单 1 和清单 2 中选定的进口产品征收额外关税如何有助于实现所援引的公共道德目标，以及继而说明这些关税对保护公共道德的必要性。因此，专家组认为，美国没有履行其证明这些措施在第 20 条（a）项下具有临时合理性的责任。

专家组报告包含了额外的“结论意见”，强调了专家组对世贸组织体系目前运作的大背景的认识，即“反映了一系列前所未有的全球贸易紧张局势”。专家组指出，其作用是不对其具体负责处理的事项以外的任何事项得出任何法律结论或提出建议。在这方面，专家组回顾说，美国政府到目前为止还没有根据《世贸组织争端解决规则》就中国针对美国在本争端中的措施所采取的措施提起诉讼。专家组强调，在属于其职权范围的事项上，专家组一直努力履行《争端解决谅解备忘录》第 11 条规定的裁决作用。最后，专家组表示鼓励各方继续努力，为争端中提出的事项找到双方同意的解决方案。[39]

二、该案所涉及的法律问题

1. Concluding Comments 的法律意义

Concluding Comments 没有法律效力，在专家组的判决书当中不起到进行实际裁决的作用，但是有可能涉及该案有关的经济或政治背景。

2. 非 WTO 的争端解决措施

专家组认为，中美为了解决贸易问题来参与双边谈判和同时进行 WTO 法律体系中的诉讼属于平行关系，二者并不冲突。因此，专家组有审理本案的权限。

3. 公共道德目标的举证责任要求

WTO 法律体系中有一系列评估“公共道德目的”的案件，核心点在于是否具有必要性，在此列举如下：美国汽油案，韩国牛肉案，巴西翻新轮胎案。

专家组在判断公共道德目的时候将判断过程分为了三个环节：①美国是否举出了第 20 条（a）项中所规定的“公共道德目的”；②这些措施是否是为了所援引的“公共道德目的”而制定的（“Design” Test）；③对于保护该目的而言，这些措施是不是必要的（“Necessary” Test）。

专家组采取了相当宽泛的标准，并认为涉及经济考量的因素也可以纳入

39　以上来源于 WTO 网站对于该案的 key summary findings。

GATT 1994 第 20 条（a）项中的公共道德目的中。

专家组的第一个理由，第 20 条（a）项之后的一些款项本身就包括一些直接或间接保护经济利益的条款。这一点，笔者实在难以理解为何可以将其作为一个理由。的确，第 20 条的（c）到（j）项中包含了一些涉及或者主要出于经济考量的 exceptions，例如“金和银的进出口”，但这并不意味着作为（a）项的“public morals”应当包含经济因素。相反，正因为后面的因素中有涉及经济因素的，（a）项更应该体现为与经济考量相区分的道德因素。

第二个理由，专家组认为公共道德目标可能往往具有不可分割的经济方面，往往追求非经济关切可能会导致采取具有经济影响的措施。

4. GATT 1994 第 20 条能否包含经济考量——“public morals”应当采取“Restrictive interpretation”还是“Broad interpretation”

GATT 1994 第 20 条能否包含经济考量实际上涉及的是“public morals”的涵盖范围问题。由于“public morals”在条文上并找不到进一步的解释，“公共道德目的”的具体涵盖范围在学界依然是存在争议的问题。根据 VCLT 第 32 条所规定的“supplementary means”，从该条文形成的历史来看，最初是美国提出的要加入公共道德例外条款，其目的之一是保护美国和其他国家在 GATT 1994 谈判时已经实施的一系列贸易限制：“The restricted items included ‘intoxicating liquors, smoking opium and narcotic drugs, lottery tickets, obscene and immoral articles, counterfeits, pictorial representations of prize fights, and the plumage of certain birds.’”。

后来，在 U.S. -Gambling 一案中，专家组和上诉机构对“公共道德目的”的适用原则进行了澄清。上诉机构自己认为该案是第一个要求其决定在什么时候上诉机构应当适用“公共道德”例外的案件。该案主要是提出了对“必要性”的三步“权衡和平衡”测试。在该案中，专家组也对“public morals”进行了解释，“standards of right and wrong conduct maintained by or on behalf of a community or nation”。

实际上，学界对于如何解释“public morals”，存在狭义解释说和广义解释说。采取狭义解释说立场的学者认为，首先，对这一概念的广泛解释可能导致采取保护主义措施，并将破坏和使世贸组织扩大贸易自由化的目标，而且这将违反有效解释原则，因为它将使条约条款无效；其次，以前的《服贸总协定》专家组适用的原则是，例外情况应作狭义解释；最后，狭义解释

“公共道德”的立场将通过 VCLT 第 32 条的补充解释方式得到确认。采取广义解释说的学者则认为应当对“公共道德”一词作广义解释，认为它包括普遍人权、劳工权利、妇女权利和环境保护，法律的解释不能不受法律随时间的发展的影响，“公共道德”一词必须根据我们社会的实际关切加以解释。

上诉机构采取的立场是广义解释。但即便是采取广义解释说，“public morals”也不应该涵盖经济因素，因为无论是从采取广义解释说的学者主张来看，还是从上诉机构自己的解释来看，“public morals”，在本案前，从未被定义为可以涵盖经济因素。

当然，采取一个较为宽泛的标准或许是由于更实质性的检查在“必要性”的测试上，但如果说检查是否属于“public morals”时，可以采取宽松到包含经济因素的标准，那么该检查又有何必要呢？倘若直接可以在“public morals”这个环节中否认相关的抗辩，则更加简洁明了，无须大费周章再进行之后的环节。或许，专家组觉得本案的路径更加稳妥，但笔者依然不太认同其在裁决是否能够落入“public morals”时的思路。

5. 本案与稀土案援引 GATT 1994 第 20 条的区别

在本案与稀土案中，中方和美方都引用了 GATT 1994 第 20 条的公共道德例外进行抗辩。然而，在稀土案中，中方试图引用 GATT 1994 第 20 条却困难重重。

二者最重要的区别是，稀土案中没有当事方质疑中国必须遵守 GATT 1994 第一条规定的最惠国义务，即使议定书第 11.3 条中没有对 GATT 1994 第一条的直接引用。

专家组向当事方和第三方发放的问题清单中也提出了以下问题：如果中国《入世议定书》第 11.3 条没有提及 GATT 1994 第 1 条（最惠国义务），将会产生什么影响？第 11.3 条所允许的中国出口关税是否需要符合 GATT 1994 第 1 条最惠国待遇的规定？如果是，为什么？对于专家组问题清单中这一问题的回应，中美都支持中国议定书第 11.3 条允许的出口关税亦然需要符合 GATT 1994 第 1 条最惠国待遇义务的要求。但是中国进一步主张这说明了 GATT 1994 与中国议定书之间的内在联系，而美国主张 GATT 1994 第 1 条与议定书第 11.3 条规定的义务是相互独立的。

《入世议定书》规定了中国的 A 义务，GATT 1994 规定了成员国的 B 义务和一些例外情况（可以称为 C 例外）。A 义务和 B 义务可能关于同一项措施/

政策/法律，比如关税。**但是 GATT 1994 中的 C 例外只能豁免 GATT 1994 中的 B 义务，而不能豁免 GATT 1994 之外的 A 义务。**从缔约方利益关系的角度很好理解其原因，对某一义务的例外豁免无疑是对承担义务方有利，而不利于其他缔约方，因此这样的豁免在缔约时就可能因为其他缔约方不同意而不被订入，如果借另一条约内的豁免规则来豁免此条约中的义务，无疑是对此条约其他缔约方利益的损害。因此稀土案与原材料案的专家组和上诉机构皆认为，除非直接或间接引用，不得援引 GATT 1994 第 20 条为中国违反议定书第 11.3 条的义务抗辩。

6. 中方提起的反制措施有没有什么法律上的依据？

（1）国际法上的依据

①《联合国宪章》第 51 条

第五十一条

联合国任何会员国受武力攻击时，在安全理事会采取必要办法，以维持国际和平及安全以前，本宪章不得认为禁止行使单独或集体自卫之自然权利。会员国因行使此项自卫权而采取之办法，应立向安全理事会报告，此项办法于任何方面不得影响该会按照本宪章随时采取其所认为必要行动之权责，以维持或恢复国际和平及安全。

这完全无法实现，因为该条明确规定为“受武力攻击时”的情形，除非对“武力”做出新的解释，否则贸易战很难被囊括在其中。

②VCLT 第 60 条

第六十条　条约因违约而终止或停止施行

一、双边条约当事国一方有重大违约情事时，他方有权援引违约为理由终止该条约，或全部或局部停止其施行。

二、多边条约当事国之一有重大违约情事时：

（a）其他当事国有权以一致协议：

（一）在各该国与违约国之关系上，或

（二）在全体当事国之间，

将条约全部或局部停止施行或终止该条约；

（b）特别受违约影响之当事国有权援引违约为理由在其本国与违约国之关系上将条约全部或局部停止施行；

（c）如由于条约性质关系，遇一当事国对其规定有重大违反情事，致每一当事国继续履行条约义务所处之地位因而根本改变，则违约国以外之任何当事国皆有权援引违约为理由将条约对其本国全部或局部停止施行。

诚如上文关于 DSU 第 23 条的讨论，如果将 DSU 第 23 条所谓的违约限定为一般违约，那么可以与 VCLT 的重大违约制度相协调，从而实现中国反制措施的合法化，这一点笔者认为不存在问题。

③《国家对国际不法行为的责任条款草案》第 25 条

Article 25 Necessity

1. Necessity may not be invoked by a State as a ground for precluding the wrongfulness of an act not in conformity with an international obligation of that State unless the act：

（a） Is the only way for the State to safeguard an essential interest against a grave and imminent peril；and

（b） Does not seriously impair an essential interest of the State or States towards which the obligation exists, or of the international community as a whole.

2. In any case, necessity may not be invoked by a State as a ground for precluding wrongfulness if：

（a） The international obligation in question excludes the possibility of invoking necessity；or

（b） The State has contributed to the situation of necessity.

然而，运用这些条款来进行抗辩均有相当的难度，因为在 WTO 法律体系中并没有运用这些条款的先例，因此构成要件以及对于条款的解释还需要进一步地进行 clarify.

（2） WTO 法上的依据

①《WTO 协定》规则（不具有即时性抗辩性质）

《马拉喀什建立世界贸易组织协定》第 16 条第 3 款规定，在该协定与 DSU 存在冲突的情况下，作为上位法的该协定优先。因此，《马拉喀什建立世界贸易组织协定》第 9.3 条规定“**部长会议可以通过 3/4 成员批准决定豁免成员的某项义务，包括对不符合 WTO 有关规定的行为的豁免**”可以在 DSU 框架下适用。本案中，中国有理由认为，中美贸易中出现了特殊情况，因而有权要求依照《马拉喀什建立世界贸易组织协定》中的规定豁免其在 DSU 第 23 条项下的义务，要求 WTO 授权加征关税。

②WTO 安全例外规则（即时性抗辩）

GATT 1994 年第 21 条规定了国家安全例外条款。

GATT 1994 第 21 条规定：

“本协定的任何规定不得解释为：

（a）要求任何缔约方提供其认为如披露则会违背其基本安全利益的任何信息；

（b）阻止任何缔约方采取其认为对保护其基本国家安全利益所必需的任何行动：

（i）与裂变和剧变物质或衍生这些物质的物质有关的行动；

（ii）与武器、弹药和作战物质的贸易有关的行动，及与此类贸易所运输的直接或间接供应军事机关的其他货物或物质有关的行动；

（iii）在战时或国际关系中的其他紧急情况下采取的行动；

（c）组织任何缔约方为履行其在《联合国宪章》项下的维护国际和平与安全的义务而采取的任何行动。”

上述安全例外条款被认为有两方面的目的：一方面允许成员采取例外措施，以维护其国家安全；另一方面防止成员滥用安全例外，以维护国家安全为名、行贸易保护之实。在 GATT 筹备委员会上，当时的起草者就曾表达过这一意图：“这的确是一个平衡问题。我们必须有一些例外。一方面，我们不能使其过于严格，因为我们不能禁止那些纯粹为安全原因所需的措施。另一方面，我们也不能使其过于宽泛，以至于在安全的伪装下成员将采取实际上有商业目的的措施。”

其实，安全例外是 GATT 中最为宽泛且最具争议性的例外条款，但由于该条款包含诸多“其认为”的规定，给予了成员自主判定的空间。中国在此次对美国采取反制措施的法律抗辩中可考虑援引该条作为国际法依据，不过对于美国对华所采取的关税措施是否构成国家安全例外，该审查权一定程度上也需争端解决机制来决定。事实上，中国始终强调美方违反 WTO 规则，损害中国及其人民的利益（包括在 WTO 项下的合法权益），威胁中方的经济利益和安全，并将此负面后果定性为违反国际义务的紧急情况，暗含落入 WTO 安全例外之意。

7. 对于专家组采用 design test 的思路的批判

张卓昊同学认为，design test 更应该理解为一种事实层面的分析，类似于因果关系和客观规则理论中单纯的因果关系的判断。裁判者在进行 design test 时，应当着重判断这种手段与目的关系的有无，进行这一判断的门槛不应该很高——holistic manner 要求解释者尽可能完整全面地对问题进行分析。在判断手段与目的的关系存在时，裁判者同样明晰了一点：客观上存在着怎样的手段与目的的关系——这种关系或强，或弱，或直接，或间接，无论如何，它存在着。随后，裁判者才应该转入对 necessary 的分析。

判例对 necessary test 的描述着重强调的是 weighting and balancing。这意味着在这一部分，分析者更应该做的是价值判断。套用本案专家组所引用的一个判决里面的话来说，笔者认为在 necessary test 之中，裁判者的工作更应该是判断 contribution 究竟是靠近 indispensable 的一极，还是 making a contribution 的一极，而非从事实层面分析存在着怎样的 contribution——这应该在 design test 中完成。除此之外，裁判者还应该尤其着笔墨于 public moral 的重要性，措施对贸易的影响程度的具体权衡，但一方面由于 public moral 的重要性难以界定，另一方面这两者相互比较亦非易事，笔者认为裁判者更多的还是要借助于 contribution 程度的具体分析。

8. 专家组应当如何运用 design test 来分析本案

专家组在 necessary test 中对于美方是否证明了 genuine relationship 所费的大量笔墨，完全应该放在 design test 之中去进行。如果按照如下的结构进行分析，专家组论证的层次感便会鲜明很多：

在 design test 之中就开始但对手段与目的之间的关系进行分析。具体的方法便是专家组在 necessary test 之中采用的。经过分析，专家组可以得出这样的结论：其一，对 list1 中的产品征税的措施，与公共道德目标之间的联系，是通过这些产品受到了中国制造 2025 的影响确立起来的；其二，list1 中存在一些与中国制造 2025 并不存在联系的产品，因而美国的这一项措施与其目的之间的联系并不完全；其三，对 list2 产品征税的措施，与公共道德目标之间的联系，是经由其对中国的威慑效力建立起来的（尽管这种 contribution 很微弱，但这种 contribution 毕竟存在）。

随后，专家组再于 necessary test 之中进行更进一步的审查。此时专家组审查的中心，应当放在这种 relationship 的强或者弱上——当我们假定 public moral 与贸易影响这处于天平两端的利益是均衡的，当手段与目的的联系弱时，说明贸易损害本可以减小；而当手段与目的的联系强时，则说明这一手段有较强的正当性，举证责任转移，原告便需要探究是否存在损害更小的替代性方案。具体而言，本案中，对于 list2，专家组便可以详细说明像 list2 中这样的措施，显然是过当的，过于偏向了“making a contribution”的一极；对于 list1，专家组只需说明因为其联系强弱并非显然，美国对此应当承担举证责任，而此时美国则可以通过提供其实践中是如何将 public moral 放在一个十分重要的位置，来证明其手段与目的之间的紧密联系很接近 indispensable 的程度（进行这样的举证难度很高，但这也是应有之义）。而中国如果给出了损害更小但效果相当的措施，则能够给美国以致命一击。

第三部分　课程感想汇编

柯静姝

第十五周的案例研讨会是我和严君啸同学一起主持的，我对此有如下感受：

①主持案例研讨会并非易事，需要事先对于案件事实，专家组的裁决思路，以及同学们所研究的法律问题都有非常全面的了解；

②制造思维导图有利于将同学们所研究的问题汇总到一起，从而形成一条完整的思路；

③线上主持的效果没有线下好，因为看不到同学们的表情和反应，需要严同学一直提醒；

④主持最重要的是思维清晰，口才迅捷。

本次是我第一次主持案例研讨会，还有很多不足和需要改进之处，感谢老师和同学们的耐心和包容。

晏高兴

首先，本专题是一个具有特殊性的专题，这并不是因为其是最后一个专题，也并不仅仅因为其是迄今为止同学们在课堂中统一阅读的唯一一个完整版专家组报告，而在于我们从本案中可以更好地思考 WTO 的未来。如果说在专题一我们通过 WTO 基本理念和制度的了解，树立了对 WTO 的崇敬之感；在专题四，面临中美的贸易争端，WTO 争端解决机制显示出的无奈深刻提醒我们 WTO 也在面临巨大困境及其改革的必要性。但是，不可否认的是，即使

WTO 存在诸多需要解决的问题，但是世界的贸易将继续需要 WTO 的存在，这不仅仅因为其提供了一个规则性贸易框架，也在于其争端解决的优越性。应当坚信的是，WTO 的未来是光明的，其发展并不会因为个别国家的阻碍而停滞，在世界多边贸易体制的不断完善下，WTO 将具有更加稳固的存在基础，也必将在世界贸易、制度乃至和平等方面发挥着更加重要的作用。

其次，本专题的专家组报告也很有意思，因为一个看似极其简单的问题竟然涉及这么多问题，很好地证明了专家组报告的完整性、方法性与逻辑性。当然，专家组在解释某些问题时，有时候也会产生一些让人疑惑的问题，如本案关于公共道德解释，就容易让人误以为专家组在迁就美国，进而产生“不合理”的解释结果。

最后，不由感叹，WTO 中国案例分析课程悄然接近尾声。回顾下来，在案例的自主学习、课程讨论以及一系列作业中，其带给我的不仅仅是相关的法律知识，更为重要的是，自己的方法论与学习精神从中得到很大滋养。从选课的目的看，我受益匪浅，可以说，“超标”实现了预想效果。

魏海跃

DS 543 是本学期讨论的最后一个案例，也是第一个由同学们阅读完全篇的案例。本案体量较小、事实较简单，但涉及的法律问题却十分丰富。

通过阅读全篇专家组报告，同学们了解了 DSB 当中的程序问题（如庭外协商、审查范围、举证时限）。其中，举证时限是新鲜的知识点；庭外协商在“WTO 概述”专题中有所涉及；而审查范围则在“音像制品案”中有过详细讨论，当时同学们总结专家组的审查范围如下：起诉状中涉及的；协助 DSB 处理案件所需要的。在 DS 543 中，同学们了解到专家组的审查范围还包括“不构成实质改变的措施修改”，这是对“音像制品案”研究成果的呼应和发展。

本案的实体问题主要涉及 GATT 1994 第 20 条（a）项的“公共道德”抗辩。在之前的案例中（如音像制品案、原材料案、稀土案），GATT 1994 第 20 条也频繁进入同学们的视野，但之前的争议焦点都在于 GATT 1994 第 20 条的可援引性，而非其具体适用标准。在本案中，GATT 1994 第 20 条的可援引性不构成争议焦点（因为被诉措施违反了 GATT 1994 内部规范），被诉措施是否符合 GATT 1994 第 20 条（a）项的要求则成为主要讨论对象。

在之前的案例中，由于涉及事实复杂，同学们没有被安排阅读其后的实体论证部分。本案是同学们第一次接触“公共道德”抗辩的具体审查步骤及标准。在讨论过程中，同学们提出了许多有价值的疑问，包括“公共道德”的范围是否包含经济利益、“design test”被忽略是否正确，以及 necessity test 的审查标准等。这些详细的研究与讨论也回答了之前音像制品等案中悬而未决的实体问题，让同学们的知识体系更加完整。

除了关注专家组报告之外，同学们还以大量精力聚焦于“中国反制措施的合法性”，并提出了 GATT 1994 第 21 条的“安全抗辩”、VCLT 第 60 条的“重大违约”《国家对国际不法行为的责任条款草案》第 25 条的“危急情况”等较为可行的抗辩途径。在对反制合法性的讨论中，同学们还涉及了较为深层次的问题（比如特别法与一般法的关系、不法与责任的区分等），体现出对时事热点的关注及“学以致用”的能力。

可以说，从开启 WTO 课程起，中美贸易战就一直是同学们关心的内容。而在 DS 543，这一关切得到了深入的讨论。同学们还将理论联系实际，为中国采取反制提出了切实的合法化路径，为一学期的学习画上了完满的句号，收获颇丰。

回顾一学期的课程，杨国华老师采取苏格拉底式教学方法，启发同学们的思考与讨论。在课程前八周，杨老师主持课堂，让同学们发表疑问、展开讨论，使当时对 WTO 较为陌生的同学们得到了充分的引导。后八周，同学们主持课堂，杨老师参与讨论，让同学们感受到平等的师生互动关系与主动思考的收获感。经过一学期的学习，同学们不仅收获了对 WTO 诉讼的了解与英文报告阅读能力，而且学会了自主研究、朋辈学习、批判思考与团队合作，这种锻炼不仅助益于对 WTO 的研习，还将延伸到今后所有学科的探讨当中。

王雨宁

课程不知不觉就走到了最后一节，回顾这一学期的课程，一方面觉得有些不可思议，另一方面觉得非常欣喜。不可思议的是自己竟然真的读下来了那么多长篇幅的案例。记得一开始读专家组报告的时候，我还需要借助谷歌翻译的力量“吭哧吭哧”地浏览，甚至有的时候会把谷歌翻译的中文内容单独粘贴在另一个 word 里帮助自己对照理解。后来，当我慢慢对专家组报告和上诉机构报告的结构有了一点点体会以后，对于翻译软件和词典的依赖也就减少了。所谓欣喜，指的就是自己学到了那么多有关 WTO 的知识，而且以那么新颖的方式习得。

让同学们站上讲台当老师的教学特点给整节课带来了很多变数和乐趣。同学们不同的主持风格也让课堂充满了欢声笑语。这种一反“老师教书-同学背书”的上课模式反而让人对 WTO 有了更具体的认识。加之同学们对同一个问题会有不同的关注点，二十来个同学聚在一起能够激发出来的新想法未必会比固定的课本所传授的想法少很多。在同学们讨论的过程中，杨老师虽会“拨乱反正”，但大多数时候还是非常鼓励我们表达一个个不太成熟的思路。杨老师对于每位同学古灵精怪的想法都极其尊重，同时也会引导大家根据之前同学的思路进行深挖，也会和同学们来一场辩论。令我印象深刻的是杨老师和卓昊同学的两次“交锋”：第一次是关于对“including”的解释，第二次是关于制度空白的门槛，这样的交锋让人直呼过瘾。如果没有这样苏格拉底派的课堂，我们又怎么能看到这么多有活力的点子和这么多精彩的冲突呢？

最后一个专题的最后一次课上，严君啸和柯静姝两位同学也很顺利地完成了“实地+远程”主持，两位同学不同的主持风格也让我们看到了课堂的多彩之处。

死记硬背一本书上的知识总是隔些日子就会淡忘，但是这种师生齐聚一堂别具一格的探讨模式，大约会让我们对于 WTO 的认知在脑海中储存得更久。比如在想到 VCLT 第 31 和 32 条的解释时，我会想到同学们对 holistic interpretation 及 VCLT 第 31 条到底都包含了哪些解释原则的发问；在想到 EPS 案件时，我会想到同学们对 including 争执不休的场景；在想到 WTO 的反制措施时，我也会顺带着联想到在 DS 543 中中国在 WTO 制度之外的反制……这些课堂的碎片联结成了一个“WTO 宇宙”，而我对此的认知围绕着一个个案子、一个个问题、一个个人的发言而展开，这种回忆真的太有趣且美妙了。

我非常高兴能够选修本节课程，也非常感谢杨老师这一学期对我们的指点与包容，这十几节课是难得的旅程，希望未来可以在国际法的海洋中找到更多乐趣。

张　瑶

已经习惯了每周被大篇材料席卷时，才恍然察觉本案件是我们这学期的

最后一个案件了。一学期挑灯夜战的案例阅读、唇枪舌战的精彩讨论，马上就要告一段落，唯余本门课程培养的法律思维永远受益，

第一个让我受益的点，是结合全局审视材料和规范。

中国作为成文法国家，裁判的主要依据就是法律法规及司法解释。虽然有指导案例制度，但实践中并不常用。法官在裁判时，限于时间精力和传统习惯，没有精妙的论证过程。而 WTO 专家组和上诉机构，洋洋洒洒，对 WTO 法律规范，各种协议文件，乃至一般国际法、国内法材料都能旁征博引，对我而言，既增长了不少知识，也是极好的思维训练。

第二个让我受益的点，就是不要进行思维的自我局限，不要钻进死胡同自说自话。

记得和几位同学讨论中国是否能以非针对 WTO 义务为由规避 DSU 第 23 条，我从规范上进行论证，几位同学从实质利益的层面进行论证，几位同学注重实质的角度给了我很多启发。每个人研究问题的角度都各不相同，交流、讨论可以让我们避免自说自话、固步自封。

吴雨泽

这堂课最大的感受就是国际法的偶然性。不同于国内法，国际法可以说是在国家的交往中动态形成的，事实上以各自的主权为原则，因而国际法中的权利并非在一种超越性的权利的普遍意志中获得实现，而仅仅只是通过各国的特殊意志获得实现，从而国际法具备较大的偶然性。我们无法保证对条约出于主权特殊意志的解释一旦通行，国际法还可以保持我们臆想中的那种稳定性。正如黑格尔所说：**“因此，国际法的那种普遍规定总是停留在应然上，而实际情况也正是合乎条约的国际关系与取消这种关系的相互更替。”**

我们是拥抱这种不可避免的偶然性，从而最终迎来战争以解决不可调和的矛盾；还是竭力消除这种偶然性，将国际关系纳入必然性的轨道之中？国际交往中，战争行为外延的扩大化和苦苦支撑有限的几个国际争端解决机制，都是可能的路径和选择；但这些路径和选择的变化和冲突，最终可能只会体现出国际社会中一切人对一切人的战争，但冲突和战争过后，指向的必然是共同体的实现。

李雅文

1. 有关主持

本案的第一次讨论是由我主持，课前我阅读了杨老师讨论式课堂的论文，对讨论中主持人的作用有了些许认识和思考，因而在设计本次讨论时主要思路如下。

首先，我认为主持人应当做一些案件讨论的基本铺垫工作。大家课前关注的问题侧重点不一，对案件熟悉程度不一，但为了保证多数人能够参与讨论，主持人应当引导大家铺垫好讨论必备的基本信息。比如 DS 543 案中，我认为案件本身比较简单、法律问题并不复杂，但是需要结合案件发生的中美贸易战、上诉机构危机的背景加以理解，所以在课前帮助大家梳理了案件事实。这其实也是提醒大家面对一整个案件的同时关注法律和事实。

其次，我认为主持人应当挑选讨论的几个主要话题。主要话题一方面应当是案件内在的典型、焦点问题，另一方面也应当是同学们所主要关注的。很多时候同学们的问题看似不同，但其实是关于同一个话题，只不过在思考的角度、层次上有所差异，如果主持人将问题归纳为几个话题，则可以在一个话题中层层推进讨论深度。比如在中国的反制措施部分，我将大家的问题总结为反制措施的依据、是否违反 DSU 第 23 条、对 WTO 诉讼的影响三个方面，其中有递进的关系。

最后，话题讨论的顺序也很重要，怎样让一次讨论逻辑清晰、层层深入，是对主持人提出的考验。我在 DS 543 案中设计了讨论顺序——第一，平行 DSB 的谈判对专家组程序的影响（管辖权问题）；第二，GATT 1994 第 20 条的适用（法律适用问题）；第三，中国反制措施的正当性依据；第四，WTO 法律体系在贸易战中发挥的作用；第五，专家组的 concluding comments 的效力与意义，内在逻辑首先是 WTO 法律内的问题，且由管辖权的程序问题到实体问题的次序；其次超脱 WTO 体系之外，探讨中国不经授权采取单边措施的正当性；在最后，结合整节课内容讨论贸易战之下 WTO 法律体系的地位，这时候大家“见识”了中美双方采取的措施，应当有了更多感受和思考。而关于大家提问最多的“concluding comments”部分，我有意留到了最后。在我看来，这其实是专家组在中美贸易战、上诉机构危机、多变争议解决体制飘摇的背景下作出的谨慎评论和“自己将严守规则绝不越权”的表态，理解了案件的大背景，对这一部分的疑问将迎刃而解。

2. 有关 WTO

笔者在第一次讨论主持的结尾概述对本案的感想。笔者认为本案作为本学期课程的最后一个案例非常巧妙。我们之前一直在法律思维中，探讨非常多 WTO 体系中条约解释技术、逻辑推理方法等问题。但这次的讨论既包括经典的法律问题（如 GATT 1994 第 20 条公共道德例外），也包括 WTO 法律体系之外的谈判对诉讼的影响，甚至国家避开 WTO 体系直接采取的私力救济措施，最终我们甚至质疑了当国家间利益直接冲突、贸易战层层加码、弱肉强食的“丛林规则”逐渐复辟的情况下，我们之前信奉、习以为常的 WTO 法律体系甚至国际法自身的作用，以及法律在政治面前的位置。

笔者与杨老师一样，对 WTO 的未来持乐观态度。WTO 法律体系在国家经济利益冲突的混战中是受到冲击的，也暴露出制度存在的很多问题，但是 WTO 作为目前世界上最多国家参与、裁决执行力最强的多边争议解决机制，是各国在利益冲突下难得建立的“人类共同体”。我们应当更加珍视这一来之不易的成果，积极解决其发展完善中出现的问题。

骆 鑫

经过了一个学期的 WTO 案例探究，我们对于 WTO 法的掌握无疑上了一个台阶。不得不说，相比起课程开始时的第一个案例，阅读本案对于我们来说已经轻松了不少。但同时，由于对于 WTO 的裁决机制和解释原则有了更深的理解，我们阅读时的疑问和质疑，相比起课程开始时，却是有增无减。笔者在经过一个学期的 WTO 案例探究课程后，主要得出了一下几个经验性的结论。

1. 阅读案例时要从厚到薄，再从薄到厚

阅读 WTO 案例，呈现在我们面前的，是篇幅“冗长”的专家组报告或上诉机构报告，洋洋洒洒数十上百页，最开始时往往会对长篇的论述产生恐惧。但其实，认真地阅读，一篇篇读下来，会发现自己阅读案例的速度提升很快；而且会发现，很长篇幅的论述，总结下来，其实也只有那么几个最关键的法律问题。在一次次的“阅读训练”后，到课程结束时，大家阅读案例时能够很快速地抓住裁决报告中最核心的争议焦点，将厚厚的报告读薄。

但精简下来的几个法律问题，却往往并不简单。有时候，一些法律问题十分难解，其实裁决报告中的短短几页根本没有将该问题梳理透彻；有时候，该法律问题其实还涉及其他的复杂的法律问题，需要查阅更多的资料。如此一来，精简下来的薄薄的报告，又被我们读厚了。

2. 阅读案例需要反复翻阅，不漏掉脚注

即便是已经熟练掌握了阅读案例的技能，也不可能一次阅读就把握所有的关键点。实际上，在反复翻阅案例、查看脚注时，大家总能有新的发现。

3. 勇于质疑，发散思考

在更加深入地了解了 WTO 的裁决机制后，应当带着批判性的思维阅读案例。专家组甚至上诉机构的裁决思路并不一定是完美无缺的，可以勇敢地提出自己的质疑；也可以在专家组的裁决之外进行发散性思考，联系之前的案例，往往能对涉案的争议问题有更好的掌握。

4. 进行课后的研究

每节课的课程时间是有限的，有很多问题其实大家并没有办法在上课的时候探讨得很深入。可以在课后多进行文献检索，对自己感兴趣的问题刨根问底。即便是和本案裁决结果并不是很重要的问题，大家在检索、探究过程中也可以加深对 WTO 裁决机制的理解。

5. 认真参与并倾听课堂上其他同学的发言

虽然在课后研究中大家可以看到其他同学的研究，但在课堂的讨论上，大家往往会有新的收获，会有思维、立场的转变。在讨论的交锋中，大家也不得不更进一步地思考某一个法律问题，在这样的探讨中，大家的已有立场会发生变化，同时也会对某一问题有更深入的看法。

总而言之，笔者从本学期的 WTO 案例探究课中收获颇多，感谢老师的指导和各位同学在课堂上的积极讨论。

梁　好

这次的专题是我们这学期最后一个专题，作为压轴专题，这两周的讨论也让我们实实在在地感受到了分量。结合整个学期的学习，给我最突出的感受是，法律的魅力并不在于精准，而是在于在确定精准过程中的解释。即使是再小的问题，想要把它解释清楚都无疑是困难的，以本周的案子为例，明眼人一看美国的措施就是违反了 WTO 规则的，但美国却能够提出如此多的抗辩，并且都还具备一定的讨论价值，在辩论中让人感叹法学的魅力。更让人震撼的是杨国华老师对中国反制措施合法性的论证，在学习之前实在不知道居然有那么多可以论证合法性的途径，并且都具备一定的合理性，让我深感自身的法学知识是多么微薄，前路漫漫，道阻且长。

这一周课程相对于以前课程有很大的不同，如果说以前是在了解 WTO 规则下的各种制度及解释路径，这周则其实在讨论中暗含着一种法学思想的碰撞。有些同学其实更看重法条，进行实证法研究，有些同学更注重自然法，从合理性以及朴素法感情上为自己的想法寻求依据，不过殊途同归，都是在于解释法条，不能说哪一种方式更具备优势。

这一学期的课程学习让我受益良多，感谢同学们和杨老师观点的分享，也感谢同学们的优秀的主持。

陈沁心

课程在一个个的案例研究中接近尾声，从案例的视角学习 WTO 让我获益匪浅，除了 WTO 法律规则本身的内容外，还会延伸到一般国际法规则以及世界贸易环境、政治环境对中国及 WTO 争端解决制度本身的影响，本案例是我们完整阅读专家组报告的第一个案例，因此也涉及了多个专家组讨论的法律问题和 WTO 整体、体系内外的问题，杨老师在每节课之间发到群里的新闻则更好地体现了国际环境带给 WTO 的影响。

在课程中我有以下几点感悟。

课程模式。在杨老师的引领下我们采取的是同学讨论的模式，后面半个学期甚至由同学主持讨论，其中的讨论的问题也源于同学们的课后研究，这让我感受到了同辈之间的启发是宝贵的财富；特殊的课程模式能够让我在有限的学习时间里发现更多自己阅读时无法发现的问题，而对案例的困惑也可以在课程讨论中得到发散和解答，杨老师则在讨论陷入困境的时候伸出援手，在讨论的内容有所欠缺、深度不够时进一步提出问题。

国际法和国内法的关系。我们此前修过的课程中国内法的内容较多，而 WTO 争端解决制度作为一个独立的国际法上的争端解决体系，体现了一系列国际法的特征，但是法理和基本的规则上，各国的国内法又可以在我们研究 WTO 制度时带来启发。研究先例在 WTO 中的作用，我们发现很多后来的专家组报告中都对前例有所参酌，并在此基础上创新，这也启发我在研究专家组运用的测试和论证方法、解释方法时，可以从先例和法律规则两个路径去寻求答案，而在证据规则上，如对 prima facie case 证明要求的理解，参照国内法中关于客观证明责任和主观证明责任的证据规则，可以发现二者是互通的。

报告中的脚注。每个案例都有一定程度的阅读量，我总是在第二次阅读的课程研究时，才会频繁注意到案例中的脚注。之前在美国反倾销反补贴案中，对东京回合协定的研究及进一步的条约前身是否能够作为 context 的问题就可以从脚注获得更多的信息。这些内容其实是专家组的材料来源，有的具有进一步说明的性质，有的则值得详细探究，发现新的问题。

朱亚博

不知不觉就到了最后一个专题了，我还记得自己在第一堂课上的场景，那时我还充满了拘谨和紧张，既是对 WTO 相关知识还完全不了解的心虚，还有第一次参与这种全互动式课堂的不习惯。但是慢慢地，同学们七零八碎地就 WTO 提出了各种各样的问题，每个问题都会得到关注和思考，因此我也就完全打消了之前的紧张与拘束。本次课讨论了中美贸易战中最核心的争议，这次贸易战对 WTO 乃至整个国际贸易都产生了巨大的影响。在专家组报告中我们也可以看出，专家组成员的分析非常严谨，美国的抗辩理由也非常翔实。我在第一节课上提出，这次的专家组报告不像之前的案子中，双方都针锋相对，这次是专家组一边倒地支持了中国，好像美国根本没有招架之力。但正如杨老师所说，这只是表面现象，真正参与到案件中就会感到，即使是美国如此明显违反 GATT 的行为，美方还可以提出这么多理由和严格地论证，这样一想，中方的压力仍然很大。同时，我也深刻地体会到我们和美国团队在国际规则运用上的差距。从一个青年法学学生来看，只有“学懂、学深、学好”了有关国际规则，才能代表中国在国际舞台上取得更多的发言权！相信这也是杨老师开设这门课程的初衷！

张卓昊

这个专题作为最后一个专题，却与本课程的第一个专题有很强的首尾呼应之感。我们从中美贸易战出发，开始产生对 WTO 最朦胧的认识，再经过一系列的案例的研讨，对 WTO 的规则、运转以及其重要性有了更深入的了解，最后，还是回到中美关税案上，来分析中美贸易战之中的法律之战。在目睹了通过政治方式解决纠纷所体现出的丛林法则的残酷之后，一个又一个的案例研讨让我深深地体会到以规则为导向解决纠纷所体现出的人类文明之光和理性之光。但这国际社会中最耀眼的光芒正面临着威胁，面临着贸易保护主义和单边主义对其根本性的威胁。虽然拜登的上任减缓了这种威胁，但贸易保护主义的情绪却并没有停止它扩张的趋势。新自由主义之下的贫富差距不断扩大，国内矛盾逐渐尖锐，仍然在撕裂着美国社会，以特朗普为代表的保守势力仍有重新崛起的可能。诚然，WTO 主导的全球自由贸易并非意味着历史的终结，这一规则所带来的矛盾或许会逐渐尖锐难以调和，以至于我们需要重新建立一套世界秩序，但 WTO 得以在国际社会中建立起来的这一套得到了普遍遵守的秩序这件事实本身，就已经足够伟大。其判决的严密推理，亦当为各国，尤其是中国国内的法官们所效仿。

忆及初入课堂时的畏畏缩缩，面对英文文献的望而却步，再到最后的侃侃而谈，和阅读文献的得心应手，这堂课程确实是一场宝贵的训练。它迫使我去探索未知，迫使我去直面困难，迫使我停下慢条斯理的思索来迎接整个课堂的头脑风暴。我经此一次课程所获得的一切，在我大二下学期看着长篇累牍的英文判决就下定决心退掉这门课程之时，是完全无法想象的。我曾经觉得，清华园内的课堂平平无奇，不过如此，经由课堂学习甚至还不如直接经由文字与老师的思想交流，WTO 诚然刷新了我对课堂的认识的边界——原来有这么多东西是课堂能带给我们的，而且是我们在课堂之外几乎无法获得的。我必须承认，这十五周的短短旅程，确是我在清华园最美好的回忆之一。

贾小我

一学期的课程已经接近尾声，在最后一个专题的讨论中，对中国反制措施的讨论竟与第一个专题“WTO 概述”中的热门话题“报复”遥相呼应。两相对比，从最初的不了解、懵懂的猜测与怀疑，到现在对 DSU 的熟练援引与 WTO 规则乃至一般国际法应用的讨论，惊觉我们已有如此之多的成长和收获。中美贸易战的硝烟还历历在目，阅读两方在 WTO 体系下的交锋与专家组的精彩判决、了解中美关税措施的变化以及上诉机构停摆等背景知识，我越来越能感受到 WTO 在国际贸易争端解决中的重要地位，及其诸多成功与遗憾。我非常感谢老师的带领与同学们的辛勤付出，同时也期待能在期末论文中，能与同学们一起开启更加深入的探究！

曹秀知

这是本节课最后一次综述，每次综述很大部分都是通过其他同学们的课后研究得出的结论。在短时间内能够弄明白好几个大问题，也是这个课程给我们带来的最大的收获。通过老师的指导与同学们的主持，我对于面对法律问题从何入手及从什么角度看待法律问题，都有了更加深入的认识。最后，感谢每节课参与到本课堂的所有同学与老师，大四最后一学期的 WTO 便为我大学四年生活画上了圆满的句号。

张一凡

春去夏来，读完了一个接着一个的案例，即将步入与这门案例分析课相分别的时刻。不过分别是快乐的，因为从中受益颇丰。案例分析不是死板的知识传授，而是打破概念与规则以往的僵硬，让其在动态的案例中被我们所学习与接受，更在日后的实践中被我们运用。相较于普通的国际法课程，WTO 案例分析课让我对死板的知识多了一些实际运用中的了解；相较于普通的案例分析课程，WTO 案例分析这种全员讨论，尤其是老师像学生一样参与讨论的课程，让我对实践中运用的知识有了更为深刻的了解，并激发我对一些问题进行更为学理化的研究。最后，非常感谢老师能提供这样的平台，感谢同学们深入的讨论，感谢助教周周整理同学们的综述集或是预习集。希望可以顺利完成期末的论文，为本节课画上圆满的句号。

杨盛彪

对于我们来说，这是这门课程最后的一个案例，但也是一个全新的案例。原因在于专家组报告在不久前才尘埃落定，我们有幸成为这门课上第一批分析这一案例的同学。相对于之前的“按理来说”，这一案例并不算很复杂，但也因为全新，而没有任何一些先前学长们分析的内容可以学习，因此难度还是不小的。不过同学们的分析依旧很精彩，发掘的问题也很有深度，讨论与分享亦让我受益匪浅。至此，案例研讨就已经告一段落了，但仍让人觉得意犹未尽，尽管在整个过程中我都处在一个倾听、学习的角色。能够拥有这样一段非常难忘的时光，我感到非常快乐，也希望未来这一快乐能够和我们一起，和课程一起延续下去。

蓝　月

课堂上，主持人起着非常关键的作用，需要在开场时回顾案件思路，厘清讨论的流程，为同学们的讨论开个好头；讨论过程中需要及时地总结同学们的观点，将讨论串接成一个整体，而不是零散的话题，这对课堂主持人的要求非常高，下半学期的讨论课程结束，我感觉负责主持的同学都很好地做到了这一点，思路清晰，梳理能力很强，令人钦佩。学期即将结束，这门课程在很大程度上锻炼了我的梳理能力和逻辑能力，对我接下来的工作和生活都有着巨大的益处。

封　舜

本案是与我们息息相关的一个案例。近年来中美贸易战是一个热门话题，还是我们高考之前的重要时政，一转眼都到了大三年级，甚至开始从法律角度研究分析 WTO 的专家组报告，这是三年前贸易战开战时的我根本就没想到的。周日的时候，我去廖凯原楼的模拟法庭听了清华大学中国经济思想研究院与实践研究院举办的“新百年的中国与世界”论坛，李稻葵教授、社科院美国研究所所长倪峰，还有苏世民书院副院长潘庆中教授在圆桌会谈时提到中美的“贸易战”，从特朗普政府的莱特希泽到拜登政府的戴琦，总结了新政府“固守大于变化”的特点，其中就包括对待贸易和对待中国的态度在短时间内很难转变。听完后我十分感慨，我们学了一个学期的 WTO 争端解决体制，就这样被美国轻易地否定了，难道未来真的以逆全球化为趋势了吗？好在这一个学期的课程也让我对 WTO 产生了信念，对全球化和自由贸易有信心，相信 WTO 争端解决机制体制是 GATT 乌拉圭谈判之后最精妙的争端解决机制，尤其是所建立的上诉机制，在解决贸易案和发展国际法方面做出了重要贡献。我坚决相信未来仍会以全球化为趋势，这是这门课帮我建立的信念感。

时光飞逝，岁月穿梭，一学期的课程就在一个一个案例中悄悄地结束了。但不得不说这一个过程是美好而又难忘的！希望在未来的学习生活中，能够运用这门课上学到的知识、技能，以及讨论发言的技巧，感谢同学们的精彩讨论，感谢老师的悉心指导，每个人在课上都是重要的！

吴玙姜

本次讨论的案例是一个“新鲜出炉”的案例，相较于以往案例中呈现的复杂且精妙的法律解释技巧，本案在法律技巧上并无特别出彩之处，更多的是循规蹈矩地遵循以往的模式。本案真正引人思考却恰恰是法庭之外的因素，像对于中国反制措施正当性的探讨，对于 WTO 争端解决机制改革的建议等。之所以这些问题在本案当中格外引人关注，是因为中美贸易战下 WTO 争端解决机制的局限性也愈发凸显，加之 WTO 上诉机构的瘫痪，多哈回合进展还遥遥无望，这一并不复杂的案件经历的漫长审理期间也正是现在 WTO 困局的一种缩影。

韩世宸

由于校队的外出比赛任务，我只在线下参加了第 14 周的课程，第 15 周的课程只能通过课后录音和作业的形式进行了解，本次课程作为最后一个专题，拥有其独特的魅力。一方面是这次的专家组报告是本学期以来唯一的完整版报告，如果说之前的阅读报告环节让我们了解了专家组分析问题的冰山一角，那么这次的阅读则更是让我对专家组分析逻辑有了更加深入的了解。回看一学期的课程，我为自己能阅读这么多文献感到不可思议，更为自己的收获感到欣慰。本次课程的讨论也更加让我坚信 WTO 对世界贸易秩序稳定的不可动摇的作用，尽管可能还有众多机制需要完善，众多法规需要严谨化，但其存在就犹如世界贸易体系的定海神针，时刻以其严谨的逻辑分析约束并影响着每个 WTO 成员的行为。

回首第一节课，我们也是以中美贸易战出发，从对 WTO 概念的懵懂无知，到如今熟练阅读专家组报告文献并提出自己的见解，这其中的艰辛与付出只有我们自己知道。从初步见识美国对上诉机构蛮横的质疑，到逐渐体会到世界贸易秩序以规则为导向的井然，尽管贸易保护主义的扩张仍在进行，但我相信在世界的共同努力下，一定可以建立起以 WTO 为核心的普遍遵守的秩序。

另外，每次阅读完一篇专家组报告，我都会为专家组严密的分析能力所折服。作为法学院的学生，严谨的分析与强大的逻辑能力不可或缺，我应向专家组判决的严密推理看齐，努力效仿。一学期的课程已过，真诚感谢老师每一次一针见血的点评与发言，真诚感谢同学们的唇枪舌剑与激烈的观点碰撞，在这两次课程中，实证法学对法条的严谨遵循与自然法学对合理性的推崇之间的思想碰撞尤为激烈，但也正是这种观点的交锋才能使同学们迸发出新的灵感，从而收获更多。最后，我也感谢自己有幸选择了这门课程，体会到了 WTO 独特的魅力，我将带着这份好奇坚持下去，取得更大的进步。

陈红吉

到了本学期案例讨论的尾声，课堂给我的一个明显感受是案例与案例之间的联动性增强了、同学之间观点的衔接也更为贯通了。案例之间的联动体现在争议问题、论证思路、适用规则甚至法条文字等多个方面上，在专题七的课堂上我们能够自然地回想起专题二中讨论过的司法经济原则、prima facie case 的证明标准，或是比较起本案美国援引 GATT 1994 第 20 条抗辩与原材料和稀土案中中国援引的不同。在一次次的回顾与联想中，我们在学习过的几个案例将 WTO 体系下的规则掰碎又重组，在 DSB 报告的基础上构建、重塑我们的逻辑观点，并对其进行批判性思考。

严晓畅

其实关于本次课程综述，个人觉得最重要的、最特别的反而是我想写在这里的一些琐碎感想——当这一趟充满挑战性与新发现的旅程行至尾声，我作为全程参与其中的一名旅客，感慨万千。

回想起第一个专题结束的时候，我说这门课在启发着我，也在挑战着我，二者相互交织。当时我很坦诚地言明了自己的不适用，其实假如说得更直白一点，甚至是“恐惧”，无论是大量的英文材料，还是高活跃度的互动课堂，对于我来说，都是“舒适区”之外的世界，是充满未知的挑战。

我很感谢杨老师、助教方学姐和同学们的用心付出，贡献了这十六周以来的精彩课堂。如果没有杨老师，我可能一直没有机会拥有这样的课程体验，没有这样的挑战，自然也见识不到这样的震撼与精彩。自己对自己是最明白的，在老师的指导、同学的激励、不断的训练下，我觉得自己至少有这几方面的收获：第一，领略到了 WTO 法与案例研究的魅力，这种魅力尤其在交互式课堂的模式下展现得淋漓尽致，我完全能理解为什么有学姐学长受课程启发，踏入此领域进行更深远的探索旅程；第二，对于英文文献阅读、英文文献检索、材料整理梳理、案例阅读等都有显见的进步，这些可以说都是我实打实的弱项，个人本来在既往学期中修习普通法课程甚少，一直缺乏相关的训练，但在 WTO 法的课程中，我完成了对自我的挑战；第三，在课堂上更勇敢，虽然不如一些同学游刃有余，但是也敢于在课堂中分享自己的观点、发表自己的看法了，也可以在课后或者线上与同学们进行更进一步的讨论，对于我自己，我觉得也是进步。

虽然我还有很多不足，有很多还需要更进一步的地方，但是这也是这门课留给我的宝藏。它始终启发着我，继续挑战，继续向前，不要逃避，不要退缩。无论以后涉足哪一领域，我都会记得这个学期，这趟震撼人心的旅程。

吴沐晨

不知不觉，WTO 课程已进入尾声，这一学期下来，我感觉课程压力确实还是不小——不论是课程深度还是广度都对每周的时间精力投入有很高的要求。

这十六周的课程均以小班讨论的形式展开，确实让我耳目一新，因为之前的专业课极少以这种形式展开——即使有同学讨论，也是穿插在老师的讲解中。在我看来，WTO 是一门完完全全以学生为主的课程，而不是老师一味输出、我们拼命把知识塞进脑子的课程。

首先丰富的阅读资料（包括专家组与上诉机构报告原文、相关的学术研究文献等）让大家在课前就有独立的理解和初步探究，在课堂讨论时也会因为有提前的储备而更加“言之有物”、能够举一反三……

此外，该课程还极大锻炼了我的文献检索能力，因为在做课后研究的过程中课堂讨论只能给一个 hint，杨老师也不会直接给答案，要自己去查资料。

最后，对这门课程我最感谢的还是对于我临场 argue 能力的提高吧，很多时候大家的讨论不是单线平和进行的，还会逐渐超脱于课前提交的作业内容本身而有所生发，这就意味着同学们在讨论过程中自然而然地开始出现“始料未及”的分歧，然后当堂开始辩驳——令我印象最深刻的还是在讨论 DS 543 专家组裁决思路时，我和几位同学对于专家组管辖权问题的争论，大脑高速运转回应别人质询、一场简单交锋下来却收获颇丰的感觉属实难忘。

附　录

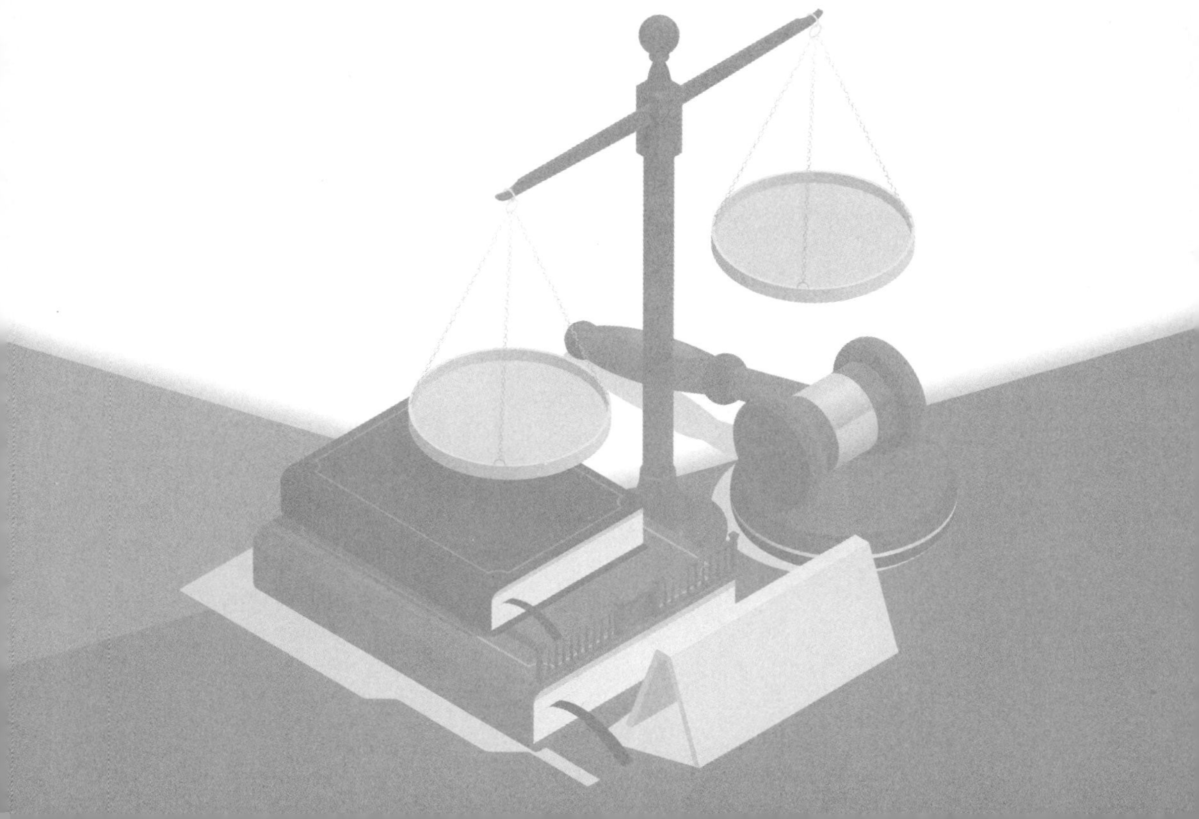

附录一　课程论文（目录）

1.“超 WTO 义务”适用逻辑和解释方法研究

作者：曹秀知、邓汉庆、蓝月、张一初

2. WTO 争议解决中的国内法解释权争锋——从中国知识产权案谈起

作者：骆鑫、张瑶

3. WTO“公共道德”例外适用——以公共道德的含义确定为研究视角

作者：晏高兴、贾小我、张一凡

4. CPC、W120 和 W164 在 GATS 减让表解释中的地位——兼论 VCLT31、32 的解释

作者：吴雨泽、梁好、张卓昊

5. WTO 临时上诉仲裁机制探究——试论 MPIA 的设计与其局限性

作者：魏海跃、王雨宁

6. WTO 裁决的执行：发展中国家成员的困境

作者：刘玥含

7. 上诉机构审查范围研究

作者：朱亚博、封舜、杨盛彪、韩世宸

8. 美国以“强迫劳动”为由实施海关暂扣令的 WTO 合规性

作者：柯静姝、吴沐晨、吴玙姜

9. 试论中国“非市场经济条款”的解释路径

作者：陈红吉、严晓畅

10. WTO 法下的条约解释方法何以具有正当性？

作者：严君啸

11. DSU 第 12 条第 7 款对专家组职权的限制——解释、应用与展望

作者：李雅文、陈沁心

附录二　学期综述

曹秀知

一、新型教学方法

在以老师讲课为主流方法的环境下，真正地参与课堂并不是我们所熟悉的教学方式。一般情况下，通过发言及展示来评分的课堂，已经被很多学生认为是一种“硬课”。可想而知，我们已经完全习惯了老师讲课为主的教学方式。本 WTO 课程以两周为一个专题来进行，包括 WTO 概述、中国知识产权案、中美出版物案、稀土案、原材料案、美国反补贴和反倾销案、中国电子支付服务案及 301 关税措施案。本次课程主要的上课模式分为四部分：第一，课前预习工作。在每次上课之前，我们需要阅读案件的文本内容，并且通过阅读该文本提出相应的问题。第二，课上讨论。结合每位同学提出的问题，我们就会发现大家普遍关注点是什么。课堂上大家会通过自己课前预习进行初步讨论。第三，课后研究。通过课堂上的激烈讨论，就能够发现大家的关注点及大家都拿不准的话题是什么，由于课前预习达不到一定深度，课后研究将会成为我们深入了解该问题的重要步骤。第四，综述。总结课堂中我们所讨论的内容也是 WTO 课程中重要任务之一，以两周为一个单元，整理两周课堂上的收获。

二、新型教学方法的优点

（一）课前预习

课前预习，是一种能够帮助我们在课堂上集中注意力、跟上上课节奏的重要手段。课前预习一直都是通过个人自觉完成的方式进行。在大学课程中，一般以自主学习为主，课前预习全靠学生自觉完成。虽然一般而言，课程并不会考察学生是否完成了课前预习，但课前预习的重要性是不容忽视的。本学期 WTO 课程，通过文献读后感及提出问题的方式，间接性检查学生们的课前预习状况，起到了一定的监督作用。不仅如此，笔者认为，阅读案件过后提出问题，是能够体现出学生在阅读过程中投入程度的标志。只有对案件有一定的了解，才能够提出相关问题。

（二）课上讨论

本课程之所以能够表示为新型课程，关键在于该课程脱离原始教学方法，以学生主导型为授课方式。经过上文所阐述的课前预习，每位同学对本课堂讨论的案件有了一定的了解，对案件的法律问题或事实问题都有不同的看法，再通过课堂讨论的方式分享自己的观点。以美国 301 关税案为例，同学们通过课前预习所提出来的问题，包括中国反制措施的正当化依据、GATT 1994 第 20 条——公共道德例外等。笔者在课前阅读时，所关注到的问题仅是本案中，中国报复行为有何依据，报复性行为是否可以视为双方解决方案；但课堂上同学提出的问题延伸至中国反制措施的合法性。由于每个人在阅读案件的过程中的关注点及提出问题的角度不同，因此同学们的感想及提出的问题，参照自己课前预习其思考角度也会更加深入。

（三）课后研究

结合课上讨论的焦点问题，同学们会自行挑选想研究的问题进行深入研究。如在美国 301 关税案中，笔者对中国反制措施进行了深入研究。结合本案以及知识点，深入探讨案件中的法律问题。笔者认为，选题课后研究其优点在于，由于学业繁忙，因而同学无法将所有时间都投入该课程当中，通过每个同学选择不同的问题，使得同学们能够在最短的时间里收获更多的内容。

（四）课堂综述

笔者认为，课堂综述是讨论文的精华。由于新型教学方式以讨论为主，老师教课为辅，这就导致在课堂上知识点比较零散，如果不进行课堂综述，就无法将凌乱的知识点合成一个坚固的逻辑体系。课堂综述的好处一方面是将讨论课上零散的内容整合在一起，另一方面课堂综述也是培养学生整理资料的一种能力，并且在整理和整合的过程中，能够再次回顾课堂的内容起到一定复习作用。

（五）总结

综上，课前预习、课上讨论、课后研究以及课堂综述完美的组成了一种特殊的新型教学模式，本学期的 WTO 课程为同学们带来了知识层面的收获，也提高了学生们的思考能力、表达能力及整合能力。

三、新型教学方式的不足及建议

将本学期 WTO 学习流程总结如下：课前预习了解案件的具体内容——讨论并交流问题——以最为核心问题为课堂讨论焦点并进行课后研究——总结课堂内容及研究的案件问题。

笔者认为，新型教学方法对中国学生来说是一种挑战。很多同学会认为这样的方式加重了负担，特别是对于不喜欢发言的同学来说，需要参与的课堂简直是“灾难中的灾难”。很多学生写论文中遇到的问题并不大，但如果需要在课堂上表达自己的观点，那便是需要面对的大问题。这就是很多学生更倾向于选择动手多、动嘴少的课程的原因之一。在讨论过程中，有的学生可能会因为不敢说、不敢讲的问题，从而默默吞下自己疑问的情况也是不容忽视的。本课程通过给予每个同学提问机会，使得每位同学都要进行发言。笔者认为给予每个同学发言的机会一方面会使每位同学都能够参与到课堂中；但另一方面会花费大量的时间，包括传话筒的时间，有些同学没有把握好发言时间等问题，导致真正进行讨论的时间大大减少，如果能够在这一方面进行一定的改善，如课前有同学能够总结同学们的问题（在遇到需要澄清的问题时再邀请该同学发言），这样能够大大改善花费时间过多的问题。同时，课后研究过程中会发言，很多同学研究了同一种内容，而有些问题只有一两个同学研究，使得分享时可能会出现一个问题多个同学讨论，花费时间较长或者重复发言过多，而有些问题无人讨论及研究人数不多，研究内容相比其他问题而言不够全面等问题出现。个人认为，在以后的课堂中如果可以分配问题研究范围及研究问题人数，会大大提高课堂讨论的效率。

四、感想

以上内容是笔者对本 WTO 课程的教学方法的个人总结，并结合课堂上的反应及同学们的反馈总结了新型教学模式的利弊。虽有人对该教学模式提出过质疑，但该新型教学模式中有一点是不容忽视的：法学院的课程中几乎没有学生参与为主的课程，而该课程给予学生很大的发挥空间。

在本次论文总结的最后，我想真诚感谢每次为我们汇总作业的助教学姐、指导我们的杨国华老师，以及陪伴我大学最后一堂课的同学们。感谢 WTO 课程为我大四生活画上了圆满的句号！

邓汉庆

一、课程综述

在整理这篇课程综述时，我翻看这学期 WTO 课程的材料和平时提交的个人研究、专题综述，第一感觉是这门课程非常充实，毕竟第一节课杨老师就讲过，如果我们将一堂课上所讨论的内容、涉及的知识面进行细细研究，作为一学期的课程内容也不为过。课前提问、课时交流、课下进行个人研究的学习模式，使我们对于案例的思考深度大大增加，在这种紧张的课程节奏中，本科的最后一个学期也仿佛被按下了加速键，在不知不觉中已经接近尾声了。

回想这门课程，我想收获的并不仅仅是所阅读的案例材料和所讨论的知识点，更多的是一种思维的开阔和见识的增长。我之前与室友交流过，2020 年因为疫情，所以这门课在线上进行的，而这一学年因为疫情的缓解，我们因此有幸能够来到教室进行面对面的交流，也体验了一把举牌发言，更见识到了同学们学习的饱满的热情和踏实的态度，虽然每周都要提交个人感想、每两周要交一次课程综述，但是我也很少感觉到作业难以产出，因为课前的预习和课时聆听同学们的讨论给我带来的收获是真实存在的，下面我想对本学期每一专题的大致内容进行一个小小的回顾。

（一）专题一：WTO 概述

第一专题的主要目的是引导大家了解 WTO 的规则体系和制度建构等基础性的知识，同时老师很早就发出了课前准备的要求，即每个人准备自己的课前阅读心得与提问。老实说，第一次我并没有提交个人的问题，由于个人阅读习惯和学习习惯，在学习和阅读书本或者材料的过程中，我很少带着问题有意识地预习，而是将自己放置在一个被动接受知识点的状态中，这样我总是对书中的知识点持吸收和认可的态度，没有自己的想法；并且之前我也从未参加过类似的课程讨论，对这样的学习方式一无所知。但是在第一周的课程中，同学们意外地很快进入了状态，杨老师也说，我们第一周就讨论出了2020年第二节课进度的问题，我也对大家的学习能力和讨论热情深感佩服。

（二）专题二：中国知识产权案

本课程正式开始讨论的第一个案例是中国知识产权案，经过前两节课的锻炼，同学们已经形成了成熟的课堂讨论氛围和节奏，而中国知识产权案中所提及的许多小的知识点和疑问，在之后的课程中也反复地出现，这个专题得出的一些结论，对后面案例的讨论也形成了重要的指导。并且，在阅读同学们的课后个人研究时我发现，大家对于案例的课后研究不仅局限在对案例本身知识点和争议点的思考，也涉及其他部门法的一些内容，这进一步拓宽了大家讨论的领域，增加了课程内容的丰富度。

（三）专题三：出版物与音像制品案

对于这一专题的讨论，大家主要是围绕 assumption *arguendo* 进行的，以及 GATT 1994 第20条（a）项的适用是否属于上诉机构的审理范围，大家的讨论方式也从之前对文本内容的钻研转移到了更开阔的思路，甚至引用了其他相关的案例对自己的观点进行支撑。

（四）专题四：原材料和稀土案

原材料案和稀土案是我这学期付出精力最多的一个案例，这也直接促使我期末的结课论文选择了案例中关于“超 WTO 义务”的讨论；并且老师开始分享 WTO 的新闻，在增加课程趣味性的同时，部分 WTO 新闻的内容也与课堂上所讨论的有一定联系。这个专题所讨论的主要内容是 WTO 规则法律渊源的逻辑法律关系，并且在课堂讨论过程中，同学们也对《入世议定书》等 WTO 相关法律文件的性质及效力进行了一些思考。

（五）专题五：美国反倾销和反补贴案

美国反倾销与反补贴案给我的感觉是特别复杂，因为涉及反倾销和反补贴，及“双反”措施等的计算问题，并且接续之前的讨论内容，所以我们对先例的效力也进行了进一步的思考，深入讨论了反向推理的内容。同时，在大家的个人研究中，也有一些很有意思的讨论，比如市场经济与非市场经济国家的区分等问题。这些问题看似微小，甚至从表面上我们觉得可以从生活经验中就可以得出直接的结论，实则不然。例如关于市场经济国家与非市场经济国家的区分，以及市场经济国家与非市场经济国家的地位问题，就是非常复杂的。我在课后对非市场经济地位的相关问题也进行了一些研究，还有双重救济是否违反 SCM 的问题。

（六）专题六：电子支付服务案

这一专题的内容与上一专题相同，是深刻并且复杂的，甚至对一些相关概念的理解都不是十分明确，课前我进行预习时就存在很多疑问，对一些基础的概念也不是十分了解，因此做了较多的课前基础知识的查找工作。课堂上的讨论也很复杂，主要是针对几个词汇的用法和具体解释的剖析。我主要感觉语言真是神奇，运用不同的思路就能对同一词汇产生不同的理解，从而可能得出完全相反的结论，还有关于演化解释的一些讨论，都是超离案例材料范围之外且非常有趣的。

（七）专题七：美国对中国加征关税案

最后一个专题是美国对中国加征关税案。在课前预习时，我的直接感受是这个案例与之前的几个专题有不同，因为这个案例所能找到的相关材料相对有限，所以更需要自己对案例等课程资料进行理解，并且这个案例涉及中美贸易战的有关问题，课程最后讨论的比如 WTO 争端解决的效力和执行问题，也是非常具有现实意义的。

二、学期感想

说实话，这门课的节奏有点快，之前我刚选修这门课的时候，也是做好了随时“跑路”的准备，但是随着课程的推进，我感觉不管是从知识、学习能力还是思维方式方面，都有不小的收获。首先，是对一学期的案例的阅读，我的英语阅读速度和能力得到了很好的锻炼。之前一开始为了提高阅读效率，我甚至将电子辞典的 App 打开摆在旁边，稍微有看不懂的地方就移动光标，寄希望于自动翻译。后来随着阅读材料的增多，对背景知识和相关法律英语的进一步了解，我感觉阅读材料也没有那么痛苦了（但还是有点痛苦），不过只是一学期的学习能达到这样的效果，我已经很知足了。其次，是在学习中对于视野的开阔。不管是杨老师课前分享的 WTO 新闻，还是同学们惊人的学习能力，又或者是杨老师分享在朋友圈的美图，这些都让我在以前"闭关锁国"的学习之外了解到了外界的动态，这也使我反思之前的学习方式——是否太关注对于概念的理解，而缺少独立的思考呢？

最后，感谢杨老师和助教一学期的辛勤付出。WTO 课程至少是我在最近最能体会到老师的付出与专注的课程，老师在上课时都是以平等的态度与同学们进行交流，这也是大家敢于畅所欲言的原因。我记得有一次课程，杨老师准确地说出了某位同学课后作业的研究点，这让我非常震惊，毕竟每个人好几千字的课程综述、一个班二三十人下来，光是鼠标推完页面都是不小的工作量，结合老师之前发在网络学堂的课程大礼包，我确实非常佩服杨老师教学的细致认真，这也是我在课程知识之外学习到的地方。助教学姐在整理同学们的课后作业的时候，也是严格遵循统一格式，这也方便了我们对所有同学的研究内容进行阅读和查找。总之，感谢为这堂课付出的所有人，包括老师、助教和热情洋溢的同学们，感恩大家！

蓝　月

一、课程综述

本学期的课程共有七个专题，最开始的专题围绕围绕"understanding the WTO"这一主题展开，《WTO 的理念》等阅读材料对 WTO 的建立历程、宗旨和目标进行了介绍和分析。通过对 WTO 所贯彻的原则和宗旨的了解，WTO 是目前最完善的多边贸易组织，该组织大大降低了各国之前的关税水平，为世界各国提供了一个多边贸易争端解决机制，为全球经济和自由贸易的发展都带来了巨大的便利，更是为发展中国家提供了一个发展契机。通过对相关材料的阅读，我对 WTO 有了基础的了解和认识，WTO 的有关协议与原则为全球贸易提供了指导和有效约束，各个成员国在运行机制内达成共识，展开合作。结合前述背景，同学们在课上提出了自己关于WTO运行机制的疑问，问题辐射WTO争端解决机制的各个方面，经过第一、二周的课程，我们对于WTO机制的运行和相关概念的界定有了大致的认知，老师的介绍和同学们的讨论勾画出WTO的框架，为我们指明后续课程的讨论方向。

接下来的学期课程中，老师选取了六个中国作为当事方的WTO争端解决相关案例，引导我们进行思考和讨论，带着我们一步一步深化第一、二节课上关于WTO的相关知识点，在框架中进行填充和深化。课堂的专题讨论开始之前，我们会阅读案例的专家组报告和上诉机构裁决书，对每个专题的焦点问题进行深入研究，课前提交自己的阅读感想与疑问，同时对专家组和上诉机构的裁决思路进行梳理；课堂上则由同学们分别阐述澄清自己的疑问，老师和其他同学进行解答，对争议问题进行重点聚焦；课后，同学们则对可以在课堂上提及自己感兴趣的问题进行个人研究，在课程作业中阐述自己的想法，最后将作业发送到微信群中，大家彼此之间可以相互借鉴和批评。WTO课程的最大特点在于，后八周的课程由同学们自愿报名主持，由主持人来开场和串讲，把握课堂节奏。

二、学期感想

关于授课形式：讨论式课堂很好地调动了同学们的参与积极性，给每一位同学充分的发言机会，大家在课前的研究会在课堂上得到呈现，并且能够听到老师和同学不同的观点，打开同学们思考的路径，提升了课程的参与度；同时，课堂的常设流程即是课后对案例报告裁决思路的梳理，选取问题进行个人研究以在下一堂课进行分享，让同学们深入阅读了每一份裁决报告，不是蜻蜓点水般掠过，确确实实让同学们有所收获；鼓励同学们选取感兴趣的问题进行研究，让大家不仅仅是停留于课堂知识的获取，而是激发大家增加自己的知识储备，很好地锻炼了同学们发现和解决问题的能力。

关于课堂氛围：WTO课程中令我感受最深的是讨论式教学所带来的课堂氛围，同学不再扮演被动接受知识灌输的角色，而是成为提问者、回答者；也不仅仅局限于老师和同学的单线交流，而是老师与同学、同学和同学之间的多向互动，师生间是平等的朋友关系，更利于课堂的推进，让同学们体会到为课堂贡献价值的快乐。

张一初

一、课程综述

学期初刚刚选上课就收到了一个“大礼包”，内容有课程综述、阅读材料、课程攻略手册等，其中的课程攻略手册仅仅从命名上就为这门课增添了一丝“江湖气息”，而大纲中列示的案例则是 WTO 修炼之路上的一个个副本。

第一个专题可谓是初逢 WTO，阅读的材料主要是 WTO 的官方发布文件及美国官方发布的研究报告。WTO 官方发布文件对 WTO 的历史发展、部门架构等方面如数家珍、娓娓道来；然而，美国官方发布的研究报告则像是在“唱反调”，针针见血地批判 WTO 争端解决机制及其规则体系的不完善和不公正。本专题埋下了伏笔，以 WTO 官方与美国的针锋相对为我们带来发散的思考，迫不及待地浸入接下来的专题学习，通过具体的争端案例去探索 WTO 的真实定位和功能。

第二个专题是知识产权案，也是我们接触的第一个 WTO 案例。通过本专题的学习，专题一列示的概念“活了起来”，我们真实体会到专家组在推进争端解决时的论证过程，也初步接触到陪伴了我们一个学期的老朋友——DSU、VCLT。通过第二个专题，我意识到条约解释在 WTO 争端解决中的重要作用，这也是我们整个学期讨论的核心问题。

第三个专题是出版物和音像制品案，令我印象比较深的是这个专题既讨论了实体问题又讨论了程序问题。实体问题是 GATT 1994 第 20 条 general exception 的适用，该问题与我们讨论的美国加征关税遥相呼应，既包含 WTO 文件之间的体系性问题，又包含对于 general exception 条款文本本身的解释；程序问题则是专家组使用的 assumption *arguendo* 是否合规合理，这个问题也引申至对专家组、上诉机构审查权限的讨论。

第四个专题是原材料案和稀土案，也是我们小组课程论文的思路来源。这个专题主要讨论的问题是 WTO 规则法律渊源的逻辑关系，涉及《入世议定书》《入世工作报告》等文件，也涉及对 holistic approach 等解释方法的讨论。

第五个专题是美国反倾销和反补贴案，这个专题所要讨论的问题突然提升了一定的专业高度，首先需要理解“反倾销”“反补贴”的定义及“双重计算”究竟重复计算了哪一部分的金额，为什么会对被调查的成员国造成负担。

此外，本专题再次讨论了先例的效力，引入了“反向推理”的概念。

第六个专题是电子支付服务案，案件引入的一个抽象问题或者说带来的一个思考点是，既定的规则如何在时代变迁、科技进步后被解释从而更好地适用。本案中专家组的论述注重的是对语言文字本身的解读，如“including”等词语的解释等，并且引入了“industry source”等解释方法的概念，同时带来了“减让表”法律效力及定位的问题。

第七个专题是最后一个专题，讨论的案件是美国对中国加征关税案。案件的特殊之处在于其背后是中美贸易战的宏大叙事背景，既讨论了程序上的问题如中美是否已经如DSU规定一样在WTO体系外实现了争议的解决，又讨论了实体问题如GATT 1994第20 general exception的适用条件。本专题的讨论也引导我们正式思考WTO争端解决的效力问题。

七个专题“形散而神不散”，虽然涉及领域不尽相同，但反射了WTO各方面的热点问题：WTO规则体系、WTO规则解释、专家组和上诉机构的审查范围、WTO先例的效力、WTO争端解决的效力等。

二、学期感想

我在大二的时候选修过这门课，但上了一节课之后就被同学们热火朝天的讨论“劝退了”。大四临近毕业我再次选这门课又是不同的心境了，我开始反思这四年来受到的教育和体会。回顾这短暂而又影响深远的四年大学时光，增长了年纪却没有提高许多独立思考的能力，耽于接受填鸭式的知识传授，习惯了“概念法学”的学习模式。

大四再次回到这个课堂，我的内心仍然充满着不安和忐忑，但随着课程的深入进行及我对课堂模式的逐渐熟悉，最初的紧张和不安渐渐消失了，取而代之的是学弟学妹们在课堂上畅所欲言、激烈讨论带来的深深触动，这就是求知欲的感染力吧。

后半学期的“翻转课堂”更是将本课程教学模式的感染力和优势推向了极致，学弟学妹们作为主持人做足了准备工作，课前将各位同学的感悟研究进行“合并同类项”并且在课堂上针对性讨论，控场能力和互动能力极强。在“翻转课堂”环节，杨老师也坐在讲台下等待举起桌签回答问题分享观点。平等的角色反转及聚焦的问题讨论使得课堂氛围在剑拔弩张的同时又轻松欢快。

感谢这门课程为我带来的知识和触动，我将受益终生。

晏高兴

不知不觉，WTO 的旅途探险悄然临近终点。过去的十六周里，除却中间的一次停课及最后一周的论文大纲展示，我们花了十四周的时间完成了 WTO 的七个专题。可以说，每一个专题都有着不同的内容，但与此相对应的是，我也有着不同的思想体会。在反思课程的同时，本文更多的是揭露自己一学期以来的心路变化，展示出这几个月来如何从不适应到适应再到从容应对的学习状态。总结过去，面向未来，以便为本课程的结束画上令自己满意的句号。

一、课程综述

（一）WTO 概述

本专题是一个总论性质的专题，目的主要是帮助同学们建立对 WTO 的认识。总的说来，课程主要讨论了：①争端解决机构的遵循先例问题；②WTO 争端解决机制的优势与不足；③其他问题，如为什么中国在 WTO 的被起诉率低、第三方与民诉法第三人的区分、管辖权冲突、WTO 法与一般国际法关系，以及事实问题与法律问题的区分等。很多问题也形成了较为统一的认识，初步帮助我们建立了 WTO 整体之印象。

本专题开启了 WTO 讨论课的起点，标志着我们正式踏入了与众不同的课程模式。知识的获取除了自己课前课后的文献阅读，也来源于课堂的讨论。虽然我早就听说过这门“硬课”，但是课程一开始就进入实质上课状态的当属第一次。而且，杨老师也不得不承认，这门课虽然开了几年了，但是也是头一次在第一周就从实质上进入课程状态。在杨老师的主持下，同学们“八仙过海，各显神通”，提出问题，提出解决问题的思路。在第一节课，可能是因为提前预习得较为充分，抑或尚没有步入 WTO 的丛林深处，我还能从容应对，但这种状态随着 WTO 的完全展开而被重新认识。

（二）中国知识产权案

在本案中，美国以三个理由起诉中国不符合 TRIPS 给成员规定的权利义务，专家组报告主要是刑事门槛的争议部分，即中国的刑事处罚标准是否满足 TRIPS 给成员施加的义务，更具体地说，中国的刑法制裁标准是否满足 commercial scale，专家组最终认为，美国没有证明中国的措施不符合 WTO 施加的义务，因此败诉。同学们以裁判组报告为基础，讨论了：① prima facie 规则；②专家组对 commercial scale 的解释路径；③WTO 司法节制；④第三方参与制度。

通过本案的学习，除了第一次阅读专家组报告中的好奇、复杂到欣赏的多样心态，我也初步意识到了，在 WTO 争议案件中，也存在类似于国内法中的证据制度，如果举证不能，即使对方真的构成违反义务，也无法被裁定违法。如果前两周适应了课堂讨论模式，那么这两周也逐渐适应了专家组报告，不仅要读好正文内容，脚注的内容也不可忽视。

（三）中国出版物与音像制品案

中国出版物和音像制品案中，美国主要从贸易权、国民待遇及服务贸易三个方面起诉中国。本次课程专家组报告的节选部分主要集中在贸易权问题上，即中国对贸易权的限制是否符合其“贸易管理的权利”。课堂中，同学们主要讨论了：①上诉机构是否越权审理；②上诉机构的分析思路；③司法节制与 assumption *arguendo* 的关系以及适用条件。

本周逐步走进了 WTO 案例学习的丛林深处，接触到了更加复杂的问题。在本专题中，WTO 的一大问题——《WTO 协定》与中国《入世议定书》的关系初入眼帘，通过对其的学习，使得我纠正了之前浅显而不正确的想法。同时，课堂的观点展示让我学习了一种新的问题研究方法，即观点的支持不仅需要理论，也要善于从实证主义的角度出发，在具体案例中研究总结专家组或者上诉机构的观点，这样才能把观点论证清楚。庆幸的是，也的确做到了。

（四）中国稀土案与中国原材料案

在原材料案中，专家组认为中国的案涉措施如出口税、出口配额及相应的管理方式违反了中国《入世议定书》第 11.3、GATT 1994 第 11.1、10.3 及 8.1 等条款的规定；而被起诉国中国援引例外条款（即 GATT 1994 第 11.2.a 条与 GATT 1994 第 20 条）进行抗辩，但专家组最终都没有认可中国的抗辩主张。在稀土案中，起诉方认为中国对稀土等原材料实施的出口管制措施（出口税、出口配额及管理分配）违反了 GATT 1994 及其在《入世议定书》和《工作组报告》中所作的特殊承诺；中国继续援引 GATT 1994 第 20 条（b）（g）项进行抗辩，除此之外，中国要求专家组重新审视出口税能不能援引 GATT 1994 第 20 条的例外条款，并给出了新的理由，但没有支持中国的请求。本专题的课堂讨论主要为：①专家组的解释方法，如 holistic interpretation；②WTO-plus 条款的理解；③ separate opinion；④裁判组的解释思路。

在本周的学习中，随着同学们观点的复杂多样，我更加感受到，如果没有充足的课前准备，上课很难抓住每一个同学的观点，这就要求我们提前认真阅读同学们的自主研究内容。每每读完同学们的自主研究内容后，我不仅获得了观点的启迪，也引出了更多的疑问。另外，本专题我也真正接触到 WTO 争端解决机构在争议解决中存在的体系性解释问题，不难看出，WTO 争端解决机制的完善还任重道远。

（五）美国反倾销与反补贴案

在 DS 379 中，中国认为美国的案涉措施违反了 SCM 与 GATT 的相关规定。对此，专家组主要认为《WTO 协定》并没有规定双重救济问题，中国也没有能够证明美国的案涉措施违反了《WTO 协定》，因此驳回了中国的请求；在上诉程序中，上诉机构着重对 SCM 第 19.3 条进行了解释，认为美国的措施确实不符合其规定。在 DS 449 中，美国提请专家组对双重救济问题重新审查，专家组经过一一审查，发现美国并无具有说服力的理由推翻 DS 379 上诉机构的结论，从而驳回了美国的请求。在两周的课程讨论中，同学们主要讨论了以下几个问题：双重救济与双重补贴的关系、专家组对 GATT 1994 第 6.5 条的反对解释是否合理、东京回合补贴守则的解释地位，以及市场经济国家与非市场经济国家的相关问题等。

本专题可以说是进入 WTO 丛林深处后的一个最为复杂的一个专题。复杂且繁多的《WTO 协定》，让我初读专家组报告时不知所云。对此，我着重研究了双重救济的背景知识，如此，在第二遍阅读的时候我能够更好地把握专家组及上诉机构的观点逻辑。而且，此案件是一个经济因素与政治因素交叉的案件，让我认识到了中国不利的外贸环境，更加深刻地体会到“我辈当自强”的历史使命！

（六）中国电子支付服务案

在本案中，美国认为中国通过一系列措施限制了电子支付服务的市场准入与国民待遇，违反其加入 WTO 时所作的承诺，因此提请 WTO 审理中国银联在电子支付市场中的垄断问题；中国对此进行了否认，认为其并没有违反其所作的承诺减让表。此专题专家组报告节选了“中国的承诺是否包括电子支付服务”的部分，这一部分的争议在本案中处于核心位置，因为如果中国对此未作出承诺，则对于美国的其他主张则就没有必要再讨论了。专家组根据条约解释法的规则，结合通常含义、上下文、目的与宗旨等方法，对中国的承诺进行了详细的解释，最终认定电子支付服务确属（d）项的内容，支持了美国的主张。从课堂上来看，同学们的关注点有所侧重，课堂中也对一些个性问题的讨论得出来较为明确的答案，更对一些共性的问题提供了多种思考角度、理解方式。总的说来，课堂中讨论的主要问题是：①演化解释；② industrial sorts；③ including 问题；④承诺表解释；⑤ essential 问题。

本专题的课堂讨论可谓相当精彩，各种“解释学”层出不穷，令人大饱耳福，甚至毫不夸张地说，本专题的课堂才真正体现了何为观点的激烈交锋。但是，在课堂中，有点遗憾的是，也许是准备不足，抑或观点的差异过大，我并没有很好的抓住每一个点，因此课后花了很多的时间去总结回顾，需引以为鉴。本专题另外一个有意思的点是老师分享的 WTO 新闻，从不同角度揭示了 WTO 的现状与未来展望。

（七）中国诉美国关税案

在本案中，中国认为美国根据本国贸易法 301 条而对中国实施的加征关税违反了 GATT 1994 第 1.1 条，第 2.1（a）和（b）项；美国请求专家组拒绝中国的请求，并且认为已经和中国达成解决办法，且即使专家组审查中国的观点，根据 GATT 1994 第 20（a）项，美国的措施是合理的，且专家组审查关税从 10%提高到 25%超出了专家组职权的范围。专家组通过层层审查，认为专家组有权审理该案件，在此基础上，美国违反了 GATT 1994 的相关义务，且美国没有证明其措施符合公共道德例外条款。两周的课堂并没有讨论太多问题，主要为：①专家组管辖权问题；②中国反制措施依据问题；③公共道德的适用问题。

中美贸易战前几年打得轰轰烈烈，牵动了大多数国人的心，如今其中的WTO诉讼让我们深刻理解其背后的东西。从课堂反应上看，同学们的关注点更多的在于案件背后的东西，如中国反制措施的依据等；而且，专家组似乎花了大篇幅、长时间裁量了一个看似简单的问题，其背后暗含的影响因素也引人思考。另外，本专题是我唯一一个完整的阅读了专家组报告的案例，也标志着WTO的旅程暂时告一段落。从专题一的WTO的概述，到中美贸易战的结尾，我们通过“整体认识—个案分析—升华总结”，树立了WTO的整体印象，在推崇WTO的同时，我们也在为其未来的发展而担忧。但不管怎么样，世界的发展离不开WTO，而WTO作用的有效发挥，至少从目前来看，离不开其卓有成效的改革，中国等大国应当引领时代，为其规则的完善发挥建设性作用，促进世界的和平与发展。

二、学期感想

很早便听过“WTO法—中国案例分析”这门课，因此在还没有正式选课的时候，这门课便以“作业多、讨论式、自由性”的整体印象出现在我的脑海中。老实说，刚开始，我对这门课持“非常谨慎”的态度，一方面想体验这门课的风格，扩展国际法知识，提高语言表达能力；但另一方面又担心讨论式课堂“过于自由”，自己可能学不到太多东西。然而最终，我还是带着忐忑的心情，选了这门课。

还是农历新年的时候，老师就把文献材料发布在网络学堂。我第一时间下载到电脑，看着“厚厚的”电子书，不禁问自己：这么多材料，自己真的可以按时读完吗？是不是需要在假期里提前阅读部分材料？话虽这么说，但是自己在入校前并没有翻动这些资料。

提前入校几天，我将全部时间用来读专题一的材料，终于在正式开学的前一天将其读完。从中，我被WTO的制度所鼓舞，似乎看到了促使世界欣欣向荣的一个方向，即以WTO规则约束各国，平等互惠，促世界和平，谋共同发展。此时，我选这门课的目的又多了一层，即想要更多的了解这个“经济联合国”——WTO，了解其制度运行现状及在现实中发挥的作用。

当我们正式进入专题一，我便感受到这种讨论式课堂所带来的知识碰撞的乐趣。令我印象最深的是，同学们就遵循先例进行讨论，观点碰撞，互相反驳，好不容易达成了一致观点，又由于一个新材料的发现导致先前的一致意见被“质疑”。这种结果性知识，虽然传统课堂模式也可以带来，但是缺少了讨论的乐趣。那么讨论的乐趣在何？在于找出问题所在、自主查询资料、提出观点、新视角的补充及再次反思自己的观点，等等。在以后的专题中，我们重在就个性案例进行讨论，涉及大多是专家组或者上诉机构报告的问题点，有时候也会对一些背景性问题展开讨论。笔者看来，这个过程，学习的不仅仅是相关的法律知识，也是一种学习的方法论。

随着学习的展开，WTO 在我心中的地位经历了一个“并不平坦”的过程。如果说开始在初步了解 WTO 后，带给我的是一种好奇、推崇；随着具体案件展开，我也认识到 WTO 存在的重大问题，甚至有的时候会怀疑 WTO 争端解决机构是否真的有很大作用（比如一些案件耗时长、缺少执行力以及容易受到政治因素的影响等）。老师自然是推崇 WTO 的，但我很长时间内并没有完全感受到老师眼中的 WTO 重要性，直到最后一节讨论课，老师的一句话彻底点醒了我：“WTO 争端解决机构确实有很多问题，但是如果少了它，世界会怎么样的呢？”确实，在先前，我大多基于个别案件 WTO 的不足从而产生非理性的情感。但细细想来，严格要求 WTO 具有类似于国内法的效力是不可能的，WTO 能做的，是秉承着公平正义效率理念，尽可能构建一个越来越合理的制度框架。世界离不开 WTO，缺少它，不仅意味着世界缺少了一个世界性的平等对话论坛，更意味着世界缺少了一个被广大国家认可的法律体系，丧失了一个较为自洽的规则体制。

我眼中的这门课是怎么样的呢？如果说有什么词可以形容这门课，我倾向于用三个词描绘：独立性、翻转性及挑战性。为何是独立性？这并不是说其他的课程不需要发挥自己的主观能动性，而是说这门课对个人的独立性要求很高。不管是课前的提前阅读，还是课后的自主研究乃至课堂中的“文献资料查询预备”，都要求我们保持关注，尽所有方法，只为解决问题。反过来说，太高的“独立性”要求，可能也会有一些负面效应。但只要我们认真把握课程目标，尽可能参与课堂，收获自然超出自己想象。为何是翻转性？这主要是因为在课程主要内容是讨论某一主题（每个专题可能有多个主题），从课堂讨论可以看出，基本每个主题都有不同的观点，每个观点在提出的那一刻就注定要接受另一观点的质疑，因此大部分问题没有明确的统一答案，但不排除有明确的思路。基于此，每个同学都可以丰富自己看待问题的角度，也可以自主选择一个自己认可的答案。为何是挑战性？老实说来，这门课是我三年来选修的最硬核的一门课。大量的文献阅读材料、课堂资料呈递的“突发性”及每周的两个作业等，这些都给课程带来了不小难度。就我个人而言，如果不提前做好准备工作，上课很可能无法实质参与，以后的选课者应加以注意。

虽然说，WTO 课程已然临近终点，但是其带给我的启迪却远没有终结。带着这些启迪，我将在法律的探索中一路向前。最后，感谢杨老师给了我们这种机会，也感谢助教和同学们一学期以来的互相鼓励、学习，祝大家万事顺遂，不断进步。

吴雨泽

本学期“世界贸易组织法中国案例研究”的课堂，对于我来说可以说是一种全新的体验。本课程与以往课堂有多处不同：一般课堂以老师讲授为主，而 WTO 的课堂则主要由学生参与；单纯学生讨论并不是上限，还有学生参与到后八周专题的备课和主持之中。这学期，我们以这种方式研讨了七个专题，其中笔者有幸作为一个专题第一次课的主持人参与到了课堂的讨论中，也算是受益匪浅。

一、课程综述

（一）专题一：WTO 概述

专题一的主题是 WTO 概述，主要是通过阅读材料，对 WTO 形成一个笼统的感性认识。在中美贸易战和美国阻挠上诉机构成员换届导致 WTO 争端解决机制瘫痪的情况下，WTO 概述这一专题就显得尤为重要。在专题讨论中，隐藏的主线贯穿始终，即 WTO 存在的必要性。从这一点出发，同学们主要讨论了 WTO 争端解决机制，即 DSB 的具体程序及其执行的强制性保证“报复”规则。当然还有其他非常零碎的讨论，但这些零碎的点实际上都是巨大的“天坑”，成为许多同学期末论文的选题。

本专题最重要的问题在于专家组报告及上诉机构报告是否可以作为“先例”存在的问题；这也是美国阻挠上诉机构成员遴选的重要理由之一，同学们有的持肯定说，有的持否定说；最后这一问题实质上涉及如何认识“遵循先例”和“同案同判”的关系问题。

（二）专题二：中国知识产权案

本案是本学期课程我们阅读的第一个案子，杨老师曾在课堂上讲过一个与本案相关的趣闻，即他以同样的教授方式在北大上了一堂课，听课观摩的梁翠宁老师认为本案的教学方法存在问题，因为本案就可以作为整个学期课程的讲授材料。这一方面是杨老师讨论式课堂的特色，另一方面则展现出本案和以后各个案件的信息量和知识量。

在中国知识产权案中，我们主要研读了美国与中国就中国知识产权犯罪刑事门槛问题的交锋。而本案也是中规中矩的运用了 DSU 第 3.2 条要求的国际公法解释的习惯规则，即 VCLT 第 31 和 32 条。在课程讨论中，同学们一致同意案件焦点在于“on a commercial scale”的解释，但在专家组的解释思路上存在分歧：有的同学认为，专家组是以总分结构解释，先以自己的方法解释，再评价美中双方的观点；但以笔者为一方的另一些同学认为，专家组是分总结构，即先使用美国提供的解释路径解释并驳斥美国观点，再使用中国提供的解释路径并评价该路径下的中美观点。

除了对案件本身的讨论，同学们还对 prima facie 标准的含义进行了探讨，一部分同学认为其就是一种证明责任，另一部分同学认为其是一种证明标准，并进行了研究讨论。此外，VCLT 第 31 和 32 条第一次闪亮登场也吸引同学进行了讨论。不过本专题比较遗憾的是，同学们没能就另一个重要问题，即 juridical economy 原则进行讨论，而只能课后自主研究。

（三）专题三：中国出版物与音像制品案

本案可以说是一个里程碑式的案例，它把我们从解读专家组或上诉机构报告的从属状态中解放出来，第一次开始以基本完全批判的眼光看待专家组和上诉机构的报告。同时，本案也创设了一个重大议题，即中国《入世议定书》的相关争议，其中最为重要的是 GATT 1994 XX 抗辩权的问题。

从报告格式顺序来说，同学们第一个争论的问题是上诉机构的审理范围问题。问题缘起在于上诉机构直接审查 GATT 1994 XX 能否作为中国违反议定书义务抗辩权基础这一中国的附条件上诉请求，从而似乎主动变更了中国的上诉请求。这也是笔者第一个查阅先例综合分析提出自己体系的问题，从 DSU 第 17.6 条及相关条例和上诉机构附条件上诉的五个相关案例中，笔者提出了“附条件上诉的条件并不拘束上诉机构”的观点。

第二个重要问题就是上诉机构对先例的“变更”，专家组在本案中遵循上诉机构的先例，采取了 assumption *arguendo* 的方法，但被上诉机构在报告中予以否决。同学们就假设成立方法进行了探讨。同时我们也发现，专家组援引的先例 US-Customs Bond Directive 和本案存在重大差别，因此这也直接证明了专家组和上诉机构的报告不一定就是完全正确的。

（四）专题四：中国原材料案和中国稀土案

本专题的两个案件，可以说是中国出版物和音像制品案的延续，全部关联到 GATT 1994 XX 抗辩权的问题；比上一专题更进一步的是，本专题也让我们对于 WTO 存在本身产生了一定争议。

中国原材料案中，专家组和上诉机构从文义解释出发，采取整体解释方法，否定了中国可以援引 GATT 1994 XX 作为其违反议定书出口税义务的抗辩。在中国稀土案中，专家组再次驳回中国提出的四个新论点，否定其构成可以变更先例的 cogent reasons。

同学们的问题覆盖面则比较广泛，有同学就两个案件针对相同问题这一事实，探究了 WTO 中是否存在一事不再理原则——当然这个问题其实对本专题并没有很大帮助，因为两案重复的是法律问题而非事实问题；同学们还就专家组提出的整体解释方法进行了讨论，结论则指向 VCLT 第 31 和 32 条。

本专题最重要的问题则是中国在《入世议定书》中负担的令人意外的禁止出口税义务，即所谓超 WTO 义务，不能援引 GATT 1994 XX 抗辩，事实上让中国在所有 WTO 成员中面临不公正的对待。这在中国稀土案中也有表现，其专家组报告就出现了一个专家的单独意见。不过关于 WTO 是否实现各国实质公平的问题，则是一个巨大的争议，本案算是其淋漓尽致的体现。

（五）专题五：美国反倾销和反补贴案和美国反补贴和反倾销案

本专题两个案例主要涉及“双反”措施的问题，同时本专题也是第一由同学主持。笔者有幸成为专题第一次课堂的主持者，虽然笔者自觉整体效果并不理想，但算是顺利。

第一个问题是“双反”措施和双重救济问题，这个问题与现实国际贸易及相关经济学知识紧密相关，虽然对其讨论不如之前法律问题的讨论酣畅，但对事实问题的明确，对我们整体上理解案件和专家组上诉机构裁决思路有很大的帮助。第二个问题则与专家组和上诉机构的不同立场相关，即对先前协定的认识存在明显的分歧，专家组仍然沿用上诉机构先例认为其是 context，而上诉机构则认为其是 VCLT 第 32 条的补充材料；这样的明显冲突也为我们区分具体案件具体情形和深入理解 VCLT 第 31 和 32 条的关系提供了新的视角。

本案同时也涉及 cogent reason 与援引先例的问题探讨，但由于时间限制，同学们并未就其进行深入讨论，也算是一个小遗憾。

（六）专题六：中国电子支付服务案

本案是笔者见过最为工整的专家组报告，专家组严格依照 VCLT 第 31 条的顺序，对中国服务贸易减让表规定的“All payment and money transmission services”进行了解释。同学们的问题主要集中在演化解释、“including”的理解及“essential”的理解上。当然，本案专家组对贸易减让表的解释也是令人费解的，这也成为笔者和其他同学的期末论文选题，即有必要考察 WTO 争端解决中专家组和上诉机构对贸易减让表的解释问题。当然，对本案讨论中的一些观点，笔者也有一点看法，即法律争议的解决有时需要考虑各种因素，其推论并非完全的逻辑推论，课上有同学采取形式逻辑的方式解读在笔者看来是一种危险的误区：法律解释不可能是形式的，其推论中必然包含对条文的实质性理解，不能仅仅关注推论的形式而忽视了形式本身就是一种实质。

（七）专题七：美国关税措施案

本专题是因为现实变化而做出的变更，在中美贸易战中，中国不仅及时采取了反制措施，还采取了向 WTO 起诉的方式维护自己的合法权益。本案也是我们第一次通读 WTO 专家组报告。同学们在讨论中除了简单概述了专家报告的结构，主要对几个问题进行了探讨。

首先是判断中美贸易战中的反制措施及相关谈判和 WTO 争端解决机制的关系，或者说专家组对 solution 的判断；其次是专家组对美国援引 GATT 1994 XX 进行抗辩的讨论，同学们就 GATT 1994 XX 公共道德抗辩的目的、手段和必要性进行了交锋。当然，重头戏在于对中国反制措施本身是否正当的讨论，同学们基本上采取了两种态度，一是WTO体系内部可能的抗辩措施，二是国际法整体体系对WTO的补充。

中美贸易战引发的各种诉讼和后果，其实也向我们揭示了WTO本身存在的许多问题，WTO似乎不再是那个自给自足的规范体系，它也面临着国际法必须面临的问题。这也是本专题给予我们的思考和担忧。

二、学期感想

本学期，除了刑法课程和理论课程，笔者几乎被国际、经济两次包围和淹没：不仅经双的金融和国际金融课程讲述与国际贸易相关的经济学知识，还有法学的国际经济法学、国际私法学及专门讨论WTO的世界贸易组织法。在这些课程中，“世界贸易组织法：中国案例研究”是笔者印象最为深刻的课程，笔者收获颇丰之余，也有一些思考和感想。

首先，讨论式课堂。虽然这是笔者第一次经历讨论式课堂，但是笔者本身对于这种自由讨论就有所希冀；即大家通过自由发言讨论，最后达成共识。不过这种自由讨论也正像卢梭对公意和自由的描述：“迫使他自由”。在自由讨论中，我们确实是自由的，而这种自由恰恰扎根于我必须做这件事；这种必须或是来源于一种使命感，或是来源于兴趣。因此，这种讨论式课堂对于同学们的课前准备要求就相当之高，否则讨论的内容只会在少数人中产生共鸣从而丧失了讨论式课堂本身的意义。参与讨论者的水准和课前预习的准备情况在很大程度上决定了课程讨论的上下限，与上学期课堂讨论的状况来看，本学期的课堂虽然一样活跃，但感觉在一些问题上的探讨可能还存有遗憾。

其次，同学主持。笔者有幸作为第一个学生主持，主持了专题五第一堂课的讨论。其实所有课堂参与者终归有其他课程或琐事，不可能完全理想地完成知识准备和课前预习。因此，主持人的引导作用就显得尤为重要。笔者在主持时，仍然有所欠缺，一方面是对讨论问题的具体细节准备不足，难以让讨论更加深入；另一方面则是内心存在一些过度乐观情形，即大家自由讨论就可以让问题越来越清晰，以致主持人只是一个维持秩序的象征性职位，结果现实确实也给予了我相应的教训。当然，做主持人，在应变上我自觉还是合格的。此外，与杨老师不同，学生主持可能也是路径依赖，都会直接抓住专题的几个重难点问题进行探讨，虽然可以节省时间直接抓住主干，但同时也牺牲了灵活性和扩展性，比起杨老师的主持风格可能还是有所欠缺。

此外，就本课程具体内容而言，笔者也是经历了一个三段论式的过程：最早在WTO概述时我认为WTO作为国际经济关系的协调手段存在很大问题；到中期发现专家组和上诉机构报告的精妙和WTO争端解决机制的正常运作；到最后重新发现在WTO秩序建构中的许多漏洞和问题。国际法秩序也是如此，作为人类理想中的共同之法，由于不像国内法一样存在一个超越于各方主体之上的国家机构，其偶然性是相当致命的问题。国家与国家之间的特殊意志汇聚在一起，结成国际组织或者国际条约，但这些却终究不是普遍意志的体现。这在中美贸易战中其实有所体现，双方实现的都是自己的特殊利益，国际的普遍利益往往成为宣誓性的口号；而更为戏剧性的是WTO强制力的保证，作为一个国际争端解决机制，其最终的手段居然还是回到了双方国家之间的反制和报复措施上，作为一个尝试构造普遍意志的条约体系，它自己却在实现普遍意志的最后一步把普遍意志和自己送向终结。

但是，本课程给予我最大的收获恰恰也在这里。因为我们看到了WTO体制下专家组和上诉机构在报告中一次次维护WTO秩序的努力，一次次协调争端双方利益的智慧，一次次创制和更新规则的意图；虽然它在多哈回合的难产中让人失望了，虽然它在美国阻挠上诉机构成员遴选中瘫痪了，虽然它在中美贸易战双方准战争的例外状态中失效了，但是MPIA、WTO改革方案呼之欲出昭示着这不是WTO的死亡，而是WTO的新生。也许，当然这只是笔者的看法，WTO永远不会成为一个自足的规则体系，但是国际法终将成为一个自足的规则体系。

最后的最后，还是要感谢杨老师、方助教，以及所有课堂同学的陪伴和参与，正如前文所说，在讨论式的课堂上，笔者的感想和收获都离不开老师、助教和同学思想的碰撞和火花。

骆 鑫

踏破铁鞋无觅处，得来全不费工夫

有时，我们渴望亲自解答心中疑惑，于是穿上铁鞋，寻寻觅觅，却始终找不到那片“世外桃源”；但或许，就在这四处寻觅之间，蓦然回首，我们会发现自己居然早已身在“桃林”之中。

用“世外桃源”来形容世界贸易组织法或许不太恰当，因为它并非超然世外，而是正处于世内繁华处。对我而言，它更像一片汪洋大海，既和谐又冲突不断，充满生机与神秘。2021年正值中国加入WTO 20周年，我有幸能够在杨老师的引导下，觅得WTO这片汪洋大海。尽管我对这片神秘领域的探索才刚刚起步，但能在这个春夏之际，铁鞋踏破之后，得到这片“海景”，我已然感到惊喜与欣慰。

在选“世贸组织法·中国案例研究”这门课程时，我对WTO法所知甚少，希望能够通过这门课程觅得这片神秘领域，探索所谓“WTO法”究竟为何物；探究面对各成员国之间的争议，DSB究竟如何做出一个至少看似公正的裁决；而这样的裁决，究竟又能在多大程度上实现WTO的目的和宗旨。在正式进入案例研讨之前，我也查阅了相关的论文，仔细阅读了导论部分的课程资料。然而，我却依然觉得眼前一片迷雾，对于WTO法的学习而言，单纯阅读其他学者的研究与见解终究是“纸上得来终觉浅”，只能得到一些模糊、笼统而空泛的认知。于是，我穿上“铁鞋”，自己认真地阅读厚厚的WTO案例，在杨老师的讨论式教学课堂中，与同学们一同踏上了探索WTO法的道路。

（一）踏破铁鞋

对于本科生来说，想认认真真上好这门课并不轻松。因为想真正参与课堂并有所收获，就必定要投入较多课后时间来进行案例阅读和课后探究。如果想把握好一个案例，仅仅阅读一遍通常是不够的，需要反复研读。在初次阅读的时候，有很多问题我们可能根本没有发现，更谈不上解决，而在后面的反复阅读中，我们会不断地发现新的问题，不断地解决之前遗留的问题，不断获得新的收获。只有经历了“踏破铁鞋无觅处”这一过程后，才可能有“得来全不费工夫”的瞬间。只有在一次次认真投入地阅读案例，在疑问与矛盾中挣扎，在课堂的讨论中反思，才能逐步揭开WTO法的神秘面纱。

在头两次课程中，我们开始面对WTO“庞大”的体系和众多的阅读资料，尽管当时我们尚未正式阅读案例，但课堂的讨论就已然出乎意料地精彩。同学们出色的文献检索能力将导论课也变成了研讨的舞台。当时我便意识到，在这门课程中，同学们都是课堂的主人，只有积极地讨论，一起解决疑问，才能更加深入、更加主动地走进 WTO。在聆听其他同学的疑问与回答时，我会收获许多意想不到的知识，尽管是在上课前已经了解到的一些知识，也会在听过其他同学的观点后，刷新自己的观点。

然而，真正踏上正轨，应该是从第一次案例研讨开始。两周的课程用来探究同一个案例：中国知识产权案。这时候的我们对于 WTO 争议解决中的解释原则和裁决思路都并不了解，只是“摸石头过河”。我们思考本案，先是从整体上回顾本案的判决，探究了判决原则，什么是“prima facie case”；后来则专注于讨论“commercial scale”的裁判思路，这一细节的探讨，使得我们对于专家组解决争议的思路和方式又有了进一步的理解。我们的讨论越来越细致，同时也越来越深入，做到了“点面结合”。

第二个案例是中国出版物与音像制品案。大家对该案的讨论更加集中在特定的法律问题上。在最开始时，我们就提出了审理权限的问题，对于这个问题，大家所持意见有明显的分化。一部分同学持肯定态度，另一部分同学持否定态度。我虽肯定上诉机构的管辖权，但也不得不承认，持否定态度的同学的论述条理清楚，确实很有说服力。或许正是在这样的有分歧的研讨中，我们才更能够深入地、有批判性地思考法律问题，而这些法律问题多数是多角度而没有所谓的“正确答案”的。

第三次讨论的案件是中国稀土案和中国原材料案。虽然是两个不同的案件，但其都涉及中国是否可以援引 GATT 1994 第 20 条为违反中国《入世议定书》第 11 条第 3 款的行为的辩护。在这两个案例的阅读，其实是一个温故而知新的过程。首先，这两个案例涉及我们之前讨论的很多法律问题，包括之前在中国出版物和音像制品一案中，上诉机构对于中国是否可以援引 GATT 1994 为违反中国《入世协议书》第 5 条第 1 款的行为进行抗辩的问题；US—Stainless Steel 案中的 Cogent Reasons Approach 问题。其次，涉及 VCLT 第 31、32 条所规定的条约解释规则。最后，阅读对涉及这些法律问题的裁决报告，无疑加深了我们的理解。同时，本案的专家组报告和上诉机构报告中还涉及了一些我们之前从未见过的程序性设计和法律问题，例如 separate opinion。

第四次探究的案例是我们对美国反倾销和反补贴案和美国反补贴和反倾销案。该案关注的是美国的反倾销与反补贴措施引发的双重救济问题。这是一个专业性较强且较为复杂的法律问题。但出乎意料的是，面对复杂的法律概念，大家并未退缩，而是更加耐心地去探究。通过对该案的研讨，我们不仅更加了解案例中涉及的专业术语和相关的国际背景，更是对于该案中所涉及的国际贸易问题有了更加深入、多角度的了解。在第十周的课堂中，我主动报名，主持大家一起研讨该案。得益于杨老师的指导，也得益于课堂上老师和同学们的积极响应和配合，本次主持也算十分顺利，超出预期。

第五次讨论的案件是中国电子支付服务案。本案涉及GATS条约下中国对有关电子服务的具体承诺。比起之前的几个案例，电子服务案涉及的法律问题其实并不复杂，主要是对中国减让表有关表述所囊括的范围的解释。但本案涉及的电子支付服务领域专业性较高，可能在阅读专家组意见的部分说理时需要额外了解关于支付服务的有关专业信息。同时，本案中也涉及了减让表这一特殊的承诺形式，对减让表的解释原则的讨论，也让大家看到了单边条约、多边条约解释原则的不同。

最后一个案例是美国关税措施案。这个案例是我们目前阅读的最具有时效性的案例，专家组报告的发布时间是2020年9月。本案涉及的主要争端是美国针对中国采取的两个征收额外关税的措施是否违反了GATT 1994 Article I：1和Articles II：1（a）and（b）下面的义务。本案最开始裁决的preliminary issues中，专家组先探讨了参与进行旨在解决双方之间分歧的双边谈判进程，是否可以被定性为DSU第12.7条意义上双方令人满意的解决办法。对此，专家组得出的结论是，当事各方没有达成双方商定的解决办法，因此不能剥夺中国获得专家组的建议和裁决的权利。在主体部分，专家组花了大量的笔墨探讨美国引用GATT 1994第20条的抗辩是否成立。在之前的案件中，我们就已经涉及过引用GATT 1994第20条进行抗辩，但我们的探讨主要是是否能够引用该条款，而并没有深入探讨在GATT 1994第20条所规定的公共道德目标到底是什么，以及如何判断一个措施是否旨在保护所援引的公共道德目标。但本案中，专家组深入探究了该问题。

从中国知识产权案到美国关税措施案，在课程的一次次讨论中，我明显感受到，大家从最初探讨WTO案例时的“懵懂”，逐步成长到能够轻松阅读几十页的DSB报告，更能够熟练地分析运用法律解释的诸多原则。而且，在针对特定问题的研讨中，很多同学已经能够形成自己独特的见解。

（二）豁然开朗

“踏破铁鞋”之后，回首这个学期的WTO案例探究，蓦然之间，发现我们已经不再是 WTO 法的门外汉，我们已经觅得 WTO 这片汪洋大海，并乐游其中。一次次的讨论，似乎并没有直接解答我在上课之前的疑问，但实际上，正是在这一次次的研讨中，我们不仅明白了 WTO 争议解决机制究竟是如何运作的，能够提出自己的思考和质疑；更是时常将自己代入 DSB 的角色，思考如果我们是本案的专家组或者上诉机构，会采取什么样的思路。

在经过一个学期的“踏破铁鞋”的 WTO 案例探究之旅后，我得出了以下几个案例研讨经验：①阅读案例时要从厚到薄，再从薄到厚；②阅读案例需要反复翻阅，不漏掉脚注；③勇于质疑，发散思考；④每节课后都要进行课后研究；⑤认真参与并倾听课堂上其他同学的发言。

（三）前路漫漫

当然，我们只是刚刚觅得 WTO 法这片海洋，而对于这片汪洋大海的探索，只是刚刚起步。不可否认，我们对于案例的研讨的确受限于自己对于本领域知识的掌握程度。和多数同学一样，我在上本课程之前，对 WTO 法并没有深入探究过。相较于上学期一些对 WTO 法很感兴趣已经参加过相关模拟法庭的学长学姐相比，我深感自己对于 WTO 法的掌握依然相当有限。因此在课堂上对于一些法律问题的探讨，难以追根溯源。

但这个学期的案例阅读与研讨，无疑将为我们继续探索 WTO 法奠下扎实的基础。其实，在案例研讨课中培养的案例分析能力、批判性思考能力、课堂讨论能力和课后研究能力无疑也有助于我们对其他课程的学习。

感谢杨老师采取讨论式教学的方式开设这门课程，也感谢作为助教的方学姐全程的协助，以及所有同学的积极参与和陪伴，我在本学期讨论式教学的课程中所收获的知识与快乐是别的形式的课程所无法替代的。

张 瑶

一、课程综述

作为之前对国际经济贸易法律知之甚少的门外汉，“WTO 法—中国案例研究”课程的学习，就像探寻传说中的“桃花源”。初见凶险，复行狭隘，坚持下去方见豁然开朗。

进入课程群，收到课程资料时，我着实被资料的“充实”程度吓了一跳。

如此多的概述材料、协议内容、解释解读让人略感无从下手。真正开始第一堂课之前，我的心情是忐忑而期待的。

第一专题（WTO 概述）开始，大家就讨论起了非常复杂的上诉机构停摆的问题。大家不仅陈述了美国的相关阻挠行为和批判意见，还探讨了专家组、上诉机构的问题症结，如案多人少、人员专业性不强等。我们还讨论了“遵循先例”的法理及背离先例的条件。美国的意见，就像 WTO 的背上芒刺，虽然处处作梗，但也确实能够指出一些非常现实的问题。总之，我最大的感受是大家不仅“有备而来”，还都具有深厚的洞察力和逻辑思维能力，和大家探讨问题需要高度集中，且事先做好充分的准备。

第二专题中国知识产权案中，令我印象最深刻的是专家组为了解“刑事门槛”和未达门槛的犯罪行为如何处理而进行的细密、充分的体系解释。专家组翻遍了中国刑法知识产权的分则，还有合计计算、未遂等刑法总则内容，司法解释和行政规章。我虽事先已经知道专家组的论证非常充分，但实际接触第一个案例后我才极其明显地体会到工作量的庞大和专家组态度的勤恳认真。

第三专题中国出版物案中，我见识了专家组极其巧妙的论证方式——假设成立（assumption *arguendo*），以及专家组和上诉机构重要的行事原则——司法节制。我们也探讨了上诉机构的审理范围是否包括被专家组一笔带过，并未深入论证的部分。我们最重要的收获是学会从细小的词句出发，比如专家组“处理过的问题”中的“处理”，到底是提过就算还是需要花费一定篇幅论证才算。从“字眼”“题眼”出发，方能起到四两拨千斤的效果。

第四专题原材料和稀土案第一个挑战就是巨大的篇幅。我在看案例时，会有“看了后面忘记前面”的感受，不得不频繁往前回顾。本专题的核心，是 WTO 协议、义务之间的复杂联系和勾稽，可谓“牵一发而动全身”。

第五专题美国反倾销与反补贴案件中，最有意思的是税率的计算方式和市场经济与非市场经济国家的区别。对于税率的重复计算，笔者甚至需要动笔模拟演算一番才能了解双方争议，不得不说是对跨学科知识的挑战。市场经济国家与非市场经济国家的区别也是我们格外关注的，以“行政机关影响市场价格”作为判断标准，有失偏颇。判断标准归根结底是美国、欧盟等国用以扩张本国利益的工具之一。

第六专题的电子支付服务案中，笔者有幸进行了一次课堂主持。这一专题的独特之处在于，案件针对的对象是服务而非货物。我们的第一步，就是界定争议“服务”的内容和范围究竟为何。本案的法律解释，也较多运用体系解释方法，通过“including”等词巧妙解释法条的涵射范围。严君啸同学把数学的方法用于法条解释，让人印象非常深刻。

第七专题美国对中国加征关税中，因为中美贸易战的时事热点和大背景，讨论比较多的是中国的贸易反制问题及这种反制在 WTO 体系中是否合理。DSU 法规禁止成员国间进行私自反制，但反制是国家间经济纠纷中的常用手段。我们试图探讨有无可能规避 DSU 第 23 条的禁止性规定，并在课堂上进行了唇枪舌剑的攻防战。

二、学期感想

一学期的时光如白驹过隙，我们在课堂上尽情进行思维的交付，不知时间流逝。至此综述时，提笔时千头万绪，总结成如下体会。

第一点体会，是每个小问题都有可能隐藏着大“爆点”。主持时，我发现，很多看大家在研究报告中写得大同小异的问题，实际表达出来还是有很多观念分歧。对于这些分歧，双方都有严谨缜密的逻辑去推定、证实，乃至可以引经据典（案例、条文）或者联系到整个 WTO 体系的基本价值。笔者不得不频频看时间，以防大家在某一问题上耗费了过多时间而无暇讨论全局。小小课堂尚且如此，真正的入世谈判、DSB 面前的辩论必然更加艰险复杂。

第二点体会，是每位同学的教育背景、习惯都会塑造独特的思维方式，这也就不难理解美国人为何对大法官的教育背景、私人交际圈、政治倾向如此“掘地三尺”了。拥有数学背景的同学，喜欢依靠数学体系严谨缜密的逻辑来解决任何问题。拥有扎实的国际法素养或者浓厚兴趣的同学，能联系到 ICJ 等其他国际争议解决体系来高屋建瓴、纵横捭阖。对国内民法和民诉法掌握深入的同学，也经常对比理解。不同人的思维方式，给了我们解决问题的无限可能，这也让笔者十分乐观——很多我们现在看来是僵局的法律问题或客观难题，都可能在人类智慧的发展中得到解决。

第三点体会，是需要结合全局审视材料和规范。中国作为成文法国家，裁判的主要依据就是法律法规及司法解释。虽然有指导案例制度，但实践中并不常用。法官在裁判时，限于时间精力和传统习惯，没有精妙的论证过程。而 WTO 专家组和上诉机构，洋洋洒洒，对 WTO 法律规范，各种协议文件，乃至一般国际法、国内法材料都能旁征博引，既增长了不少知识，也是极好的思维训练。

总之，无尽感激老师的谆谆教诲，感谢勤奋刻苦又博学多才的同学们以思维的火花予我惊艳。

王雨宁

学期总结——大学者，非谓有大楼之谓也，大师之谓也

一、学期感想

想必大家对于大学阶段的课堂都有这样的刻板印象：老师坐在讲台上对着 PPT 滔滔不绝，台下的同学对着电脑疯狂输出，一学期的“命脉”就把握在那“一锤定音”的闭卷考试中。曾经我也以为所有的课程都是以这样的方式展开，直到我选修了杨国华老师的 WTO 案例分析。

或许选修此门课之前，大家多多少少都对 WTO 案例研讨这门课有所耳闻——“苏格拉底”式的授课模式放在哪一所大学的哪一个院系都是极其罕见的。在 WTO 案例研讨课上，我们真正看到了同学们手持麦克风的模样，也真正看到当“话语权”从集中在一人手上变为平均分配到每个渴望参与谈论的同学的手上时，充满生机与智慧的课堂的样貌。

（一）莫嫌荦确坡头路，自爱铿然曳杖声

过来人用自己的选课经验告诉对这门课有兴趣的同学，每一年都会有很多同学在上完第一节课后忍痛割爱，挥手作别 WTO 案例研讨——这和 WTO 课程的“硬核”不无关系。

尽管杨老师和蔼可亲而且极其能够和同学们打成一片，但是 WTO 课程难度却不是那么“平易近人”的。如果真的希望好好参与到这节课的讨论中来，那么或许朋友们要做好每星期投入两位数小时的准备。

在这两位数小时里，同学们要完成如下工作：①预习双周一次的全英文案例（通常是 30 页以上）的预习并提出问题，②完成双周一次的课程综述（这篇综述要覆盖课堂探讨结论、自我研究话题及自己的心得体会）；③完成单周一次的专家组/上诉机构裁决思路并对某一个问题进行课后研究。

但正所谓“莫嫌荦确坡头路，自爱铿然曳杖声”，尽管这样的工作量听起来确实吓人，但是一旦坚持到最后，你会发现 WTO 课程带给你的收获也绝非三言两语能够说清的。

（二）看山是山，看山不是山

不得不说，一开始选修这门课时，面对海量的阅读资料，我内心油然而生一种“山重水复疑无路”的绝望之感。我望着好几百页的 20 *Years of WTO*，*Understanding the WTO*，*EU WTO Reform Proposal* 等阅读资料，心中生出一丝凉意。

对于一个此前对 WTO 几乎毫无认知的新手而言，最开始的几周确实“两眼一抹黑”。但好在 WTO 案例研讨并非一开始便进入“真刀实枪”的案例中，大家会在最初的课堂上感知 WTO 的机构、原则。如此一来，大家有了一个缓冲的机会，在正式进入 WTO 案例的历练之前先“穿好装备”。

在最开始的两周内，同学们会对自己阅读的 *Understanding the WTO*、*Future WTO*、20 *Years of the WTO* 等文章进行分享，并对彼此的问题进行交流和回复。

我记得我们在前两周的历程中，明白了什么是 VCLT 第 31 条和第 32 条规定的条约解释方法，明白了 VCLT 第 31 条和第 32 条的关系，明白了 VCLT 第 31 条的解释方法都有哪些，明白了专家组和上诉机构对于案件的管辖范围是哪些，明白了 WTO 组织构架等。这些基础知识对于今后阅读案件至关重要。几乎每一个案件都会涉及 VCLT 第 31 条的解读，如果不是一开始有了对 VCLT 第 31 条的了解，一个新手几乎很难直接上手 WTO 案例。如此看来，WTO 的教学内容虽难，但是其教学手段却极其科学。参与 WTO 案例研讨课程如同攀登山峰，登顶虽高，但杨老师的教学安排能够保证每位赤手空拳的同学都找到那一根帮助自己攀登的缆绳。

经历完了前两周的“洗礼”，恭喜同学们来到了第二个阶段——案例讨论阶段。这个过程虽然痛苦，但是也非常有收获。毕竟，WTO 大概是法学院为数不多的可以让同学们静心阅读“大块头”文章与案例的课程了，如果把握好这一宝贵的机会，你会发现自己的英文阅读功力将在这一个学期内大大提升。

通常来说，同学们不需要读完整个案例，我们往往是只对其中一个 issue

进行讨论。但是如果同学们觉得只读一个争点无法理解整个案件的背景，那么可以借助以下手段来快速理解案例。第一，同学们会在压缩包里面找到杨国华老师的《WTO 中国案例评析》，这本文集可以帮助同学们迅速抓住案例中的重要 sub-issue；第二，同学们可以借助 WTO 官网的 summary to key findings 帮助自己对案件的基础问题进行理解；第三，同学们可以借助往届同学的课程总结获得突破口。

但理解判决只是第一步，这节课最有趣的在于，我们并非仅仅对“专家组/上诉机构的判决逻辑是怎样的”进行梳理，如果真的仅仅停留在这个层面，那这门课的魅力将会大打折扣。相反，梳理判决逻辑只是一个基础，在此基础上，我们更要对专家组和上诉机构的思路进行反驳、质疑，并深入分他们判决的合理性。

在 WTO 案例研讨课上，我经常会有一种“看山是山，看山不是山”之感。所谓“看山是山”，指的是一开始我们会对某一个问题产生一套较为“共识”的理解。比如当我们谈到 VCLT 第 31 条，脑海中所反应出的便是 VCLT 中规定的四种解释手段，以及每种解释手段分别都是什么意思。对此，全体同学经过前两周的讨论较能形成共识。所谓“看山不是山”，指的是随着课程的推进，当我们遇到更为个性化、个案化的问题时，可能会发现专家组/上诉机构对于某些问题的判决反而冲击了我们一开始的认识。比如，我们会质疑，为何专家组在这个案件中认为这一条可以用 GATT 1994 第 20 条作为抗辩，而在另一个看似相似的案例中却做出了相反的结论。又如，为何专家组/上诉机构在一个案件中认为 holistic interpretation 是要对 VCLT 第 31 条的所有解释途径进行分析后按照各个分析方式的权重得出某一个词/短语的结论，而在另一个案件中，专家组/上诉机构却认为仅仅用文义解释便已经构成了 holistic interpretation。诸如此类的问题数不胜数。

“看山是山，看山不是山”，其实这两句话后面还有一句“看山又是山”。之所以没有放上去这最后一句，是因为笔者觉得自己离那看山又是山的格局实在相差太远。但非常幸运的是，我能够被杨老师领进这群山环绕的图景之中，能够用自己的眼睛“看到山”，看到“山与山”的不同，并领略群山之美。

（三）纸上得来终觉浅，绝知此事要躬行

在我看来，在 WTO 课上做主持人是一个特别愉快的旅程。而担任主持人

的过程在我看来大约可以算是额外的收获。

由于课程量所限，每学期大约只有不超过 8 名同学能够报名做主持人。虽然手握麦克风意味着更长时间的备课，意味着要承担被“挂”在讲台上的风险，也意味着要坦然接受自己众目睽睽之下的露怯，但是真的非常推荐朋友们鼓足勇气报名担任一次 WTO 的主持人。

以我个人的经验来看，想要当好主持人，首先应该对案例有更充分的理解。我记得自己担任的是电子支付服务案件第一周的主持人，为了确保课程过程中不会冷场，我在课前预先完成了该案例第二周的任务——提前把专家组思路进行了梳理，并提前研究了几个话题。幸运的是，同学们都非常给力，大家各抒己见，不仅对专家组的裁决有所褒贬，而且对“industry source”“including”的用法等问题已经有了比较超前的研究，这让我紧绷的弦一下子放松了不少。不仅如此，杨老师也会在接近冷场的“危急时刻”高举桌牌，抑或在大家“误入歧途”时“拨乱反正”。如同一场大型音乐会幕后的指挥家，坐在讲台下的杨老师虽然不再以主持人的身份示人，但课堂上的“点睛之笔”仍旧出自杨老师的发言。当然，课堂上更少不了部分同学与杨老师在观点上的“交火”。能参与到这样的课程中来，何其有幸。

当然，作为主持人，把握好时间也非常重要。一学期看下来，尽管大家的主持风格略有不同，但是大家都严谨地将整个课堂分为两个部分：第一个部分讨论裁决思路，第二个部分讨论大家的共性化或者个性化问题。大家似乎都默契地将这样的“切割”方法作为了一种惯例，后人也没有再发明新的课堂切割模式。大部分主持人会将第一个阶段控制在 1 个小时左右，而剩下的时间则正好可以讨论 3~4 个难题。

当主持人的一个最大的感受有二，一是自身主持素养的确匮乏，二是当一个好的讲师实在不易。个人认为，主持人需要具有同时处理不同任务的能力：他/她不仅需要记录下刚刚这位同学的发言，也要尽快厘清自己的思路，更要规划接下来进入哪一个话题的探讨，还要留意台下哪个桌牌已经悄然立起……站到讲台上无疑是对自己胆量和控场能力的一次挑战，我非常荣幸能够有机会在 WTO 案例研讨的课程上得到如此宝贵的锻炼，也希望以后将要在 WTO 课程上做主持的同学能够享受这次旅行。

在正式进入本学期对于课堂知识的实质性总结之前，想给未来选修 WTO 的同学分享一些或许有助于他们迅速查找案例的网站。首先讲讲那些好用的外国网站。第一，WTO 官网是必不可少的。WTO 官网上有 DSU、GATT 等条约的原文，也有 WTO Analytical Index。第二，同学们可以适当运用 Westlaw、Lexis、Heinonline、Kluwer 等网站上的论文（上面有些关于上诉机构管辖权等等话题的著述，可以作为课后作业的参考）。如果同学们不习惯使用外国网站，那么知网绝对是你的不二之选。知网上杨老师发表的论文数不胜数，这些深入浅出的文章绝对可以帮助大家对课堂上将要探讨的案例有更为深入的认知。

二、课程综述

本学期深入讨论的案例一共有六个，分别如下。

（一）中国知识产权案——战战兢兢，如临深渊

中国知产案是我们的“入门案件”，第一次阅读如此长篇幅的案例难免产生畏惧心理。第一节课上，同学们的问题主要围绕着 prima facie case、司法节制原则，以及字典对于解释条约的作用等问题展开。

初次阅读案例的我们当时还相当青涩，不仅在提问时不能做到援引自己提题的出处，而且对裁决思路的把握也欠佳。我记得我在上这节课的时候内心是很紧张的。一方面，我对这个案件的理解度非常有限，另一方面我也没有完全适应这种开放式的讨论课堂。那时的我，生怕自己回答错问题，但后来才知道，在 WTO 案例研讨的课堂上，任何想法都是受到欢迎的，而且大家的想法很可能无关对错，充其量只是支持的人或多或少罢了。

（二）中国出版物与音像制品——不敢高声语，恐惊天上人

中国出版物和印象制品案是我们领略的第二座山峰。经过了前几周的适应，同学们都显得更为放松，但是大家似乎都有意地回避了意见的争锋。在这一阶段，我们对上诉机构审理范围有了一定了解，也对“假设成立”在什么情况下可以使用做了一定研究。音像出版案的阅读篇幅似乎比上一个案子更为和善，但是想要把这个案例“拿下”依旧需要花费不少气力。

在第二专题中，同学们显然对于判决本身的掌握扎实了许多。我在阅读这个案例的时候，在案例的批注栏对判决本身做了分段，这样一来，上课过程中我可以更快地捕捉同学们的兴趣点和探讨的重点。

在这一专题中，我感触最多是 GATT 1994 第 20（a）款适用性的问题，其二是 issue of law 和 legal interpretation 的区分，其三是 DSU 第 17.6 条和 DSU 第 11 条是否真的存在冲突。于我而言，从这个专题开始，我渐渐有些上道。虽然上课的时候还是要掂量再三才敢举桌签发言，但是我已经开始有些享受这样可能被人质疑并有权利质疑别人的课堂。

（三）中国稀土案和原材料案——争渡，争渡

如果说中国出版物案件打开了我对于 GATT 1994 第 20 条认知的大门。那么在这一专题中，我们加深了对于 GATT 1994 第 20 条的理解。在本轮我们主要探讨的问题是中国是否有权援引 GATT 1994 第 20 条对其违反《入世议定书》第 11.3 条进行抗辩。当然，我们也是在这个案件中第一次见到了专家组的 separate opinion，并且第一次接触到“明示其一排除其他”的情况。

中国稀土案和原材料案的上课知识密度很大，但是到了第三个案件，我开始比较适应高浓度的课堂，也开始将 WTO 和我所学过的普通法精要上的某些判例法规则的运用进行对比。同学们的状态也显得慢慢松弛了许多，而且大家对于原文的熟悉程度也较之前三个案例有了提升。

在这一专题中，我对 separate opinion 进行了一定的研究，并从一篇名为 *Dissent as Dialectic: Horizontal and Vertical Disagreement in WTO Dispute Settlement* 的文章中对涉案问题有了进一步理解。其中建构的 horizontal disagreement 和 vertical disagreement 让我大开眼界。

（四）美国反倾销和反补贴——小试牛刀

从这个案件开始，主持人的身份便落在了在座同学们的身上。吴雨泽和骆鑫同学分别作为第一次和第二次课的主持人带领大家领略了美国的“双反”案件。在本专题中，大家主要围绕着什么是“双反”措施、先前协定在条约解释中的作用等等展开。

到了第五专题，大家的状态更为放松，而我本人也更愿意积极参加讨论。作为主持人，吴雨泽和骆鑫同学想必花了不少时间弄清楚案情，而作为第一个体验主持人角色的吴雨泽同学更是给后人分享了自己的主持心得，并调侃地鼓励大家要把控好课堂时间。

在这一专题中，我收获比较大的一是终于明白了反倾销和反垄断的不同，

二是终于能从数学公式上理解为何非市场经济国家会出现双重救济的局面，三是对反向推理这一问题有了一点自己的想法。

（五）中国电子支付服务案——柳暗花明又一村

在第五专题中，我成功做了一回主持人。在本专题中，我们主要探讨的问题是“industry source”为什么可以用作文义解释以及何时可以适用，“including”的用法意思其是否是完全列举，演化解释的适用等。

大家在这一专题中的讨论非常充分，而且很多同学已经开始对彼此的观点进行了质疑。可见大家已经丢开了一开始害怕丢面子的胆怯心理，而真正地参与到了课堂讨论中来。

在这一专题中，同学们对专家组的裁决进行了质疑。对于专家组用法千奇百怪的“including”，同学们一度曾陷入僵局，后来经杨老师点拨和几位同学的发现，同学们开始挑专家组在“including”一词用法上的毛病，大家觉得专家组自己就没搞明白“including”到底有哪几种用法，于是出现了“including”“including…but not limited to…”等五花八门的用法。

在这一专题中，我除了对“including”的理解更为深刻，还明白了演化解释的含义及其适用性。

（六）DS 543 中美关税案——志士惜日短

很快我们就来到了本学期最后一个案例。DS 543 是本学期新增案例，也是一个和实事密切相连的争点。在本案中，我们密切探讨了中国反制美国的合理性所在。同学们调动了 WTO 协议内部的条例为中国的行为寻找合理性，同时大家也在国际法上试图说明中国的反制属于国际法规定的某些例外免责情形。大家最终并没有在中国的反制措施是否是合理的这一点上达成一致意见，但是争论本身让人受益匪浅。

恐怕 DS 543 是我在这学期所有案件中最感兴趣的一个案子了。从美国和中国双方立场上思考反制合理性绝对是一件非常过瘾的体验，而从国际法层面找到的 VCLT 第 60 条及《联合国宪章》第 51 条等“潜在的”出路更是让人受益匪浅。

三、尾声——郁郁弥文化，循循善诱心

WTO 案例研讨课无疑是我大学三年收获最多的一门课，在国际事件层出

不穷的当下，了解 WTO 的运作及最新动态都极为必要。为期 16 周的课程竟然快得像弹指一挥间，很多案例由于时间所限都有一种意犹未尽之感。而在最后一周中同学们的开题报告更是让人不禁好奇：最后大家呈现的论文又会进展到哪一步。

WTO 是继 VIS 模庭后让我对国际法感兴趣的又一引爆点，但它绝对不会是终点。WTO 案例研讨课让我感触最大的大致有如下几点。

第一，这节课给了我快速学习复杂知识的信心。一开始我对自己一周内速读 30 页及以上英文案例的能力抱有怀疑态度。虽然我的英语能力一直不错，但是在有限时间内提取专业词汇如此多、论证逻辑如此完备且复杂的案例确实让我压力不小。好在有老师的引导和同学的启发，我完成了这一趟旅程。WTO 案例研讨像一座孤峰——因为高得出奇而孤独。但这座山并非没有办法攀登。事实上，这座山峰对于有意愿领略其美的同学们总是抱着十分欢迎且友好的态度，而“山神”杨老师也会润物细无声地为每一位攀山人指明此山的险峻和捷径。翻越这座孤峰后，作为登山者的我仿佛觉得那座巨山的精神从此就住在了自己身体中一般。史铁生曾说：“此后，我不在地坛，但地坛在我。”上完了 WTO 案例研讨课后的我对着电脑前的大大小小的文件包及数不清的案例和文件说：“此后，我不在孤峰，但孤峰在我。”

第二，和同学们进行开放式交流有利于深入理解知识。以往的课堂几乎不会专门留给我们时间进行同学之间的探讨。课堂以老师讲完书上的知识点为终结，而一张黑字白底的考卷便是这门课最后的反馈。但在 WTO 案例研讨课上，我们没有闭卷考试，我们有的只有非常充裕的探讨时间。经过一学期的观点碰撞，我反而觉得这样的课堂让我对所学内容的记忆更加深刻。死记硬背不是这门课最终的指标，正确答案不是这门课最终的主旨。WTO 案例研讨课的目标不是将我们变成“背书小达人”“应试小能手”，而是将我们造就成能带着问题去阅读的质疑者。同学们的课堂交火总能给我留下深刻的印象，而且我相信这样的记忆即使在本科毕业后的某个清晨再忆起时，也回味无穷。

第三，杨老师独特的教学之道是这门课最大的魅力所在。在选修 WTO 案例研讨这门课之前我便对杨老师在 WTO 方面极其厉害的作为早就有所耳闻。但在真正见到杨老师之前，我一直认为杨老师大概会是一位不苟言笑的老师。令我非常意外的是，杨老师本人十分和蔼可亲，而且非常尊重每位同学的观点。梅贻琦先生曾说过：“所谓大学者，非谓有大楼之谓也，大师之谓也。”

非常感激一位造诣如此之深的老师愿意如“同学”一般与我们这些“WTO 小菜鸟”相处，耐心与我们探讨看似有些“冒傻气”的问题，鼓励我们拥有自己的想法，激励我们坚持自己的质疑精神。

“学校犹水也，师生犹鱼也，其行动犹游泳也。大鱼前导，小鱼尾随，是从游也。从游既久，其濡染观摩之效自不求而至，不为而成。”吾辈小鱼从游至此，亦无悔矣。

封　舜

挥手自兹去，明月照我还

逝者如斯夫，不舍昼夜。不知不觉间，WTO 法中国案例研究课程已经结束，经历了十五个周、在杨老师的带领之下完成了七个专题的学习，进行了一次开题报告。我们回望来时的路，是为了看清脚下的路，从而坚定未来的路。毛主席诗云：东方欲晓，莫道君行早；踏遍青山人未老，风景这边独好。我们太应该重视这个“独”了，这堂课上将“独”体现得淋漓尽致：WTO 法在国际法中是独一无二的；“杨氏讨论式教学法”在清华乃至全国大学的课堂中是绝无仅有的；同时杨老师的学术思想、治学之道和高尚志趣与法治情怀更是凤毛麟角。此时此刻我回忆起这门课上的点点滴滴，不禁感慨万分，本文将综述这学期的课程与我的个人感想，期望与老师和同学们分享，也能够为日后的反思提供一点资料。

一、课程综述

七个专题的学习，包括：专题一　对 WTO 的整体情况的了解掌握，特别是争端解决机制的运行情况，为案例研讨做准备；专题二　研究“中国知识产权案”中“刑事门槛”部分；专题三　研究“中国出版物与音像制品案”中“是否有权援用 GATT 1994 第 20 条”；专题四　研究“中国原材料案”和“中国稀土案”中“是否有权援用 GATT 1994 第 20 条”；专题五　研究“美国反倾销和反补贴案”和“美国反补贴和反倾销案”中双重救济相关问题；专题六　研究“中国电子支付服务案”中“中国承诺是否包括电子支付服务”及其他问题；专题七　研究贸易战案例“中国诉美国 301 条款关税措施案”中的相关问题。

讨论式的教学法贯穿了整门课，其中前半个学期是杨老师亲自主持，而后半学期每节课都有一个同学担任主持人。我们以案例的专家组和上诉机构判决书为一手阅读资料，辅助以各类法条、杨老师及其他学者的著述和往届课程实录等。虽然有具体案例，但是我们的讨论重点不局限于此。一方面我们的讨论直接关联事实与法律，要深刻地分析判决思路，深入具体地分析某项法律是否适用于这种事实；另一方面是对案件涉及的某个规则或者原则抽离出来进行发散性讨论，这类问题包括解释方法、判决技巧、《入世议定书》和某些具体法条的含义等。每个专题中我们要先阅读判决书并在微信群中提交感想和疑问，第一节课上每个人要按顺序提出问题，同学们可以在课堂上或在微信群中直接回应，然后针对大家都关注的问题进行重点讨论；第二节课前要提交一个作业，包含一个指定问题（经常是判决思路整理）和一个自选问题，第二节课上部分同学先对独特问题进行阐述，再集中讨论重点问题，课后提交一个专题综述和感想。通过这样的方式，我们既解决了同学们关切的问题，也解决了与知识点和案例相关的重点问题，既有我们独自搜索思考解决，也有杨老师和主持人的指导，过程中的收获不仅是知识，也有思维和方法技巧。

二、学期感想

这门课给我最大的感受就是独特，它不同于以往的任何一门课，这种新鲜而刺激的体验十分神奇。

（一）课程内容

WTO 法是各国管理贸易的政策和法律，建立了一整套规则，包括最惠国待遇、国民待遇、降低关税、取消进出口数量限制、服务业市场开放、保护知识产权等。这些规则得到了普遍遵守，促进了世界经济和世界和平的发展。从规则建立和遵守的角度看，WTO 在国际关系的一个重要领域，即影响深远的国际贸易领域建立了一种“法治”(rule of law)，是当代国际法的最新发展，并且为国际关系其他领域法治的构建提供了借鉴，正如杨老师所说：WTO 是模范国际法。一个学期的课程也让我对 WTO 产生了信念，看到了 WTO 在国际法治方面的示范效应，对全球化和自由贸易有信心，相信 WTO 争端解决机制是 GATT 乌拉圭谈判之后最精妙的争端解决机制，尤其是所建立的上诉机制，在解决贸易案件和发展国际法方面做出了重要贡献，我坚决相信未来仍会以全球化为趋势，这是这门课帮我建立的信念感，我看到了国际法治的曙光，树立了法治的信心。

（二）授课方式

和大部分同学一样，我们从小接受的便是填鸭式的教育，即使不断有教改的风吹过，最大的变动也仅限于老师增加了提问的频率，是为所谓的“翻转课堂”。我们本以为大学会有所改观，但大部分课程仍然是老师满堂灌，而杨老师所采用的“杨氏讨论式教学法”真正地将课堂交给了学生。这种体验是新奇又紧张的，要求我们充分准备课上需要讨论的内容，需要既会倾听又会讲述，再通过与专题综述相配合，能够整理一个专题所涉及的各类问题并与同学们分享，从知识和能力两方面对我进行了锻炼。与各位同学相比我当然自愧不如，但是与学期初的自己进行纵向的对比，我敢大言不惭地说自己是在进步的，这是这门课和这种教学方式带给我的收获，是在别的课程上不能体会到的独特的快乐。

（三）授课老师

杨老师是我遇到的最特别的老师，他会十分欢迎同学们加他的微信，期待向更多人分享在朋友圈晒出的美照；他在课堂上察言观色，时而“打死也不说”，时而积极引导，同学主持时又不停举牌发言。我曾有一次路过杨老师的办公室门口，凑巧开着门我就往里面望了几眼，看到了满满汉译名著摆出的“彩虹墙”，当然还看到了坐在电脑前工作的杨老师。我记得原来看过一篇杨老师的访谈《WTO实践者的Y大调协奏曲》，访谈中老师又熟练地用起讨论法，反客为主地访谈起同学们。说了许多零零散散的细节，但我不愿用那些总结的话来形容，我觉得正是在这些事件当中构建了一个真实但又独一无二的杨老师。

三、总结

天下没有不散的筵席。挥手自兹去，我们带走了知识能力技巧上的满满收获，建立了深厚的情谊；明月照我还，在未来当我们熟练地运用起法律理解、事实归纳及法律适用这样一个完整的法律思维，我想每个人的脑海中都会浮现那些年我们一起上过的杨老师 WTO 课程。如果让我告诉后来者：请不要错过杨老师的 WTO 法课程，开启一段新鲜而愉快的旅程！

贾小我

一、课程综述

在这一学期的课程学习中，除学期初概论课对 WTO 整体而简略的了解外，我们还就中国知识产权案、中国出版物与音像制品案、中国原材料案、中国稀土案、美国反倾销和反补贴案、美国反补贴和反倾销案、中国电子支付服务案以及与“中美贸易战”紧密相关的中美关税案进行了探讨。阅读案例、提出问题、课上交流是我们学习的主要环节和形式，学习的方向和重点也在彼此的交流中渐渐明晰。回看一学期的笔记与综述，我们交流学习的重点涉及了诸如案例的背景事实、WTO 规则及权利义务的设置、争端解决程序的开启、案例的分析方法以及裁决效力等多个层面的问题，在此便以讨论内容为线索，对本学期探讨的重点问题进行简要梳理。

（一）关于案例背景与事实

在我们讨论的案件中，不乏一些专业性较强或与时事联系紧密的案件，在理解这些案件时，掌握案件所涉及的背景知识与事件发展脉络就显得较为重要。

令我印象较为深刻的是对美国反倾销和反补贴案、美国反补贴和反倾销案中双重救济部分的讨论。对于双重救济应当尽量避免，这与我们常常接触的“禁止双重受偿”规则有道理相同之处，自然不难理解，但要理解申诉方所挑战的“双反”措施究竟为何导致“双重受偿”，则需要费一番功夫，这也成为课堂上的讨论热点之一。反倾销与反补贴两种征税在我这个税法门外汉看来似乎互不干扰，市场经济与非市场经济的区分初看之下也令人觉得颇为神奇，但跟随着专家组的思路并结合相关计算公式的具体参数，我逐渐理解了其中关窍，理解了国内补贴与出口补贴、正常计算与替代国价格计算之别，对双方的交锋也有了更准确的认识和体会。

第二个让我对背景与事实留下深刻印象的案件便是 DS 543 了。其实我本不应对这一案件的背景感到陌生，在学期初“WTO 概论”部分的阅读资料里已有许多相关文章与资料，只可惜当初阅读之时囫囵吞枣，未能牢记。从前对中美贸易战的关注往往是跟随网络舆论大军进行，对于“301 条款”等词语也是一知半解，直到本案讨论之时才将相关事件背景脉络清晰地梳理下来。经过主持人与几位同学的引导和分享，我们了解了涉案措施清单 1、2 的颁布过程，也为理解案件中关于专家组审理权限的程序问题做好了充分的铺垫。此外，301 条款的运用与 WTO 协议之间的摩擦似乎长久以来一直存在，美国在某些事件中所表现的对承诺的背弃与向贸易保护主义靠拢的趋势，也让人有些心惊。

（二）关于 WTO 权利义务设置

对 WTO 权利义务设置本身的讨论大概集中体现于中国原材料案和中国稀土案两个案件中，两案共同关注的重要法律问题为中方是否有权援引 GATT 1994 第 20 条进行抗辩，而专家组虽经过严密论证认为第 11.3 条因缺乏明确援引而没有表达可援引 GATT 1994 第 20 条之意，但也承认在这种分析之下，第 11.3 条或许在事实上构成了一种权利义务的失衡。

由此，不少同学关注到了超 WTO 义务的不平等问题。超 WTO 义务应当被理解为“在 WTO 体系范围内，1995 年后新加入成员在《入世议定书》中所规定的超出 WTO 普遍性义务标准的义务性承诺，包括比 WTO 一般规则更重的义务条款、WTO 规则中所没有普遍涉及的义务条款及新加入成员在 WTO 享受的更少权利”。而后加入成员承受超 WTO 义务可能受到 WTO 自身加入机制设置及 GATT 或 WTO 本身具有的政治化倾向的影响，尤其值得注意的是，在加入的批准上实际采取协商一致原则，导致 WTO 内成员能够利用先天优势对申请者进行漫天要价甚至阻止其加入《WTO 协定》。乍看，任何权利义务的设置似乎都是谈判的结果，都是彼此间“合意”的体现，但经此分析我们也认识到，这种合意的达成并不意味着权利义务设置的完全公正。WTO 已成为当代重要的国际经济组织之一，其成员之间的贸易额占世界的绝大多数，在如此庞大的规模与重要的职能与地位之下，在全球化浪潮不可阻挡的趋势之下，“先来后到”带来的先天优势与后天劣势，是否还应长久存在呢？

（三）关于争端解决程序

1. 审理的开启

案件审理之初，法院往往需要就重复诉讼、管辖权等问题进行首先审查，以确定后续审理程序是否开展及如何开展，WTO 争端解决程序之中也存在类似问题。

首先是“一事不再理”问题。这一问题来自音像制品案、原材料案与稀土案同时涉及的对“GATT 1994 第 20 条能否作为中国《入世议定书》的抗辩”这一问题的讨论。虽然提出此问题的同学也很快意识到，三个案件虽涉及同一法律问题，但所针对的具体措施及诉讼标的并不相同，故严格来说并不属于“一事不再理”问题。也有同学沿此思路对 WTO 中“一事不再理”进行了梳理，从正反两方面给出了在 WTO 适用或不适用一事不再理原则的理由。

其次是中美关税案中非 WTO 争端解决措施与 WTO 措施之间的关系。问题源于专家组裁决中对一前置问题的论证，即申诉方与被诉方之间存在谈判的事实是否应当被视为满足 DSU 第 12. 7 条的充分条件。换句话说，参与进行旨在解决双方之间分歧的双边谈判进程是否可以被定性为 DSU 第 12. 7 条中双方达成的“令人满意的解决办法”。对于这一“管辖权”问题，同学们认为可分为两个层面来思考，在诉权方面，中国完全有权请求专家组开启审查，此处没有意义，但争议在于协商过程及第一阶段协议的效力与对 WTO 争端解决进程的影响。专家组与部分同学倾向于认为，非 WTO 措施与 WTO 措施完全可以并行不悖，但也有同学认为，若 WTO 的裁决真正得以严格执行，那么这种“平行”将无法真正达到。

专家组在进入正式的法律分析之前，往往首先对案件的核心争议焦点与即将重点讨论的问题进行确定，并非所有争议问题都必然得到专家组与上诉机构的关注，故实质审查内容范围的确定也是同学们关注的重要方面。对这类问题的讨论主要集中在“中国出版物和音像制品案”部分，专家组与上诉机构的裁决思路均受到了同学们的严格检查。专家组在本案中运用了 assumption *arguendo* 对某一前提性的法律问题进行省略，这一做法受到了上诉机构的批评和纠正，但同学们同时也注意到，assumption *arguendo* 曾在之前的案例判决中被使用，进而对 assumption *arguendo* 的应用条件与注意事项进行了整理与研究，并探讨了它与“司法节制原则”之间的关系，从多个角度对二者进行了区分。然而上诉机构的“问题”似乎更加严重：有同学发现，上诉机构对中方观点的总结与中方所表达的诉求并不完全相同，中方的原始诉请中的条件关系被上诉机构处理为并列关系。中方本意为在推翻专家组对措施是否“必要”的结论之基础上讨论GATT 1994援引问题，但上诉机构却罔顾前一条件而直接对后一问题进行了审理。发现这一问题后，同学们继续结合案例与条文，总结出了论证上诉机构突破条件关系进行审理之合理性的两种思路。讨论更为激烈的是“上诉机构是否越权审理的问题”。这一问题包括两大方面：第一，上诉机构重点审查的、专家组报告中提及而未展开分析的“是否有权援用GATT 1994第20条”部分是否落入DSU第17.6条“legal interpretations developed by the panel”这一范围内？第二，对于专家组没有进行论证、当事方并未提出的问题，上诉机构是否有权进行论证？从这一问题切入，同学们从语义与实践两方面对DSU第17.6的含义进行详尽的剖析解读，对这一问题所引发的热烈争议中的基本观点有了一定了解。

2. 法律分析

实质问题的分析部分大多可还原为三段论的基本结构，其中大前提即对条约含义的解释与缔约方意图的探究，小前提则可能涉及事实证据的认定与采纳问题。

针对大前提，同学们讨论的兴趣十分浓厚。在中国知识产权案“刑事门槛”部分的讨论中，同学们以专家组对“商业规模”含义的论证思路为例，探讨了其中对VCLT第31、32条中解释方法的具体运用。在此后的案例中，第31、32条的具体运用一直是同学们关注的重点之一，在探求词句“通常含义”的过程中，同学们曾在电子支付服务案等案件中关注字典查阅、行业惯例的运用及“including”“essential”等重点词汇的适用问题。在对原材料案与稀土案的讨论中，有同学认为专家组在条约解释过程中过于偏重文义，然而这一想法却似乎正与专家组自我标榜的“holistic manner”针锋相对，同学们进而对所谓“整体解释”的含义及本案中的运用质量进行了探讨。除此之外，原材料案、稀土案、美国反倾销和反补贴案及美国反补贴和反倾销案中立法沉默含义推定的运用、先前协定作为解释材料的地位与作用，以及电子支付服务案中的“演化解释”方法，也曾成为讨论的焦点。

针对小前提的关注则集中体现在中国知识产权案中“初步证明案件”这一话题上，同学们从专家组对美国提出的证明标准入手，结合以往案例研究了“初步证明案件”的基本要求。美国反倾销和反补贴案和美国反补贴和反倾销案中市场经济与非市场经济地位的确定或许可以被认为是事实认定的一环。对于这一问题，同学们也结合GATT 1994相关条款进行了研究。

3. 争端解决机构裁决的效力

学习国内民事诉讼法时我们知道，民事判决的效力一般包括既判力、形成力及执行力。在 WTO 案例讨论中，也出现了针对类似判决之既判力与执行力的讨论。

在既判力方面，大家关注的问题主要为遵循先例，这一问题在“WTO 概论”以及原材料案与稀土案专题之下均有所涉及。通过阅读美国在 2020 年 *Report on the Appellate Body of the World Trade Organization* 一文的 E 部分，大家对上诉机构与美国在这一问题上的不同立场和观点有了初步了解，并结合 DSU 第 3.2 条、VCLT、《马拉喀什建立世界贸易组织协定》等法律文本进行了正反两面的分析；在原材料案与稀土案的讨论中，“遵循先例”具有了生动的运用场景，然而专家组却并未这样做，同学们进一步结合 DSU 第 11 条、第 19.2 条对专家组作出“vertical disagreement”的正当性及应当遵循的标准进行了讨论，对这一问题的认识更加深入。

在执行力方面，同学们则对履行保障机制之一的“报复”机制展现出极大的兴趣，在概论部分与中美关税案中均予以重点关注。在最初的讨论中，考虑到 WTO 各成员国力量并不均衡，这种给人以回归野蛮的力量角逐之感的机制引发不少同学对小国、不发达国家的担忧，以及对“报复”的效力与本质究竟为何的思考，大家进而对“报复”的具体含义、类型及相关条文进行了整理；还有同学援引学者观点指出，“报复”的威慑力应主要来自维护社群规则的意愿。在 DS 543 的讨论中，大家主要关注的则是中国采取报复措施正当与否及其依据这一问题，从“国家主权”“人民利益”、国内法到 WTO 规则与国际法一般规则，思路十分广泛。

二、学期感想

本学期令我印象最为深刻的必然是之前从未尝试过的教学模式。以包括同学与老师在内的课堂参与者之间较为自由的交流探讨为主要形式，并在学期后半段实行“翻转课堂”，确实令我耳目一新。回头想来，这一模式为我在本课程中的学习带来的裨益是多方面的。

首先，它为我提供了较为宽松自如的学习氛围。早在选课之前，我已对这门课程的阅读量、作业量有所耳闻，英语水平差、思考速度慢是我一直以来的缺点，因而十分害怕自己无法跟上课程进度、无法准确理解案件信息、被要求发言时无所适从。但经过几次课的尝试、逐步了解课堂上的讨论模式，我发现自己也可以在课上倾听与课下整理思考的过程中取得不少收获。虽然不能快速反应、积极发言，但能够做到始终紧跟老师与同学们的思路，并记录下自己的疑问和思考以待研究，能够结合自身的特点做出学习策略的选择与调整。

其次，对案例的自由讨论虽看似漫无目的，但一二节课衔接时对重点问题的提炼能够帮助我们极大地提升讨论的效率，且有些问题或话题虽然并没有成为讨论的焦点，却为我们理解案件、学习知识提供了新的角度或是背景与细节的补充，甚至展现出新的思维方法。观点与观点之间的交锋也常常擦出激烈的火花，呈现出同一事物的千千万万面，真可谓一场琳琅满目的知识盛宴。

对“规则”之魅力的体会，也是我本学期的一大收获。我对国际法一向兴趣寥寥，但也能较为明显地感受到，与一些国内法的案例研讨课相比，我们似乎更容易对 WTO 在实践中的真正作用和效果产生质疑和失望。如在对报复等履行保障机制的讨论中，我与许多同学一样关注到了国力不平等状况下“报复”的威慑力问题，或许在我的潜意识中，敦促人们沿规则行事的必然是对规则的恐惧，而非对规则与秩序的热爱和维护，但对 WTO 制度的学习大大改变了我的这一看法。看似对大国毫无威慑力的报复机制在一定程度上得以履行，可能正是由于 WTO 制度整体运行时所能为成员国带来的利益与便利之多，令人容易产生维护这一系列社群规则的愿望，这也时刻提醒我牢记 WTO 之理念与宗旨乃是维持其运转最为核心的力量，也让我更加相信一个规则分明、秩序井然的国际社会，才是真正的人心所向。

最后，我认为值得一提的是对于法律解释技巧和理解和体会。准确地把握蕴藏在条文中的缔约方意图无疑是 WTO 规则解释中最重要的目标，但这一过程却并不容易。回看 VCLT 第 31、32 条，无论其条文本身的字句理解还是实践中的运用，处处存在的可供讨论和商议之处，诸如反向推理、假设成立、演化解释等第 31、32 条之外的方法之运用，也带有不少激烈的争议。逡巡于模糊的条文字句与令人眼花缭乱的解释方法之间，我曾经有强烈的意愿去追求一个确定的正确答案或是路径，然而经由课上对数学方法的引入和讨论，以及对更多案件裁决思路的研究后，我逐渐体会到，在一个变动不居的社会里，将同样具有变动不居的灵活性、模糊性的因素吸收在自身的构造与解释之中，或许也是规则得以继续前进、得以做出改变、得以实现引领的必备条件之一。比起科学，法律解释更像一门艺术，在法律解释的过程中，我们应当做的不是绝对“正确”也绝对无用的“12＝5+7”，而是绘制一幅映照着现实轮廓的、流动着渐变色彩的图画。

最后的最后，衷心表达对博学广知而循循善诱的老师、细心负责的助教及参与课堂所有同学的感谢！

严君啸

法学课的意义，是“课”
——WTO 中国案例研讨课程综述

万千思绪升起于提笔之时。

我在心里默默梳理着一学期之所学。满满的获得感，却勾起我对杨老师的一丝愧疚。虽然 WTO 的案子读了一个又一个，关于 WTO 的知识与“八卦”也生动于心底，但，总感觉 WTO 还是离我那么遥远。恕我格局有限，看不到 WTO 与我生活的交集；那些知识对于现在的我似乎更多是为了猎奇。我好像是班里最“不务正业”的那一个，因为我的收获主要在 WTO 法之外。

杨老师的课堂让我第一次接触了“讨论式教学法”。杨老师提供基础案例材料后，所有待讨论的问题都来自同学；课上大家既可回答同学的提问，又可追问他人的回答，由同样参与讨论的主持人把握讨论进程。最初由杨老师主持示范，期中过后就由同学担此重任。每位同学课前均需充分阅读案例，并对感兴趣的问题自行查阅资料研究，课后又要对课堂讨论进行综述，提出感想。这种课堂形式是我从来没见过的。杨老师说，“讨论式教学法”脱胎于国际会议的讨论模式，从学生角度看，充分发挥了罗杰斯“自主学习”的功效，从教师角度看，又是斯坦豪斯“过程模式”教育理念的生动实践。课堂充分体现了因材施教与教学相长的理念，其意义是由每一位参与的师生共同建构的。[40]

从第一次坐上明理楼 321 第一排中间那个熟悉的座位，摆好印有自己姓名的粉色桌签开始，我就一直在思考，我们到底为这门课建构了什么样的意义？事实上，第一节课就泼了我一盆凉水。同学们的问题东一脚西一脚，前

---

40 杨国华：《讨论式教学法的理论基础》，《讨论式教学法的理论与实践》，厦门：厦门大学出版社 2014 年版，第 9—26 页。

一个同学说的东西还没来得及反应，后一位同学又开始了新的输出，听课获得感很低。可后来，我发现杨老师总会在关键处作出画龙点睛的引导，提醒同学们注意讨论中存在的问题，让讨论在一个具体问题上形成不同观点的反复碰撞，让课堂节奏契合同学们的思考节奏。讨论也就越走越顺。原来，所有的顺与不顺都在杨老师的设计之中。学会让讨论越来越精彩，本身就是每位同学收获的成长。

学会讨论的价值并不在于知识传授。其实即便到了最后几节课，讨论方式已趋于成熟，“讨论式教学法”传授知识的效率也很有限。同学们观点的体系性较弱，许多同学表达内容冗长、节奏拖沓却又常常表意不清。看起来大家提出了很多观点与问题，实际上内容含量比较有限，远不及传统的“讲授式教学”知识密度高且条理清楚。因此，我在第一节课的综述开篇写道：“基于我对课程的理解，吸取课堂中反映出来的经验教训，可能对于同学们的意义甚至大于知识本身。”认真参与课堂对于同学们能力的锻炼就是极大的。即便仅仅是为了完成综述任务，同学们也要学会如何听、如何记，又如何总结。要想表现更好，还得学会如何有自己的思考，如何清晰简练地表达。一堂堂课便是对这些能力的反复锻炼。这是着重于传授知识的法学课程不会涉及的。

于我而言，我有幸在最后一节课担任主持。一学期来，我一直在总结老师和其他同学主持的经验，希望能够带给大家一次条理清晰、逻辑分明、扎根案例文本、联系之前所学的精彩讨论。以前教奥数的时候，我从来没有过这么大的备课压力。我一个晚上没睡，认真阅读了每一位同学的课前研究报告，手写了四页纸的阅读笔记，并依据专家组讨论的逻辑，将同学们的研究内容梳理出框架。我一点都不敢怠慢，因为同学们时刻可能有超出我预期的思考，我只有对课程内容有了清晰的理解，才能以不变应万变，把新出现的内容尽快纳入我建立的框架中。上讨论课，最怕讲到哪里是哪里，学生想要梳理讨论逻辑无从下手，讨论就变成了浪费时间。组织讨论考验着我系统思考的能力；比起对着讲义一道一道讲奥数题，这可难多了！

可就算我之前这么努力，最后的课堂效果还是不尽如人意。期末同学们压力都很大，课前准备工作质量下降，有的同学对于自己课前研究的材料甚至还没有我这个主持人熟悉，拖慢了讨论的节奏。同学们在课上也忙着做自己的事，如果不去邀请，很多同学就一直沉默，让我这个主持人很心累。那一刻，我突然意识到自己的生活中也有许许多多这样的时刻，别人为了我尽心尽力，我却认为理所应当，没有报以足够的善意。我们的生活已被卷得太快。我们真的需要找回慢下来、将心比心的能力。法律人尤其如是。

思考课程的意义可能还需要更长远的维度。我听到身边很多律师说，在法学院里学的东西没啥用，法条都要在工作中现学，能用到的都是工作中积累的经验。到了几十年后，WTO 研讨课还能给我留下什么呢？知识如果平时用不到，就会被慢慢淡忘；能力也会越用越自然，最终忘了它来自何方；在“讲授型教学”中，我可能很难再记得老师是如何教学，又教给我什么了。但是，当我翻开自己写的一篇篇综述时，我一下子就能回到那个星期二的下午，回到青春年华那段无忧无虑的求学时光，回到可爱的老师和同学身边。全班只有我的综述是像写小说一样，在梳理课堂逻辑的同时，把细节描写下来。这样写出的综述一般很长。虽然我本人很反对写长文，但我真心希望能够多一点留住我们课堂上的美好回忆。案子被每年一拨又一拨的同学反复讨论，思考和观点总会多多少少重合，但是那课堂上一去不返的时光，才是脑海里最易忽略的——那让我们成为我们的东西。我不敢想象，如果只是梳理出课程的知识体系，我的综述还能否那么温暖和独一无二。

我记得杨老师曾跟我分享过一篇一位北大同学听完他上课后所写的感悟。文中，这位同学认为大学课程可以分为教人解决问题的办法和教人寻找解决问题办法的方法两类，杨老师的讨论式教学课便属后者。我相信，如果他了解了清华“价值塑造、能力培养、知识传授”三位一体的育人理念，可能会想表达与我一样的意思。杨老师的课正是填补了法学专业课程中能力培养与价值塑造的欠缺，充分发挥了课程设计与课堂组织的功能，促进了师生间平等交流。我也希望能有更多的法学课程重视起课堂本身，让教育的意义不再狭隘地限于结果，也体现于知识产生的过程。

魏海跃

积小流以成江河

——WTO 课程综述与感想

一、课程综述

不知不觉间，本学年的 WTO 案例研讨已经迎来了尾声。在学期之初，我曾经几度因课程资料之广度、深度而畏缩不前。不过，经过了几次课堂讨论，我发现本节课的重点不在于埋头苦读，而在于发现问题、分享发言、辩证思考。在课堂上，每位同学的储备与研究或许有限，但在经过朋辈学习、交流讨论之后，终能汇点成面，形成全面而深刻的知识积累。

值此期末季，我希望回顾一学期的讨论经历，来记录老师与同学们的交流是如何相互启发、积小流以成江河的。

（一）专题一：WTO 概述

学期伊始，杨老师带领我们阅读了 WTO 概述专题的相关文件。在课前阅读时，我曾因浩瀚的阅读量而踟蹰不前，犹如面临一座高峰，望而却步。然而，课堂上深刻、聚焦的讨论打消了我的疑虑，让我意识到，研究在精不在泛，积少成多、百川汇海才是学习 WTO 的关键。

回顾第一专题的课程讨论，不少热点在其后的案例研讨中也有涉及。例如，“遵循先例的原则”在稀土案专家组报告中展开了论述；“发展中国家的优惠”在关税案中讨论中国反制措施的合法性时，被涵盖在了《马拉喀什建立世界贸易组织协定》第 9 条第 3 款的“豁免”事项中；“事实与法律问题的区分”在音像制品案中作为上诉机构审查范围的前提被重点讨论；“诉讼中第三人的参与条件、法律地位”更是在其后各个案例中屡有涉及。每次涉及这样的“回响”，我总会感叹 WTO 课程是一个全面、系统的知识体系，各个专题互相关联，每一步讨论都是为其后的案例打下基础。

在第一、二周，部分讨论热点具有特性，在其后的专题中少有涉及，如上诉仲裁机构、小国的报复权等，这些议题除了纯粹的法学理论，还包含有风云变幻的国际政治因素，展现出老师与同学们心怀世界、放眼长远。

（二）专题二：知识产权案

“不临深溪，不知地之厚也。”在知识产权案中，我们第一次阅读专家组报告，对专家组论述之繁杂、严谨有了切实的体会。

知识产权案中的被诉措施有三项，同学们的研读范围是“刑事门槛”部分，争议焦点是中国的刑事门槛是否达到 TRIPS 第 61 条的“商业规模”标准。专家组首先对中国的国内法律进行了解读，其次对“商业规模”一词进行了详细解释。在课堂上，同学们对专家组论述的思路提出了不同理解，一种观点认为专家组遵循“预热——分别回应中美的解释思路”的顺序，另一种观点则认为专家组采取了“先审理美方观点，再审理中方观点”的思路。面对同一篇报告生出不同的解读，令人不禁感叹同学们阅读的仔细程度。

除去专家组论述本身，同学们还对其他法律问题展开了研究，如 prima facie case 的标准、VCLT 第 31、32 条的解释方法、司法经济原则、第三方参与问题等。这些热点也是每个案件的共性问题，活跃、民主的观点争锋让同学们感受到集思广益的氛围，为今后不断深入的研究埋下了伏笔。

（三）专题三：音像制品案

经过了知识产权案的入门，我们在音像制品案中迎来了案例研讨的小高峰。在这一专题中，我们见识了上诉机构相对于专家组的“技高一筹”，并且初次接触了 GATT 1994 第 20 条例外。在其后案件的阅读中（如原材料案与稀土案、“双反”措施案、关税案），我们也时常见到对音像制品案的引用，足见该案的重要性。

课堂讨论中，同学们主要围绕三个问题展开了研究：上诉机构是否构成越权审理、上诉机构的裁决思路、“假设成立”方法与司法经济原则的关系。其中，“审查范围”问题从“上诉机构能否审理被专家组回避的事项”提出，同学们结合 DSU 第 17.6 条、Rules of conduct for DSU 3.2 及相关案例对上诉机构的审查范围进行了全面的总结。关于“假设成立方法”，同学们从适用标准、适用态度、与司法经济原则的关系等方面展开了丰富的研究。与知识产权案专题不同的是，本专题同学们对专家组、上诉机构的裁决思路只进行了简略的讨论，而将重心放在了其他的法律问题研讨上。

音像制品案专题中，对热点的深入讨论、汇点成面，让课程学习的节奏逐渐步入正轨。

（四）专题四：原材料案、稀土案

本专题可谓是 WTO 案例阅读内容量的巅峰，共涉及两篇专家组报告与上诉机构报告，涵盖丰富的法律问题。两篇案例的节选段落均涉及“GATT 1994 第 20 条的适用性”这一焦点，由此引发了对“重复起诉”“垂直异议”等问题的前置讨论。

原材料案、稀土案都是以中国无法引用 GATT 1994 第 20 条抗辩的结论告终，主要原因在于中国《入世议定书》第 11.3 条的措辞过于限制、明确，不像第 11.1 条、第 11.2 条那样提及 GATT 1994，也没有像第 5.1 条那样提及《WTO 协定》，没有留下援引一般例外的余地。除去法律问题，这两个案件也涉及国家争夺战略资源的政治因素。在课堂讨论的过程中，同学们对中国签订取消出口税承诺的原因、整体解释方法、立法沉默、单一承诺、“一事不再理原则”、垂直异议、水平异议等法律问题表现了关注，可谓是讨论广度最宽的一个专题。

在本学期 WTO 案例中，GATT 1994 第 20 条是频繁涉及的热点，而原材料案、稀土案可谓是相关案例中内容量、讨论点的顶峰。“会当凌绝顶，一览众山小”，学习完本专题后，再回顾之前的音像制品案、阅读之后的关税案，我都会觉得阻碍明显减少，拥有豁然开朗的欣喜。

（五）专题五：“双反”措施案

经历了音像制品案、原材料与稀土案这两个关于 GATT 1994 第 20 条适用性的专题，“双反”措施案给人“耳目一新”之感。在内容上，本案所涉协议为 SCM，论述重点也是协议内容解释，而不再是法条的适用性；在课堂形式上，本案是第一个由同学主持讨论的专题；在争议焦点上，本案涉及对双重救济的理解，包含经济学内容，在深度上具有难度。因此，本专题对主持与参与的同学而言都是不小的挑战。

在课堂讨论中，同学们从“双反”措施与双重救济的关系、市场经济国家地位入手，探讨了作为背景的经济学相关知识。随后，同学们关注了“反对解释方法”“VCLT 第 31、32 条的解释资料”等法律问题，重点关注了“补充解释资料”与“上下文”的区分。本案最大的特色在于，专家组与上诉机构遵循了同样的解释思路，却得出截然相反的结论。令人不禁感叹，解释方法的运用只是表面，DSB 裁决的真正魅力在于如何抓住法律的精髓，得出适当的结论。

经历了同学主持的课堂讨论，我不禁佩服主持人对案件的详细了解、高水平的专注度，以及强大的倾听与总结能力。与此同时，我也感受到课堂讨论并非主持人的单人秀，只有同学们做足预习与研究、积极配合，才能避免冷场，让案件研讨生动起来。

（六）专题六：电子支付服务案

与“双反”措施案类似，电子支付服务案涉及的文件——中国的 GATS 承诺表——也具有独特性。在争议焦点的专业性、复杂度方面，电子支付服务案与“双反”措施案也不相上下。因此，阅读与讨论本案对于主持人和同学来说都富有挑战性。

本案专家组报告体量较大，一大原因就是专家组论述十分严谨，参照了多处上下文资料，反复检验结论的准确性。在课程讨论中，同学们对“including”的用法、演化解释、“industry source”的解释效力、“essential”的标准、承诺表的解释规则等问题展开了热烈讨论，杨老师也多次参与到观点交锋中，为同学们解开疑窦、启发思路。正所谓“真理越辩越明”，平等的课堂讨论氛围激励了同学们的发言热情，推动了课下研究的深入。

在这一专题中，我的研究主要围绕承诺表的解释展开，最初我认为承诺表相比典型的条约具有明显的单边色彩，在解释时应当更加注重能体现承诺方主观意图的资料。杨国华老师从承诺表缔约过程的多边性、解释方法的可行性等方面对我的结论提出了质疑。经过课堂讨论，我意识到自己观点的片面之处，并明白课下研究应当更加全面、严谨。

（七）专题七：关税案

本专题是 WTO 课程研讨的最后一次案例，却是首个由同学们完成全篇阅读的专题，涉及了中美贸易战这一国际热点。虽然篇幅较小，但在知识的新鲜度、探讨的深度方面，此案例丝毫不逊于之前的案例。

课堂讨论中，主持人首先带领同学们梳理了案件的背景信息。随后，针对 DSU 第 12.7 条的程序问题，有同学根据条文文意进行细致的解读、质疑专家组的结论。第二次课上，同学们的讨论聚焦在两个热点：其一是中国对美国采取反制措施的合法性，主要路径有：《WTO 协定》内的“豁免”程序、GATT 1994 第 21 条“安全例外”、GATT 1994 第 25 条“豁免”程序等，一般国际法规则中的“自卫”“重大违约”“危急情况”“反措施”等；其二是 GATT 1994 第 20 条的适用标准，同学们从适用性、“公共道德”、design test、necessity test 等角度全方位地对 GATT 1994 第 20 条展开解读，为 GATT 1994 第 20 条的适用问题画上了完整的句号。

我认为聚焦式的课下研究是一个全新的体验。研究课题的重合更加有利于课堂效率、观点交锋与讨论深入，推荐下一年的选课同学们尝试这样的讨论模式。

二、学期感想

回顾一学期的课堂讨论经历，我主要有以下三点感悟。

其一，案例的学习应当注重细节、敢于追问。在本学期课堂讨论中，有不少深刻的论点是从某个同学的提问出发，刨根究底、探讨得出的。例如，第一堂课上有同学提问"WTO 是否有遵循先例的原则"，循着这一问题，大家阅读了美国对上诉机构的批评，并进行了相关条文、案例的检索，对 DSU、美国煤钢案、VCLT 有了初步涉猎，可谓收获颇丰。

其二，阅读案例的过程中，应当勇于批判、善于质疑。每次讨论结束后，同学们都会被要求梳理裁决机构的论证思路。对我而言，思路梳理基本上只是复述裁决思路原文；然而，有些同学却极具辩证思考能力，常常能够指出专家组、上诉机构报告的漏洞，提出极有价值的论点，令人茅塞顿开。在阅读 WTO 裁决时，有价值的批判往往比读懂、背会更加重要，这正是课堂开放式讨论的魅力所在。

其三，学习 WTO 规则，应当关注新闻动态、将理论联系实际。每周课前，杨国华老师都会将 WTO 相关的新闻分享至课程群中。受到这一启发，许多同学也在案例讨论过程中提出了与国际社会紧密联系的论点。例如，在关税案中，许多同学讨论了中国反制措施的合法性；在原材料与稀土案中，有些同学关注了中国签订《入世议定书》第 11.3 条的背景。由此可见，WTO 规则不仅是冷冰冰的法律，更是解决实际争端的、活生生的存在。

回顾一学期的讨论课程，积极、平等的讨论氛围，循循善诱的启发式教学，都令我们受益匪浅。在课堂上，每一位同学的提问都如同"无心插柳"，在观点的切磋中，逐渐蔓延成荫。有了这样发散的课堂模式，每一年的 WTO 讨论内容应该都不尽相同。今年的我们或许迸发出了新的理论火花，也或许错过了往年的有趣议题。但无论如何，在课堂上锻炼出的思维与能力都将永远伴随我们，引导我们在 WTO 的知识体系中继续深耕，收获源源不断的知识成果。

梁 好

一、课程综述

本学期总共学习了七个专题。

第一个专题是对 WTO 课程的引入，同学们在老师的引导下大概熟悉了课程的学习方式，即“新闻介绍—问题引入—自由讨论”的流程，并且通过阅读材料对 WTO 的争端解决机制有了整体的认识。在这两周的课程中，我们简要地了解了争端解决程序，讨论了其成员、管辖权、适用法律、沿革、第三方认定、报复制度、法律问题和事实问题的区分、上诉机构停摆问题、上诉仲裁机制，等等，我们讨论的话题广泛但浅尝辄止，就是为日后课程的学习打基础。在第一次专题上我也首次体验到了思维完全放飞的自由感。

第二个专题是研究中国知识产权案，在这个专题中我们首次体验到了法律解释的魅力。专家组用精妙的语言和分析在 VCLT 第 31、32 条指引下得出了其关于“commercial scale”的含义，展现其绝高的法律理解力和法律解释技巧。这次专题中 VCLT 首次出现在我们的视野中，在中国大陆法律对法律解释并无规定之时，如此详细的法律解释技巧和流程的展现无疑令人震撼。在我的理解中，VCLT 第 31、32 条并不是一个个法律解释技巧的罗列，它是一个整体——先根据词典等工具寻找最为广泛的 ordinary meaning，再通过上下文、准上下文（即嗣后惯例、国际习惯等）、补充解释的材料对 ordinary meaning 进行裁剪，得到最符合缔约方共同意图的一个，其中解释材料的层级的差距主要在于合意的范围。从广泛认可，到缔约方签字合意，再到能体现缔约方共同意图。在这个专题中，我们同样讨论了 prima facial case，了解了其定义、证明标准、效用等，也对“judicial economy”原则进行研究。事实上，这就是专家组进行裁剪论证过程得出结论的工具，没有很明确的适用标准，其目的在于尽快裁判，但某些关键说理过程的裁剪往往达不到解决争议的效果。我们还研究了第三方的问题，明确了第三方资格（substantial interest）和权利。

第三个专题是研究中国出版物与音像制品案，主要争议点在于中国能否援引 GATT 1994 第 20 条进行抗辩。在这个专题中，我关注更多的不是中国能不能援引，而是上诉机构能不能审理中国援引，这引出对上诉机构审理范围的探究。我认为 DSU 对上诉机构审查范围实际已经做出了详细规定，相关案例进行佐证，上诉机构审查范围是“被当事方提出上诉的”“在专家组报告中的”“法律解释和法律适用问题”，但上诉机构在实际审理范围中扩张了其审理范围。首先，通过审查专家组是否履职进行“客观评估”，将其审理范围事实上扩张到了事实问题上；其次，通过“完成分析方法”将审理范围从专家组报告上扩张到了专家组报告之外；最后，通过越过“conditional appeal”直接关注“issue”本身，上诉机构摆脱了需要处于上诉中的要件。笔者认为，上诉机构权限的整体解释思路应该是具有抑制性的，即使现行的制度存在问题，也并不能成为上诉机构扩张其审理权限的理由。上诉机构扩张其审理范围的做法实际并无正当性，随意性较强，违反了法律所崇尚的程序正当价值和公正价值。这种做法无异于饮鸩止渴，长久下会损害当事国的价值，当事国不仅失去了上诉相关扩张问题的上诉权以维护自身利益，而且当事方不知道在何时、何种情况下会引入“完成分析”等。相比于“完成分析”等扩张其审查范围的方法，赋予上诉机构发回重审权可能更具备合理性，并且实践性极强。但当事国是否会达成一致赋予上诉机构此种权利，仍然存在较大不确定性。

第四个专题是研究原材料案与稀土案。在这个主题中，我主要研究了 WTO-plus 的问题。WTO-plus 本身就很有特点，这涉及公平的问题。虽然这些条款本身就是经过缔约方充分协商之后缔结的，完全尊重了当事人的意思自治，但若是这种自由是被限制，不同意即推出，在 WTO 影响力日益增大国际环境下，算是一种公平吗？我认为，既然已经承认了 WTO 具备的政治性质，再想纯粹地运用法律上的知识去解决问题无疑有一点理想主义；更何况缔约自由这一概念本身相对于政治国家而言，目的是保护当事人的利益，在国际社会缺乏强制执行力的情况下，一味地强调缔约自由失去了其本意。因而，我始终认为，WTO-plus 实际不具备公平性。谈判规则虽然合法但并不一定合理，应该具备最基础的条款，保障后加入国的权利，绝对自由不一定是所有成员国的意志，更可能是语言表述的疏忽进而导致程序选择，比如说对议定的条件毫无规定。不然，很难解释实际的全体成员一致同意与规则上部长级会议的三分之二多数通过。

第五个专题是研究美国反倾销和反补贴案与美国反补贴和反倾销案。本次专题中最有趣的讨论有两点，一是先前协定的地位问题。本次专题是杨老师第一次作为讨论者而非组织者参与的专题，这种转变对讨论的影响的巨大的，杨老师在发现问题并且指引讨论上做出了巨大的贡献。先前协定的地位问题就是杨老师发现并且提出的，关于《东京回合补贴协定》相对于《补贴与反补贴协议》是“context”还是补充解释材料，我们存在争议，关键在于如何确定材料是属于 VCLT 第 31 条还是 32 条。而此次我们小组的期末论文正好涉及此问题，根据我们的研究，通过语言学研究及语义解释，VCLT 第 31、32 条存在结构上与内容上的区分。结构上比较明显，一方面二者存在适用的优先性的差距，另一方面二者在适用的必然性上存在差异。内容上，我们发现有三点区别，一是关于共识的宽度的差异；二是关于时间的差异；三是能否反映出终局的受法律约束的效力。第二个有趣的讨论点是反向解释的问题，这与第四个专题中的明示其一即排除其他存在关联。在我看来，明示其一即排除其他，指，若集合 A 中包括 B、C、D……，明示了 A 即排除了 B、C、D……，这种解释方法效力非常强大，因此需要有严格的适用条件，即需要进行严格的比对上下文得出缔约者的相关目的。而反对解释则更具备逻辑性，即集合 A 包括 B 和非 B，明示了 B 则排除了非 B。如上所述，若强奸罪规定是强奸女性，那么强奸男性不构成强奸罪。这种解释方法是不需要任何上下文仅凭借逻辑即可以得出，事实上这种解释方法没有发现任何新东西，仅是挖掘了已知语句中含义罢了。虽然个人倾向于这么理解反对解释，但专家组和上述机构仿佛更倾向于贾小我等同学的理解，在判例中也是如此表现的。如此，笔者就不理解为何采取两种术语了。

第六个专题是研究电子支付服务案。个人觉得这个案例中最值得一提的讨论是“including”的含义。相较于其他专题讨论的大型问题，这个问题的着眼点比较微小，甚至在讨论之初我们都觉得好似没有讨论的必要，因为这实际是一种抠字眼的行为。但是当讨论进一步深入，即使着眼点小，但问题却不小。这实际是专家组判决“在普通用法中，‘包括’一词表明，下面的内容不是详尽的，而是所有涵盖项目的部分列表”与“but not limited to”和有效解释的矛盾。有效解释作为解释的一个原则，问题显然不小，但从这样一个细微之处发现有效解释的用法之一“让每一个词具备意义”，让人感慨万分。其实这一矛盾很容易解释，在出版物和音像制品案件的专家组报告中，专家组通过查词典的方式（American Heritage Dictionary，4th ed.），实际已经表明了“including”有两种作用：一是一般情况下不完全列举，二是特殊情况下的完全列举。具体是哪种情况需要根据其后的词汇认定。故为了更加明确“including”的列举作用，在条文中增加“but not limited to”更清晰地表达了立法者的意图，避免了解释中的混淆，更容易厘清日后缔约方在条文此处的争议。虽问题简单，但也给我足够启发——“世界上不是缺少美，而是缺少发现美的眼睛”。

第七个专题是较新的案例，研究中美贸易战，选取的是“中国诉美国301条款关税措施案”。在这个案例中，我的兴趣点在于如何为中国的反制措施提供辩护，毕竟天生就存在立场。通观相关文献，独杨国华老师的观点最具备开创性和可行性。但杨老师的观点也是在WTO体系中引入国际法规则为主，而且在事情已经发生的情况下，这种事后诸葛亮的做法并不是很能打消最开始的非法性。在个人观点中，采取一般法代替特别法路径在WTO体系内部为中国反制措施寻求合法性基本难以实现，因为适用一般法替代特别法规则面临一个问题，即如何协调其与WTO关于可适用法律的现有规定之间的关系，因为这实际上是将一般法引入WTO规则内部的过程，涉嫌违反DSU第3.2条中要求的“不改变成员方根据适用协定所承担的义务”。如果要想促使WTO争端解决机构在涉及中国贸易反制措施WTO合规性的案件中，适用“适用协定”之外的国际法规则，当事方恐怕需要基于争端解决机构的暗含权力（implied power）理论做出详尽的分析，而这无疑是十分困难的。个人认为针对现行法，不存在失灵与否的问题，符合现行法就是合法，不符合现行法的就是不合法，在失灵的规则之外寻求合法的依据不过是寻求合理的依据罢了，合法是不可能的。但有趣的是，一般国际法规则在GATT中有一定反映，无论是重大违约、抑或是危急情况都包含于GATT中，如GATT 1994第21条和第60条的具体规定中。个人认为相对于从一般国际法中寻找规则，如果能在WTO体系内部寻找到合法性依据则解释力更强。

二、学期感想

（一）发现问题

在整个七个专题的学习中，令我印象最深的不是讨论式教学本身，而是引起讨论式教学的出发点——问题意识。在大学三年的学习过程中，我个人有一个明显的缺点，兴许是命题作文写的太多，半命题式和自拟题目的作文便不再会写了，慢慢地我阅读材料便总是不太会发现问题。这学期WTO课程的学习，因为每周都要提出问题，而且最好和其他同学提出的不同，迫使着我在每一个专题的阅读中去学会寻找问题。

问题本是理解的一种，没有问题并不是指已经将全文理解透彻，而往往反映着囫囵吞枣、浅尝辄止、走马观花式的阅读。以问题所囊括的范围划分。个人认为，首先最简单浅显的是含义理解的问题。这一类问题往往仅涉及单个词汇的含义解释，大部分情况答案已经是明晰无误的，只需要查询阅读相关资料即可；但少部分情况下，含义理解需要综合上下文、补充解释材料等去细致探究而最终得知，比如上文提到的“including”的问题，看似简单但没有深入研究则难以解释。其次是逻辑的问题。这种更深层次的往往需要联系上下文，发现作者在论述文本过程中自相矛盾之处，如上文提到的专家组与上诉机构对先前协议的不同理解，其逻辑进路即存在冲突需要进一步去澄清。最后是体系的问题。这种问题少见但涉及文章论述的核心。以电子支付案服务为例，专家组的论证结构非常清晰，先通过通常含义分解式的论证“All payment and money transmission services, including credit, charge and debit cards, travellers cheques and bankers drafts (including import and export settlement)”的含义，继而通过补充解释材料论证其结论，发现并无矛盾之处。通观三种类型的问题，其实只要尝试去理解就很容易能够发现其中之一，理解越深入，发现的文义越有价值，往往一个词的解释都能让你受益良多。这是 WTO 课程教给我的最印象深刻的感悟。

（二）杨氏教学法

说实话，杨老师的教学方式是十分新颖的。虽然在其他老师课上也体验过让学生充分参与讨论的做法，但远没有杨老师那么放开，与其说是是杨老师在授课，不如说是是杨老师在领导我们进行阅读。这种沉浸、开放、自由的讨论方式能够让每一个同学参与其中，在主持人的主持下对所有问题进行讨论，在最有限的资源内最大程度实现各人观点的碰撞。更精妙的安排在于，杨老师直接脱离了主持人这个身份，让同学们参与主持。这不仅能够锻炼参与者掌控全局的能力，让这些同学进行更深入的学习；更释放了对杨老师的束缚，一个学识渊博的相关领域的学者参与到讨论过程中完全是对我们的讨论的降维打击。在后八周的课程中，杨老师不仅在文献和研究上回应了同学们提出的问题，让同学们能够借鉴前人的研究迅速找到方向进而形成自己的观点；而且在具体的讨论和研究过程中，能够直接回应同学们的疑问（针对自己的学说），并且引领整个讨论的过程，带领大家发现那些细微却具备足够价值的知识点（虽然知识点本身并无高低之分，但对于个人理解 WTO 而言却有其重要性）的分别。非常感谢杨老师，无论是分享最新信息，课堂上的侃侃而谈，打断提问的“压力山大”，以及举桌签时的震惊四座，杨老师无疑给了我一次不同寻常的课程体验，真正让我认识到了这一课程的魅力。此外，鉴于历届学生的课程综述和感想都会被搜集并发给下一届，有了第一份影响他人的书面文章，在某种程度上印证了我在这门课上的收获和价值，至少“我来过”，这种感受也蛮新奇。

张卓昊

6 月 28 日，这是我与“WTO 法—中国案例研究”相伴的最后一个周一了。或许是每周都沉浸在高强度的阅读思考以及对课堂辩论的期待中，我竟不知时光过得如此之快。当回忆一幕幕显现在眼前，我有点难以相信自己所经历的一切。

仅仅是四个月前，2 月 22 日的那个夜晚，我是何其紧张与不安。面对着数百页的材料根本不知从何下手，而提交感想的大限转眼将至。WTO，多么遥远的一个组织，我对它的认识仅限于三个单词和六个汉字，如今我却要在简要地了解其架构之后，单刀直入地去阅读那被杨老师盛赞的，对我而言艰深且长得令人生畏的判决书，可即便是简要了解其架构，摆在我面前的也是数十页的英文介绍和老师数十万字的著述。我慌不择路地选中了部分材料阅读了一番，到了晚上草率地写就了问题和感想，忐忑地迎接第二天的审判。在前两周的课堂上，我甚至不能做一个好的听众，不但无法解决同学们提出的问题，也很难跟上同学们的节奏，对 WTO 官网的检索尚且一窍不通，拿到同学们分享的材料也只能读懂只言片语。课堂的一切对我而言都是陌生的，就连课程综述我也写成了错漏百出的会议记录。

转折发生在中国知识产权案中。第三周课前我几乎花了三分之一的课余时间将这个案件的判决仔细地读了一遍，并重读其核心论证。隐隐约约地，我似乎摸到了一丝门路，我仿佛领会到了专家组论证的精妙，虽然这种感受仍隔着重重迷雾，但这种严密论证已经给我一种确信，它一定值得我花费巨大的努力去阅读。或许也正是因为前期的准备，我第一次参与到课堂之中，能够跟上课堂讨论的思路，并参与其中。精读的任务又延续到了第四周之前，经过了一周的阅读，我自认为已经厘清了专家组的论证思路，然而事实证明我的理解仍然充斥着谬误。在第四周的讨论中多位同学对专家组的论证思路做出了有相当程度的差异的解读，每一种解读都有一定的道理，但也不可避免地会面临逻辑上的疏忽或“制造”了专家组难以理解的“逻辑错误”，直到讨论进一步深入，吴雨泽同学提出了专家组在起承转合之处用语的微妙差异，这一混沌的谜团才真正得以解开。从这时起，我真正体会到 WTO 判决的魅力。

在中国出版物和音像制品案的阅读中，我对文章分析思路的把控能力逐渐开始驾轻就熟，并能品味上诉机构论证中的精妙处，第一次通过自己的阅读充分体会到严谨论证的魅力。更重要的是，我第一次指出了上诉机构论证中出现的问题，并针对这一问题展开了详细分析。也正是因此，我第一次走向了课堂讨论的中央，体会到与同学老师交流辩驳的乐趣，更感受到与同学心有灵犀时的欣喜。

到原材料案和稀土案时，阅读判决便不再是一件难事了。相反，真正困难的，是在内心的抵抗失败后被判决所说服。这两个案件对一个相似的问题，采取了与音像制品案截然相反的态度。这种一百八十度的转弯，固然是难以接受的；更令人扼腕的是，这两个判决的结论直接扼杀了中国通过 GATT 第 20 条抗辩，来为相较于 WTO 初始成员而言极不公平的取消大部分产品关税的义务进行规避，以维护自己利益的努力。在阅读判决的过程中，我内心的挣扎无处不在，而判决的论证又如同铜墙铁壁，无法驳倒又无法被对方说服之间的反复拉扯带来的当然有痛苦，但这又何尝不是一种幸福？直到我越来越被专家组说服，并体会到依据其解释方法得出这一结论的必然性之时，在第六周课程结尾，老师的一问却又将我击回了原点。在独立意见中被我忽视的一句话，揭示了向原有判决发出挑战的可能，而我却一直置身于专家组和上诉机构论证的群山之中，没能从中跳出发现横看成岭侧成峰的可能。

学期很快便过了一半，来到了反倾销与反补贴案。此时的主持人，也从老师变成了同学。与前面的案例选段大有不同的是，我们在前面的案例中更多地面对的是针对一个条文字句的解释，所关注的是 WTO 庞大规则体系的局部，而到本案我们则首先需要从整体上去把握反倾销制度与反补贴制度，在这个基础上再去解决美国的做法是否导致双重救济，以及双重救济是否为 WTO 所容许的问题。相应地，摆在专家组和上诉机构面前的问题也更为复杂，他们不仅要去进行严格的条约解释，而且还要从纷繁的条文中找到解释上的突破口，围绕着这个突破口做文章，最后得出结论。有趣的是，做出相反裁决的专家组和上诉机构的论证其实都相当严谨，尽管违背了正义感，前者的结论甚至更加符合对字面含义的直观感受。然而上诉机构却颇具艺术性地巧妙解决了这一难题，在没有任何明示的文本之中有力地证明了那一冥冥之中的正义感所要求的条文的暗示，同时利用 VCLT 第 32 条将专家组的重要论据“打入了冷宫”。课堂上，同学主持的风格与老师也存在许多不同，虽然会有些许的冷场时间，但这也为我们提供了思考的空间，而不是像老师一样快马加鞭地鞭策着我们前行。

到了电子支付服务案，这同样是一个“违背常识”的判决，因为判决结果认为中国在 2001 年的 GATS 减让表中，对一项当时尚不存在于中国的服务做出了承诺。但无论如何，文本给了专家组做出这一解释的空间，而服务贸易的发展也向专家组提出了更加灵活地解释减让表的要求，更重要的是，专家组对文本进行的抽丝剥茧、层层深入、条理分明的解释令人拍案叫绝。在案件的讨论中，我与老师和同学之间就“including”的用法和含义也爆发了激烈的讨论，不论从阅读的案件材料，还是课堂讨论的激烈程度上来看，这个案件都绝对是我在所有案件中最为钟爱的一个，我和同学合作的期末论文，也是从该案件发散出的讨论。

我们所讨论的最后一个案件，是中美关税案。这个案件在课程一开始便进入大家视野，当时还懵懵懂懂的我们对这个案件提出了许多问题，对老师发给我们的论文也只是一知半解。而当一整个学期结束，重新回到这个案件，拿起专家组的判决时，我们已能够通过自己的研究去解决中国反制措施合法性根据的罗生门；当我再读老师的论文时，所见不再是云山雾罩，而是朗月清风。

又到了毕业季，而未毕业的我同样经历着一场别离。长达一个学期，又如电光火石转瞬即逝，不知何时再有机会与同侪一道就精彩纷呈的案件唇枪舌剑、据理力争。当我回看一个学期的综述时，当我回看我在这堂课上的蜕变，顿生登泰山而小天下之感。但泰山一定不会是终点，而这段宝贵的经历也将永远激励着我去挑战下一座未登峰。

陈沁心

一、课程综述

前两周的课杨老师组织同学们阅读了 WTO 概述方面的材料，并在课堂上泛泛地展开讨论。在第一次课堂讨论中，大家的争论焦点逐渐落实到了 WTO 的先例，这是第一次问题讨论的聚焦，后续课程的讨论大抵也延续了这种“先广泛后聚焦”的研究模式，只是讨论的内容不再是帮助同学们初步了解 WTO 整体的泛泛讨论，而是围绕一个案例，以同学们的兴趣焦点和对案件的理解为导向展开。第一次课后研究有确定的主体，即自主了解 WTO 的争端解决程序，这与对先例作用的探究，无疑为接下来的案例学习奠定了基础。

中国知识产权案是我们阅读的第一个案例，记得第一节课时，我有点难以跟上同学们的节奏。印象比较深刻的是，当我还在寻找合适的检索方式，群里已经有同学发表了自己的观点，令人紧张且着急，我在课后厘清了同学们的讨论思路后，感慨还是要多下功夫，多检索与思考。本案中我们接触到了“prima facie case”这一普遍的证明标准，这在最后的 DS 543 中被同学们再度提出，以及围绕“commercial scale”这个专家组解释的例子，结合 VCLT 规则，初步对条文的解释有了了解，这同样是在后面的案例中重要且基础性的知识。

中国出版物和音像制品中我们主要研究了 DSU 第 17.6 条当中所规定的“issues of legal interpretation”和“issues of law”的内涵，这决定了报告所能及的范围，体现了案例研究的学习方法中从案例及于法条的过程。在对该案自主研究的时候我也选择了这个问题，并无意中对其他 DSU 条款进行阅读。在区分“法律问题”和“事实问题”时，我发现 index 中有很多 WTO 之前的先例对二者进行的区分，启发我先例检索的研究方式。另一个核心的讨论焦点是 assumption *arguendo*，我在研究时用到了前面的案例检索的方式，对其适用的范围和局限性、可能出现的问题进行概括。经过第一个案例的适应，我发现自己逐渐完全融入课堂讨论的进度之中。

中国稀土案、原材料案出现了 DSU 第 14.3 条和第 17.1 条中提到的 separate opinion，这在 WTO 争端解决中比较少见，引起了同学们的注意，也让我意识到专家组报告本身并不是绝对正确的“标准”，要学会质疑和思考。这也是我们第一次同时阅读两个案例，且二者之间存在密切的联系，故出现了专家组报告中首先论述自己审理权之所在的情况，触发了同学们对先例作用的进一步思考。专家组在后案中审查法律问题需要面对两个困境，其一是其与上诉机构之间的 hierarchical structure 及 panel 的 distinct role，其二是上诉机构对法律问题的解释作为先诉中的判决结果，非常具有典型性。这两个案例的讨论呈现出多中心且各个都非常重要的状态，除了专家组的审理权限之外，还涉及 holistic approach 的研究，同学们的主要研究资料是查找相关论文，我也在一篇论文中看到了 holistic approach 的适用现状：DSB 上诉机构在世贸组织的少数争端解决中，如中国—出版物和视听产品，说明了 holistic approach，以防止机械适用 VCLT 条约解释的习惯规则；但是在世贸组织争端解决的实践，特别是与中国的案例，上诉机构尚未形成一个 holistic approach 的一致例证，甚至避免进一步阐述。这说明 WTO 法律制度仍然在不断的发展之中，而其形式也许是个案中专家组和上诉机构对解释方法的选择时所采取的态度，这两个案件中专家组和上诉机构显然都很遗憾地采取了相当保守的态度。

美国反倾销和反补贴是一个国际政治背景比较鲜明的案子，分明体现了“中美贸易战”五个大字，另一个特点是专业化要求比较高，涉及对“非市场经济国家”的定义问题，以及更加核心的，“双方措施”双重救济两个专业化的词语。很多同学都对这两个词之间的关系进行了研究，对双重救济的理解也构成了上诉机构对“appropriate”进行解释后得出结论的基础。通过这个案例我明白了很多之前虽然频繁听到却没有详细了解的概念，对中美贸易战中的具体内容也有了认知。

中国电子支付服务案留给我的主要印象是解释的技术。其一是对传统文义解释的突破，在此之前的几个案例的阅读之后，我基本已经习惯了专家组在对一个条文中的词汇进行解释时，用查阅字典的方式首先进行文义解释，而这里则援用的“industry sources”，杨老师认同了这种做法。“industry sources”加深了我对文义解释的理解，专家组的解释是为了用更加具有说服力，符合现实情况的内容赋予条文意思。在这种情况下，字典内容和行业解释都是“证据化”的，孰为优先取决于专业性。其二是对“including”的解释，本案的法律文本涉及多个“including”，同学们对各个“including”的含义展开了激烈而差异化的讨论。

中美关税案的报告发布于 2020 年，是一个新鲜出炉的案例，也是我们第一个将专家组报告全文通读的案例。正是因为阅读的范围拓宽了，提出问题的范围也较以往有了质的拓展。第二节课上，主持人通过课前调研的形式将讨论内容事先归结到三个主题，并让同学们事先思考，这种模式运用到一个案例的第二次讨论中提升了讨论的深度。比较有“质”的特色的问题是，中国对美采取的反制措施的合法性如何论证。杨老师专门就此写过一篇论文《中国贸易反制的国际法依据》，这个问题的一般国际法角度的解决路线让我看到了 WTO 规则和一般国际法之间关联的又一个侧面。有一些描述将我一贯以来抽象的感知具体化了，如“国际法碎片化场景”，其中呈现出的规则有一些则对我而言是陌生的，如——在“特别法”出现“制度缺失”(system deficiency) 的情况下，“一般法”可以填补空白 (gap-filling)。再如，在“特别法”出现“制度失灵”(regime failure) 的情况下，“一般法”可以取而代之。——杨老师在联合国国际法委员会报告《国际法不成体系问题：国际法多样化和扩展引起的困难》找到了具体的阐述。“一般法代替特别法”的规则听来十分陌生，了解之后我不觉感叹其在国际法规则中存在的精妙及必要性，而这一份报告更让我感受到国际法文件浩如烟海，而研究 WTO 法律制度本身其实也要对整体的国际法规则有所贯通，任重道远。

二、学期感想

转眼间课程已经接近尾声，在选修本课程之前，我脑海中对 WTO 的法律制度和案例并没有一个具体的画像，只觉得这是一个由国际条约集合造就的“高大上”的组织，如何解决国家之间的贸易争端，其程序和实体规则都是极其复杂的。好在课程整体的结构对我而言比较友好，即在以案例研究为主要学习方法的基础上，前两次课以概括了解 WTO 为主要内容。具体而言，我们在整个学期的课程开始之际阅读了概述 WTO 的相关资料，包括杨老师在中国加入 WTO 十周年时所著的《WTO 的理念》，在让了解有限的同学都能够对 WTO 有概括的印象，在学期学习的过程中，杨老师也会将 WTO 相关的新闻转发到课程群里，让我们实时跟进 WTO 的发展现状，建立起 WTO 就在我们身边的熟悉感。

案例研究和课堂讨论分别是本课程内容上和形式上的两个主要特点，也大幅增加了我在这门课程中的收获。

(一) 案例研究和发现问题

首先，就 WTO 争端解决制度本身，我们在第一、二节课上了解了整个程序的始末 (包括争端执行程序)，之后就将关注的重点放在专家组和上诉机构对具体法律问题的分析上，即 WTO 争端解决的审理程序，这也是 WTO 法律制度的核心所在。在这里，案例研究的学习方法，一方面，能够让我们在浩如烟海的 WTO 文献和案例中发现其中容易出现争议的内容，从而准确地把握其中的核心内容，部分重要的值得深入研究的条文和论证方法也得以在我们的视野中脱颖而出。另一方面，通过将不同的案例互为对照，比如稀土案中中国对 GATT 1994 第 20 条的援引和 DS 543 中美国对 GATT 1994 第 20 条的援引体现出的差异化结果，加深了我们对相关法律制度中例外的豁免范围的认知；而相似的法律适用问题一再出现，也让我们不得不重视它并更加全面地对其进行研究。在 DS 543 中，GATT 1994 第 20 条能否被援引被作为一个主要的讨论对象在主持人的主持下被同学们投票选出，同学们对 GATT 1994 第 20 条适用的研究也不限于案件问题本身，而上升到对制度的一般化研究，包括“design test”和“necessity test”，后者正是在稀土案中被报告所提到但没有详细展开的。

此外，课程对每个案例都分配了两节课的学习时间，为我提供了一个“课前阅读提问—第一次课堂讨论—课后归纳、重新定向、进一步思考—第二次课堂讨论—课后整体总结反思”的过程。在第一周的课程讨论中，同学们会提出很多我之前没有想到的问题，有些比较集中的会得到很多同学的讨论；而我常常在第一节课的课后研究中变更自己原来提出的问题，转而去研究其他同学发现的问题。有时是因为问题已经在第一节课中得到解决，更多时候则是在同学们的帮助下发现了更加重要的问题，它们有的是对该案例而言更加核心的争议内容，有的则是不在核心位置，但是非常值得讨论，在其他类似的案件中可能被再次用到或引发更广泛争议的内容。在对案例阅读不够透彻、对案件相关的 WTO 制度不熟悉的情况下，极有可能提出舍本逐末的问题。杨老师对我们提出的问题和相应的观点非常包容，从不轻易否定提问的价值，这一定程度上拓宽了课堂讨论的广度，也极大地鼓舞了本 WTO 小学生的学习信心。我也意识到，我们每提出一个问题，就像是在挖一口井，经过课程讨论，我们可以判断井下是否是泉水所在。有些问题甚至在同学们个别提出的阶段，就有其他成员在微信中分享自己的心得。当然，要做到“慧眼识珠”，课前初步挖掘和预判是必不可少的，如果只是装模作样地掘了些土，就无法得心应手地加入同学们的讨论之中。同时，两节课之间的一周时间既提供了缓冲，让我们可以更加细致地阅读专家组报告，也是一个确定方向的提升跳板。如果说第一节课的讨论内容以广度为特征，让我们在选择时不会错失一些值得挖掘的地方，那么第二节课的讨论则会集中在几个相对较少的核心问题上并提升深度，将第一节课的集中讨论中未尽的部分及没来得及集中讨论的问题都一一解决。

（二）课程讨论：问渠那得清如许

同学们的普遍参与对我的帮助远不限于问题定向这一方面，这也是本课程的另一个特点，即课堂讨论的课程形式，分为各自发言和集中讨论。

有幸在一个同辈优秀的学校里学习，我的感受是讨论的课程形式非常好地发挥出了同学们智慧的价值，当某些同学在课堂上发表出闪耀着光芒的新颖观点，或是当我在群里的课后研究文件中看到他们透彻的论述，有时是打开了我的思路，有时则直接让我获得了没有在研究中学到的新知识。课堂上将同学讨论作为主要内容，其实是老师想借同学之口说出讲授内容的一个过程，杨老师甚至在自己的课程感受中提到，有时同学们的思路会延伸到自己也没想到的地方。当同学成为思路推进的主角而不仅仅是一个被动的知识的接收者，思考问题的过程得到重视，而不仅是只求一个“正确”的结果。事实上，对于同一个案例的讨论，课程的目的可以是多元化的，而不应该只局限于一些固定的内容，尤其是 WTO 争端解决这一关涉多个法律文本、包含丰富解释方法且受到多重影响因素的主题。同学间的知识共享及杨老师在讨论的衔接的关键之时的引导最终走向了一个“发现—探索—总结”的过程。后半学期每节课都由同学自行主持，杨老师作为一个“同学”参与其中，主持的同学在对每个同学提出、研究的问题有了解的同时，无疑要对不同的论点有轻重缓急的“预判”，进而引导大家的讨论进度，在时间分配上有所偏重。一分耕耘一分收获，相信每一个主持的同学都会对自己主持的案子有独到的理解。在大家的共同努力下，每一个案件及其主要争议之点、论证思路都能在综述总结阶段呈现出清晰的样貌，我也忝列 WTO 列车上的一员，一学期以来获益匪浅。

韩世宸

冰冻三尺，非一日之寒

——WTO 课程综述与感想

“世界贸易组织法　中国案例研究”是一门非常特别的课程，它以研讨课的模式让我感叹课堂原来可以这样活跃，课程内容原来可以这么丰富。独上高楼之路绝非坦途，非常荣幸我能够参与到这门课程当中，感受 WTO 规则和条约解释的魅力，汲取老师及同学们的智慧。拾级而上的我渐渐开始领略WTO法带给我的绝美风景，从对WTO的一无所知，到对WTO的作用、争端解决机制的流程、法律渊源和条约解释规则有所了解；从对课前和课后任务的茫然无措到能够按部就班地读报告、记笔记、写综述；从对讨论内容和节奏的跟不上到慢慢理解……转眼十六周的课程已过，细细品味真是受益匪浅，不枉此行。

一、课程综述

（一）专题一：WTO概述

第一周的课程实际是令人“痛苦”的。尽管老师对案件阅读段落进行了筛选，想要读明白50多页的报告却不是一件容易的事情。我们阅读的报告包括WTO的三大领域，即货物贸易、服务贸易和知识产权，涉及众多规则和专业名词，想要读懂报告首先就要对相关背景知识有所了解。还记得第一节课上大家的问题五花八门，似乎都还对WTO的概念还是懵懂状态，随着杨老师深入浅出地介绍和讲解，我们逐渐专注于美国近来对WTO的抵制，就美国阻挠上诉机构成员遴选一事展开了初步讨论。通过了解上诉机构停摆一事，我们既认识到了本学期课程特殊的历史环境，又了解了相关的DSB程序性规则，用自己的努力推开了WTO的大门，并迈着坚定的步伐前进。

（二）专题二：中国知识产权案

中国知识产权案是我们接触的第一个实体案件。两周的课程中我们讨论了与条约解释方法有关的问题，包括“遇有疑义，从轻解释”及字典含义在通常含义解释中的作用；我们也梳理了专家组的论证思路，包括对“商业规模”的解释、定性与定量问题的区分等。不仅如此，我们还集中讨论了司法节制原则、DSU中的第三方、prima facie证据规则，以及本案中VCLT解释方法的应用。中国知识产权案给我最大的触动当属第一次与专家组报告的接触，报告中严谨甚至无懈可击的逻辑分析能力令我惊讶又崇拜，也更让我感受到WTO的独特魅力。

（三）专题三：中国出版物和音像制品案

中国出版物和音像制品案的两周课程中我们主要讨论了司法节制与假定

成立的关系，以及诉专家组违反 DSU 第 11 条而获得改判的可能性，对于上诉机构是否越权审理及假定成立的适用条件同学们也进行了重点研究。课堂上，同学们对上诉机构的审查范围更是出现了针锋相对的精彩辩论，在本专题中也让我们初步看到了 WTO 整体上的缺陷性和改进完善的空间。

（四）专题四：中国原材料案

在中国原材料案中，我们在课前预习中首次接触到 WTO 裁决报告中的单独意见，针对单独意见的法律依据、效力以及本案单独意见的论证思路，杨老师带领同学们在讨论和交流中探索真理。除此之外，我们讨论了《入世议定书》与 GATT 之间的关系，彼时的我还尚不知晓《入世议定书》条款与其他 WTO 项下协定条款的关系问题将会伴随我们接下来的诸多专题，可见其重要性。在每个专题都绕不开的解释方法方面，我们还讨论了整体解释方法以及“明示其一、排除其他”的适用。

（五）专题五：美国反倾销和反补贴案

在“双反案”专题中，我们首先主要讨论了本案强效理由的法律依据与实体内容，以及其背后的 WTO 横向与纵向“先例”的遵循问题。其次，我们对比美国内衣案探讨先前协定对条约解释的效力。本专题中我们聚焦的解释方法是反向推理，比较了这一方法与之前专题中的“明示其一、排除其他”。本案的核心问题是双重救济与“双反”措施的定义和二者之间的关系。同时我们也对 DS 379 案上诉机构裁决是否因增加了成员国义务而违反 DSU 第 3.2 条规定的问题进行了讨论研究。

（六）专题六：中国电子支付服务案

本案的专业术语较多，概念较为复杂，我们在课堂讨论中先进行了概念学习，回顾了本案的案件背景，重点对于演化解释的概念与适用可能性展开了讨论。但其实这在本案并未重点涉及，也算是幸运地对知识进行了扩充。除此之外，我们也聚焦专家组论证思路，讨论了其对支付服务外延标准的论证的合理性。本专题中的核心问题在于“including”在 GATS 中的高频出现，在两周的探讨辩论中我们也初步总结出了“including”的用法，可谓收益颇丰。

（七）专题七：中美关税案

本案主要涉及美国对来自中国的产品征收额外关税而引起的质疑，两周的课堂讨论重点围绕专家组的管辖权，GATT 1994XX 的适用及中国反制措施的合理性展开。同学们集思广益为中国行为寻求合理性，更是对中国的反制措施形成了对立观点，且最终没能达成一致。但在讨论的过程中，我们也对中美双方的立场有了更加客观深入的认识。

二、学期感想

（一）课前预习——千里之行，始于足下

由于老师不再作为课堂上的知识输出源，为了更有效率、更有内容的课堂体验，大家必须在课前对要求的阅读材料与案例有一定的了解，不论是总括性的还是细致的。而阅读材料的数量与难度（多为英文材料）成为课前充分阅读准备的障碍之一。课前预习的重中之重自然是认真阅读案件的指定段落，虽然指定段落的篇幅偶尔较长，且全英文阅读相比中文阅读难度更大，但好在专家组与上诉机构裁决的语言表达比较直白清晰，也少见晦涩难懂的表述。然而，对于英文基础并不突出的我，在前几周的预习中还是非常吃力。幸运的是，随着课程的深入，在我对一些法规条约和专业术语的词汇熟悉后，再阅读全英文的报告就逐渐地明朗起来。

在预习中，杨老师要求我们要学着提出问题，我深表认同。课前阅读的基础之上更应有一份属于自己的法律思考。在课堂之上，搭建起课堂框架的恰恰是同学在阅读材料之后提出的有价值的问题，而后续讨论则是在框架之中填补血肉。因大家本身对于 WTO 规则及国际法的知识储备并不丰满，大家在课堂之外积极检索，互相请教，形成了知识共享模式，达到了“1+1>2”的协同效果，这是极为重要的。并且，只有确定了需要解决的 issue 之后，才能寻找适用的规则。对于 WTO 案例而言，摆出对本案适用的 WTO 各涵盖协定中的具体条款不算一件难事，难就难在如何理解规则的含义，从而将规则适用到本案的事实中。这也正是条约解释要完成的任务。我们研读的相关段落基本上都是涉及专家组或上诉机构的条约解释，可以说，条约解释是 WTO 争端解决的灵魂，而预习的难点也正是从海量的英文条文中寻找出适用于案

情的内容。

最重要的是，WTO 课程的课前预习带给我的参与感和成就感是在其他课程中无法比拟的。每个课程之前大家都会在群里发一些关于 WTO 的事情，并且单独拿出一些时间来讨论当今的时事。我还记得第一次讨论专题内容时庞大的外文阅读量、大家想法的深度，以及我自己通读第一专题的专家组内容时，对于专家组的分析思路缜密和严谨程度的感叹，这些事情都让我为之震撼。在进行相关案例学习之前，我们通常会进行背景的熟悉和学习，但尤其是在一些技术性较强的话题上，我们又不得已要去了解一些经济方面的知识。令我印象最深的是“双反”案，理解双重救济的计算过程时，还有同学引用了相关图表进行解释。但这也正是讨论式课堂的独特魅力，努力了总会有或多的收获，有时是所期待的，有时是意料之外的。在课前阅读的过程中，随着时间的流逝，我对于阅读材料的把控也越来越好，阅读时间也较之前减少，更惊喜的是，从最初阅读专家组报告的不情愿与被动输入，渐渐转化为了快乐与轻松，甚至能有富余的思绪去思考专家组报告撰写时是否有失偏颇。在每个周二前的周末，拿出一天时间在图书馆静静地预习 WTO 的案例，在这个学期已成为习惯，在努力中丰盈知识，在刻苦中收获硕果。

（二）翻转课堂——百花齐放，各抒己见

WTO 课程的授课方式是独树一帜的，前半学期的课堂，主要是偏向传统的老师作为话题主持者，适时引导同学、总结问题，形成一个清晰的课堂脉络，也是让同学们更加熟悉“翻转式”课堂的模式；后半学期的课堂，则是同学作为主持引导者，老师与其余同学一起积极参与讨论，发表真知灼见，知识共享。而其中最具魅力的当属同学们在课堂上针锋相对地交流与辩论，正如杨老师所说：“每一组对立观点的出现，都意味着我们的进步和更加深入的思考。”

其实，我们大多数人都会承认，提问真的是一件挺难的事情。作为旁观者，或许我们都有觉得有些提问根本不是提问，而是表达的观点。提问的本质是不懂，质疑的本质是懂但不同意。提问比质疑更需要勇气，因为往往人对于自己不懂这件事是抱有一定的羞耻心的。在必须要提问的场合，有时我们会以质疑来代替疑问，这混淆了疑问的本质。在 WTO 的课堂上，我认为每一位同学都可以放心大胆地承认“我不会，所以我要提问”，我想大概有这几

方面的原因：第一，这些判决都是很有深度的判决，作为一个刚学习法律的大学生，不会不懂很正常；第二，正是因为不会，所以我们才在课堂讨论。WTO 的课堂讨论不是正是互相理解、论战的过程吗？

更难能可贵的是，WTO 课程上的讨论并不是自说自话，而是在杨老师的带领下，聚焦某一课题进行重点探讨。并且，不仅局限在法律范围，还在以法律为基础的情况下，广泛涉及多个领域，从中美摩擦开始，到知识产权的对接问题，很多时候同学们都会进行拔高的思考，从某一措施的背景或影响出发去思考整个国际社会的大环境和中国某行业、某主体面临的困难和挑战。以法学为核心，主要在两个方面体现了法学素养的培养。一方面就是法律依据，当然最初的起点一定是法律人固有的质疑精神，而在质疑之后就会存在是否为合法合理的疑问，在面临无数问题时，我们都会从法条依据出发，来寻找是否有合理依据，抑或上诉机构是否有权作出这样的处理；另一方面则是甄别信息和比较的思维，这种思维路径来源于案例的比较，当面临一个新案例时，我们会纵向上寻找先例，看有没有可以借鉴的部分，也会将相同案例进行对比比较，总的来说是很好地训练了寻找共同点和特殊点的能力。对二者进行有机结合后，再由同学们将获取的信息整合为观点在课堂上抒发，因角度不同而形成对立观点，在观点的碰撞后达成一致，从而收获新的角度和知识。

老师的鼓励与引导，也是该种讨论模式成功的原因之一。形成想法与表达想法实际上是在两个不同层面的问题。其实，翻转式课堂需要解决的问题之一就是如何使有想法的学生不因羞涩、害怕出错等心理因素而成为课堂的边缘角色。本学期，杨老师的悉心引导鼓励的方式，可以说是让不敢表达的同学渐渐卸下防备，让大家发言得安心、自在，我想这也是“杨氏教学”的核心所在。

三、写在最后

十六周的课程转瞬即逝，我看着自己电脑桌面上满满当当的参考文献、问题讨论和课程综述，深感收获颇丰，无论是知识还是能力方面自己都有了显著提升：从课前收到的 WTO 文件大合集，到第一专题进行的散装讨论，从差点被如此硬核之课劝退，到几周后逐渐摸到了一些门道，开始独立阅读案例分析问题，并参与到课堂上与同学们进行深入讨论。我想这门课的魅力不仅在于如此优秀的老师，其实也在于有这样一群优秀的同学，总是能在讨论陷入僵持时提出眼前一亮的观点成功结尾，或者用其他角度对论证弥补他人论证思路中的缺憾，这样的思维碰撞能在有限的课堂时间内实现收获的最大化。

最后，感谢在这门课上遇到杨老师，方学姐，感谢遇到每一位同学，以及同学们的每一个精彩提问、发言与总结。我深知这门课只是让我们成为一个 WTO 规则的初学者，WTO 的相关案例浩如烟海，WTO 的争端解决机制前途未卜，作为一个学习者，仍是任重道远，道阻且长。冰冻三尺，非一日之寒，我要学的还有太多太多。路漫漫其修远兮，吾将上下而求索。

朱亚博

本学期的世界贸易组织法中国案例研究课程主要围绕七个专题展开，一共十五周的课程，杨老师带领我们系统而又全面地了解了 WTO 的组织结构和体系脉络，对其中涉及中国的主要案例展开了“地毯式”地学习和讨论。不得不说，这门课于我而言是巨大的挑战，面对每次课前平均几十页的英文阅读材料和课堂上激烈且深入的讨论，我都要投入百分百的精力。但正所谓“一分耕耘，一分收获”，在这门课上我不仅仅收获了有关 WTO 的相关知识，更重要的是，锻炼了我的逻辑思维，扩展了我的国际视野。

一、课程综述

（一）WTO 概述

第一专题是 WTO 概况的介绍。通过前期的阅读，大家提出的问题角度各异，有的同学对中国起诉、被起诉率低的原因存在疑问，有的同学对发展中国家在 WTO 的地位高低和话语权大小更感兴趣，还有同学对 WTO 中“报复”权的含义和有效性有争议。最后，同学们的讨论焦点逐渐集中于：WTO 上诉机构是否可以引用先例，有何依据？此外，杨老师让我们事前阅读美国报告 E 部分对上诉机构程序问题的批评，以及了解 WTO 的争端解决机制，这其实是对 WTO 上诉机构能否引用先例问题的深入阅读。该报告中，美国提出三点理由反对 WTO 上诉机构引用先例，表面上看是非常充分，但是结合上节课的讨论会发现，美国报告是在混淆视听，故意把引用先例的问题转换成先例没有拘束力的问题，从而在这个角度批驳WTO上诉机构。最终，同学们一直认为遵循先例并非同案同判，美国的指责也自然不攻自破。

（二）中国知识产权案

第二专题是中国知识产权案，杨老师引导我们阅读了中国知产案专家组报告中中美就中国知识产权犯罪刑事门槛问题的段落。大家提出的疑问主要集中在如下几个方面：①prima facie case的含义和适用；②专家组对证据的审查和证据的证明力问题；③举证责任问题；④司法节制原则的含义和适用；⑤争端解决中第三方的地位、标准和作用；⑥专家组的裁决依据和美国观点。可以看出问题非常多元化，每个人关注的角度和侧重点也不同，仅仅看问题就让人很有收获。比如我之前一直没有关注到的问题：WTO专家组如何解读某国的法律条文，其进行法律解读的权力来源是什么。而本案，专家组也是严格地运用了VCLT第31条和第32条进行解释。在课程讨论中，同学们先对prima facie case的含义和适用做了辨析，之后则将目光转向了“on a commercial scale”的解释，同学们提出了两种观点：一是专家组是以总分结构解释，先以自己的方法解释，再评价美中双方的观点；二是专家组是分总结构，即先使用美国提供的解释路径解释并驳斥美国观点，再使用中国提供的解释路径并评价该路径下的中美观点。两种理解方式都有道理，只是选择的切入点不同。最后，也有同学对VCLT的解释规则和国内法的解释规则作了比较。

（三）中国出版物与音像制品案

第三专题是中国出版物与音像制品案，杨老师引导我们阅读并讨论了中国出版物和音像制品案上诉机构的裁决内容，该裁决中上诉机构对专家组的报告进行了纠正，并且阐述了上诉机构自己的裁决思路。该案被视为WTO规则发展的一个里程碑，这是WTO首次适用GATT 1994第20条抗辩《入世议定书》中的违约行为，为GATT 1994第20条适用于其他的WTO协议开了先例，同时也是第一个涉及“超WTO”义务的案件，其对于WTO上诉机构的未来争端解决意义重大。在课堂上，同学们在两次课上重要针对上诉机构是否对GATT 1994第20条的援引具有审查权和上诉机构的裁决思路两个问题展开了深入的讨论，并对假设成立的解释方法作了评价。此外，一些同学还将中国知识产权案的司法节制原则和本案中专家组的假定成立方法作了比较，并对其适用范围进行了研究。

（四）中国原材料案和中国稀土案

第四专题是中国原材料案和中国稀土案，杨老师引导我们阅读并讨论了中国原材料案和中国稀土案。这两个案件中，中国最终均败诉，并修改了国内法规和政策，对于中国原材料和稀土出口的影响巨大，是一次沉痛的教训。在前期阅读中，我发现两个案子和上一专题的主要争议问题大同小异，上一专题是关于中国能否援引 GATT 1994 第 20 条为违反 CAP 第 5 条第 1 款的行为进行抗辩，而本专题两个案子都是关于中国能否援引 GATT 1994 第 20 条为违反 CAP 第 11 条第 3 款的行为进行辩护，算得上是一个更深入的讨论。同时，这两次的讨论中也多次涉及了专家组和上诉机构的解释方式，VCLT 第 31、32、33 条也多次出现在同学们的发言中。另外，同学们的关注角度也越来越多，一些有趣的新问题，例如“一事不再理”原则和“超 WTO”义务等，也引起了大家的关注。

（五）美国反倾销和反补贴案和美国反补贴和反倾销案

第五专题是美国反补贴与反倾销案和美国反倾销和反补贴案，这两个案例最终都以美国败诉告终。在这两个案子的专家组和上诉机构报告中，杨老师让我们阅读的段落主要围绕在美国的反倾销与反补贴措施引发的双重救济问题。这个问题相对之前案例中的解释问题显然更加专业，同学们刚开始的讨论都集中在反补贴和反倾销及其导致的双重救济的概念性问题，以及和二者的逻辑关系之上。在第一次课上同学们就主要在攻克这一难关，大家对此都有所了解之后，讨论就转向了更深层次的解释规则和认定标准之上了。此外，本专题杨老师让同学们自己报名成为课堂主持人，吴雨泽同学第一次的主持为我们梳理了报告中专家组和上诉机构的基本思路，为之后骆鑫同学的主持作了好的基础，骆鑫同学在第二次课将讨论引向更深层次的问题。

（六）中国电子支付服务案

第六专题是中国电子支付服务案，该案涉及的主要是 GATS 条约下的电子支付服务，其焦点问题为中国对电子服务的具体承诺。在这个案子的专家组报告中，由于电子支付这个问题不像以往案件中的具体货物，其核心在于银行的支付服务，这显然会更加专业，因此同学们刚开始的讨论都集中一些专有名词的含义和解释之上。在第一次课上同学们就主要在攻克这一难关，在第二次大家对此都有所了解之后，讨论就转向了更深层次的解释规则和减让表范围之上了。此外，这两次课还是延续了之前让同学们自己报名成为课堂主持人的做法，本专题的两位主持同学是王雨宁同学和张瑶同学。王雨宁同学引导大家提出了阅读专家组报告中发现的问题和疑惑，还在张卓昊同学对专家组的裁决思路梳理上引导大家进行了讨论；张瑶同学的主持因为有前一次课的铺垫，大家对自己的研究进行了展示，同时也对其他同学的疑问和大家共同存在的问题展开了深入的讨论。

（七）中美关税措施案

第七专题是所有案件中最近最新的一个案件，算是中美贸易战的核心问题，也是在很大程度上导致 WTO 上诉机构停摆的因素之一。本案的核心问题有四个：①根据 DSU 第 12.7 条规定，专家组是否有权对本案作出裁决；②美国在专家组成立后将关税从 10%提高到 25%的措施是否在专家组裁决范围内；③根据 GATT 1994 第 1.1 条和第 2.1（a）（b）条的规定，美国是否违反了相应的 WTO 义务；④根据 GATT 1994 第 20（a）条的规定，美国能否援引“公共道德”例外免责。另外，同学们对于中国采取反制措施的合理性也提出了质疑和理解。与之前一样，本专题也是由同学自己主持。第一次课由李雅文同学主持，大家提出了自己在阅读专家组报告中发现的问题，并对专家组的裁决思路进行了初步梳理；第二次课由严君啸和柯静姝同学共同主持，大家对专家组报告的裁决思路做了更加清晰地整理，也将在课后对一些焦点问题的研究分享了出来。

二、学期感想

在本学期的“世界贸易组织法　中国案例研究”课程结束之际，回顾这十五周的课程感触良多，与大家分享一下我的心路历程。

（一）从犹豫到果断

原本在上学期就选修了杨老师的“世界贸易组织法　中国案例研究”这

门课，但是由于疫情在家，原本学习效率就不高，而且其他课程压力也比较大，很遗憾地退了课。本学期选课时也认真考虑了一下，内心也挺矛盾，一方面我的英语阅读能力较弱，很怕不能应付课后大量的英文阅读任务，另一方面我对国际贸易问题，尤其是中美之间的贸易博弈很感兴趣，这门课正好可以给我提供一个深入了解的机会。最后，在陈子晗同学的极力推荐下，我决定来挑战一下自己。事实证明，这是一个非常正确的决定。

（二）从紧张到放松

在第一次上课前，我就听闻了杨老师的这门课的特殊之处，算是法学院的课程里面的“异类”，因为这门课既没有固定的教科书，也没有课程 PPT，甚至有时候课堂上会没有老师。我怀着紧张又好奇的心理来听课。果然，第一节课杨老师把课堂的主导权交给了我们，给了我们极高的自由度和参与度，每个人都有发言的机会，每个人的发言都会被关注，因此才第一次课大家就表现出了极高的学习热情，讨论激烈、针锋相对，又相互补充、彼此协作，有时我甚至感觉这门课的课堂就像 WTO 组织一样，每位同学都是课堂的“缔约国”，每次的课堂就像“部长级会议”一样，大家尽情抒发自己关注的问题和想法，既有对立又有合作，而杨老师就像大会主席一样，不断引导我们每个“缔约国”进行更有价值、更加高效的讨论，最终达成共识或继续保持争议。这样的课堂形式颇有雅典学院的风格，充满着一种宽松的百家争鸣的民主气氛，持不同疑问或观点的同学在这里进行着一种平等而优雅的讨论，或者各行其是地进行着独自的思考，完全无拘无束，是我心目中最理想的大学课堂的样子了！

（三）从艰难到享受

当然，宽松自由的课堂形式并不意味着可以轻轻松松地汲取知识，正好相反，只有在课前认真地准备和课上全身心地投入才能真正体会到课堂的美妙。老实说，刚开始的几节课我就很不适应，尤其是在自由讨论环节，总是跟不上大家的节奏，经常是在同学们开始进入下一个问题的讨论时，我才刚弄清楚上一个问题的内容，再加上我龟速的英文阅读，几节课下来总是感觉身心俱疲，收获也不是很大。在认真听取杨老师的建议和请教其他同学后，我改变了之前一字一句地读案例的方式，先看杨老师的论文集，了解案例的主要争议点和大致的裁决思路，再回过头来读英文材料，将材料分层做思维导图。这样一来不仅阅读效率提高不少，对于一些问题的理解也加深许多。改变了盲人摸象式的学习方法，我颇有豁然开朗之感，参与课堂讨论也得心应手了起来，在跟上同学们的讨论的同时，还能有自己不同的观点，能感受到自己的思维能和同学们一起碰撞，不可不谓是一种精神的享受。只是有时感觉自己的想法不够成熟，没能在课堂上分享出来，接受杨老师和同学们的指教，实在可惜。

（四）从贫乏到充实

就课程内容而言，这门课无疑是非常充实的，正如梁翠宁老师在听完杨老师讲课之后感叹，每一个案子都可以单独开设一门课程来讲授，可见每一个案例包含的信息量都是巨大的，对我们掌握相关知识的要求也是极高的。这样的高标准使得同学们必须投入更多的时间去学习，收获自然不言而喻。老实说，这门课让我对 WTO 的态度完全的改观了。最早接触 WTO 的概念还是在高中的政治和历史课堂，对 WTO 的印象还停留在中国 2001 年加入 WTO 的画面，当时中国代表团突破了以美国为首的资本主义国家的重重阻碍，经历了非常艰难的多轮谈判，才得以加入。因此，WTO 给我的印象是由欧美控制的贸易组织。现在回想起来，感觉当时的想法确实幼稚可笑，WTO 对国际社会关系和世界经济格局的贡献是不容置疑的，我国作为世界上最大的发展中国家，在加入 WTO 之后经济迅猛发展也是有目共睹的。更重要的是，作为 WTO 制度框架中最核心的争端解决机制，其并不是大国控制的“衙门”，而是每个成员国都有权利为本国利益发声的“法庭”，其有效地减少了国家间的摩擦，为世界经济增长作出了突出的贡献。

另一个让我印象深刻的是，专家组和上诉机构的报告，刚开始读的时候，总给我一种诘屈聱牙之感，好像专家组和上诉机构总是针对一个问题循环论证，但随着学习的深入，我才感受到专家组和上诉机构的高明之处。他们在面对两国之间的贸易纠纷时，不仅仅考虑的是把眼前的问题处理好，而且还要考虑这样的处理方法对之后相同或相似案子的影响，要同时兼顾裁决的效率、稳定性和执行，因此对于解释方法的适用和解释措辞的使用也是慎之又慎。这也就不难理解为什么有时候我们读起来会有点含糊不清，因为 WTO 专家组和上诉机构终究不像各国国内法院能够实现强制管辖和执行，所以专家组和上诉机构的裁决的说服力至关重要，他们高明的解释逻辑和对解释方法的灵活适用值得我们尊敬和学习。

除了课程本身的收获，这门课还给我带来了额外的帮助。因为我本学期还选修了车丕照老师的“国际经济法”和王明远老师的“国际环境法”，配合本课程的学习，在涉及 WTO 或是相关国际贸易的内容，总有一种融会贯通的感觉，也让我能够从多个角度来审视 WTO 在国际社会中的地位和作用。

“师者，所以传道受业解惑也”，感谢杨老师一学期以来，详细讲解有关 WTO 的知识，悉心传授阅读和分析 WTO 案例的技巧，耐心解答我们学习或是生活中的疑问；同时，也感谢各位同学在课堂上的精彩分享和课后的深入研究，这些都让我受益良多。马上就要步入大四，在园子里的时间也不多了，在以后的日子里，本课程也一定会在我的记忆里闪闪发光！

杨盛彪

一、概述

时光飞逝，与 WTO 为期半年的邂逅终于落下了帷幕。回想十四周的上课时间和七个专题的学习，让我有种时间过得很快而学习过程又很漫长的矛盾之感。每一个专题的学习，都让我觉得自己在闯关并获得一块块拼图，在研究与讨论中逐渐建立了自己对 WTO 的认识。相信每一个案例都是杨老师精心挑选出来的，因为每一专题所选择的案例都非常经典，研究的问题也是循序渐进的，且涵盖了 WTO 的大部分制度和规则。而在讨论式的课堂中，在同学们抽茧剥丝的分析下，复杂的案例也变得清晰、生动了起来。

二、课程综述

（一）WTO 概述

前两周的课程属于引入部分。在阅读了介绍 WTO 的材料后，大家纷纷提出了自己关于 WTO 的一些疑问，如组织机构、审理范围、裁决机制及报复机制等。在前两周的讨论中，大家的问题还比较分散，从不同的维度阐述了自己的思考，将 WTO 的历史与现实串联起来。

从历史来看，经过 20 余年的发展，WTO 已经形成了比较完整和成熟的争端解决机制。从国家之间的磋商到专家组的成立，再到上诉机构的裁决，直至最后裁决的执行，每一项程序和期限都有着明确的规定。但完整不意味着完美，在整个机制的运行中也出现了很多的问题。例如事实问题与法律问题难以区分、对遵循先例的批判，以及报复机制中小国的无力等。从现实来看，WTO 的争端解决机制正面临着严重的形势。一方面，美国发布报告中对 WTO 进行了严厉的批评；另一方面，从 2014 年以来，上诉机构成员因辞职或任期届满陆续离任，美国频频阻挠新法官遴选程序，宣布不支持任何提名，在协商一致的规则下使得成员不能补足，直到 2019 年 12 月 19 日，WTO 上诉机构成员仅剩 1 位，上诉机构陷入停摆。但好在由上诉仲裁机构弥补了这一职能缺陷，但在逆全球化的趋势下，WTO 所面临局面依然非常困难。在杨老师的引领之下，我们逐渐进入了案例研讨的部分，逐渐感受到了这门课程的精彩之处。

（二）中国知识产权案

中国知识产权案是中国加入 WTO 以来比较具有影响力的案件之一，而我们研究的这一部分的核心争点为：中国采取的措施是否与中国在 TRIPS 下承担的义务相一致。同学们也就专家组的裁决思路提出了自己的见解，特别是骆鑫同学和严君啸等同学对于专家组思路框架的不同理解，让我们受益匪浅。

在这一专题中，我印象比较深刻的就是 VCLT 及司法经济原则。第一次接触到 VCLT 第 31 条和 32 条的时候，我并没有觉得这个解释方法有多么重要，只是觉得很复杂，没想到它竟然贯穿了我们后期的学习过程，成为我们课程中研究最多，也是最难的问题之一。而司法经济原则也让我感受到了 WTO 的理念之一，即争端解决中效率的重要性。

从中国知识产权案开始，我们可以算是比较认真地接触了 WTO 的一些解释方法和理念，摸到了大门，也更想接着探索剩下的部分。

（三）中国出版物与音像制品案

从第五周开始，我们开始接触中国出版物与音像制品案。考虑到时间和阅读量的问题，我们阅读的是案例的节选部分，属于“贸易权的限制”这一部分中专家组和上诉机构的裁决思路。但仅仅是一部分，其中能研究的复杂的问题也非常多。

在这个案例中，我们又认识了与司法经济原则很类似的假设成立的解释技巧，在两个方法的对比之中我们又收获了许多有趣的知识，也对 WTO 的理念有了进一步的认识。当然，节选部分最重要的还是关于能否援引 GATT 1994 第 20 条进行抗辩的问题。而讨论该问题的前提是讨论上诉机构的审理范围问题，而关于审理范围的讨论又引出了“完成法律分析”方法等，围绕重点的讨论最后发散到一个比较大的范围，直到下课同学们仍然意犹未尽。

（四）中国原材料案与中国稀土案

这一专题应该是阅读材料最多的一个专题，两个案例总共有四份报告，但都涉及了关于援引 GATT 1994 第 20 条抗辩的问题，与上一专题的音像制品案有类似之处，只不过从《入世议定书》的第 5.1 条变成了第 11.3 条，然而裁判结果却大相径庭，上诉机构和专家组都裁定中国不能援引 GATT 1994 第 20 条。

在课上，我们重点讨论了专家组和上诉机构的裁决思路、超 WTO 义务、专家组和上诉机构的解释方法、各条约与协定之间的关系和单独意见这几个问题。这一专题中令我印象比较深刻的是 VCLT 中的整体解释方法，对于理解 VCLT 而言又获得了一部分知识，还有专家组在原材料案中所提到的立法沉默的问题。此外，同学们还发现了一个新的点，即专家组单独意见，这是在以前研究过的案例中没有出现过的。对于援引 GATT 1994 第 20 条没有得到上诉机构的支持，同学们是不太认同的，因此我们也研究了中国《入世议定书》与 GATT 1994 的关系，对两者之间的联系有了新的认识。

（五）美国反倾销案

进入这一专题时，课程时间已过大半，同学们的研究和讨论也逐渐得心应手。因此，本专题实现了课堂的翻转，杨老师作为同学中的一员参与讨论，主持人则变成了吴雨泽同学。本专题我们研究的案例与反补贴反倾销相关，分别为美国反倾销反补贴案（DS 379）和美国反倾销反补贴案（DS 449）。这两个案例的争议焦点都与反倾销与反补贴措施引发的双重救济问题有关，课程中我们还讨论了与此相关的非市场经济国家及条约解释方法相关的一些问题，可谓受益良多。

课程中，“双反”措施与双重救济的关系是我们讨论的重点，包括二者之间的关系、“双反”措施的合法性、“双反”措施与一事不再罚，等等。而通过双重救济，我们又延伸到了市场经济国家与非市场经济国家的区分问题和替代国计算方法的使用情况，以解释双重救济如何产生。而在整个解释的过程中又引出了一个新的解释方法：对立推理方法。此方法与之前的立法沉默存在相同的地方。在这一专题的研究中，我们不仅收获了 WTO 相关制度的知识，也收获了经济方面的知识。

（六）中国电子支付服务案

第六专题的案例是电子支付案，同样由同学来主持。由于整个案件篇幅过长，因此我们也仅仅就节选部分进行了阅读，案例节选部分主要对“涉案服务”这一核心问题进行了分析。电子支付服务案涉及许多专业领域的知识，具有很大的难度，但专家组在梳理、分析问题的能力还是让我们叹为观止。同样地，同学们发现问题、分析问题的能力也让我惊叹不已。在这两周的课堂上，我们主要讨论了以下几个问题：“including”的用法；“industry sources”；GAT 承诺减让表；演化解释。

本案中专家组从多个角度对涉案服务进行了解释，如行业资料等，也对贸易减让表进行了解释。同学们对专家组的解释方法也从多个维度进行了解释，有同学将数学中的概念运用的“including”的解释之中，也有同学通过检索过往案例中的用法来对其进行解释，观点的辩论与交锋也让我们大开眼界。

（七）中美关税案

最后一个专题与 2018 开始的中美贸易战相关。从前几年开始，中美贸易战便成为一个热词，引起了广大国人的关注，直至最近这个案子才在专家组报告阶段尘埃落定。在专家组审理阶段，中国主张美国违反了 GATT 1994 第 1.1 条关于最惠国待遇的规定，以及第 2.1（a）和（b）条关于关税减让表的承诺。美国则否定了中国主张，并援引 GATT 1994 第 20（a）条的“公共道德”例外条款来证明其措施的正当性。同时，美国主张其在清单 2 中将产品的额外关税从 10%提高至 25%的行为不在专家组职权范围内，且根据 DSU 第 12.7 条的规定，中美之间已经就争端达成了解决办法。但专家组依旧对该案做出了分析和裁决，最后认为美国的措施违反了 GATT 1994 第 1.1 条与第 2.1

条（a）项和（b）项的规定，且无法援引“公共道德”例外免责。

在课程中我们研究的问题主要包括以下几个方面，一是中美双方是否达成 DSU 第 12.7 条意义上的“解决方案”的问题，二是专家组的审理权限问题，三是美国措施是否违反 GATT 1994 I 和 II 的问题，最后是美国根据 GATT 1994 第 20 条的抗辩是否成立的问题。当然，本专题还有一个重点问题，即中国采取反制措施的合法性。同学们也各显神通，从 WTO 规则范围内及估计范围的角度分别给出了不同的依据，杨老师在这方面的研究也颇有心得，从更加专业的角度为我们解释研究方法和思路。

在专家组的裁决中，中国可以说是胜诉的。但从现实的角度来看，我们却并没有胜利。因为从一开始我们就知道美国的关税措施不会得到 WTO 的支持，而现实中我们却很难改变现实面临的局面，甚至有同学对争端解决机制丢失了一点信心。但无论如何，WTO 仍然是国际争端解决的重要组织，是国家维护自身权利、维护国际秩序的重要平台，我们也要对 WTO 的未来满怀希望！

三、学期感想

当从同学口中听到这门课程需要阅读浩如烟海的英文资料时，我便产生了对这门课程的初步印象：“硬核”。而对于内向的我来说，开放式的讨论课堂更是加重了我对这门课的恐惧。但在同学的极力推荐下，我最后还是选择了这门课程，从此便走进了 WTO 的世界。

从内容来看，课程以 WTO 的案例为中心，而我们在老师的引领下，一步步揭开了争端解决机制神秘的面纱。正如我前面所说的那样，每一个专题里都藏着 WTO 制度的一块块拼图，有的拼图色彩斑驳，有的拼图晦涩难懂，有的拼图颜色相近却也有着细微的差别，而同学们则是艺术家，对每一块拼图的色彩进行研究，对他们的结构进行分析，通过手中的笔进行描绘，向其他同学展示他眼中的色彩，最后大家一起，逐渐将整个 WTO 的框架充实起来，形成了我们对整个机制体制的认识。整个过程中，我们会因为发现了某个拼图独特的色彩而惊喜，会因为几个拼图之间独特的联系而感叹，也会对某些拼图中的灰色与缺陷进行批判，并尽力寻找出补齐它们的办法。

从课程的形式来看，这门课可能是我在本科阶段上过的最特别的一门。不仅是因其开放式的讨论和翻转式的课堂，让我感受最深的是这一门课讨论问题的发散性和同学们思维的发散性。以同学们的问题为中心，进行发散性的讨论，以至于每次同学们都沉浸其中，专题结束都仍然意犹未尽。在后半学期同学们主持的情况下，老师的角色也由引导者变成了参与者，使得同学们讨论的问题在发散性思考的情况下仍然保持着深度，这样的课程中所得到的知识是其他课程所难以给予的。在这一学期的课程中虽然没有额外发表过几次自己的看法，但作为一个倾听者，我还是能从同学们的发言中汲取很多知识，每周的固定发言对比以前的我来说也是不小的突破了。

非常幸运能够参与到这门课程之中。在过去的课程时光中，我非常感谢杨老师对我们的教诲和同学们对我的帮助。作为研究 WTO 问题的专家，杨老师在上课的时候能够运筹帷幄，引领我们、包容我们，鼓励我们提出自己的看法，并以同样的身份参与到同学们的讨论之中，也能够在课下和同学们打成一片，分享趣闻和感悟。同时，我也能够感受到杨老师独特的人格魅力和学者风范，感受到老师对 WTO 的热爱，对教学工作的热情，对知识的热切追求，以及对学生的关怀。我也特别感谢我的同学，能够在我遇到疑难问题的时候给予解答，在遇到困难是给予我帮助。

总之，这是一段快乐的回忆，或许这门课程只是我们本科阶段或者人生中的一块小小拼图，但绝对也是最明亮、最绚丽的那一块。

张一凡

一、初识

之前虽然接触过一些国际法相关的课程，但惭愧的是，这并不妨碍我对之一窍不通。对 WTO 也是如此，上课前的我只是听说过 WTO 而已，对于 WTO 究竟是个什么样的东西，真是一点都不知道，因此怀着忐忑的心情选下了 WTO 中国案例研究这门课。

还未开课，作业先行，开学第一周的周一晚老师就要求提交自己对 WTO 的感想与疑惑，这令我震惊。震惊之一是这门课竟然如此“硬”，一般课程的第一周老师都是自我介绍，讲一讲本门课的概论及自己的教学计划，最多是第一节课后留个小问题供大家思考。但没想到杨老师课还没讲就要求大家先阅读材料并提出问题。震惊之二是作业提交的方式竟然是发到微信群里，之前上过不少要提交作业的课，但一般都是提交到网络学堂，像这样直接提交到微信群里的课还是第一次上。直接将作业提交到微信群里令我感到兴奋却也尽是紧张，兴奋是通过作业提交方式就可感受到本课的相互交流程度非常高，紧张则是因为“丑媳妇怕见公婆”，将自己的拙作公之于众还是挺害怕的。除了震惊之外，充斥着我内心的便是恐惧了与后悔了。看到作业的要求，我深刻意识到自己竟有如此大的胆子。这是 WTO 案例研究课，而不是 WTO 总论课！一般而言，什么课程都是先上总论课程，再上案例研讨课，甚至一些案例研讨课还要求必须要修完相关部门法的各论。而作为一个 WTO 的“门外汉”竟然直接就报了案例研讨课，只能说是勇气可嘉吧。我依然记得那个刚开学周一的那个夜晚，伴随着震惊与恐惧甚至还有些后悔的心情，作业写到一半便开始思考是否退课。千思万想，曾经有那么一瞬间真的就要去退课了，但还好这只是差点，还好只是差点错过了如此精彩且令人回味无穷的课程。相比于“一见钟情”，人生若只如初见，那我对 WTO 这门课可能也就不会有多深的感受了吧。

二、相知

在矛盾与纠结中，渐渐下定了坚持上下去的决心，一周周的课程与一个个的案例也随之接踵而至。

第一个专题是从 WTO 的概述开始，一开始杨老师为大家介绍桌签和微信的“合法化”使用，之后便让每一位同学简明扼要地提出自己的问题。借着同学们的问题，大家开始讨论上诉机构停摆的问题，谈论到上诉机构存在的必要性，上诉机构的问题，等等。之后同学们还讨论了遵循先例原则的相关问题，并深入探究。而对于遵循先例的研讨也是本节课最为重要的讨论点，有的同学持肯定说，有的持否定说，最后的讨论也是延伸到遵循先例与同案同判的关系上来。

第二个专题是讨论中国知识产权案，同学们主要围绕本案的证据问题、举证责任、裁判依据、juridical economy、第三方法律地位与作用展开讨论。其中，最为重点的是对“on a commercial scale”的解释。除此之外，同学们也对 prima facie 标准的含义进行了探讨，就其究竟是一种证明责任还是证明标准展开了讨论与探究。本案中令人印象深刻的是专家组为了论证，翻遍了中国刑法及相关规范，这种工作量与充分的论证是令我比较惊讶与敬佩的。

第三个专题是中国出版物和音像制品案，本案中最为重点也是非常吸引我的便是 assumption *arguendo* 及司法节制的讨论。同时同学们也在审理权限上展开了讨论，一部分同学持肯定态度，一部分同学持否定态度，双方也就此展开争论。本案还令我印象深刻的是，我第一次用批判的眼光看待专家组和上诉机构的报告，而这样的变化也让我产生了更多的思路。

第四个专题是中国原材料案和中国稀土案，本次的两个案例基本上可以认为是中国出版物和音像制品案的延续，基本都关联到 GATT 1994 第 20 条。而本专题的两个案子基本都是对于中国是否可以援引 GATT 1994 第 20 条违反中国《入世议定书》第 11.3 的行为的辩护。其次还涉及 VCLT 第 31 和 32 条所规定的条约解释规则的讨论。

第五个专题是美国反倾销和反补贴案和美国反补贴和反倾销案，本专题两个案例是第一次由同学主持讨论的案例。本案讨论核心在于“双反”措施和双重救济问题，这是一个专业性较强且非常复杂的一个问题，但同学们并未因此而退缩，相反讨论也是非常热烈。而本案中，令我觉得最有趣的是市场经济国家与非市场经济国家的区别，以及税率的重复计算。

第六个专题是中国电子支付服务案，本案专家组报告严格依照 VCLT 第 31 条的顺序解释，其逻辑非常缜密。同时，本专题比较独特的一个地方在于本案所针对的对象是服务而非货物，这与之前的专题都有着比较大的差别。在本专题的讨论中，最令我印象深刻的是严君啸同学通过数学的方式来解释法律条文，这样创新式的思考让我收益颇丰。不过关于这一方法究竟是否可以适用，兴许还是个有待思考的问题。

第七个专题是美国关税案，其专家组报告的发布时间是 2020 年 9 月，这是本学期课程以来最具有时效性的一个案子。本案的核心争点在于美国针对中国采取的两个征收额外关税的措施是否违反了 GATT 1994 Article I：1 和 Articles II：1（a）and（b）下面的义务。同时，同学们也对反制问题进行了深入讨论，DSU 实际上不允许成员国私自反制，但反制常常是成员国之间惯用的手段。

三、别离

聚散终有时，再见亦无期。从初始到相知，再到如今的别离，时间真的太快，一转眼春季学期就要结束了。如果有什么想说给刚开学的我，那就是谢谢自己在纠结中没有退掉这门课。WTO 案例研讨不单单带给我 WTO 相关知识上的积累，更带给我许多启发与思想的转变。

首先，这门课让我明白无论是专家组还是上诉机构，其报告并不一定就是十全十美的，因此在研究专家组和上诉机构的裁决思路时，要带着批判的眼光，不能一开始就因为专家组或是上诉机构的权威身份，从而认为他们说的什么都是对的，这是不应该的。同时，这样的思考也让我总是带着问题阅读专家组报告及上诉机构报告，带着问题阅读也让我对问题的思考更清晰，思路更宽阔。同时，本课程并非仅限于 WTO 的内容，同时也涵盖了非常多的专业领域，有法学之外的专业性知识，如经济金融等知识；也有法学之内的专业性知识，例如刑法等知识。覆盖面广泛的案例讨论与问题思考让我在学习新知识的同时，也对之前的旧知识产生了启发。同时也让我对 WTO 之外的一些部门知识的运用更为熟练。

其次，杨氏教学实在是太酷了！我之前在法学院上过的课多是老师在台上讲，同学们在下面听；老师拼命讲授知识内容，同学们拼命记笔记；老师赶进度，同学们赶速度。但这门课完全区别于一般的法学专业课，让我眼前一亮。前半学期的课杨老师带着大家并主持讨论。其中基本上没有所谓的传统知识点讲授，而是让同学们提前阅读完相关材料并提出自己的疑问点，上课就是直接讨论，有的时候甚至会演变成双方甚至是多方的辩论。作业发到微信群里可以方便大家在自己的思考的同时，也提前接触到别人在阅读材料发现的问题，引发自己对材料更进一步的思考。而精致的桌签则是一种仪式感的体现，让每一位站起来发言的同学仿佛置身某一学术研讨会的会场，在众人的注视下慷慨陈词。后半学期的课程则完全由学生来主持，我曾经在之前的综述里描述我对学生主持环节的感悟：“这一专题的课程第一次采用了同学主持的方式，感觉很新颖，同时也对上台主持的同学感到由衷的敬佩，一方面是觉得他们很勇敢，敢于主持这么多人的大型的研讨，另一方面是觉得他们真的很强，无论是事先的准备工作还是课堂上的逻辑都堪称无懈可击，不过稍有遗憾的就是一些问题的讨论可能不太深入，但这更多是鸡蛋里面挑骨头而已。同时，杨老师也真的如同一般的学生一样，在座位上思考、感悟、提问、澄清，在群里发自己的见解，很惊讶一门课竟可以如此，一位老师竟可以如此，对这门课越发喜爱。很期待下次主持的同学，也期待自己有朝一日可以有上台主持的勇气。”

最后，回顾这一学期的课程，我学到了很多东西，但也留下了不少的遗憾。遗憾之一在于自己没能最终如之前所说上台主持讨论，没有能够鼓起勇气打破自己的心魔，因此如果还有机会，希望自己能够始终保持勇气。遗憾之二是对于一些案例中的争点问题没有进行更为深入的思考，其实每次在一个专题结束之后，自己总会对案例中不少的争点或是小的问题存在一些新奇的思路，每次也都想将这些思路记述下来，并沿着自己的思路进一步思考，但奈何多次都因为时间问题未能如愿，如果能多一些时间，多来几次头脑风暴也是非常不错的吧。除了遗憾之外，更多的是感激，感谢老师能为同学们提供一个讨论的平台，为我提供一个了解 WTO、思考 WTO 相关问题的机会。兴许以后自己接触国际相关法律课程的机会越来越少，但还是很感谢这学期以来的思考让我打下了相对坚实的基础。最后的最后，再次向杨老师及助教学姐表达感谢。

柯静姝

在开始正式的案例探讨之前，我们先就 WTO 的基本体系和知识框架进行了梳理，确保同学们对于 WTO 法律体系的构成，专家组和上诉机构的法律职责和运行模式，WTO 的各个成员国，WTO 争端解决机构的组织和运行模式，还有国际法上其他争端解决模式的区分有初步的了解。

在这十六周的课程中，我们先是通过前八周由老师主持，后八周由同学们主持的案例研讨会的方式来探讨了以下几个中国在 WTO 中作为当事人的案例。

一、课程综述

（一）中国知识产权案（DS 362）

案件概述：中国刑事法律规定，假冒盗版达到 5 万元或 500 张光盘，才应承担刑事责任，而 WTO 的 TRIPS 第 61 条却要求对具备“commercial scale”的侵权给予刑事处罚。美国认为，“5 万元或 500 张”这一“刑事门槛”，不符合 WTO 的规定。专家组认为虽然中国的刑事措施将一些版权和商标侵权行为排除在刑事责任之外，但如果侵权行为低于以营业额、利润、销售量或侵权商品的复制品为标准的数字门槛，仅这一事实还不足以认定侵权行为，因为第 61 条并没有要求成员国将所有版权和商标侵权行为定为刑事犯罪。第 61

条中的“商业规模”一词指的是“侵权的规模或程度”。[41] 专家组没有认可中国的门槛，但认为美国提出的事实证据不足以说明，当 TRIPS 标准适用于中国市场时，被排除在刑事责任之外的案件是否符合 TRIPS 的“商业规模”标准。[42]

争议焦点/课堂讨论：prima facie 的认定标准、commercial scale 的解释标准和思路、司法节制原则、*in dubio mitius* 等。

感想：这是我第一次阅读专家组出具的审判报告。在感叹于专家组报告的页数之多（足足有 147 页）的同时，我也对于专家组的审判思路、过程、论证方法和标准有了初步的了解。一个案件所涉及的法律问题如此之多，我们基本上无法在两周的课程内讨论完这个案件所涉及的所有的法律问题，而是只能挑出那些最核心的问题进行讨论。此外，我还意识到了权威词典在专家组解决争议的时候有可能起到的核心作用。

（二）中国出版物与音像制品案（DS 363）

案件概述：美国认为中国所采取的①某些限制进口电影上映、家庭视听娱乐产品（如录像带和 DVD）、录音和出版物（如书籍、杂志、报纸和电子出版物）贸易权利的措施；以及②某些限制出版物发行服务的外国供应商和家庭视听娱乐产品的视听服务（包括发行服务）的措施违反了中国在 GATT 1994 年第 XI：1 条及《服务贸易总协定》第 16 条和第 17 条的义务。中国试图引用 GATT 1994 第 20 条所规定的例外进行抗辩。上诉机构认为，根据中国《入世议定书》第 5.1 段的介绍性条款，中国可以在此争端中援引 GATT 1994 第 20（a）条为被认为不符合中国在《入世议定书》和工作组中的贸易权利承诺的条款进行辩护，但是中国没能够证明相关规定对保护公共道德是“必要的”。因此，中国没有证明这些规定在 GATT 1994 第 20（a）条下是合理的。[43] 此外，中方的这些行为也违反了《服务贸易总协定》第 16 条和第 17 条

41 “One page summary of key findings（DS 362）”，https://www.wto.org/english/tratop_ e/dispu_ e/cases_ e/1pagesum_ e/ds362sum_ e.pdf，［2021-06-25］.

42 Ibid.

43 “One page summary of key findings（DS 363）”，https://www.wto.org/english/tratop_ e/dispu_ e/cases_ e/1pagesum_ e/ds363sum_ e.pdf，［2021-06-26］.

的规定，因为这与中国的市场准入和国民待遇承诺不一致。[44]

争议焦点/课堂讨论：中国援引 GATT 1994 第 20（a）条的例外进行抗辩的可能性、上诉机构的审理范围、assumption *arguendo* 的适用标准等。

感想：本案中的三个法律问题不仅仅是该案件的核心法律问题，在整个 WTO 法律体系中也起到举足轻重的作用。GATT 1994 第 20（a）条的例外被很多当事人都援引为抗辩的理由，因此专家组/上诉机构必须非常仔细地区分适用和非适用的情况。为了防止越权审理的情况出现，也有必要对于上诉机构的审理权限和范围作出划分。此外，我们还对 assumption *arguendo*［专家组先认定中国可以援引 GATT 1994 第 20（a）条的例外进行抗辩］这个法律技巧的适用性进行了讨论。

（三）中国稀土案（DS 431）和中国原材料案（DS 394）

案件概述：中国稀土案——美国、欧盟及日本等国家起诉中国对各种形式的稀土、钨及钼（原矿物以及初级加工产品）采取出口配额，征收出口关税。美国认为，中国的这些举措违反了 GATT 1994 第 7、8、10 和 11 条，中国《入世议定书》第一部分第 2（A）2、2（C）1、5.1、5.2、7.2、8.2 和 11.3 段，以及中国《入世议定书》第一部分第 1.2 段中所规定的义务。中方引用 GATT 1994 第 20（a）条的例外进行抗辩，并且主张，虽然其《入世议定书》第 11.3 段与 GATT 1994 第 20 条之间没有明确的文字联系，但“这种文字上的沉默并不意味着各成员的共同意图是中国不应享有这种抗辩”（在原材料案中存在着相同的法律问题，但是这个时候中国没有用这个理由进行抗辩）。[45] 上诉机构和专家组最终都认为，因为 GATT 1994 第 20 条和《入世议定书》之间没有明确的文字联系，所以中方不能引用第 20 条进行抗辩。[46]

中国原材料案——在中国原材料一案当中，争议焦点主要围绕中国对矾土、焦炭、氟石、镁、锰、碳化硅、金属硅、黄磷和锌等九种原材料所实施的出口限制措施是否符合中国的入世承诺和 WTO 规则。

---

44 “One page summary of key findings（DS 363）”, https://www.wto.org/english/tratop_ e/dispu_ e/cases_ e/1pagesum_ e/ds363sum_ e.pdf,［2021-06-26］.

45 China's first written submission, para. 411, DS 431.

46 “One page summary of key findings（DS 431）”, https://www.wto.org/english/tratop_ e/dispu_ e/cases_ e/1pagesum_ e/ds431sum_ e.pdf,［2021-06-26］.

中方认为，中方依据其《入世协定书》第 11. 3 段和附件 6 中对特殊情况的提及有权利援引 GATT 1994 第 20 条进行抗辩。[47] 上诉机构认为，基于第 11. 3 段中并没有像第 5. 1 段那样提到 "in a manner consistent with the WTO Agreement"，因此中方的《入世议定书》没有任何依据允许 GATT 1994 第 20 条适用于中国在《入世议定书》第 11. 3 段中的义务。[48]

争议焦点/课堂讨论：GATT 1994 第 20 条例外、稀土案和原材料案是否属于一事不再理原则、单独意见的法律作用、holistic approach 的意义、超 WTO 的义务等。

感想：之所以要将稀土案和原材料案放在一起进行讨论，是因为二者涉及了同一个法律问题，即中国在《入世议定书》和 GATT 1994 第 20 (a) 条的例外没有明确的文字联系的情况下能否引用 GATT 1994 第 20 (a) 条进行抗辩。这两个案子之间的联系也让我们思考了一事不再理原则在 WTO 体系中的适用，以及为什么这两个案子是单独的案子，而非属于一事再理。

(四) 美国反倾销和反补贴案 (DS 379) 和美国反补贴和反倾销案 (DS 449)

案件概述：美国反倾销和反补贴案——中国认为美国进行相关的反倾销和反补贴税调查的措施及同时征收反倾销和反补贴税的措施不符合美国在 GATT 1994 第 1 条和第 6 条，SCM 第 1、2、10、12、13、14、19 和 32 条，《反倾销协定》第 1、2、6、9 和 18 条，以及中国《入世议定书》第 15 条中的义务。上诉机构认定，双重救济，即同时征收反补贴税和按照非市场经济方法计算出来的反倾销税，两次抵消相同的补贴，不符合第 19 条第 3 款。[49]

美国反补贴和反倾销案——中国认为美国所颁布的允许对非市场经济国家适用反补贴措施/在 2006 年 11 月 20 日至 2012 年 3 月 13 日期间对中国产品作出的反补贴税裁定或行动/与有关反补贴税措施相关的反倾销措施，以及这些反倾销措施和平行反补贴税措施的综合影响和 SCM 的第 10、15、19、21 和 32 条，以及 GATT 1994 第 6、10. 1、10. 2 和第 10. 3 条不符。美国提出抗辩。

---

47 Panel Body Report, para 7. 110, DS 431.

48 Appellate Body Report, para 307, DS 431.

49 课程大纲。

专家组经过对美国所提出的“新理由”与前案的比对审查，认为这些“新理由”已经在前案中提出，并非“新理由”，因此也认定没有令人信服的理由以背离上诉机构在前案中的裁决。[50]

争议焦点/课堂讨论：双重救济措施、“双反”措施，二者之间的联系，非市场和市场经济国家之间的认定。

感想：这两起案件不仅涉及了非常棘手的法律问题，也让我们意识到经济和贸易知识在学习 WTO 的案例研究的重要性。如果仅有法律知识但是对于反倾销和反补贴的经济原理一无所知的话，是理解不了案件的争议焦点和核心的。

（五）中国电子支付服务案（DS 413）

案件概述：中国只允许一个中国实体（中国银联）为在中国以人民币计价和支付的支付卡交易提供电子支付服务，美国认为中国的行为似乎不符合其在《服务贸易总协定》第 16 条和第 17 条下的义务。本案中的争议焦点是涉案措施电子支付服务（Electronic Payment Service，EPS）是否属于中国所承诺的“金融服务，B. 银行及其他金融服务. d. all payment and money transmission services”。[51] 上诉机构经过审查后表示 EPS 确实属于 d 项所包含的内容。

争议焦点/课堂讨论：解释方法、context、industry sources 的运用等。

感想：该案主要涉及的是法律解释方法和手段的问题。

（六）中美关税案（DS 543）

案件概述：中国认为美国对中国商品的某些关税措施不符合 GATT 1994 第 1 条第 1 款和第 2 条第 1 款（a）和（b）项；以及 DSU 第 23 条。专家组认为，被质疑的额外关税表面上不符合 GATT 1994 第 1 条第 1 款，因为它们只适用于来自中国的产品；表面上不符合 GATT 1994 第 2 条，因为它们的适用超过了美国在其减让表中约束自己的税率。

争议焦点/课堂讨论：反制措施的正当性和路径、管辖权问题、专家组的 concluding comments 的法律效力等。

---

50 课程大纲。

51 Ibid.

感想：该案发生在中美贸易战争的大环境之下，因此格外具有 relevance，并且值得我们进行思考在贸易保护主义抬头的情况下，中方应当如何运用 WTO 的法律体系来维护自己在国际贸易上的正当权益。

二、学期感想

在学习这门课程的时候，我时常惊讶于学长学姐们思维的活跃程度，对于法律问题论述的深刻和广泛程度，以及他们的知识水准。毫无疑问，选择这门课程对于我个人来说是一种非常大的挑战，因为我个人觉得无论是我的知识储备，还是我的法律思维方式和积累程度都比不上学长学姐们。

自从来到法学院，这可能是我投入思考最多的一门专业课程。我不仅需要在课前的准备过程中对于案件事实和裁决思路进行详细梳理，还需要能够在课堂上跟得上大家讨论的进度。每节课的讨论都让我开拓了视野，学习到了新的知识。学长学姐对自己课后研究的分享不仅是他们的知识成果，更重要的是和我们分享了他们的论证思路和方法，使得我们可以吸收这些技能并且为自己所用。很重要的一点是，我们不是在单纯吸收上诉机构/专家组的裁判方式和思路，而是学着对他们的分析提出批判性的思考。这是我在进行判决报告分析和综述写作以外学习到的技能。

经过对于这门课程的学习，我发现了自己对于国际法和国际贸易法体系的兴趣，特别是 WTO 的法律体系的兴趣。在未来的法学院的学习过程中，我会进一步地选修和国际法/国际贸易法有关的课程，同时我也会考虑申请国际法的硕士，并且以后从事相关的工作。

我很庆幸能够和严同学一起主持我们本学期最后一期的案例研讨会。虽然我因为人在线上导致主持效果大打折扣，并且因为是初次主持案例研讨会有很多的不足，但是我还是要感谢杨老师、助教姐姐、同学们对于我的支持，以及在课程过程中的一路陪伴和帮助。

吴沐晨

一、课程综述

（一）WTO 概述

本专题的主要目的是帮助大家构建出一个关于 WTO 的知识框架。课前杨老师上传了很多电子资料供我们参考阅读，课堂上则主要就自己不懂的问题进行交流讨论。主要涉及 WTO 发展历程、主要成员、WTO 的任务和宗旨、DSB 组织架构（包括专家组和上诉机构的运行模式）、WTO 争端解决机构和其他纠纷解决模式的区别（如国际法院 ICJ）等。

与此同时，这一专题也是在帮助大家逐渐适应这种完全讨论形式的课堂模式，让我们认识到课前广泛阅读和深入思考的重要性，否则在课堂上思路随时可能会跟丢。

（二）中国知识产权案

本案是大家正式阅读的第一个 WTO 案件。根据课程大纲，杨老师引导我们聚焦专家组报告中关于刑事案件门槛的部分。同学们的讨论（包括课前提问和课后自主研究）主要围绕 prima facie 的标准、commercial scale 的解释思路、司法节制原则（judicial economy）等展开。

本案例作为第一个入门案件，我记得自己花费的阅读时间尤其长，在阅读专家组报告原文的节选片段时，还需要适应 report 的结构、专家组论证特点等形式上的东西，同时我也学会了通过画思维导图的方法来帮助自己理清专家组的论证思路。

（三）中国出版物与音像制品案

本案中我们重点关注的是专家组报告中关于贸易权部分的论述。大家的讨论思路逐步打开，其中一个最重要的议题就是关于援引 GATT 1994 第 20 条“General Exceptions”进行抗辩，这个问题可以说贯穿了整个学期的课堂讨论，几乎在每个案件中我们都能看到被起诉方引用著名的 A20 进行抗辩。

此外，我们还重点讨论了上诉机构的审理范围，即其是否构成越权审理，assumption *arguendo* 的适用条件及其与司法节制原则的关系等。

（四）中国稀土案和原材料案

经过前几节课的热身，大家都渐入佳境，课程“压力”也随之加码——我们开始阅读两个案件且一并讨论。稀土案和原材料案共同涉及的问题正是上文提及的 GATT 1994 第 20 条的抗辩权。此外，两个案件也有各自的讨论重点。

稀土案中，我们还讨论了专家组审查中国提出的 arguments 的正当性（cogent reasons）、原材料案则涉及单独意见（separate opinion）、holistic approach、超 WTO 义务（WTO-plus），以及“一事不再理”原则等问题。

（五）美国反倾销和反补贴案

本专题同样涉及两个关联紧密的案件，同时这也是由我们同学负责主持的第一个专题。

此专题不仅涉及法律规则方面的争议，还需有很多经济学常识作为理解争议焦点的前提。大家的讨论主要聚焦于双重救济与“双反”措施之间的关系、双重救济难题是否局限于市场经济国家和反向推理规则，甚至还有市场经济国家和非市场经济国家的区分标准等。

阅读这两个案件也颇费时间精力，因为在理解中美核心争点之前，我还没弄清楚反补贴和反倾销的具体原理，以及双重救济的产生原因。于是，我先“恶补”了一番经贸方面的知识后才正式开始看专家组报告原文。

（六）中国电子支付服务案

本案中我们重点关注的是专家组报告里关于“中国减让承诺是否包含电子支付服务”的部分，由此引出专家组对减让表的一系列解释问题（包括演化解释方法），还有 industry source 的引用依据，以及对 including 的理解与用法等。

随着课程接近尾声，大家的问题也越来越丰富且深入，很多课堂上抛出的问题还来不及仔细深入，只能留待大家课后的自主研究了。

（七）中美关税案

DS 543 并不在原本的课程大纲之列，是杨老师“临时”让大家阅读的。不过，作为本学期最后一个案件，它也是时效性最强、最令我印象深刻的，因为本案就发生在中美贸易战的大背景下。

本案最重要的两个 issues 就是：①中国在没有专家组或 AB 裁决报告作为执行依据的前提下，向美国加征报复性关税的行为是否违反了 WTO 规则或是否具有正当性；②平行于 DSB 的双边谈判程序是否具有效力，以及专家组的管辖权问题。此外，我们还讨论了 GATT 1994 第 20 条中关于“公共道德”的抗辩权问题等。

本案作为整个学期的收尾案例，我觉得非常合宜且别具深意。当前世界经济增长动力不足、中美关系僵化、WTO 上诉机构停摆，在这个时刻讨论 DS 543，或许起到了某种主题升华的效果——再一次表达了 WTO 高效、公正地解决经贸纠纷的制度目标。

二、学期感想

“世界贸易组织法——中国案例研究”是我进入法学院学习两年以来最硬核的一门课，第一次上课时发现包括我在内的九字班同学仅四名，其余均是高年级学长学姐，我就深知此课不简单。随着课程的推进，结论也确实如此：不论是这门课程的上课形式还是阅读材料，以及涉及的领域，对于我而言都是全新的挑战。

具体而言，这是我第一次接触此类完全讨论式的开放课堂，全程都是学生自己发言、自己争辩、自己讨论，老师只起到适时终结及引导讨论发现的作用（甚至在课程后半段主持人也由同学自己担任，杨老师和我们一样参与讨论本身）。这无疑是对注意力集中度和思维活跃度的考验。前几次课我经常有种力不从心之感，因为讨论进度实在太快、涉及的问题又多又杂，有时候甚至来不及做不及，更别提跟上大家的思路并且发言了。但大概到第六七课的时候，我感觉自己已经能够勉强适应课程节奏了，在简要记录讨论重点的同时还能有额外的精力思考并回答。

此外，这门课程也扎扎实实地锻炼了两个技能，一是检索技能（很多 WTO 规则和相关专著都需要精细检索）；二是长篇文献阅读技能，尤其还是英语文献。最初，我看专家组报告看得很慢很吃力，但逐渐就学会了提取片段信息，学会及时总结段落重点，对整个报告（或节选部分）有一个宏观的认识，这也有助于我快速理解专家组的论证思路。

这门课还帮助我拓宽了一些经贸常识和政治视野。前者是因为我在理解案件争议核心之前需要弄懂其中的经济原理；后者是因为利用 DSB 程序解决的纠纷或多或少会涉及一些政治问题，并且杨老师和同学们每周都会在群里分享关于 WTO 的一切实时重大新闻。

总而言之，这门课程让我收获颇多。很感谢杨老师、助教姐姐及所有同学的参与，这种沉浸式的课堂体验真正让我感受到了集思广益的智慧。

吴玙姜

一、学期感想

（一）无边光景一时新

这一次的WTO中国案例分析的课程对我而言是全新的，不仅仅是课程内容是全新的，授课方式也是全新的。

课程内容的全新指的是在上本门课程之前，自己对WTO法并没有太多了解，对于WTO这一国际组织的认识也仅仅局限于所看到的相关新闻报道。大一寒假曾经和周士尊学长一起参加了涉及关税问题的辩论赛，我对为何国家不应该推行补贴、产业政策等问题很不理解，在当时的我看来这些都是国家发展的正当需求，周士尊学长笑着说“这就是没接触过WTO法的人会有的观点”。现在，一学期的课程上完，初窥WTO规则的价值内涵，可以说正是这门课程为我打开了WTO世界的大门。

初识这门课程，因为我先前没有上过其他系统讲解WTO相关的课程，所以在阅读概述的材料之外便只能从一个个案例中感受WTO法的样貌。而若用一个词语进行概括，我以为最为得当的是“模范国际法”一词。所谓“模范国际法”不同于国内法，司法机构并没有强制执行裁判结果的权力，而更多依赖的是建立在国家间利益平衡之上的自觉；“模范国际法”也不同于一般的国际法，许多国际法规则缺少必要的“牙齿”，即缺乏制裁机制的软法，而WTO规则则通过强制管辖、授权报复机制等手段使得其规则具有震慑作用，也一直因其较高的判决执行率而闻名于世。除了在性质上与其他法律有所差异，WTO法的思维方式也与其他法律有所不同。在课堂上，我们讨论最多的就是法律解释问题。从知识产权案中的“criminal scale”到电子支付服务案中的“including”；从最开始对单一条文的解释到后来对整个accession protocol与GATT关系的探讨；从惊讶于专家组使用字典进行解释，到后来对VCLT第31条的几条解释方法见怪不怪。就像杨老师在课上所提出的那个疑问：为何国内法中没有像VCLT第31、32条那样明确规定法律解释方法的条文，而只有意思表示的解释规则。对法解释学的重视，以及灵活的解释方法，可以说在除了WTO法之外的其他法体系中所不多见。

授课方式的全新则是指课堂讨论式的教学模式，也就是先前很多学长学姐提到过的“苏格拉底教学法”。我先前接触到的本科课程大多是以教师讲授体系性的知识为中心，鲜有以问题为导向的，也缺少观点之间的碰撞；而在这门课上，则是同学们拿起了话筒，围绕着一个个提出的问题展开讨论，不同的观点之间也擦出了火花。这是我先前在传统的课堂上所不曾体验过的。

这一授课方式给我感受最深的一点是有时问题比答案本身更重要。一方面，好问题往往可以引发更深入的思考，带来更有成效的思维碰撞；另一方面，问题往往帮助我们寻找到逻辑的起点，就像电子支付服务案中不少同学研究演化解释的问题，而杨老师却问本案当中专家组是否有用到演化解释。有时一个学理上的好问题，但在和案件的关系上却可能是相对疏远的，这种甄别和分析无论对讨论的进行还是思维的锻炼都有助益。课上的观点表达也不乏冲突，这种争辩我只在辩论赛和模拟法庭的比赛中见过，在课堂之上并不多见。真理往往愈辩愈明，尽管一些问题更多是价值取向上的不同，很难做出高低判断，但在观点的交叉检验中，还是可以形成很多共同的理解，我也常常为同学们的诸多拆解而叹服。令我印象很深的便是在电子支付服务案中吴雨泽学长对“including”两种含义（整体—部分；普遍—特殊）的拆解，确实给人耳目一新，有拨云见日之感。

（二）寸寸山河寸寸金

说实话，我最开始对 WTO 法萌生兴趣更多是因为有感于其背后宏大的政治博弈。国际贸易一直是各国经济的重要组成部分，也是国家利益之所在。WTO 作为国际贸易规则的创设者、裁判者、执行者，也自然是各国贸易代表合纵连横的舞台，可谓翻手为云，覆手为雨。这也是我还未接触 WTO 法时便对其心存好感的原因。在我看来，这部法律不仅是定分止争的天平，也是在没有硝烟的战场之上保卫国家的盾与剑。相应地，在这个舞台之上翩翩起舞的贸易代表与律师，也并非为个人薪水而劳的打工人，而是捍卫国家利益纵横捭阖的无双国士。在这个舞台上，法律的运用并非单纯只是形式逻辑的推演，还包含着价值取向的考量，就像 DSU 第 3.2 条所说的那样，争端解决机构的存在是为了保证 security and predictability。这不是逻辑可以解决的问题，而更多需要的是“四两拨千斤”的智慧。

在接触一个个 WTO 案件的过程中，我也感受到在这个风起云涌的时代，涉外法治人才培养对中国而言万分重要。从 accession protocol 的 WTO-plus 义务，到中国稀土案中实体部分中国援引一般例外条款进行抗辩的空间（一般例外条款要求说明国内法的立法目的，但中国国内法一般很少有相关条文释明），纵然其原因众说纷纭，但“落后就要挨打”亘古不变。只有未来有更多法律人在通晓国内法律的基础之上，精通包括 WTO 法在内的涉外法律，中国的国家利益才会得到更好的保护。

（三）路漫漫其修远

在回顾这六个专题的案件时，我发现了一件有趣的事情，就是这六个案件对手都包括美国。这应该算不上巧合，而是在中美贸易战的大背景下勾勒出的主线。贸易战起始于 2018 年，直到今天都仍然在继续。然而冰冻三尺非一日之寒，在中美贸易战案例之前的五个案例已经向我们展示了自中国入世以来中美之间的贸易摩擦。当然这些摩擦仍然局限在可控范围之内，特朗普政府上台之后让上诉机构停摆，以及悍然全面发动贸易战的做法更像是一时的疯狂，很难说这些摩擦和特朗普政府的行为之间全然没有关联，可以说特朗普政府的举措迎合了相当一部分选民的呼声。而在美方所提出针对 WTO 上诉机构问题的报告也确实指出了几处 WTO 争端解决机制存在的欠缺。如前所述，WTO 追求的是 security and predictability，其本质是一种利益平衡机制。现在拜登政府上台，美国重新坐回几大“牌桌”之前，但其核心利益诉求并没有改变，中美之间在贸易领域的对抗也会继续下去。

可以预见的是，逆全球化的浪潮终将退去，同样可以预见的是，WTO 争端解决机制仍需改革。这都与中美竞争的格局、国际形势紧密相关。我们能做的唯上下求索而已。

（四）此事古难全

稍感遗憾的是因为脚踝骨折的缘故，小半个学期的课程我没能在线下参与，也就未报名课程主持。说实话，虽然有线上教学的平台，但线上参与讨论课还是有诸多限制。没有方便即时的举桌签方式，有时对问题胸中虽有万千沟壑却也难施展，每周只是例行讲完自己的部分，只能说略觉遗憾。此外，这门课程庞大的阅读量与相对复杂的专业性知识，都让我感到棘手，而每每听到同学们的精妙分析也让我意识到自己在英语阅读、文献检索、法律分析方面的不足。当然，尽管自己的表现留有遗憾，但我仍然珍视这门课程提供的学习机会，就像《权力的游戏》第一季中一句著名的台词：“A mind needs books like a sward needs a whetstone”，这门课程就是锻炼法律思维最好的 whetstone。

二、课程综述

（一）WTO 概论：成也萧何，败也萧何

第一个专题是概论性质的课程，课上主要讨论了上诉机构的判决是否有 binding authority。大家从 report 可能引用的 source 出发，一步步探寻到判例是否具有 binding authority 的问题，而正当大家觉得问题探讨得差不多，准备更换议题的时候，吴雨泽学长抛出了“美国为何指责 WTO 上诉机构越权管辖”这一重量级的话题，使讨论逐渐深入。而经过课下对美国 Appellate Body report 的研究，无疑让我们对这一问题的理解更上了一个层次。可以说正是这种互相提问、澄清、解答、你来我往的交流过程，使得一个话题的答案变得清晰明确起来。同时，这次概述课程也让我对 WTO 的光辉过往和现今处境有了清晰的认识，为之后进入案例的讨论做好铺垫。

（二）中国知识产权案：已到凌云仍虚心

这是我阅读的第一份 WTO 判决书，确实感觉和之前阅读的中国裁判文书与美国最高法院的判决书都有所不同。与其说是判决书，更像是一篇 report。行文的用词、语言风格都更像是在表达一种面面俱到、力求客观的参考性意见，而不是像传统的司法机构一般陈述法官的决定性意见。这是因为贸易政策往往牵涉到国家的主权（就像中国知识产权案中 panel 就需要面对中国刑法的解释问题），可以感受到 panel 和 Appellate Body 谨慎地在 WTO 协议框架内解决争端，而一旦由国家认为 WTO 对自身主权造成威胁，无疑也会直接损害 WTO 作为多边争端解决平台的公信力。所以，panel 和 Appellate Body 都以谦卑尊敬的态度，根据两造及第三方所呈递的材料做客观的裁决。

当然，谦卑尊敬不意味着回避问题，也不意味着法律技巧的贫乏。相反，在中国知识产权案中，panel 向我们展示了 WTO 争端解决机构极富创造力的一面。在整个刑事门槛的争点上，专家组有其清晰一贯的思路，其在条文中所使用的“commercial scale”一词的解释上可以说是有理有据。我先前接触

过的英文判决书以美国最高法院的为主，但感觉读起来也没有这么烧脑。美国最高法院的判决以精巧的法律解释技术与文采斐然的分析说理闻名于世，专家组给我留下印象最深的也是并不逊色的法律解释技术。本案当中对“scale”的解释，经由文义解释、体系解释、历史解释等多种解释路径，实现对一个罕见法律词汇的穿透式解释，恰当地还原了词语的原义，这是值得赞叹的。

（三）中国出版物与音像制品案：We are infallible because we are final

关于这个案件的讨论一上来就进入了对于管辖权问题法讨论，这是颇令人意外的。但在讨论之中，笔者确实意识到本案当中 Appellate Body 的审查权限虽然可以通过解释的方法予以修补，但仍然颇有瑕疵。管辖权的问题也带出了很多 Appellate Body 越权审理的事项，比如根据 DSU 第 11 条对事实问题的审查，完成分析的方法等。这些都是与本案看起来关联程度不大，但实则颇为关键的问题。而对于 accession protocol 与 GATT 1994 之间的讨论，则将在后续原材料案与稀土案中进一步展开，本来以为这一问题在本案当中就已画上句号，但实际上这一问题才刚刚拉开帷幕。不得不说，这也是 WTO 争端解决的精彩之处。

（四）中国稀土和原材料案：假作真时真亦假

这两个案件和先前的出版物和音像制品案形成了鲜明对比。对于一个看似相近的法律问题，所得出的结论却可能是完全相反的。在中国音像制品案中，上诉机构认为通过语义构建起的桥梁，accession protocol 5. 1 允许中国援引 GATT 1994 第 20 条进行抗辩，但在 accession protocol 11. 3 中专家组及上诉机构都认为中国不能援引 GATT 1994 第 20 条进行抗辩。其间，中国所提出的多项理由，都没有得到上诉机构的认可，包括：China's Working Party Report 第 170 段在结构上类似于 accession protocol 5. 1；accession protocol 减让表的注释中提及允许 exception；管制贸易的权利是一项固有的国家主权，不应当在条约仅仅是“沉默”的情况下就予以剥夺；accession protocol 应当被作为《WTO 协定》的一个 integral part。最终，关于 accession protocol 和《WTO 协定》之间的关系，上诉机构也没有给出一个明确的结论，而是认为应当在个案当中做具体分析。换言之，违反 accession protocol 项下义务能否援引 GATT

1994 下条款抗辩要进行逐个审查。WTO 得出这一结论一方面是因为对于涉及 WTO 法体系性的问题争端解决机构一般都会采取谦抑的态度，另一方面 WTO 机构认为这一问题不适宜有一个终局性的定论，而需要通过个案审查给自身留有转圜的余地。整体来看，笔者认同这一问题的处理并无疑问，对 accession protocol 和《WTO 协定》之间的关系进行认定确实需要非凡的勇气。

此外，这个案件带给我的一个鲜明感受是中国涉外法治的水平确实还有提高的空间，很多时候也许不是我们不在理而是吃了“哑巴亏”。比如在课后研究的过程中，我注意到对于 GATT 1994 第 20 条 g 款的审查，要求法律条文表述上确实体现出是为了防止竭尽资源。但中国的很多规范性文件要么缺失对立法理由的阐述，要么实际上考量了环保问题但没有清晰的表述。这使得这些管制措施在被审查的时候处于不利地位。因此，就像前文所述，当下中国作为多边主义和自由贸易的坚定维护者，提高涉外法治的水准也是中国未来的一项重要课题。

（五）美国反补贴和反倾销案：Justice cannot be denied

在本案当中，专家组与上诉机构向我们展示了他们对于立法沉默这一极复杂法律状况的处理，从专家组相对死板的反推解释，到上诉机构较为灵活、旁征博引的解释技巧，上诉机构最终较为妥善地解决了 WTO 框架下双重救济这一法律空白。同时，这一系列案件也引发了更多对于“双反”措施实施方式、经济形态的探讨。

（六）中国电子支付服务案：当惊世界殊

电子支付服务案可以说是中国在 WTO 参加的最为复杂的案件之一，课上所节选的片段是最为核心的条约解释问题，即电子支付（EPS）是否属于条约所称的“sector 7. B, under the heading ‘Banking and Other Financial Services’ of its GATS Schedule”，而之后还有是否违反国民待遇等一系列实体性问题。对于这一条约解释问题，专家组的做法相对而言是保守的，并未受学界对于减让表乃至 VCLT 批评的影响，仍然以“ordinary meaning-context-object & purpose”作为其解释路径，其中不仅仅涉及复杂的法解释问题，也与金融模型、技术模式等专业知识牵扯甚多。就整体评价而言，专家组做出的裁决是较为妥当的，虽然当前的解释模式看起来欠缺灵活性，但也确实较好地保障了法秩序的稳定性，因此虽然有值得反思之处，但也确实无可指摘。

电子支付服务案也留给了我一些疑问还未解决。我在辅修经济与金融课程的时候，深刻感受到现在金融科技、支付手段、平台经济这些新兴业态都以日新月异的速度发展着。比方说像支付宝、微信支付这些作为支付集成界面而存在的平台软件，对其性质的界定看起来会越发困难。之所以现在这些新兴电子支付手段没有引起像银行卡时代的高关注，其中可能的原因是移动支付手段并没有在世界范围内风靡开来，但这一问题在可预见的未来之内也许会逐渐浮出水面。

（七）中美关税案：山雨欲来风满楼

这次新加入的案例让贯穿课程始终的“暗线”也就是中美关系画上了一个完整的句号。而这一“新鲜出炉”的案例，相较于以往案例中呈现的复杂且精妙的法律解释技巧，本案在法律技巧上并无特别出彩之处，更多是循规蹈矩。本案真正引人思考的却恰恰是法庭之外的因素，像对于中国反制措施正当性的探讨，对于 WTO 争端解决机制改革的建议等。而之所以这些问题在本案当中格外引人关注，是因为中美贸易战下 WTO 争端解决机制的局限性也越发凸显，加之 WTO 上诉机构的瘫痪，多哈回合进展还遥遥无望，这一并不复杂的案件所经历的漫长审理期间也正是现在 WTO 困局的一种缩影。

刘玥含

WTO 期末综述——积学以储宝，酌理以富才

一、课程综述

（一）WTO 概论

前两周的课程主要是对 WTO 整体情况做了解和探讨，并研究了在前瞻阶段提出的一个重要问题：WTO 先例的有效性问题。同学们各自查找材料，从 WTO 体系内到一般国际法的材料，以及美国对于上诉机构报告的批评。通过对于具体问题的研究，更加深入地了解了 WTO 体系的结构，并且对以后 WTO

具体问题的讨论提供了思路上的指导。

（二）中国知识产权案

中国知识产权案中初次涉及了贯穿本学期所有课程学习的最重要的内容——条约解释的方法。通过梳理专家组报告中对“commercial scale”的含义解释思路，对于专家组采用VCLT的一贯解释方法有了初步的认识，虽然当时我还没有意识到对条约解释的讨论会如此频繁地出现在以后的讨论中。同时，本节对judicial economy原则也有一定程度的了解和探讨，这也是专家组和上诉机构在报告中经常使用的一种手段。

（三）中国出版物与音像制品案

本案的讨论重点从上一个案子对专家组思路是否正确上，转移到了上诉机构是否有管辖权上。我认为对于这个问题的双方观点，其实代表了对于DSB存在作用目的的两种不同理解。认为DSB应该严格遵守条约内容和工作范围，对成员国是否有违约现象作出判断的同学，就会认为上诉机构必须遵守DSU第17.6条的规定，否则就有越权的嫌疑。而认为DSB应当起解决国际贸易的法律纠纷作用的同学，就会同意在不得已的情况下（例如本案中），在上诉机构不审查就不能解决现实问题的情况下，上诉机构可以自行作出一定程度的事实审查。

（四）中国稀土案与原材料案

这一节的讨论涉及两个有相似之处、但是仍旧不同的案子，并且在两个案子中专家组就同样的问题，作出了与出版物与音像制品案中不同的判决，使得同学们开始大量地比较不同案子中的异同。本案的讨论重点是“超WTO义务”，中国的《入世议定书》是否规定了更多的义务，以致中国不能援引GATT 1994第20条公共道德条款作为例外。

（五）美国“双反”补贴案

这一节开始涉及了WTO中的一类重要案子——反倾销与反补贴，这一类案子涉及大量的经济学计算，非常容易让我看得一头雾水。本案的讨论重点回归条约如何解释上，主要关注补充解释和上下文的区分。

（六）中国电子支付服务案

本案中大家还是重点讨论了条约解释的问题，本案也首次出现了一类新的“条约”——GATS 承诺表，而专家组也采用了 industry source 的方法作出了解释。总体来说，本案中解释的焦点基本在于对“including”的文义解释。我通过在前几个案子中体会过各种其他精彩的解释方法之后，文义解释给人一种返璞归真的感觉，从条文本身出发去解释条文本应就是最常用的解释方法。

（七）美国 301 关税案

美国 301 关税案作为本学期最后一个案子，也具有非常特殊的意义。首先，这是一个时间上距离我们非常近的案子，与中美贸易战也有着紧密联系。在本案的讨论之中，同学们也再次继概论课之后，又一次跳出了 WTO 体系思考问题。同时，本案也涉及了很多同学在课程刚一开始就提出的问题。经历了一学期之后，大家明显对这些问题有了更深刻的理解和思考。

二、学期感想

本学期我选修了两节 WTO 相关的课程，另外一节课是一门研究生课，主要内容是 DSU 争端解决机制本身。两节课在内容和形式方面都有一定的相似之处，但是各有各的优势所在，在这里我想稍微探讨一下两节课不同的体验。

杨老师的课上主要是同学课前自行阅读材料，上课先各自提出阅读之后的问题，之后再对课堂的问题进行讨论，课下针对课上提出的问题进行自由调研，在下一节课时继续进行讨论。而另外一节课因为人数非常少（只有十余人），会先对涉及的重点问题选择典型案例做模拟法庭，然后老师再对双方的法庭陈述中提到的材料与重点做梳理和回顾，以及进一步的讨论。

我认为二者最大的不同在于，杨老师的课程中，讨论的问题实际上从同学们的问题中产生，而另一节课则是由老师组织并提出。虽然实际上同学们的问题几乎能覆盖所有需要讨论的重点问题，但是因为课程人数很多，同学们的问题也各不相同，而且不同的专题会有相似的问题，导致在实际讨论时问题之间的关联性不强，数量也很多。尤其是在自主调研之后的讨论课上，因为很多同学的讨论都建立在自己课前阅读上，而调研结果是在上课的前一天晚上才发布，导致实际讨论时因不是自己研究的问题而参与度不是很高。但这种方法也会产生很多非常有趣的问题，同学们的思维也非常活跃，课堂也非常精彩，如果真的取消也非常可惜。因此我的建议是，对于必选问题，可以从通常的梳理专家组的思路变成更加具有一般性或者共同性，而可以讨论的问题，由同学们在上一节课的时候决定。这样不至于让那些没有研究重要问题的同学，对于这些问题只能在课上听其他同学的发言。

模拟法庭虽然可以提供极高的参与度，对于问题进行深度研究，但是如果想要在课上使用还有几个关键问题。首先，模拟法庭对课下时间的占用率非常高，研究生课只有前八周，而且时间安排也比较灵活，对于本科生可能就工作量过大了。其次，本节课选课人数相对比较多，从客观条件上就不便于安排模拟法庭。最后，作为当事人准备法庭，非常容易持有利于当事人的观点，如果可以的话，我还是想公正地了解双方的理由之后再自行作出选择，而不是因为庭前抽签而站队。

陈红吉

学期末再度思考“我从这门课程中收获了什么”时，我又有了同课程进行时不一样的感受。彼时每每敲打键盘，写到综述里的个人感想，我总是去翻找笔记记录的同学发言，回顾每周讨论的新问题，又或是在脑海里比较两周来专题讨论的思路是否有深入。这样的专题回顾固然是细致的，但一学期结束后我再思考，又会感觉每一次的体会都像是去刻意思索，缺少了一些平日里灵光一现的顿悟。

于是在期末，我只是迅速浏览了课前准备时阅读的资料夹，又翻阅了一遍课堂笔记中我用荧光色标记的个人感想，试着再去体会上课时的心情。就这样，从专题一到专题七，我忽然发觉自己是欣慰又惆怅的。当然，我相信任何一位同学能够“撑下来”这样一门知识庞杂繁复、课堂交锋活跃的课程都会感到欣慰，而如果我们能够通过努力让自己从“撑下来”转变为“融入进去”那就更加值得自豪。正如部分主持过课堂的同学所言，参与一门研讨式的课程最好的方式就是把自己变成课堂的主人。但同时我也有些遗憾，自己并没有以最饱满的热情参与到每一次课堂的讨论当中。此刻到了期末再回首，我才感到自己印象最深刻的问题、情感最激动的时刻，都是在课堂上酝酿接来下的发言，或者与其他同学进行应答的时刻。

我想这门课程的最奇妙之处就在于，每位参与的同学在短暂的一学期内输出的文字材料基本能够超过所有同样条件下的其他课堂，而助教也会在每周汇总大家的综述成果，甚至杨老师在学期开始就会把上一学期课程中同学的所有思考成果都发给我们。即使我们能够在文字的快速阅览中了解更多不同的观点，当我们今后再回想、向他人推荐这门课程时，排在最前面的应该还是课堂体验，还有参与感。

也正是从参与、体验的角度再次审视，我不由地向自己发问——有多少次我能大胆地在课堂上发表独立而有底气的见解的呢？对很多不善表达的人来说，在这门课堂体验到的是冒险，出发前需要焦急地备战，过程中要克服随时会被人击溃的不安，也是在一次次迎接周二的准备中，我感受到了自己的成长。最开始，面对一大堆的英文材料，我内心最大的担忧还不是能不能看完，而是缓慢浏览了一遍之后究竟能记得什么。可能是由于没有养成阅读英语的习惯，在阅读专题二、专题三的 DSB 报告时我总感觉自己没办法同时翻译和理解，翻译了两页后再一想专家组在讨论什么，便发现自己完全迷乱了。我也尝试过完全用有道翻译的“捷径”，但是这样一来老师或者同学谈到原文、谈到专有术语相关的问题我又总是不知道在哪里。最后我发现，其实从翻译里读到的内容通过看杨老师的《案例评析》也基本能够知道。机翻总是没办法再现原文字词斟酌间思考的连贯与缜密，也会使你错失很多发问的重点。其实到这也才只是基本，的确把报告书读个“半懂”只是基础，真正的惊心动魄之处在于，越早开始准备、越早开始阅读案子，挑战就越大。

在专题二时我漏看了课程简介，读错了范围，在第三周把提问的重点都放在了专家组报告的第三部分，也就是《著作权法》在保护版权、领接权的问题上是不是违反了 TRIPS。我记得自己是以完全混乱的状态看完这部分的中文翻译的，对大二下期没有选修知识产权法万分后悔，所以现在既搞不懂 TRIPS，也没怎么搞懂版权保护和版权享有的区分。后来在第三周下课时，杨老师问大家是不是有同学弄错了阅读范围，我才发现自己的重大失误，同时也在暗自庆幸不用在 WTO 法的课堂上那么详细地去了解其他部分法。然而，实务中的中国案件注定复杂，注定涉及多个法学部门，甚至还有跨学科的知识，而拥有其他学科的思维才是一门幸事，毕竟法律人总要面对社会生活的复杂，也总要面对法律滞后于现实社会的事实，此时交叉学科的知识给思想层次带来的跃升是明显的。比如课堂上张卓昊、吴雨泽等同学总是能恰到好处地运用刑法学科的逻辑思维，以其学科研究之长处创新 WTO 法领域研究的思路，而他们的观点总是能在多数同学的综述中被记住，可见确实留下了深刻的思考。

既是讨论式课堂，追求的自然是你来我往、思想迸发，其中敢于表达者、善于组织言词者能够直言专家组报告的不妥之处，能够直面老师提出相反见解。反思我这一学期的课堂思考，有时候可能是有点太循规蹈矩了，总想着有学者观点、有老师观点作为基础，有文献加以援引，可能反倒丧失了乐趣和热情，而让我们直抒胸臆、敢于‘标新立异”应该是杨老师一直以来希望以这门课程带给我们的成长之一吧。

回顾从专题一到专题七的课堂，我们其实也在见证 WTO 法塑造中国社会的过程，而书写这些报告、参与争端解决的、关注中国一步步走向国际舞台的法律人更是亲身经历了这个过程。那时所感新奇之事、所尝不足之处，在今日都在一点点与我们的生活重合，我们今时今日的法学学子也应以热情和斗志投入新的社会发展、新的研究课题和新的理论观点当中去。

李雅文

“世界贸易组织法　中国案例研究”的课堂是我在清华法学院经历过的最为特别的课堂。这堂课之外，再没有老师如此“放心”地将课堂交给同学们讨论、发言，而自己仅扮演“助产士”的角色。特别是面对 WTO 这一尤其陌生、庞杂的法律体系时，我起初完全不相信自己有能力读懂案例，甚至对专家组与上诉机构报告提出质疑，而现在回头看，我发现自己已经磕磕绊绊走过一段路了。

一、课程综述

（一）WTO 概述

第一次课上我们主要了解了 WTO 的基本情况。事实上，第一次课我们就讨论了一个重要而富有争议的问题：上诉机构在先前案件中对条约的解释是否有拘束力。一方面，这是此前美国批评上诉机构的理由之一；另一方面，这也是对 WTO 规则渊源的进一步澄清。第二次课上我们集中讨论了 WTO 的

“报复”机制，即中止减让或其他义务。这是一项临时的裁决执行程序，属于在建议或裁决未在合理期限内执行时可获得的临时措施。

本节课上我最关注的是实践中小国报复大国的可执行性，因为这直接关系到 WTO 争议解决机制的是否有实际效力。实践中存在报复机制下小国面对大国的不利地位：首先，报复是用贸易壁垒对付贸易壁垒，而贸易壁垒对贸易的两方都是有害的；其次，小国与大国的经济体量悬殊太大，即使报复也是隔靴搔痒。

（二）中国知识产权案

本案讨论的主要是中国知识产权案专家组报告中关于“刑事门槛”的部分。这是我们接触的第一个 WTO 案例，大家主要讨论“on a commercial scale”证明标准的论证过程及合法性、专家组对美国举证是否达到证明标准，以及 prima facie 证明标准三个问题。

我印象最深的是专家组对“on a commercial scale”的论证过程梳理，以此案入手，课后我对 VCLT 第 31 条的条约解释方法进行了深入研究。事实证明，后续案件绝大多数都要涉及条约解释，我在最终的期末论文中也尝试应用 VCLT 第 31 条的方法解释条约。

（三）中美音像制品案

中美出版物和音像制品案的争议焦点有二：第一，中国是否违反了中国《入世议定书》中的有关承诺；第二，中方是否违反了国民待遇和市场准入义务。我们聚焦于第一个争议焦点里中方提出的抗辩，即中国能否援引 GATT 1994 第 20 条（a）项公共道德条款进行抗辩。本案中大家关注的主要问题是 assumption *arguendo* 的法律推理方法、上诉机构的审理权限。裁决机构是否具有管辖权是一个案件在实体争议之前首先应当考虑的，这一思维对后续案件的思考颇有启发。

（四）中国原材料案和稀土案

在第七周和第八周，我们讨论了中国原材料案的专家组报告、上诉机构报告，中国稀土案的专家组报告、上诉机构报告四份材料，主要关注的问题是中国是否能够援引 GATT 1994 第 20 条为违反中国《入世议定书》第 11.3

条的行为抗辩。我们讨论的主题包括一事不再理原则、上诉机构法律解释的先例效力、整体解释的方法、中国《入世议定书》与《WTO协定》体系的关系。在稀土案的专家组报告中，我们第一次见到了一位专家组成员提出的不同于专家组多数意见的单独意见。

（五）美国反倾销与反补贴案

在第九周与第十周，我们讨论了美国反倾销与反补贴措施案（DS 379）和美国反补贴反倾销案（DS 449）。相比于之前的案例，这两个案例涉及更多经济学知识与内容，也是首个由同学主持讨论的案例。课堂上主要的讨论主题包括“双反”措施与双重救济、反向推理、先前协议。

（六）中国电子支付服务案

在第十二周和第十三周，我们主要讨论了中国电子支付服务案，其争点之一即为中国加入WTO时就电子支付服务是否做出了市场承诺和国民待遇承诺。与先前案件相比，本案的争议点几乎全部集中于条约文。本案中的另一个重要问题是关于“including”的列举对象。经过同学们的探讨，此处的“including”应解释为整体和局部的包含关系，而“including”本身无法判断是否闭合性地包括后面列举的范围。

（七）DS 543

在本学期课程的最后两周，我们讨论了DS 543案，这是中美贸易战背景下，中国就美国对中国某些商品采取的关税措施违反GATT规则提起的诉讼。这也是笔者有幸作为主持人参与讨论的案件。大家讨论的主题包括专家组的管辖权、中国采取反制措施的依据、平行于DSB进行的谈判、WTO争端解决体系在中美贸易战中的地位等。

本案发生的背景特殊，去全球化的浪潮下，中美的贸易对抗层层升级，在政治与经济利益面前，国际法的效力与尊严被消耗减损。WTO争端解决体系本身也面临着上诉机构在美国蓄意破坏下停摆的情况。但笔者与杨老师一样，对WTO的未来持乐观态度。WTO法律体系在国家经济利益冲突的混战中是受到冲击的，也暴露出制度存在的很多问题，但是WTO作为目前世界上最多国家参与、裁决执行力最强的多边争议解决机制，是各国在利益冲突下难得建立的“人类共同体”。我们应当更加珍视这一来之不易的成果，积极解决其发展完善中的出现的问题。

二、学期感想

（一）提问题的能力

上大学之后，我发现自己变得越来越“没有问题”了。

我擅长回答问题，熟练运用网络和数据库检索，快速阅读大量论文，最终总结输出答案。但我已经很久不问问题了，一方面是觉得老师们都是高高在上的“大牛”，我的问题或许幼稚极了，甚至暴露自己的知识浅陋；另一方面，法学院大班级形式的课程讲授是一种单方面的知识传输，极少有交互，因而课上没有留给我的思考的时间和余地。

而在 WTO 法的课上，我每周都要提出问题，而且我总希望自己能提出“好”问题，要么关涉这周案件的核心争议，要么能够以小见大，引出一个 WTO 法上重要议题的讨论。最初痛苦极了，我总觉得“没问题”，直到后来才摸索出一些经验。我总结了三点：第一，首先要对 WTO 法的基本知识有大致了解，例如几项基本原则、条约解释方法等，这样可以保证自己的问题并非简单检索就能得到答案。第二，阅读专家组或上诉机构报告时要保持自己的思考习惯，而不是被报告的思路带着走，例如可以使用三段论的推理方法验证专家组推理的合理性，切勿迷信权威。第三，对自己有自信，这是最重要的一点。要相信自己思考产生的任何一个问题都有意义。即使它没那么“好”也没关系，提出问题本身就是对自己思考的肯定，任何一个答案都拓宽了我们认知的边界。

（二）找到自己的定位

我一直思考怎样在这样一门自由的讨论课上获得最大的收获。我首先求助于前人的“课程攻略”，除了一些共性的多读几遍英文材料、课堂一心多用精力集中、合理安排时间等方法，使我印象最深的是一位学长提出的“找到自己的特色和定位”。

如果想要“完美地”上完一节课，我认为需要同时完成以下任务：第一，认真听取每一位同学的发言，紧跟讨论进度。第二，快速对同学们的问题或感想做出回应，这些回应一方面来自已有的知识储备，但绝大部分需要进一步检索。第三，及时记录同学们的发言内容，以便日后形成课程综述中对课堂讨论的梳理，也便于日后回顾课上所思所学。

我自认能力极有限，难以同时“一心三用”。因而，在一些我课前深入了解、更感兴趣的案例中，我更倾向于完成前两个任务，做一个积极发言、参与讨论者，用更多的精力关注“问题”；而在一些课前没有“吃透”的案例中，我倾向于在课上做一个记录者，同学们的发言往往能帮助我更好地掌握案件内容，通过课后对同学们讨论的整理，我也能够得到进一步研究的启发。

（三）日积跬步，以致千里

回望来时路，与刚开课时相比，我在阅读、表达、英文能力方面都有巨大收获。

最初，每次课前几十页的英文阅读材料总令我头痛不已，以我“搞懂每一句话”的旧方法往往读得非常慢，课前难以读完全部的案例，所以不能对案例有全局性的把握。后来我逐渐摸索出了新方法：首先读一遍课程大纲中的案例基本情况，准确把握阅读材料的主要问题与内容；其次阅读杨老师《WTO中国案例评析》一书中相关案例的文章，进一步了解专家组或上诉机构的整体裁决思路，关键问题是什么、分歧点在哪里。在这两项材料的辅助下，我再去阅读案例原文。我发现虽然专家组与上诉机构报告往往内容丰富翔实，但重要的论点、结论往往在开头或结尾写明，以及裁决中的小标题起到了梳理专家组思路的重要作用。渐渐地，我已经找到快速掌握几十页全英案例的方法，有详有略地阅读，最终整理、输出。这之中是反复的练习与总结，是每周十几个小时的付出。

最后，感谢曾经认真努力的我自己，感谢杨老师一学期的指导与教诲！

严晓畅

行到水穷处，坐看云起时

——课程综述与感想

与其说是课程综述与感想，我觉得不如说是回望一趟旅程的心中感思。“世界贸易组织法　中国案例研究”的十六周课堂于我，更像是一段旅行，我们在 WTO 法的世界穿梭，每一位旅客都不虚此行——并非是那种全然被导游指挥驱动的行程，而是一种自主性更强、趣味性更丰富的体验，我们每个人都可以在其中自主挖掘思考点什么、欣赏别样的风景，也能与同行的师友进行颇为充分的交流。既富有挑战，当然也富于意趣，探幽索胜，大概如此。

这期间的很多感受是难以概括的，至于本文之标题，我也思索良久，总觉得没有哪句话、哪个词能把这趟旅行之感受概括全然。但是突然就想到了这句“行到水穷处，坐看云起时”，虽然大概不够全然，却描述出一种心境。在这一程中，我总能有所探索、有所发现、有所收获，甚至于是在意料未及之处，又或者某处水穷云起、某处柳暗花明。不必那么机械或者急躁地如同机器人般“生吞”知识，而更多是沉浸式、互动式、体验式。

非常感谢杨老师、助教学姐和课程中的其他同学，每一位都为这程旅行付出良多，带给我许多感动与启发。在此，首先要表达我最真挚的感谢。走过最初的忐忑与惶恐，体验许多惊奇而也偶有遗憾，如是种种，许多具体收获与感思，具见于下。

一、课程综述

回顾本学期之课堂，大概依专题之序分别做一定之整理。

（一）WTO 概述

在课堂伊始，我们首先对 WTO 进行了一个概括、全面而基础的了解和分析，但其中也不乏一些深入的讨论和思考，如 WTO 关于引用、遵循先例的态度，“报复”（suspension of concessions or other obligations）相关问题。

其中尤其给我留下深刻印象之处便在于“先例”问题之讨论，这似乎是一个显得并不复杂的事实问题，即 WTO 在处理问题时究竟是否会援引先例？我在课前预习准备过程中甚至未对此深入思考，但是晏高兴同学的提问却牵引出一系列相关讨论。在这节课上，我本来以为大家都会泛泛而谈（彼时我显然尚不了解 WTO 法课堂的一贯风格），而这个问题所引出的由浅入深、层层剥茧抽丝的问题探索和逻辑梳理过程，以及从中体现的大家的高参与度、思想活跃度和检索信息、分析问题的能力，都带给我非常大的震撼与丰富之收获，也使我更明白这是一门如此神奇的课程。

（二）中国知识产权案

从第三节课开始，我们开始讨论中国知识产权案，这也是我们真正着手分析的第一个 WTO 案例。我们主要探讨了中国知识产权案专家组报告中“刑事门槛”相关部分，主要就 judicial economy 原则的适用问题、prima facie case 的标准问题、commercial scale 的争议问题等等展开了较为集中的讨论。杨老师也专门让我们更集中地梳理专家组对“commercial scale”的解释思路并做一些有针对性的深入研究。也是从这节课开始，我对条约解释方法有了更深入的了解并进行了一定的个人探索。

（三）中国出版物与音像制品案

第五六周的课堂上，我们主要集中性地学习和讨论了中国出版物和音像制品案（China—Publications and Audiovisual Products），主要关注了：assumption *arguendo* 假设成立如何适用，其与 judicial economy 司法节制原则之间存在何种关系，上诉机构对于 GATT 1994 第 20（a）条的审理是否属于越权审理等问题，尤其对于上诉机构究竟有没有权限审查 20（a）的问题，我们进行了颇为聚焦性的讨论。我至今记得老师当时三言两语“四两拨千斤”中带给我的启示，上诉机构是否属于越权审理的问题被杨老师解读为一个“管辖权”的问题，这种先思考管辖权的问题意识是值得被赞许的。

也是从这节课开始，我更明白了课程综述不是对课堂内容“流水账式”的记录与罗列，而是有思考性的整理与归纳，从这节课后我开始改变自己的综述整理风格，从追求尽可能详尽“会议记录式”“流水账式”般记录大家的发言，到更侧重于经过个人思考后的以“问题”为导向与中心的梳理综述。

（四）中国原材料案与稀土案

第七八周的学习主要围绕着中国原材料案与稀土案进行，这两个案例有相似之处而又不同，并且这次的专题与之前的讨论亦有联系（比如“遵循先例”相关问题等），引发不少讨论和研究的问题，比如“一事不再理”原则、holistic approach、单独意见、超 WTO 义务等。

特别一提的是，第八周我因为身体原因而只能线上上课，我特别深切地感受到线上课堂的参与感与体验感还是实在不如线下课堂，线下课堂所带来的互动感确为课程增添了不少挑战与意趣。

（五）美国反倾销与反补贴案

第九周的学习与讨论主要围绕着美国反倾销和反补贴案（DS 379）及美国反补贴和反倾销案（DS 449）展开，讨论到了“双反”措施与双重救济、市场经济与非市场经济国家、反向推理、先前协定与 VCLT 第 31 与 32 条等等问题点。这也是第一次由同学主持的课堂，这样的课堂对于我们来说更加学生自主而别开生面，但同时也对主持的同学提出了不小的挑战。当然与此同时，杨老师在课堂中发挥着非常重要而关键的作用，他往往在一个非常合适的时机或者问题的关键节点，提出一些问题、进行相关的补充、厘清与回应，都堪称“四两拨千斤”。

也正是这个案例，从研习之初，我个人便感慨于其中一些内容尤其是经济相关专业术语的难以理解，但是课后自己进行了相关研究探索，也阅读了很多同学们的整理分享，终在理解上“更上层楼”。这节课所引发的关于市场经济国家相关的讨论，也启发了我进一步的思考与研究。

（六）中国电子支付服务案

本专题的学习与讨论主要围绕着中国电子支付服务案（DS 413）进行，在主持人与老师的引导下，我们主要讨论了“including”的解释、“industry sources”、演化解释等相关问题，亦对裁决思路进行了一定的分析。具体而言，“including”“industry sources”、减让表、演化解释、“essential”等问题点在课堂上被更为集中地讨论到。

尤其给我留下深刻印象的是本专题中关于“including”理解的相关讨论，一个问题即在于“including”是否属于穷尽式列举。在相关说理讨论中，严君啸同学出人意料地使用了一种非常新奇的说理方式，即通过数学集合论来进行说明。虽然我个人也同吴雨泽同学一般认为这种利用数学工具进行论述的方式难免在一些问题的处理上显得较为机械，但还是非常佩服严君啸同学的新奇想法。

（七）301 关税措施案

本学期最后一个讨论专题围绕着 DSU 543，即 301 关税措施案进行。这是一个较新的案例，与中美贸易战也有着关联性。在课堂上，我们主要讨论了中国采取反制措施的正当性、GATT 1994 第 20 条的适用等重要问题。除此之外，我个人也就其中“公共道德”相关问题进行了一定的自主探索。

二、学期感想

为了这次的课程总综述与感想，我认真回看了自己的课堂笔记、每节课的预习与总结，感慨万千。回想课程伊始，我至今记得当时自己忐忑的心情，虽然如今回看这趟旅程是充满趣味的，但在当时却颇为紧张不安，我怕自己不敢发言、怕自己看不懂案例读不懂判决、怕自己没有足够的检索能力，等等。旅程是全然未知的，体验也是全新的，而这是我的“第一次”，也意味着我要迈出我的舒适区。

当时，我如此写道:“通过这门课，我踏入了一条几乎全新的河流，这里有我未曾见过的‘浪潮’与‘暗流’。”的确如此，我“摸着石头过河”，在十几周的旅程中逐渐适应、逐渐提升，开始可以独立阅读甚至带有“批判意识”地理解大段大段的英文材料，也能更熟练地检索材料并进行整合。在知识的丰富之外，我尤其掌握了一些技能或者说意识，“授人以鱼不如授人以渔”，WTO 法这门课程于我，是“授鱼”，更是“授渔”。比如，我学会了更加勇敢地发言（如果觉得线下发言太难可以先从微信群的互动开始），学会了预习与综述的方法（此前从未在任何一节课上坚持做过这种富于思考性的预习与回顾），学会了提问（在应试教育的许多年里，都没有真的明白这种“问题意识”，而是习惯性地去接收、去接受），学会了做课堂的主动参与者而非被动的“听众”，学会了通过思维导图的方式去更好地梳理与理解……这在其他任何一门课上，都是难以想象的。

其实 2021 年我已经大三了，按理来说我应该已经熟悉了许多课程中的“套路”，但是这门课却足够“跳出套路”。从最开始的措手不及，到最后就是满腔惊喜，真的非常感谢。

虽然我还有很多不足，有很多还需要更进一步的地方，但这也是这门课留给我的宝藏。它始终启发着我，继续挑战，继续向前，不要逃避，不要退缩。无论以后涉足哪一领域，我都会记得这个学期，这趟震撼人心的旅程。

所谓“行到水穷处，坐看云起时”，希望往后的学习中也总能有这样的意趣，于思考中能窥见风景、于风景中能有所感悟，更不忘这种探索本身的意趣，不随整体“内卷”之风庸庸碌碌。这是我到大三时才明白的，大学之学习，应该呈现的模样。

附录三　课程大纲

“世界贸易组织法”系列课程[52]之“世界贸易组织法　中国案例研究”

世界贸易组织法　中国案例研究

1. 课程特色

英文案例，小班研讨；注重培养国际视野、法律思维、主动学习和表达能力。

2. 课程小贴士

①建立班级微信群；

②课前在微信群提交问题与感想；

③制作桌签，申请发言时立起桌签；

④案例讨论段落，建议打印成纸质版阅读；

⑤课堂注意倾听，积极发言，少做笔记；

⑥对其他同学发言的评论和回应，请发到微信群；

⑦等待发言时，请把发言要点发到微信群；发言结束后，请把发言概要发到微信群；

⑧每节课一般分为两个阶段：自由发言打开思路和集中讨论分析问题；

⑨课程后半学期由同学主持课堂讨论；

52　“世界贸易组织法”为系列课程：一、初级课程：“世界贸易组织法概论”。此课程旨在学习WTO法律框架和基本原则，适合本科生。二、中级课程：“世界贸易组织法　中国案例研究”。此课程旨在培养法律推理能力，适合高年级本科生和研究生。三、高级课程：“世界贸易组织法专题研究”。此课程旨在研究WTO的前沿问题，适合于研究生。四、特色课程：“中国经济与法律制度”。此课程旨在学习中国的经济与法律制度，但是教学资料为WTO中国案例中的相关内容，适用于外国学生，也适用于本科生。

⑩每个专题（两节课）后撰写课程综述（包括讨论内容、课程感想和课后研究），并于下节课前分享到微信群；

⑪每个专题的课程综述及感想，请一位同学汇总并综述；

⑫课程结束后完成一篇论文，另外撰写一篇学期课程综述及感想；

⑬课程最后一节课为课程论文大纲展示（论文开题，抽签决定，同类合并，鼓励合作）；

⑭课程论文、综述及感想，请一位同学汇总并综述；

⑮学期所有论文、综述及感想，请一位同学汇总；

⑯邀请部分同学撰写课程攻略；

⑰课程考核包括课堂发言、专题综述和学期论文。

3. 课程说明

第一，这是一个全球化的时代，世界经济日趋融合，国际贸易蓬勃发展。世界贸易组织（World Trade Organization，WTO）为各国管理贸易的政策和法律，建立了一整套规则，包括最惠国待遇、国民待遇、降低关税、取消进出口数量限制、服务业市场开放、保护知识产权等。这些规则得到了普遍遵守，促进了世界经济和世界和平的发展。从规则建立和遵守的角度看，WTO 在国际关系的一个重要领域，即影响深远的国际贸易领域建立了一种“法治”（rule of law），是当代国际法的最新发展，并且为国际关系其他领域法治的构建提供了借鉴。

与此同时，WTO 以其完整的知识体系（货物贸易、服务贸易、知识产权、争端解决等一系列协议），丰富的争端实践（606 个案件，截至 2021 年 9 月 9 日）和中国的全面参与（加入 WTO 谈判和承诺、新回合谈判、贸易政策审议、争端解决等），为国际法教学提供了丰富的资料，并且在开拓国际视野和培养法律思维方面独具特色。

目前，WTO 在规则制订和解决争端方面遇到了很大的挑战；由于美国的阻挠，2019 年 12 月 10 日开始，上诉机构只剩下一名成员，已经不能受理案件。但是 WTO 所开创的多边贸易体制，必定具有永久活力，成为未来国际贸易关系的基本模式，而 WTO 案例在国际法（条约解释）方面具有独立价值，是法律思维训练的珍贵资料。

第二，WTO 的成功，很大程度上得益于其争端解决机制。这是一套具有强制管辖权和强制执行力的法律机制。在短短 20 多年时间里，WTO 处理了众多贸易纠纷，做出了200多份裁决，并且这些裁决都在WTO法律框架内得到了执行。

中国加入WTO 20余年来，积极使用这套机制解决与其他成员的贸易纠纷，已经有69起案件。这也是中国使用法律手段解决国际争端的先例。

第三，WTO有丰富的案例。这些案例都有详尽的法律分析，专家组报告一般长达400页，而上诉机构报告一般长达150页。古今中外、国际国内的法院判决书，鲜有如此详尽者。

在这些分析中，我们看到了WTO协议和承诺运用过程中所体现的坚定的理念、独特的创造和严密的论证。坚定的理念，是坚守自由贸易的宗旨，要求所有限制贸易的行为必须符合严格的条件，并且以规则为基础，澄清成员的权利和义务。独特的创造，是在纷繁复杂的事实和众说纷纭的观点中，抓住重点，独辟蹊径，找到裁决案件的思路。严密的论证，是将“法律”适用于事实的过程，在准确理解“法律”的前提下，充分解释其适用于本案事实的原因，从而得出令人口服心服的结论。

这些分析的重大特色，是对“法律条文为何适用于本案事实”有详尽的论述。为了确定一个协议条款的含义，专家组和上诉机构往往会从词典查找其“通常含义”，从该条款的前后左右甚至其他协议对照“上下文”，从该条款所在协议的前言和整体明确“宗旨和目的”。在此过程中，常常会参照大量先例。这些先例为条款的理解提供了多样的思路。在初步确定了条款的含义后，专家组和上诉机构还会参考“补充资料”，例如协议谈判时的文件，以印证其理解的准确性。然后，他们会拿着“条款的含义”这个“放大镜”，仔细查看案件的事实，一点点确定两者是否相符。经过这样的法律论证、法律推理，读者会对“法律”及其“法律”适用于事实的过程，有一个清晰的了解。

第四，本课程从上万页的中国案件裁决中，选取了相对独立的精彩段落，希望通过对这些案例的深入研讨，提高同学们的法律思维能力。(案例选择也兼顾了WTO的知识体系，即WTO的三大领域：货物贸易、服务贸易和知识产权)。

法律思维是一种能力，是在复杂的社会现象中敏锐地抓住本质的能力。法律思维更体现了一种理念，是借用法律分析的方法展现法律背后的法治(以及公平和正义)的理念。法律思维的内涵，包括法律理解、事实归纳及法律适用。法律理解，是使用适当的方法，给法律一个合理的解释。事实归纳，是从复杂的事实中，发现关键的问题。法律适用，则是将法律适用于事实的过程，对“为什么这个法律适用于这个事实”进行充分论证。法律理解、事实归纳及法律适用，是法律思维的一个完整过程，体现在书面上，就是法律解释清晰、事实归纳准确及法律论证充分的法院判决书。在这些中国案件裁决中，我们就看到了这样的法律思维过程。

我们如此评价 WTO 裁决中的法律分析，并非表明这些法律分析是“唯一正确”的方法和答案，也并非表明我们完全同意这些法律分析的结论。事实上，法律的思维，应当是质疑和思辨的，而不是盲从盲信的。但是这些法律分析，为我们的法律学习和研究，提供了重要的思路和参照，并且在有些情况下，为我们提出更加高明的法律分析奠定了基础。

4. 课程方法

本课程每个专题为两次课。

上课采用讨论式，培养同学们的自主学习、相互学习、法律思维、批判思考和公开表达等能力。请同学们课前阅读相关资料，以便充分参与课堂讨论。

5. 课程考核

课程结束后，在规定时间内完成一篇论文。

课程考核分为三个部分：课堂讨论的表现，专题综述的质量，课程论文的水平。

一、WTO 概述

学习 WTO 的整体情况，特别是争端解决机制的运行情况，为案例研讨做准备。

（一）阅读资料

1. WTO 官方出版物

Understanding the WTO；*20 Years of the WTO*：*A Retrospective*

2. WTO 总干事咨询专家报告（2004）

The Future of the WTO：*Addressing Institutional Challenges in the New Millennium*, *Report by the Consultative Board to the Director General*, 2004.

3. EU WTO Reform Proposal

4. CRS：World Trade Organization：Overview and Future Direction

5. **杨国华文章**

《WTO 的理念》

《中美贸易战与 WTO 文集》

（二）说明

1. WTO 官方出版物

（1）*Understanding the WTO*

共 112 页，分为 4 章，图文并茂，全面而生动地介绍了 WTO 的主要内容。

第一章　基础：何为世界贸易组织，贸易体制的原则，开放贸易的原因，GATT 岁月（从哈瓦那到马拉喀什），乌拉圭回合

第二章　协议：概述，关税（更加约束，近乎为零）；农业（对农户更加开放的市场），标准与安全，纺织品（回归主流），服务（关于增长与投资的规则），知识产权（保护与实施），反倾销、补贴、保障措施等，非关税壁垒（红头文件等），进口许可（让规则清晰），海关估价规则，装船前检验（对货物的进一步检查），原产地规则（何处制造），投资措施（减少贸易扰乱），诸边协议（少数成员的利益），贸易政策审议（确保透明度）

第三章　解决争端：独特的贡献，专家组程序，案例研究（实践中的时间表）

第四章　综合议题及新议题：区域主义（朋友还是敌人），环境（特别关注），投资、竞争、采购和更加简易的程序，电子商务，劳工标准（高度争议）

（2）20 *Years of the WTO*：*A Retrospective*

该文件图文并茂，介绍了 WTO 的成就。

2. WTO 总干事咨询专家报告（2004）

这份报告共 90 页，为 WTO 总干事约请 8 位著名专家撰写，内容涉及 WTO 现状评估，WTO 作为一个国际组织所面临的挑战以及 WTO 应该如何改革以应对这些挑战。本报告有利于比较深入地理解 WTO。

3. EU WTO Reform Proposal

该文件反映了 WTO 面临的挑战和改革基本思路。

4. CRS：World Trade Organization：Overview and Future Direction

在该文件中，美国国会研究局对 WTO 的概况和挑战进行了全面介绍。

5. 杨国华文章

文章介绍了 WTO 的主要内容，还着重介绍了争端解决程序。文章内容多为作者参与争端解决的亲身经历，为随后进行的案例讨论做了知识铺垫。中美贸易战对 WTO 产生了很大影响。

二、中国知识产权案（China—Intellectual Property Rights，DS 362）

China—Measures Affecting the Protection and Enforcement of Intellectual Property Rights

研究"中国知识产权案"中"刑事门槛"部分的法律分析

（一）阅读资料

1. 专家组报告中关于"刑事门槛"的部分（VII. C. Criminal Thresholds，第 82—134 页，第 7. 396—7. 682 段）

2. 杨国华文章

《四载精心筹备，一朝全盘皆输——知识产权案始末》

《四两拨千斤——知识产权案专家组裁决的思路》（见北大法律信息网"杨国华专栏"；杨国华编著：《WTO 中国案例评析》，知识产权出版社，2015 年 1 月）（电子版另发）

（二）说明

案件基本信息

起诉方：美国

专家组报告公布时间：2009 年 1 月 26 日

在本案中，中国刑事法律规定，假冒盗版达到 5 万元或 500 张光盘，才应承担刑事责任，而 WTO 的 TRIPS 第 61 条却要求对具备"commercial scale"的侵权给予刑事处罚。美国认为，"5 万元或 500 张"这一"刑事门槛"，不符合 WTO 的规定。但是专家组认为，“commercial” 和 “scale” 是两个词，不能说凡是 “commercial” 行为就是具备 “scale” 的行为，而 “scale”（规模）是一个相对概念，必须证明 “5 万元或 500 张” 所在的市场有多大，才能确定是否具备 “scale”。由于美国没有证明这一点，所以美国没有证明中国刑事法律的这一规定不符合 WTO 规则。本案专家组运用条约解释方法，创造性地解释了 “commercial scale”。本专题选择的 52 页专家组报告英文原文，对这个解释过程进行了全面的介绍，而两篇中文文章则为本案提供了一些背景资料。

三、中国出版物与音像制品案（China—Publications and Audiovisual Products，DS 363）

China—Measures Affecting Trading Rights and Distribution Services for Certain Publications and Audiovisual Entertainment Products

研究 “中国出版物与音像制品案” 中 “是否有权援用 GATT 1994 第 20 条” 部分的法律分析。

（一）阅读资料

1. 专家组和上诉机构报告中关于 “是否有权援用 GATT 1994 第 20 条” 的部分

专家组报告：VII. C. 2 China’s defence based on the “right to regulate trade” and Article XX（a）of the GATT 1994，第 270—277 页，第 7. 707—7. 744 段

上诉机构报告：VI. China’s Defence under Article XX（a）of the GATT 1994），第 91—104 页，第 205—233 段

2. 杨国华文章

《探路——出版物案专家组裁决的思路》

《技高一筹——出版物案上诉机构裁决的思路》

（二）说明

案件基本信息

起诉方：美国

专家组报告公布时间：2009 年 8 月 12 日；上诉机构报告公布时间：2009 年 12 月 21 日

本案涉及一个“复杂的法律问题”（“complex legal issue”，本案专家组语），即“中国是否可以直接援用 GATT 1994 第 20 条，以作为其背离《入世议定书》项下的贸易权承诺之抗辩”问题。根据美国的提议以及上诉机构先前的一些做法，专家组决定采取一种“回避”的策略，没有作出裁决。但上诉机构经审查后认为，中国的被诉措施虽然是关于贸易权承诺的，即只允许某些企业从事相关货物的进出口，但与中国对相关货物的管理，即对涉案货物的内容审查，是密切相关的；限制进出口商，是为了对相关货物进行内容审查，而 GATT 1994 恰恰关于货物贸易，因此中国有权援引 GATT 1994 第 20 条进行抗辩。本专题选择了 20 页专家组和上诉机构报告英文原文，对这个问题进行了全面介绍，而两篇中文文章则为本案提供了一些背景资料。

四、中国原材料案（China—Raw Materials，DS 394/395/398）和中国稀土案（China—Rare Earths，DS 431/432/433）

China—Measures Related to the Exportation of Various Raw Materials

China—Measures Related to the Exportation of Rare Earths, Tungsten and Molybdenum

研究“中国原材料案”和“中国稀土案”中“是否有权援用 GATT 1994 第 20 条”部分的法律分析。

（一）阅读资料

1. 专家组和上诉机构报告

（1）中国原材料案专家组和上诉机构报告中关于“是否有权援用 GATT 1994 第 20 条”的部分

专家组报告：VII. B. 5（a）Whether Article XX of the GATT 1994 is available as a defence to a claim under Paragraph 11. 3 of China's Accession Protocol，第 50—59 页，第 7. 110—7. 160 段

上诉机构报告：VI. Applicability of Article XX，第 109—124 页，第 270—307 段

（2）中国稀土案专家组和上诉机构报告中关于“是否有权援用 GATT 1994 第 20 条”的部分

专家组报告：7. 3. 2 China's Defence under Article XX（b）of the GATT

1994，第 47—71 页，第 7.49—7.138 段

上诉机构报告：5.1.3 Interpretation of Article XII：1 of the Marrakesh Agreement and Paragraph 1.2 of China's Accession Protocol，第 92—109 页，第 5.18—5.74 段

2. 杨国华文章

《规则——中国原材料出口案专家组裁决的思路》

《条约解释的局限性——以“原材料案”为例》《专家组的难题——中国稀土案专家组裁决的思路》《上诉机构的定论——中国稀土案上诉机构裁决的思路》

（二）说明

案件基本信息

1. 中国原材料案

起诉方：美国、欧盟、墨西哥

专家组报告公布时间：2011 年 7 月 5 日；上诉机构报告公布时间：2012 年 1 月 30 日

2. 中国稀土案

起诉方：美国、欧盟、日本

专家组报告公布时间：2014 年 3 月 26 日；上诉机构报告公布时间：2014 年 8 月 7 日

中国原材料案涉及一个重要的法律问题，即中国的出口税承诺是否可以援引 GATT 1994 第 20 条进行抗辩的问题。专家组按照 VCLT 的条约解释方法，对中国《入世议定书》、报告书和 WTO 协议的相关条款进行了分析。专家组认为，WTO 有众多协议，但并不存在一项适用于所有协议的例外条款（general umbrella exception），而是每个协议都有自己的例外条款；GATT 1994 第 20 条规定了 WTO 成员在若干情况下可以背离义务，但这个例外条款仅适用于 GATT 1994 中的义务；要想第 20 条适用于议定书中的义务，就必须在议定书中做出规定。因此，鉴于议定书中没有这样的规定，专家组认为出口税承诺不能援引 GATT 1994 第 20 条。上诉机构支持了专家组的结论。

在中国稀土案中，面对同样的法律问题，专家组对中国提出的“新理由”，即议定书条款与 GATT 1994 之间的体制性关系问题进行了审查，最终得

出了同样的结论。上诉机构支持了专家组的结论。本专题选择了两个案件四份报告共80页英文原文，对这个问题进行了全面介绍，而四篇中文文章则为本案提供了一些背景资料。

五、美国反倾销和反补贴案（US—Anti-Dumping and Countervailing Duties，DS 379）和美国反补贴和反倾销案（US—Countervailing and Anti-Dumping Measures，DS 449）

United States—Definitive Anti-Dumping and Countervailing Duties on Certain Products from China

United States—Countervailing and Anti-dumping Measures on Certain Products from China

研究“美国反倾销和反补贴案”和“美国反补贴和反倾销案”中“双重救济”部分的法律分析。

（一）阅读资料

1. 专家组和上诉机构报告

（1）DS 379案专家组和上诉机构报告中关于双重救济的部分

专家组报告：XIV. China's claims pertaining to “Double remedies”，第206—208页，第14.1—14.6段；第220—245页，第14.46—14.130段

上诉机构报告：VII. Articles 10，19.3，19.4，and 32.1 of the SCM Agreement and Article VI：3 of the GATT 1994：“Double Remedies”，第199—219页，第538—591段

（2）DS 449案专家组报告中关于双重救济的部分

7.7 “Double Remedies”：Articles 19.3，10 and 32.1 of the SCM Agreement，第98—114页，第7.298—7.352段

2. 杨国华文章

《认定——美国反倾销和反补贴案专家组裁决的思路》

《纠偏——美国反倾销和反补贴案上诉机构裁决的思路》

《WTO上诉机构的条约解释——以“双重救济案”为例》

《专家组的易事——“美国反补贴和反倾销案”（DS 449）专家组裁决的思路》

（二）说明

案件基本信息

1. DS 379 案

起诉方：中国

专家组报告公布时间：2010 年 10 月 22 日；上诉机构报告公布时间：2011 年 3 月 11 日

2. DS 449 案

起诉方：中国

专家组报告公布时间：2014 年 3 月 27 日；上诉机构报告公布时间：2014 年 7 月 7 日

在 DS 379 案中，专家组认为，双重救济是可能出现的，但是中美双方援用的《反补贴协定》第 19 条第 4 款和第 19 条第 3 款适用的对象是反补贴税，而不是反倾销税；进口国只要按照反补贴调查程序认定了补贴的存在并且按照补贴数额征收，就没有违反《补贴与反补贴措施协定》，而没有必要考虑该项补贴是否已经被别的措施抵消的问题。也就是说，反补贴是反补贴，反倾销是反倾销；在反补贴的时候考虑反倾销的问题，于法无据。然而，上诉机构抓住了问题的关键，对第 19 条第 3 款进行了详尽的解释。上诉机构认为，该款“适当数额”（appropriate amount）中的“适当”一词，是一个相对概念，是相对于补贴所造成的损害而言的；如果损害不复存在，那么就不能说反补贴税的数额是适当的。也就是说，如果不考虑针对相同产品、抵消相同补贴的反倾销税，反补贴税数额的适当性便无法确定。反补贴税代表了全部补贴数额，而反倾销税至少在一定程度上是根据相同的补贴计算的，并且同时征收以消除对国内产业的相同损害，在这种情况下，反补贴税的数额就不可能是“适当的”。按照非市场经济方法计算出来的倾销幅度，有可能包括了一些属于补贴的组成部分。上诉机构认定：双重救济，即同时征收反补贴税和按照非市场经济方法计算出来的反倾销税，两次抵消相同的补贴，不符合第 19 条第 3 款。

在 DS 449 案中，专家组经过对美国所提出的“新理由”与前案的比对审查，认为这些“新理由”已经在前案中提出，并非什么“新理由”，因此也认定没有令人信服的理由以背离上诉机构在前案中的裁决。

本专题选择了两个案件三份报告共55页英文原文，对这个问题进行了全面介绍，而四篇中文文章则为本案提供了一些背景资料。

六、中国电子支付服务案（China—Electronic Payment Services，DS 413）

China—Certain Measures Affecting Electronic Payment Services

研究“中国电子支付服务案”中“中国承诺是否包括电子支付服务”部分的法律分析。

（一）阅读资料

1. 专家组报告中有关中国承诺是否包括电子支付服务的部分

VII. D. China's Specific Commitments Concerning the Service at Issue，第28—61页，第7.63—7.207段

2. 杨国华文章

《详解——中国电子支付服务案专家组裁决的思路》

（二）说明

案件基本信息

起诉方：美国

专家组报告公布时间：2012年7月16日

本案的一个争议焦点，是涉案措施电子支付服务（Electronic Payment Service，EPS）是否属于中国所承诺的“金融服务，B. 银行及其他金融服务（d）all payment and money transmission services”。这是个归类（classification）问题，即能否将EPS归为（d）。专家组运用条约解释的方法，对（d）进行了全面的分析。在“通常含义”方面，专家组查找词典和行业惯例，分析了“payment”“money”“transmission”等词的含义，以及这些词的组合“payment and money transmission services”的含义，甚至“all”的含义。在“上下文”方面，专家组分析了（d）中“including”后面的内容；分析了减让表中的其他内容；并且特别分析了中国所提出的GATS“关于金融服务的附件”中的相关内容。专家组甚至分析了GATS的结构和对比了其他成员的减让表。最后，专家组还从“宗旨与目的”的角度进行了简要分析。专家组认定，（d）包括

EPS。也就是说，中国对EPS作出了承诺。专家组报告的篇幅虽然只有32页，但是论证过程比较复杂。中文文章为本案提供了一些背景资料。

七、中国汽车零部件案（China—Auto Parts，DS 339/340/342）

China—Measures Affecting Imports of Automobile Parts

研究“中国汽车零部件案”中“国内税的认定”部分的法律分析。

（一）阅读资料

1. 专家组和上诉机构报告中有关“国内税”的认定部分

专家组报告：VII. B. Article III of the GATT 1994，第171—206页，第7.102—7.213段

上诉机构报告：V. Characterization of the Charge Imposed under the Measures at Issue，第59—79页，第127—181段

2. 杨国华文章

《是非——汽车零部件案专家组裁决的思路》

（二）说明

案件基本信息

起诉方：欧盟、美国、加拿大

专家组报告公布时间：2008年7月18日

本案涉及一个有趣的问题，即向海关上交的费用，也可以属于“国内费用”。本案中，根据涉案的中国措施所规定的具体标准，如果中国汽车生产中使用的进口汽车零部件具备“整车特征”，则需对这些进口零部件征收25%的关税，而高于适用于汽车零部件的平均关税率10%。起诉方认为，以上措施违反了GATT 1994第3条所规定的国民待遇原则。专家组的理解是：这种费用实际上属于GATT 1994第3条第2款所指的“国内费用”（internal charges），而不是GATT 1994第2条第1款（b）项所指的是“普通关税”（ordinary customs duties）。由于对国内产品不征收这笔费用，因此专门针对进口产品的费用就违反了国民待遇原则。专家组的论证用了30页篇幅，涉及内容非常广泛。上诉机构支持了专家组的结论。中文文章为本案提供了一些背景资料。

八、美国禽肉案（US—Poultry，DS 392）

United States—Certain Measures Affecting Imports of Poultry from China

研究“美国禽肉案”中“第727节是否为SPS措施”部分的法律分析。

（一）阅读资料

1. 专家组报告中关于第727节是否为SPS措施的部分

C. Whether SECTION 727 IS AN SPS MEASURE WITHIN THE SCOPE OF THE SPS AGREEMENT，第102—112页，第7.70—7.124段

2. 杨国华文章

《解扣——美国禽肉进口案专家组裁决的思路》

（二）说明

案件基本信息

起诉方：中国

专家组报告公布时间：2010年9月29日

2009年美国《农业，农村发展，食品与药品管理，以及相关机构拨款法案》第727节规定：“本法案所列任何资金，不得用于建立或实施允许中国禽肉产品进口到美国之规则。”这条规定是专门针对中国的，而法案对其他国家并没有类似规定。这条规定限制了美国农业部及其下属的食品安全检疫局使用资金，从事与进口中国禽肉相关的工作，进而影响了中国鸡肉等禽肉产品输美。这是明显的歧视性规定。本案中，专家组认为，从表面上看，第727节仅仅是一项行政部门的拨款措施，但事实上属于《实施卫生与植物卫生措施协定》《SPS协定》所界定的“卫生与植物卫生措施”（SPS措施），而采取SPS措施，是必须具备一定条件的，例如要进行“风险评估”，要有“科学证据”。第727节作为拨款法案中的一项规定，在其制订过程中，从来没有提到过要符合《SPS协定》中的这些条件。这样，第727节就是不符合《SPS协定》的。本主题所选择10页英文原文，是专家组如何经过论证，将一项拨款法案界定为“卫生和植物卫生措施”。中文文章为本案提供了一些背景资料。

九、美国反补贴和反倾销案（US—Countervailing and Anti-Dumping Measures，DS 449）

United States—Countervailing and Anti-dumping Measures on Certain Products from China

研究“美国反补贴和反倾销案”中“美国追溯性立法是否违反 WTO 透明度规定”部分的法律分析。

（一）阅读资料

1. 专家组和上诉机构报告中关于美国追溯性立法是否违反 WTO 透明度规定的分析

专家组报告：Whether Section 1 effects an advance in a rate of duty or other charge on imports under an established and uniform practice，第 55—71 页，第 7.141—7.191 段

上诉机构报告：4.2 Article X：2 of the GATT 1994，第 55—69 页，第 4.53—4.118 段

2. 杨国华文章

《困惑——“美国反补贴和反倾销案”（DS 449）专家组裁决的思路》

《水中望月——“美国反补贴和反倾销案”（DS 449）上诉机构裁决的思路》

（二）说明

案件基本信息

起诉方：中国

专家组报告公布时间：2014 年 3 月 27 日；上诉机构报告公布时间：2014 年 7 月 7 日

2012 年 3 月 13 日，美国国会通过一项法律（PL 112-99），规定反补贴税可以适用于来自非市场经济国家的产品，并且适用于 2006 年 11 月 20 日之后所启动的所有调查。中国将该法律诉诸 WTO 争端解决机制。在这个案件中，中国认为 PL 112-99 违反了 GATT 1994 第 10 条（“贸易法规的公布与管理”）中的若干规定。其中，在该法律是否属于 GATT 1994 第 10 条第 2 款的“effecting an advance in a rate of duty or other charge on imports under an established and uniform practice”问题上，中美双方展开了激烈的辩论。专家组认定，在2006年11月至2012年3月之间，美国商务部存在一项确定、统一的做法。按照这样的理解，新法就没有产生提高税率的效果，因为新法只是维持了已经存在的相同税率。因此，上诉阶段的争论，主要集中在税率是否得到提高的“比较基准”（baseline of comparison）上。也就是说，应该用哪两个时间段进行对比，以确定税率是否得到了提高。上诉机构认为，专家组将美国商务部的做法作为比较基准是错误的；正确的方法是，专家组应该明确原有法律的含义，以确定现有法律是否提高了税率等；也就是说，正确的比较基准是原有法律。本专题选择两份报告共30页英文原文，全面展现了专家组和上诉机构的论证过程。中文文章为本案提供了一些背景资料。

十、参考资料

（一）WTO法律文本

《世界贸易组织乌拉圭回合多边贸易谈判结果法律文本》（The Legal Texts: The Results of the Uruguay Round of Multilateral Trade Negotiations）[M]. 北京：法律出版社，2000.

电子版：WTO legal texts [EB/OL]. http://www.wto.org/english/docs_e/legal_e/legal_e.htm.

（二）中国加入WTO法律文本

《中国加入世界贸易组织法律文件》（Compilation of the Legal Instruments on China's Accession to the World Trade Organization）[M]. 北京：法律出版社，2002.

电子版：中国加入世界贸易组织法律文件 [EB/OL]. http://sms.mofcom.gov.cn/aarticle/ztxx/200209/20020900039082.html.

（三）WTO法律文本详解

1. WTO Analytical Index—Guide to WTO Law and Practice [EB/OL]. https://www.wto.org/english/res_e/publications_e/ai17_e/ai17_e.htm.

2. WTO Appellate Body Repertory of Reports and Awards [EB/OL]. https://www.wto.org/english/tratop_e/dispu_e/repertory_e/repertory_e.htm.

(四) 条约解释

1. Principles and Concepts of General International Law Related to Dispute Settlement [EB/OL]. https://www.wto.org/english/res_e/booksp_e/analytic_index_e/dsu_10_e.htm#princsdis.

2. Principles and Concepts of General Public International Law [EB/OL]. https://www.wto.org/english/tratop_e/dispu_e/repertory_e/p3_e.htm.

3. Vienna Convention on the Law of Treaties (1969) (VCLT) [EB/OL]. https://www.wto.org/english/tratop_e/dispu_e/repertory_e/index_article_e.htm#index25.

4. Isabelle Van Damme, Treaty Interpretation by the WTO Appellate Body [M]. New York: Oxford University Press, 2009.

(五) WTO 争端解决机制概况及案例库

电子版：http://www.wto.org/english/tratop_e/dispu_e/dispu_e.htm.

(六) 中国参与 WTO 相关信息

1. 中华人民共和国商务部：http://www.mofcom.gov.cn/.
2. 商务部世界贸易组织司：http://sms.mofcom.gov.cn/.
3. 商务部条约法律司：http://tfs.mofcom.gov.cn/.

(七) 其他资料

1. WTO 官方网站：www.wto.org.

2. 杨国华. 我们在 WTO 打官司：参加 WTO 听证会随笔集 [M]. 北京：知识产权出版社，2015.

3. 杨国华. 我与 WTO：法律人的视角 [M]. 北京：知识产权出版社，2016.

4. 杨国华. WTO 中国案例评析 [M]. 北京：知识产权出版社，2015.

十一、中国参与 WTO 案件统计

中国参与 WTO 案件统计

（2021 年 2 月 12 日）

起诉方 21 起案件（美 16 起，欧 5 起）

1. DS 252 US-Steel Safeguards（钢铁保障措施）

United States-Definitive Safeguard Measures on Imports of Certain Steel Products

WTO 收到磋商请求：26 March 2002

专家组裁决公布：11 July 2003；上诉机构裁决公布：10 November 2003

2. DS 368 United States-Preliminary Anti-Dumping and Countervailing Duty Determinations on Coated Free Sheet Paper from China（铜版纸反倾销）

WTO 收到磋商请求：14 September 2007

3. DS 379 US-Anti-Dumping and Countervailing Duties（China）（反倾销和反补贴）

United States-Definitive Anti-Dumping and Countervailing Duties on Certain Products from China

WTO 收到磋商请求：19 September 2008

专家组裁决公布：22 October；2010 上诉机构裁决公布：11 March 2011

4. DS 392 US-Poultry（禽肉）

United States-Certain Measures Affecting Imports of Poultry from China

WTO 收到磋商请求：17 April 2009

专家组裁决公布：29 September 2010

5. DS 397 EC-Fasteners（China）（紧固件）

European Communities-Definitive Anti-Dumping Measures on Certain Iron or Steel Fasteners from China

WTO 收到磋商请求：31 July 2009

专家组裁决公布：3 December 2010；上诉机构裁决公布：15 July 2011

（2013 年 10 月 30 日，中国就执行问题提起磋商，启动 DSU 第 21 条第 5

款的执行程序；专家组裁决公布 7 August 2015，上诉机构裁决公布 18 January 2016）

6. DS 399 US–Tyres（China）（轮胎）

United States – Measures Affecting Imports of Certain Passenger Vehicle and Light Truck Tyres from China

WTO 收到磋商请求：14 September 2009

专家组裁决公布：13 December 2010；上诉机构裁决公布：5 September 2011

7. DS 405 EU–Footwear（China）（鞋）

European Union–Anti–Dumping Measures on Certain Footwear from China

WTO 收到磋商请求：4 February 2010

专家组裁决公布：28 October 2011

8. DS 422 US–Shrimp and Sawblades（虾和锯片）

United States – Anti – Dumping Measures on Certain Frozen Warmwater Shrimp from China

WTO 收到磋商请求：28 February 2011

专家组裁决公布：8 June 2012

9. DS 437 US–Countervailing Measures（China）（反补贴）

United States–Countervailing Duty Measures on Certain Products from China

WTO 收到磋商请求：25 May 2012

专家组裁决公布：14 July 2014 上诉机构裁决公布：18 December 2014

（2016 年 5 月 13 日，中国就执行问题提起磋商，启动 DSU 第 21 条第 5 款的执行程序；专家组裁决公布 21 March 2018，上诉机构裁决公布 16 July 2019）

10. DS 449 US–Countervailing and Anti–Dumping Measures（China）（反补贴和反倾销）

United States–Countervailing and Anti–dumping Measures on Certain Products from China

WTO 收到磋商请求：17 September 2012

专家组裁决公布：27 Mar 2014；上诉机构裁决公布：7 July 2014

11. DS 452 European Union and certain Member States–Certain Measures Af-

fecting the Renewable Energy Generation Sector（欧盟光伏补贴案）

WTO收到磋商请求：5 November 2012

12. DS 471 US-Anti-Dumping Methodologies（China）（反倾销方法）

United States regarding the use of certain methodologies in anti-dumping investigations involving Chinese products

WTO收到磋商请求：3 December 2013

专家组裁决公布：19 October 2016；上诉机构裁决公布：11 May 2017

13. DS 492 EU-Poultry Meat（China）（禽肉）

European Union - Measures Affecting Tariff Concessions on Certain Poultry Meat Products

WTO收到磋商请求：8 April 2015

专家组裁决公布：28 March 2017；双方达成协议：30 May 2019

14. DS 515 United States-Measures Related to Price Comparison Methodologies（价格比较方法）

WTO收到磋商请求：12 December 2016

15. DS 516 EU-Price Comparison Methodologies（价格比较方法）

European Union-Measures Related to Price Comparison Methodologies

WTO收到磋商请求：12 December 2016

专家组停止工作（专家组裁决没有公开）：15 June 2020

16. DS 543 United States-Tariff Measures（关税措施）

United States-Tariff Measures on Certain Goods from China

WTO收到磋商请求：4 April 2018

专家组裁决公布：15 September 2020；美国上诉：26 October 2020

17. DS 544 United States- Steel and Aluminium Products（钢铁和铝产品）

United States- Certain Measures on Steel and Aluminium Products

WTO收到磋商请求：5 April 2018

专家组组成：25 January 2019

18. DS 562 United States- Safeguard Measure on PV Products（光伏产品保障措施）

United States-Safeguard Measure on Imports of Crystalline Silicon Photovoltaic Products

WTO 收到磋商请求：14 August 2018

专家组组成：24 October 2019

19. DS 563 United States- Certain Measures Related to Renewable Energy（可再生能源）

WTO 收到磋商请求：14 August 2018

20. DS 565 United States-Tariff Measures on Certain Goods from China II（关税措施之二）

WTO 收到磋商请求：23 August 2018

专家组请求：18 October 2018

21. DS 587 United States-Tariff measures on certain goods from China III（关税措施之三）

WTO 收到磋商请求：2 September 2019

被诉方：44 起案件（按措施统计为 31 个案件，美 23 起）

1. DS 309 China-Value-Added Tax on Integrated Circuits（集成电路增值税）

起诉方：United States

WTO 收到磋商请求：18 March 2004

磋商达成协议通报：6 October 2005

2. DS 339/340/342 China-Auto Parts（汽车零部件）

China-Measures Affecting Imports of Automobile Parts

起诉方：European Communities, United States, Canada

WTO 收到磋商请求：30 March 2006（EC and United States），13 April 2006（Canada）。

专家组裁决公布：18 July 2008；上诉机构裁决公布：15 December 2008

3. DS 358/359 China-Taxes（税收补贴）

China-Certain Measures Granting Refunds, Reductions or Exemptions from Taxes and Other Payments

起诉方：United States, Mexico

WTO 收到磋商请求：2 February 2007（United States），26 February 2007（Mexico）

磋商达成协议通报：19 December 2007（United States），7 February 2008（Mexico）

4. DS 362 China-Intellectual Property Rights（知识产权）

China-Measures Affecting the Protection and Enforcement of Intellectual Property Rights

起诉方：United States

WTO 收到磋商请求：10 April 2007

专家组裁决公布：26 January 2009

5. DS 363 China-Publications and Audiovisual Products（出版物和音像制品）

China-Measures Affecting Trading Rights and Distribution Services for Certain Publications and Audiovisual Entertainment Products

起诉方：United States

WTO 收到磋商请求：10 April 2007

专家组裁决公布：12 August 2009；上诉机构裁决公布：21 December 2009

6. DS 372/373/378 China-Measures Affecting Financial Information Services and Foreign Financial Information Suppliers（金融信息服务）

起诉方：European Communities，Canada，United States

WTO 收到磋商请求：3 March 2008（European Communities and United States），3 March 2008（Canada）

磋商达成协议通报：4 December 2008

7. DS 387/388/390 China-Grants，Loans and Other Incentives（名牌产品补贴）

起诉方：United States，Mexico，Guatemala

WTO 收到磋商请求：19 December 2008

磋商达成协议通报：18 December 2009

8. DS 394/395/398 China-Raw Materials（原材料）

China-Measures Related to the Exportation of Various Raw Materials

起诉方：United States，European Communities，Mexico

WTO 收到磋商请求：3 June 2009（United States and European Communities）21 August 2009（Mexico）

专家组裁决公布：5 July 2011；上诉机构裁决公布：30 January 2012

9. DS 407 China-Provisional Anti-dumping Duties on Certain Iron and Steel Fasteners from the European Union（紧固件）

起诉方：European Union

WTO 收到磋商请求：07 May 2010

10. DS 413 China-Electronic Payment Services（电子支付服务）

China-Certain Measures Affecting Electronic Payment Services

起诉方：United States of America

WTO 收到磋商请求：15 September 2010

专家组裁决公布：16 July 2012

11. DS 414 China-GOES（取向电工钢）

China-Countervailing and Anti-Dumping Duties on Grain Oriented Flat-rolled Electrical Steel from the United States

起诉方：United States of America

WTO 收到磋商请求：15 September 2010

专家组裁决公布：15 June 2011；上诉机构裁决公布 18 October 2012

（2013 年 5 月 3 日，关于合理执行期的仲裁裁决公布；2014 年 1 月 13 日，美国就执行问题提起磋商，启动 DSU 第 21 条第 5 款的执行程序；专家组裁决公布 31 July 2015）

12. DS 419（风能设备措施）

China-Measures concerning wind power equipment

起诉方：United States of America

WTO 收到磋商请求：22 December 2010

2011 年 2 月 16 日举行磋商，相关措施已经撤销

13. DS 425 China-X-Ray Equipment（X 射线设备）

China-Definitive Anti-Dumping Duties on X-Ray Security Inspection Equipment from the European Union

起诉方：European Union

WTO 收到磋商请求：25 July 2011

专家组裁决公布：26 February 2013

14. DS 427 China-Broiler Products（白羽肉鸡）

China-Definitive Anti-dumping and Countervailing duties on Broiler Products from the US

起诉方：United States

WTO 收到磋商请求：20 September 2011

专家组裁决公布：2 August 2013

15. DS 431/432/433 China-Rare Earths（稀土）

China-Measures Related to the Exportation of Rare Earths, Tungsten and Molybdenum

起诉方：United States, European Union, Japan

WTO 收到磋商请求：13 March 2012

专家组裁决公布：26 March 2014；上诉机构裁决公布：7 August 2014

16. DS 440 China-Autos (US)（汽车）

China-Countervailing and Anti-Dumping Duties on Certain Automobiles from the United States

起诉方：United States

WTO 收到磋商请求：5 July 2012

专家组裁决公布：23 May 2014

17. DS 450 China-Certain Measures Affecting the Automobile and Automobile-Parts Industries（汽车和零部件产业补贴）

起诉方：United States

WTO 收到磋商请求：17 September 2012

18. DS 451 China-Measures Supporting the Productions and Exportation of Apparel and Textile Products（纺织品和服装补贴）

起诉方：Mexico

WTO 收到磋商请求：15 October 2012

19. DS 454/460 China-HP-SSST (EU)（无缝钢管）

China-Definitive Anti-Dumping Duties on High-performance Stainless Steel Steemless Tubes from Japan

起诉方：Japan, European Union

WTO 收到磋商请求：20 December 2012 (Japan), 13 June 2013 (European Union)

专家组裁决公布：14 February 2015；上诉机构裁决公布：14 October 2015

20. DS 483 China-Anti-Dumping Measures on Imports of Cellulose Pulp from Canada（浆粕进口）

起诉方：Canada

WTO 收到磋商请求：15 October 2014

21. DS 489 China-Demonstration Bases（示范基地）

China-Measures Related to Demonstration Bases and common Service Platforms Programmes

起诉方：United States

WTO 收到磋商请求：11 February 2015

专家组设立：22 April 2015

2016 年 4 月 14 日，达成谅解

22. DS 501 China-Tax Measures Concerning Certain Domestically Produced Aircraft（国产飞机）

起诉方：United States

WTO 收到磋商请求：8 December 2015

23. DS 508/509 China-Raw Materials II（原材料之二）

China- Duties and other Mearures concerning the Exportation of Certain Raw Materials

起诉方：United States, European Union

WTO 收到磋商请求：13 July 2016（United States），19 July 2016（European Union）

专家组设立：8 November 2016；23 November 2016

24. DS 511 China-Agricultural Producers（农业生产者）

China-Domestic Support for Agricultural Producers

起诉方：United States

WTO 收到磋商请求：13 September 2016

专家组裁决公布：28 February 2019

25. DS 517：China-Tariff Rate Quotas for Certain Agricultural Products（农产品关税配额）

起诉方：United States

WTO 收到磋商请求：15 December 2016

专家组裁决公布：18 April 2019

26. DS 519：China-Subsidies to Producers of Primary Aluminium［原铝（电解铝）补贴］

起诉方：United States

WTO 收到磋商请求：12 January 2017

27. DS 542 China-Intellectual Property Rights II（知识产权之二）

China-Certain Measures Concerning the Protection of Intellectual Properties

起诉方：United States

WTO 收到磋商请求：23 March 2018

专家组组成：16 January 2019；专家组停止工作（措施取消）：8 June 2020

28. DS 549 China-Certain Measures on the Transfer of Technology（技术转让措施）

起诉方：European Union

WTO 收到磋商请求：1 June 2018

29. DS 558 China- Additional Duties（加征关税）

China- Additional Duties on Certain Products from the United States

起诉方：United States

WTO 收到磋商请求：16 July 2018

专家组组成：25 January 2019

30. DS 568：China-Certain Measures Concerning Imports of Sugar（食糖）

起诉方：Brazil

WTO 收到磋商请求：16 October 2018

31. DS 589：China-Measures Concerning the Importation of Canola Seed from Canada（油菜籽）

起诉方：Canada

WTO 收到磋商请求：9 September 2019

附录四　选课学生名单

学生姓名	年级	学生姓名	年级
邓汉庆	2017 级	魏海跃	2018 级
曹秀知	2017 级	张一凡	2018 级
蓝　月	2017 级	张卓昊	2018 级
张一初	2017 级	骆　鑫	2018 级
刘玥含	2017 级	王雨宁	2018 级
杨盛彪	2018 级	严晓畅	2018 级
梁　好	2018 级	张　瑶	2018 级
韩世宸	2018 级	贾小我	2018 级
朱亚博	2018 级	陈红吉	2018 级
封　舜	2018 级	吴玙姜	2019 级
陈沁心	2018 级	吴沐晨	2019 级
李雅文	2018 级	严君啸	2019 级
晏高兴	2018 级	柯静姝	2019 级
吴雨泽	2018 级		

清华北大法律研讨课

法律学习方法

北京大学法学院 2021 年秋季“WTO 法律制度研究”研究生课程实录

本卷编者　杨国华　王晓臻

中国商务出版社
·北京·

本卷为2021年秋季学期北京大学法学院研究生“WTO法律制度研究”课程实录，由16位选修同学的课程综述和课程感想组成。授课教师杨国华。

课程综述与感想全文共约49万字，每一专题约16篇，共收录了115篇综述。为出版需要进行缩减，对于课程内容部分，本书每一章节仅选取一位同学的课程综述进行介绍。

本卷编者

杨国华：清华大学法学院教授，WTO上诉仲裁员，西南政法大学讲座教授，中国法学会世界贸易组织法研究会常务副会长

王晓臻：北京大学法学院2021级研究生

前言一

创新与成效

我的 WTO 法律课程，是以中国案例为课程资料，以师生研讨为课程形式，至今已开设十三个学期。每学期开始，我都会给新生发送一则课程广告："在这门课上，你能开拓国际视野，培养法律思维，学习专业知识，跟踪最新进展。你能善于倾听，勇于表达，看到优秀同学，发现更好自己。"

这则广告的用语，是经验总结，来自每学期同学们的课程评价（课程综述与感想）。也就是说，课程"功效"都是经过验证的。以下仅以本学期为例（详见本书第 142 页）。

一、开拓国际视野

WTO 是国际组织，其内容本身就是"国际"的，而案例是中国作为原被告的案件，具有亲切感。因此，同学们的以下总结就理所当然了：

①"它赋予了我国际化的视野。"

②"视野层面：丰富了我对中国与国际法治的认识。""对作为国际组织的 WTO 与作为多边贸易体制的 WTO 的总体面貌进行概览。"

③"从不同层面拓展和加深了对 WTO 同时作为国际组织和多边贸易体制的认识。"

④"展现了 WTO 作为一个国际组织的魅力——它并不是一套既定的、稳定的规则，它会随着不同成员国的利益需求和国际形势的变化而展现不同的面貌；但它也不是任意的、不可预测的，任何一方要主张其行为的合理性，都不可脱离 WTO 的协定文本。"

二、培养法律思维

法律理解、事实归纳及法律适用，是法律思维的一个完整过程，体现在书面上，就是法律解释清晰、事实归纳准确及法律论证充分的法院判决书。这些案例非常精彩，充分体现了这样的法律思维过程，对其研讨能够提高法律思维能力。因此，同学们的以下总结就顺理成章了：

①“我感受到自己正在形成对于法学生而言至关重要的批判性思维。”

②“我更真切地体会到了法律的魅力。”

③“以法官/仲裁员为听众，提出一套能够系统的合理的平衡的方案分析与解读争端的法律问题，从而帮助法官或仲裁官快速公正地处理案件。我从中感受到了世界的真实运转。”

④“一学期下来形成的这种发现问题—分析问题—解决问题的思维习惯，这种对法律条文的字斟句酌，对论证的严密推理才是我们将受用终生的财富，也是良好的法学教育意义之所在。”

⑤“通过学习 DSB 完整的论证过程和严密的论证逻辑培养我们的法律思维。”

三、学习专业知识

案例选择兼顾了 WTO 知识体系——WTO 的三大领域，即货物贸易、服务贸易和知识产权。案例和研讨不会覆盖全部知识，但是能够为全部知识的学习提供学习的路径。同学们对此非常清楚：

①“回望后才惊觉，一学期下来自己真的看完了一本厚厚的英文阅读案例汇编，也和大家一起进行了如此多的讨论。”

②“一学期下来对于知识性的收获自不必多言，打开电脑上的课程文件夹看到满满的作业和参考文献便可见一斑。”

③“我对 WTO 的了解早已不同于本科阶段，而是趋于立体，深度、广度、新鲜度也得到了极大的提升，知识的增量带给了我极大的欣悦感和满足感。”

④“一个个问题的线索着实能够有效地打通整个知识体系，也培养了我在今后没有教师讲授的情况下根据自身需要自主获取知识的能力。”

⑤“更为广阔地涉及 WTO 多边贸易体制的发展历程以及运行的现实情况。”

⑥“本学期对于 WTO 的整体学习思路从 WTO 的整体情况入手，前期的案例学习主要侧重于了解 WTO 争端解决机制中的基本制度，后期则过渡到对涵盖 WTO 协定的具体解读，整体知识学习遵循由深入浅的模式。”

四、跟踪最新进展

每节课开始，都要回顾一周新闻，跟踪 WTO 最新进展，增加现实感。同学们对此感受很深：

①“结合最新的时事进展，在同学们讨论的基础上发表自己的看法，或者分享一些鲜为人知的‘内幕’消息。”

②“以前我学习有关 WTO 的知识，都是以局外人的视角，学习的都是已经制订好的制度，了解的都是终局性的事件。”

③“2021 年是中国入世 20 周年，在这个特殊的年份学习有关 WTO 的课程，讨论中国在 WTO 打过的案件，这也是一次难得的经历。”

④“每节课开始的热点讨论更加有趣，更契合特殊时代的发展。”

五、善于倾听

讨论和学习的一个前提，是听清楚别人的观点。这在课堂上非常明显：

①“在听取不同人的观点时，我开始变得不再那么注重提出这个想法的人是不是足够‘权威’和‘专业’，而是把注意力更多地放在了不同观点背后的理由上。”

②“在课上努力听懂大家的发言。”

③“认真倾听同学们讨论的每个问题。”

④“我还要做一个聆听者，收集各位同学的不同看法，并将其总结归纳，以帮助讨论的顺利进行。”

⑤“作为一名表达者，不能仅仅停留在把自己的想法表达出来，同时还要能够站在听者的角度把自己想要表达的意思传达到位，使得听者能够清晰理解，不至于产生混乱或歧义，实现彼此的理解。”

⑥“在课堂上聆听老师和同学们对诸多问题的澄清、看法，收获不同视角的理解，不仅使我对这门课程的理解进一步深入，更是为我的法律学习生涯提供了启发和帮助。”

⑦“通过倾听大家的发言，从最开始脱离文本抽象地讨论到现在聚焦于某几个重点问题深入地研讨，在每一专题结束后，我能清楚地知道自己收获了什么，有哪些问题还需要澄清，有哪些问题还需讨论和解决。”

⑧“参与课堂检索就要求我仔细倾听同学们的观点分享，快速提炼其中的不足或者疑惑。”

六、勇于表达

讨论和学习的另一个前提，当然是大家发言。这在课堂上也非常明显：

①“关于口头表达，我相信是每一位参与课程的同学的共同进步。”

②“引导同学们更为清晰地表达自己的观点。”

③“我们在每一专题下讨论的内容越来越丰富，程度也越来越深入，并且我对大家所表达的内容的理解程度也越来越高，恰恰说明了我们在课堂上的表达也朝着准确、简练方面进步。”

七、看到优秀同学

可想而知，在集体讨论的场合，人的差异就体现出来，因此以下感想不足为怪：

①“这个班藏龙卧虎。当老师抛出一个问题之后，马上就会有同学表达自己的想法，随之就会有其他同学对此进行反驳，让我震惊于大家的头脑转动得如此之快。另外，同学们的资料检索能力也都非常强，在课堂上那么短的时间内，大家居然能做到一边参与课堂讨论和举手发言，一边进行法律检索，并将相关材料分享到课程群，让我真切地觉得自己需要向同学们学习的地方还有很多。”

②“很多同学甚至提出了老师此前也没有考虑到的问题或观点，我作为听众，有时候也‘高兴得想要转圈圈’。”

③“同学们的研究、提问、综述与感想能够让我看到多个视角、多种思路的多面思考，真的是‘三人行，必有我师焉’。”

④“这个过程中我第一次感受到了人与人之间的差距。”

⑤“在高手如云的 WTO 课堂，要做到时刻准备着属实不易。”

⑥“我非常敬佩在课堂上不断举起桌签提问并有理有据回应问题的同学，时常感叹身边高手如云。”

八、发现更好自己

出乎意料，在集体讨论的场合，人的潜力会得到发挥，因此以下感想令人惊叹：

①“我的第一反应是心态和观念上的变化。”

②“无比感恩当时勇敢的自己。再一次感谢自己的勇敢。”

③“经过一学期与厚厚的课程资料的‘相爱相杀’，我产生了深深的自豪感。”

④“作为一个生性内向的人，我此前从未选过此类需要充分互动的课程，也极少向他人表达自己的问题和观点；然而，在本课程进行的过程中，我逐步认识到，同他人交流与观点碰撞并非我想象中的那么困难：也开始敢于在课堂上向同学甚至杨老师提出自己的困惑和相反的意见，逐渐习惯于临时组织语言，在同学和老师面前阐述自己的观点，对于立名牌也从一开始的犹豫不决到最后的跃跃欲试。感谢这门课程提供了一个温暖而友好的氛围，让我在克服社交障碍上有了很大的进步，我相信这将是让我终身受益的、无比珍贵的财富。”

⑤“WTO 这门课让我重新认识了自己，发现了一个不一样的自己。”

以上“八大功效”，已经使得这门课非同寻常。事实上，阅读同学们的课程综述与感想，还能够看到这门课的更多特色。

一、新颖的上课方式

尽管“讨论式教学法”是正式名称，但是同学们仍然喜欢称之为“苏格拉底式教学法”，并且将其表现总结为：

①“每一个问题的提出都是大家思考后的结果，而通过群策群力的讨论后，又能将问题剖析到一个更为深入的层面，这种经讨论后茅塞顿开的酣畅淋漓，是所有单向授课或是自己埋头苦读都无法给予的。”

②“课堂上的小伙伴与其说是一起上课的同学，不如说是共同研讨的‘团队’。”

③“高度依赖同学们和老师的讨论推进课程进度的授课方式。”

④“相信同学们，将课堂还给大家。”

⑤“有时，还没等到其他同学回答，提问者已经在这种澄清的过程中得到了想要的答案。”

⑥“以问题为导向的学习方式。”

⑦“这种新奇的课堂组织形式深深吸引我，仿佛真的让我们置身于 WTO 组织的讨论之中。”

⑧“讨论课给我最大的收获在于思想的碰撞，在不断地思考、检索、发言、反驳和探讨中，我们对问题的认识和理解也不断加深。”

⑨“该课程研讨方式有一个很大的特点，就是通过澄清—讨论—再澄清—再讨论逐渐触及问题实质，揭开谜团。”

⑩“这种问题导向的课堂加上课后延伸的自我学习为我打开了新世界的大门。”

⑪“无障碍交流平台。”

⑫“每位同学既是输入者，也是输出者，知识在思想的交锋中没有障碍地传播。”

⑬“从这种研讨会式的教学模式中，我也深深体会到，只有自主思考了，知识才能真正内化为自己的东西。”

⑭“最重要的是，在这个你来我往的过程中，我们以我这个不起眼的小问题出发，延伸出了许多其他的问题，而这些问题有的甚至涉及了 WTO 制度层面。回头看看，这样的讨论是很有效、很美妙的。”

⑮“这也是‘解释学循环’概念的内容。”

⑯“讨论无边界。”

⑰“让我真正感受到了自由、开放、兼容并包的北大学术氛围。”

二、开心的课堂时间

上课是一件开心的事情，真是难能可贵：

①“上课逐渐成为一种自在的、享受的事情，我发现自己似乎就是会对课上大家的讨论感兴趣，就是会不自自主地产生困惑或想法从而形成发言，就是会在课下对某个问题特别想要知道答案或现实中的情况，这并不需要外在的量化的目标的‘逼迫’。”

②“一节课三个小时的时间很快就过去。”

③“重走别人已经走过的路的过程，庆幸的是，我们发现了不一样的风景，我相信这是属于我们的独特风景。”

④“可是在体验了临场即兴加入讨论，或者是在课上突然有了新的发现并且急切地想要分享的那种感觉，又会觉得心里踏实，远不如与他人真正交流，了解他人的所思所想，又围绕着这些所思所想形成新的想法来得快乐。我逐渐放下了心里的包袱，开始期待和享受课程的学习与交流。这就是我最为真诚的感受吧。”

⑤“之后一个周二的早晨，从宿舍出发前近乎下意识地从书架上取下自己的名牌准备带走，却在随后意识到课程已然结束时，我脑海中又浮现出第一节课杨老师说起‘立名牌代表发言’的规则时的情景，亲切而令人想念。”

三、奇妙的学习体验

从学习的角度，同学们也有很多发现：

①“课程的讨论内容是开放的，除了法律层面的案例研习，杨老师在商务部的工作经验、参与国际多边和双边活动的实务经验，以及WTO上诉仲裁员的身份，都为我们在单纯的法律学习之外提供了了解WTO生动鲜活一面的更多机会，这也正是我最喜欢本课程的地方之一。”

②“对个人能力的综合打造。”

③“付出与收获‘不成正比’：收获远远超出了我在学习上的付出。”

④“本课程有两条主线：一是WTO争端解决机制中的法律问题，重点为条约解释的原则与方法；二是中国作为WTO成员所面对的政治经济问题。”

⑤“在写课程整体综述过程中，一堂堂课仿佛被一根线穿起来，之前并未留意的各堂课之间的联系与承接也在梳理中渐渐浮现出来。争议解决机构中的各个案件看似相互独立，实际上有千丝万缕的联系。”

⑥“上台之后我才发现自己低估了主持工作的难度。对表达能力、控场能力、逻辑梳理能力和临场反应能力都是一次极好的锻炼。”

⑦“本学期最充实的一门课程。”“本学期付出最多、参与度最高的一门课程。”“是我上过的最具挑战性的课程。”“是我上学那么多年未曾体验过的。”

⑧“课程综述有两个非常重要的功能：反思和交流。”

⑨“一种微妙的使命感油然而生。”

⑩“上完了所有的课程，站在‘上帝视角’来看，课程颇有点《红楼梦》‘草蛇灰线’的味道。”

⑪“让我只做了一个人的学习任务，却收获了十几倍的知识与信息。”

四、深度的教育思考

从一门课，同学们会普遍地进行反思：

①“当一个法学院的研究生不知道应该如何开展自己的学术研究时，杨老师的这门‘WTO法律制度研究’将成为一个不错的参考。”

②“我觉得这是一场在参与者都很真诚与热情的情况下能够发生奇妙效果的社会实验。”“每一位同学都是因为‘真爱’，才来到课堂，真诚而热情地

参与课上的探索与讨论，参与课下的学习与研究。”

③“这或许才是理想中的研究生学习，是教育所可能能够提供，或者说作为一名研究生所期待的，对知识的尊重，以及对每一位学生的关怀。”

以上都是从同学们角度的总结。看着这些神奇的课程评价，任何一位老师都会深受感动，产生强烈的成就感。事实上，在上课过程中，我也有很多收获。以上“8+4”内容，同样适用于我。从知识的角度看，这门课的内容博大精深，13个学期不可能完全覆盖，何况有些内容还在不断发展，学无止境。从思维的角度看，对这些精彩案例的研讨，是对智力的磨炼和提升，其乐无穷。从教育的角度看，每个班的同学都有所不同，能够提供学习方式的丰富样本和教学方式的不断创新，魅力无限。简而言之，每个学期与一群年轻人讨论复杂而前沿的法律问题，与他们一起快乐地成长，是一种精神享受，一种无可比拟的生活方式。

以上是基于本学期课程的综合感想，此处专门谈谈法律学习方法的启示。

在校生的法律学习，不外乎自己阅读、上课听讲、同学讨论和社会实践等几种方法。但是在我的课堂上，同学们却体验了一种独特的方法，即共同学习。在“自由发言”阶段，每位同学都会发表自己的感想和疑问。可想而知，对于同一个案例，七嘴八舌、信马由缰的观点，能够极大拓宽同学们的思路。“他为什么这么想？”“她为什么这么问？”仅仅这个就很有启发性，何况二十几个人的发言，整合在一起就可能是案例的全貌，可以弥补个人研读的缺漏。“集中讨论”阶段是围绕某个问题的深挖。同样可想而知，全班同学一起动脑筋，力量非常强大，基本上能够穷尽一切可能性，找到答案或者确定问题之所在。

值得一提的是，在此过程中，老师是研讨的促进者和参与者，贡献自己的力量。案例选取和讨论顺序是老师决定的，自有一番道理（例如分析精彩和循序渐进）。在“自由发言”阶段，老师看似只是让同学们澄清问题，其提问却很有技巧（例如基础知识和回归文本）。在“集中讨论”阶段，老师看似只是选取了一个问题，其原则却很有讲究（例如独特事项和案情核心）。更加值得一提的是，在课程后半段，当同学们担任主持人，老师坐在台下举牌发言，老师就彻底融入了共同学习之中，在知识和思想方面贡献更多，同时也收获更多，因为老师要与同学们一起快速思考和检索资料，甚至接受同学们的挑战，有时需要在课后“做作业”才能回答同学们的提问！相比于自己担任主持人，可以从多样性思考中受到启发和深入性思维中得到锻炼，作为普通一员参与讨论，更有重新“上大学”的感觉，在课堂上积极思考，与同学们认真辩论。因此，共同学习的课堂，是“生—生”“师—生”热烈讨论，物我两忘的课堂！

法律是社会规范，其背后是复杂的社会现象，因此法律学习，包括法律知识获取和法律思维训练并不简单，甚至靠一己之力难以胜任，而共同学习是“众人拾柴火焰高”，能够实现更好功效。

杨国华

2022 年 1 月 28 日星期五

前言二

在碰撞中学习与成长

——记 2021 年秋季学期“WTO 法律制度研究”课程综述与感想

我们作为国际经济法/国际商法/涉外律师专业的研究生，在本专业学习的第一学期有幸选择了杨国华老师“WTO 法律制度研究”的课程。作为这一领域的初学者，许多同学都已经习惯于法教义学与大班授课的教学与学习方法，习惯于在固定的国内法律条文和全面的结构框架中获得知识。而在上这门课之前，同学们也从各处打听到，这门课“每周都要阅读英文报告，老师采用苏格拉底式的讨论式教学方法，因此上课时必须全程参与”。这是一种完全不同于以往学习的体验，需要学生在课下花费大量的时间与精力完成学习与思考，并在课上全程集中精力，跟进讨论并参与讨论。这对于同学们的法学素养、外语水平、书面和口头的表达能力乃至于“勇敢”“走出舒适圈”的心态，都是不小的考验。或许是抱着自我挑战、锻炼自我、实现自我成长、希望与好友共同学习等目的，大家汇聚在课堂上，发现了“值得我们驻足和品味”“属于我们的独特风景”，收获了各种各样的惊喜。

一学期的课程，说长也长，我们共同完成了 6 个专题的学习，上了 13 次课，阅读了 300 多页的文字，提出了几百个关于 WTO 法的问题，完成了上百万字的作业。一学期的课程，说短也短，由于其为“最充实的一门课程”“付出最多”“参与度最高”“最具挑战性”，而让同学们忽略了时间的飞速流逝，回首总结时，还感觉上课的场景“仿佛就发生在昨天”。在完成本文时，距离课程结束已有二三月余，而这门课程仍然深深影响着我们，“八大功效”与“四大特色”就像一枚深深的烙印，在新的学习旅程中，不断提醒着我们在这门课上所学到的知识、能力、方法、思维和视野。这种教育的“后劲”让我们持续从中获益，让我们适应和习惯、喜爱并享受了在“碰撞”中学习的快乐。

一、历史与现实的碰撞

在一学期的课程中，我们共同学习了 7 个与中国相关的 WTO 经典案例。正是这些经典的案例，不断诠释与发展着 WTO 争端解决机制这一“WTO 皇冠上的明珠”的特质，彰显了我国法治的不断进步，也呈现了 WTO 争端解决程序中专家组与上诉机构在解决纠纷时清晰开阔的思路与严谨缜密的法律思维。每个案例，都是成员间在贸易领域所真实发生过的纠纷，特别是杨老师作为案件的亲历者，是 WTO 的“局内人”，在学习与讨论的过程中，总是能够为我们带来许多并不存在于课本、阅读材料中的信息，让我们豁然开朗。

这 7 个案例，也并不是我们学习的终点。这些案例启发着我们提出新的法律问题，并寻找答案和解释，因此我们也关注着前案与后案间的传承与创新。在短短一个学期里，我们通过提出的问题，将案例勾连在一起，仿佛也一同经历了这几十年规则与案件的发展变化。

特别有幸的是，上课期间恰逢中国加入 WTO 20 周年的纪念日，2001 年 12 月 11 日，中国正式成为世界贸易组织的第 143 个成员。从 WTO 到中国法学会，再到各大高校的纪念活动，都形成了许多专家的发言成果。我们在课上也关注并讨论了上诉机构的停摆与 MPIA 的仲裁安排、第八次对华贸易政策审议、《美欧关于钢铝的联合声明》的发布、MC12 的预备召开和无限期延期等新闻材料，了解与 WTO 相关的最新动向。每一次上课开始时，我们都会首先就当周发生的新闻进行讨论，短则 20 分钟，长则一个小时。最开始时，主要是杨老师在群里发送新闻供同学们阅读与思考；到后来，同学们也主动关注 WTO 相关的最新新闻，分享在群里。我能够感受到同学们对 WTO 的兴趣越来越大，也越来越愿意并善于运用我们课程中所学到的案例、《WTO 协定》的规则来分析当前 WTO 所面临的问题与挑战。

了解历史就是了解制度的来源，了解人类智慧在特定领域中最为经典和精华部分是如何产生的。在杨老师精心挑选的 7 个案例中，专家组和上诉机构对于 WTO 成员的贸易措施是否符合《WTO 协定》的规则，不乏经典论述。在既定的程序规则下，专家组与上诉机构通过审理争端、撰写报告，不断发展着 WTO 的争端解决规则。与此同时，WTO 体制机制仍在继续前进，在这学期的讨论中，我们认识到：第一，WTO 仍然在按照现有的《WTO 协定》的规则开展相应的工作，比如第八次对华贸易政策审议正是在《贸易政策审议机制》的规则下如期展开；第二，WTO 也在多边贸易体制的框架内努力尝试在投资便利化、电子商务、渔业补贴等多个领域尝试构建新的法律规则；第三，部分 WTO 成员也在就 WTO 目前所面临的问题展开合作，比如 MPIA 机制也正在向前推进以解决 WTO 上诉机构停摆的问题。我还记得 2021 年第一次课上，我们讨论 MPIA 机制，在查看杨老师简介后，我们发现，杨老师正是 WTO 上诉仲裁员！在课上，杨老师与我们分享了他的感受与想法，并告诉我们当时 MPIA 机制还没有开始接受案件。而最近，杨老师担任了 WTO 上诉仲裁第一案——土耳其药品案（DS 583）的仲裁员，令我们欣喜与激动。我们也将关注并期待这一领域新的实践，新的发展。

一学期的课程，不仅让我们学习到了《WTO 协定》中最为经典和精华的规则及其在复杂案件中的运用，同时也让我们看到了《WTO 协定》并不是死板的、一成不变的既定规则，它仍然在现实世界中面临着复杂的国际形势的挑战，存在来自国际政治、经济、历史、文化等多方面的压力，并在不断寻求国际共识，着力发现或提出解决方案。

在历史与现实相碰撞的过程中，我们不断逐字逐句地阅读与回顾《WTO 协定》的条文，去关注那些曾经一晃而过的文字，探索其中所涉及的深奥而有趣的法律问题，体会不同国家在理解和运用《WTO 协定》条文与 WTO 体制机制时所彰显的深刻思想与奇妙智慧，同时也站在应然的视角思考，《WTO 协定》所规定的 WTO 体制机制，是否存在一些问题，又应当如何通过自我变革来实现 WTO 的新发展。这样的学习方法，贯穿课程始终，让我们回顾历史，关注当下，着眼未来。并且，在课程结束后，同学们合作研究的期末论文也体现着这样的思路或方法。

二、课堂讨论中知识与思维的碰撞

这门课程的学习，是全方位的，我们参与线下课程的讨论，在线上分享作业与资料；在课前阅读、预习并提问，在上课时讨论与思考，在课下研究并总结。每一个环节，只要用心对待，都能收获满满。而其中最为高效、最为精彩的部分当然是课堂讨论环节。大家经常为了一个问题展开激烈的辩论与探讨，虽然在课堂讨论结束时，我们不一定能够得到一套完美无缺、无懈可击的答案，但是都对相关的问题加深了理解，并且在多视角、全面看待问题的同时，形成了一些自己的观点。这样的一种学习的过程，使得讨论中的说者与听者都印象深刻。

我还记得在第一专题中有同学提出了 WTO 的一种独特的决策机制，即被学界称为“反向一致”的机制，其设置的原因何在的问题。此时，我们并没有急着来解决这个问题，而是先请其他同学将相关问题一并提出。于是有同学进一步提出，DSU 在第 6.1 条、第 16.4 条、第 17.14 条、第 22.6 条都有类似于“反向一致”的表述，并进一步提出：此种机制是否会出现设立专家组的请求、专家组报告、上诉机构报告及给予中止减让或其他义务的授权不被 DSB 通过的情况；如果没有出现，为什么不能设置为上述请求、报告或临时措施在作出后直接通过的决策机制呢？

在提出问题时，实际上一些同学已经进行了初步的检索与思考，一方面此时同学们已经知道“反向一致”并非《WTO 协定》原文中出现的用词，而是学理上对《WTO 协定》中决策机制的一种总结，英文为“reverse consensus/negative consensus”；另一方面，也有同学仔细阅读了 DSU 的文本，全面列举了存在“反向一致”决策的情形，进一步澄清了这一问题，并且试图将这种决策机制与其他可能的决策机制进行对比。大家已经从不同的角度查找资料并开始思考这一问题。

而接下来，在澄清问题，掌握该问题所涉及的基本知识与思考之后，有同学找到了关于“反向一致”规则的文章。其中提到，在 GATT 时期，传统地使用了“协商一致”原则，结果败诉方或第三方一旦反对，那么专家组报告则无法获得通过。因此在乌拉圭回合谈判时就进行了相应的调整。不过也有同学注意到，WTO 的决策机制不仅包括了“反向一致”规则，还同时包括了“协商一致”原则，比如《马拉喀什建立世界贸易组织协定》第 9 条就规定了“协商一致”的规则，并要求在无法“协商一致”时，应当通过投票决定。那么进而新的问题是，在起草 DSU 时，为什么在这些决策机制中选择了“反向一致”？

有同学尝试对最开始提出的问题进行解答，猜测 WTO 具有成员驱动的特征，因此如果不设置决议机制，而任由专家组或上诉机构的报告自动通过，就没有真正实现成员的“consensus”，进而使得 WTO 丧失成员驱动的特征。

随后大家陷入了僵局，似乎能够解释的原因都已经被穷尽。此时，助教师兄尝试从国际法的视角进行解答。他提出，作为一个具有国际贸易争端解决机制的国际组织，其管辖权建立在成员同意的基础上。这为我们开拓了新的视野，上升到关于国际法效力基础的探讨，并涉及协定管辖的理论。接着，杨老师也追溯了GATT成立时决策的原则，即“consensus”，因为在国际社会中，“consensus”意味着不能通过多数的意志来绑架少数，因此必须要每位成员的同意，决议才能通过并生效。这样，我们的关注又从国际法理论上升为国际社会的正义观的问题。

然而这一问题探讨至此，也并没有结束。事实上，“反向一致”机制和其他表决机制（“协商一致”、多数决等）仍有诸多可比较之处；老师也提出，如果“反向一致”机制能够实现我们原本所认为的WTO争端解决机制的司法性，确立WTO对争端的强制管辖权，增加当事方对争端解决的可预见性，以及争端解决效率的提高，为什么这一机制在WTO运转了二十余年，却没有其他的国际组织效仿？

从“为什么WTO争端解决机制要采用‘反向一致’的规则”，引申到上述诸多的讨论，我们探索了这一规则在《WTO协定》中的原文规定，其从GATT时期到WTO时期的起源、发展与变化，讨论了WTO中与此不同的决议机制，又进一步将其上升到国际法中关于管辖的理论与知识，进而再到法理学上对正义的讨论。这远超我们此前在专业课或者是课本所学，极大地丰富了我们的知识与认识。在课堂上，同学们带着不同的知识、视角与思维来探讨相同的问题，在掌握了关于该问题的基本事实信息的基础上，提出自己的观点或猜测，又被同学们以各种材料或资料证实或反驳，再被后续发言的同学、助教师兄和老师向前推进或不断升华。在课堂讨论中，这种知识与思维的碰撞时有发生，让我们看到了法律思维与国际视野的美妙魅力。从我个人的体验而言，这样的学习方式，让我牢牢记住了《WTO协定》的规则与制度本身，又让我看见了这一规则或制度在WTO成立乃至GATT时期的起源与演变，还让我看到了多边贸易谈判中代表们对制度设计的多重考量，再到这些制度规则与其他制度规则之间的优劣比较，再到专家组和上诉机构运用这些制度规则时的思考角度……不仅拓展了我们的知识面，将自己曾经所学的国际公法的知识与国际经济法的知识进行整合，还帮助我们加深了对于这些知识的记忆与理解，澄清了我们曾经对这些知识模糊而浅薄的理解甚至是误解，并很好地锻炼了我们的批判性思维。这种思维的训练，一方面要我们不迷信权威，不想当然地按照自己之前浅薄的理解直截了当地得出结论；另一方面，也要求我们不断适应这种知识与思维的碰撞，学会提问并接受他人的提问或质疑，适应讨论乃至激烈辩论、争论的氛围，激发出主动寻找依据、敢于质疑、积极探索的学习热情，并在此基础上形成新的思考与提问，形成对问题的深入思考。

三、主持人与讨论者角色的碰撞

需要说明的是，“讨论课”的形式并不是这门课程在方法方面的唯一特色。事实上，选课的同学们都曾经参与或尝试过讨论课，然而一些讨论课更像是在积极发言的同学间围绕着某一单一的问题的辩论，或者成为分散式的主题演讲，又或者成为教师答疑。这样的讨论课虽有参与感或一些知识和能力上的收获，却仍然无法让人真正体会到参与讨论的快乐，形成全方位的能力与素养的提升。

而在这门课上，前半程由杨老师作为主持人带领同学们讨论，后半程的四节课则由五位同学尝试担任主持人。非常有幸的是，这五位同学，包括我在内，体验了“讨论式教学法”不同角色的功能定位之间的转换与碰撞，是非常有幸的事情。我将这种碰撞理解为实与虚的碰撞。

站在讨论者的角度，所要完成的是课下阅读、研究、思考，课上积极参与讨论，其对于讨论的内容需要进行一定的了解或准备。那么讨论者在课堂上发言的内容是实实在在的，表达个人的观点、立场，同时也包含了论证或依据，是能够随时接受他人的追问、质疑或反驳的。而作为主持人，应当降低自己发言中带有实质性的观点、资料或知识的表达，而更多地信任讨论者，只需要搭建一套讨论的提纲或框架即可，主要是要引导大家积极参与讨论。这不仅需要非常高超的引导技巧和方法，还需要很强的应变与调动能力，才能在鼓励同学们真正参与到课堂的讨论与思考中的同时，在课堂上形成高质量的讨论效果。我想，一位好的主持人在讨论时的状态，大概和上高考考场的“学霸”所具有的状态有些类似。高考前的“学霸”一定会提前认真做大量全面而深入的准备工作，对考试范围内的内容都具有基础的了解。当考卷下发时，又好像什么都没有记住或了解，大脑一片空白；而当看到考题时，知识与思路又能够非常自然流畅地体现在每一题的解答中。正如我在自己的主持心得体会所言，主持人需要完成大量的准备工作，却又不能在讨论中只表现出自己做了充足的准备，对自己所阅读或思考的内容做实质性输出。讨论者所讨论的内容也正像一张考卷，需要讨论者运用自己所学到和了解到的知识，根据大家所讨论的内容，进一步启发和引导。简单来说，就是能够“以不变应万变”，在根据讨论课的习惯预先设定好的大致框架范围内，充分照顾到讨论者的兴趣与关注，围绕着相关的问题适度地引导同学们向着更深层次或更多角度地思考与表达，形成精彩交锋。

在上述状态的基础上，讨论者与主持者都能够从自己的角色中进行充分学习，他们共享了一些方法，也有各自不同的方法。共享的方法当然包括了课前的预习、提问或研究，课上认真听讲，集中精力关注当前讨论的内容。而作为讨论者，更多的是积极参与到讨论之中，紧跟讨论的进程，以期获得与其他讨论者之间紧密围绕着某一主题的深入交流或探讨。而作为主持人，除了预先就讨论内容的框架设计之外，更多的是尝试在讨论的进行中发现值得进一步探讨的问题，或引导讨论者内部产生值得讨论的问题。因此主持人所采用的表达，不应该是独角戏式的演讲，而最好采用提问的方式，促成讨论的进一步展开，调动讨论者的“求知”本性。

这种提问，据我观察杨老师的主持，大约可以分为三个层次：第一，帮助讨论者在表达中采用多重手段予以澄清。最简单地，当同学在课堂上关于案例的阅读材料进行澄清时，杨老师会请同学及时告知大家问题所对应的页码和段落；更进一步地，当同学的提问或发言是关于某一段落的表达或者某一条文的表述时，杨老师会请同学将所涉段落或条文的原文发送至微信群这一学习工具当中；更有挑战性的是，当同学进行了较为复杂的表述，运用了多重逻辑的推演或复杂的材料作为依据来阐述个人观点时，杨老师会根据情况请同学到黑板上演示自己的思路，或者是请同学尝试用一句话概括自己的表述，并以书面文字的形式发送至微信群中。

第二，对相关知识和概念，杨老师会照顾到每位同学的知识背景，尽可能地请使用到这些概念或知识的同学做进一步的澄清或解释，同时也避免了这些概念及知识运用的谬误。比如就 DSU 中的磋商程序，有同学在课堂上阅读了 DSU 第 4.7 条后，简单理解为磋商的期限为 60 日，进而产生了疑问，如果 60 日的磋商期限届满后，双方仍然希望继续磋商，而不希望成立专家组，那么应当如何处理？对于此类问题，主持人必须首先对法条具有充分的熟悉和理解，才能给出确切的回应。当时杨老师并没有直接让大家讨论这一问题本身，而是提醒同学们仔细阅读 DSU 第 4.7 条的原文，于是很快有同学发现，这里的表述是“may request”（可以请求），而并非“shall request”（应当请求)，所以 60 日的期限并不是起诉方的义务，而是一项权利。于是，“阅读原文”这样一条简单的主持词，就已经使得同学们自主地发现了对这一问题的正确理解，纠正了此前对该条文的错误或者模糊的理解，并且关注到条款用语的严谨细节。

第三，推进讨论的进一步深入。当听众理解了讨论者所要表达的含义，同时在知识与概念的正确理解的基础上，讨论者也就拥有了进一步探讨与研究的可能，这时就对主持人提出了更高的方法上的要求。主持人不仅要发现能够进一步探讨与研究的问题，同时还要正确把握讨论的进程，使得问题出于讨论者，或者回归讨论者。比如“磋商”，杨老师在当时提出，“大家关于磋商还有什么问题吗？”很快，有同学提出，“是否存在长期磋商的状态？”又有同学在此启发下进一步提出，“为什么 DSU 不设定一个最长的期限？比如规定，超过了某个期限，请求磋商的成员就不能起诉。这样能够平衡保护被提起磋商的一方。”在这场讨论中，作为 WTO 法的初学者，我们得到了杨老师充分的信任，他相信我们能够在正确理解知识与概念的基础上，自发地思考出新的、有价值的问题，进而产生新的讨论。当然有时候，当我们陷入僵局时，作为主持人的杨老师也承担起了提出问题的职责，比如在我们讨论第一个案例——中国知识产权案（DS 362 案）的专家组报告时，当同学讲完《维也纳条约法公约》(Vienna Convention on the Law of Treaties，VCLT）第 31 与 32 条在报告中的运用后，课堂陷入了沉默。于是杨老师提出，“大家觉得专家组的报告有什么问题吗？”大家就又开始翻阅报告，尝试运用批判性的思维，提出专家组论证中自己不太明白，或者认为不够严谨之处。通过这一问题，我才清晰地认识到，尽管专家组与上诉机构发布的报告体现了极高的水平与素养，在法律解释与法律分析等方面都提出了非常有见地且具有开创性的论述，但并不意味着报告就是完美且唯一正确的。事实上，不同的思路或论证都具有合理性，也都可能会遭到质疑与挑战。这样的主持方式激发了同学们批判与质疑的思考，不想当然或者理所当然地迷信权威，而尝试以平等的视角与专家组或上诉机构成员探讨这些问题，这也是许多同学共同的感受或体会。

在“观摩”与学习了杨老师的主持方法后，走上讲台的五位主持同学也在尝试实践和运用这些方法，并且形成了各自不同的主持风格，体验了作为讨论者观看主持人如何主持，再到自己作为主持人来运用和探索主持方法的奇妙过程。在不同的身份碰撞中，同学们进一步领略在“讨论式教学法”学习的乐趣。杨老师也在同学担任主持人的时候，作为讨论者参与讨论甚至辩论，承担起课堂上的第二种身份，对于同学们而言，又是一种特别的体验。

当然，杨老师对“讨论式教学法”的主持方法已经摸索与实践了十余年，并且将其运用在了多门课程、讲座等不同的主题、内容、讲授形式、受众之中，已经将这套方法运用得炉火纯青，其中的精妙之处，远远不止于我上述的观察与总结。每次我回顾笔记及综述时，都有此前所没有关注到的发现与思考，令我十分惊喜。

四、艰辛与快乐的碰撞

这门课的开端，并不是 2021 年秋季学期第一周的周二 15 时 10 分，而是前一周的周末。我还记得我们突然被拉入课程群，领取了满满一大包的课程资料，并接收到了第一个任务：阅读与提问。课程开始前，我们便开始为讨论课地进行做起了准备。在阅读材料的作业完成后，几位同学陷入了忧虑，担心自己的提问较为简单或基础，又或者太为宽泛而缺乏讨论的价值，于是反复思考、纠结与改进后，在周一 24 时前，我们完成了第一份作业。而这只是一个开始。我们每两周完成一个专题的讨论，除第一个专题“WTO 概述”之外，每专题第一周的作业主要是综述上一专题所讨论或研究的内容，阅读本专题的案例材料，并进行提问；第二周的作业则是概述专家组或上诉机构报告就某一法律问题的论证思路，并对同学提出的问题选择至少一个进行课下研究。除此之外，在大家提交作业后，杨老师也建议我们课前提前阅读其他同学的作业，并且关注与 WTO 相关的新闻报道或最新进展的材料，等等。可以说，在这一学期中，我几乎每一天都或多或少地接触了 WTO 相关的知识或讯息，并且在完成一份作业的同时，收获了十几份作业量的知识。在阅读同学们的作业的同时，我能发现了一些非常好的学习方法或学习能力。有些同学查找资料的能力非常强，总是能够精准地找到最恰当且最为丰富的文献，并将其思想或理论介绍给大家；而有些同学总是能够抓住问题的核心，紧密围绕着问题展开一系列的解答，表述清晰简洁，逻辑严密；还有很多同学并没有挑选一些便于查阅资料的、相对比较好解答的问题，而是挑战自我，选择自己感兴趣的、较为复杂或学界存在争议的问题，通过收集多方面、多类别的资料，总结并提出了自己的观点与看法，提供可靠的论证或依据。这不仅是不怕困难、兴趣为先的学习精神的体现，这样的问题也往往是讨论课上的核心问题，在完成充分的课下学习与研究的基础上，也能够充分参与讨论，向大家分享自己的观点并进行论证；另外，也会接受研究相同问题的其他同学的质疑与挑战，尝试站在自己的立场上作出回应之后，也会在下次提出观点时，考虑得更为严谨与周全。在这样一次次“研究思考—提出观点并论证—接受质疑并反思”的学习过程中，同学的知识水平、法律学习方法、思维能力与视野也都会得到极大的锻炼和提升。

同学们在综述中纷纷提到，刚开始上课时，觉得这门课程的作业压力较大，这种压力不仅仅是作业这一个侧面，还包括课程的高要求：英文水平要求高、阅读与表达能力要求高、对 WTO 法的基本了解，等等。然而同学们提到更多的则是收获的快乐。可以说，同学们在一学期的课程中，只要付出了艰辛的努力，便一定可以体验并获得这门课程的乐趣。作为学生，或许大家会对于繁重的压力以及课程的高要求和培养目标产生一些畏难或忐忑的心理，但实际上同学们也仍然喜欢“投入产出比”很高的课程，期待着经历痛苦过程后自己的成长与进步，期待着在学期末回想起学期初自己选择了这门课程时所油然而生的那份感激与庆幸。

这种“过程艰辛，结果快乐”，据我观察，又分为两种类型：第一，对于已经掌握了部分 WTO 法的基本知识、具有一定学习和研究基础的同学而言，他们的挑战在于尽快适应强度相对较大的课业压力，并全身心地投入 WTO 法的学习之中。老师对于作业的篇幅没有限制，然而许多同学还是基于兴趣选择解答其他同学提出的较有难度的问题作为作业，并且在综述中仍然不断研究与探索课堂讨论未尽的内容，足以说明同学们所关注的并非课程外在的压力与分数，而是通过课程作业所能够收获到的知识与思维能力的内在快乐。第二，对于一些初入 WTO 法领域的同学而言，这门课并没有设置较高的门槛。杨老师通过提问、追问等方式，希望表达者尽可能准确地进行表达，并就模糊或听者不熟悉的概念及知识进行澄清或辨析；同时，还时不时地会帮忙补充相关的知识与背景。这些都使得同学能够更快更好地接受讨论及作业中所涉及的内容，在轻松友好的环境下，不论尝试参与讨论，或者是以听讲为主，都能够找到适合自己的学习方法和学习状态，收获知识、方法与思维上的提升。

我认为，经过一学期的学习，我们已然逐渐形成了一个学习共同体，彼此信任，相互学习，共同提高。我相信，这是每一位同学努力走入北京大学最初的梦想或期许。从大学生到研究生，每一位同学也都在不断探索适合自己的法律学习方法，并在不同的课程模式中体验与试错。就这门课程而言，方法与能力上的收获，是同学们反复提及并称赞的。

更为重要的是，这门课程也在思考大学教育的方法与意义，践行近代以来先贤的教育理想。“大学者，研究高深学问者也”，这门课程通过在课下完成资料查找、研究学习、回顾反思等作业，在课上积极而热烈地进行讨论的方式，带领着作为研究生的我们步入研究高深学问的大门。并且，在课下研究和课堂讨论中所涉及的方法，也能够运用于法学学习和研究这一更广阔的领域当中。“思想自由，兼容并包”，这门课程将大学学习没有正确答案的理念贯穿始终，鼓励同学们站在不同的视角、背景和立场上提出不同的看法，平等对待专家组与上诉机构、老师与同学们的想法和观点，并在此基础上形成了许多精彩的讨论与交锋。“大学是常为新的”，课程所讨论的案例经过杨老师的精心挑选与充分实践已较为固定，所以不同届的学生可能会讨论到相同的案例。然而在翻看学长姐作业时，我也发现，虽有诸多经典问题仍然在被讨论与学习，但每一届也都有自己所关心的“新鲜事”，每一位同学也以独特的思考推动着这门课程内容的不断扩展与延伸。“独立之精神，自由之思想”，正如老师课上所分享的那样，老师并不期待上过此课程的每位同学将来都走向与 WTO 法相关的工作岗位，而是更希望同学们能够将这套法律学习方法内化，学会独立思考，自由学习，树立法治信念，培养法学思维，在未来成为一名优秀的法律人才。

我也非常希望，我们能够继续运用这种法律学习方法，并尝试在适当的场合践行和介绍给其他的学习者。在历史与现实、知识与思想、主持与讨论、艰辛与快乐的碰撞中，挖掘潜力，终身成长。真正因分享知识与思想而获得启发，因兴趣而乐于探索，学以致用，学之为己！

王晓臻

2022 年 5 月 14 日星期六

目 录

第一章

WTO 概述

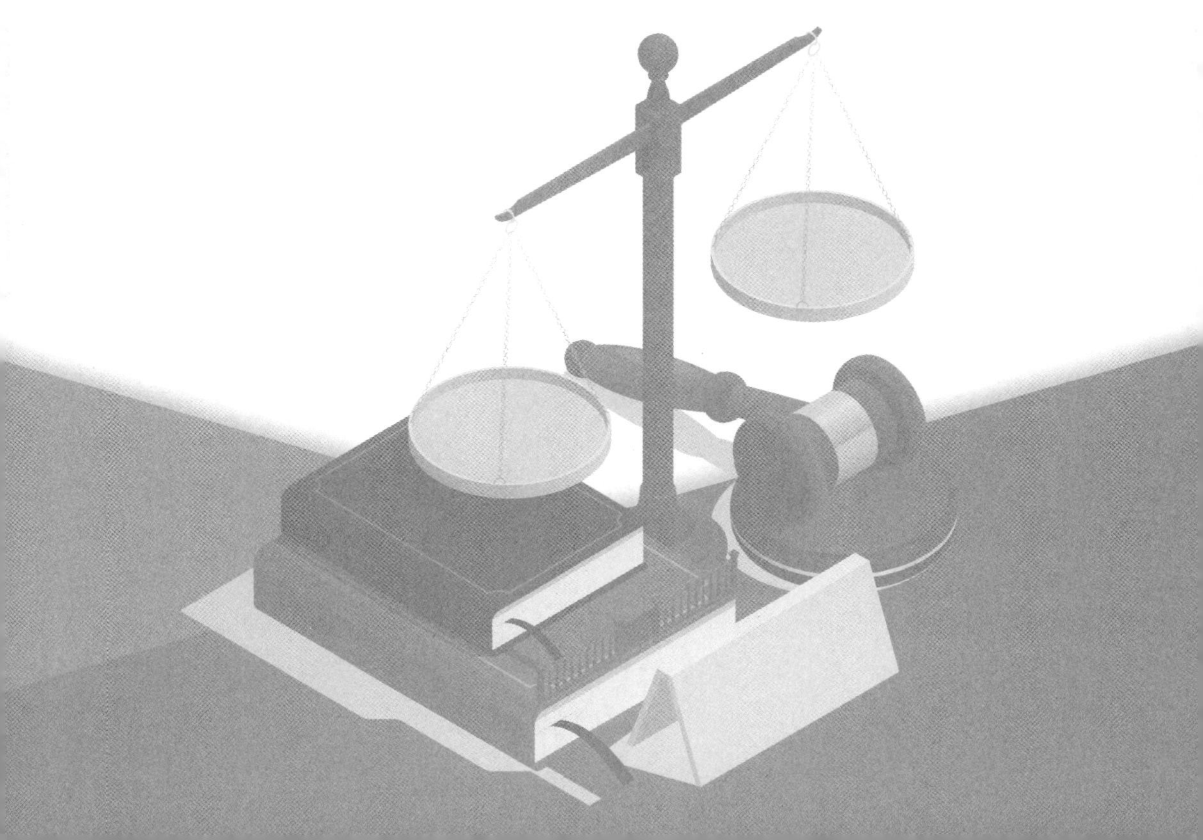

第一部分　课程内容选编

综述人：岳芳好

在前两周的课程中，我们首先围绕 WTO 的基本概念展开讨论。在老师的引导之下，大家联系《WTO 关于争端解决规则与程序的谅解》(Understanding on Rules and Procedures Governing the Settlement of Disputes，DSU) 对争端解决机制进行更为深入的学习，并围绕争端解决的一般程序以及危机下可能的解决方案进行探讨。最终，在案例讨论开始之前对 WTO 本身以及争端解决机制形成了初步理解。

经整理和总结后，前两周大家深入讨论的问题主要包括以下内容：

1. WTO 争端解决机制建议或裁决的效力

①上诉机构停摆后，已被上诉的专家组报告效力如何？

②上诉机构停摆后，是否有别的替代解决方式？

③专家组报告能否被此后的专家组/上诉机构报告援引？

2. WTO 争端解决机制中的磋商程序

①如何理解磋商程序以及第三方加入磋商程序的时限规定？

②如何理解 DSU 第 4.11 条中的第三方加入磋商程序的“实质贸易利益”？与 DSU 第 10.2 条中的“实质利益”有何区别？

3. WTO 争端解决机制中的仲裁程序

①若基于 DSU 第 25 条诉诸仲裁，各方应当如何确定仲裁的具体程序？

②如何理解 DSU 第 25.4 条？

4. WTO 争端解决机制中的反向一致制度

①反向一致制度的概念和相关规定?

②反向一致制度的法理和反思?

综上，下文我将首先围绕大家深入讨论的四个问题，尝试对前两周课堂讨论进行总结和回顾。

一、争端解决机制建议或裁决的效力

在第一周课上，讨论主要围绕贺韵锦同学提出的三个关于 WTO 争端解决机制的问题展开。

(一) 上诉机构停摆后已上诉专家组报告的效力

贺韵锦同学提出第一个问题:“上诉机构停摆后，争端解决机构的决议如被上诉，原决议的效力如何?”在老师的引导下，大家先厘清了此问题的相关概念，随后得出具体结论。

第一，上诉机构以及争端解决机制中的其他机构。首先，同学们通过翻查 DSU 了解了 WTO 争端解决机制的重要机构及其彼此关系：①争端解决实体(Dispute Settlement Body，DSB)，负责管理 DSU 项下规则适用的常设管理机构，有权设立专家组与常设上诉机构并负责监督整个争端解决过程;[1] ②专家组，对其审议事项的事实和法律适用作出客观评估，[2] 并出具报告以协助 DSB 提出建议或裁决;[3] ③上诉机构，审议提起上诉的专家组报告涉及的法律问题和解释并出具报告。[4] 其次，同学们根据 DSU 了解了争端解决机制的一般程序为：磋商【第 4 条】→若磋商未果，设立专家组【第 6 条】→自成立起 6 个月（+3 个月）内，专家组出具专家组报告【第 12.8 条】(→若提起上诉，上诉机构审议并出具报告【第 16.4 条和第 17 条】)→DSB 通过专家组/上诉机构报告【第 16.1 条、16.4 条和第 17.14 条】→执行程序【第 21 条—22 条】。

因此，此处的“被上诉的争端解决机构决议”的确切性质为，一方提起

---

1 DSU 第 2.1 条。

2 DSU 第 11 条。

3 DSU 第 7.1 条。

4 DSU 第 16.4 条和第 17.6 条。

上诉的专家组报告。

第二，“上诉机构停摆”的原因。首先，上诉机构存在最低人数要求：上诉机构由 7 名法官组成，其中 3 名法官组成上诉法庭审理特定的案件。[5] 其次，美国的阻碍使得上诉机构无法满足最低人数要求而迫使争端解决程序停摆。上诉机构法官确定应由 DSB 全体成员协商一致通过，[6] 但美国的刻意阻挠致使空缺席位始终无法得到填补。2019 年 12 月 10 日，WTO 上诉机构仅剩一名中国籍法官赵宏女士，实质已经停摆；2020 年 11 月 30 日，上诉机构最后一名法官赵宏女士亦因任期届满而离职，标志着其正式停摆。

第三，被上诉的专家组报告效力。在老师和同学的追问和讨论下，贺韵锦同学总结出专家组报告效力可能存在的四种情况（见表 1-1）。

表 1-1 专家组报告效力可能存在的情况

情况	专家组报告效力	DSU 依据
专家组出具报告，报告经过 DSB 反向一致通过，且争议各方未提出上诉	通过，进入执行程序，具有强制执行力	第 16.4 条和第 21 条
专家组出具报告，争端一方提出上诉，进入上诉程序	未通过，进入上诉程序	第 16.4 条和第 17 条
专家组出具报告，DSB 全体未通过——实践中不可能发生	/	第 16.4 条
申诉方请求专家组中止工作，未出具专家组报告	/	第 12.12 条

上诉机构停摆后，第二种情况中进入被上诉的专家组报告将难以获得实际执行，效力处于悬而未决的状态。[7]

（二）上诉机构的替代解决方式

贺韵锦同学提出第二个问题：“上诉机构停摆后，被上诉的未决争端是否还有别的解决途径？”目前若对专家组报告提起上诉，只会阻止 DSB 通过专家

---

5 DSU 第 17.1 条。

6 DSU 第 2.4 条。

7 在 WTO 官网上，有一类案件的状态为“Panel report under appeal”，具体是指对专家组报告提出上诉后，上诉机构目前正在审查的案件。此类案件一共有 14 起，包括 DS 476，DS 494，DS 510，DS 518，DS 523，DS 533，DS 534，DS 538，DS 539，DS 541，DS 543，DS 562，DS 567，DS 578。参见 WTO 官方网站：[2021-10-05] https://www.wto.org/english/tratop_e/dispu_e/dispu_current_status_e.htm。

组报告，案件处于悬而未决的状态，除了恢复上诉机构外暂无其他解决方式。但同学们指出，若暂未对专家组报告提出上诉，仍想对专家组报告进行“二审”审议以获得救济，存在可行的解决方案。

第一，可能的两种解决方式。具体包括：①恢复上诉机构；②根据 DSU 第 25 条诉诸仲裁。由于上诉机构的恢复尚遥遥无期，因此基于 DSU 第 25 条诉诸仲裁是目前更具有实践性的做法。

第二，DSU 第 25 条仲裁条款以及现有的仲裁协议或安排。首先，DSU 第 25 条将仲裁作为争端解决的替代手段。仲裁是当前“既保留上诉阶段，又保留争端解决裁决自动约束力的唯一选择”[8]。其次，现有的仲裁协议或安排又可基于仲裁协定或安排的适用范围进一步区分为双边上诉仲裁与多方上诉仲裁。双边上诉仲裁机制主要为两国之间宣布未来案件援用第 25 条进行上诉，以达到暂时性替代 WTO 上诉程序之目的。[9] 我国目前认为双边上诉仲裁机制的启动基础仅为两国之间的仲裁协定或安排，实质上类似于第二个专家组程序性，无法实现多边贸易体制稳定性和可预见性目的。[10] 多边上诉仲裁机制主要为“多方临时上诉安排”（Multi-Party Interim Appeal Arrangement，MPIA）。相较于双边上诉仲裁机制，MPIA 接受上诉仲裁成员增多，与原上诉机构意欲达成的多边贸易体制稳定性目标相契合。

第三，MPIA 的基本内容。MPIA 包括：①正文，可分为一般规定、仲裁程序、仲裁员和其他，[11] 参加方（participating members）不再寻求 DSU 第 16.4 条和第 17 条上诉以避免专家组报告处于悬而未决的状态，但仲裁的实体和程序仍以 DSU 第 17 条为基础；仲裁员共有 10 人，每个案件由 3 人负责。②附件一《在争端 DSX 中商定的 DSU 第 25 条项下仲裁程序》（Agreed Procedures for Arbitration under Article 25 of the DSU in Dispute DSX），其实质为仲裁协议示范样本，不直接对参加方具有约束力，争端双方需要就个案参照此附

8　都亳：《上诉机构停摆后的 WTO 争端解决》，《南大法学》2021 年第 1 期，第 102 页。

9　目前典型的双边上诉文件包括欧盟和加拿大达成的 Statement on a Mechanism for Developing, Documenting and Sharing practices and Procedures in the conduct of WTO Disputes, JOB/DSB/1/Add. 11/Rev. 1, 22 October 2019；欧盟和挪威达成的 Statement on a Mechanism for Developing, Documenting and Sharing practices and Procedures in the Conduct of WTO Disputes, JOB/DSB/1/Add. 11/Suppl. 1, 21 October 2019。

10　同前注 8，第 103—104 页。

11　杨国华：《WTO 上诉仲裁机制的建立》，《上海对外经贸大学学报》2020 年第 6 期，第 35—36 页。

件签订上诉仲裁协议，并对内容进行调整。③附件二《仲裁员库的组成》（Composition of the Pool of Arbitrators）。

（三）WTO案例援引与先例效力

贺韵锦同学提出第三个问题："上诉机构停摆后，被上诉的专家组报告能否被此后的争端决议援引？"由于此时的专家组报告暂未通过，因此上述问题被进一步澄清为"DSB通过的建议裁决能否被此后WTO案例援引？"

第一，援引的性质与实践做法。根据《布莱克法律词典》，援引（citation）是指"对某案例的年度、案卷及记载页的参考"。在老师的引导下，同学们翻看了专家组报告和上诉机构报告，发现在报告正文前的附录中明确记录了本报告援引的WTO案例。

第二，援引和先例的联系。首先，确定先例的基本含义。根据《布莱克法律词典》，先例（precedent）是指"能够为以后相同类别或相似案件中显现的法律问题发挥仿效作用或权威作用，已由司法程序生效的案件"。换言之，先例效力是指后案中出现与前案实质上相似的案件事实或争议论点，前案的判决或适用的法律原则对同一法院或下一级法院具有拘束力。其次，DSU虽然明确规定WTO案例不应具有先例效力，但实践中存在争议。有同学指出，DSU明确规定WTO案例没有先例作用：①根据DSU第3.2条，DSB出具的报告不得增添或缩减各适用协定中包含的权利和义务。若专家组和上诉机构在案件中作出的解释具有先例效力，即相关建议或裁决对其他所有的WTO成员都有约束力，实际上导致为WTO每一成员方创设了新的权利和义务。②根据DSU第9.2条，仅部长级会议和总理事会享有解释相关协定的独有权力，否认了WTO案例构成WTO规则的法律解释。然而事实上，DSB通过的建议或裁决基本都会援引先前案例，并且"这些报告创设了WTO成员对案件结果的合理预期，常常被之后的专家组予以参考"，[12] 其是否构成先例效力实践与学理上都颇有争议，也是本次上诉机构停摆危机的争论焦点之一。

二、磋商程序

在第二周第一节和第二节课上，同学们先回顾了磋商制度中的时限规定，

12 Japan-Acoholic Beverages, W/DS8/10/11/AB/Rp. 13.

随后探讨了第三方加入磋商的制度，并联系 DSU 其他规定对于第三方加入磋商的条件“实质贸易利益”进行了较为深入的讨论。

（一）磋商程序的性质与时限规定

刘凌堃同学提问：“磋商是否是争端解决的必经程序？若原被告双方从一开始就同意不磋商，DSU 的规则是否禁止双方直接跳过磋商请求设立专家组？”回答此问题需要先明白磋商的性质以及相关时限规定。

第一，WTO 争端解决机制中的磋商是首要程序并具有一定强制性。1994 年《关税与贸易总协定》(GATT 1994) 第 22 条规定了磋商，[13] 但并无具体操作性规定。WTO 取代 GATT 之后，规定了具体的磋商程序。首先，根据 DSU 第 4 条，磋商是争端解决的首要程序。磋商使争议各方交换信息以期互相谅解并尽早达成解决问题的双边协议，[14] 或者在未能达成一致之时向专家组提供准确信息。[15] 其次，除非成员事先另行约定，磋商具有一定强制性，但并不要求进行充分磋商。WTO 成员必须以符合 WTO 协议的方式解决它们之间的争端，[16] 因此除非争端各方依据 DSU 第 25 条诉诸仲裁并对磋商另行规定，否则争端各方必须按照 DSU 进行磋商程序。[17]

第二，DSU 设定了多种磋商未果后申诉方请求设立专家组的条件。首先，被要求磋商的成员方应在接到磋商请求之日起 10 天内对该请求作出答复，并应在收到请求之日起不超过 30 天的期限内善意进行磋商，以达成双方满意的解决办法，否则，请求进行磋商的成员可直接开始请求设立专家组。[18] 其次，磋商应在收到磋商请求之日后 60 天内完成，若未能解决争端，则申诉方可在

---

13 1. Each contracting party shall accord sympathetic consideration to, and shall afford adequate opportunity for consultation regarding, such representations as may be made by another contracting party with respect to any matter affecting the operation of this Agreement.

2. The CONTRACTING PARTIES may, at the request of a contracting party, consult with any contracting party or parties in respect of any matter for which it has not been possible to find a satisfactory solution through consultation under paragraph 1.

14 DSU 第 4.5 条。

15 DSU 第 4.7 条。

16 DSU 第 3.7 条。

17 参见 WTO 官方网站：The process—Stages in a typical WTO dispute settlement case 6.2 Consultations, [2021-10-05] https://www.wto.org/english/tratop_e/dispu_e/disp_settlement_cbt_e/c6s2p1_e.htm#fnt1。

18 DSU 第 4.3 条。

60 天期限内请求设立专家组。[19] 综上，若磋商未正常开展或磋商进行至多 60 日后双方未能达成一致，申诉方可请求设立专家组。DSU 设置了多种结束磋商进入专家组程序的条件，在制度设计上避免了同学们在讨论中设想的一方拒绝或非善意磋商而导致难以及时设立专家组获得后续救济。需要注意的是，DSU 将设立专家组规定为申诉方的权利，申诉方可自行选择是否进入专家组程序，一定程度上体现了 WTO “成员驱动” 性质。因此，实践中也存在大量争端各方同意以磋商解决案件。[20]

（二）第三方加入磋商程序

1. 第三方加入磋商的条件

刘凌堃同学提问：“第三方加入磋商是否会影响上述磋商程序的时限？” 回答此问题需要首先明白何为第三方以及第三方加入磋商的条件。

第一，磋商中的第三方性质。磋商中的第三方是指，认为按照 GATT 1994 第 22 条第 1 款和 GATS 第 22 条第 1 款或其他适用协定的相应规定[21]所进行的磋商涉及其实质贸易利益（substantial trade interest）磋商各方以外的成员。第二，第三方加入磋商的条件。第三方计入磋商需要满足：①进行中的磋商涉及其实质贸易利益；②将磋商的愿望通知磋商成员和 DSB；③通知时间须在进行磋商的请求散发之日起 10 天内；④磋商成员认同存在第三方实质利益，同意其参与磋商。[22] 因此，基于磋商程序的整体时限要求于第三方加入磋商的时间要求，第三方加入磋商并不会影响磋商的时限，若磋商未达成则进入专家组程序。

---

19 DSU 第 4.7 条。

20 在 WTO 官网上，案件的状态 “In consultations” 是指申诉方要求与被申诉方磋商而没有设立专家组，但也没有通知撤回争议或达成解决方案。此类案例共有 178 例。参见 WTO 官方网站：[2021-10-05] https://www.wto.org/english/tratop_e/dispu_e/dispu_current_status_e.htm。

21 适用协定中相应的磋商规定如下：《农业协定》第 19 条；《实施卫生与植物卫生措施协定》第 11 条第 1 款；《纺织品与服装协定》第 8 条第 4 款；《技术性贸易壁垒协定》第 14 条第 1 款；《与贸易有关的投资措施协定》第 8 条；《关于实施 1994 年关税与贸易总协定第 6 条的协定》第 17 条第 2 款；《关于实施 1994 年关税与贸易总协定第 7 条的协定》第 19 条第 2 款；《装运前检验协定》第 7 条；《原产地规则协定》第 7 条；《进口许可程序协定》第 6 条；《补贴与反补贴措施协定》第 30 条；《保障措施协定》第 14 条；《与贸易有关的知识产权协定》第 64 条第 1 款；以及每一诸边贸易协定主管机构确定并通知 DSB 的诸边贸易协定中任何相应的磋商规定。

22 DSU 第 4.11 条。

2. 实质贸易利益与实质利益（substantial interest）

DSU中，出现上述概念的一共有3个条款，可以分为第三方加入磋商的“实质贸易利益”和参与专家组/上诉程序的“实质性利益”：[23] ①第4.11条，拥有实质贸易利益且通知DSB和磋商方的第三方可以请求加入磋商，若磋商方认同其存在实质（贸易）利益，则第三方可以参与磋商；②第10.2条与第17.4条，对专家组审议事项有实质利益且通知DSB的第三方，应由专家组给予听取其意见并向专家组提出书面陈述的机会。该第三方不可对专家组报告进行上诉，但应由上诉机构给予听取其意见并向上诉机构提出书面陈述的机会。

两者之间最重要的区别为：第三方加入磋商必须取得磋商方的同意，若磋商方不同意则不得参与。[24] 但实践中，任何援引系统性利益的第三方都可参与专家组或上诉程序，而不需要审查该利益是否真正具有“实质性”。[25]

三、仲裁程序

在第二周第一节和第二节课上，同学们基于刘凌堃和张心颜同学的提问简要回顾了DSU第25条的仲裁程序。

（一）仲裁程序的启动条件

刘凌堃同学提问：“争端各方应该如何确定仲裁的具体程序？”这个问题本质上是仲裁程序的启动条件。

DSU要求准备诉诸仲裁的争端各方“议定遵循的程序？”并将“诉诸仲裁的一致意见应在仲裁程序实际开始之前尽早通知各成员。”[26] 因此，仲裁的

---

23 在EC-Bananas III案中，上诉机构还说明，“实质贸易利益”和“实质利益”标准只存在于第三方加入磋商或第三方加入专家组/上诉程序中，DSU的规定并未要求起诉一方针对争议必须拥有任何实质性的利益。See WTO ANALYTICAL INDEX DSU-Article 10（Jurisprudence），pp2-3.

24 但实践中也存在例外，在“土耳其——对进口纺织品和服装产品的限制”（WT/DS29）（以下简称纺织品和服装产品案）中，香港认为土耳其对进口纺织品和服装的数量限制违反了GATT 1994第11条和第17条。土耳其回答，采取这些措施是为了推动土耳其商业政策与EC关税同盟的一体化进程。在香港提出磋商要求后，土耳其要求香港接受EC共同参与磋商，但香港拒绝。尽管DSU第4.11条的措辞表明应由磋商方选择第三方加入，即本案中应由土耳其选择可参与磋商的第三方。

25 参见WTO官方网站：The process—Stages in a typical WTO dispute settlement case 6.3 The panel stage，[2021-10-05] https://www.wto.org/english/tratop_e/dispu_e/disp_settlement_cbt_e/c6s3p1_e.htm。

26 DSU第25.2条。

启动条件包括：①争端各方同意仲裁；②就仲裁程序达成一致意见；③在仲裁程序实践开始前通知各成员。

（二）DSU 第 25.4 条的解读

DSU 第 25.4 条规定：“本谅解第 21 条和第 22 条在细节上作必要修改后应适用于仲裁裁决。”DSU 第 21 条为“对执行建议和裁决的监督”，第 22 条为“补偿和中止减让”，均属于一般程序中的执行程序。结合仲裁作为“争端解决的替代手段”这一定位，第 25.4 条应指，通过仲裁解决争端之后，可以参考适用第 21 条和第 22 条执行监督仲裁裁决。同时，同学们讨论指出，此处的“参考适用”应指参考争端各方达成的仲裁协议或安排，基于具体程序，对第 21 条和第 22 条的执行监督进行适当变通。

四、反向一致制度

在第二周第三节课上，同学们基于刘凌堃和王晓臻同学的提问对于 WTO 争端解决中的反向一致制度来源与法理基础进行了讨论。

（一）反向一致制度的概念与相关规定

反向一致规则（Negative/Reverse Consensus）并非 DSU 中直接出现的概念，而是来自后期的总结归纳。具体是指，在决策时只有当所有成员国协商一致表示不通过某项决定，该决定才能被否决，如果有一个成员国表示同意则该决定通过。该规则由 WTO 首创，且只适用于 WTO 争端解决机制中某些决定的通过，其余事项仍采取《WTO 协定》第 9 条规定的协商一致或投票决定的决策方式。同学们通过翻阅 DSU，其中适用反向一致通过的制度一共包括三类（见表 1-2）。

表 1-2　适用反向一致通过的制度

制度内容		DSU 原文
设立专家组		第 6.1 条
通过报告	通过专家组报告	第 16.4 条
	通过上诉机构报告	第 17.14 条
授权中止减让或其他义务		第 22.6 条

（二）反向一致制度的来源与法理基础

有同学提出，既然“协商一致”实质上相当于“准自动通过”，那么为何 DSU 不将相关事项直接设置为自动通过？此问题需要回溯该制度的发展历史与法理基础，也涉及 WTO 如今面临的主要危机。

第一，反向一致制度源于对 GATT 争端解决机制的纠正。同学们通过翻阅相关论文，指出 GATT 争端解决机制采取协商一致原则，由此争端各方可以根据自身利益考虑阻挠或拖延专家组成立、相关报告的通过以及执行裁决。[27] 有鉴于此，在乌拉圭回合谈判中，美国、澳大利亚等缔约方希望增强争端解决机制处理贸易纠纷能力，扩张司法属性，尤其是主张采取反向协商一致原则——由于争端解决程序必然对一方有利，至少该方会同意相关决定，因此以反向一致通过的决定实质为“准自动通过”——以此来限制或阻止败诉方行使其否决权。[28] 此举有效克服了传统 GATT 争端解决机制的缺陷，使得新的争端解决机制具有管辖权、判决、执行三个层面的强制性，有利于及时有效地解决争端。

第二，反向一致制度体现了 WTO“成员驱动”特性。同学们在讨论中指出，WTO 本质为一个“成员驱动”的国际组织，[29] 决策程序以协商一致为原则。反向协商一致中仍强调各国就特定事项取得了“consensus”，至少从表面维持 WTO 成员驱动的特征。但老师也指出反向协商一致可能具有一定“虚伪性”，代表的“规则导向”也与 WTO 的“成员驱动”特质相背离。

---

27 GATT 时代，在各国协商一致成立专家组之后，争端各方尤其是败诉方仍很容易地阻挠报告的通过，从而避免执行相关报告。如，1982 年美国诉欧共体给予某些地中海国家柑橘特惠待遇案、1982 年美国诉欧共体桃子、梨子、水果开胃品等罐头和葡萄干的生产援助方案、1982 年美国诉欧共体意大利通心粉（Pasta）产品出口补贴案，其结果均因欧共体阻挠专家组的报告未能通过。参见蔡剑波：《WTO 争端解决机制的“反向协商一致”规则研究》，《当代法学》2003 年第 1 期。

28 在 WTO 成立前夕，美国曾试图就欧盟禁止在动物饲养中使用激素而起诉欧盟，但其设立专家组的请求被欧盟阻止。这也是美国主张在 WTO 争端解决机制中采用“反向协商一致”的重要原因之一。屠新泉、石晓婧：《国家主权与国际规则：美国对世界贸易组织争端解决机制的态度变迁》，《太平洋学报》2020 年第 6 期，第 4 页。

29 WTO 官网明确指出，WTO 由成员方政府来推动（The WTO is run by its member governments）。参见 WTO 官方网站：What We Do，WTO，[2021-10-05] https://www.wto.org/english/thewto_e/whatis_e/what_we_do_e.htm。

第二部分　课程感想汇编

黄睿旸

本人由于缺乏对 WTO 基础知识的了解，在上课和做案例阅读时仍然感觉有一些吃力，有时候会产生一种惯性思维：希望老师先把基础知识框架进行讲解和梳理再在此基础上进行讨论。其次是对 DSU 程序仍然感觉没有系统地掌握其中存在的冲突，尤其是涉及上诉机构停摆后专家组报告的效力问题没有一个完整的思路。

赵悦旭

DSU 第 4.11 条规定了第三方加入磋商制度，事实上，第三方制度不仅适用于磋商阶段，也同时适用于专家组阶段和上诉阶段。第 4.11 条同时规定，第三方要想加入磋商，必须与磋商之间存在实质贸易利益。既然存在利益，第三方为什么不直接作为争端一方申请磋商或请求成立专家组，而要通过第三方制度行使自己的权利？笔者认为，设置第三方制度可能基于以下两个原因。

首先，一国虽然对于磋商享有实质贸易利益，但这种利益可能并不是很重大，以至于该国如果要作为争端方请求磋商或设立专家组，需要考虑成本收益问题。在作为争端方请求开启 WTO 争端解决程序的成本很高，而所获得的利益又不大时，它可能就不会考虑通过 WTO 争端解决程序来解决纠纷，但这又会导致该国的问题得不到解决。在第三方制度下，如果一成员国认为自己对于一项争端享有实质贸易利益，但受到的影响又不大时，它就可以作为第三方加入争端，从而既能主张自己的权利，又能避免付出过高成本。

上述原因是从第三方角度来解释的，如果从争端方和专家组或上诉机构的角度来看，第三方的加入能够促使争端的解决更加公正高效。相关国家选择将争端提交DSB，说明该项争端必然影响重大，可能牵涉多方利益。相应地，专家组或上诉机构在作出决议时，也应当秉持足够谨慎的态度，尽可能保证裁决的公正合理。同时，对于一些较为紧急的案件，专家组或上诉机构也必须在谨慎的同时尽可能快速地作出决议。第三方的加入使得专家组、上诉机构在作出决议的过程中能够获取更全面的信息，听取到更多主体的意见，从而有利于他们以更高的效率作出公正合理的决议。

另外，根据DSU第4.11条，第三方加入磋商需要满足的条件之一，是对于所进行的磋商享有实质贸易利益（substantial trade interest）。同时，第10.2条规定，对专家组审议的事项有实质利益（substantial interest）的成员，可以作为第三方向专家组提出自己的意见。第10.4条规定，如第三方认为已经成为专家组审议主题的事项导致了自身利益丧失或减损（benefits accruing to a country），则其可援用正常争端解决程序。上述三个条文均规定的是第三方制度中第三方对争端需"具有利害关系"，但其表述却存在差异，应当认为这种差异是起草者刻意为之，而不是用语的不严谨。相较于"实质利益"，"实质贸易利益"多了一个限定词"贸易"，因此可以推知，后者涵盖的范围要小于前者。根据DSB争端解决实践，"实质利益"被概括为以下三种类型：第一，与争端方利益相同或相似的利益；第二，与专家组审理事项有潜在联系的利益；第三，可能受到专家组结论影响的利益。[30] 而"实质贸易利益"仅限于第三方对争端在贸易领域享有的上述利益。

至于DSU为何在磋商阶段为第三方加入设置较严格的门槛，笔者认为原因可能在于，不同于专家组阶段和上诉阶段以司法方式化解争端，磋商强调的是和平解决纠纷，偏向于一种外交手段，如果第三方加入的条件过于宽松，那么在磋商阶段就会有许多成员国以第三方身份加入，利益主体的增加将使磋商的进行更加复杂，争端难以得到快速解决。而在专家组阶段和上诉阶段，鉴于争端解决已经进行到了司法程序，降低加入门槛，允许更多第三方加入审议过程，有利于所作出决议的合理公正。

30　姚天冲、白潇卓：《刍论WTO争端解决机制中的第三方》，《WTO经济导刊》2011年第9期，第88页。

席幕天

在选课时仅仅抱着对 WTO 盲目的兴趣。建立课程群后，看到老师发来的 80M 的资料包后心情复杂。数量庞大的英文文献又让我心生敬畏，但是通过资料包里面上过课的同学的反馈，我又对苏格拉底式的教学方式、挑战与收获并存的课程体验充满了期待。我坚信，通过这门课的洗礼，我对于 WTO 的理解、英文文献的阅读能力以及研究问题的能力都会取得实质性的提升。

在专题一的学习过程当中，让我印象最为深刻的就是“学会提问”。在以往的学习当中，我们大多会被迫灌输很多知识，在这种情况下我们大多不必去思考知识的对错，因为一定是“正确”的。但是在这门课上，老师从一开始就鲜明地树立起问题导向，利用问题展开对知识的探索，也“迫使”我们对问题有更多的思考。刚开始的时候我会担心自己的问题会不会太幼稚，没有价值。但是杨老师却表现出对每一个问题的尊重，和我们一起去思考，并通过适当的引领，梳理出思路不通顺的地方。这些都激发出我继续探索的热情。但是同时我也认识到，提出问题的前提应当是对相关制度、条文的仔细阅读并且自己首先尝试去解决，不然就会出现看似很复杂实则很简单的问题。除此之外，我认为课前详细阅读文献资料是跟上课堂节奏的前提。在课堂讨论的过程当中永远不要期待同学、老师会给你答案，所有的答案都要首先靠自己去解决。

除此之外，我们每个同学都有一个印有自己名字的桌签，每次发言之前可以将桌签立起示意老师。这真的很有仪式感，teacher knows my name！

贺韵锦

（第一次课）

选择杨国华老师 WTO 法律制度研究课前，我其实已经从上一届的师姐处听闻了这门课对阅读量的高要求。看到了老师发来的课程资料包后，我进一步确定了自己对这门课的“想象”：要求大量阅读 WTO 案例文本的案例研讨课。但自己真正走进课堂之后，我才发现自己的想象与现实有多大的差距。

我的感受是，这种在不断产生问题、不断试图解决问题的过程中的学习，其效果较直接阅读课本或是文献相关介绍、直接听老师的讲授更容易在我的脑中留下深刻的印象。

作为本学期本门课讨论式教学法的第一个“小白鼠”，我很荣幸能在各种机缘巧合下在第一次课堂中就承担了这样的角色，并非常感谢老师和各位同学在讨论中对我的质疑、点拨和帮助。虽然我算是一个乐于表达自己观点的人，也曾经有过在课堂上被连环追问的经历，但初次体验讨论式教学难免还是有些紧张。其间，有各种差错、表现不佳，感谢老师和同学们对我这些错漏的包容。希望我们的讨论式课堂能让更多的同学参与进来，激发更多有价值的讨论，大家能学习到更多的知识。

(第二次课)

本节课讨论的内容涉及了 WTO 争端解决机制的方方面面，大家一方面在讨论中不断回归文本本身，加深了自己对 DSU 条文的理解；另一方面也不断地搜寻新的材料，拓展了自己理解 WTO 的方式和角度。最重要的是，讨论并不是为了给我们提供一个最终的答案，而是为了让我们认识到，当前的制度存在哪些问题、有什么可以研究和改进的空间，为我们养成提出问题—解决问题—再提出新的问题的学术习惯打下了基础。

张心颜

“WTO 法律制度研究”的课程以一种我以往的学习生涯中所没有接触过的“问题导向”的启发研讨形式展开，给了我一种不同于以往的全新课堂体验，也同时改变了我课后自学研究的方法以及自学研究内容的广度和深度，让我在课堂和课后均收获良多。

两次课程以来，我课堂上的收获主要包括两个方面，一是对有关知识体系本身的完善；二是对研究和学习方法的运用能力的提升。

首先，课前准备和课堂讨论研究的过程均在不同层面完善了我关于 WTO 的知识体系。就课前准备而言，第一周课程的课前材料 *Understanding the WTO* 以英文概述的形式帮助我回忆起了本科阶段所学习的 WTO 有关内容，让我脑海中 WTO 的组织和制度框架更加清晰，对最惠国待遇原则、国民待遇原则、透明度原则、关税减让、具体承诺等基本制度的理解也更加到位；同时还在很大程度上扩充了我的相关知识，让我对 WTO 的认识不再停留于本科阶段模糊的概要性框架，而开始深入更为具体的细节问题，如《农产品协议》中“绿箱措施”的界定、货物贸易与服务贸易的界定如何影响多边货物贸易协议与 GATS 的适用边界等；而第二周课前有关 DSU 的总结让我第一次通读了

DSU 的英文原文，让我回想起了虽然在本科阶段曾专门学习、但已经印象模糊的 DSU 磋商、专家组程序、上诉机构审查程序、执行与监督程序等概要性内容，还增补了我有关 DSU 的细节性知识，如总干事在 DSU 中的职能、专家组的三种权限（标准权限、当事方协定权限、主席拟定权限）、第三方对于磋商和专家组程序的参加机制等。就课堂研讨而言，第一，同学们的各抒己见给了我观察 WTO 的不同视角，扩宽了我知识的广度：第一周同学们就 *Understanding the WTO* 以及第二周同学们就 DSU 程序所提出的问题让我发现了如"组织"相对于"协定"的优势、支撑世界贸易的"比较优势理论"、发达国家与发展中国家之间的博弈、WTO 对比国际标准"更高的标准"的审查、磋商期限、"反向一致"表决机制的由来等我此前所不曾注意或不曾深入思考过的内容，为我开启了诸多全新的视界，也激发了我对 WTO 进一步探索的兴趣；第二，课堂讨论的推进纠正了我此前对 WTO 某些知识误区：第一周课堂上有关"被上诉的专家组报告是否生效以及能否援引"的讨论让我明确了"援引"并不必然导致此前的报告具有了普通法意义上的"先例"的效力、而"能否引用"与"报告是否生效"也不存在真实的因果联系，第二周关于 DSU 第 25 条第 4 款与第 21、22 条的讨论让我明确了 DSU 第 25 条第 4 款的规范内容是将 DSU 第 21、22 条的"对 DSB 建议与裁决的执行与监督"机制在作出必要修改后适用于第 25 条的"仲裁裁决"而非将第 21、22 条下的仲裁机制适用于第 25 条的"仲裁"，让我对 WTO 有关内容的理解更加精准；第三，授课教师画龙点睛的引导也让我对 WTO 有关知识的理解更加深入：第一周课程中授课教师引导我们将目光聚焦于 WTO 上诉机构停摆的困境与 MPIA 的建立及其现状，让我对这一 WTO 的前沿领域有了初步的了解，第二周课程中授课教师引导我们思考 DSU 未规定磋商期限的合理性以及 DSU 第 21、22 条具体要在细节上作出哪些必要修改才能适用于对 DSU 第 25 条仲裁的执行与监督，这些尚无标准答案的问题极大挑战了我的知识边界，激发了我进一步探索的欲望。

其次，课前准备与课堂研讨的过程让我初步把握了新的学习方法、提升了我的学习研究能力。第一，"问题导向"的课堂研讨形式极大提升了我学习研究的自主性：本科期间，我长期习惯于教师课堂讲授已经其加工整理的知识，我仅需记录课堂笔记并于课后阅读指定教材的相应章节即可；而硕士阶段的"WTO 法律制度研究"课程则是以学生研讨为主、以问题为导向，让知识在同学们的“提问—解答”的过程中逐步呈现，在此过程中我需要主动查询有关信息并充分调动思维运转以参与讨论，完成了从单纯被动接受知识到主动寻找信息、在与同学们的思维碰撞中“邂逅”知识的转变。虽然这个过程看似零散，但是一个个问题的线索着实能够有效地打通整个知识体系，也培养了我在今后没有教师讲授的情况下根据自身需要自主获取知识的能力。第二，对条约原文的逐句研读提高了我阅读文献的能力和对有关专业术语的理解能力：本科期间，我所接触的文献大多为翻译过的中文，对 WTO 有关内容也仅限于在中文教科书的范围内提纲挈领的把握，而英语阅读能力也仅限于英语应试而并未将其与本专业的学习相结合，故“WTO 法律制度研究”课程第一周的英文阅读材料 *Understanding the WTO* 虽然不算十分艰深，我起初阅读也觉得颇为费力。但随着阅读的持续，我逐步捡起了阅读英文材料的感觉，也在中英文交互查询的过程中逐步开始熟悉 WTO 的有关专业术语，加之授课教师课堂上引导我们对“panel”“Appellate Body”等术语的逐个厘清，让我对相关概念的把握不再停留在似是而非的状态，查询阅读英文第一手资料的能力也得到了很好的训练。第三，课堂上对 WTO 有关规范条文的逐句研讨提升了我把握细节、解读条文的能力：第二周课堂上授课教师和同学们对我关于 DSU 第 21、22 条与第 25 条第 4 款关系的问题的讨论与解答让我认识到了我对该条文细节理解的误区，即阅读 DSU 第 25 条第 4 款时遗漏了“award”（裁决）一词，进而将该条的意思误认为是将第 21、22 条下的仲裁机制适用于第 25 条的“仲裁”。这让我顿悟了细节对理解条文规范内容的重要性，所谓“失之毫厘，谬以千里”，在今后的文献阅读中，我将努力关注到每一个词汇、注重培养自己更加严谨的阅读习惯。

岳芳好

第一，课程在对特定问题进行深刻讨论的同时，兼顾了问题的广度。除了引导同学对上述四方面的问题进行深刻讨论，老师也会要求每个同学在课前与课中提出自己的问题。同学们就 WTO 本身以及争端解决机制从多个维度提出了问题，有利于打开思维，不再局限于学习教材上罗列式知识。

第二，“问题导向式”的教学也有利于我形成更好的学习方式。老师在要求每个同学提出问题的同时，也要求其他同学及时回应并给出自己的初步解答。这个过程会锻炼我们的三个能力：理解、检索、质疑。

首先，我们需要对问题形成初步理解。若未认真阅读课程资料，就无法跟上老师与同学的思维节奏。这就要求我们课前仔细阅读课程资料，提出有思考讨论价值的好问题。

其次，我们需要不断锻炼法律检索的能力。法律检索是一个法学生最为重要的能力之一，在回应老师同学的提问之时，我们需要在短时间内完成“问题定位—寻找适用法律或学说—联系问题进行简要分析”整个过程，这对于我们的法律检索能力是一个很好的锻炼机会。

同时，也是最重要的一点，我们需要进行自我质疑。在传统“传授式”课堂中，同学们需要自己思考的时间较少。但是在上两周的课堂中，不仅需要及时回应同学提出的问题，而且在回答的过程中还要回应老师和同学的“连环追问”。在老师和同学的追问下，我不再停留于充当“知识的搬运工”“课堂的录音机”，而是跟着老师的追问进一步思考：这个概念是什么？其法律基础是什么？法律基础背后是否有更深的法理逻辑或国际政治背景？相关信息来源是否可靠？在进行质疑与回答质疑的过程中，我们也完成了对所学知识的复习。

郝曼彤

（一）课程感想

虽然讨论的问题涉及 DSU 的冰山一角，但是这种在讨论中澄清知识的教学方式，让我学到了解决问题的方法，以及如何建立起问题之间的联系。我们对 DSU 提出的问题，多数情况下不是独立存在的。所以，我们应培养对问题进行系统性思考的能力。对问题的回答也不应局限于问题本身，更多的是跳出问题进行更深层次的研究与学习。

通过与同学讨论，我也深刻认识到每个人对问题都有独特的思考角度，每个人对问题的看法总会涉及自己无法解决的甚至想不到的方面。对问题的讨论，不仅澄清了一些知识，还引出了对其他问题的思考，知识也在不断讨论和不断澄清中被我们了解和熟悉。

在专题一的讨论中，我还意识到某些问题并没有绝对的答案。正如杨老师说的，规则是相对固定的，但是真实情况是很复杂的，并不是几十条规则和解释就能轻易解决的。所以争端解决机制也通过对案件的裁决不断澄清问题，甚至一些争议并没有解决。

在 WTO 案例学习中，我还感受到回归协定文本和案例文本是十分重要的，大部分问题能够直接从协定文本中找到答案。当我们对一个问题争论不休时，尽管引用了很多二手资料，殊不知 WTO 协定可能直接对这个问题作出了规定。我也从中学会了解决问题的思路，当遇到问题时，首先从协定的文本或者解释中寻找答案，这样会避免不必要的麻烦和错误。

（二）个人反思

通过两节课的讨论，我不仅巩固了基础知识，还获得了更多思维上的启发。

首先，是基础知识的夯实。在学习 DSU 内容之前，我本以为自己对争端解决机制有了比较全面的掌握。但是在研究文本以及参与讨论之后，我发现自己对知识的掌握还存在许多缺漏，甚至对一些问题比较陌生。我反思了一下原因并将其总结为两个方面：一方面是我没有细心研究 DSU 的文本，导致我对很多问题产生了“想当然”的理解；另一方面是我遇到问题之后对问题的研究深度不够，并没有达到深刻理解的程度。

其次，是思维上的启发。在课堂讨论中，同学们发表的观点是从不同的切入点分析问题，这使我意识到自己的思考缺乏广度。比如，分析一个问题换一个角度是不是会产生不同的观点；如果从理论上无法解决，是否可以从实践中探寻答案。

同时，我也好奇一些问题的未来发展。比如如果上诉机构无法恢复，MPIA 在未来能否维护争端解决机制的有效运转，能否维护以规则为基础的多边贸易体制。我坚信未来争端解决机制的危机能够得到化解，所以它将以何种方式化解是我们翘首以盼的事情。

最后，我希望通过今后对 WTO 案例的学习和讨论，弥补自己的不足，提升自主学习的能力，在和他人学习以及交流的过程中不断进步。

梁凯丰

还没进入 WTO 课的课堂，杨老师便在课程群上发了资料大礼包，让我们提前预习，并以感想和疑问开启了我们的学习之旅。WTO 课是一门采用开放性讨论的自由式课程，老师（主持人）只是对我们进行简单的引导，课堂上讨论的内容取决于同学们提的问题，以及在讨论过程中新出现的问题。在讨论一个问题的同时，还会延伸出其他问题，而且杨老师会让查找第一手资料去证明自己提出的观点以及知识点。我们虽然会对一个问题讨论很久，但在这个过程中，我们每个人都可以收获满满。每个人可以自由地表达自己的观点，从而让我们有倾听他人论述的耐心、勇于表达自己观点的勇气。初识WTO 课，给我印象最深的是课堂形式是极其自由的。杨老师是这门课的主持人，每个人都有机会参与课堂上的讨论中，只需竖起杨老师为每位同学制作的书签，便可以发表自己的看法。而在讨论的过程中，杨老师并不限制我们讨论的内容，同学们课前提出的问题，讨论某一问题时延伸出的其他问题，都可以成为我们讨论的对象。通过解决一个一个问题，让我们慢慢有了倾听他人发言的耐心、勇于表达自己观点的勇气，期待接下来的课程之旅。

张文嘉

课程进行到现在，最大的感想便是严谨。在课上经常听到杨老师的追问："你说的这个在 DSU 的哪一条？""你看的是英文原文吗？""这个观点的来源是什么？"在此前的国际经济法学习中，对于 WTO 有关知识，往往都是老师的课件以及教材的整理，知道程序的每一个要点，却从未问过自己：这些在相关文件中具体是如何规定的。就像这次课堂中如果不看原文，可能便永远无法发现"substantial trade interest"和"substantial interest"的区别。在学习的时候往往会偷懒选择查阅中文材料，有时看到一些二手资料也无暇考证其来源，殊不知这样会导致在字斟句酌的文本中失去对细节的敏锐度和把握力。

另一个收获则是思辨的乐趣，这也正是讨论式教学的魅力所在。在学习过程中很多时候浏览一遍知识并不会产生太多的思考或者留下深刻印象，但只有将自己的疑问和观点通过课堂讨论表达出来，再加上其余同学的群策群力，才能意识到原来一个小小的词语或者短短的一句话都能引发如此多的讨论和争辩，正如第二周课堂中光是磋商的时间问题我们竟都讨论了一个多小时之久！同时这对我们的日常学习也是一种启示：比起习惯性地接受所有外来的知识，更有水平、更有价值的方式应当是带着质疑的眼光去打量接收到的信息。

范熙唯

第一节课开始老师就说本门课的形式跟其他课程不太一样，是一种问题导向的课堂。我从前并未体验过这种课堂形式，本以为是同学们尴尬地被迫回答问题。没想到在第一节课接下来的时间中，随着老师的引导、同学们的讨论，我也渐渐投入课堂中。一节课三个小时的时间很快就过去，我也在不知不觉中学习到了很多知识。第一周的课后作业是由同学们自己总结 WTO 争端解决机制的程序，我对照着书和 DSU 原文认真进行了梳理。虽然遗留了一些问题，但自己总结确实比单纯听老师在课堂上讲要更有印象。这种问题导向的课堂加上课后延伸的自我学习给我打开了新世界的大门。

在课堂上，老师主要作为一个客观中立的引导者，引导同学们思考和发言。其中说得最多的话是“在哪看到的？”“依据是什么？”老师不断强调权威材料来源的重要性，强调阅读一手资料。这使我对自己从前的学习方式进行了反思：从前我局限于通过教科书给出的材料与分析了解知识，却从未深究过材料的原文与出处。在老师的强调下，我也开始探究：书上的这一观点究竟出自哪一本官方资料？究竟是官方文本的用语还是教科书作者的解读？这种凡事首先探寻权威资料的习惯可以让每句分析都能言之有据。

刘凌堃

杨老师开设的这门“WTO 法律制度研究”，早在我选这门课前，就听学长学姐说这门课的形式十分自由，研讨性也极强。说实话，在真正上课前，我很担心这种自由的方式会让我们无法适应，从而导致课堂气氛不活跃，最终大家学不到什么实质性的东西，但是经过两次课程的学习，我发现自己的担心是多余的。杨老师所倡导的学习方式是“课前自学—课中集中讨论问题—课后总结回顾课上讨论”，这种方法是我比较认同的研究生的学习方法，课前自学能锻炼我们快速摄入自己不熟悉的知识的能力，课中讨论能锻炼我们的口头表达能力和反应能力，提出疑问能锻炼我们的思辨能力，课后总结能锻炼我们的归纳、提炼的能力。这些能力都是我们作为研究生所必须锻炼的，而这门课恰好给了我们这些宝贵的机会，这是我上这门课以来收获的最大感受。

除此之外，这门课还能给我们带来许多平常无法接触的“小彩蛋”，杨老师作为 WTO 仲裁员中的一名，常常在我们课上讨论的间隙给我们讲述 WTO

内部一些不为人知的小秘密，这无形中给这门课增添了许多乐趣。

虽然，客观来说，这门课的课程任务相较于其他课程来说可能会更重一点，但是我认为这些付出都是值得的，因为这门课教给我们的不仅仅是有关 WTO 的知识，更重要的是教会了我们一套学习的方法论，这才是我们能受益终身的。希望在接下来的课程中，我能更加积极地参与到课程之中，在与老师和同学的思想碰撞中收获更多。

滑迎春

杨老师上课的方式——以学生提的问题为导向，全班同学一起进行讨论，老师在一旁点拨和指引，是我上学那么多年未曾体验过的。我们自己凭着经验和感觉提出的每一个问题，老师都要求我们找到相应的条文原文，并用严谨的法律语言准确地表述出来。这种方法的好处在于一方面可以让提问的同学逐步澄清自己的问题，另一方面可以让其他同学针对性地进行回答。有时，还没等到其他同学回答，提问者已经在这种澄清的过程中得到了想要的答案。此外，其他同学也可以对所提问题进行补充提问，从而深化对该问题的探讨或拓展了讨论的范围。在这种提问和回答的过程中，通过不断地澄清确认、缩小范围、查询资料，让一个个具体问题得到解决。老师在其中所起的作用尤其重要，因为他引导着整个讨论的方向，把控讨论的节奏，并且经常给予我们画龙点睛式的点拨。

相比传统的“老师讲、学生听”的教学方式，这种以问题为导向的学习方式，颇有些苏格拉底教学法的感觉，不但使课堂氛围非常活跃有激情，也让我们对所学知识理解得更为透彻。

龚　正

前两节课程主要以 WTO 组织的介绍与 WTO 争端解决机制为核心展开。在第一节课上，各位同学基于世贸组织的简介，提出了对 WTO 组织的疑问。第二节课则主要针对《WTO 协定》附件二——《关于争端解决规则与程序的谅解》，从条文原文出发，探讨各自的问题并尝试互相解答。

通过前两周的自主学习与课堂讨论，个人主要有以下感受。首先，对于基础知识的深度掌握，与以往课程的材料阅读、课前预习不同，WTO 课程的自由讨论机制有助于我们在讨论过程中深挖基础知识的细节与要点，并通过提出、解答诸多的问题，加深对知识的掌握程度。其次，在掌握既有知识的基础上，通过同学们多角度的发散性提问，在问题驱动型学习方法的指引下，尝试自主寻找问题答案，大大拓展了既有知识的外延，“知识树”的体系不断扩大。最后，课堂自由发言模式和老师对课堂秩序的引导、对提问的点拨，不同于传统的“灌输式”教学方法，更能调动同学们的学习、互动积极性，并在自由提问过程中锻炼发言能力。

值得一提的是，本课程对于英文阅读理解能力也有极大提高。在课堂讨论中，老师一再强调我们应回到英文原文上来，从协定原文出发才能更好地理解条文的内涵乃至其制定的背景、意图，也正是通过对原文的一再推敲，让一些关于 WTO 的疑问找到了答案。

课程始终在寻找问题—解答问题—探究问题的过程中进行，通过对课程的参与，获得更多学习的方法，这也为接下来的案例学习奠定了基础。

沈子尧

尽管在第一节课结束后，有同学选择了退课，问其原因，答曰英文材料阅读量过于庞大，课程难度过高，由于学业繁重实在无法兼顾。诚然，修读这门课程对于我而言也绝非一件容易之事，但即使自身能力或许难以很好应付，我还是乐于修读学习“WTO 法律制度研究”的课程。这门课程仅两节课，就带给我不少冲击，但更多的是惊喜。首先，它赋予了我国际化的视野，尽管 WTO 看似离我们很远，但实则对其制度的研究对于学习法律，尤其是学习国际商法都有着极大的积极效用，我们得以跳脱出现行法、国内法的单一框架，从国际贸易制度、比较法的角度反观我国法律，收获全新的视角。其次，杨老师的教学给我们提供了全新的学习思维和学习方式，有助于养成更好的学习习惯。在过去的教育当中，我们绝大多数时间只在扮演一个听众，在多数的场合都处于一种“被动学习”的状态，而在杨老师的课堂上，每个人都身兼知识的接受者和输出者，每个人都必须保持思想活跃，思路清晰的状态，真正地在学习上做到全身心的自主。在研究生阶段，自主学习的习惯，或是技能的养成，无疑是至关重要的，我们不再有“冗长”而详细的教材，也不再有细致入微的讲解，更多的时候像是一个赶赴前线的新兵，时常须有“死马当作活马医”的觉悟，而这门课程，正在张弛有度的节奏中，逐渐培养着我们这样的能力。

王晓臻

（一）心理感受

在选课前，听说这门课杨老师会采用苏格拉底式提问的讨论方式，通过问题导向的对谈，针对我们不懂的问题不断进行澄清和修正，抱着希望锻炼自己的思考与表达能力，更深入了解 WTO 机制的目的，我选修了这门课。第一次课上课时，我就深刻认识到自己在基础知识和研究能力上的不足，所以非常忐忑，希望自己可以在之后的学习中更加努力，弥补自己的不足。另外就是感觉自己在课堂发言上的欠缺，总是担心自己提出的问题或表达过于简单或幼稚，不具有放在课堂上探讨和研究的价值，比较自卑。这一方面需要多加训练，积极参与课堂讨论，另一方面也需要在课下做足准备，认真阅读材料，查找相关资料，并补足基础知识，努力提出高质量的问题，并在大家发布问题后，尝试对其他同学提出的问题作研究与回答。

（二）学习方法上的收获

第一，认识到提问的重要性。虽然我们总是说能够提出一个好的问题是非常重要的，但是我之前并没有充分重视，潜意识中还是会觉得提问后能够获得一个既定的回答。然而在两次课程中我发现，大家提出的问题往往不能直接回答，而需要自己再去“发现”答案，甚至还会产生更多的新问题，这也激发了我的求知欲与好奇心。在第二次课上我逐渐适应并享受了课堂，也努力积极发言，跟随大家的讨论进行思考。大家的“优质提问”与杨老师的引导和启发让我意识到，原来 WTO 是鲜活的，是具体的，也是复杂的，不只是写在教材和本科教材中需要掌握的一个个难背的知识点和体系结构。虽然大家的提问内容可能仅仅是庞大的 WTO 体系中很小的一部分，但我感觉自己初步掌握了主动研究和学习的方法，知道自己产生问题后应当如何在规则资料和实践中寻找答案，并作进一步的思考与探索。

第二，阅读文件的原文表述非常重要。之前的知识点和体系结构都是被重新打散安排在教学需要的体系中，因此即使我没有阅读过文件的原文，甚至在做第一次作业时，出于对英语的恐惧，我还是边阅读原文边看中文翻译版本来理解这一制度。而在第二次课上，老师要求我们必须阅读英文版的协定原文，我才发现，原来“has a substantial trade interest”和“having a substantial interest”是不同的，反向协商一致的表述“unless at that meeting the DSB decides by consensus not to ”中有 consensus 的内涵，第 25.4 条作细节的必要修改所针对的是“arbitration awards”。协定中用词的精准与妙处，必须要通过阅读英文版的原文才能够获得，所以要改掉依赖二手资料和中文翻译资料的坏习惯！并且，不仅仅是通过阅读大致理解原文的意思，还要关注细节，体会其用词的考量，理解细微的差异。

第三，向大家学习了如何查阅资料。在课上，老师并不禁止我们使用手机和网络，而是希望我们提高效率，尽快从网络上寻找答案。我总是找不到答案，在 WTO 的官网逛了一圈又一圈也找不到目前 in consultation 的争端；而总是有同学能够又快又精准地找到我们需要的条文、案件、新闻。我也知道了很多能够查阅资料的网站，体会了杨老师课程资料包的好用之处。以后我也要有意识地训练自己查阅资料的能力，争取多多分享在微信群中。

蒲　毅

这样的课堂，与之前的授课方式都有所不同，一开始会不适应，因为它特别强调自主学习和自主研究。但课后自己再看的时候发现在这样的课程中，对一个自己之前从来没学习过的内容入门非常快，同时收获也相对较大。

同时我也希望在今后的课程中能够逐步摆脱依赖老师讲授、自己听取这样的学习方法，更多地养成独立思考并尽力通过自己的研究和学习寻找答案的学习习惯。

何一丹

在我看来，第一堂课的重点是学会如何提出问题。通过不断澄清贺韵锦同学的问题可以看到，在一个看似直接的问题之下其实还有很多更为基础的问题。这些众多的基础问题反映出作为提问者的我们其实尚未清楚和理解许多基本的概念和事实，而对基本概念和事实的澄清是我们理解材料以及让他人理解我们的基础。在第二堂课中，大家明显比上一节课更能掌握讨论节奏和方法，讨论的重点也不再像上节课一样大部分停留在问题的澄清上，而是更实质与深入地讨论了多个问题。希望我们能在课堂上不断进步，在阅读中更加仔细，不要将内容粗略跳过或全盘接受，而是要善于停下、思考、提问，以此提高自己的思考能力和写作能力。

第二章

中国知识产权案

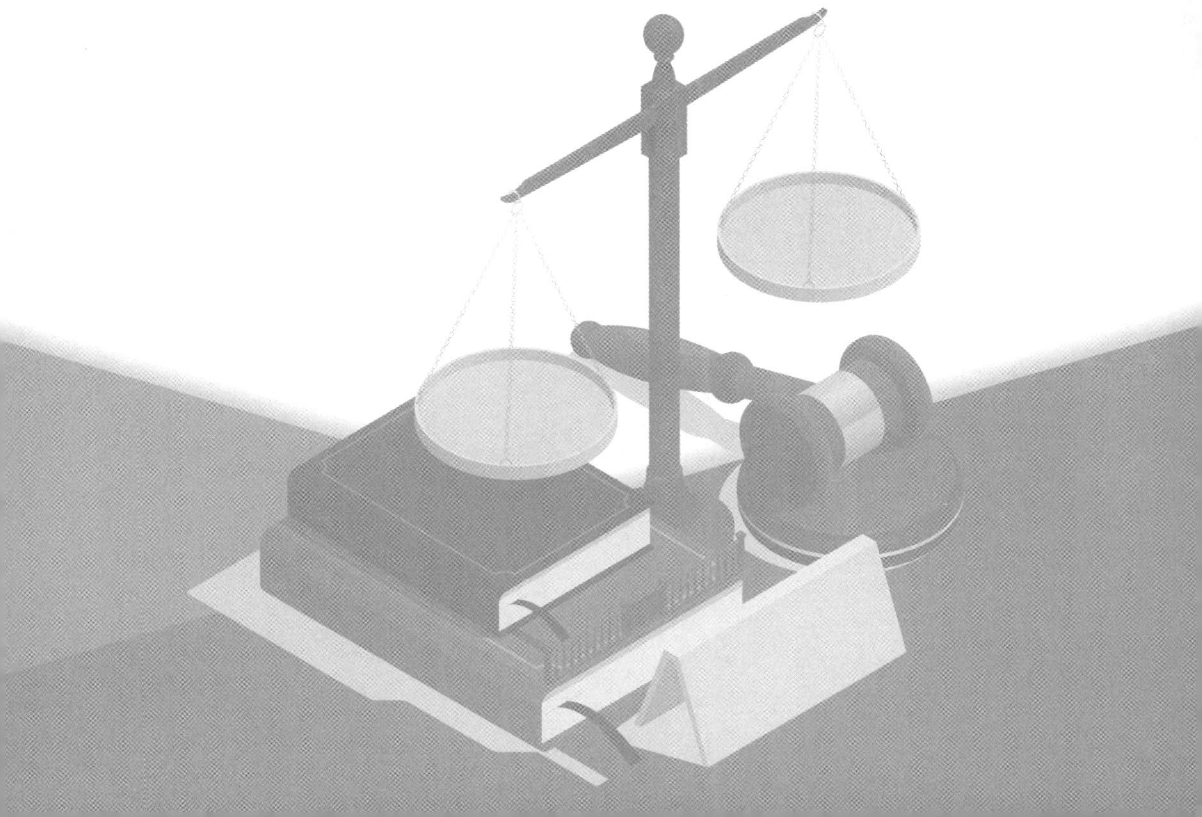

第一部分　课程内容选编

综述人：张心颜

在通过专题一 WTO 概述建立起对 WTO 法律制度框架的概要性认识的基础上，这两周课程我们对中国知识产权案进行了研究，并重点围绕本案专家组报告中关于“刑事门槛”部分进行了分析讨论。

（一）第三次课综述

研究中国知识产权案的前一次课程中，我们主要围绕专家组处理本案的一些方法和策略问题进行了讨论，为后一次课程中对案件实体问题的探究奠定基础。

1. 适用《维也纳条约法公约》（VCLT）的依据问题

因本案专家组报告多次使用词典以寻找解释对象、包括核心争议概念“commercial scale”的“通常含义”，我们讨论的起始点自然就落在了规定了此种解释规则的 VCLT 在本案中的适用依据问题。一开始，我们仅是简单认为 VCLT 作为拥有众多缔约国的公约对缔约国具有直接约束力；而杨老师提醒我们，若仅从这个层面出发，一则无法解释 VCLT 何以约束 WTO 的专家组，二则无法解释专家组运用 VCLT 规定的解释规则何以得到并非 VCLT 缔约国且作为本案当事方的美国的承认，并且引导我们从本案专家组报告原文中寻找答案。

在杨老师的引导下，我们找到了专家组报告第 7.500 段关于专家组认为“VCLT 第 31 条所表述的解释的一般规则以及第 32 条所表述的补充解释手段的规则已经达到了习惯法或一般国际法规则的地位”的内容，[31] 同时结合 DSU 第 3 条第 2 款关于“习惯国际公法的解释规则”的规定，[32] 切实了解了本案专家组运用 VCLT 的依据，也进一步认识到：除单纯猜想与推测之外，更需要认真细致地阅读文献，从文献中寻找真实可靠的依据的重要性。

2. 专家组报告第 7.629—7.631 段的含义问题

我们还用相当长的时间讨论了专家组报告中容易引起困惑的第 7.629—7.631 段的含义。该三段的含义大致为，根据专家组的观点，“没有迹象表明，关于在中国什么是典型或通常的证据难以获得，事实上美国提供的各种证据中就包含了关于中国价格和市场的更为具体的信息；证物中的信息不一定充分，即便是充分的，专家组也不宜在这些证物中寻找美国没有提及的证据以证明美国的理由”，[33] 而我们争议的焦点落在了第 7.631 段的“The information

---

31 7.500. The application of the rules and procedures of the DSU to the settlement of disputes under the TRIPS Agreement is confirmed by Article 1.1 of the DSU, in conjunction with Appendix 1 of the DSU which lists the TRIPS Agreement as a “covered agreement”. In accordance with Article 3.2 of the DSU, the Panel applies “the customary rules of interpretation of public international law” to its task of interpreting the TRIPS Agreement in this dispute. The general rule of interpretation, expressed in Article 31 of the Vienna Convention, and the rules on supplementary means of interpretation in Article 32 of the Vienna Convention, have attained the status of rules of customary or general international law. The Panel will apply the general rule of interpretation and, to the extent warranted, supplementary means of interpretation. The Panel is mindful that Article 3.2 of the DSU also provides that “recommendations and rulings of the DSB cannot add to or diminish the rights and obligations provided in the covered agreements”.

32 DSU Article 3: 2. The dispute settlement system of the WTO is a central element in providing security and predictability to the multilateral trading system. The Members recognize that it serves to preserve the rights and obligations of Members under the covered agreements, and to clarify the existing provisions of those agreements in accordance with customary rules of interpretation of public international law. Recommendations and rulings of the DSB cannot add to or diminish the rights and obligations provided in the covered agreements.

33 7.629. ...For the reasons set out above, the Panel does not ascribe any weight to the evidence in the press articles and finds that, even if it did, the information that these press articles contain is inadequate to demonstrate what is typical or usual in China for the purposes of the relevant treaty obligation.

7.630. There is no indication that probative evidence on this point would be difficult to obtain. Indeed, it can be noted that more specific information on prices and markets in China is contained in various US exhibits, notably information on prices of products in a report on Cinema and Home Entertainment in China prepared by Screen Digest and Nielsen NRG (submitted in support of the claim regarding the Copyright Law) and in annexes to a letter from Nintendo of America to the United States Trade Representative. The United States did not refer to this evidence in its submissions. Further, in response to a question from the Panel, the United States had no apparent difficulty in providing a translation of a Chinese judicial decision that had been mentioned in one of the press articles.

7.631. The information in the exhibits would not necessarily have been sufficient and, even if it were, it would not be appropriate for the Panel to trawl them for evidence to which the United States did not refer to make the United States' case for it.

in the exhibits would not necessarily have been sufficient and, even if it were, it would not be appropriate for the Panel to trawl them for evidence to which the United States did not refer to make the United States' case for it." 一句的含义上。经过讨论，我们首先明确了该句中的 "not necessarily adequate" 意为 "不一定" 而非 "不必要"，又结合第 7.631 段后半部分 "表面证据确凿的案件必须以申诉方就申诉的每项内容提出的 '证据和法律论据' 为基础，投诉方不能简单地提交证据并期望专家组从中推断出世贸组织不一致的主张，也不能仅仅指称事实而不将其与法律论据联系起来" 的内容，[34] 就本句的意思得出了初步结论：在美国提交的证据中，可能具有能够证明其主张的信息，但由于美国并未将特定证据与其相应的主张建立起联系，而专家组没有义务主动为美国建立此种联系，故认定美国没有完成其 prima facie 的证明任务。虽然我们在此过程中也对专家组和申诉方在证明过程中的职责分配、美国是否有义务从 "数量" 和 "性质" 两方面举证、美国建立了错误联系时专家组是否有义务纠正、提交证据时是否有说明证明目的的义务、举证责任是否包括提供证据的责任和说服责任等问题产生过争论，但最终就该句的大致含义基本上达成了上述共识。

最后，杨老师和我们分享了其从另一个视角对该句话的理解：关于专家组提出的证明 "在中国什么是典型或通常" 的要求，专家组认为在美国提供的材料中是存在的，故而该要求并非不可能达到，而为了避免美国按照专家组的说法从自己提供的证据中找出相应信息、却不满足专家组所设置的标准时专家组失去回旋的余地，专家组补充说明了美国提供的证据中虽然可能存在证明 "在中国什么是典型或通常" 的信息，但是很可能是不充分的，即便是充分的，专家组也没有义务帮美国寻找。如此，专家组的说明就更为周延，使得专家组在美国果真按照专家组的说法提供了相应信息时仍能够根据自身的心证进行判断裁量的空间。此种理解为我们理解专家组报告第 7.629—7.631 段的含义打开了新的视野，并引发了我们的后续思考：专家组是在其审查程序的哪个阶段表达上述意见的？若在辩论终结后直接体现在最终报告中，则该段论述似乎就丧失了实际意义；若该段意见在专家组审查程序中，则美

34　7.631. … "A prima facie case must be based on 'evidence and legal argument' put forward by the complaining party in relation to each of the elements of the claim. A complaining party may not simply submit evidence and expect the panel to divine from it a claim of WTO-inconsistency. Nor may a complaining party simply allege facts without relating them to its legal arguments."

国为何没有在后续的程序中按照专家组的要求行事？杨老师表示此中的前因后果已无从考证，鼓励大家打开思路继续进行思考。

3. 字典问题

我们还就专家组多次运用《新牛津简明英语词典》界定包括“commercial scale”在内的解释对象其“通常含义”的正当性进行了讨论并初步达成了共识：根据专家组报告第7.559段，专家组依据争端解决机构的“先例”，以词典作为确定约文中术语“通常含义”的一个“有用的起点”，即词典中的含义并非决定性的，仅具有过程和方法的性质，因此只要选取的是一个较为权威、得到较为广泛运用的词典、以解释对象在其中的含义作为解释的“起点”，就可以被认为是合理的，虽然本案使用的是《新牛津简明英语词典》，但其他词典也未必不可。杨老师还进一步指出，WTO争端解决机构最为常用的确实是《新牛津简明英语词典》，但也用过其他词典，在金融、法律等专门领域也使用过专门领域的词典；还鼓励我们查询诊断解决机构运用词典解释约文中术语的第一个案件，了解以词典作为确定“通常含义”的“有用的起点”这个先例的形成过程。

4. 其他问题

由于时间的限制，课程的最后由同学们依次提出自己的问题供大家思考。同学们所关注的焦点相对较为集中，多是围绕举证责任和证明标准（prima facie）、“commercial scale”的通常含义、刑事责任与行政处罚的替代关系、第三方在本案中的地位和作用等。

（二）第四次课综述

在前一次课程理解专家组处理“中国知识产权案”的一些方法和策略的基础上，我们在后一次课程转向了本案的实质方面，主要围绕本案的举证责任、证明标准（prima facie）、专家组对“commercial scale”的解释等问题进行了研讨。

1. prima facie与举证责任的问题

由于专家组报告中多次提及的prima facie这个证明标准以及美国作为申诉方的举证责任，而美国未能满足专家组在本案中设置的证明标准和举证责任直接导致了案件的处理结果；同时，证明标准与举证责任也是同学们疑问较为集中的方面，我们在本专题第二次课程中于简要补充上次课程所遗留的词典问题之后，首先就该问题进行了探讨。

（1）关于证明标准

为了查明本案中 prima facie 标准的含义及其功能，我们查询了该词汇在其所起源的普通法系的含义，了解了 prima facie 在普通法系作为申诉者推动案件进展的最低要求、作为举证责任转移的条件、作为审理者认定事实并作出对申诉方有利裁决的最低要求三种功能；随后通过简要回顾美国羊毛衫案、美国限制内衣进口案、韩国牛奶案、欧共体石棉案、印度专利案、欧共体荷尔蒙案等案件，初步认为 prima facie 标准在 WTO 争端解决机制的实践中同时发挥作为继续进行诉讼门槛的功能与举证责任转移的标准（解除申诉方举证责任的证明标准，此时该标准具有非终局性）；而本案中，专家组采用了 prima facie 标准，认为美国作为申诉方未能完成初步证明，从而不能产生举证责任转移给作为被诉方的中国的效果、也不足以继续推动诉讼，故而无须中国提出相反证据而直接裁决美国败诉。

以此为基础，我们进一步讨论了 WTO 所采取的认定案件事实的标准。我们首先回顾了诉讼理论三种证明标准，即表面事实标准、优势标准（preponderance standard）或盖然性权衡标准（balance of probability）、排除合理怀疑的标准（beyond a reasonable doubt standard）。鉴于 WTO 法律文件本身并未对争端解决程序中的证明标准进行明确规定，我们对相关案件进行了简要梳理并试图从中发现专家组和上诉机构的实践情况：在欧共体荷尔蒙案中，上诉机构认为，当另一方当事人未能提供任何证据反驳申诉方提供的初步证据时，“初步证据案件”可以作为认定事实的证明标准；在美国归零案、日本苹果案、印度数量限制案、欧共体床单案等案件中，专家组在分析初步证据标准时，考虑双方当事人所提交证据和论证，这似乎是把“初步证据案件”作为最终证据标准，而在美国陆地棉案、欧共体石棉案中，专家组似乎采取了优势证据标准；我们于是认为，WTO 实践中并非采取一贯的证明标准，而是因个案而有所不同，而专家组或上诉机构也并未对何为 prima facie 进行阐述，使得该概念存在模糊性，可能导致可预见性的缺乏；相较而言，优势证据标准可能更为合理；并且，若专家组在个案审理中并不事先告知当事方本案所采取的证明标准，显然也具有不合理性。

（2）关于举证责任

我们首先对举证责任原理进行了回顾：举证责任分为提出证据的责任和

说服责任两个部分，我们就这两个部分的内容以及是否可能转移等问题进行了讨论，而后达成共识，认为提出证据的责任可能在诉讼过程中在当事人之间来回转移，而说服责任在案件审理过程中国则不会发生任何转移；通过对欧共体石棉案和韩国乳品案的简要回顾，我们了解了两个案件中的专家组都认为，负担举证责任的当事方在确立“初步证据”之后，提出证据以反驳该方主张的责任就转移到对方，然而首府责任并不会随之转移，若最后综合全案证据认为案件事实处于真伪不明的状态，则负担说服责任的申诉方将负担败诉的风险；由此，我们认为 WTO 争端解决程序中关于举证责任的规则与诉讼法的一般原理是吻合的。

最后，针对同学提出的 prima facie 标准和我国诉讼法中立案标准的关系，杨老师鼓励我们思考 WTO 证明规则与我国国内的证明规则、英美法系的证明规则以及大陆法系的证明规则有何区别与联系，WTO 证明规则是混合了英美法系与大陆法系的元素还是自成体系的问题。

2. 专家组调查取证权的问题

有同学注意到，DSU 赋予了专家组寻求信息权，可向其认为适当的任何个人或机构寻求信息和技术建议，[35] 于是我们就 DSB 专家组的寻求信息权与国内民事诉讼中法官的调查取证权之间的关系进行了简要讨论，认为专家组寻求信息的权利与我国民事诉讼中法院的调查取证权的性质存在不同：我国法官的调查取证权具有司法公权力的职权主义色彩，虽然受到法律严格限制，仅限于当事人申请、涉及公共利益、虚假诉讼、纯粹程序性事项等情况，但是具有强制性；而专家组的寻求信息的权利虽然在性质上不甚明确，但应当认为专家组不可能采取强制性措施以寻求信息，个人与机构对专家组提供信

---

35 DSU Article 13：

1. Each panel shall have the right to seek information and technical advice from any individual or body which it deems appropriate. However, before a panel seeks such information or advice from any individual or body within the jurisdiction of a Member it shall inform the authorities of that Member. A Member should respond promptly and fully to any request by a panel for such information as the panel considers necessary and appropriate. Confidential information which is provided shall not be revealed without formal authorization from the individual, body, or authorities of the Member providing the information.

2. Panels may seek information from any relevant source and may consult experts to obtain their opinion on certain aspects of the matter. With respect to a factual issue concerning a scientific or other technical matter raised by a party to a dispute, a panel may request an advisory report in writing from an expert review group. Rules for the establishment of such a group and its procedures are set forth in Appendix 4.

息是自愿性的；助教也指出，出于对当事方主权的尊重，WTO 争端解决机制更接近英美法系的对抗制，无论是专家组还是上诉机构都没有调取证据的“职权”。杨老师鼓励我们进一步思考 DSU 第 13 条杜宇专家组寻求信息权利的功能，也加深对国内诉讼制度的理解。

3. 专家组对 VCLT 第 31、32 条的运用

专家组如何在本案中运用《维也纳条约法公约》是我们重点讨论的问题。我们将专家组运用 VCLT 第 31、32 条的部分进行了大致划分，认为以专家组报告第 7.581 段分界，之前主要是对第 31 条的运用、之后主要是对第 32 条的运用，并且就 VCLT 第 31 条进行了分解，基本就“in good faith”“ordinary meaning”“context”和“object and purpose”四个要素达成了共识，而“term”为解释对象而非一个要素。

在此基础上，我们讨论了专家组报告第 7.540—7.542 段的内容，认为专家组提及的《巴黎公约》《伯尔尼公约》等由于并入了 TRIPS 而应被视为 VCLT 第 31 条的“context”，而 TRIPS 的谈判记录则应归入 VCLT 第 32 条的“supplementary material”；经讨论，我们基本认同 VCLT 第 31、32 条存在适用上的顺序，即只有当运用第 31 条的解释规则无果，或者结果显然荒谬时才可运用第 32 条规定的补充材料进行解释，但是并不妨碍专家组在根据第 31 条已经按照基本规则确定了明白而合理的含义的情况下阶段性地采用第 32 条的辅助解释方法以印证该含义。

我们还讨论了“in good faith”是不是一个单独的要素的问题。有同学认为“in good faith”是一个单独的要素，在本案中主要体现为“有效解释原则”(effective interpretation)，也有同学认为“in good faith”并非一个单独的要素，而是一个更为上位的原则，要求解释者在解释“ordinary meaning”“context”和“object and purpose”时需要遵循善意的原则。由于本案专家组并未对何为“in good faith”进行澄清，最终我们并未就其含义与地位达成一致意见，但认同若“in good faith”并非一个单独的要素而是天然地体现在对“ordinary meaning”“context”和“object and purpose”三个解释要素的运用过程中，则“in good faith”就无须在专家组报告中专门体现。

最后，我们在杨老师的引导下总结了专家组运用 VCLT 对“commercial scale”的解释思路：从词典出发，并根据“ordinary meaning”“context”和“object and purpose”分别确定“commercial”和“scale”在本案语境中的具体含义，其原则是要让“commercial”和“scale”分别有其含义。杨老师还鼓励我们思考专家组的论证逻辑是否具有足够的说服力。

4. CPTPP 第 18. 77. 1 段的问题

课程的最后，杨老师指出，在知识产权案中，美国被认为没能证明“commercial scale”而败诉，而在 CPTPP 第 18. 77. 1 段将“commercial scale”明确定义为至少包括“为商业利益或经济收入目的而从事的行为”或“并非为商业利益或经济收入目的而从事的，对版权或相关权持有人与市场相关的利益产生重大不利影响的重大行为”.[36] 则中国的刑事门槛是否违反了 CPTPP 的该条规定？经讨论我们认为，依据本条文义，只要是出于商业目的或造成了权利人重大不利影响的行为都必须纳入刑事程序，没有排除“情节显著轻微”或“微小数量”的余地，故而可以认为，中国的刑事门槛不符合 CPTPP 的该条规定。由于该条款在美国主导下制定，杨老师鼓励我们进一步查阅美国刑法是如何处理这个问题的。

---

36 CPTPP Article 18. 77: Criminal Procedures and Penalties

1. Each Party shall provide for criminal procedures and penalties to be applied at least in cases of wilful trademark counterfeiting or copyright or related rights piracy on a commercial scale. In respect of wilful copyright or related rights piracy, "on a commercial scale" includes at least:

(a) acts carried out for commercial advantage or financial gain; and

(b) significant acts, not carried out for commercial advantage or financial gain, that have a substantial prejudicial impact on the interests of the copyright or related rights holder in relation to the marketplace.

第二部分　课程感想汇编

刘凌堃

知识产权案是我们这门课讨论的第一个案例，我从中收获了很多有关条约解释、证据规则等方面的知识，更重要的是，这种课堂讨论的方式引导我在课前对案件中的争议点自行研究，这很大程度上培养了我利用原始资料分析问题的能力。

尽管还有许多案件有关的疑问没有得到明确的回答，但是我认为答案不是最重要的，研究问题的方法和能力才是。

贺韵锦

课程中，我认为，我们应当更加重视对专家组报告的文本的阅读，明确对专家组各项表述和用语的理解。同时我们也需要适当参考与案件相关的各项文件和记录，如两国在争议中提交的陈述、案件涉及的有关条约。在讨论时，我们不能凭空谈论自己的想法，而是要更多地寻求文本、条约乃至相关文献和论述的依据，这样才能有助于我们更好地学习、理解和研究 WTO。

郝曼彤

（一）课程收获

通过研究专家组解释“on the commercial scale”一词的过程，我们发现专家组严格按照 VCLT 第 31 条的要求对该词进行解释，该条的解释要件在报告中都能找到相关的词语进行对应。这一方面体现了 WTO 争端解决机构作为国际法上的司法机构，对相关的法律解释方法严格实施并运用，另一方面也是争端解决机构本身对“条约必须遵守”原则的贯彻落实。

此外，我们在讨论研究 prima facie 问题时，对专家组报告中看似不重要的第 7.631 段第一句话的理解产生歧义，最后发现这句话是十分必要的。专家组通过这句话不仅说明了自己设定的举证责任可以完成，另一方面表明自己的中立立场，并且没有对其提出的相关证据进行论证，避免了当事方可能产生的误解。结果也是显而易见的，被涉及利益的当事方美国并没有上诉。以上专家组论证的过程把严谨展现得淋漓尽致，使得报告的内容滴水不漏，值得我们学习并借鉴。

（二）课后思考

本案的结果是美国的主张并没有获得专家组的支持，但中国也通过立法的修改降低了知识产权的“刑事门槛”。随着国际形势的变化发展，特别是近期我国正式申请加入 CPTPP，我国可能需要重新考虑许多协定项下义务的履行是否符合要求。以本案为例，CPTPP 对成员提出了较高的知识产权履行标准，我国可能需要重新考虑本案中“刑事门槛”的相关规定，考虑是否需要取消门槛等。

因此，专家组报告和上诉机构报告并不是一劳永逸的，相关成员对协定义务的“遵守”也可能因为国际形势的变化演变为“不遵守”。在这一发展过程中，专家组乃至上诉机构存在的价值是肯定的，一方面能够起到督促成员遵守现存义务的作用，另一方面有可能提醒成员根据国际形势的发展变化调整对协定义务的履行情况，这样才能充分体现多边主义对全球经济一体化协调和发展的作用和价值。

张心颜

在本专题研讨过程中，我除了对 WTO 专家组和上诉机构使用词典的先例、VCLT 在 WTO 争端解决程序中的运用、WTO 争端解决程序中的举证责任和证明标准、“司法经济原则” 在 WTO 争端解决程序中的实践情况有了初步认识，更在学习和研究方法方面得到以下三点启发。

（一）文本解读的不同视角

课堂上老师和同学们分享的通过各自不同视角对同一文本的不同理解着

实让我大开眼界。对于第 7.631 段的“The information in the exhibits would not necessarily have been sufficient and, even if it were, it would not be appropriate for the Panel to trawl them for evidence to which the United States did not refer to make the United States' case for it.”一句的含义，我也和同学们一样，本能地从规范的视角出发，联系下文专家组对提出证据的当事方所负说明义务的论述，认为本句中专家组的意图是强调美国并未将其提供的证据与相应的主张建立起联系，因而美国未能完成其举证义务；而杨老师分享的理解是从专家组在对美国提出证明要求的同时为自己保留心证之余地的意图出发，补充强调专家组所需要的证据在美国已经提供的证据中虽然可能存在，但很可能是不充分的，进而即便美国按照专家组的要求说明了其提交的各个证据的证明目的，专家组仍然未必会支持其诉求；此种视角从现实出发，更为关注文字背后专家组的真实意图以及专家组与当事方之间微妙的博弈，确实给了我一种茅塞顿开的感觉。此外，在讨论“in good faith”的含义以及在解释规则中的地位时，同学认为“in good faith”并非一个单独的要素，而是一个更为上位的原则，要求解释者在解释“ordinary meaning”“context”和“object and purpose”时需要遵循善意的原则，而进行此种解释对专家组的一个好处在于其不必在报告中具体论述其对“in good faith”的运用，此种思路也给了我很大的启发。老师和同学们多样的文本解读思路让我意识到了从多个视角切入同一个文本的重要性：有时，换个角度就能发现许多自己先前从来不曾注意到的东西，也能够对文本形成更为全面而立体的理解。我将在后续的学习中尝试从不同视角出发、努力打开思路。

（二）对条约之间关系的新认识

课堂讨论从 TRIPS 第 61 条本身的含义到拆分 VCLT 第 31、32 条的要素，又回到 TRIPS 第 61 条专家组如何运用 VCLT 第 31、32 条对其中的“commercial scale”进行解释；再从 TRIPS 中的“commercial scale”到 CPTPP 中被更为精确地定义为至少包括“为商业利益或经济收入目的而从事的行为”或“并非为商业利益或经济收入目的而从事的，对版权或相关权持有人与市场相关的利益产生重大不利影响的重大行为”的“commercial scale”，不同国际条约之间相互援引、相互配合或承前启后的关系让我认识到，每个国际条约都不是孤立的，而是作为综合的国际秩序体系中的一部分，需要将有关条约相互结合、相互对照才能加深对彼此的理解。

（三）了解现实情况的重要性

多年来止于教科书和论文的理论学习让我形成了固定的“从规范到规范”的思维模式而鲜有从现实情况出发去探寻规范的形成过程。然而，本专题的研讨过程让我开始尝试着眼于现实。开始阅读本案专家组报告时，我面对词典和“司法经济原则”的运用是迷惑的，也不理解专家组为何不将概念与使用依据分析清楚；然而，在课堂讨论的过程中我了解到，运用词典解释术语的是在DSB专家组和上诉机构在实践中逐渐形成的先例，最初运用词典时甚至可能根本未曾料想会形成先例，在当事方认可的情况下自然不会有澄清理由的必要性；在课后对“司法经济原则”有关案件的查询过程中我也了解到，“司法经济原则”也是在专家组和上诉机构的审理实践中逐步形成、发展并仍处于完善过程中的规则，并非一个封闭的系统，而是不断生长的，并不能被轻易定义；在引导我们比较TRIPS和CPTPP中“commercial scale”的定义时，杨老师提及正是因为美国在知识产权案件中的败诉，其在主导CPTPP谈判时将“commercial scale”按照其意志进行了明确的定义，此种规范背后现实的前因后果让我更为切实地理解了二者之间的真实联系；杨老师还提及，其所撰写的案例评析中指出专家组“创造性”地解释了“commercial scale”一词是其在当时基于自己中国政府官员的立场所进行的判断而未必一成不变，这也让我认识到，现实可能远比呈现于纸面的东西更为复杂。

我开始理解，无论是WTO法律体系还是其他制度，其形成与发展都是从现实到规范而非从规范到现实的，理论和规范仅是对现实的概括和解释；包括WTO法律体系在内的制度也不可能被禁锢于规范的范围内，而是鲜活的、不断生成发展的。我将努力培养关注现实的意识和“从经验到逻辑”的思维方式，在关注规范和理论的同时更多了解研究对象的现实情况。

何一丹

在初读本专题的专家报告选段时，我深深为专家组报告的长度和论证的详细与复杂程度所震撼——仅仅是“on a commercial scale”这一个短语，专家组就用了10页的篇幅来解释。细读专家组报告我发现，报告篇幅虽长，但没有一句是废话，都是在为更准确和精细的解释服务，真实展现了“说理”

的魅力，其中有许多解释方法值得我们学习。

在选段阅读和课堂讨论中，我感觉语言问题是我们学习和理解专家组报告过程中的一大难题。比如第一节对专家组关于“prima facie”论证的讨论，第二节课对“term”是否能成为条约解释要件的讨论，两个讨论有一个共同的基本问题就是我们对英文的理解问题。我们是否真的看懂专家组报告的选段、是否知道“term”的英文意思，会很大程度影响我们对所讨论问题的理解。在后续的学习中，我们不仅要加强专业知识层面的能力，也要加强语言层面的能力，而且这两方面并不是分离的，而是相互促进的。

岳芳好

DS362 中，关于“prima facie”的讨论同学们参考了中国民事诉讼法的相关规定，并与中国的举证责任制度与证明标准进行了比较。比较研究是一种重要的法学学习方法，能够让我们更好地理解外国法，也与全球化趋势契合；它不是对法律制度的翻译阐释，本质上仍是功能导向，为研究者指引丰富可行的解决路径。

但在课堂学习中，我感受到或许在利用比较法方法进行研究的时候，要避免基于国内法律制度对制度进行价值预判，不然可能会产生理解上的偏差。例如，在讨论“prima facie”的概念过程中，我参考国内民事诉讼法制度，认为专家组程序也为存在“回合”：由申诉方提供初步证据，再由被诉方提供初步证据，专家组根据申诉方诉求一一进行回应和裁决。但实际上 WTO 争端解决中证明责任更多“是一种实体意义上的责任，而非阶段性的程序性责任”，[37] 专家组仅会对举证方是否履行举证责任进行总体判断，而不需要就申诉方是否初步证明其诉求做出明示的裁决。

蒲　毅

在以往的学习中，特别是在法理学中，法律的解释往往只被看作法律运作过程中的一个环节，但是在本案中恰恰凸显了法律解释在整个法律运作过程中的重要作用。如何解释 TRIPS 第 61 条的规定，特别是细化到对该条“commercial scale”的解释，是本案的关键。

37　韩立余：《WTO 争端解决程序中的举证责任》，《现代法学》2007 年第 3 期，第 81 页。

其实更进一步来看，为了对这一条进行解释而选择适用的 VCLT 第 31、32 条其实也是一个对该条的解释问题，在解释上采取的不同思考的进路，往往会导致不同的结果，而这正是出现法律分歧的原因。

这次专题的学习所呈现的第二重要的提醒在于，在以前的学习中已经了解到 VCLT 第 31、32 条是关于条约解释的规则，对这两条的理解也就到此为止了，但是并没有深究其内容中所包含的法律解释规则所具备的要素。但是此次在完成杨老师布置的第二次任务的时候，我才发现以前所谓的了解真的太过于肤浅，到真正去适用的时候，发现从要素的确定到每个要素是如何被适用的都充满困难。这也更提醒我，在以后的学习中，要多问一个为什么，进一步思考那些自以为懂了的问题是不是真的懂了。更重要的是，通过解决实际的问题，去检验自己所学的知识，这是学习中必不可少的一步。

沈子尧

这两节课是我们正式开始接触 WTO 的案例研习，深刻的体会到对于英文材料的阅读量着实不小，但是课堂质量很高，有很多优秀的同学对于案例的把握都比较透彻，因此提出的问题都比较细致且有深度，希望能继续努力跟上同学们的步伐。

范熙唯

第二节课主要讨论了 VCLT 第 31、32 条是如何运用在知识产权案中的，老师提出不能模糊地说适用了 VCLT 第 31、32 条，要仔细分析条文的每一个要素，与专家组报告中的分析相对应。以此捋清专家组报告的说理逻辑，或是找出专家组报告论证的不甚合理之处。在本文的写作中，我初步尝试了这一方法。通过对专家组报告、法律条文更为细致地进行研究与分析，确实可以使我对专家组的论证思路有了更为明晰的认识。

梁凯丰

本专题的学习中，课堂上同学们关于证明标准和证明责任问题上的激烈的辩论，逐步让我领略到本门课程的魅力。但课堂上在问题澄清上花的时间相对较多，我认为可以把时间相对多得花在知识点的探索与辩论中。同时，我还要加强学习国际法的相关知识，这样更有利于参与课堂讨论。

张文嘉

DS 362 案是我们本学期研讨的第一个案例，课前阅读案例的时候看到洋洋洒洒的专家组报告有些望而却步，但通读后也觉得能够从头到尾了解一个争议焦点判决逻辑思路的畅快感是看二手文献（中文翻译）所不能相比的。在课堂上通过对同学们的提问进行思考讨论，也发现了许多在自己阅读过程中从不会关注到的问题，比如课程一开始讨论的 WTO 为什么应该适用 VCLT，阅读材料的时候也没有关注到就直接略过了。再比如老师反复追问的如何理解第 7.631 段和第 7.632 段，自己阅读的时候从未想过这两句在理解上会有什么问题。因此在阅读报告的时候应该更多地带着问题思维去思考、去发现，而不是单纯地浏览带过。

滑迎春

通过对这件案例的讨论，我的感悟是，同学们的很多提问就藏在案件文本中，只要仔细对专家组或上诉机构的报告加以阅读和思考，就能得到答案。此外，要对文本的一些细节多加推敲，比如第 7.631 段的第一句话，对理解上下几段上诉机构的意思至关重要。当然，这也与我们的英语阅读理解能力有关，还是要提高英语水平。最后，要善加检索，DSU 通常都会援引处理过的案例来进行说理，或者其某些做法是延续了之前专家组或上诉机构的传统，当我们理解某个问题时，向前追溯是有必要的。

龚 正

关于这次的讨论，最让我印象深刻、引发我思考的是关于条约解释规则的讨论。在以往的国际法课堂上，我总是理所当然地将“善意解释”作为独立的解释规则，与其他规则相并列。但通过这次的讨论，让我对条约解释有了更深的认识，即善意解释应当被更多角度地看待，“善意”作为一种主观立场，一种价值判断，从性质上来看就与其他客观解释原则相区分。在“善意解释”规则的实际运用上，我们似乎也很难找到哪一个解释贴切地体现了“善意”的原则，我们很难对“善意”作出客观的判断标准。因此，从这个角度来看，“善意解释”应当被视为一种主观立场与原则宗旨，它更像是统领其他条约解释方法的存在。

王晓臻

个人感觉通过这两周的课程我逐渐适应了杨老师苏格拉底式的教学形式，并且更加积极主动地参与大家的讨论，在知识和能力上有进一步的提高。

（一）关注时事

在经历了一段发展的“低谷”之后，WTO 在近期有很多令人振奋的进展，也有很多与中国相关的国际贸易领域的新闻，应当利用好自己的时间，多多阅读和关注，而不能拘泥于仅仅在课堂和课程作业中学习研究。

（二）关注其他同学的研究

课前我都会大致浏览同学们的作业合集，看到了很多同学优秀的研究，这也是一种很好的学习方法，能够促进我进步的方面主要是：

第一，各位同学关注的主题非常多样，能够促进我拓展自己的知识面，避免在硕士阶段过早地限制在自己目前掌握或感兴趣的内容中（信息茧房）。

第二，由于已经事先了解了同学们的研究和观点，所以在课堂讨论时，自己的参与感也会更加强烈，充分理解大家讨论的内容，并且也能够作出一定的回应。

（三）个人心态的调整

摒弃了一些担心别人认为我发言不好、知识储备不足、能力不强的顾虑，更加专注地投入课程的学习中，能够在自己有想法后抛弃顾虑积极举手发言，并且学习的目的更为端正。

（四）反复阅读

第一，老师下发的课程大纲中对案件的简要介绍，以及对该案例分析的文章，不仅要在正式阅读专家组或上诉机构报告前看，还应该在深入学习后再回过头去看一看。对 DS 362 的案例，我在阅读专家组报告前有所阅读，但随着开始正式阅读专家组报告，对该案例的概括与分析却逐渐被我淡化。而在学习后回顾，一方面是能够回忆案件中体现的知识，另一方面能够加强对于老师对该案例看法的深刻认识。比如大纲中有一句：“本案专家组运用条约解释方法，创造性地解释了‘commercial scale’。”实际上就是第二次作业展开的内容，在了解具体内容后，回顾老师的概括及分析，就会对这一问题有更深入的把握。

第二，对案例也要反复阅读。在第一遍时，我逐字逐句进行了通读，以为自己已经对专家组的意见掌握得比较细致，但是在完成第二次作业时，还是发现自己并没有很好地梳理专家组论述的思路和方法，所以要反复阅读，常看常新。

（五）还需要改进的方向

仍然需要锻炼自己在完成作业时的效率；提升自己查找资料的能力。

第三章

中国出版物与音像制品案

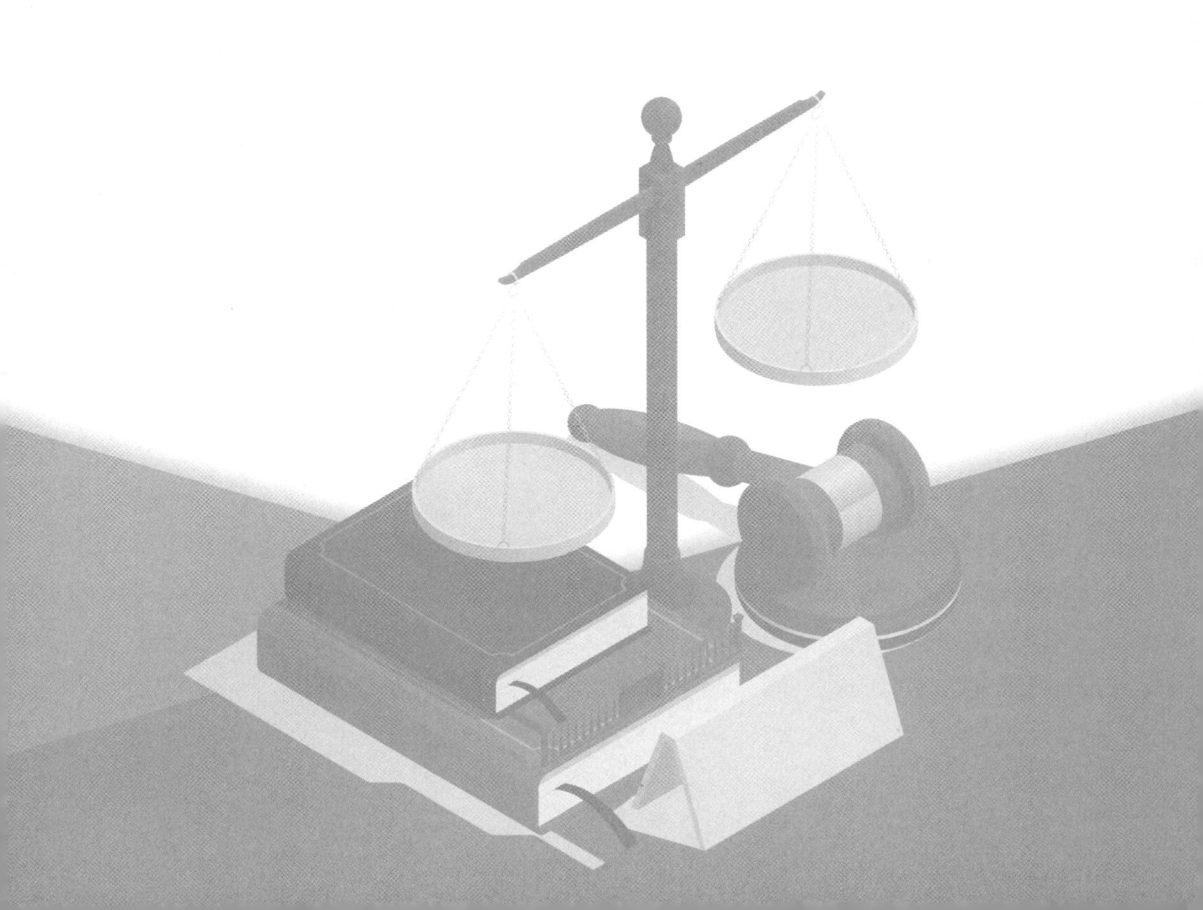

第一部分　课程内容选编

综述人：郝曼彤

一、课程综述

专题三是关于 DS 363“中国出版物与音像制品案”中针对 GATT 1994 第 20 条适用问题的讨论。经过这两周的课程，我们交流了 WTO 最新进展，澄清了 DS 363 案中的一些细节问题，还对阅读段落的主要争议进行了深入讨论和研究。

（一）WTO 最新进展

1. 关于李成钢大使发言记录的讨论

中国常驻 WTO 代表，特命全权大使李成钢在“中国加入 WTO 20 周年法律研讨会”上发表相关讲话，和我们分享了其在一线工作产生的观察和思考。

2021 年召开的 WTO 第 12 届部长级会议（MC12），是推迟之后时隔四年再一次召开此类会议。各成员方对该会议的态度可谓既充满期待，又弥漫焦虑。

期待的是 MC12 可能带来其积极的一面。所有成员目前在公开场合的表态都认为 WTO 应该改革不能放弃，对此次会议抱有期待。成员相信此次会议能够在一些领域达成新的协议，这些领域包括但不限于服务贸易、电子商务、投资便利化、渔业补贴等。前不久，成员顺利完成了服务贸易国内规制谈判，达成了电子商务诸边联合倡议（JSI）。JSI 虽然没有为服务贸易提供标准和纪律，但其能够规制成员国针对服务贸易采取的行政措施，结果也是令人振奋的。

焦虑的是 MC12 可能也存在消极的一面。在其他领域，比如知识产权豁免、渔业补贴以及 WTO 改革等议题谈判，成员方并未取得显著进展。比如在渔业补贴协议即将达成之际，美国提出应在渔业补贴中加入禁止为强制劳动的渔业提供补贴这一条款，阻碍了谈判的总体进展。总的来说，WTO 成员就某些关键领域的谈判并未取得实质性进展。如果此次会议成员仍不能达成新的协议，各成员对 WTO 的信心和期待必然会大大削减，届时，成员可能会失望地寻求其他途径推进自由化进程。

综上，MC12 会议能否达成新的办议，能达成哪些新的协议，对在世界范围内重振 WTO 是十分关键的。比起此次会议能否解决实际问题，成员方更关注它能否燃起大家的希望。目前，作为 WTO 支柱的三大领域存在着各种各样的问题，WTO 必然需要改革。但是哪些领域亟须改革，哪些领域的改革可以暂时搁置，哪些领域的改革容易达成，这些问题是各成员需要综合考虑的。如果部长级会议还无法达成任何协议，那么推进 WTO 改革更无从谈起，所以成员方对于此次会议的进展都拭目以待。

2. 关于美欧钢铝联合声明的讨论

在第二节课程讨论之初，我们讨论了前一个周末美欧发布的钢铝联合声明。声明的内容包括，美国将取消 232 关税代之以关税配额（TRQ），对关税配额内进口自欧盟的钢铁免征关税，欧盟将取消报复性关税。欧美将就全球可持续钢铝安排（the Global Arrangement on Sustainable Steel and Aluminium）展开讨论，并在两年内达成协议，以促进钢铝行业的脱碳，并解决一些经济体非市场行为造成的钢铝产能过剩的问题。此外，欧美双方将暂停 WTO 专家组争端，并同意根据 DSU 第 25 条规定将争端转为仲裁，以充分保留争端双方及专家组以及在程序进程中取得的成果。同时，双方同意无期限暂缓仲裁程序。

该联合声明中对 DSU 第 25 条的适用在历史上最具创造性。该条是争端解决机制中的仲裁程序，在以往的实践中仅被援引过一次，这可能缘于以往争端解决程序进展顺利，得到各成员广泛认可。但近年来，由于特朗普政府的阻挠，上诉机构瘫痪，争端解决机制面临危机。此次声明是 DSU 第 25 条第二次被援引，也是自争端解决机制功能不全以来首次被创造性地适用。双方在声明中表达的意愿是，在仲裁程序开始前加入磋商程序，并约定可以在最短30日磋商期限后启动仲裁程序，但不得早于声明发表之日起12个月。

经过讨论，我们认为声明中关于仲裁程序的适用存在疑点。首先，将专家组程序转为仲裁程序实属首次，是否符合DSU规定；其次，专家组在2019年1月25日成立，预计2020年秋散发专家组报告，在2021年2月通知DSB将延期至2021年下半年散发报告，超期裁决现象是否过于严重；[38] 专家组即将发布报告之际，欧美达成相关协议暂停专家组程序是否合理；再次，美欧双方已经就钢铝关税问题达成协议，相关争端是否仍然存在，双方在仲裁程序无限期暂缓之际要继续就哪些事项进行蹉商。

（二）DS 363细节澄清

1. 上诉机构审理范围——DSU第17.6条

本案中，专家组并没有审查中国能否援引GATT 1994第20条下的抗辩，而是对这一问题作出假设。上诉机构认为专家组这样做并不妥当，而直接审理了这一问题。因此，我们在课上讨论时产生了疑问，即专家组能否审理这一问题。

为了寻找答案，我们借助DSU文本获知了上诉机构的审理范围。根据DSU第17.6条，“上诉应限于专家组报告中所涵盖的法律问题和专家组所作的法律解释”。换言之，上诉机构审理的问题，或者是专家组报告涵盖的法律问题，或者是专家组已经作出的法律解释。接下来，我们的疑问就转化为“中国能否援引相关条文进行抗辩的问题”是法律问题还是法律解释。上诉机构报告中提到，这一问题是DSU第17.6条范围内的法律解释问题。[39] 然而，DSU第17.6条对法律解释的要求是专家组已经作出的法律解释。由于专家组采用了arguendo方法跳过了对这一问题的审理，并没有作出法律解释，所以相关疑问就变成上诉机构能否审理专家组没有作出的法律解释。

从DSU条文规定上看，上诉机构不能审理专家组没有作出的法律解释。从本案实践看，专家组通过假设跳过了对该问题的审理，上诉机构也确实审

38　https://docs.wto.org/dol2fe/Pages/FE_Search/FE_S_S009-DP.aspx?language=E&CatalogueIdList=270652,256765,256314,251119,249128,246598,246199,246202,246109,246110&CurrentCatalogueIdIndex=0&FullTextHash=&HasEnglishRecord=True&HasFrenchRecord=True&HasSpanishRec.

39　WT/DS363/AB/R, Page 96, para 215.

理了专家组假设的问题，这样是否被 DSU 允许？虽然法律规定禁止这种做法，但上诉机构审理被专家组 arguendo 的问题在实践中常有发生。

2. 上诉机构是否剥夺美国对“回避”问题的上诉权——DSU 第 22 条

DSU 第 17.6 条规定了上诉机构只能审查专家组已经审查的事项，这是为了保护当事方的上诉权，保证争议在被上诉的情况下可以经过专家组和上诉机构两次审理。但专家组在审理过程中可能运用司法经济原则对某些问题作出假设，以跳过本该进行的审理程序，上诉机构对被跳过的问题能否直接审理？如果上诉机构审理专家组假设的问题，那么该问题只经过上诉机构一次审理。以本案为例，专家组采用 arguendo 的方法并没有审查中国能否援引 GATT 1994 第 20 条下的抗辩，而是对这一问题作出假设，有可能剥夺了美国对这一问题的“上诉权”。从条文规定来看，DSU 第 22 条允许当事方在执行阶段提出执行异议，美国如果不满足上诉机构对该问题的审理，可以在执行阶段提出执行异议，可以看作一种救济途径。

3. 上诉机构能否将争议发回重审——DSU 第 17.13 条

本案中，专家组并没有审理中国能否援引 GATT 1994 第 20 条进行抗辩的问题，而上诉机构又认为对这一问题的审理是必要的。如果上诉机构完全按照 DSU 条文规定，是不能对这一问题作出审理的。于是我们就产生了“如果上诉机构不审理，能否将该争议发回专家组重审”的疑问。这一疑问可能与我国的二审范围有关，二审法院若发现一审法院漏掉对有关事实和法律问题的审理，可以发回重审。但 WTO 争端解决机制似乎没有发回重审的规定。根据 DSU 第 17.13 条，“上诉机构可维持、修改或撤销专家组的法律调查结果和结论。”上诉机构并没有发回专家组重审的权限，所以本案中上诉机构审理了专家组 arguendo 的法律解释，貌似是不可避免的。

（三）arguendo 和 judicial economy 的关系

在本专题第一节课上，我们就讨论到了这一问题。由于大家对这两个名词比较陌生，对它们的理解来源仅限于本案专家组报告和上诉机构报告中的解释以及课上检索的资料，所以第一节课我们对该问题的理解仅形成了大致的框架。

对二者关系的认识，主要存在以下认识：第一种认为 arguendo 是方法，judicial economy 是原则，二者是从属关系，arguendo 是适用司法经济原则的一种具体方法。第二种认为 arguendo 适用于前提问题，judicial economy 适用于互相平行的问题。如果解决一个问题是审理另一问题的前提，而解决前置问题比较复杂，可以运用 arguendo 跳过对前置问题的审理。如果解决的问题是平行的关系，而解决其中的一些问题比较复杂，可以运用 judicial economy 跳过一些问题的审理。虽然我们对二者的关系存在不同的认识，但总体上说，我们都认为二者是有差别的，无论在概念和性质上还是在运用上均不能画等号。

课后我对这一问题作了简单的研究，阅读相关资料后，我对二者的关系作了简单总结。judicial economy 是审判中的一般准则（general canon），而 arguendo 是一种法律技巧（legal technique）。根据对司法经济含义的理解，我们可以认知二者的关系，即辩论性假设是实施广泛意义上的司法经济原则的一种实践方法。这种理解是对第一节课讨论中第一种认识的细化，我们从实践中也不难看出司法经济原则有更广泛的适用范围。

（四）本案和 CBD 案的区别

在 CBD 案中，上诉机构对美国能否援引 GATT 1994 第 20 条作为《反倾销协议》第 18.1 条的抗辩作出了假设，运用了 arguendo 的方法。本案专家组参照了 CBD 案上诉机构这一做法，对中国能否援引 GATT 1994 第 20 条作为《入世议定书》第 5.1 条的抗辩作出了假设，也运用了 arguendo 的方法。不同的是，两个争端中上诉机构对能否采用 arguendo 的方法存在不同的态度。在本专题的第二节课上，我们围绕这个问题展开了讨论。

1. Gasoline 案专家组报告

有同学提到 CBD 案中上诉机构援引的美国汽油案专家组报告对这一问题的分析。美国汽油案的专家组认为，对 GATT 1994 第 20 条的审理存在两个层次，第一层是对该条各项的审理，第二层是对本条引言的审理。在审理时，要先审查相关措施是否满足各项的要求，再审查是否满足本条引言的要求。因此可以推断，对本条的审理顺序是倒置的，并且审理本条下的抗辩是否成立时只存在对以上两个问题的审理。

2. ABC

该条引言包含了两个问题，一个问题是审查相关措施是否符合引言中前提的要求，即满足“此类措施的实施不在情形相同的国家之间构成任意或不合理歧视的手段或构成国际贸易的变相限制要求的前提”；另一个问题是审查能否援引本条抗辩，即满足“本协定的任何条款”(nothing in this agreement)的要求。综上，审查 GATT 1994 第 20 条如何适用于审查与该条能否适用是两个不同的问题。这样分析就反驳了以上观点，以上观点将第 20 条引言部分的两个问题的两层适用混为一谈。

我们通过课堂讨论将 GATT 1994 第 20 条的审查分为三个问题，问题 A 是成员方能否援引该条抗辩，问题 B 是成员方相关措施是否满足该条引言的要求，问题 C 是成员方相关措施是否满足该条各项的要求。从它们的关系可知，对问题 A 的审理是前置条件，只有成员方能够援引该条抗辩，专家组或上诉机构才有审查是否满足该条引言和各项要求的必要。问题 A 与问题 B、C 是递进的关系，问题 B 和问题 C 是并列的关系。问题 A 是需要首先解决的问题，问题 B 和问题 C 审理的先后并没有实质影响。从实践来看，专家组或上诉机构在审查该条抗辩时，大多先审理问题 C，再审理问题 B，这一审理顺序最早可追溯到美国汽油案中。因此，跳过问题 B 不会影响案件的裁决结果。这样，相关疑问就转化为作为前置问题的问题 A 能否跳过（见图 3-1）。

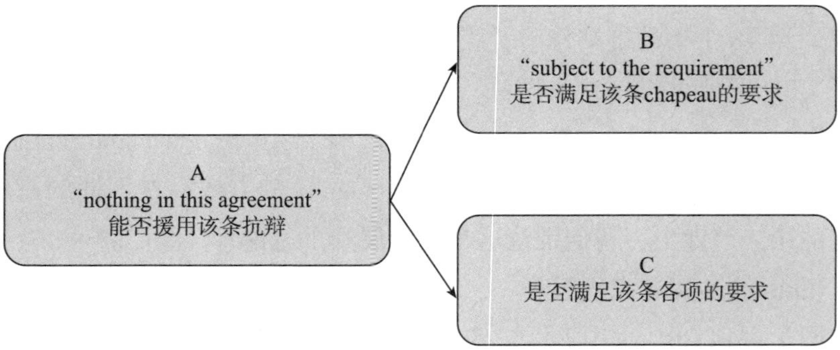

图 3-1　GATT 1994 第 20 条审查问题

回到本案和 CBD 案中，本案的专家组和 CBD 案的上诉机构都对当事方能否援引该条抗辩这一问题作出了假设，即假设问题 A 成立而首先分析问题 C。所以两案都是适用 A 和 C 的问题。经过上文分析，我们得出问题 A 是前置条件，不可以跳过。于是我们又产生了另一个疑问，为何本案上诉机构否认了专家组跳过问题 A 的做法，CBD 案中上诉机构却认同专家组跳过问题 A 的做法？是上诉机构的态度发生了转变，还是另有其他原因？

3. CBD 案和本案的区别

如果进一步分析，我们可以发现两案对争议条款的援引还是存在明显区别的。在 CBD 案中，美国援引该条抗辩其在《反倾销协议》下的义务；在本案中，中国援引该条抗辩其在《入世议定书》下的义务。这就涉及 GATT 1994 与《反倾销协议》以及 GATT 1994 与中国《入世议定书》的关系。

《反倾销协议》是关于 GATT 1994 第 6 条实施的具体规定。《反倾销协议》第 18.1 条规定："除非依照由本协定解释的 GATT 1994 的条款，否则不得对来自另一成员的倾销出口产品采取特定行动。"该条脚注说明，"此点无意妨碍根据 GATT 1994 的其他相关条款而酌情采取的行动。"从条款规定来看，《反倾销协议》第 18 条允许成员援引 GATT 1994 的条款抗辩本条项下的义务，因此美国能够援引 GATT 1994 第 20 条抗辩其在《反倾销协议》第 18.1 条项下的义务。

根据《WTO 协定》第 2 条第 2 款的规定："附件 1、附件 2 和附件 3 中所含协定及相关法律文件为本协定的组成部分，对所有成员具有约束力。"由于 GATT 1994 是附件 1A 中列明的协定，GATT 1994 也是《WTO 协定》的一部分。因此，《入世议定书》和 GATT 1994 都是《WTO 协定》的组成部分，二者是并列的关系。由于 GATT 1994 第 20 条规定该条只能被援引抗辩本协定项下的义务，因此从理论上讲，中国不能援引该条抗辩其在《入世议定书》第 5.1 条项下的义务。

通过以上分析讨论，我们发现本案和 CBD 案存在实质区别。在 CBD 案中，美国能够援引该条抗辩，因此跳过对问题 A 的审理不会对裁决结果产生实质性影响。在本案中，中国不能援引该条抗辩，因此跳过对问题 A 的审理可能会对裁决结果产生实质性影响。正如本案上诉机构所说，假设中国能够援引该条抗辩其在《入世议定书》项下的义务，那么就会使中国的义务处于不确定的状态，所以上诉机构在本案中采取了与 CBD 案上诉机构完全不同的态度。

4. 评价

虽然 CBD 案上诉机构对采取 arguendo 方法跳过问题 A 的设立持赞同态度，但上诉机构在其报告中并未对这一问题作出说明。通过以上分析，我们对此有了相关的猜测，即 CBD 案美国能够援引该条抗辩，或许上诉机构在报告中对这一问题作出说明会是更加负责任的。鉴于本案中国不能援引该条抗辩，而上诉机构也发现了这一问题，所以就不能采取 arguendo 方法跳过问题

A 的审理。我们无法探寻上诉机构的真实想法，只能通过分析和猜测作出相关推断，即如果上诉机构跳过问题 A 的审理并对为何跳过作出解释，这样有助于形成更完整的论证逻辑。

（五）DS 363 案上诉机构的论证思路

上诉机构在审查中国规制贸易的权利能否得到《入世议定书》第 5.1 条的保护时，首先审查了规制的贸易的措施是否符合《WTO 协定》的问题。上诉机构认为，相关措施符合《WTO 协定》有两种途径：第一种是该措施直接满足规定的纪律并且满足特定条件（satisfy prescribed disciplines and meet specific conditions），第二种是该措施虽然不满足规定的纪律或不满足特定条件，但符合《WTO 协定》下的例外条款的要求。中国规制贸易商的措施显然不符合第一种途径，因此需要审查争议措施是否符合第二种途径。若要审查争议措施是否构成《WTO 协定》下的例外，首先要审查争议措施能否援引相关例外。本案中，中国援引 GATT 1994 项下的例外条款，因此上诉机构需要审查中国能否援引该协定进行抗辩。上诉机构将这一问题转化为审查“该措施与规制货物贸易是否有明显的、客观的联系”。如果存在这种联系，则中国可以援用该协定下的抗辩，上诉机构需要进一步审查争议措施是否符合该协定的例外条款。如果符合例外条件，则中国行使管理贸易的权利的方式就符合《WTO 协定》。

以上论证思路看似逻辑自洽，实则可能存在漏洞。比如，上诉机构在分析中国规制贸易商的措施是否符合第二种途径时，可能还需要审查争议措施是否构成《WTO 协定》下所有的例外，包括但不限于 GATT 1994 下的例外。《WTO 协定》的附件有各种领域的协定，其中 GATS、TRIMS 以及 TRIPS 等都包含不同的例外条款，上诉机构没有解释如何从《WTO 协定》下的例外过渡到 GATT 1994 下的例外。虽然并不会对整体思路和裁决结果产生实质影响，但可能会给读者（特别是研习上诉机构报告的学生）带来理解障碍。对于此问题，我产生了一些猜测：一种可能是上诉机构认为这种分析和论证是当然实现的，无须浪费笔墨作出冗余的说明；另一种可能是上诉机构没有意识到这个问题，存在疏漏。

二、课后研究

由于第二节课对美欧联合声明的讨论持续近一小时，但我们并没有得出对这一问题的合理解释，所以我在课后针对这一问题做了简单研究。

美欧就钢铁关税问题暂时达成和解，美国承诺对进口自欧盟的钢铁在关税配额内免征关税，欧盟也取消了报复性关税，双方旨在共同面对来自中国的“产能过剩”问题。至此，双方似乎对钢铁问题达成和解。但双方并没有撤销针对该案审理的专家组，而是在专家组报告即将发布之际中止专家组转而诉诸仲裁程序。美欧双方根据 DSU 第 25 条将争端诉诸仲裁程序，并商定无期限暂缓仲裁，这不利于争端的解决。DSU 第 25 条的仲裁程序是为了方便当事方快速解决争端，故美欧双方无限期拖延仲裁程序与该条的目的背道而驰。理论上讲，双方援引 DSU 第 25 条将专家组程序转为仲裁程序符合条文规定，但存在将规则工具化的嫌疑，是对 DSU 条文的滥用。

此外，我对双方未撤销专家组程序的原因作出了猜测：这可能是为了防止某一方故意不履行和解协议，以督促双方的执行。在后续执行方面，双方采取的措施包括大规模免税，将一些领域关税恢复至报复关税前的水平，这可能给当事方国内产业造成威胁，当事方有可能出于顾虑不履行联合声明中的承诺。如果一方未按约定执行，则会给另一方带来损失；而对执行声明的审查，分别通过双方的国内审查机制进行。因此，未撤销专家组程序而将其转化为仲裁程序，是出于双方可能不履行承诺而未严格执行联合声明的保险。

第二部分　课程感想汇编

龚　正

对于本两周的课程，我首先感受到了大家思维的活跃性，从案件中专家组使用的 arguendo 方法到 judicial economy 原则，再到 CBD 案中对 arguendo 适用的比较，体现了大家一步一步深挖问题答案的探索精神。

其次在课前新闻环节，杨老师为我们带来了美欧之间最新的联合声明，让我在经典案例之外，看到 WTO 争端解决规则的实际运用，并尝试用所掌握的知识对现象进行猜想与解答，大大拓宽了我们的思维，并锻炼了我们解决问题的能力，进一步巩固了对知识的掌握，同时对国际政治大环境加以了解。

这两节课给我的感觉仍然是略有难度，尤其是听到同学们的研究内容并不是我研究范围的问题时，大量的资料与论证都让我有些跟不上同学的思路，但也的确加深了我对问题的理解。

岳芳好

本案例让我清晰感受到“得知此事要躬行”，此处的“躬行”则是指翻阅案例本身，查找相关先例，而非停留在教课书上对制度的笼统介绍。本科期间学习国际经济法时，对于《WTO 协定》下多个例外条款并未思考过多，也未翻看 GATT 1994 第 20 条的原文。在初读本案时，我一直采取简单论证的思路，即既然 GATT 1994 为《WTO 协定》，为何中国援引 GATT 1994 第 20 条以论证符合《入世议定书》第 5.1 条中的“以与符合《WTO 协定》的方式管理贸易的权利”构成一个复杂的法律问题。但是，通过阅读专家组和上诉机构报告，并且对 assumption *arguendo* 的论证方法进行研究之后发现，是否能够援引涉及《WTO 协定》内各协定之间的层级认定，确实是一个复杂的法律问题。

同时，我也感受到了发散思维的重要性，这两周涉及的案件从 assumption *arguendo* 出发，大家讨论研究了相关案例适用、与司法经济原则的关系、上诉机构的审查范围等。可谓见微知著，加深了对 WTO 争端解决机制的理解。

梁凯丰

这两周就 arguendo、司法经济等问题，进行了充足的讨论，在先后不同观点的碰撞中，我们对本案中上诉机构的论证思路有了更为深刻的认识。在讨论的过程中，同学们提出问题，在澄清问题，进而发散出更多提问的同时，我看到了同学们思考的深度和广度。通过课上澄清问题，我发现其实同学们提出的大部分问题是相互联系的，在澄清、交流的过程中，我们通过建立问题之间的联系以理清逻辑。

兼听则明，不同思想的碰撞能够对问题澄清和答案的寻找提供巨大的帮助，也能拓宽我们看待问题的视角。总之，“WTO 法律制度研究”这门课让我更能体会说和听的重要性，希望此后的课程中能从与老师同学们的交流中收获更多。

贺韵锦

在完成对“中国音像制品案”的阅读、讨论与研究后，我主要有以下几点感想。

第一，争议解决机构中的各个案件看似相互独立，实际上互相之间有千丝万缕的联系。在遇到新的案件时，争议解决机构必须考虑 DSU 第 3.2 条中强调的“security and predictability”问题，无论是要沿用前案的分析方法或是结论，还是要推翻前案的内容，都需要经过缜密的考虑。虽然有时候这种考虑未必呈现在报告中，但我们在研究时也不能忽略前案对当前案件的影响。按照赵宏大法官的话说，DSU 第 3.2 条的核心就是要求达到“同案同判”的结果，从而加强 DSB 的司法权威性和可靠性。然而，也正是由于对本条的坚持和对前案的重视，DSB 上诉机构受到了以美国为首的多个国家的质疑，而最终陷入瘫痪。在新一轮部长级会议即将召开的当下，DSB 进行改革势在必行。而在改革中是否仍然需要坚持 DSU 第 3.2 条中的“security and predictability”甚至建立事实上的先例制度，必然是需要着重加以考虑的内容。

第二，专家组和上诉机构并不是完美的。即使是冗长详细的论证和分析，也可能存在纰漏，而这种纰漏在后续有关国家产生了相同或是类似的案件时更显关键（例如日后的“中国原材料案”与“中国稀土案”，既是在“中国音像制品案”对《入世议定书》的分析和论证的基础上，也部分是为了纠正或是填补本案中专家组和上诉机构论证的漏洞和空白）。因此，在阅读和学习案件中，需要有更多的批判和钻研精神。

第三，阅读案件需要不断地回归文本，以加深对案件和论证的理解。初次阅读本案上诉机构报告时，我其实没有很好地理解上诉机构的逻辑，而只是粗略地知道了他们反对“跳步”的假设方法、得出了《入世议定书》第5.1条能够适用例外的结论。到第二周再次仔细阅读和总结时，我才对上诉机构的思路有了更加清晰的理解和认识。这样反复阅读的方法使我受益颇多。同时，阅读范围不应当仅限于本案的报告材料，有需要时还应参考本案报告中提及的所有前案的报告，以及与本案相似的后案的报告。赵宏大法官还进一步指出，研习案件还应当研习各争议方提交的书面材料和主张。上述文本都是我们研究和学习WTO的重要材料，需要进行反复阅读。

第四，将当前学习的内容与WTO的最新动态联系起来，有助于更好地体会和理解WTO的现状和发展。本案中涉及了DSB最具有争议的“先例”问题，与当前对DSB改革的探讨紧密相连，结合本案和当前的发展，我们能够对该问题形成更加深刻的认识。同时，由于部长级会议即将举行，很多新的发展、新的成果也必然与我们在研习案例中遇到的问题产生关联，我们也应当更多地对这些问题进行关注。

蒲　毅

说来很惭愧，这周的第一次课程因为没休息好，所以一直没在状态，思路也没有跟上老师和同学们的讨论，因此课后再整理思路和笔记的时候发现自己的收获十分有限。这也再一次说明，这门课的收获绝不仅仅来自老师灌输知识，最重要的还是来自自己的主动参与，在讨论中主动学习到的东西不仅记忆更加深刻，对其理解也会更进一步。

赵悦旭

通过这一专题的学习，我再次感受到了同学们思考问题的深入和思考角度的多样性，也越来越感受到了苏格拉底式讨论课程的魅力。总结说来，对于这两次课程，我个人感受最深的还是同学们对于问题的敏锐度。

每次进入新案例的学习之前，老师都会让我们阅读专家组或上诉机构的报告并提出问题。我发现，同学们总是能够注意到长篇报告的细微之处，进而提出带有“制度性”的问题。就以出版物案为例，课堂上讨论的第一个问题是围绕 DSU 第 17.6 条展开的。同学认为，上诉机构报告第 215 段的倒数第二句话“We note that the question of whether the introductory clause of paragraph 5.1 allows China to assert a defense under Article XX（a）is an issue of legal interpretation falling within the scope of Article 17.6 of the DSU”说明，上诉机构对中国能否援引 GATT 1994 第 20 条的审查是依据 DSU 第 17.6 条进行的，而 DSU 第 17.6 条明确将上诉机构的审查范围限定在专家组报告涉及的法律问题和作出的法律解释。但是，专家组并未分析 GATT 1994 第 20 条的可援引性问题，上诉机构径直审查是否合理？

这个问题直接触及了上诉机构的审查权限，由此延伸出来的还有对现行 DSU 规定的反思以及是否应赋予上诉机构发回重审权，在我看来，这些都是 WTO 争端解决体制中极为重要的“制度性”问题。反观我自己在阅读的时候，读到这句话想当然地认为上诉机构援引 DSU 第 17.6 条进行审理是一种程序性、形式上的“法律宣告”，类似于我国法院在开庭前援引民事诉讼法以保证程序上的合法性，而根本没有去 DSU 文本中找到这一条并发现这其中的问题，如此具有重要探讨意义的问题就这样被我忽视掉了。我从中反思了很多，自己今后在阅读其他案例的时候，应当批判性地关注每一个不起眼的“小”问题，尤其是对于其中援引的法条，作为一名法学生，必须葆有较强的敏锐性，不能想当然地认为报告中的引用就是绝对正确的。

何一丹

在这次专题的学习中，我感受到了课堂讨论的魅力。比如在第一节课中，从刘凌堃同学提出的问题出发，同学们提出自己的看法，不断加深讨论。在聆听和参与讨论的时候，脑子不断地转，即便有点累，也感到十分有趣。

但我有一个问题想要请教同学们：在课堂中，面对同学们提出的问题和争论，要理解和思考同学们的观点就已经占据了我几乎所有的注意力，在这种情况下，要如何兼顾参与课堂讨论和做笔记呢？

王晓臻

（一）教训

我在这两周的课程中，学到了很多内容，但是因为关注点的偏颇［去关注如何认定 GATT 1994 第 20（a）条的必要性要件了］，导致自己没能很好地理解课堂讨论的中心（如 DS 363 案与 US-CBD 案的区别），以至于在课上将大量的时间用于理解老师及同学讨论的内容，而没能在课堂上形成自己的思考并加以表达。因此，在课下研究学习时，如有可能，还是应当结合个人兴趣，选择较为集中的问题，才能与其他同学形成思维的碰撞，并且在课堂的讨论中表达、检讨个人的观点，学习他人的观点并获得新的启发。由于个人的失误导致第二次课没有能够及时跟上大家讨论的进程并且形成个人的观点加以表达，我非常抱歉！在课下重新整理了两次课程的讨论思路（如上所述），并且重整旗鼓，希望在接下来的专题学习中可以有更多的思考与发言。

（二）更清晰地认识自己

我的上课目标是希望自己可以跟上所有参与讨论的老师与同学的思路，并且从中思考，积极发言（最好发言是有质量的）。但是目前我感觉自己更靠近这一目标的情况基本都是自己感兴趣或者课下做过一些研究的问题，对这些问题的听讲“吸收”效果也较好，而现场的随机应变能力比较差。所以下一步我希望一方面如上所述，关注并学习专题内的重点话题，不要偏移中心，在课下做好课堂讨论的准备；但是另一方面也要训练自己在课堂上的参与能力，专注并快速理解同学的观点，在课堂中跟上节奏，积极发言（唯一一次这样的发言可能还是回答贸易政策审议机制的间隔年份这个事实问题的时候，真的是有点惭愧）。

（三）除知识外其他收获

第一，画图是一种很好的表达方式，以后要多尝试用一用。

第二，Appellate Body repertory[40] 作为知识来源：之前在遇到与《WTO 协

---

40 https://www.wto.org/english//tratop_e/dispu_e/repertory_e/o2_e.htm.

定》有关的问题时，总是习惯于通过 WTO analytical index 来寻找答案，而忽略了这样一项学习工具，以后可以多尝试使用。

第三，商务部 WTO/FTA 咨询网（http://chinawto.mofcom.gov.cn）：查资料的时候我发现了一个可能会有点帮助的网站，由商务部主办，提供了一些国内外对 WTO 的论述、报道等信息和论文，其中有很多的话题都是我感兴趣的，以后可以定期阅读。

第四，在理解专家组与上诉机构的关系时，可以对比国内的民事诉讼法制度。比如有同学提出的“发回重审制度是否能够在 DSU 中实现”，而 DSU 第 17.13 条的“维持、推翻和修改”对其予以否认。虽然这一问题的回答是否定的，但是加深了我对 DSU 第 17.13 条的认识。

第五，在不理解某些问题时，可以考虑回归原文查看专家组或上诉机构的表述。

第六，在考察某一表述或用词是否重要时，也可以考虑采用“反向思维”，即如果去掉这一表达，那么该条文/论述的含义是否会发生变化。

第七，其他感兴趣的问题，希望在接下来的学习中加以研究（立一个 flag：下次作业产生一个初步的想法）：司法节制原则的适用，很容易导致专家组跳过一些其认为不需要审议也不影响结果的内容，而在上诉机构的审议中，却很容易被上诉方要求上诉机构加以审理，从而很可能会出现上诉机构审理的新议题无法让败诉方就此获得第二次审理的救济。虽然有执行异议程序，但总不如专家组—上诉机构程序顺理成章。那么，WTO 的争端解决程序中，从应然的层面上是否应当加强救济方式，采纳“发回重审”的规则呢？

第八，在提问和发言时，我总是预设自己的问题或想法是没有人提出或想到时，才感觉自己的发言是有意义的，因此才“敢”立桌签。但这其实是对自己的掌握情况不够“诚实”的表现：一方面，在遇到一些问题或产生一些想法时，应该勇敢表达，不必考量知识学习外的其他无关的因素；另一方面，对一些自己不明白又没有在课堂中提出的问题，也一定要及时在课间和下课后向他人请教，不然等到再过几天重新整理思路时，就会花费更多的时间，影响学习的效率。

第九，不要想当然：在本科学习到 WTO 的一般例外时，我把 GATT 1994、GATS 等一众协定下的一般例外混为一谈加以记忆。当时觉得内容都差不多，但是通过案例的学习才知道这种理解显然是错误的。甚至在本案中还涉及了更为微小的问题（在下个案件中体现得更为明显），也就是一项对于trader或者是对于good的措施，不能理所应当地适用GATT 1994第20条的规则（这是我此前学习的错误理解），而是需要考察其所违反的条文与GATT 1994的关系，这是我从来没有考虑过的问题。所以WTO的问题非常复杂，可能一个细节性的问题就能够作非常深入的研究和探讨，要多问为什么，而不能想当然地按照字面或此前的学习进行理解。换句话说，要对WTO中的问题有敬畏之心。

刘凌堃

本次课堂讨论给我的最大感受就是，不同思想的碰撞能够对问题澄清和答案的寻找提供巨大的帮助，也能拓宽我们看待问题的视角。一个争议案件的核心争议点往往有多个侧面，从不同的角度切入会导致不同的疑问。

我一开始只是从上诉机构能否以DSU第17.6条为由来解释中国《入世议定书》第5.1条这个很小的角度切入的，经过和老师同学的讨论后，我发现我的问题其实是上诉机构审议范围的问题，更根本上来说，是管辖权的问题。这无疑拉高了我们看待问题的视角，而当我们的视角更开阔后，相关的问题便如泉水一般喷涌而出。例如arguendo与judicial economy的关系问题、上诉机构在US-CBD案和本案中持不同态度的问题等。

通过课堂上的思维发散，我发现其实同学们提出的大部分问题从逻辑上来说是相互联系的，但是如果不进行课堂上的这种交流的话，我们无法建立这种联系。此外，课堂讨论也对我们发现新的研究工具和方法论有很大帮助。在本次课之前，我都没有太关注对上诉机构的repertory的使用，通过贺韵锦同学的分享和杨老师的讲解，我现在明白repertory能为我们研究上诉机构报告提供丰富的参考材料，这种方法论上的突破比个案研究更具有普遍意义。

此外，我还意识到自己对一个问题的理解往往是偏狭的，我在听取了其他同学对于US-CBD案的研究成果后，发现自己仅仅注意到了某一点或某几点，有一些关键信息被我遗漏了。如果不是课上的各位同学分享自己的研究成果，那么我可能会一直陷入一种偏见之中。这次的讨论让我更能体会到说和听的重要性，更能明白集思广益的真正内涵，希望此后的课程中能从与老师同学们的交流中收获更多，也希望我能为本学期WTO的课堂提供更多的思想火花。

郝曼彤

经过两节课的讨论，我们通过“澄清—讨论—再澄清—再讨论”逐渐揭开了上诉机构报告中的“谜团”。首先，对一个问题的延伸和拓展，可以引出其他各种问题。其次，大家对问题的分析角度和想法各不相同，各有侧重。

这两节课，我的收获主要集中在细节问题的分析上。基于案件的讨论，我在澄清中夯实了基础知识，更是发现了自己忽略掉的细节问题。DSU是有明文规定的，如果单从条文出发展开学习，并不会给我留下深刻的印象；反倒是这种先提出问题，再去寻找答案的方法，帮助我记住了一些细节规定。此外，课后研究也为我提供了进一步了解感兴趣问题的机会。虽然这些问题对解决案件争议少有帮助，但至少达到了通过案件分析了解案件背后的知识这一目标。

此外，我在课堂讨论过程中也存在一些困扰。在讨论中，大家的切入点和观点可能大相径庭，一定会出现我非常感兴趣的问题以及不那么感兴趣的问题。当讨论到非常感兴趣的问题时，我的思路可能会被引导，促使我作出检索或思考以进行进一步研究，这必然会使我忽视对其他问题的讨论。或许多线程思考是一种需要培养的能力，而我恰好不擅长一心多用，不具备这种能力，因此我也希望自己在将来的课程讨论中在认真倾听其他人的观点和想法方面有所提高。

在本专题的讨论中，我们首次对上诉机构抱有怀疑的态度，无论是上诉机构对同一问题的态度，还是上诉机构在本案中的论证思路。对上诉机构的论证思路，我也作出了大胆猜测。对于以上两种猜测，我更倾向于第一种，并且十分尊重上诉机构法官的劳动成果，敬仰他们的专业能力。我对上诉机构思路的猜测也绝非恶意，只是从源头出发，单纯好奇上诉机构是如何思考问题和解决问题的，希望从中能够获取启发。

范熙唯

在本阶段的学习过程中，我对于文本的理解有了新的感想。

首先，对于文献的阅读不应当是一次性的，常读常新。解释学上的一个概念叫“解释学循环”，指在对文本进行解释时，要根据文本细节来理解其整体，又根据文本的整体来理解其细节的不断循环过程。目光来回流转于文本的部分与整体之间，实现对文本的螺旋式理解。在本阶段的案例阅读过程中，我认识到案例并非一遍就能完全理解。尤其是“看懂”和“理解”之间的差距还是很大的：每个词都认识，但是合在一起还是差了点意思。在对案例的反复研读中，我读出了很多第一遍没有读出的意思，发现了一开始完全没有注意到的细节。对于案情的理解，也在课上老师同学们的讨论以及课下自己的思索中逐步深入。每一专题结束后，回头再看最开始的案例导读，每次都有新的收获。

此外，我意识到理解需要建立在对全文及其他背景资料的整体把握基础之上。很多时候，当对于文章的具体表述不甚理解之时，与其抠字眼，不如转变视角，把具体的表述结合上下文、其他背景资料实现对表述的理解。课堂上同学们讨论了《美欧关于钢铝的联合声明》。关于这篇声明，虽然老师只要求读一部分，但若对这一事件的背景、整个声明文件没有一个整体的把握，将会对很多问题感到难以理解。在建立起对事件背景的整体认识之后，很多第一次阅读的困惑自然迎刃而解。

张心颜

对 WTO 每一个案例的研讨都让我惊异于约文内涵的丰富、约文解释方法与技巧的精妙，以及案件背后微妙的各国博弈和利益平衡。通过本专题的研讨，我主要有以下两点收获。

（一）对文本阅读的思考

此次阅读材料主要涉及专家组报告和上诉机构报告中关于中国能否援引 GATT 1994 第 20 条来正当化其违反《入世议定书》中义务的措施的问题，其中专家组报告涉及 arguendo 方法的运用，上诉机构报告涉及对 arguendo 方法的否定，以及对中国能否援引 GATT 1994 第 20 条来正当化其违反《入世议定书》中义务的措施的问题的论证，极具思辨性，极大地挑战了我的文献阅读能力，也让我对提升文献阅读能力有了新的努力方向。

首先是需要更为严谨地关注文本的细节。在课前阅读上诉机构报告的过程中，对于上诉机构对专家组运用 arguendo 方法跳过的“中国能否援引 GATT 1994 第 20 条来正当化其违反《入世议定书》中义务的措施”这一问题的审查权的论述，我仅注意到上诉机构援引了 DSU 第 17 条并认为该问题在该条赋予上诉机构的审查权的范围内，故而课堂上就上诉机构审查范围进行讨论的过程中，我自然将专家组并未进行实质审查而仅表示这是一个“复杂的法律问题”理解为“专家组报告中的法律问题”，而没有注意到上诉机构是将其作为“专家组所作的法律解释”（legal interpretation）来看待的。这让我意识到需要更关注文本的细节，否则可能会忽略一些应予关注的问题。

其次是更为深入地理解文本的规范内容。在阅读上诉机构报告中中国上诉请求的部分时，我对于中国的第三个诉讼请求，即“认定 GATT 1994 第 20（a）条可用于证明被认为不符合其《入世议定书》中贸易权利承诺的措施”，仅基于其字面含义认为仅包括“中国的措施符合 GATT 1994 第 20 条引言部分及该条（a）项的‘necessary’要求”而不包括“中国能够援引 GATT 1994 第 20 条（a）项作为抗辩”，进而错误地认为中国并未就后者进行上诉，课堂讨论中同学纠正了我的思路；同时，我在初步阅读文本的过程中也曾一度不理解为何专家组认为“中国能否援引 GATT 1994 第 20 条来正当化其违反《入世议定书》中义务的措施”是一个“复杂的法律问题”，因为 GATT 本就属于《WTO 协定》的一部分，随着阅读的深入才逐步认识到：在这个问题中，不仅《WTO 协定》的范围是需要解释的，GATT 1994 第 20 条也有自身适用范围的限制，GATT 1994 与中国《入世议定书》是否存在交叉援引关系也是模糊的，这些都需要在字面含义的基础上对文本的规范内容进行深入理解和总体把握才能领悟到。

最后是文本阅读的辅助方法。在课前阅读上诉机构报告的过程中，我对“中国能够援引 GATT 1994 第 20 条”的论述颇感困惑，认为上诉机构的思路十分冗杂、难以理解；课堂上，杨老师建议我们使用图示的方法，我在课后进行了尝试，发现该方法果然能够较好地帮助理解文本的逻辑：在梳理相关内容并绘制图示的过程中，我发现上诉机构的思路分为两个递进的步骤，虽然其中可能存在逻辑或说服力的问题，但逻辑方面是较为清晰的。

（二）时事新闻的重要性

本专题的两次课程起始部分对 WTO 相关时事新闻的讨论让我前所未有地认识到了时事新闻对于本门课程学习的重要性。

李成钢大使的发言记录以及第十二届部长级会议的进展情况让我的眼光不再停留于 WTO 制度的文本与过去的案件，而是触碰到了 WTO 的前沿，了解到了 WTO 新近的成果和目前正在努力的事情，如国内贸易规制、渔业协定、诸边谈判的推进、WTO 的改革构想等，WTO 制度绝非纸面理论，最终要在现实中服务于多边贸易体制的维护和完善，其本身在面临挑战、努力解决问题的过程中不断发展，而所有这些都需要通过紧跟相关时事新闻才能有所把握。

对《美欧钢铝联合声明》的讨论更让我大开眼界。对于该声明背后的考量，我在课前阅读时仅仅基于规范内容、结合上诉机构停摆的现实情况来推断出双方顺利推进程序的意图，而在讨论中我发现该声明绝非我想象的那么简单。杨老师提到，该声明是对 WTO 争端解决机制 26 年来最具“创新性”的运用。随后，我们对美欧的意图进行了多种猜测，最终得出的结论竟是美欧“煞费苦心”地另行设立仲裁机制。因为将原先在 DSU 中已经进行的程序平移到仲裁之中，又悬置该仲裁而进行 30 日的磋商的行为似乎是欠缺实际意义的，至此，我从美欧难以琢磨的意图进一步体会到了各国博弈的微妙；杨老师还提及，对该声明的理解还应将美欧仲裁约定对包括中国在内的其余八个申诉方的潜在影响考虑在内，这让我通过时事新闻这个窗口对现实情形的复杂性有了进一步理解。

沈子尧

这两节课围绕着中国出版物与音像制品案的相关问题进行探讨，对于每个案例，课程的安排均由两个部分组成，第一节课一般是探讨同学们课前阅读案例过后所提出的问题，由此开始对案例细节的探讨，而课后的作业一般是关于本案中值得研究的问题，第二节课则进一步对案例作分析，研究更为制度性的问题，这种由浅入深、由粗到细的引导方式能够很好地激发同学们自主学习探讨的灵感和思维。

滑迎春

通过这两次课堂讨论，我首先认识到关注热点新闻的重要性，这不但能让我们及时了解有关本门课的前沿讯息，关注 WTO 的最新变化，更能让我们感受到 WTO 演进的历史进程。一方面，研习既往案例，学习 WTO 知识体系和独特的思维方法；另一方面，紧跟时代，展望 WTO 未来的发展趋势。

此外，对于这次讨论的出版物案，我了解了 DSB 之前在审理案件时会运用到 arguendo 方法，这在国内诉讼中基本不存在，很难想象国内诉讼中，法官会先判断事实是否满足某一法条所规定的情况，然后再判断这一法条是否能被当事方援引。虽然经过讨论，我们也知道这种方法具有一定合理性，可以提高审理案件的效率，但它不总是能为法律结论提供坚实的基础，而且会造成当事方权利义务的不确定性。此外，该方法还有先有结论再分析的嫌疑。对于 arguendo 方法和 judicial economy 之间的关系，以及《入世议定书》和 GATT 1994（包括《WTO 协定》之下的其他文件）的关系，同学们也未能给出一个让大家都满意的解释，不能说不是一种遗憾。

张文嘉

这两周的课前新闻都让我十分感兴趣，不论是李成钢大使发言中对第 12 届部长级会议的忧虑与期待，还是美国-欧盟做出的全新的安排，都让我感觉到 WTO 至今仍葆有着源源不断的活力与生命力。虽然现在 WTO 相对来说仍较为低迷，但各方都对其重要性表示了肯定，并且可以看到各方在现有体制下也在进行不断的努力与协调，这对于正在学习 WTO 的我们来说无疑是一种振奋与激励。

就本周案例学习的情况而言，大家反复讨论的内容也是我在课后予以研究的问题，即上诉机构在 arguendo 方法上态度反复横跳的问题。大家都非常踊跃地贡献了许多想法，但直到现在我似乎也没有得到上诉机构关于 arguendo 方法究竟作何态度的准确答案。虽然老师一再强调我们讨论的许多问题都没有标准答案，但定论的缺乏也让我对法律适用确定性产生了困惑。如果现在再问我上诉机构对假设成立方法究竟是持肯定还是否定的态度，我可能也没有比“个案分析”更好的答案了。

第四章

中国原材料案和中国稀土案

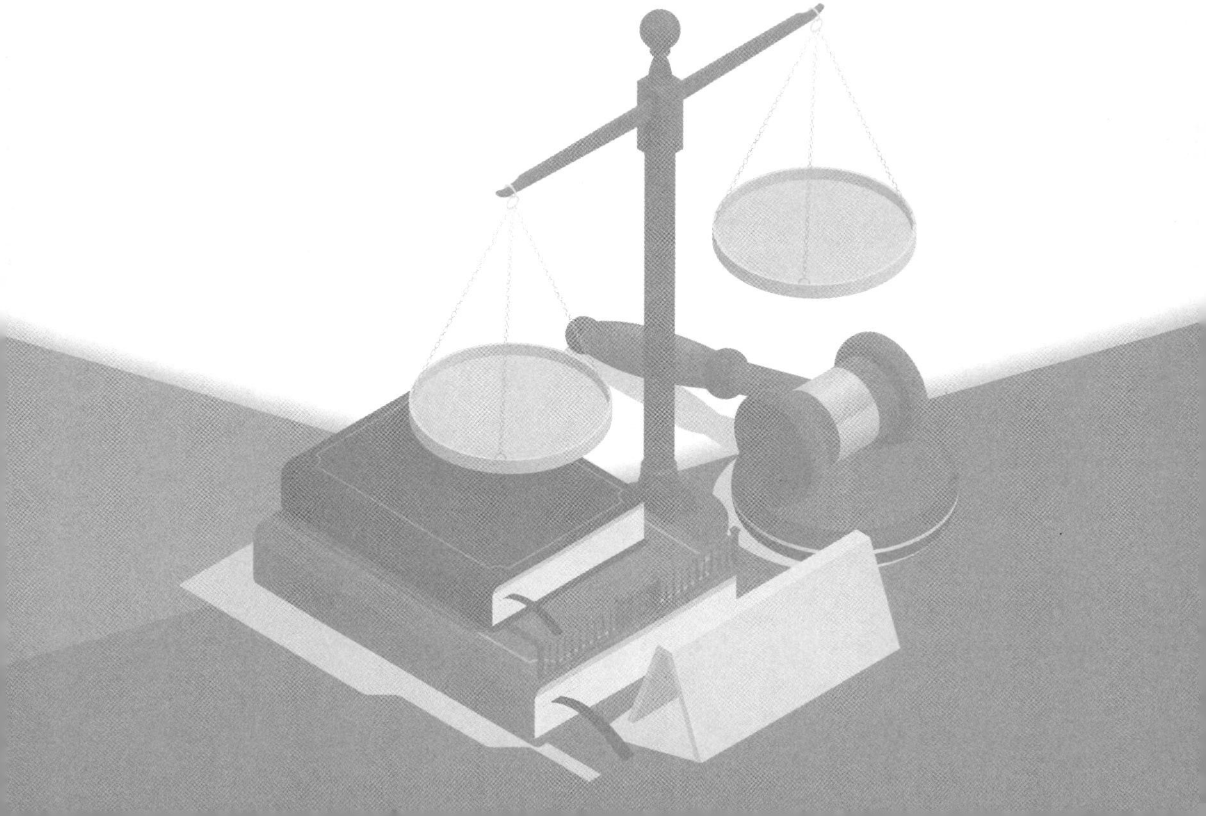

第一部分　课程内容选编

综述人：贺韵锦

在这两周学习中，我们集中研读了中国原材料案与中国稀土案的专家组和上诉机构报告中关于中国对原材料和稀土加征出口关税违反《入世议定书》第11.3条义务，以及能否援引GATT 1994第20条进行抗辩的段落。

在研读和讨论的过程中，大家主要聚焦于以下几个问题：专家组和上诉机构报告中提交“独立意见”的合法性、独立意见中“以GATT义务条款为《入世议定书》义务援引GATT例外条款的桥梁”的合理性、《入世议定书》与《WTO协定》以及各多边贸易协定的关系。在报告文本以外，大家还讨论了中国入世的历史和入世谈判的流程、《入世议定书》及《入世工作组报告》的关系及法律地位，老师还介绍了在商务部（外经贸部）参与WTO工作的有关情况。

一、“独立意见”的合法性

在中国原材料案专家组报告中，某一位专家组成员提交了独立意见，认为中国违反《入世议定书》的义务能够援引GATT 1994第20条进行抗辩（但并不否认专家组的审查结果，即中国仍然违反了《入世议定书》第11.3条下的义务，因为该成员认为中国并不能证明本案符合“必要性”的例外要求）。提交该独立意见的法律依据为DSU第14.3条“Opinions expressed in the panel report by individual panelists shall be anonymous”，即每个专家组成员能够匿名地在专家组报告中发表自己的意见。同时，DSU第17.11条也对上诉机构报告中的意见作出了规定，即“Opinions expressed in the Appellate Body report by individuals serving on the Appellate Body shall be anonymous”，该规定与对专家组成员意见的规定完全一致。

在过往的专家组和上诉机构报告中，成员发表独立意见的情况并不鲜见。根据 James Flett 在 2018 年的统计，争端解决机构发表独立意见的情形总计有 30 次。[41] 在国际和国内的有关司法实践中，发表独立意见的情形也普遍存在。国际法院 ICJ 的每个案件都会有许多法官（无论在投票表决时赞同还是反对）实名发表独立意见；中国近年来也出现了部分在判决书中合议庭成员发表与判决不一致的少数意见并将少数意见写入判决书的情形［（2015）京知行初字第 1408 号判决中，发表独立意见的法官不认可合议庭认定申请人不具有对争议商标著作权的结论］。

二、能否以 GATT 1994 义务条款与《入世议定书》义务条款的“重叠”为援引 GATT 1994 例外条款的桥梁

经过讨论和研究，同学们在该问题上基本上达成了一致，即 GATT 1994 与《入世议定书》是平行关系，项下的各项义务之间互不影响，中国需要同时遵守，GATT 1994 的义务不能作为《入世议定书》义务可以援用 GATT 1994 例外的桥梁。

在本案中，中国对部分商品征收出口关税的措施可以分解为两个部分，即“征收”行为以及征收的“税率”。“征收”行为本身违反《入世议定书》第 11.3 条义务，而对各国的出口“税率”才会涉及 GATT 1994 第 1 条最惠国待遇的有关问题。虽然看上去《入世议定书》第 11.3 条和 GATT 1994 第 1 条都与成员国征收关税的义务相关，但也不意味着上述条文下的两种义务之间具有因果或是先后关系，也不意味着这两个条文必然存在联系。更进一步地，即使 GATT 1994 中含有与《入世议定书》完全一致的条文，也不意味着两个条文之间有任何联系——除非该条文之间有明确的相互援引（如《入世议定书》第 5.1 条或第 11.3 条中援引的 GATT 1994 第 8 条）。

而在 DS 363 案中，上诉机构认为，因为违反《入世议定书》第 5.1 条和

41 James Flett, Separate Opinion: Dispute Settlement System of the World Trade Organization (WTO), Max Planck Encyclopedias of International Law, October 2018.

GATT 1994 有客观实际联系，所以违反第 5. 1 条天然违反 GATT 1994，所以用 GATT 1994 第 20 条抗辩的实际上是该措施没有违反 GATT 1994。由于第 5. 1 条里面有“以符合《WTO 协定》”，所以只要抗辩没有违反 GATT 1994，就可以抗辩没有违反第 5. 1 条。因此，从形式上的判断，《入世议定书》义务能否援引 GATT 1994 例外条款抗辩的依据是有没有增加交叉援引；而从实质上的判断，援引的依据是两个义务之间是否有客观实际的联系。

更进一步地，假设要对《入世议定书》中的条文进行修改，使得中国能够对征收出口关税的措施援引 GATT 1994 第 20 条的例外抗辩，仅仅在《入世议定书》第 11. 3 条中加入“以符合 GATT 1994 的方式”是不够的，因为 GATT 1994 中对出口关税并没有设置相关的义务。假如中国希望对两个案件涉及的商品征收出口关税，唯一可行的做法是将其纳入《入世议定书》附件 6 中直接列明。

然而实际上，在本案发生之后，中国已经取消了对案涉原材料和稀土的出口关税。这并不意味着中国放弃了规制原材料和稀土的开采和进出口。正如“中国稀土案”上诉机构所指出的，出口关税并不是唯一可以用于规制贸易以实现环境保护目的的措施，中国还有其他的规制工具能够实现相同的目的。因此，如今中国以开采税代替了出口税，既符合了当初《入世议定书》中承诺的义务，也实现了规制目的。

三、《入世议定书》与《WTO 协定》以及各多边贸易协定的关系

通过梳理中国原材料案和中国稀土案专家组和上诉机构的论证思路，可以得出的结论是，根据《入世议定书》第 1. 3 条的规定，《入世议定书》仅仅构成了《WTO 协定》(即《马拉喀什建立世界贸易组织协定》，简称《马拉喀什协定》）的一部分，而不能构成《马拉喀什协定》附件中多边贸易协定的一部分，《入世议定书》与多边贸易协定属于平行关系。然而，在《入世议定书》中可以含有与各多边贸易协定交叉援引的条款，在多边贸易协定中也可以含有相互援引的条文。将《入世议定书》纳入《马拉喀什协定》不仅是为了使其成为 WTO 的法律文件的组成部分，为新加入成员创设义务明确权利并确认新加入成员与原有成员之间的关系，也是为了使《入世议定书》能够被纳入 DSU 的附件中，使其可以成为争端解决机构解释适用的条文。在中国原

材料案中，专家组首先作出了该种解释，而上诉机构进一步阐述了三者关系的内涵；中国稀土案的专家组和上诉机构则立足于对中国提出的反对意见的分析，认为承认中国原材料案中的解释符合 WTO 的原则和宗旨，不需要对前案的结论进行修正。

四、中国入世的历史

中国加入 WTO 经历了漫长的过程。早在 1986 年，中国就向《关贸总协定》提出了恢复缔约国地位的申请，但谈判一直僵持不下。整整八年的谈判都围绕着“市场经济”和中国的“商品经济”之间的关系进行。其间，中国还就台湾问题与各国进行磋商谈判，强调了“一个中国原则”“台湾以单独关税区加入”等基本立场。虽然“复关”没能成功，但中国实际上全程参与了乌拉圭回合谈判，见证了《马拉喀什协定》的订立和世贸组织的诞生。其后，中国以新加入国的身份与世贸组织各国进行双边和多边磋商，于 2001 年依据《马拉喀什协定》第 12 条成为世贸组织第 143 个成员。而台湾的《入世议定书》和《入世工作报告》则在同一次理事会获得通过，以单独关税区的身份成为世贸组织第 144 个成员。

中国在进行入世谈判的过程中，面临了重重困难。一方面，各国对中国缺乏了解，以及美欧各国对中国体制的怀疑与敌意；另一方面，我国谈判人员的经验和能力上尚有不足。因此，《入世议定书》并不是一份绝对完美的文件，其中很多条文在日后被证实为对中国设立了过多的义务，中国也在各种案件中因为《入世议定书》吃亏。入世以来，总共有 22 个以中国为被申诉方的案件是以《入世议定书》中的条文为由提起的。

议定书中的“超 WTO 义务”可以一分为二地看待。一方面，这些条文对新加入成员提出了更高的要求，相当于一种“入会费”，可能有违贸易公平的原则；而不确定、不透明的入世谈判流程也使得不同的国家无法在加入 WTO 时得到程序上的平等对待。另一方面，中国在《入世议定书》中作出的额外承诺也是为了换取加入世界贸易组织后的种种贸易便利和优惠，例如在关税上的大幅缩减（一般关税可能是最惠国待遇关税的数十倍）；其中中国的很多承诺是在与美国的双边谈判中作出的，是为了换取美国不要依据《马拉喀什协定》第 13 条与中国互不承认——否则中国加入世贸的意义就几乎丧失殆尽。从结果来看，《入世议定书》中条文中的“坑”可能很多，没有踩到地方不代表绝对“安全”；但中国入世20年来进出口贸易飞速增长，成为全世界大部分国家的第一贸易伙伴，入世的意义之重大无可否定。此时再去讨论追究《入世议定书》和入世谈判中“挖坑”的责任，不如更加深入地研究WTO的制度和规则，更好地在现有的框架和体制内发展中国的贸易和经济，并积极推动WTO的改革。

五、入世谈判的流程

当某一国家或是单独关税区政府申请加入WTO后，首先需要成立入世工作组。该工作组的职责为，审查该潜在成员是否符合《马拉喀什协定》第12条下的加入条件，并最终向WTO理事会或部长级会议提交《入世议定书》。

随后，工作组将要求申请方提交一份有关其对外贸易体制的备忘录，并在审议备忘录的基础上提出若干问题，要求申请方予以澄清或修正。在此基础上，工作组开始与申请方磋商加入条件。磋商主题集中于货物贸易、服务贸易与知识产权三个领域，且在性质上属于工作组全体成员与申请方之间的多边谈判。与此同时，工作组中任何认为自己与申请方有利害关系的成员均可要求与申请方之间就货物贸易和服务贸易的市场准入问题展开双边谈判。双边谈判的结果将依据最惠待遇原则适用于所有既有成员与申请方之间的贸易关系。[42]

《入世工作组报告》草案在多边协商的最后一步完成，其中记录了入世工作的流程，也包含了加入方政府承诺在成为WTO成员后愿意承担的特定义务。而在双边谈判中确定下来的所有货物和服务贸易的具体协议都会被作为工作计划写入《入世议定书》草案的附件中。随后，入世工作组将通过尚待核准的一揽子入世文件，其中包括《入世工作组报告》草案、附在《入世工作组报告》后的《入世议定书》草案和WTO决议草案、附录中的双边谈判达成的货物和服务贸易工作计划。上述文件得到初步通过后，将被提交至WTO理事会或是部长会议进行审议。审议后，所有WTO成员将按照《马拉喀什协定》第9条和第12条通过《入世议定书》草案、WTO决议、《入世工作组报告》，以及附录中的货物和服务工作计划。通过之后，申请加入的准成员应在一定期限内接受《入世议定书》并在其国内完成相关的程序。在准成员通知

42 刘勇：《条约缔结程序与入世议定书法律性质辨析》，《环球法律评论》2014年第2期。

WTO 其接受《入世议定书》30 日后，加入程序正式完成，该国或是单独关税区正式获得 WTO 成员地位。

六、《入世议定书》及《入世工作组报告》的关系及法律地位

《入世工作组报告》是入世正式法律文件的一部分，但并非所有内容都是直接为加入成员设置权利和义务的条款。《入世议定书》和附录的货物和服务工作计划直接为加入成员设置权利和义务。由于《入世议定书》和上述两个工作计划最初都作为《入世工作组报告》的一部分，因此，《入世工作组报告》和《入世议定书》应当含有加入成员相同的承诺、规定了相同的义务。以中国《入世议定书》为例，其中第 1.2 条规定，《入世议定书》包含了中国在《入世工作组报告》第 342 段中作出的承诺；而《入世工作组报告》第 342 段则指明了该报告中所有涉及中国具体承诺的段落（18—19，22—23，35—36，40，42，46—47，49，60，62，64，68，70，73，75，78—79，83—84，86，91—93，96，100—103，107，111，115—117，119—120，122—123，126—132，136，138，140，143，145，146，148，152，154，157，162，165，167—168，170—174，177—178，180，182，184—185，187，190—197，199—200，203—207，210，212—213，215，217，222—223，225，227—228，231—235，238—242，252，256，259，263，265，270，275，284，286，288，291，292，296，299，302，304—305，307—310，312—318，320，322，331—334，336，339 和 341）。

在进行解释时，由于《入世议定书》中包含了“本议定书构成《WTO 协定》一部分”的条文（如中国《入世议定书》第 1.2 条），因此其同时也被列入了 DSU 附件 1 中，能够按照 DSU 第 3.2 条确定的解释规则（条约解释的习惯规则）进行解释——适用 VCLT 第 31、32 条和第 33 条。而《入世工作组报告》作为由 WTO 理事会或是部长会议通过的 WTO 正式文件，属于 VCLT 第 31 条第 2 款（b）项中的“一个以上当事国因缔结条约所订并经其他当事国接受为条约有关文书之任何文书”，即对《入世议定书》条文进行上下文解释的材料。在解释时，应当认为《入世工作组报告》中成员国的承诺和义务与《入世议定书》一致，且《入世工作组报告》能够更全面地反映成员国和 WTO 对某些特定问题的声明、认识和解释。从这个角度看，可以认为，《入世工作组报告》的承诺部分（即被写入了《入世议定书》中的部分）也是对成

员国具有拘束力的。但由于《入世工作组报告》不直接构成《WTO 协定》的一部分，所以无法在争端解决机构处理案件中直接被用于解释和分析当事方的权利和义务，而只能作为解释《入世议定书》的上下文。

关于《入世议定书》在条约法上的地位，不同学者提出了不同的分析和观点。张勇认为，《入世议定书》实际上仍然是一种多边协议，而不是像《马拉喀什协定》第 12 条所说的由加入成员与 WTO 形成的双边协议。他将《入世议定书》类比为“商业合同”，即各方为了实现各自的目的进行利益的交换，因此其中含有的“超 WTO 义务”就可以理解为一种意思自治的利益让步结果[43]。而韩秀丽则更加深入地阐释了各国《入世议定书》在 VCLT 的框架下属于对《WTO 协定》的“修正”，并提出了如图 4-1 所示的解释和适用框架[44]。

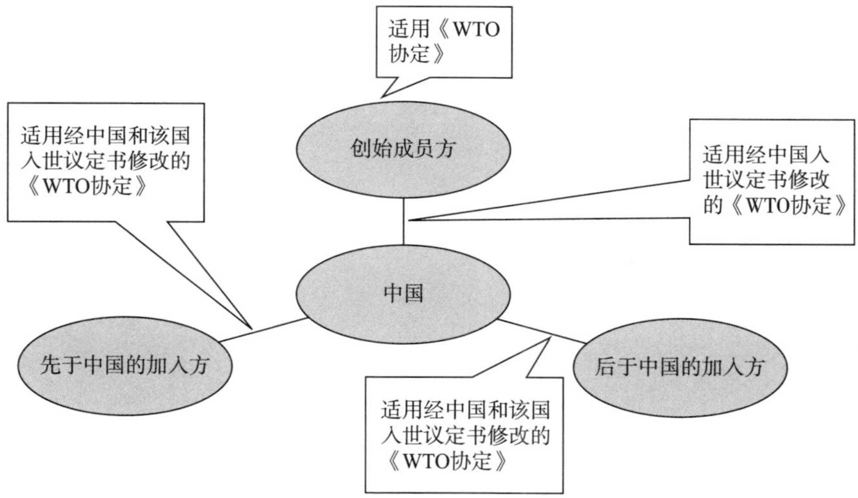

图 4-1　WTO 创始成员及加入成员间的 WTO 法律关系（以中国为例）

七、对商务部（外经贸部）参与 WTO 工作的思考

老师分享了自己加入商务部以及在商务部工作十多年来的经验和体会，尤其是中国参与 WTO 争端解决机构有关案件的经历。最初，中国完全不了解

43　刘勇：《条约缔结程序与入世议定书法律性质辨析》，《环球法律评论》2014 年第 2 期。

44　韩秀丽：《论入世议定书的法律效力——以〈中国入世议定书〉为中心》，《环球法律评论》2014 年第 2 期。

争端解决机构的磋商、专家组和上诉机构等程序，但随着经验的积累，如今中国也已经成为争端解决程序的积极使用成员。

关于在 WTO 案件中商务部与律所关系的讨论引发了我的思考。中国的律所在中国 WTO 案件中的参与程度很低，一方面是因为中国律所的能力和经验不足，所以商务部往往高价聘请美国的律所代理有关案件；另一方面也正是因为参与度低，中国的律所才难以积累经验。在这些案件中，商务部更像一个“企业法务”，而不是直接在争端解决机构里“冲锋陷阵”的角色。实际上，不仅是 WTO，所有国际上的司法性质的组织或是机构中的案件都存在一定程度上的“垄断”现象，少部分律师事务所基本上掌握了所有的国际性争议解决或是诉讼。从这个角度来看，中国律所的尴尬地位甚至可以说是一种应然状态——如果我们有钱请到最专业团队，本土律所是否发挥作用并不重要。因此我不得不思考，中国的法律工作者到底能为中国在 WTO 的工作做些什么？如果加入律师事务所无法为中国的对外经济贸易工作作出贡献，是不是只剩下了加入商务部成为“企业法务”这个路径？作为“法务”又如何触及 WTO 争议解决机制的核心呢？

第二部分　课程感想汇编

滑迎春

上周的作业，老师让我们梳理原材料和稀土案中专家组和上诉机构的报告，当看到同学们发到课程群里的作业后，我感到自己的作业还是不够用心，梳理得不够细致全面，因此本次作业又结合课堂讨论重新梳理了一下，并把同学们的讨论放在相应的位置。

这两个案件中的四个报告都在讨论同样的法律问题，逻辑上却有不同之处，仔细分析，甚至还有层层递进的意味，这是在国内案件中（再审也只是三审而已）不会出现的情况。通过阅读和分析，我对 WTO 解决争端的方式有了更深刻的理解和认识，也对中国运用法律武器与外国对抗有了直观的体会。看似宏大的国家利益，在 WTO 争端解决中都能通过一个个细微的法律问题得以体现，这也给我们中国法律人一个很大的警醒：师夷长技以制夷，如何利用西方人的法律武器打败西方。

沈子尧

在接近半个学期的学习当中，我对于 WTO 法律制度的认知经历了从无到有的过程，在最近几个课题的学习过程中，无论是因通过对于争议解决思路流程的剖析还是对于 WTO 协议、制度的认识，都使我对 WTO 有了更为具象的了解，似乎逐渐地触及了这个知识框架，虽然每周的作业都伴随着大量的英语材料阅读，每节课上都要保持着精神紧绷才能跟上老师和同学们的思路，但是潜移默化中我逐渐发现了自己的成长，从原本觉得 WTO 离自己过于遥远，甚至在学习过程中产生过诸多困惑和不解，到当下在学习分析之余，反而会主动思考制度设计的合理性和正当性问题，同时结合我国在国际政治经济活动中扮演的角色对我国未来国际贸易发展的前景思考，一种微妙的使命感油然而生。另外，在课堂上聆听老师和同学们对诸多问题的澄清、看法，收获不同视角的理解，不仅使我对这门课程的理解进一步深入，更是对我法律学习生涯提供了启发和帮助。

刘凌堃

对于本专题的研究，我最大的感受有两点。

第一，对同一问题的审查需要我们同时考察多个关联案例才能获得更全面的理解。本专题和专题三对 GATT 1994 第 20 条的适用之问题的考察就是如此。如果只看出版物案的上诉机构报告的话，我能够理解上诉机构的推理逻辑是什么，但是并不能理解上诉机构为什么能得出 GATT 1994 第 20 条能够被适用到《入世议定书》第 5.1 条之中。但是当我又研究了原料案和稀土案的专家组和上诉机构对于 GATT 1994 第 20 条是否可以被适用于《入世议定书》第 11.3 条的分析后，我从另一个角度对这个问题有了理解。最终，我可以做到将两案结合起来，得出自己的结论，即上文综述中所提到的形式判断和实质判断相结合的审查方式。当然，我明白这一结论并不一定是准确的，有关 GATT 1994 第 20 条之适用的问题必然还需要我们考察更多的相关案例才能得到更圆满的答案。

第二，稀土案的专家组报告中出现了 Dissenting Opinion，这是我第一次见到这种做法，也给了我很大的启发。因为，一般说来，Dissenting Opinion 所呈现的思路和观点与报告的主要观点是不同的，这也能帮助我从反面考察报告的结论。Dissenting Opinion 从更普遍意义上来说，特别是对于我们这门课程来说是至关重要的，因为如果大家对于问题的看法都是一致的，那么我们其实没有多少可以讨论的东西，正是因为各位同学或者少数同学与其他同学的看法不同，我们才会去深究一个问题，才会不浮于表面，而是收集更多资料和素材，来帮助我们理解 WTO。在生活中，适当的 Dissenting Opinion 也能起到调剂生活的作用，不同的视角和观点能使生活变得更加多元化、立体化，分中有合，合中有分，这似乎也体现了一种玄妙的哲学思想。

蒲　毅

在阅读完本次专题的材料之后，我一开始的感受是，中国似乎在已有的条约内容下进行抗辩是如此苍白无力，而专家组和上诉机构的说理论证都特别具有说服力。因而还产生了一个疑问：中国在签订条约的时候是否考虑到了这些情况，或者是否真的仔细考虑过条约内容可能引发的问题，并在课上提了出来。

但是通过两次课程的讨论，特别是在听过相关同学对超 WTO 义务的研究，以及老师对中国入世之时与之后面临诉讼的情形的描述之后，我的想法有了一些改变。

首先必须肯定的是，在全球化和各国经贸往来日渐紧密的现实情况下，必须有一套规则来约束各国的贸易行为和解决各国的贸易争端。而近代以来的历史也在不断提醒我们，中国必须主动融入这样的体系和潮流中才能获得发展和进步。因此中国必须“入世”。而且事实也向我们证明了“入世”之后，中国的经济也确实获得了较大的发展。但是这背后必须认识到的是，中国 2001 年加入世贸组织，实际上是在融入一套以西方为中心的规则体系。但中国当时具有与西方相匹配的相应的规则谈判能力吗？没有。所以当时我们面临的境地是，历史的潮流推动我们必须加入 WTO，但是实际的能力可能并没有准备好。这可能也是我们的条文中存在一些问题的原因，甚至包括老师所讲的，即使到现在我们在 WTO 起诉应诉都主要依靠外聘外国律师进行。这背后其实反映的是我们对这套规则的熟悉和运用能力的问题。

因此回到现实，与其去追问为何条约会这样签，更具有现实意义的是，在已经存在这样文本的情况下，我们要如何通过条约的解释和推理来维护我们国家的利益。其实这还是法律能力培养的问题。既然知道内容实质不合理或者对我们国家的利益重大不利的条文已经存在，且不可避免会遭遇诉讼，我们应该做的是去熟悉和掌握游戏规则，尽最大可能去争取和维护我们国家的利益，这也许才是我们现在再来仔细阅读和讨论这些案件与协约条文的意义所在。不轻易批评，要尽力争取维护。

郝曼彤

本专题经历了两节课的讨论，引发了我们对中国《入世议定书》条款的思考，但是我更感兴趣的还是案件之外的讨论。当讨论杨老师分享的王磊律师回顾中国加入 WTO 20 年历程的系列文章时，我们对在 WTO 打官司产生了浓厚的兴趣。

在 WTO 打官司，除了专家组成员和上诉机构成员，无非就是当事方及其聘请的律师。老师提到了一个有趣的现象，美国华盛顿、瑞士日内瓦和比利时布鲁塞尔的律所几乎垄断了 WTO 案件的辩护，这些 WTO 律师无论从分析对抗策略还是从撰写 submission 方面都十分专业且具有丰富的经验。那么我国国内律师为什么不具备这样的能力呢，或者说我国为何不培养这样的律师？可以想象，我国律师缺乏这类案件的案源，其他国家在 WTO 起诉和被诉出于专业度和经验的考虑基本不会聘请我国的律师，我国在 WTO 起诉和被诉的案件有限，得到的实操经验也微乎其微。

其实，我国参与 WTO 案件经历了翻天覆地的变化。一系列文章中提到了我国复关第二任谈判代表佟志广先生，这引发了我对一个问题的思考，即中国的贸易代表需要具备哪些素养？我认为首要的素养就是法律素养，这在 WTO 这一法治化的多边贸易框架下是不言而喻的。但我认为其他一些看似和法律无关的素养也起着十分重要的作用，比如对国际政治和国际关系大局的准确把握，对外语沟通技巧的掌握，对不同文化的精通，甚至作为一国使臣气定神闲的派头。谈判是心理战术和技巧战术双重作用的结果，商业谈判尚且如此，何况国家与国家之间的谈判。这使我不禁思考，从本科开始只接受法学教育的我们，是否在思维上存在某种程度的缺失？如果我们仅从法律专业的角度思考问题，很多情况下并不能获得满意的解答。我也自认为，尽管我并没有做到对法律有深入的研究，但法律以外的知识也是存在缺憾的，这导致了我思维的单一性，甚至很多情况下不能把握问题的全局。将来我会努力尝试获取法律以外的知识，以便对问题产生更全面且深刻的理解。

张文嘉

阅读案例的时候我一直在暗暗腹诽：为何当时的协议不能签得再好一些，为何中国代表不能再考虑得周全一些，甚至觉得中国方在两个案子中提出的理由也都非常薄弱并且站不住脚，颇有强词夺理之感。但直到阅读了王律师的文章，在课上听了老师的分享，以及课后研究了看似极其不公的“超 WTO 义务”后才深深明白，原来入世真的并非想象中那么容易，入世之后除了贸易上的挑战和机遇，对于当时的法律人来说要如何快速掌握游戏规则，有效维护国家利益，也是一个不小的难题。在争议发生之后，基于现成的专家组和上诉机构报告做事后诸葛亮，对有关法律问题评头论足自然容易；但如果回到 20 年前，面对长达 1000 多页的议定书及大量 WTO 协议规则，做到面面俱到几乎是不可能的事情。

如果说当年的 GATT 堪堪十余人是不够的，那 20 年后的今天国内的法律人才就足够了吗？恐怕也不是。直到老师分享才知道在争端解决程序中代表中国的一线律师无外乎来自华盛顿、日内瓦、斯德哥尔摩，有且仅有少数的北京律师仅仅能够参与二线作战。虽然随着经济地位和政治力量的提升，中国在国际交往中的话语权日益提高，但在法律领域上如何能够缩小和他国几十年的差距，克服语言和实务上的困难，培养出我们自己的一线法律人才，或许仍是我们青年法律学子应有的思考与担当。

范熙唯

本专题涉及两个案例、四篇报告，初看觉得内容很多，有些不得要点。但随着课堂讨论，四篇报告所共同讨论的问题以及相互之间的递进关系越来越明晰。头脑中形成整体脉络后再读四篇报告，也能够在阅读中做到“有详有略”，思路更加清晰。其外，本专题在课堂上讨论了很多不同方面的问题。其中一些问题我有了自己的看法，也有一些问题并没能得出一个确定结论。课堂上的讨论虽无法得到最终结论，但确实引导了我继续思考。

岳芳好

首先，我对于报告阅读细致程度有了新的理解。在第一次阅读案例时，我仅画出了裁判者的大致思路，但上课讨论的时候便会发现有时会漏读很多东西。我发现自己上周对于晓臻在课上提出的问题也没办法立即回答，重新回到专家组报告和上诉机构报告中才发现，原来虽然双方均同意附件 6 中的“例外情况”不能直接援引 GATT 1994 第 20 条，但双方理由却完全不一样，上诉机构采取了更为严格的范围。所以，现在我认为较为合理的阅读方式首先是阅读老师的案件评述，对案件形成大致了解；其次对报告进行“略看”，但也需要一边读一边记录，对专家组和上诉机构的思路有初步了解；最后在第一周课上与同学们讨论之后，对重点段落进行“精读”。

其次，我采取了老师推荐的“多听讨论，少做笔记”的意见。上课多参与讨论，对于大家的讨论就比较印象深刻。即使上课没有及时理解一些同学的想法，也可以翻阅同学们课后研究的作业，作业中一般包含更为细致的讨论。同时，大家在课堂上对于问题进行网络检索后，一般都会将检索结果发在课程群中，通过对课程群资料的回顾，可以串联起整堂课的思路，也不失为完成综述作业的好方法。

何一丹

经过这个专题，我眼中的WTO渐渐立体化了。在之前，我眼中的WTO只是纸面上的规则和案例；通过这个专题的学习和阅读，WTO变得有血有肉，里面有各成员国的利益博弈，也有无数人的心血和努力。比如中国《入世议定书》，在刚看完专家组报告时，我和许多同学都质疑：为什么中国要签订这样一份有漏洞的议定书？这个时候，我们看到的只是一个既成的结果及其带来的不利后果，当然会不解甚至不平。但当我粗略看过中国入世的工作组报告和王磊律师的推文才知道，入世是一个多么困难的工程。以下摘录王磊律师推文中我特别感动的一段话：

“1988年2月，日内瓦还在山寒水冷之中。中国第一次口头答疑开始了。中国代表团十几位清一色的司局级官员，在首任谈判代表外经贸部沈觉人副部长的带领下，当天乘坐使团的大巴来到总协定大楼。中国代表们来自中央各相关部委，第一次来到这个“富人俱乐部”门口，驻足端详。一下子来了十几张东方面孔，其他国家与会代表和秘书处官员，友善打量，微笑以示欢迎。总协定大楼是原来国际劳工组织的大楼，建于20世纪初，矗立在日内瓦湖边风风雨雨近一个世纪，敦实厚重。入口大门足足有三米多高，厚重的木门，得用肩膀去用力推似的，但是把手是电动的，一拧门自动开。就是这沉重的门，中国推了十五年。”[45]

即便《入世议定书》中存在漏洞，但加入WTO无疑改变了中国。从课上老师介绍的习总书记讲话可见中国为履行WTO义务如何改变我们的贸易体制，又如何从WTO中获益。但中国何尝又没有改变WTO？至少从目前情况来看，中国在WTO中发挥的作用已经不同以往，各个重要机构也有了中国前辈的影子。我们承认《入世议定书》中缺陷的存在，但不能止步于批判，而是要学习如何运用WTO规则为中国争取更多利益，或许才是我们学习这门课的意义。

另外，我在上一次课程感想中提出如何平衡参与讨论与记笔记两者之间

45 王磊：《高朋观点丨岁月忽忽，旧事堂堂（系列之四）》，“高朋律所”公众号，https://mp.weixin.qq.com/s/X0ex8Em5bh_1a_UZfsl0Bg。

关系的问题，老师与同学的建议是少记笔记、多参与讨论，我这节课也尝试了这种方式。在这种方式下，我在课堂上的确能够更好地感受和理清同学们讨论的思路和脉络，但是在课后写综述时又有记忆丢失、力不从心的感觉，这次综述也是仅挑选了我最感兴趣、记忆最深的两个主题进行概括。我还需在后续的课堂中继续锻炼平衡参与讨论与记笔记。

黄睿旸

通过稀土案和原材料案，以及结合之前音像制品案的学习内容，对于 GATT 第 20 条的适用，中国《入世议定书》的义务，WTO 附录中各个多边条约的缔约国义务和豁免情形有了更深的认识。老师上课还提到中国入世 20 年来的发展变化，也让我在课上感受到了中国逐渐融入，并积极参与国际贸易话语体系的建设、履行国际多边贸易义务，以及推动全球贸易发展的决心。

贺韵锦

我在这两周课程中最大的体会是，WTO 的案件本身是冰冷的，但中国在这些案件中具体经历的事件、中国对外开放以来在对外经济贸易工作中作出的努力与这些工作的参与者的故事是鲜活生动的。不得不承认，比起阅读和讨论 WTO 的案例，我更感兴趣的是老师给我们分享的入世回忆录和老师自己的经验。然而，作为一个有志于从事相关领域工作的学生，我仍然需要通过阅读“冰冷”的案件以更加深入地学习 WTO 的有关知识。为了平衡这两者之间的落差，也许以后在阅读案件的时候可以更多地了解案件背后的有关故事和背景。如果可以的话，也请老师更多地分享各个案件中的故事，帮助我们更好地理解专家组报告和上诉机构报告中的深意。

赵悦旭

稀土案专家组的一名成员在其个别意见中提出了一个问题：如果中国在违反了《入世议定书》第 11.3 条义务的同时还对不同国家征收不同税率的出口税，那么中国也同时违反了 GATT 1994 第 1 条最惠国待遇原则。违反了 GATT 1994 第 1 条的行为当然可以援引 GATT 1994 第 20 条抗辩，这样一来就出现了一个有趣的现象，即中国在仅违反《入世议定书》第 11.3 条义务的时候不能援引 GATT 1994 第 20 条，但如果中国既违反了《入世议定书》第 11.3 条又违反了 GATT 1994 第 1 条，就能援引 GATT 1994 第 20 条抗辩。在课堂上，老师询问了我们对这个问题的看法。说实话，我的第一反应是这种论证思路还是很有说服力的，老师作为亲身经历者告诉我们，在当年的审理现场，当这个问题被抛出来之后，在场所有人一时都被问住了。尽管从逻辑上来看，这种分析似乎没什么问题，但在我看来，这种分析得出的结论是荒谬且显著不合理的。不过我一时并没有想出有说服力的理由来驳倒这种观点。事实上，在课堂上就有同学立刻反驳了这名专家组成员的观点：征税和不平等地征税是两种行为，即使不平等征税的行为能够通过援引 GATT 1994 第 20 条被豁免，也不能用 GATT 1994 第 20 条使征税行为正当化。

进行课后研究后，同学们在课上各自从不同角度反驳了这种看似合理的观点。有同学从假定情形里中国措施的性质出发，认为在这种情况下，中国同时违反了 GATT 1994 第 1 条和议定书第 11.3 条的义务，而可以通过 GATT 1994 第 20 条抗辩的仅限于对 GATT 1994 第 1 条的违反。换言之，不能理解为一个行为同时违反了两项条款的义务就可以因为其中一项规定能够援用 GATT 1994 第 20 条的规定而“总体上”获得这种抗辩的权利。有同学利用图示清晰地展现了 GATT 1994 第 1 条和议定书第 11.3 条所规定内容的不同和重叠，用以说明对议定书第 11.3 条的违反不能借用 GATT 1994 第 20 条抗辩。还有同学从 GATT 1994 第 20 条的文本出发，认为 GATT 1994 第 20 条明确将适用范围限定在了“this agreement”，而 GATT 1994 第 1 条的适用是具有普遍性的。如果同意个别意见中的论证思路，那么实际上任何 WTO 成员的行为都能以 GATT 1994 第 1 条为桥梁来援引 GATT 1994 第 20 条，这样“this agreement”的规定就毫无意义了。

通过课堂讨论，我感受到了思维多元化的重要性。对于同一个问题，虽然同学们最后得出的答案是一致的，但大家各自从不同角度给出了有说服力的理由。不同的论证角度没有对错，只是为我们提供了不同的思考方式。同时，我也认识到了独立思考的重要性。即使是 WTO 专家组成员的观点，即使这种观点看起来“完美无缺”，也不意味着它就一定是正确的。事实已经证明，经过独立思考后，同学们已经轻而易举地驳倒了这一表面上无懈可击的观点。

梁凯丰

与以往的课堂相同，这两周我更多还是一个聆听者的角色。通过倾听大家的发言，从最开始脱离文本抽象地讨论到现在聚焦于某几个重点问题深入地研讨，在每一专题结束后，我能明确清楚知道自己收获了什么，有哪些问题还需要澄清，有哪些问题还需讨论和解决。对于原材料案和稀土案，其中涉及的一个问题是超WTO义务条款。当年中国为了加入WTO，额外承担了一些义务，导致中国与其他WTO成员不平等的地位。一方面，这反映了当时我国在国际经济贸易中的弱势地位；另一方面，《入世议定书》第11.3条GATT 1994的缺失也体现了当时我们对国际经济贸易规则掌握的不足。

经过对专题四的探讨，我对于《入世议定书》和《WTO协定》之间的关系有了更加清晰的认识。最初，我想每个人都希望能够找到一个确切的答案，迫切地想要探求WTO Agreement到底是什么，都希望能够用几句话就概括清楚WTO Agrcement和《入世议定书》之间的体系性关系。但在讨论的过程中，我渐渐明白，很多问题都没有所谓的标准答案。经过半个多学期的探寻，我发现，WTO的条文解释和应用很多都是case by case的问题。这也启示着我们，不仅仅要能做一个“理论家”，更要能踏踏实实深入案件当中，到具体的层面上进行分析。直到今天，我学习了原材料案和稀土案，更是深有体会。杨老师在课堂上也提及，当时在《入世议定书》谈判时，未曾想过《入世议定书》第11.3条不能援引GATT 1994第20条，第20条的运用本是理所应当的。专家组和上诉机构的报告却给了我们一次重击，即正是因为当初规定的漏洞导致了我们的败诉。当今的中国和20年前相比，不可同日而语，有越来越多优秀的涉外法治人才站在国际舞台上。但是不可否认的是，无论是在WTO，还是国际商事仲裁中，掌握裁判权的主体主要还是欧美等西方国家。中国在国际舞台上的话语权还有待继续提高。

张心颜

本专题课堂讨论中我主要有以下两点感悟。

（一）不同条文的对照阅读

本专题的核心问题是中国《入世议定书》第11.3条与GATT 1994第20条的关系。我课前阅读两个案件的专家组及上诉机构报告时多顺着报告的思路，直接认为GATT 1994第20条的“this agreement”已经明确限定了其适用范围、而《入世议定书》第11.3条也没能呈现任何可以适用GATT 1994第20条的依据，故GATT 1994第20条不适用于《入世议定书》第11.3条是理所当然的；然而，课堂上对以下两个问题的讨论深化了我对《入世议定书》第 11.3 条与 GATT 1994 第 20 条之间关系的认识。

首先是与 GATT 1994 第 1 条的对照。我在课前阅读时并未重点关注“中国稀土案”专家组报告的单独意见对 GATT 1994 第 1 条的论述，直到课堂上“同样是 GATT 1994 条文且同样与《入世议定书》第 11.3 条不存在交叉援引，为何中国在履行《入世议定书》第 11.3 条的义务时要遵守 GATT 1994 第 1 条是毫无疑问的，而中国在违反同样的义务时能否用 GATT 1994 第 20 条进行辩护却是有疑问的”这个问题在课堂讨论中被明确提出，我在一阵茫然后开始从参照 GATT 1994 第 1 条的角度重新思考《入世议定书》第 11.3 条与 GATT 1994 第 20 条的关系。思考结果是：包括 GATT 1994 第 1 条与 GATT 1994 第 20 条与《入世议定书》第 11.3 条均属于两个平行协定中的不同条款，有不同的规范内容和适用范围，中国在履行《入世议定书》第 11.3 条的义务时之所以要遵守 GATT 1994 第 1 条，是因为中国对附件 6 之外的原材料征收出口税的措施同时违反了 GATT 1994 第 1 条与《入世议定书》第 11.3 条，而非 GATT 1994 第 1 条与《入世议定书》第 11.3 条之间有何天然联系。虽然结论相同，但此种思考加深了我对条文之间关系的理解。

其次是与《入世议定书》第 5.1 条的对照。“原材料案”“稀土案”与“出版物及音像制品案”处理结果的不同似乎源于“导入条款”的有无，课堂讨论中也提及，要让中国能够对《入世议定书》援引 GATT 1994 第 20 条，似乎不仅是在第 11.3 条中加入第 5.1 条“在不影响以符合 WTO 协定的方式管理贸易的权利的情况下”的“导入条款”那么简单。我在课后经初步思考发现确实如此：因为违反《入世议定书》第 5.1 条的进出口实体选择制度可能违反 GATT 1994 第 3、4 条而违反《入世议定书》第 11.3 条的无差别征收关税的行为不可能违反 GATT，简单在《入世议定书》第 11.3 条中插入“导入条款”将得出有差别地征收出口关税能够免责，而无差别地征收出口关税反而不能免责的荒谬结论，出现逻辑矛盾。这让我认识到同一语句不能在不同条文间简单套用，还应考察条文之间的规范内容。

上述两个问题也让我认识到，就如同对特定条文的理解不应局限于该条文本身，还应考察其上下文及其他辅助材料，对某些条文之间关系的理解也不应局限于若干研究对象，以其他条文为中介进行思考可以辅助深化我们对条文之间关系的认识。

（二）更为广泛的视角

本专题的讨论还让我认识到，应将约文纳入更为广阔的视角中去理解。

我在阅读本专题两个案件的四个报告时，由于强烈地感受到《入世议定书》第 11.3 条对于 GATT 1994 第 20 条的“立法沉默”给了专家组及上诉机构基于该“立法沉默”进行反向推定的广阔空间，进而得出中国在承担了如此严苛的“WTO plus”义务的情况下还不能基于“保护环境、人类和动植物的生命健康”等正当目标为自己辩护的结果，不禁“埋怨”为何谈判者在制定该条款时不明确订入所有希望能够援引的例外条款。然而，课堂上对中国加入 WTO 历史和“WTO plus”义务的讨论改变了我的此种偏见。

在历史层面，我从庆祝中国入世 20 周年系列文章和杨老师对中国首次在日内瓦参加磋商时场景的描述让我感受到中国加入 WTO 的艰难历程，在中国刚刚开启市场经济改革的背景下，中国对市场导向的世界贸易组织规则知之甚少，参与世界经贸国际规则制定的经验与当今必然不可同日而语，无论是我国入世谈判过程还是入世 20 年来诉讼能力与规则制定能力的提升都是一个不断学习的过程，结合约文解释与制定之间天然存在的鸿沟，将诸如《入世议定书》第 11.3 条、第 15 条的“非市场经济条款”放在这种特定历史背景下理解，我对此种解释上显然不利于中国的文本的出现有了更加客观的、更具同理心的认识。

对于“WTO plus”义务本身，课堂讨论中提出的新视角也引发了我的思考：“WTO plus”义务本身或许权利义务并不平衡，但是一方面，中国在非市场经济的条件下以承担诸多此种“WTO plus”义务为代价换取 WTO 成员资格，二十年来确实获得了其他成员市场大幅度向中国开放的极大好处；另一方面，此种“WTO plus”义务并非仅为加入成员所承担，创始成员在建立 WTO 谈判中也作出了诸多特殊承诺，只是此种承诺直接载入 WTO 文件而未以加入议定书的形式体现而已；如此，在这个更为广阔的视角下，中国所承担的“WTO plus”义务似乎也可以认为是权利义务的一种平衡。

王晓臻

这两周的课程我感觉是轻松有趣的，听老师讲述当时谈判和争端解决的经历也很有意思，这种案件之外的事情让我认识到案件不仅只有法律问题，还有一个个鲜活的人所构成的社会、政治、经济对案件的切实影响，并且也让我看到了 WTO 相关的中国法律人在三十多年的时间中的努力与进步，我也非常感动和备受鼓舞。

此外，我也进一步认识到 WTO 体制与中国问题的复杂性，明白了很多问题或许我们可以努力去探索，但是很难得到一个准确无疑的答案，因为许多问题不断产生和发展，我们也恰恰处在这个发展的进程中，需要我们不断追踪其最新进展。当然更进一步地，我也非常好奇，比如对中国会考虑加入 CPTPP 协定的预测是如何被作出的？WTO 的未来构想老师是如何想到的？我们如何能够在事物的变化发展中，找到合适的、令各方满意的解决方案，甚至预测未来的走向？

最后，就上次课堂的讨论，我也第一次体会到坐在下面听同学讨论，并且在有思路时举手发言，和站在台上阐述后再与同学讨论的不同之处，虽然中间出现了各种我难以预料的问题，但是十分有趣。我的改进方案是：在当天上课前，再次阅读和回顾自己的学习与思考，以及同学们的作业，对内容尽可能熟悉，并且进一步在课堂上调动自己思考和发言的积极性。另外，我提出的一些问题也比较基础，说明我还需要进一步认真阅读文本，甚至是把一些简单的问题作为拓展性的阅读来寻找答案，而不是只搁置疑问。

龚　正

通过上两周的学习与讨论，我们从更加宏观的时代角度共同研习了中国的入世故事及两个案件。

首先我最大的感受是中国入世谈判的艰难，通过微信推送，我们看到中国在申请入世时，尚未建立起成熟的谈判班子，且谈判的过程也是与各大国周旋的过程。在这一过程中，国力的影响力是至关重要的。当时，中国的国际地位使中国在入世时受到多方牵制，这也解释了为什么中国负担了诸多“超 WTO 义务”。此外，成熟、专业的团队在谈判中也有重要的推动作用，中国当时的团队不能说不专业，但能力与各大国相比仍有不足，在谈判与条约的制定上存在瑕疵，这也为未来中国遇到的问题、受到的争议埋下了伏笔。这也让我看到，撰写完美的《入世议定书》简直就是天方夜谭。

但是习总书记的讲话让我们看到了中国入世之后巨大的发展，中国的贸易活力不断增长，国际贸易地位也一再提升，中国甚至很好地完成了诸多入世承诺，这也为中国多边贸易的进一步发展提振了信心。

第五章

美国反倾销和反补贴案

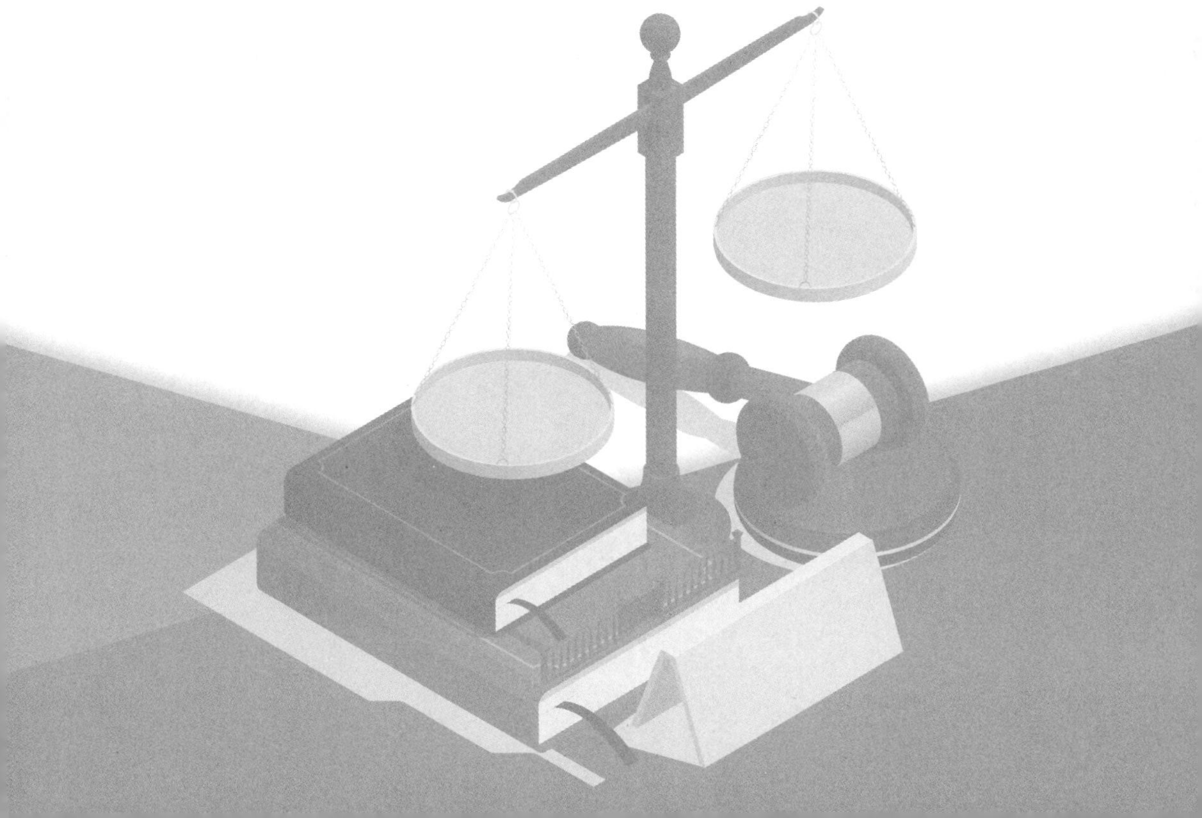

第一部分　课程内容选编

综述人：赵悦旭

美国“双反”案（DS 379 案和 DS 449 案）围绕的核心问题是国内补贴和双重救济之间的关系。在 DS 379 案中，专家组从《渔业补贴协定》（SCM）第 19.3、19.4、32.1 条及 GATT 1994 第 6.5 条的文本出发，认定 SCM 不禁止对国内补贴进行双重救济。然而，基于同样的条文，上诉机构推翻了专家组的判决，认定针对国内补贴同时征收反倾销税和反补贴税违法。DS 449 案进一步认定了调查机关在征收反补贴税前有义务考虑双重救济的可能性，如果反倾销税对于同一损害已经救济了一次，则应相应地减少反补贴税的数额。

美国“双反”案中的几个关键词为“反补贴税”“反倾销税”“出口补贴”“国内补贴”及“双重救济”。征收反补贴税需要满足的条件包括：存在补贴行为；国内产业遭受实质性损害；二者存在因果关系。征收反倾销税需要满足的条件包括：存在低价出口产品的行为；国内产业遭受实质性损害；二者存在因果关系。由此可见，“低价”是倾销的核心要素，而补贴虽然大多数情况下也会降低出口产品的价格，但不排除有些情况下补贴的效果不会反映在价格上，比如国内生产商将补贴所得用于增开门店。在这种情况下，生产商在同行业的竞争力也会提高，这也解释了为什么征收反补贴税时只需认定补贴的存在，因为一旦存在补贴，生产商必然会获得不公平的竞争优势，而这种竞争优势可能会以不同形式存在，不一定仅体现在价格上。

另外，我认为有必要基于本案对实践中可能出现的情形进行归纳，对于双重救济问题，存在以下四种情况：

第一，针对 ME 国家的国内补贴同时征收 AD 和 CVD——通常情况不会构成双重救济，但如果在计算 AD 额度时使用的不是出口国国内价格，则仍有可能构成双重救济。

第二，针对 ME 国家的出口补贴同时征收 AD 和 CVD——在针对同一损害的情况下构成双重救济，且为 GATT 1994 第 6.5 条明文禁止。

第三，针对 NME 国家的国内补贴同时征收 AD 和 CVD——构成双重救济。

第四，针对 NME 国家的出口补贴同时征收 AD 和 CVD——在针对同一损害的情况下构成双重救济，且为 GATT 1994 第 6.5 条明文禁止。

(一) 中国《入世议定书》第 15 条的解释

中国《入世议定书》第 15 条已经于 2016 年 12 月 11 日到期，由此引发了学界对三个问题的讨论：中国能否自动取得“市场经济地位”，其他国家是否能在反倾销领域中继续适用“替代国做法”，以及应诉国的“市场经济地位”的举证责任由何方承担。对此，有欧洲学者认为，从条文本身出发，第 15 条（a）款（ii）项终止后，该条的序言以及（a）款（i）项依然有效。也就是说，2016 年 12 月 11 日后只是第 15 条的某一款项终止，该条中的其他条款并没有过时。另有中国学者认为，虽然第 15 条本身并未表明该条到期后，WTO 成员需承认中国的市场经济地位，但第 15 条（a）款只有（i）和（ii）两项，既然作为非市场经济特殊计算方法的（ii）项到期终止，则意味着 2016 年后中国将获得市场经济地位。讨论归讨论，现实却是，时至今日，美国和欧盟依旧坚持在第 15 条到期之后按照国内法律认定中国为非市场经济国家，不断采用替代国做法给中国的对外贸易施压。

结合现实情况，我认为，中国是否被认定为非市场经济国家，在反倾销调查中并不是决定性的。老师在上课时也提到，对非市场经济地位的认定不重要，关键是要让进口国调查机关认定中国的国内价格是合理的。换言之，非市场经济地位和替代国方法是两个层面的问题。前者指“非市场的计划在资源配置和经济运行中发挥着核心作用”的国家，后者指在反倾销额度计算时采用他国价格来确定出口产品“正常价值”的一种制度。即使中国仍未摆脱“非市场经济地位”，也不代表替代国方法一定适用。这一点从第 15 条的文本中也可以发现：第 15 条（a）款（i）项仅规定“如果中国的出口商证明了它的市场经济地位，那么市场经济方法必须被使用”，这是充分条件（如果A，那么B）的表达，与必要条件（只有A，才B）不同。取该命题的逆否命题（如果非B，那么非A），则为：如果替代国方法必须被使用，那么中国的出口商是非市场经济地位，也即非市场经济地位实际上并非替代国标准适用的前提。由此可以推论，放弃替代国做法并不必然以是否具备市场经济地位为前提。

事实上，按照西方的标准，我国的“非市场经济地位”短期内是很难改变的。欧盟关于“市场转型国家”的外国企业在个案中独立申请市场经济地位有五条标准，可以归纳为经济主体自由化、政府行为规范化、生产要素市场化、贸易环境公平化、金融参数合理化五方面。欧盟认为中国目前的状况只满足第一个方面。同样，美国关于市场经济的标准也有严格的六条，概括起来为货币兑换自由程度、劳资谈判自由程度、外国投资准入程度、政府对生产资料控制程度、政府对市场机制的干预程度和商务部认为合适的其他因素。所谓的“商务部认为合适的其他因素”赋予美方极大的自由裁量权，美国甚至有意要将知识产权保护、技术标准等问题纳入谈判考虑的范围。由此可见，按照上述标准，中国要获得完全市场经济地位还有很长的路要走。

（二）关于 cogent reasons

在 DS 449 案中，专家组列出了四种构成“cogent reasons”的情形：①根据《WTO 协定》第 9 条第 2 款所形成的、不同于上诉机构解释的多边解释；②上诉机构的解释在特定情况下不可行；③上诉机构的解释与未经提请上诉机构注意的另一协定的规定相抵触；④上诉机构所依据的事实是错误的。据此，有同学提出疑问，这四种情形属于穷尽式列举吗？它们对后案是否具有约束力？

首先，从 DSU 规则的角度出发，专家组和上诉机构的裁决是不具有先例效力的。另外，通过考察第 7.317 段的文本（cogent reasons would encompass, *inter alia*: ...）可以发现，描述上述四种情形时的用语明显不带有强制性，由此得出的结论是，DS 449 案专家组报告中对“cogent reasons”的列举不具有拘束力。然而，这只是理论层面的结论。实践中，出于对 DSU 第 3.2 条的遵守，专家组和上诉机构仍然会“在后续案件中以相同方式解决相同法律问题”。对于“这四种情形是否属于穷尽式列举”这一问题，拉丁文“inter alia”已经表明答案是否定的，可能构成“cogent reasons”的情形不限于专家组报告中列举出的这四种。但是由此引发的又一个问题：DS 449 案的专家组是根据什么将这四种情形认定为构成“cogent reasons”？这里似乎不存在任何国际法上的依据，而只是专家组通过一般常识得出的。

通过课后研究，我发现“cogent reasons”第一次出现是在 US-Stainless Steel 案的上诉机构报告中，但该案只是提出了“cogent reasons”这一原则性的概念，而没有具体阐明何种情形构成“cogent reasons”。DS 449 案的专家组首次对“cogent reasons”具体化，但在此案之后，目前尚无明确引用 DS 449 案列举的四项标准的案例。而且从实践中可以发现，“cogent reasons”是一个极高的标准，目前并没有任何国家通过援引“cogent reasons”成功使专家组或上诉机构作出不同于前案的判决。

另外值得注意的是，在 US-Differential Pricing Methodology 案中，专家组认为，US-Washing Machines 案和 US-Anti-Dumping Methodologies 案不能对本案形成事实上的约束力，因为本案具有“cogent reasons”。这似乎是专家组首次认可了“cogent reasons”的存在。但是加拿大对于这一裁决结果提出了上诉，鉴于上诉机构停摆的现状，该案应何去何从还不确定，如果该案日后进入上诉程序，上诉机构是否会认可“cogent reasons”的存在，是我们需要关注的问题。

（三）关于 AB 报告第 590 段

在 DS 379 案的上诉机构报告第 590 段，上诉机构写道：“since we have already found that the imposition of double remedies is inconsistent with Article 19. 3 of the SCM Agreement, we need not continue our analysis and address China's appeal with respect to the interpretation and application of Article 19. 4 of the SCM Agreement and Article VI：3 of the GATT 1994.”对于该部分是上诉机构在行使司法经济原则，同学们都没有疑问。然而，该段最后一句话写道：“The Panel's interpretation of these provisions is, in our estimation, moot and of no legal effect.”由此引发的疑问是，上诉机构自己都没有审查 SCM 第 19. 3 条以外的条文，却直接废除了专家组对这些条文的解释，这么做是被允许的吗？

在课堂讨论中，老师提醒我们注意 DSU 第 17. 12 条，该条规定“The Appellate Body *shall address each of the issues* raised in accordance with paragraph 6 during the appellate proceeding.”根据这一条，上诉机构是无权适用司法经济原

则的，因为它必须审查上诉阶段争端方提出的每一项主张。这一规定的内在机理在于，上诉机构具有澄清《WTO 协定》及涵盖协定条款的功能，有义务解决上诉方提出的每一问题。如果专家组运用司法经济原则未对部分请求作出裁决，而争端方又不服该裁决提出上诉，上诉机构再适用司法经济原则，留下部分请求不审查，将不利于纠纷的解决，也与其职能相悖。由此可见，该案上诉机构的做法值得商榷。

从另一个角度来看，DSU 第 17.13 条规定上诉机构仅享有维持、修改或推翻专家组的法律发现和结论的权利。对于本案而言，上诉机构认定专家组对所有相关条文的解释“moot and of no legal effect”，这一行为显然不属于“维持”和“修改”，但解释成“推翻”也说不通，因为推翻是一个过程，要通过审查得出否定的结论，因此可以说上诉机构推翻了专家组对 SCM 第 19.3 条的解释，但不能说同时“推翻”了专家组对其他条文的解释。如此一来，上诉机构在报告第 590 段所述的行为并没有法律依据。

通过这一部分的课堂讨论，我意识到自己对司法经济原则的理解仍存在疏漏。因为在之前阅读的时候，我完全没意识到上诉机构在裁判时适用司法经济原则有什么问题，所以通过查阅资料，我再一次深化了自己对司法经济原则的认识。

首先应该区分司法经济和司法节制之间的关系。司法节制（judicial restraint）的含义有三：一是由法庭通过限制的命令、禁令或判决而施加的限制；二是一项原则，即如果法庭能基于某一特定问题解决一个案件，它就没必要解决无须的问题；三是法官仅依照法律和先例解释法律，避免对公共政策卷入个人信念。由此可见，司法节制的前两种含义基本等同于司法经济，第三种含义则对应司法能动（judicial activism）。

WTO 争端解决机制对司法经济原则的适用来源于国内法，国内法庭执行司法经济原则的主要方式是避免对某些不能或不再需要作出裁决的事项进行裁决，如美国 Carnival Cruise Lines, Inc. v. Shute 案中法庭的表述：“因为法庭已经判决法院选择条款最终能解决该问题，所以没有必要考虑申请方提出的合宪性争点。”

司法经济原则存在两种表现形式——只解决有必要解决的请求和只解决有必要解决的争点。第一种是专家组运用司法经济原则的常见形式，如在美国-面筋案中，专家组运用司法经济原则，未对申诉方提出的与 GATT 1994 第

19条（不可预见的发展）和第1条以及《保障措施协定》第5条相关的请求作出裁决。对于第二种形式，代表案例为美国羊毛衫案。在该案中，上诉机构认为，DSU第11条或先前GATT 1994实践并未要求专家组审查申诉方提出的所有请求，专家组只需解决那些为解决争端而必需的请求。正如专家组为解决纠纷而拥有只需解决那些有必要解决的请求的裁决权一样，专家组也有仅解决那些其认为有必要解决特定请求争点的裁决权。

鉴于以下两个原因，只有专家组是适用司法经济原则的合格主体，上诉机构无权适用该原则。第一，上诉机构的职能，就是对WTO协议及涵盖协议条款作出澄清。它可以对上诉方在上诉中提出的争点合并或单独审查，但不能审一而漏其他。第二，上诉机构有义务完成对特定争端的法律分析。上诉机构完成法律分析，能够解决专家组采用司法经济原则未对部分请求作出裁决、而争端方又不服该裁决提出上诉产生的遗留问题，上诉机构若再适用司法经济原则，留下部分请求不审查，将不利于纠纷的解决。

（四）GATT 1994 第6.5条和有效解释原则

在课堂讨论中，同学们还论及了DS 379案专家组报告的第14.117段。专家组在该段详细阐述了为什么GATT 1994第6.5条只适用于出口补贴而不包括国内补贴，并认为这种解释符合条约的有效解释原则（effet utile）。关于有效解释原则，有观点认为它属于习惯解释规则的一种，与VCLT中的解释规则并列。但更多观点认为有效解释原则被包含在“善意解释”的要求中，是“good faith”的延伸。

与专家组的观点相反，DS 379案的上诉机构认为，不能因为GATT 1994第6.5条仅明确写了“export subsidy”就把“domestic subsidy”排除在外。在上诉机构看来，这一条的重点是“compensate for the same situation”，换句话说，即使是在国内补贴的情况下，只要同时征收AD和CVD对同一情形抵销了两次，就是GATT 1994第6.5条所不允许的。可随之而来的疑问是，上诉机构的这种解读，是否与有效解释原则相左？因为这一解释完全忽略了“export”的含义。

我认为上诉机构的解释与有效解释原则之间并不矛盾。著名国际法学者斯塔克曾指出：“常设国际法院特别强调有效解释原则，要求在解释条约时，应作通盘的考虑以使条约最有效与最有用。”国际法院在科孚海峡案中提及有效解释原则并指出，“普遍接受的解释规则不承认这种出现在特殊协议中的条款没有目的或效力。在存在一般协议和特殊协议时，应当承认特殊协议具有意义。”在VCLT起草过程中，国际法委员会认为，有效解释原则系被普遍接受的解释原则，它要求在解释条约时应当根据条约上下文以及条约目的和宗旨，本着善意在通常意义上解释条约。

由此可见，有效解释原则并不是要求解释者机械地遵照文本的表面含义，而是要求作出全面、整体的解释。在这一过程中，除了文本的通常含义外，上下文、目的和宗旨都是需要考虑的要素。这实质上就是要求解释者从整体上来把握这三大解释因素在具体解释过程中的往返流转影响，从保证条约有效性的角度出发来运用这三大解释因素，使得有效解释成为检验条约术语通常意义是否正确的标准。

回到本案，上诉机构在解释GATT 1994第6.5条时虽然将其适用范围扩大到了国内补贴，但这是考虑到条约目的和宗旨的结果。该条之所以禁止对出口补贴同时征收AD和CVD，是因为这种做法会导致双重救济，对出口国而言是不公平的。然而，在采用NME方法计算倾销幅度时，针对出口国的国内补贴同时征收AD和CVD也会造成相同的不公平结果。既然如此，就没有必要纠结于条文用语，而应该结合缔约者的意图，从整体上作出对条约而言最有效的解释。

第二部分　课程感想汇编

岳芳好

第一，条约文本之间的紧密联系。DS 379 案中，上诉机构在讨论 SCM 时会联系 GATT 1994、《AD 协定》进行综合判断，并强调“《WTO 协定》应以连贯、一致的方式解释，赋予所有条款协调的含义”。老师在文章中也指出，“WTO 成员加入协定时承担了累积性的义务，因此根据一个协定采取行动时，应当考虑到根据另一个协定所采取的行动。”

第二，条约解释方法的重要性。我们已经进入课程后期，但会发现理解上诉机构报告的核心仍在于厘清其如何运用不同法律解释方法。比如在上周课程中，大家再次回忆了有效解释原则的适用，并且将其和“条约文本沉默”联系在一起，探讨两种解释技巧之间的关系。并且，在对 AP 第 15 条进行解释的时候，老师引导我们跳出 VLCT，尝试从逻辑学的角度分析该条文含义。

滑迎春

本次课由两个同学来主持，第一，我很佩服两位同学有勇气承担起这个任务。毕竟，坐在下面听讲、参加讨论，和站在台上主持还是有很大不同的，前者只需要大概了解案情、就自己不懂的地方提出质疑，以及就自己感兴趣的部分参加讨论；而后者却需要对案子有非常深入而且全面的阅读与了解，在台下同学提到某个问题时，主持人要能敏锐地察觉到这是在哪一部分处理的什么事项。此外，面对一个案件时，有那么多问题，宏观的或微观的，具体的或抽象的，如何对案件展开讨论，如何引领大家对问题进行讨论，对我们学生来说都是很大的挑战。当然，两位同学主持得很好，各有特色，也可以看出她/他对本次课程的用心。

第二，本次课程中，老师给我们介绍了一些背景知识（“内幕信息”），比如中国对《入世议定书》第 15 条是否“过期”问题对美欧先后在 WTO 提起诉讼，但一个没成立专家组，另一个也撤诉了，原因是（据说）中国看到了专家组发出的对我方不利的中期报告。至于中期报告，我国是没有公开的，甚至中国在 DSB 的案件所提交的所有文件都不会公开。如果说其中可能涉及国家或商业秘密，似乎也有些牵强，因为欧美国家大多会公开。我认为这样的做法不是很合理，不利于我国的法律实务人才（如律师）对 WTO 法治的学习，也不利于法学学者进行研究。

龚 正

首先，非常感谢两位同学的主持和带领，两位同学都做了充分的准备，也为课堂付出了很大的努力，都在尽力解答同学的问题，也在认真带领同学们讨论。美中不足就是两位同学在作业布置上可能没有事前沟通，造成第二堂课的讨论有些分散。但两次课一一讨论了同学们的问题，并且解答了大部分同学的问题，让我们收获很大。

其次，这次的“双反”案拓展了重要的经济学知识，对于一些没有接触过经济学知识的法学生而言，对于反倾销、反补贴、出口补贴、国内补贴的概念和具体应用可能存在一些困难，但在课堂上同学们通过举例、画图等方式让抽象的概念变得容易理解，让我收获很大。

最后，DS 379 案是我们接触的第一个专家组与上诉机构得出截然相反结论的案件，这让我们看到了专家组和上诉机构在论证上的思路差别，丰富了我们关于 WTO 争端解决中解释方法的认识。

贺韵锦

本专题的讨论采取了同学主持的方式。首先我想感谢郝曼彤和刘凌堃同学为主持讨论所做的所有的准备。他们非常好地完成了带领大家阅读和思考案例有关问题的任务。但由于大家对文本的理解程度较浅（尤其是对补贴和倾销两个概念的认识不到位），对问题的思考不够深入，本专题的课堂讨论实际上成效并不显著。希望在后续的讨论中，主持的同学能有更好的发挥；也希望我能够在后续的案件中更好地配合同学的主持工作，促成课堂上的有效交流。

赵悦旭

随着课程逐渐过半，我慢慢地感受到了自己在这一过程中的变化。虽然我依然不属于课堂中的活跃群体，但从最开始对发言的极度恐惧到现在敢于向同学老师提出问题并分享自己的看法，我认为这是一个很大的变化。事实上，在阅读这一专题的案例时，有一个问题一直困惑着我：为什么在实施国内补贴的情况下，倾销幅度的计算就不会受补贴影响，从而使得同时征收反倾销税和反补贴税的行为不会构成双重救济？由于对这个问题没想明白，导致我一直没有完全理解专家组和上诉机构的论证。在上课时，郝曼彤同学为我们梳理了专家组和上诉机构的论证逻辑，我却一直纠结于这个点。如果在以前，我想自己一定不会在课堂上举手提出这个问题，但我觉得如果自己不提问的话，很可能永远都搞不懂，于是我还是向同学们提出了这个问题，而同学们只用了五个字就帮我解决了困惑——因为倾销了。我这才恍然大悟，其实这个问题的答案再明显不过了，但我就是不知道卡在了哪里，所以一直没想明白。通过 WTO 课程的学习，现在的我再也不会觉得问一些简单的问题是很“愚蠢”的行为，因为课堂就是同学们和老师之间互相交流、答疑解惑的地方，我很高兴能看到自己的这种变化。

范熙唯

本专题是第一个由同学主持的专题。同学们的主持风格各异，但延续了提问式课堂的特色，本门课程的课堂主体始终是同学们。在问题回答的多样性及对于思考的启发上，本专题同学主持的课堂丝毫不逊色于杨老师主持的课堂。

张心颜

本专题的讨论让我产生了以下两点感悟。

（一）已经了解的概念和方法要在后续案例中不断理解和运用

我在此前课程中讨论过的中国知识产权案中了解过“有效解释原则”、在中国出版物与音像制品案中了解过 arguendo 方法、并简要了解过其与 judicial economy 的关系；在中国原材料案和中国稀土案中了解过对“立法沉默”进行反推的方法，但对其理解仅停留于表面的含义，也并未考虑过这些概念或方法在后续案件中可能的运用。

然而，课堂讨论中同学提出 DS 379 案中对 GATT 1994 第 6.5 条“export”的解释问题促使我思考了对“立法沉默”的反推和“有效解释原则”的关系，我从我记忆中二者的概念和含义出发，得出的一个直观结论是两者形式上的侧重点不同而实质上运用的结果类似；然而，杨老师对两种“立法沉默”进行了区分：一种根本没有规定相应的事项，此时不存在“有效解释”的问题，另一种是明示了一种情形而未明确是否排除其余情形，此时就有“有效解释”的空间。因此，虽然反推和“有效解释原则”存在交叉关系，但是并非完全重叠，甚至在个案中可能出现冲突，这个见解纠正了我此前的错误理解，让我对反推和“有效解释原则”的关系有了更为深入的认识。也有同学提出了 DS 379 案专家组报告认为中国没能证明美国的措施违反了有关协议，就无须继续分析双重救济存在 arguendo 方法的问题。对此，我根据此前的讨论简单地认为其更接近广义的 judicial economy，而大家经过讨论认为，因为上文专家组报告已经查明双重救济很有可能存在，而非假设其存在进而仅审查美国的措施是否违法的问题，因此此处不属于 arguendo；并且，分析运用 arguendo 方法可能导致的问题，同样让我在以前结论的基础上更为全面地理解了 arguendo 方法及其被上诉机构认为不宜轻易使用的原因。

这也让我了解到，单凭一个案件无法揭示出概念和方法的全部内涵，而且概念和方法也是在案件中为专家组和上诉机构所不断解释和发展的。因此，即便对已经了解的概念和方法，也要在后续案件中不断加深思考。

（二）厘清约文的规范内涵与事实、政策内涵

本专题的两个案件均涉及与中国《入世议定书》第 15 条相关的、敏感的中国的“市场经济地位问题”；经查询相关文献和相互讨论，我们初步认同：中国《入世议定书》第 15 条（a）款（ii）项的到期是一个法律问题，应与中国是否具备市场经济地位这个政治或政策问题区分开来，中国《入世议定书》第 15 条（a）款（ii）项的到期仅意味着 NME 方法能否继续在针对中国产品的反倾销调查的适用问题，而中国是否因此而获得市场经济地位与本条的法律效果无关，也并非 WTO 规则体系管辖的问题，中国仅需证明 NME 方法不得再使用就已经达到了目的，纠结“市场经济地位”并无意义。这更加

让我了解到，相较于简单受制于民族情绪，更应厘清规则与政治的界限，着眼于对有关条文进行理性的功能性分析。

另外，杨老师还提出了关于该问题的另一个视角：中国《入世议定书》第15条（a）款（ii）项的法律问题背后的实质是事实问题，即进口国调查机关如何能相信国内价格是可比价格，只要进口国调查机关认为使用出口国国内价格无法准确计算倾销幅度，则替代国方法就不可能终止；在这个意义上，中国就NME方法的诉讼要求专家组中止审理中欧NME方法的案件的做法是顾全大局的，因为无论专家组作出何种裁决，其结果都将是尴尬的：若专家组认定可以继续使用NME方法则对中国显著不利；若专家组认定进口国不能再使用NME方法则会导致欧美对裁决的置之不理，进而有损DSB裁决的权威。这既让我明白了为何中国专家组中止审理中欧NME方法的案件，并且欧盟对中止审理并未表示异议，也打开了我思考涉及政策问题约文的新的视角，即虽然不应受单纯民族情绪的影响，但是在对有关约文进行理解时仍应结合该条文的背景事实，将其置于国际现实情形中。

何一丹

在这次案例阅读中，我深切感受到，仅仅有法律知识是不够的，还要有相关主体的专业知识。比如在本专题的讨论中，在进入对法律问题的讨论前，我们首先花了一段时间讨论和梳理双重救济的概念，这在很大程度上是一个经济问题。

这次专题学习由同学们主持，我非常佩服他们的能力，也很感谢他们的辛苦准备。可以看出，要主持好一次课堂讨论，不仅要对案例报告十分熟悉，还要提前阅读全班同学的作业提前安排讨论，这需要他们付出大量时间和精力。两次课堂的效果都很好，但可能因为是由两名不同的同学主持，所以略缺少连贯性，内容组织上有些分散。

梁凯丰

专题六的课堂在大家激烈的讨论中走向尾声，在这个过程中我对于“双反”案有了更多的了解，解决了我的很多疑问，在知识上有了较大的收获，也为课后的进一步思考提供了方向和空间，在上文的课堂回顾当中也进行了简单的回应。

首先，经历了两周同学们自己组织的讨论，我对于这种方式的感觉还是很不错的，两位主持人进行了非常充分的准备，杨老师也在课堂上和我们进行了充分的讨论，适时将有关的知识点对我们进行阐明，让课堂讨论变得更加清晰和充分。这两周课前，两位主持人都是先进行课前新闻的讲解，也把课堂主要讨论的内容以不同的方式提前向大家进行呈现，使得课堂讨论的脉络更加清晰。

除此之外，我的收获还表现在以下几个方面：首先，对于WTO所处理的案件类型有了更多的了解。最近几个专题的案子，让我们进一步认识到了WTO所处理的法律问题的复杂性。它往往会涉及多个法律文件之间的关系，比如前几个专题涉及的《入世议定书》和《WTO协定》之间的关系，再比如本专题所涉及的SCM和《反倾销协定》之间的关系。这也启示我们，在学习的过程当中要多去思考，注重将每一个规则都放在整个WTO规则的文本框架之内进行分析。通过这种方式，我们才能更好地分析和处理现实生活当中更加复杂的法律问题。其次，在学习的过程中，我也进一步认识到了条约解释的复杂性。和课堂上的学习不同，现实生活当中将某一情形解释到某个条约的文义范围之内实际上是一件极其复杂的事情，往往也涉及多种条约解释方法的综合运用。因此，我们不仅仅应当掌握每一种条约解释方法的内涵是什么，同时也应当去关注这些条约解释方法之间有怎样的体系性关系。

王晓臻

（一）感谢曼彤和凌堃学长主持讨论

两位同学的准备都非常用心和充分，能够感受到课下下了很大功夫，并且在课堂讨论中随机应变，各有风格。虽然我坐在下面是讨论者，但是也能感受到主持讨论的难度之高。不能自说自话、长篇大论，要引导和启发讨论者积极思考参与讨论，事先确定的主题或问题要契合或关切同学们的兴趣和已经完成的知识学习和研究，在讨论中出现偏题或讨论“过热”时的处理，在讨论到大家都感兴趣的问题时不轻率且过早地表达自己的观点，冷场或提出无法解决的问题时的处理，等等，我都看到了两位同学处理的智慧与能力，这是我非常需要学习的地方。

另外，很有趣的是，杨老师从引领者成为讨论者，也让我学习到一个好的讨论者应当如何参与课堂讨论。提出新思路，如通过阅读上诉机构的报告来寻找答案打破僵局；对一些讨论“过热”的问题能够迅速抓到争论的焦点并作出合理的解释；进一步追问很有意义与价值的问题，等等，是作为讨论者更高的追求。虽然我现在可能还停留在积极思考、多多发言的阶段，但还是希望自己可以在这门课程以及今后各种场合的讨论中不断朝着更高的目标努力。

（二）现场思考、临时组织发言语言的体验

之前我的发言可能更多是针对自己课前准备过的内容，当一些同学提出很有价值的讨论主题或问题时，我经常只能在课堂上做到积极跟随理解同学的观点，而自己可能短时间内很难形成一套完整的观点并且恰当表达。在本专题课前，我希望自己可以进一步解决这个问题，我的小目标是每次课都要尽量对自己不熟悉、事先没有准备的内容做三次发言。一方面要克服自己无法现实思考、临时组织发言的心理压力（这一点也非常感谢各位同学营造的宽松舒适的讨论氛围，让我在台上讲错的时候也不会觉得特别难堪或尴尬）；另一方面则是更为积极努力地思考、查阅资料，并且勇敢发言。大概这个小目标在本专题达到了，但是发言的质量以及表达的清晰度可能还需要进一步的提高。

（三）知道做不到，是不是不知道

第一次课上我本以为自己明白了大家关于双重征税和双重救济的讨论的内容，觉得自己已经理解得很到位了；结果第二节课快下课的时候，讨论到 GATT 1994 第 6.5 条的解释与适用时，我又试图对不同的情形作出区分，在提出了自己理解的分类框架后，几位小伙伴发现了其中不太对劲的地方。看着课程还有一些时间，在大家的鼓励下，我和大家讲了一下我的分类框架，希望和大家讨论其中存在的问题。我刚开始讲到关于市场经济国家国内补贴的情形时就出现了问题，老师指出我们曾经讨论研读的上诉机构报告中的一段明确说明了此种情形也可能涉及双重救济问题，而显然这一我以为已经知道并理解的问题被忽略了。所以似乎很多时候我以为自己懂了的问题，让我自己再重新梳理甚至再讲一遍的时候，我还是没有融会贯通，周全地理解这一问题。这种情况令我在难过之余也在反思，这当中到底出了什么问题。目前

的想法是，是不是其实自己在讲述之前就并没有真正理解为什么市场经济下也可能会出现双重救济这个问题，如果让我举个例子，我可能就举不出来。当老师说到，可能有生产者专门生产出口产品，而不在国内销售，此时就需要适用替代国价格来确定国内价格，那么就可能会出现双重救济的问题。这个时候我才真正理解。对此给我的启示是，对于自己觉得自己知道的内容，也要非常小心谨慎，可以运用举例、仔细阅读文本原文、给他人讲解等方式加深理解。

张文嘉

在本次课堂中我感受到了 WTO 案例学习中对知识融会贯通的必要性，或者说每一个争端纠纷的解决都离不开对有关条文的解释，而解释又离不开对 VCLT 第 31、32 条规定的几种方法，因此相同的解释方法我们会在各个报告中反复看到。比如这周课程上讨论的第 14. 76 段是否属于司法经济原则或 arguendo 方法，经过前几次案例的学习我们已经知道这两种方法的含义分别是什么，但当需要具体分析的时候我发现自己已经不记得更多详细的内容，比如司法经济原则广义和狭义的理解，arguendo 的几种类型（这些内容在之前学习的时候都有同学在其课堂作业中详细论证中）；再比如讨论有效解释原则的时候，在本学期第一个案例中大家就讨论过这一条文解释方法，但当时对于其是一种独立的解释方法还是属于善意解释的一部分就没有得出结论，之后我也没有再继续深入研究这一问题，这就导致了在判断本案上诉机构的解释是否违反了有效解释原则时，我也无法依据相应知识做出更有针对性的分析。

黄睿旸

近两次课都由同学主持，课堂氛围轻松，大家思考和回应也很主动。唯一不足的是主持的同学偶尔会使得课堂陷入安静，未及时引导大家对问题进行思考或者切换问题讨论。但总体而言两位同学表现很棒！

郝曼彤

（一）主持感想

首先非常感谢杨老师的信任，邀请我担任课程模式转变的第一位主持人，抱着抛砖引玉的想法，我成为本学期第一个摸着石头过河的同学。其次非常感谢大家在课堂上积极参与讨论，大家积极发言使得我们的课程顺利推进。我想简单谈一谈主持的感受，总结一下我的不足，也想尝试给接下来主持的同学提供一些小小的建议。

关于我主持课堂的感受，于我而言，站在讲台上三个小时并且时刻保持头脑清醒和思路清晰是不容易的。我在课前对案件的论证思路进行了较为详细的研究，原本计划在课堂的开始澄清一些基本概念，特别是对进口补贴和出口补贴进行区分，来帮助我们更好地理解双重救济问题，从而开始对三份报告论证思路的讨论。但并没有想到这一讨论会持续将近两节课的时间，并且对 NME 方法可能导致双重救济也没有讨论清楚，这是我在课前没有考虑到的情况。由于我对某些问题没有彻底弄清楚，导致第一节课的推进遇到了一些困难。

我在课后和晓臻交流了感受，得到了晓臻的分析：站在讲台上和坐在座位上的最大区别就是，前者不仅要关注当前讨论的问题，还要关注大家对问题的反应以及是否有人想要发言；但后者既可以浏览笔记和资料，又可以听其他人的讨论，更容易通过思考形成自己的观点。因此，在讲台上主持和发言可能会削弱视觉的输入能力，影响自己的思考判断。此外，我还想将此归因于缺乏经验，因为经验丰富的老师已经在锻炼中克服了这一问题。

接下来我想谈一下自己主持的不足。首先，我自认为对某些问题的表述不是很清晰，导致有时讨论问题需要多次澄清。表达能力欠缺一直是我的硬伤，在本次主持中体现得更加明显，这是我需要改进的地方。其次，对于同学们的课前提问，我本想抛砖引玉，先谈一谈自己的看法，以引起大家更丰富的讨论，但忽略了可能产生的问题，就是我谈了自己的看法之后，大家就“没有”看法了。我在课后做了反思，或许把问题直接抛给大家进行讨论更合适，讨论的角度也能更丰富、更全面，这是我在主持中不太理想的一个尝试。再次，我没有很好地控制时间，导致课程接近尾声还有将近一半的同学没有机会澄清自己的问题。

关于这次主持，我也取得了一些突破。一直以来，我认为自己羞于表达，一方面是因为我在脑海中尚未形成体系性的思路和完备的观点，不想让听者产生误解；另一方面是因为我缺乏锻炼表达能力的机会。但经过一节课的主持，至少我将自己的一些想法表达出来，而不仅仅停留在“想”，也是有些许突破。

最后我想谈一下关于主持的小建议，希望能够帮助到今后主持的同学。首先，在课前对讨论的案例有全面的了解，明确报告讨论的争议焦点，或许可以列出框架，明晰论证思路；其次，在课前充分阅读同学们的课前提问或课后研究，以便在课上澄清和讨论。这样不仅能解决大家提出的问题，还有助于大家互相分享自己的课后成果，真正达到互相学习和交流讨论的目的。此外，对于一些理解比较困难的问题，可以尝试在黑板上列出讨论要点，必要时辅助画图，这样不仅能帮助同学们更好地理解问题，还能提高同学们对课堂的参与度。

（二）课程感想

经过两节课对专题五的讨论，我们开始思考一些有意思的问题，并且能将一些问题与之前没有弄清楚的问题和知识联系在一起，我认为这是一个很好的现象，帮助我们串联起整个学期讨论的案例。课程进展到现在，关于很多案例的具体情况我已经记得不那么清晰了，但仍然记得当时讨论的一些问题。比如我们在第二节课讨论的专家组跳过审查“双重救济是否存在”是否构成“arguendo”，瞬间引起了我对前几节课的讨论。这种讨论将课程讨论的内容有效地串联起来，也说明案例与案例之间并不是孤立存在的，解决问题的方法是相通的，我们学习和分析 WTO 案例，也是要学习里面的分析方法和论证方法。这一点也是我从这两节课讨论中获得的启发，其中很多尚未解决的问题依然值得我们花时间深入研究。

沈子尧

对于该专题的展开，课堂组织形式发生了变化，分别由两名课上表现优异的同学进行主持，面对这类如此烦琐而复杂的案件，不但在课前要自主展开研究，在课上还要引导同学们进行探讨，实在并非易事，但两位同学依然能够胜任主持人的任务，在杨老师的辅助引导和问题澄清之下，带领一众同学完成对“双反”案中问题的探讨和分析，值得学习和称赞。这种“颠倒课堂”的方式使我有一种身处异国留学的体验，由学生主导课堂是一种新颖而有趣的教学方式，能够更大程度地激发课堂讨论的积极性。大半个学期已经过去，在 WTO 课堂上我们完成了一个又一个案例的学习和分析，每个案例之中都有同学能够在独特的角度上提出有意义的问题，让我收益颇丰，而且在我个人看来，虽然 WTO 的争议案件离我们并不近，但其中的学习方法能锻炼我们的法学思维，对于专家组和上诉机构的报告进行分析，无论是其两者的论证过程，还是我们的分析过程，都是基于法律解释和逻辑推理展开的，而在课堂上经由老师和同学相互交流探讨，对于很多问题的分析都能比较到位。

刘凌堃

对反倾销、反补贴案的讨论第一次采用了学生自主主持的方式，这种上课模式是杨老师的苏格拉底式教育所推崇的，旨在引导学生自主挖掘案例中的问题，探索 WTO 争端解决机制的规则。我很荣幸能够作为其中一次讨论课的主持人，从我自身的性格来说，我其实不太善于引导一群人进行讨论，在我的观念里，这种工作往往对主持人自身的要求较高，他不仅需要对所讨论的内容有一个全面、准确的把握，还需要善于把握讨论的节奏和方向。对于讨论内容，我能够提前一周通过阅读报告来掌握，但是对于主持课堂的能力，我可能比较欠缺，加之之前没有类似的经验，我在主持开始前内心是不安的。

虽然主持课程会给我带来许多压力，但是正是这种压力促使我比以往更仔细认真地阅读案件材料和当周的新闻事件。因为我需要在同学们的讨论停滞的时候适时地抛出问题，以引导讨论的继续，所以我不得不深挖案件材料，不放过每一个细节，并且不断地将之前讨论过的知识点同本案相联系。虽然这个准备工作是耗费精力的，但无形之中加深了我对以往讨论过的话题的理解，比如 assumption *arguendo*、司法经济、DSU，等等。

在主持课程的过程之中，我也遇到了不小的挑战，因为我无法预见同学们将要表达的观点，也无法预见讨论的走向，所以我必须在主持的过程中随机应变，学会取舍，学会判断问题的相关性和重要程度。因为知识的匮乏，我有好几次在遇到问题被抛出但我无法解答时陷入了沉默，也许我能找到更好的办法缓解这种局面，比如让同学再次澄清或者帮助同学澄清问题。在我的印象里，在以往的讨论中，杨老师多次在同学澄清问题的过程中就帮助同学把问题解决了。有时候同学们提出的问题是真的问题，但有时候同学们的疑问只是源于对某些表述的不理解或误解，在这种情况下，重述或澄清问题本身也许就能将问题化解。

这次的主持经验也让我自己获得了一些心得，那便是重复。我所说的重复并不是指将同学说的话或者我之前说过的原话，原封不动地念出来，而是一种即时整理与反馈，是一种对逻辑的快速整理、对要点的准确拿捏。通常来说，同学们在表达观点时会输出很多，有的是与所讨论问题直接相关的，有的是由问题发散出来的见解问题，还有的可能是与问题毫无关系，但是同学临时想起的。作为主持人，我要做的便是倾听，并快速地在大脑中形成一张逻辑网，将同学所表达的观点或者问题用这张网笼络起来，然后整理成简洁的语言重新表达，以确保每一位参与讨论的同学都明确地知道发言的同学所表达的内容。这种不断整理、凝练、重复的方式至少能够保证我们所讨论的每一个问题都是清晰明确的，而不至于只是照本宣科，左耳进右耳出，这种讨论是无意义的。

另外，我发现主持课堂是一件十分锻炼耐心的事情，如果我不是站在讲台上，而是在座位上发言的话，我可能会用平时说话的语速将自己的观点一股脑输出；但是身为主持人，我要做的不是向大家展示我有很多观点，而是把握一个不快不慢的说话节奏，在表达观点的同时，也要确保同学们都能跟上。同时，在说话的间隙，我还必须给同学们留足思考的时间，如果我仓促地开始下一个话题的讨论，那么同学们可能会感到脱节。这是在输出上要保持耐心。同样，在输入，即倾听时，也要保持耐心。有的同学的发言时间可能较长，我们则需要引导同学一个一个表达观点，不要操之过急，也不能随意打断同学的发言。不论自己是否赞同同学所表达的观点，我都必须绝对尊重每个人发言的机会。

对于主持人来说，总结问题的能力也非常重要，我的总结能力还十分欠缺，我只能做到记下每个没有讨论出答案的问题，在最后反馈给大家，还没有办法做到对课堂内容进行升华或延展，以帮助同学和老师思考，这是我在以后的学习生活中需要多加锻炼的能力。

通过这次主持，我明白了老师上课的不易，尤其是像杨老师这样主持讨论课，更是不易。因为讨论课不比在讲台上介绍知识，讨论课的灵活性更强，需要主持人时刻保持注意力集中。我们平时坐在座位上，只需要对自己感兴趣或者有想法的问题发言就行，其他时间我们的大脑可以处于相对放松的状态，而对于主持课堂的杨老师来说，却没办法做到这样。这次的主持也让我明白了一个道理，那就是人与人之间的理解不是靠交换观点就能做到的，只有自己真的站在了对方的那个位置上时，才能明白对方行动的原因和心理状态。

最后，很感谢杨老师给我这次主持课堂的机会，这种机会是很有限的，过了这村就没这店了。同时，这次主持的顺利完成离不开各位同学的积极配合和杨老师的指导，对各位，尤其是课上积极发言、帮我解围的同学和杨老师表示感谢！

最后的最后，这个主持感想写得有点杂乱，因为就我自己而言感触实在太多，所以我只能想到哪写到哪，这分简短的感想就当作我主持本次 WTO 课程讨论的纪念吧。

蒲　毅

这两次课都是由同学组织的，两位同学都准备得非常充分和认真，并且在回答同学问题和引导同学提问上都做得很好。我觉得可能稍显不足的是两次课的衔接问题，因为两次课讨论的是同样的案例，但是可能两位同学的组织课堂讨论的思路和方法不太一样，会让大家在讨论的时候有一点接不上的感觉。但整体来说，两位同学都非常棒！

第二个感受是，实际上这个专题所涉及的知识十分专业，比如有大量内容涉及了反倾销税或反补贴税的计算方法，但是我自己在这方面的知识背景有限，所以理解起来十分吃力。这也启示我，要多涉猎不同学科的背景知识，以便于在学习相关知识和案例的时候，有一个大致的了解。

第六章

中国电子支付服务案

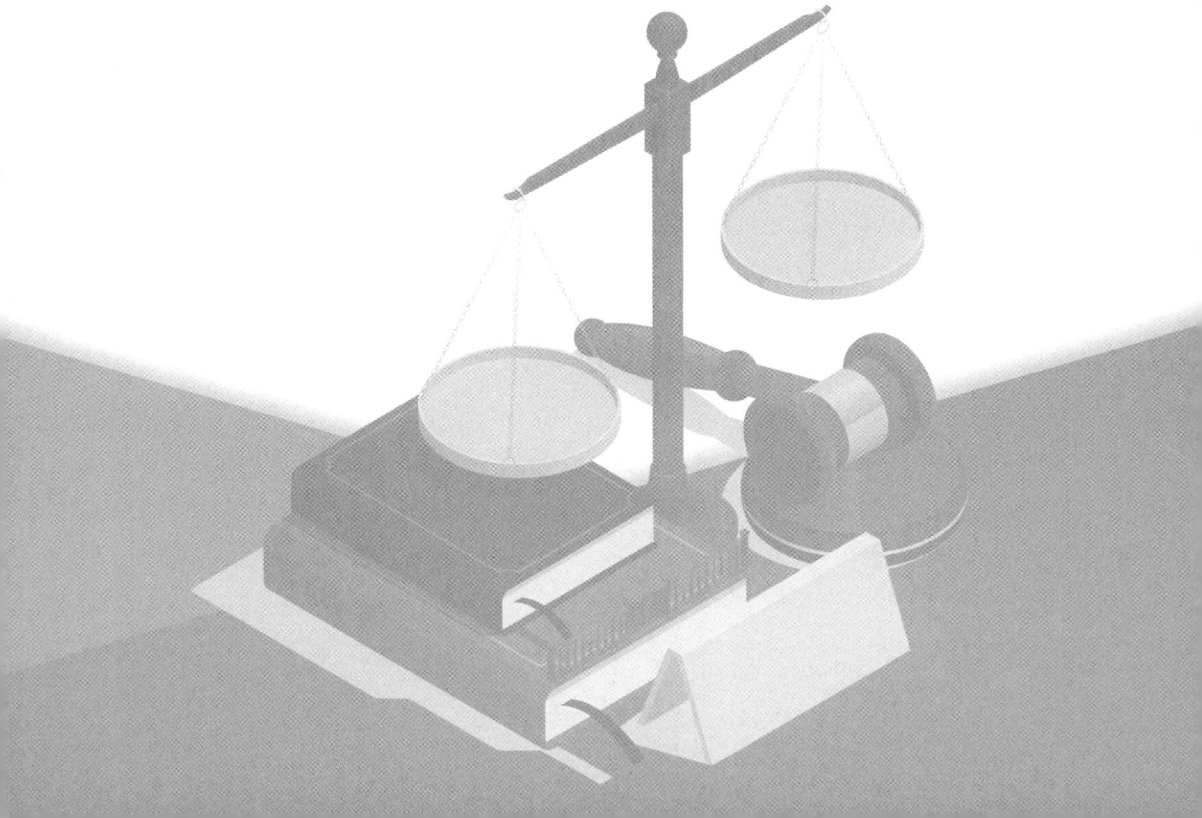

第一部分　课程内容选编

综述人：王晓臻

这两周是本学期本课程的最后一个专题，我们一起阅读了专家组在中国电子支付服务案（DS 413）中对减让表（d）节［subsector（d）］一个不算长的句子却长达32页的解释。同时，也经历了2021年12月11日，中国加入世界贸易组织20周年的纪念日。在这两周多的时间里，我们因得知第12届部长级会议无限期推迟而感到沮丧，因了解到世贸组织在多边谈判中的最新进展而备受鼓舞，因中国入世20周年的各类活动而开心与骄傲，因目前世贸组织及国际形势的各种困境而焦虑担忧，也因阅读专家组不断反复交错使用不同的解释方法来解释减让表（d）节时而困惑、时而清醒。或许是因为课程到了接近末尾的阶段，又或许是因为一次全情投入的主持，我同时也非常不舍和感激。

诚如上文所言，在本专题的课程综述中，我们在新闻学习和案例阅读方面都有很多的收获，本次课程综述与感想，我希望首先在综述部分就近期新闻做一个概括，并回顾我们在课堂上讨论的诸多有趣问题，其次将简要介绍这两周以来阅读、学习中国电子支付服务案专家组报告的收获，最后以本专题的感想做结尾。此外，我也会复盘这次难忘的主持经历，结合本次主持的经验教训重新阅读“讨论式教学法”相关的文章，并请教几位主持的同学，阅读同学们对两个专题的综述与感想，单独完成一篇主持的心得体会，请大家多多批评指正！

（一）新闻回顾

1. 中国海关宣布自2021年12月1日起不再向中国输往部分国家的出口商品签发普惠制原产地证书

就这一新闻，一些人将其理解为最惠国待遇问题，或者是将其理解为西方国家故意针对我国甚至要进行“贸易战”，其实都是误解。普惠制是发达国家（给惠国）对发展中国家和地区（受惠国）出口制成品和半制成品给予的一种单向的优惠关税待遇制度，旨在帮助发展中国家扩大出口，加速其国民经济增长。对自受惠国进口的相关产品给予最惠国税率基础上的关税减让，甚至零关税的准入待遇。所以，从法律定性上来看，与最惠国待遇不同，普惠制并非WTO的明确条款，因而不具有法律约束性。近些年，许多发达国家逐渐取消对我国的普惠制待遇，目前挪威、新西兰、澳大利亚三国仍然保留。此外，此后即使没有普惠制关税待遇，也可以以最惠国待遇来确定出口商品的税率，因此并不会对我国出口商品生产者造成较大影响。

虽然这一新闻并不是“地震式”或“爆炸式”的，但是我们也从中看到了我国作为发展中国家地位在此前所得到的承认，以及曾经取得的针对发展中国家的一些特殊待遇。同时也让我们回顾了此前在课上讨论过的一些问题，比如：既然中国认为国家没有利用发展中国家享受到其本可以享受的特殊与差别待遇，在加入世贸组织以来不断降低关税水平，甚至达到发达国家的水平，那么中国为什么还要在不同的国际场合不断强调我国是世界上最大的发展中国家呢？以及，中国没有享受其本可以享受的优惠，并且从未援引，又是出于何种考量？我又回顾了本学期第一次课上同学们的提问清单，其中很多问题都与发展中国家相关，一些问题我们在课程学习中有所涉及或解决，但是有些问题仍然还存在困惑，需要我们持续关注WTO相关的新闻，了解我国及国际的态度与行动。

2.《关于完成服务贸易国内规制谈判的宣言》

“WTO 67个成员共同发表了《关于完成服务贸易国内规制谈判的宣言》，确认服务贸易国内规制联合声明倡议谈判顺利完成，宣布达成《服务贸易国内规制参考文件》，决定参加方在一年内完成各自正式核准工作。”[46] 我们大

46 http://cacs.mofcom.gov.cn/article/gnwjmdt/db/wto/202112/171532.html.

致了解，关于“服务贸易国内规制”的谈判本来是在MC12的会议上现场签字，但是由于MC12无限期推迟，目前是请各国的大使签字发表。此外，这一协议并非约束所有WTO成员，而仍然对其他成员开放欢迎其加入。

就该谈判的内容，老师介绍到其类似于对国内的行政程序法的约束，在GATS谈判时，就希望对待外国的服务应当是便利、公正、透明的，但实际上WTO各成员并没有实现谈判预期效果，因此希望通过这一谈判达成相应的目标。

关于该谈判如何纳入《WTO协定》的体制中，使得未来参与方在发生争端时，可以在DSU程序中作为依据而加以适用，此前《WTO协定》附件4的诸边协定，或许就是一种比较可行且加以实践检验的路径。曼彤也补充道，2019年谈判时，各成员希望根据GATS第18条作为附加承诺纳入服务贸易减让表中，再以最惠国待遇对所有成员适用。在张若思参赞的演讲中也表明了目前在承诺表认证（certification）还存在困难。

文嘉与迎春也讨论了文本中加入的性别平等的内容，但对于这一条款，以及其他谈判或条约中的类似表述是否能够产生实质的约束力，仍然存在疑问。

就“服务贸易国内规制”的意义而言，不仅仅是促进服务贸易进一步开放，“降低服务贸易成本、便利交易活动、提高透明度、改善营商环境”[47]，同时也在提升WTO各成员对谈判达成一致，形成新的诸边谈判成果的信心，因此具有重要意义。[48]

3. 新冠疫情对WTO的影响[49]

新冠疫情无疑在各个方面对世界经济与贸易造成了很大的冲击，12月9日，世贸组织总干事发布了一份与新冠疫情下贸易限制措施相关的年度概览报告（annual overview report），其中提及关于贸易便利化措施与贸易限制措施的实施情况。新冠疫情对WTO下的多边贸易体制会造成什么样的影响，我们

47　张若思：《服务贸易国内规制、投资便利化和电子商务谈判的最新进展》，北京大学法学院纪念中国入世20周年法治研讨会，2021年12月9日。

48　相关内容，详见张文嘉同学的补充。参见卢先堃：《WTO时隔6年达成重大谈判，将有效削减全球服务贸易成本》，2021年12月7日，载界面时评，https://m.jiemian.com/article/6885842.html。

49　相关内容，详见贺韵锦同学的分享。Monitoring report shows continued but slow rollback of COVID-19 related trade restrictions, 9 December, 2021, https://www.wto.org/english/news_e/news21_e/trdev_09dec21_e.htm.

在第一次课程提问中，就有同学提到。

杨老师发表的《新冠疫情下的多边贸易体制》一文对我很有启发，总体观点是多边贸易体制对于约束各国的贸易措施具有非常重要的作用，各国相对克制地采取限制措施，并且目前暂时没有因此产生相互的指责或争端[50]。我也比较倾向于，即便因为新冠疫情出现了国际社会需要回应和解决的问题，WTO 也能够在国际贸易领域有出色的处理与解决。

4.《渔业补贴协定》(SCM)

渔业补贴需要被限制，是出于海洋环境保护的需要，一些经常援引的数据是，“各国政府每年发放的渔业补贴约 350 亿美元……据联合国粮农组织估计，全球三分之一的鱼类种群被过度捕捞，渔业资源面临枯竭的危险，也威胁着低收入地区渔民的生计。”[51]

经过长期的谈判，在 MC12 本应召开会议之前，渔业补贴谈判主席圣地亚哥·威尔斯提交了协议草案。在通读草案原文后，我觉得其中比较有趣的是，第一，对于非法、未报告和无管制（IUU）的捕捞活动的补贴（第 3 条）、过度捕捞的补贴（第 4 条）、助长产能过剩和过度捕捞的补贴（第 5 条）的界定，似乎并没有具体的指标或计算方法的说明。第二，对于发展中成员和最不发达成员有一定的优惠或豁免（如第 6—7 条）。第三，协议试图规避不属于其目的的问题，如括号（括号的意思是成员意见继续分歧的领域以及部长们需要关注的领域）内的第 11. 3 条涉及海洋划界问题，当面对渔业补贴争议时，哪个成员有权就其管辖区域内的活动作出判断，如果这一区域目前仍存争议，如果因此提交至 WTO 的 DSU 程序中，专家组又是否有权作出包含领土这一先置问题的裁决。而这一问题又是否会干涉到其他国际组织及争端解决机构的职权或管辖权，如果有，应当如何协调和解决？

对这些我感兴趣的内容或问题，需要进一步关注其发展动向。我也期待这项协议能够如现在的计划所愿，在 2022 年 2 月份获得肯定的结果。

5. 入世 20 周年相关的研讨会和专题展

非常幸运的是，2021 年 12 月 11 日是中国加入世界贸易组织 20 周年的纪念日，杨老师主要负责“中国法学会 WTO 法研讨会”的筹办工作，并且参加

---

50 杨国华：《新冠疫情下的多边贸易体制》，《国际法学刊》2021 年第 1 期，第 50—75 页。

51 新华社：《世贸组织成员承诺 2021 年底前完成渔业补贴谈判》，2021 年 7 月 16 日，https://baijiahao.baidu.com/s?id=1705394314230859762&wfr=spider&for=pc。

了多场研讨会且发表演讲，也给我们分享了李成钢大使提前录制的演讲视频。同时，本着对 WTO 学习的热爱与关注，许多同学都参加与聆听了部分研讨会与专题展。因此我们就此产生了很多的讨论。

一个令我没有太想到的是，我们在此主要讨论了抛开上诉机构停摆之外的 WTO 争端解决机制的问题。有同学提出，在研讨会上，张月姣教授认为上诉机构引用的案例太多，篇幅太长，滥用查字典来对条约进行解释，结构由于适用 VCLT 第 31、32 条而偏向单一，并且报告的内容比较烦琐难懂。而杨老师则认为这并不是一个问题，篇幅长、论证详细对于从事这一专业的工作者、研究者与学习者是更为有利的。也有同学提出专家组与上诉机构应当加以改革，基于专家组、上诉机构作为帮助 DSB 完成裁决的功能，以及 DSB 反向一致通过的决策机制，他认为可以在 DSB 下新设立一个机构，其职能是重新做一份简洁版的专家组和上诉机构的报告，由 DSB 通过这份报告，而专家组和上诉机构的报告则不产生效力，作为研究学习的参考。但也有同学认为，对于外界看不懂的问题，并不一定要通过简洁版的报告来加以解决，媒体会进行分析，并且 WTO 也已经在官方网站上列出了该案件的基本信息。对此，杨老师回应了三点：第一，对于篇幅长的问题，如果我们可以对报告进行删减，但可以省略或删减的内容非常有限，起码报告中篇幅最长的专家组意见，很难变动。第二，对于改革新设机构的方案，或许也需要斟酌。因为对于能够看懂报告的内行人而言，简洁版的报告是不需要的；而对于想要简单了解 DSU 裁决的人而言，WTO 在新闻、网站上的案件简介和 one page summary 方面都已经做得非常充分。第三，篇幅长，论证复杂也有其客观原因，早期的案件大多关于最惠国待遇和国民待遇问题，而随后，案件涉及越来越多的问题，同时也涉及某些专门的领域，这些都使得争端越来越复杂。同时，虽然没有遵循先例制度，但是后案引用前案是常态，那么随着前案的积累，后案在裁决时，也会有更多的参考资料，从而产生了裁决篇幅越来越长的现象。

作为初学 WTO 案例的“法律人”，我个人也希望专家组与上诉机构能够尽可能写得详细、论证清晰有力，这样才能够尽可能全面地呈现其在裁决时的依据、思考、推理的过程，便于我们从中获得知识与法律思维能力。甚至在阅读的时候，我认为目前还不够长，因为有些内容我感觉专家组与上诉机构的论证不够详细清晰（比如在目的与宗旨解释中经常会感觉意犹未尽）；而有些内容，专家组与上诉机构依照写作结构列出了当事人的不同意见，却没有对其主张或观点一一进行回应，而只是列出了自己的想法。作为社会公众，当我不进行研究，而只希望了解案件大致情况时，我所关心的更多的是双方当事人是谁、什么时间起诉审理和结案、双方的争端大概是什么、裁决的结果是什么、会对败诉方和胜诉方产生什么样的影响。而这些问题，我们不一定需要通过阅读专家组与上诉机构报告来加以了解，不仅仅是 WTO 方面的努力，国内媒体也会关注涉及我国的案子，同时也会有专家学者来梳理案件的来龙去脉（比如杨老师所著的《WTO 中国案例评析》一书）。在每次正式阅读案例之前，为了避免在了解案情及其中专业问题上耗费太多时间，我也会先阅读杨老师课程大纲中对案例和阅读段落内容的简介、《WTO 中国案例评析》中的相关文章，以及一些权威媒体的报道，确实对于社会公众了解案情很有帮助。

研讨会和专题展会涉及非常多的问题，包括但不限于：SCM、农业谈判、电子商务谈判、投资便利化谈判、WTO 决策机制等改革、WTO 领导力的缺失。结合参会与阅读，我们也都有了大致的了解。

6. 中国 WTO 模拟法庭竞赛的开幕式演讲

我们阅读与观看了杨老师和彭俊律师的两篇开幕式演讲。对于杨老师的演讲，最令我印象深刻的就是"学习 WTO 法，能够开拓国际视野，培养法律思维"。[52] 正如老师所说，绝大部分上过这门课的同学的职业并非与 WTO 相关，但是这门课并非没有用处，我更认为这是一种内功的修炼，让我们初步掌握面对一项条约应当如何进行解释，面对一项国际纠纷应当如何看待，遇到法律问题可以如何查阅资料或思考解决……我想，这些方法、思维与能力应当是终身受益的。

而对于彭俊律师的演讲，一些同学结合之前的专题对中国律师从事 WTO 纠纷的讨论，思考少睡觉和不睡觉来实现中国律师深度参与 WTO 争端解决是否是必要的，又是否是可行的？杨老师提示我们要能够做大必须具备决心、努力、能力、经验四个方面，而这一层比一层更难。站在商务部的角度，正如老师在接受入世 20 周年采访中说的那样，"从来没有一个案子，是因为我们

52 杨国华：《历史与价值——在"第十届中国 WTO 模拟法庭竞赛"开幕式上的讲话》，2021 年 12 月 11 日，"瓦坡国际法"公众号，https://mp.weixin.qq.com/s/jTPnFDqqXwjVHlczL8Vg-g。

经验不足或能力不够输掉的……没有一个‘该赢但没赢’的案子。”从客户的角度而言，在已经形成的格局下，当然选择聘请最好的律师，而全世界最好的律师都集中在华盛顿、日内瓦和布鲁塞尔。另外，要成为一名具有上述四个方面的优秀的 WTO 律师，还需要考虑资金、房租、人员等一系列现实问题。

作为当时的主持者，综述各位同学的讨论或许是不全面的，或许我也没有办法给出这一问题的具体答案，但是最令我印象深刻的是，同学们在表达自己观点时所呈现出的独特的精神气质。比如一些同学是现实而理性的，而一些同学则是热血而坚定的，我觉得不论观点如何，同学们在讨论与表达背后的精神是非常珍贵的。

此外，我还关注到彭俊律师演讲的其他方面，比如当事方诉讼策略的选择，他通过列举许多我们阅读或熟悉的 WTO 案例来说明。作为律师，应当说服法官和仲裁员，系统、合理、平衡地解读法律，从而帮助法官和仲裁员快速妥当解决案件，而不是一味地站在自己的立场上，用激烈而极端的语言来表述己方的观点。还有一些中国企业希望能够借助 WTO 的争端解决机制来保护自己的利益，更好地走出去，实现 power 和 civility 的平衡与兼得。彭俊律师的生动演讲让我对 WTO 的感性认知有很大的提高，开阔了我的视野与思路。

（二）案例讨论

这一专题的中国电子支付服务案阅读段落主要是对减让表（d）节的解释问题，虽然只有短短的 32 页，却暗藏玄机，有很多内容值得讨论。

1. 减让表（d）节和附件（14）节的解释顺序问题

我还是认为此处减让表（d）节指的是中国在 GATS 下的减让表，而并非是《入世议定书》中的减让表。因此减让表（d）节和附件（14）节都是 GATS 下的内容，不存在交叉援引等之前的专题中所讨论的重点问题，因此理解第 7.139 段应该不成问题。

不过对于 CPC 规则，我们在讨论中理解到，当产品分类中的一般性描述和具体产品不一致时，应以具体产品为依据。因此中国提出附件（14）节更为清晰，而减让表（d）节中的表述较为模糊和一般性，也是可以理解的。课下，龚正学姐研究了 CPC 规则的内容、与 WTO 的关系以及在 DSU 程序中的适用问题。我们知道了 WTO 的分类源于 CPC 规则，并且“WTO 关于产品分类的文件作为 CPC 文件的改编，其内容所采用的分类与解释原则与 CPC 文件是一致的”[53]，因此其可以适用于 DSU 程序。只是从美国起诉的内容以及减让表（d）节和附件（14）节在案件没有实质审理时难以判断具体和一般的原因，专家组最终还是认为应当直接审理与解释减让表（d）节。

不过也有同学提出，因为附件（14）节实际上在这一部分作为减让表（d）节的上下文已经得到解释，所以解释的顺序问题对案件的审理没有造成实质影响。我认为虽然对案件的结论或许没有影响，但是专家组在撰写报告、分析论证时总归还是要找到适当的顺序，以一个合适的起点作为开始。减让表（d）节在这一部分更是问题的中心，因此以此为核心解释分析，再以附件（14）节作上下文的辅助材料进行验证，是妥当的。

关于这一问题的另一点是：中国为什么要提出这一项解释顺序？我的猜想是，在我们搬除了各个减让表、GATS、《入世议定书》关系的问题后，实际上我们要对比的就是附件（14）节、减让表（d）节及与之表述相似的附件（8）节。如果中国的论证成立，那么 EPS 就属于中国没有承诺的附件（14）节的内容；同时，其又与附件（8）节互相排斥，并且中国也认为减让表（d）节多出的部分“including import and export settlement”指代的是信用证，而并非 EPS，那么中国就可以完成论证，即中国没有对 EPS 进行承诺。

2. industry sources 的相关问题

报告第 32—34 页第 7.86—7.91 段提到了我们此前很少遇到的解释材料——行业来源。经过再次仔细阅读与讨论，我们初步认为行业来源在本案的解释中没有发挥实质性的作用，而只是一种后续的验证。同时，在专家组第 7.89 段的论证中也表示了行业来源的用法可能因为存在单独的行业利益、带有偏见而存在问题，因此需要慎重使用。

课下，蒲毅学长进一步研究了这一问题，行业来源主要是公司手册、公司的年报等，因此确实会存在词语含义的不确定性或局限性，从而影响该材料解释条约 ordinary meaning 的权威性。熙唯学姐也做了进一步的检索，发现在本案前后都有当事方提出以行业来源解释条约，但是专家组和上诉机构对

53 参见龚正电子支付服务案任选问题回答作业。

于采纳此种解释基本持否定态度，或者是慎重适用，将其与词典、专业词汇表等综合适用，而不是作为唯一的明确的依据。

3. 专家组的论证思路

（1）扩大解释

在上下文解释的第四部分，GATS 的结构中，专家组将 EPS 这种综合的集成式的服务解释进某一类专门的服务中，并且认为 EPS 对此类服务提供了帮助。杨老师提出了“累计悖论”的说法：在一堆沙子中去掉一粒沙，剩下的沙子仍然是一堆沙，如此循环，到最后时，只剩下一粒沙，是否还能够被称为一堆沙。这里的关键在于模糊性用语的边界的界定问题。不过虽然存在界限难以界定的问题，但是具体到本案中，专家组将其归入减让表（d）节，是有道理的。

（2）including 的不同含义（有效解释原则）

在减让表（d）节两个 including、附件（14）节、附件（10）节都多次出现了 including 的表述，但是专家组在一些 including 中做了限定解释，认为虽然是非穷尽式列举，但是需要与列出的金融产品或工具的特征相一致，如附件（14）节中的可转让性的限定；而一些则做了扩大解释，如减让表（d）节“including import and export settlement”又因为 clearing 是 settlment 的必要环节，因此也应当纳入其中。

此外，问题更大的是附件（10）节在起草时表述就可能存在的问题，（A）项与（F）项使用的是 including，而（C）项的用词则是“including，but not limited to”。那么在同一个文件的同一个条款下，按照有效解释原则，（A）项与（F）项对 including 的解释就势必不能与（C）项相同，这也是有效解释原则最基本含义的体现。但是从应然的层面上，此条的表述也有进一步改进使之清晰的空间。

（3）上下文解释方法

在本案中，专家组考察了五项可以作为减让表（d）节上下文的内容，那么上下文的范围应当如何确定？

张心颜在课下研究认为上下文可以分为“对解释对象的直接限定语”和“其他更为宽泛的因素”，因此范围相当广泛。而对待上下文，“WTO 协定框架内的相关条文都可能成为解释某一协定用语的上下文，都是解释者应注意到并通常应给予平等看待的。”[54]

不过此处的“平等看待”应当如何理解？是应当都纳入解释的范围，还是仍然需要根据文意及所处文本的位置确定一定的顺序或优先级？似乎仍然需要在个案中加以具体判断。

（4）目的解释方法

有同学提出，目的与宗旨解释，往往被当事方作为“最后手段”加以运用，而且常常无济于事。这确实是常见的情况，目的与宗旨解释总是作为解释中靠后的部分出现，很少作为唯一的绝对的解释方法对条约含义作出终局性的解释，而更多的是一种运用其他解释方法得到结论后的验证手段。不过在US-Shrimp案（DS 58）中，专家组在解释GATT 1994第20条第（g）项的可穷尽自然资源（exhaustible natural resources）时，运用文意解释方法无法判断这一词汇是否包含可再生生物资源，转而运用了目的和宗旨解释，以GATT的“可持续发展”作为解释依据而将其解释为包括生物和非生物自然资源。这样，目的和宗旨解释方法确实发挥了决定性的作用。不过专家组也是在通常含义解释出现模糊不清时才使用这一方法，所以也不能算作以此为首要唯一的解释方法的例子。

（5）各个解释方法的关系

很清晰的是，VCLT第31—32条之间。存在位阶关系。但是对于第31条内部的文意解释、上下文解释、善意解释、目的和宗旨解释的关系，有同学研究得知专家组和上诉机构的态度经历了需要按照特定的优先顺序到没有顺序综合适用的过程。从目前的情况来看，还是倾向于认为没有顺序，不同的解释方法是“holistic and integrated’（DS 350）的关系。但是通常从文意解释开始是因为解释需要一个起点。杨老师给我的一个很好的启发是条约解释是science还是art？如果认为是science，那么有权作条约解释的机关就类似于一架机器，将相应的文本和影响因素输入，就可以自动得到结论。而认为是art，那么就需要在不同的解释方法中做个案的判断与权衡。我初步认为，解释既需要科学，以确保条约适用的确定性、稳定性与可预测性，同时也需要艺术，避免适用的机械与僵化。

54　参见张心颜电子支付服务案任选问题回答作业。

（6）GATS 减让表解释的特殊性

就这一问题，郝曼彤研究认为，与一般的条约文本不同的是，GATS 减让表内容较为专业，表述是列举性而不是叙述性；并且《WTO 协定》往往是各个成员多边的意思表示，而 GATS 减让表的产生是与单个成员“讨价还价”的过程。减让承诺水平的测算非常复杂，理解难度较大。所以在解释方法上还包括有效解释原则和互相排斥原则（mutually exclusive，如美国博彩案）[55]。

55　参见郝曼彤电子支付服务案任选问题回答作业。

第二部分　课程感想汇编

何一丹

在这次专题的学习中我更加体会到背景知识对解决法律问题的重要性。在上一专题的学习中，即便不太理解反倾销和反补贴税的具体算法，也可以大致理解报告内涵。在本专题的学习中，如果无法理解何为电子支付业务，根本无法理解专家组的论证。但对背景知识的理解也无须像业内人士一样精通，只要理解其原理，足够用于解决法律问题就好。

回到本案的问题，有同学观察到，面对专家组得出的不利于中国的裁决，中国没有提起上诉。我认为，中国不提起上诉而选择开放市场是正确的。在市场开放前，银联在内地一家独大，这对于消费者和市场发展都未必是好事。抛开消费者权益和市场良性发展不说，由一个系统支撑全国所有电子支付业务并不是一个安全的选择。比如，根据新闻报道，2007 年 5 月 14 日银联系统通信网络和主机出现故障，造成辖内跨行交易全部中断，具体表现在 ATM 机不能跨行取款，POS 机不能刷卡消费，网上跨行交易不成功。此次系统崩溃无疑为国内资金流通造成了不少障碍，可见应该引入多个供应商减少类似风险。

蒲　毅

我觉得此次专题比较有特点的是，后面大家的讨论并没有仅局限于这个案子本身，而是一定程度上跳出案情在讨论一些比较宏观的问题，比如对 VCLT 中规定的“上下文”解释的限度问题，就不仅仅是与本案的解决有关，而是该规则运用都必须面对的问题。

此外，本次课程上课期间恰逢中国入世 20 周年，许多学校都举办了相关的活动。杨老师分享了他作为专家被邀请参加的一些活动的感想，同时我自己也参加了北大法学院举办的活动，在听取相关专家领导的报告的时候，比较惊喜的一点是，尽管目前上诉机构的前景不明，但是大多数专家都对 WTO 的未来抱有乐观的态度。同时，许多专家都认为在美国不愿领导并且领导力缺失的情况下，都期待中国在这个过程中发挥领导作用。因而也许目前 WTO 面临的一些问题，也恰恰是其进行改革的契机，也是中国发展和发挥影响力的机会，当然这不仅仅是一句口号，它需要国家及相关学者一起努力，研究 WTO 并最大限度发挥 WTO 的作用。

张心颜

通过本专题的研究，我主要有以下两点感悟。

（一）对条约解释方法更为系统的把握

本学期的每个专题案件的侧重点虽然有所不同，但均离不开对《WTO 协定》的解释方法的问题。经过“中国知识产权案”中围绕“commercial scale”展开的对 VCLT 第 31 条各个要素的初步了解，到“中国出版物和音像制品案”“中国原材料案”“中国稀土案”中对反推方法和“立法沉默”的研究，再到美国“双反”案中对反推方法、“立法沉默”和有效解释原则的联系与区别，以及善意解释原则的地位的更加深入的思考，最后到本案中对“通常含义解释”“上下文解释”“目的宗旨解释”“善意解释原则”“有效解释原则”、对 GATS 特殊性可能导致的解释方法的特殊性等各要素的较为系统的课堂讨论，我对条约解释方法明显有了更为深刻的理解和把握。

在本专题课堂讨论中，我了解到，专家组和上诉机构在争端解决实践中总体遵循对 VCLT 第 31 条的各要素进行整体解释的 holistic 的方法，该方法是 art 而非 science，需要个案裁量，不同因素在不同案件中完全可能被赋予不同的权重；对“文义解释”而言，在实践中，专家组和上诉机构确实通常从文义解释开始，且通常采取查询词典的方式，而后续的“上下文解释”“目的宗旨”等要素很多情况下仅是对“文义解释”确定的“通常含义”的确证，但词典的含义仅是起点，绝非确定的标准；对“上下文解释”而言，“上下文”的范围并无明确的标准；就“目的与宗旨解释”而言，该要素有较大的弹性，鲜少发挥决定性作用，但是也有个别案件中该要素被进行了实质性考虑；对解释方法运用的总体要求是，对以上各要素进行整体解释的结果符合 good faith 的要求，而 good faith 的重要内容之一就是不能让约文中某些词语的含义失效。通过本专题的课堂讨论，我再次整合了自己关于约文解释方法的知识体系，不仅对 WTO 规则解释，对其他国际法领域文件，乃至国内法的理解都大有裨益。

（二）对说理、science 与 art 的思考

课堂讨论中，杨老师指出，VCLT 第 31 条规定的 holistic 方法是一种 art 而非 science，没有确定的格式或标准，需要个案裁量，同时提及，因为 WTO 不可能拥有凌驾于作为主权国家的成员之上专家组和上诉机构报告威信的来源是其依靠说理产生的说服力，这促使我将二者结合加以思考：holistic 解释方法作为一种 art 必然有赖于专家组和上诉机构在个案裁量，而欠缺标准规则的个案裁量要具有说服力，则必然依赖专家组和上诉机构中对各种法律问题处理分寸的微妙把握。无论在个案中赋予“文义解释”“上下文解释”“目的宗旨解释”等要素何种权重，其背后的内在支撑或许正是对公平直觉的确证和逻辑化。在本案中，专家组对中国减让表虽有扩大解释的嫌疑，但是总体而言并非不能接受，虽然在逻辑上会引起将扩大解释推到极端的顾虑，但受制于运用 holistic 解释方法的 art 的内核，此种结果应该是不会发生的。

滑迎春

首先，我很佩服文嘉、晓臻和芳好的主持能力，三人各有特色，控场能力也很强。面对电子支付服务案这个涉及很多专业术语和专业知识的案件，她们的思路都非常清晰，而且沉稳冷静。比如文嘉在带领大家讨论时，有时遇到大家的知识盲区导致冷场的情况，她也能妥善应对。还有晓臻，她在梳理每个人提出的诸多问题时，总能一个不落面面俱到地给予回应。芳好也是，在最后 50 分钟里将大家遗留的问题做了很好的收尾总结。

其次，通过这个案件，我更加直观地感受到条约解释在 WTO 争端解决中的关键地位，甚至围绕 VCLT 第 31、32 条去解释《WTO 协定》中的条款，是每个案件都绕不开的重要环节。因此，对我国而言，如果之后要在 WTO 争端解决中占有优势，需要在条约解释的法律工作方面做更多的努力，培养相关

专业律师。

最后，正如杨老师所说，中国不会为了培养 WTO 领域的专业律师，而把相关争议交给没有经验的律师来做，可是律师有经验的前提是在 WTO 有参与争议解决的经历。这仿佛是一个死循环，中国律师在 WTO 争端解决中代理中国案件，任重道远，单有决心、努力、才能是不够的。

刘凌堃

每次案例的讨论，我都有不同的感想和想法，尤其是本次讨论，因为这是本学期的最后一次案例讨论。虽然这两次的课程讨论给我留下了很多未解决的问题，但我想这正是这门课程的意义所在。上一门课，一方面要增加自己的知识储备，另一方面要引导自己思考的方向。

这次的课程讨论给我最大的感受是，要敢于表达自己的观点。其实我有几次发言的内容可能并没有得到老师或同学的认可，但是我认为这并不是什么坏事。一方面，我通过自己的发言引出了杨老师或其他同学对同一问题的理解，另一方面，我重新审视了自己的观点，发现不妥之处，这也是我学习的过程。

另外一个感受是，法律从某种意义上来说，就是一门解释的艺术。多次课程讨论，都是围绕条约的解释展开的，我进一步坚信学会一种令人信服的解释逻辑和方法，对于将来学习法律，甚至是生活来说都是至关重要的。

梁凯丰

作为 WTO 课程的最后一个专题，电子支付服务案的内容相当丰富，不仅涉及其他行业的背景知识，也涉及条约解释等复杂问题。在每一个案件中，我被专家组及上诉机构细致的论证思路所吸引，专家组及上诉机构对每一个案件的解释虽然依靠同一个规则，但是又有不同的侧重，进而会得出不一样的结果。一个学期的课程下来，我虽然没能像其他同学一样在每节课上积极发言或者尝试主持课堂，但是还是学到了不少东西，也感受到了 WTO 专家组报告和上诉机构报告的细致和严谨。最后，杨老师的个人魅力也让我大为感概：谦逊、平等地和我们交流、学习，非常感谢杨老师在这门课上的付出！

张文嘉

在本次课程的第一节课作为课程主持人使我再次感受到了讲台上的不易，

尤其是这种并非一味地输出而是高度依赖同学和老师的讨论推进课程进度的授课方式，对于主持人的节奏把握能力和知识掌握程度都提出了较高的要求。不过感谢同学们和老师的配合，课堂上的讨论氛围还算不错，我也不必应对冷场时的手足无措。但问题在于，如果主持人对知识的理解或报告的理解出现了偏差，就会将课程讨论带入一个错误的方向。比如第一节课中我误以为美国是基于《入世议定书》的减让表提出的诉讼（但这明明是一个基础的事实错误），从而引发后续一系列《入世议定书》和GATS之间的关系矛盾、为何会存在两个减让表、两个减让表之间有何差别的问题，课堂上我们花了很多时间解释这些问题，但感觉如果我能够对事实细节把握得更清楚一些，我们也就不必花时间做无用功了。

另外，对于在第二节课中大家讨论的杨老师的发言稿，关于“既然追赶欧美同行这么难，我们还要学习WTO课程的意义何在”的问题。我是赞同杨老师的观点的，即对于国际视野和法律思维的锻炼。像本节课这样阅读英文判决全文再进行纯讨论式的课堂模式在国内法学院并不多见，不同于单纯吸收老师传递的知识和讯息，讨论式的教学要求我们对材料有一个更深的把握，才能进行有效的输入和输出，才能以挑战的目光去审视专家组或上诉机构的裁决，这和单纯“学习”的效果大有不同。而不断关注WTO有关新闻，连带对国际经贸关系、政治关系的思考，也让我们跳出了单纯的法律文本本身，能够以一个更广阔的视野看待国家之间的经贸纠纷，对法律学习也是大有裨益的。

岳芳好

本周我有幸成为课堂的主持人之一，对于课程的感受更为强烈。关于如何调动同学的积极性，我认为只有不断地积累，能够在同学回答的基础上进一步引导阐发，才不会造成课堂上“无法可说”的尴尬局面。本次主持之前，我和晓臻同学分工为一人主持七十五分钟，我提前仔细阅读了材料，并阅读了同学们的课后研究。在进行主持准备的时候，我根据DS 413的报告思路列举了超过10个问题，其中包括扩大解释、VCLT第31条之间的各个关系。我不仅阅读了同学们的研究，我自己也进行了简单研究。但事实上，当同学简单阐述其研究，并进一步提问之时，我并没有足够的知识储备再次引导同学们进行讨论，最后实际上只主持了五十分钟。例如，刘凌堃同学对于有效解释的标准进行了非常有启发性的提问，但我对有效解释的课后研究也仅止步于这一解释方法的定位，WTO 对于有效解释的态度、各个案例中有效解释的适用我都不太了解。因此，尽管刘凌堃同学和杨老师存在观点碰撞，但我难以及时回应并引发同学思考。

学无止境，本次主持让我进一步感受到，我对于 WTO 一个学期的学习还停留在十分浅显的层面。但这种案例式的学习以及讨论式学习下养成的及时检索思考的习惯，均对我之后的学习生活有积极的影响。

龚　正

经过上两周的研讨与学习，我们进一步拓展了与经济、金融领域的贸易相关知识，了解了银联相关金融服务的解释。

首先在课堂上我最大的感受就是本案与以往案件之间的联系性与区别性。联系性在于，本案依旧涉及 WTO 整体框架下不同文件之间的关系问题，在经过以往案例的研习后，我们对 WTO 文件援引规则以及专家组、上诉机构对此的解释方法有了较深的理解，并能够较熟练地运用。而区别性在于，本次不同文件之间的援引抗辩使用了“特殊优于一般”的路径，这为我们理解专家组思路、WTO 文件之间的关系提供了新的思路与视角，更让我们感受到 WTO 大量文件之间错综复杂的关系，对于文件之间关系的理解也不能拘泥于传统的理论架构，不能形成路径依赖，不然会妨碍我们的思考。

其次上周的课程中，主持人同学让不同的同学分享了自己的研究成果，而不仅仅限于必做题的部分，拓宽了同学们的知识面，也让我们对同学们的研究成果有了进一步了解，从而为课堂讨论提供了更多的素材。

郝曼彤

杨老师在课上谈到了中国律师完全代表中国政府到 WTO 开庭的必要条件，分别是决心、努力、能力和经验。决心是很容易获得的，努力是可以获得的，能力是因人而异的，而经验是我国律师普遍缺少的。在前几次课我们曾经讨论过 WTO 案件被日内瓦、布鲁塞尔和华盛顿三地的律师垄断，我国律师没有办法获取直接辩护的经验，但越是这样缺乏经验越不会有机会单独处理案件，所以经验因素是短时间内无法克服的必要因素，我们只好感叹我国律师走向国际和当事方分庭抗礼也是短时间内无法实现的。

我们无法为自己辩护，并不意味着我们不需要学习和研究 WTO 多边规则。恰恰相反，我们学习和研究 WTO 案例，其直接目标不是为了代表主权国家发表辩护意见，而是为了开拓我们的国际视野，通过学习 DSB 完整的论证过程和严密的论证逻辑培养我们的法律思维，这一点也得到了老师课上的澄清。

这让我联想到了一些普遍性问题，社会充斥着各种浮躁的声音，人们做事情往往带有目的性和功利性，希望所做的每一件事，付出的每一份努力都能短时间内体现在某种结果上。人们美其名曰只做“有意义”的事情，殊不知“意义”也是人为赋予的，事情本身并不会“有意义”。我们经常匆匆赶路，却错过了沿途风景。而我们学习 WTO 已经完结的案例，正是重走别人已经走过的路，欣赏着沿途的风景。我们甚至在同一条路途上会发现前人尚未发现的风景，我们可以停留片刻继续赶路，抑或是就此驻足。我想这大概就是这门课程的意义吧！

课程已经接近尾声，通过这一学期的案例研习和课堂讨论，我有很多收获。首先，我通过阅读案例报告了解了许多案件的进展以及专家组和上诉机构的论证过程，并通过课后研究和其他同学的分享学习了一些具体问题；其次，我在课程之初希望自己通过这学期的课程讨论能够锻炼清晰表达自己观点的能力，目前看来我在这方面取得了一些进步；最后也是最重要的，通过倾听同学们的讨论以及老师在 WTO 经历的分享，我对 WTO 有了更深入的认识和了解。这门课让 WTO 案例变得更加生动鲜活，正是课堂上对案例生动的演绎，让它们成为超越案例的存在，变身成为每一次我国代表经历的故事。这些故事和老师分享的 WTO 背后的人文故事，一起成了我们的意外收获。

范熙唯

本专题的电子支付服务案的事实部分较为复杂，涉及金融背景知识，杨老师在中文材料中划分了不同的专题对于这一问题进行解释。本案专家组的法律分析也建立在对事实认定的基础之上。只有对于事实问题有了一个清晰、形象的认识，才能进而对事实进行法律层面的认定；对于我们来说，才能够对于专家组报告结论的合理与否做出自己的判断。这让我认识到，尽管法律体系本身是一个相对独立的系统，有其内在运行的逻辑和价值，但法律系统依然根植于整个社会之中，与社会中的其他各部门存在着或紧密或松散的联系，而无法完全“遗世独立”。因此作为法律人，除了应擅于运用法律方法进行推理之外，对法律之外的其他学科的了解也是必不可少的。

赵悦旭

中国电子支付服务案是本学期阅读的最后一个案例，回顾这一学期的经历，我觉得收获颇丰。“WTO 法律制度研究”是我进入法学院以来第一次接触苏格拉底式教学和大量全英文案例阅读的课程，这完全就是我心目中法学院的样子。当然，在课程初始，我也有着很多不适应的地方，比如面对课堂上同学们对某个问题热烈集中的探讨，我会因为跟不上同学们的思路而沮丧，也会责备自己为什么不能像其他同学一样积极地表达自己的观点；在刚开始的课后阅读过程中，虽然我“自认为”英文阅读水平尚可，但还是会在面对很多页专家组和上诉机构报告时感到着急。不过，随着课程的推进，这些事情逐渐变得不再那么困难。在对某个讨论问题有自己的想法或者产生疑问时，我会尝试举手说出自己的想法。面对课后需要阅读的多页专家组或上诉机构报告，我也不会像刚开始那样焦躁，而是努力静下心来尽可能地读懂它们的论证逻辑。我发现，当真正沉下心去读时，好几十页的报告也不会像我想的那样花费那么长时间。不过，经过这一学期的学习，令我印象最深的还是以下两点。

第一，这门课的同学们无论是在法学功底还是在语言表达方面都有很强的能力，我也向他们学习了很多。每次上完一节课，老师都会布置这一周的作业，有时是对同学课前提问的回答，有时是一个专题的课程综述。当我上完课发现自己对某个问题还不太理解时，就会去读同学们发在群里的作业。对我来说，这真的是一个效率极高的学习方式，因为同学们在课后都会针对不同的问题进行研究，我的疑问多数情况下都能得到解决。另外，大家的检索能力非常强，许多同学甚至会在课后找到和课堂讨论问题相关的其他案例报告，并和阅读的案例进行对比，让我觉得自己的确还有很多需要向他人学习的地方。

第二，这门课带给我最深的体会是一定要培养自己独立思考的能力。批判性思维我们都不陌生，但真正在实践中运用这种思维是很难的。以我本人为例，在上这门课之前，我对于老师或者论文表达的观点几乎是奉为圭臬，一旦自己的想法和他们的不一致，就会想当然地认为一定是自己出了错。但在上这门课的过程中，我发现“高高在上”的专家组和上诉机构成员在报告中也有不准确的表述，他们也存在明显站不住脚的观点，甚至有些观点可以被同学们轻易推翻。在讨论过程中，同学们敢于和老师论辩，有理有据地反驳老师的观点。这让我想起了在本学期“国际法基本理论”课上李鸣老师告诉过我们，法律不是一个非黑即白的学科，不存在绝对的对与错，就看你想怎么 argue。在我看来，“WTO 法律制度研究”这门课就是对这一观点的最好阐释。

沈子尧

转眼间“WTO 法律制度研究”课程已经接近尾声，在本学期的案例研究当中，有交叉的地方，也有不同之处。对于研究的深入程度循序渐进，时至本案的研究和讨论，同学们的思路与以前相比更为开阔，对案件背景的了解也更为深入。在争议案件分析过程中我们能够察觉到自身的逻辑能力和分析能力在逐渐进步，也渐渐明白 WTO 的专家组报告、上诉机构报告中的思路和结论实则也并非标准答案，都只是基于一定框架下的逻辑推理罢了，也会出现偏颇的情况。这也赋予了我们更多的探讨空间，也培养了我们基于法律逻辑、法律适用和法律解释的批判性思维。同时，不同的案件要求我们涉猎不同领域的专业知识，如之前专题中有关反倾销反补贴税就涉及税务的计算问题，而本专题也要求我们对于电子支付等金融领域知识具有一定的了解，所幸有热心同学在课题研究开始之时便在课程群中转发相关文章，为我们普及相关的专业知识。综合一个学期的感受，这门课程不但要求我们具备较强的英文阅读能力和归纳能力，也要求我们具有严密的逻辑和开阔的思维，同时也给予我们了解不同领域知识的机会。更重要的是，在杨老师的带领和引导之下，WTO 从离我们十万八千里之遥似乎一下子就被拉到了眼前，同时老师不断给我们分享相关的实时咨询，让我们有更进一步的了解。学习 WTO 法律制度和案例研习，不仅使我们收获了国际视野，还使我们意识到了中国当代青年所肩负的责任，实现中华民族伟大复兴之路漫漫，需要我们刻苦奋斗，身体力行。

王晓臻

首先是感谢文嘉和芳好同学的主持，在自己体验后，也更能够体会到主持人的不易及课下课上的辛苦付出，谢谢！另外，我个人还要感谢文嘉在三周前鼓励我积极报名主持人，锻炼和挑战自己，并且也给我提供了心态、认识与方法上的宝贵经验；感谢芳妤愿意共同合作一起完成最后一节课的主持，在私下的沟通中也能感受到芳妤的热情耐心认真靠谱温柔。两位同学都让我在讨论与主持的过程中学到了很多东西。

其次，逐渐感受到 VCLT 第 31 与 32 条在 DSU 中的重要性。在最开始阅读中国知识产权案时，因为国际法知识和思维都还比较欠缺，我根本没有意识到条约解释方法在学习中的重要性，对当时杨老师所说的“我们这一个学期都会反复与这两个条文打交道”没有准确的认识和把握，在后续的阅读与学习中，才深入体会到条约解释在争端解决中的重要意义。

最后，就自主学习和课下研究的方法，我在这个学期最常用的方法是看报告本身的论证说理，以及阅读涉及相关问题或主题的报告的内容。而在阅读专题论文、专著方面较为薄弱，基本上会作为知识背景大致了解或者是案例的指引等，因此对 GATS 减让表的特殊解释，还有条约沉默等问题的关注不足，导致知识体系不完整，需要注意。

黄睿旸

本次课由文嘉和芳妤同学主持，课堂节奏把握较好，对问题的讨论比较积极，也没有陷入尴尬的境地。对于杨老师课上提到的中国加入世界贸易组织 20 周年纪念日，杨老师分享了“中国法学会 WTO 法研讨会”的筹办工作与他参加的多场研讨会，他也向我们分享了李成钢大使提前录制的演讲视频。

贺韵锦

我对这两次课程有以下感想：

第一，讨论时务必确定一个正确合理的前提。对此我需要向同学们道歉，由于在第一节课中我提出了一个错误的讨论前提，浪费了大家的宝贵时间。

第二，仅仅阅读专家组或上诉机构报告的选读部分有时是不够的，问题的答案很可能在报告的其他部分。例如本案中美国诉中国的主张到底为何，再如关于“集成服务”的探讨。

第三，研究 WTO 有关问题不仅需要阅读有关条文，还需要阅读 WTO 所有相关的文件。在文件的整合和公开上，WTO 是非常成功的。这些文件也为我们学习和研究 WTO 提供了非常丰富的材料，我们可以对其进行充分利用。

第四，不要过于功利。学习一个东西不一定是为了“有用”，知识增长的本身也有其意义和价值。

第五，讨论不仅需要表达观点，更重要的是对观点进行论证，在论证中提供支撑观点的论据；否则，讨论就会陷入无谓的同义反复，或是在没有共同前见时的情感抒发。

最后，还是要感谢文嘉、晓臻与芳好在这两次课程中的主持工作。她们不仅非常好地完成了主持的任务，还让大家都在两次课程中有所收获。大家辛苦了！

附　录

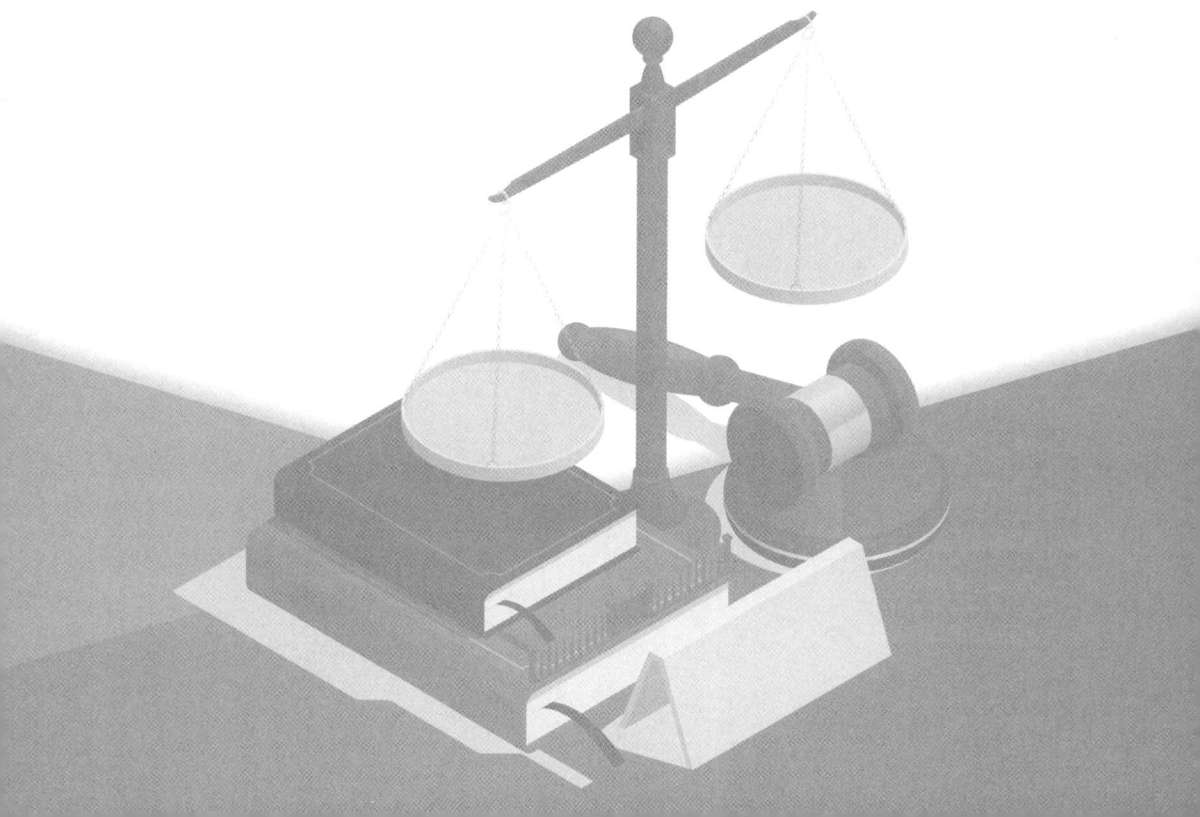

附录一　课程论文（目录）

1. WTO 临时上诉仲裁机制研究

作者：张文嘉、岳芳好、郝曼彤、滑迎春

2. 论 WTO 争端解决机制体制改革背景下上诉机构的发回重审权

作者：范熙唯、赵悦旭、龚正

3. WTO 反补贴反倾销问题研究

作者：梁凯丰、沈子尧、黄睿旸

4. 区域贸易协定在 WTO 争端解决机制中的应用

作者：张心颜、贺韵锦、王晓臻

5. 超 WTO 义务问题研究

作者：何一丹、蒲毅、刘凌堃

附录二　学期综述

赵悦旭

回顾本学期的课程，我们以 *Understanding the WTO* 和 DSU 全文开篇，对 WTO 的制度整体有了一个感性方面的认识。之后我们便进入了各个具体案例的阅读，这些案例都是和中国相关的经典案件。我认为，通过一次次案例阅读、课上讨论和课后查阅资料，我不仅对 WTO 的规则有了更具体和清晰的认识，更重要的是在这一过程中培养了自己的法律思维和问题意识。作为一名法科生，这种能力是极为重要的。在下文中，我将首先回顾本学期从案例中学习到的知识，进而谈谈在上这门课程后获得的感悟。

一、课堂综述

（一）中国知识产权案

中国知识产权案是我们阅读的第一个案例，在课堂上我们讨论了很多比较基础性的问题。比如，专家组为什么要依据 VCLT 第 31、32 条来解释 TRIPS 第 61 条中的“commercial scale”，专家组为什么直接选用了新牛津简明词典来确定“commercial scale”的通常含义？在课堂上我们没有得出全部答案，但通过课后查阅资料，我明白了由于不是所有 WTO 成员都是 VCLT 的缔约国，所以专家组在解释《WTO 协定》时只能采用习惯国际法的解释规则，而 VCLT 第 31 条和第 32 条就是对习惯国际法解释规则的编纂。事实上，在阅读之后的案例的过程中，我发现专家组或上诉机构在对某一条文作出解释之前，几乎都会强调一遍第 31 条和第 32 条的习惯国际法地位。在我看来，这可能是出于严谨的考虑，使专家组和上诉机构的报告更具有权威性和公信力。对于《新牛津简明英语词典》的选用，我是通过阅读其他同学的课程综述才知道，并没有任何成文规则规定确定词语通常含义一定要用《新牛津简明英语词典》，只不过因为在美国-汽油案中，上诉机构首先使用了《新牛津简明英语词典》对“made effective”进行解释，所以这一做法才作为一种“先例”流传了下来，在之后的案例中，我发现专家组或上诉机构也无一例外地选择了《新牛津简明英语词典》来确定词语的通常含义。

除了上述问题之外，我们还对 VCLT 第 31 条和第 32 条展开了讨论。第 31 条的原文表述为“A treaty shall be interpreted in good faith in accordance with the ordinary meaning to be given to the terms of the treaty in their context and in the light of its object and purpose”。针对这一句到底规定了几种解释方法，同学们产生了不同意见，主要争议焦点就是“in good faith”能否作为一个单独要件。不过，最终大家达成的一致意见是，尽管“in good faith”比较具有原则性，但它是贯穿条文解释过程始终的解释规则，解释者在解释条约时没必要单独指明自己在适用善意解释规则，因为他在每时每刻都必须“善意地解释条文”。在厘清了第 31 条包括的解释方法后，我们还讨论了第 31 条和第 32 条之间的关系，因为这个部分是我在讲台上向同学们讲述的，所以我记得很清楚。刚开始，我不同意“适用第 31 条是适用第 32 条的前置程序”这种观点，但仔细阅读了原文后，我很快发现，要想适用第 32 条必须满足两种情形之一：要么根据第 31 条得出的解释显著荒谬或不合理，要么需要适用第 32 条来对适用第 31 条得出的结论予以明确（confirm）。这么看来，适用第 31 条的确是适用第 32 条的前置程序，因为在这两者情形下，都必须存在一个已经得出的结论。

在我看来，通过中国知识产权案来厘清这些基础性问题是非常重要的，因为在之后阅读的每个案例中，我们几乎都会遇到相同的问题。只有弄清了这些看似简单的基本问题，我们才有可能继续深入地研究 WTO 的其他制度。

（二）中美出版物案

中美出版物案围绕的核心问题是——中国能否援引 GATT 1994 第 20 条作为背离议定书下义务的抗辩。在专家组阶段，专家组通过适用“假定成立（arguendo）”技巧，直接审查中国的被诉措施是否符合第 20 条的一般例外情形，并最终认定被诉措施不满足第20条，从而完美地回避了这个复杂的法律问题。但是，上诉机构推翻了专家组在假定情况下的认定，这时它就必须直面专家组所提出的复杂的法律问题。

中美出版物案给我留下最深印象的是上诉机构的审查范围问题。因为对这个问题很感兴趣，所以在期末论文选题阶段我也向我的组员提出了以相关问题作为题目的建议。这个问题始于上诉机构报告第215段，上诉机构在对中国《入世议定书》进行解释之前，表明了自己这一行为的依据是DSU第17.6条。但是，DSU第11.6条的原文表述为“An appeal shall be limited to issues of law covered in the panel report and legal interpretations developed by the panel”。由此可见，上诉机构的审查范围限于专家组报告涉及的法律问题和专家组所作的法律解释，而本案中GATT 1994第20条的可援引性问题显然是专家组未经审查的，它不属于上面两种情况中的任何一种。既然如此，上诉机构是否在越权裁判？

在课堂讨论过程中，很多同学都提出了自己的观点，试图“正当化”上诉机构的这一行为，大家似乎都不能接受上诉机构“堂而皇之”地作出越权行为。然而，最终我们得出的结论是，上诉机构的确是在越权审理依据DSU不能审查的问题。在课后查阅资料过程中，我得知，由于DSU对上诉审查范围作了严格限定，上诉机构又不具有发回重审权，因此如果严格依据DSU规定行事，很多问题根本无法得到裁决，尤其是当上诉机构推翻了专家组全部结论时，它必然要对专家组未审查的法律问题进行审查，否则整个争端就无法解决。在“违法”和“解决争端”之间，上诉机构最终选择了后者，并且逐渐在实践中发展出“完成专家组分析”这一做法，试图为自身行为“正当化”。不过，“完成专家组分析”的做法一直饱受批评，在我看来，要使上诉机构彻底摆脱两难困境，唯有通过修改DSU规定，赋予其发回重审权。

在中美出版物案中，我们还研究了司法经济原则及其与“假定成立”技巧之间的关系。司法经济原则也可以说是WTO案例研习中一个基础性原则，因为专家组在后续很多案例中都运用了这一原则。用最通俗的话来说，司法经济原则就是专家组已经认定被诉方的某些行为违反了某一条文时，拒绝对申诉方提出的其他条文进行审查，因为此时争端已足以得到解决。司法经济原则包括三种形式：严格意义上的司法经济、广泛意义上的司法经济，以及程序上的司法经济。在WTO争端解决制度中，司法经济是在严格意义上被使用的。

从形式上看,"假定成立"技巧与司法经济原则极为相似，但我在直觉上认为，这两者必然存在不同。阅读了其他同学的课后综述之后，我认为，可以将"假定成立"技巧归入广义上的司法经济原则。所谓广义上的司法经济原则，是指国际法庭必须只处理解决某一特定主张或辩护所必需的问题和论据，而适用这项原则可以采用多种不同的方法，除了"假定成立"技巧以外，还可以包括"拒绝就因其他调查结果或事态发展而变得无实际意义的问题作出裁决"以及其他方法。

关于司法经济原则，在之后的美国"双反"案中，我又一次强化了对它的认识。在 DS 379 案的上诉机构报告中，上诉机构明确表明，由于它已经认定美国的双重救济措施与 SCM 第 19. 3 条不符，所以没有必要再审查 SCM 第 19. 4 条以及其他中国在上诉时所依据的条文了。在阅读这一段的时候，我并没意识到上诉机构的这一做法有什么问题。但在课堂讨论过程中，老师提醒我们阅读 DSU 第 17. 12 条，根据该条规定，上诉机构必须对争端方提出的每一个主张进行审理，因此，上诉机构无权适用司法经济原则。

（三）原材料案和稀土案

原材料案和稀土案与出版物案类似，都涉及中国《入世议定书》与 GATT 1994 条款之间的关系。在稀土案中，专家组和上诉机构首次详细分析了中国《入世议定书》和 GATT 1994 之间的体制性关系。在阅读本案的过程中，我发现自己对 WTO 成员的《入世议定书》和工作组报告的作用、性质都不是很清楚，通过在课后查阅资料，我了解到，并不是所有成员方都有《入世议定书》，WTO 中分为两类成员，一类是初始成员，另一类是新加入成员。对于初始成员来说，由于它们在 WTO 成立之初就自动由《WTO 协定》缔约方转为 WTO 成员方，所以它们显然没有"加入"这一过程，也就没有自己的《入世议定书》。对于新加入成员来说,《入世议定书》是加入 WTO 必备的法律文件。新成员通过与其他成员进行多轮谈判，将自己在各方面作出的承诺记录在议定书中。根据《马拉喀什协定》第 12 条，每个成员的《入世议定书》都是整个 WTO 法律体系的一部分，具有多边属性。也就是说，即使某一成员方并未参与某一《入世议定书》的缔约过程，它也完全可以在日后依据该议定书条款向 DSB 提出申诉。与《入世议定书》不同，WTO 成员的工作组报告是对各方谈判过程的记录，在性质上可被归入 VCLT 第 32 条的补充资料范畴。

稀土案所特有的一个问题是，专家组报告中出现了一名成员的个别意见。在此之前的案例中，从未有专家组成员发表过个别意见。通过查阅 DSU 条文，我们发现，DSU 第 14.3 条和第 17.11 条允许专家组和上诉机构成员发表个别意见，条件是必须匿名发表。正是因为 DSU 规定得过于原则化，导致实践中个别意见的表现形式千差万别。在欧共体-家禽案中，专家组报告里首次出现了一名成员的个别意见，该成员对于进口价格的计算问题提出了不同于多数成员的观点。该案之后，陆续有其他专家组和上诉机构成员在报告中发表自己的个别意见。

虽然个别意见仅是个别成员的观点表达，不是专家组或上诉机构的大多数意见，但它并非毫无作用。正如英美法系法官所发表的少数意见可能在日后成为主流，专家组和上诉机构成员的个别意见对于案件本身和此后类似案件都潜在地具有影响，典型例证为美国-归零案。在该案中，一名上诉机构成员表达了不同于大多数成员的观点。在他看来，以单笔出口交易为基础认定倾销的做法是不符合《反倾销协议》和 GATT 1994 规定的。这也就意味着，倾销幅度的确定是需要进行累加的，累加的对象针对的是整体产品的可比结果，而归零法则忽略了出口价格高于正常价值的部分，违背了反倾销协定的规定。该案之后，归零法的合法性开始遭受质疑，在后续一系列有关归零法的案件中，专家组均将这种做法判定为不合法，甚至最先采用归零法的美国也发生了态度上的转变。

（四）美国“双反”案

美国“双反”案涉及的关键词包括“国内补贴”“出口补贴”“反倾销税”“反补贴税”以及“双重救济”。由于之前我并未接触过这些概念，所以花了一些时间熟悉基础知识。国内补贴和出口补贴的概念比较好区分，对于反倾销税和反补贴税，二者均包含三个认定标准，前者为“存在低价出口产品的行为”“国内产业遭受实质损害”以及“二者存在因果关系”，后者为“存在补贴行为”“国内产业遭受实质损害”以及“二者存在因果关系”。由此可见，倾销的核心是低价，而补贴不一定体现为低价，只要认定出口国存在补贴行为且满足其他两个条件，进口国就可以征收反补贴税。这是因为，补贴的核心在于为出口国国内厂商提供不公平的竞争优势，这种竞争优势可能会表现为多种形式，不限定于低价。

美国“双反”案所涉及的另一个重要问题是非市场经济国家和替代国方法。在美国“双反”案中，美国采用替代国方法计算倾销幅度，由此引发的问题是，采用这一方法有何依据？非市场经济国家又该如何判断？在课后搜索过程中，我逐渐认识到非市场经济国家和替代国方法是两个不同的概念，尽管当一个国家被认定为非市场经济国家后，进口国很可能会采用替代国方法计算来自该国的产品的倾销幅度，但这并不绝对。也就是说，即使是非市场经济国家，进口国也可能使用正常方法计算倾销幅度。同理，即使是一个市场经济国家，也不排除进口国针对来自该国的进口产品采用替代国方法计算倾销幅度。

《WTO 协定》中从未对非市场经济国家或替代国方法进行过准确界定。实践中，这两个概念通常为欧美发达国家使用，它们也分别有自己的认定标准。在美国-捷克斯洛伐克自行车反倾销案中，美国以“未反映市场功能”为由拒绝将捷克斯洛伐克国内市场价格作为确定“正常价值”的基准，继而以实行市场经济的“替代国”的相同产品的价格来确定涉案产品的“正常价值”，此为替代国方法的开端。该案之后，美国陆续出台新法律，并在其中明确规定了替代国方法和非市场经济国家的概念。欧盟反倾销条例中并未对非市场经济国家下过定义，但对于适用替代国方法时正常价值的确定，条例规定了三个认定标准，即①一个市场经济第三国的价格或其结构价格；②从这样一个第三国向其他国家包括向共同体出口的价格；③如以上标准都不可能适用时，任何其他合理的标准包括在共同体对同类产品实际支付或应当支付的价格，必要时对其进行调整以便包括合理数量的利润。

由此可见，目前在认定非市场经济国家和适用替代国方法时，发达国家成员国享有极大的自由裁量权，体现为法律规定随意性过强及操作标准不明。一旦某国被认定为非市场经济国家或是被适用替代国方法计算倾销幅度，则其毫无疑问会在反倾销调查中处于非常不利的地位。

研究非市场经济国家和替代国方法的问题对于中国而言尤为重要，这就要提到中国《入世议定书》第 15 条。尽管中国《入世议定书》第 15 条（a）款（ii）项已于 2016 年到期，但围绕该条的争议却未消退。产生争议的原因，主要是对第 15 条存在两种不同的理解。第一种理解是，第 15 条界定了中国的非市场经济地位，如果第 15 条（a）款（ii）项到期，则中国就自动获得了市场经济地位。第二种理解是，第15条只是规定了WTO成员方对于来自中国的进口产品开展反倾销调查时，可以适用替代国方法。即使第15条（a）款（ii）项到期，中国也无法自动获得市场经济地位。其实，在厘清了非市场经济国家和替代国方法之间的关系之后就会发现，中国能否获得市场经济地位对于反倾销调查并不那么重要。换句话说，即使中国被认定为市场经济国家，也存在被适用替代国方法的可能。同理，如果进口国调查机关认定中国进口产品的国内价格是合理的，那么即使中国仍然是所谓的非市场经济国家，我们仍然可以要求以国内价格作为计算倾销幅度时的正常价值。

（五）中国电子支付服务案

通过中国电子支付服务案，我对GATS服务贸易承诺减让表问题有了更清晰的认识。因为这是本学期唯一涉及《GATS协定》的案例，而在此之前我对GATS减让表的结构又完全不了解，因此在刚开始阅读时完全是一头雾水。后来我在网站上找到了GATS承诺减让表的原文，通过直观的表格才慢慢地理解了专家组报告的意思。

根据GATS第20条，每个成员都应制定一份承担特定义务的承诺减让表，里面会详细记载成员方承诺的市场准入和国民待遇范围、条件、限制及承诺生效日期等。各个成员的具体承诺减让表均附在GATS之后，是《GATS协定》不可分割的一部分。然而，在课堂讨论之前，我对承诺减让表一直存在一种误解，即误以为只有一份减让表。其实，每个成员只有一份减让表，这个说法当然没有问题，但从数量上看，其实每个成员方都有两份减让表。

以中国为例，在中国《入世议定书》下，有一份服务特别承诺减让表［WT/MIN（01）/3/Add.2］，这是中国入世时与各成员方进行谈判后达成的结果。该表作为中国《入世议定书》的附件，与《入世议定书》一同通过，并于2001年正式生效。在中国入世的第二年，WTO又以中国《入世议定书》下的承诺减让表为基础，制作了中国的服务贸易承诺减让表（GATS/SC/135）和最惠国待遇豁免清单（GATS/ET/135），这两份文件作为GATS的附件，自然成为GATS的组成部分。事实上，中国《入世议定书》下的减让表与GATS下中国的减让表之间除了在个别用词的形式上存在差异外，其余内容均是一样的。

在课后查阅相关资料后，我发现，关于成员方在GATS下的具体承诺减让表，一直以来存在的一个争议就是应该适用何种规则进行解释。其实在课前阅读材料和课上讨论时，我完全没有意识到这个问题。正如本学期阅读的第一个案例——中国知识产权案中专家组所指出的，应当适用 VCLT 第 31 条和第 32 条来解释《WTO 协定》条文。问题就出在这里。GATS 属于《WTO 协定》，这没有争议。但是 GATS 下各成员方的具体承诺减让表是否属于《WTO 协定》，或者说，它们是否属于国际条约，从而可以适用第 31 条和第 32 条的条约解释规则？

VCLT 第 2 条对条约进行了界定，一项法律文件无论其名称为何，但要成为国际条约，必须具备三个要素，即“国家之间达成”“书面形式”，以及“受国际法约束”。这里的关键是具体承诺减让表是否属于“国家之间达成”的文件。事实上，尽管各个成员的减让表都是通过与其他成员协商谈判确定的，但减让表仍具有明显的单边性。具体而言，它是成员单方面作出的承诺，因而更多体现的是一种单方意志，仅约束该成员。在 WTO 争端解决实践中，第一个涉及对 GATS 减让表进行解释的案件是美国-赌博案。该案上诉机构认为，具体承诺减让表附在 GATS 之后，是 GATS 的组成部分，将具体承诺减让表视为所有成员国的共同意思表示是上诉机构将此条款具体化后的实际运用。据此，上诉机构适用了 VCLT 第 31 条和第 32 条对减让表进行了解释。该案之后，在涉及对 GATS 具体承诺减让表进行解释的案件里，专家组和上诉机构无一例外地适用了 VCLT 第 31 条和第 32 条的解释规则。这实际上说明专家组和上诉机构将 GATS 具体承诺减让表视为条约。

在欧共体-计算机案中，上诉机构的一名成员提出了自己的疑虑，认为承诺减让表具有不同于条约的性质，应当适用其他解释规则或方式，比如根据出口国的“合理期望”来解释减让表中的条文。然而，这名成员的意见最终没有被采纳，因为如果不适用 VCLT 的解释规则，就无法保证 DSU 第 3.2 条中确定的多边贸易体系的安全性和可预测性。

目前学术界主要提出了两种改进思路：第一，突破现有的解释框架，除了 VCLT 规定的解释规则外，适当采纳国际公法领域其他解释方法，如“明示其一排除其他”“一般不得背离个别”等。同时，更多地参考受拘束国的国内立法和判例。第二，改进现有的解释框架，在以 VCLT 的解释规则为主体的基础上，考虑到 GATS 具体承诺减让表的单边性质，更多地考虑成员方的主观意图，比如在依据文义解释方法无法推断出缔约方的“共同意图”时，由可以充分体现成员方主观意图的“解释之补充资料”发挥独立适用的作用。我个人比较赞同第二种思路。原因在于，适用 VCLT 第 31 条和第 32 条解释《WTO 协定》已经成为 WTO 争端解决实践多年来的公认做法，对 GATS 承诺减让表同样适用 VCLT 的解释规则也存在多个先例，如果贸然在此之外采用其他解释规则，可能会危害 WTO 争端解决体制的稳定性。因此，目前最好且折中做法，就是在保有现行解释方法的同时，适当地多考虑能够体现成员方主观意志的目的解释、补充性解释规则等。

二、课后感想

回顾这一学期的学习，我认为自己收获了很多，这不仅体现在对 WTO 法律制度有了深刻的了解，更重要的是，我在课前阅读和课堂讨论过程中培养了自己的法律思维。其实在选课阶段，我就听说了这门课很难，每周都要阅读英文报告，老师采用苏格拉底式的讨论式教学方法，因此上课时必须全程参与。坦白地说，在一开始我很担心自己能不能适应这门课的风格，也想过要不要退课，但犹豫再三，我还是决定走出自己的舒适圈。现在想来，我很庆幸自己当时选了这门课。

首先，这门课的老师和同学实力都很强，在一学期的学习过程中，我得到了很大锻炼。杨国华老师自不用说，作为国内 WTO 领域首屈一指的专家，他在上课时没有一点架子，非常地谦逊，乐于与同学们一起探讨问题。在课程伊始，我对 WTO 相关知识没有一点了解，和我一起上这门课的一些同学在之前也完全没有接触过 WTO。所以前几节课，我们在课堂上讨论的大多是一些很基础的问题。但杨老师非常地耐心，在有同学提出自己的疑问后，他不会立刻给出自己的答案，而是会鼓励大家一起讨论，在群里分享资料，直到最后才会和大家分享自己的见解，并强调他的观点也是仅供参考。我想，杨老师的意图是，不要把他的答案当作唯一正确的权威答案，而是要勤于思考，敢于形成自己的想法。除老师之外，同学们之中藏龙卧虎。当老师抛出一个问题之后，马上就会有同学表达自己的想法，随之就会有其他同学对此进行反驳，让我震惊于大家的头脑转动得如此之快。另外，同学们的资料检索能力也都非常强，在课堂上那么短的时间内，大家居然能做到一边参与课堂讨论和举手发言，一边进行法律检索，并将相关材料分享到课程群，让我真切地觉得自己需要向同学们学习的地方还有很多。

其次，通过这门课，我感受到自己正在形成对于法学生而言至关重要的批判性思维。在进入法学院之前，我一直听说，对于法学生来说，必须注重培养自己的问题意识和批判思维。道理虽然是懂的，但我一直不知道该如何培养这种思维。而且由于我本科学习的不是法律，所以在研究生阶段需要补很多基础课，为了让我们这些非法本学生尽快掌握基础法学知识，大多数基础课的老师都以讲授为主，所以我之前从未接触过苏格拉底式教学法，并且本能地认为自己一定适应不了这种“偏西式”的教学风格。但是，通过选修“WTO 法律制度研究”这门课，我切实地体会到了苏格拉底式教学的魅力。它能够让每一个学生都真正地参与到课堂之中。最重要的是，参与课堂讨论的这个过程，其实就是在培养自己的批判性思维。因为如果要参与，就必须表达自己的观点，而不可能总是重复别人的观点或是教科书上的知识。同时，一旦表达了自己的观点，就要做好被别人反驳的准备，这就是培养批判性思维的绝佳机会。在上了这门课之后，我觉得自己变得比以前更加勇敢了，虽然我仍然不是课堂上发言最积极的那个，但我不会像以前那样因为自己非法本学生的身份而不敢表达自己的想法。另外，在课堂讨论过程中，并不是所有被提出的问题最终都能得到一个确定的答案，事实上，很多法律问题根本就不存在一个确定的答案。相较于最终的结果来说，更重要的是为得出答案而思考、探讨的过程。

最后，通过这门课，我更真切地体会到了法律的魅力。法律不是数学，尽管有一些问题存在法典的明文规定，但大部分法律问题是没有确切答案的。因此，对于一个问题的看法，根本没有对错之分。原先我总会觉得，只要是老师、专家说的，就一定是对的，在知网上浏览论文时也会把学者的观点奉为圭臬，一旦自己的看法和他们的不同，便会想当然地认为问题一定出在自己。但是，在上课时，我发现，同学们不仅会反驳其他同学的观点，还会公开地表示不赞同老师的看法。这时，杨老师就会给出自己观点的理由，但同学又会随之以其他理由反驳。在这个过程中，我发现同学的观点也很有道理。于是，在听取不同人的观点时，我开始变得不再那么注重提出这个想法的人是不是足够“权威”和“专业”，而是把注意力更多地放在了不同观点背后的理由上。另外，在刚开始阅读专家组和上诉机构报告时，我总会想，这些报告的执笔者可是精通国际贸易的国际法学家，他们公开发表在 WTO 官网上的报告一定是完美无缺的。但是在和老师以及同学们讨论的过程中，我发现专家组和上诉机构报告也存在逻辑上的错误以及明显站不住脚的观点。这些报告中也包含明显违反 DSU 规定的表述。在稀土案中，一名专家组成员发表了个别意见，他的观点乍看上去完全合理，后来却被班上几乎所有同学驳倒。我想，法律的这种不确定性大概就是它的魅力之一。这也是为什么对于法学生来说，培养批判性思维如此重要。

总结来说，WTO 法律制度研究是一门让我获益良多的好课。它让我第一次接触到苏格拉底式教学和问题导向型教学，并使我在学习过程中认识到了这种教学方式和法律自身的魅力。听说杨老师可能是最后一次在北大教这门课了，让我觉得很可惜。希望能有更多法学生通过选修这门课感受到法律的魅力。

王晓臻

从忐忑迎接挑战到享受知识与交流的快乐

这大概是这门课最后一次写课程综述与感想了，有一点难过，学期太短，课程太少，好像还有很多精彩的内容还没有来得及学习与讨论，也还有无数个问题想要向老师和同学们再请教，就到了不得不说再见的时候。回头看微信群和笔记，回忆自己这三个多月来的经历，却又觉得自己收获了很多，感想万千，希望在此做一些记录，毕竟“语言是存在的家”，希望自己以后也能在空闲或者是迷茫的时候拿出来看一看，回忆起这段宝贵的经历。坦诚来说，这学期的课，如果就站在我写作综述与感想的时间点上，我的第一反应是心态和观念上的变化。其次才是知识与能力上的收获。按照惯例，似乎应当先将综述放在前面，那我就暂且按捺自己有些激动、又有些悲伤的心情，在第一部分介绍本学期课程中，我主要围绕知识上的收获、方法的掌握以及能力的提升展开，因为我自认为已经比较简洁地把专题所学展现在此前的综述中，因此本次只是希望突出自己印象深刻的内容。第二部分，我则希望坦诚地谈一谈自己在心态和认识的变化。

一、课程综述

上完了所有的课程，站在“上帝视角”来看，课程颇有点《红楼梦》“草蛇灰线”的味道。我们后续所讨论的很多内容，其实早已经出现在了最开始的两次课上。在还没正式上课的周末，我被拉入微信群，绝对想不到，微信群是我们学习的重要工具，成为本学期我参加的最为活跃的课程群。进群后，老师发送了一个课程资料的压缩包，绝对想不到，这个压缩包要和我打一学期的交道，成为我最为重要的学习资料，甚至我到现在都大概记得文件夹里的各个文件分别是什么；老师布置了阅读作业，并且要求大家提出问题，我也绝对没有想到大家可以在课上围绕这些问题展开如此精彩的讨论；而在第一次学习案例时，我也绝对想不到，老师要求我们认真读 VCLT 第 31、32 条，会真的成为我们几乎每个案例的讨论主线。有太多的意想不到，却又让人感觉，这或许才是理想中的研究生学习，是教育所可能提供，或者说作为一名研究生所期待的，对知识的尊重，以及对每一位学生的关怀。

（一）知识的收获

第一专题我们所学习的是“WTO 概述”，围绕韵锦的第一个提问，即“上诉机构停摆后，争端解决机构的决议如被上诉但无法再次形成决议，原决议的效力如何？能否被此后的争端决议援引？被上诉的未决争端是否还有别的解决途径？”进行了精彩讨论。我们了解到 WTO 独特的争端解决程序中专家组与上诉机构的程序；上诉机构停摆的问题，美国为什么能够阻挠上诉机构的正常运行，以及其目前的一个解决方案——MPIA 的上诉仲裁机制（借着凌堃学长的提问）；WTO 的争端解决程序能否允许先例制度，又实际上是否存在援引前案。随后，我在课下学习了协商一致和反向一致的规则及其存在的原因，并且第一次逐字逐句通读了 DSU 的规则，提出了许多或笼统或具体的问题。

关于 DSU 程序的掌握，我们以 DSU 第 4.11 条，磋商的期限问题为例展开了讨论，虽然这一问题我们在此后的学习中再也没有遇到，但有三点启发：第一，答案就在文本中，60 日的法定期限是否可以延长？这一问题首先是要明确 60 日期限的性质，起诉方“may request the establishment of a panel”，而不是“shall request”，问题也就迎刃而解了。第二，程序问题完全可以与我国以及英美法系国家国内的民事诉讼法进行对比学习，一些近似的程序有助于我们更好地理解 DSU 程序，同时对比也能够让我们看到 DSU 程序的独特之处。第三，尝试采用逆向思维，试着在文本中去掉或添加一些内容，再作进一步思考。

第二专题，中国知识产权案，我印象最深刻的是查字典作为条约解释的方法，以及为什么采用《新牛津简明英语词典》而不是其他词典进行解释。这个问题，我们似乎仍然无法得到一个圆满的答案，但结合我们后续的学习，我们发现专家组和上诉机构援引前案是非常突出的现象，那么找到第一个使用该词典作解释的案例，或许能够帮助我们理解这一问题。此外，对 VCLT 第 31—32 条的理解，我们也有了初步的认识，讨论了善意解释与有效解释的关系。这当中也涉及联合国国际法委员会的工作报告等材料的检索与运用。

第三专题，中国出版物与音像制品案。我们澄清和讨论了 arguendo 与 judicial economy 的问题，对本案阅读段落所关注的中国能否援引 GATT 1994 第 20 条（a）项作了深入的探讨，并与 CBD 案作对比。此外，在新闻方面所讨论的美欧宣布就解决钢铝关税争端达成协议，中止专家组程序，转向仲裁程序，其背后在法律、历史、国际关系等方面都有诸多值得思考与品味的地方。

第四专题，中国原材料案与中国稀土案。这里仍然存在 arguendo 的问题。印象最深刻的是中国稀土案专家组报告中出现了少数意见，以及少数意见提出的问题：如果中国的贸易措施同时违反了 GATT 1994 第 1 条和中国《入世议定书》第 11.3 条，那么能否援引 GATT 1994 第 20 条作为抗辩，大部分同学在作业中都认为违反 GATT 1994 第 1 条的贸易措施可以援引，但对于违反了中国《入世议定书》第 11.3 条的贸易措施仍然不能援引。此外，我们讨论了王磊律师的系列文章《岁月忽忽 旧事堂堂》，对台湾作为单独关税区加入 WTO，“中先台后”的关系问题进行了一些讨论，并且 CPTPP 目前也面临着这样的问题，又应当如何解决，值得持续关注。我们也了解了代表中国的谈判者与争端解决中的律师的大致状况。

第五专题，美国反倾销和反补贴案、美国反补贴和反倾销案。经过了课堂很长时间的讨论，以及比较认真仔细的阅读，我们终于弄明白了双重救济、市场经济、非市场经济计算方法等一系列事实问题。并且在本案中，对前案与后案的关系，美国反补贴和反倾销案专家组报告提出了 cogent reason 的四项标准，其内容与性质都值得研究与思考。另外，我们还讨论了市场经济地位认定的问题，以及中国《入世议定书》第 15 条“日落条款”的解释，虽然非常遗憾我们没有再用专门的一堂课对这一问题进行详细探讨，但同学们课下的研究给予我很多启发，从非市场经济国家计算方法的历史、美国与欧盟国内对市场经济的认定、美欧中学者对《入世议定书》第 15 条的解释等不同的方面进行了全面的讨论。从事实的层面来看，中国起诉美欧的 DS 515/516 案，一项暂未设立专家组，一项由中国申请中止专家组程序并且目前已经终止，但争论仍然存在。在这一专题，我们也迎来了 WTO 第 12 届部长级会议（MC12）无限期推迟举行的坏消息，截止到本文写作，仍然悬而未决。

第六专题，中国电子支付服务案。首先是对事实问题作澄清，对于银联跨行支付系统所提供的服务，以及银行、商户、持卡人之间的交易模式进行了初步的了解。其次是梳理清阅读段落，主要涉及 GATS 减让表（d）节和附件（14）节的解释顺序问题、industry source 作为文意解释的依据、目的与宗旨解释、扩大解释、有效解释、各解释之间的关系进行学习与思考。此外，在新闻方面我们探讨了《关于完成服务贸易国内规制谈判的宣言》《渔业补贴协定（草案）》的内容与最新进展，并且"围观"了 WTO、中国法学会以及各高校庆祝中国入世 20 周年的纪念活动，还阅读与观看了杨老师和彭俊律师中国 WTO 模拟法庭竞赛的开幕式演讲，对于 WTO 的现状与问题、本课程的教育目标"开拓国际视野，培养法律思维"、能否及如何成为一名中国的 WTO 律师等话题作了有趣的探讨。

（二）方法与能力上的收获

方法和能力相比于知识而言，是更"务虚"的，是潜移默化的，也是润物细无声的，其在一个具体的实际的事情中或许能够更好地体现，因此这里只是从我个人的感受出发总结了如下几个方面。

第一，《WTO 协定》的规则文本，是研究 WTO 法律制度中最为重要的资料。正如前文所言，答案就在文中，仔细阅读，甚至是"抠字眼"或许都能够解决我们的疑惑。另外，要阅读规则的英文原版，不能依赖于中文的翻译，这也是老师课上所强调，我也从中受益良多的方法。英文对于《WTO 协定》原意的理解与把握，是非常重要的。

第二，关于资料检索与互联网的使用。此前，我片面地认为互联网上的资料鱼龙混杂，还是应当关注经典案例的文本，并且上课使用微信和互联网不是很好，使用互联网查资料去解决自己在课上所存在的疑问应当在课下完成。而在这门课上，我不仅转变了上述想法，把互联网和微信群当作自己学习的重要工具，阅读和关注网上和群里的消息，同时也在这一过程中初步学会了辨别信息，并将自己认为正确得当的信息分享给同学们。就检索的方法而言，WTO 的官网是一个巨大的宝库，很多问题其中都能找到已经总结好的答案，或者是原始的资料。此外，论文、公众号的文章、会议、专家演讲的视频、新闻媒体的报道、网络的科普文章、杨老师发送的资料包等，也都有诸多可供学习与研究的价值。

第三，学会和老师探讨，向同学们学习。此前上过的大部分课程都是老师满堂灌，我疯狂记笔记，课下有不懂的可能会和同学讨论。但是这门课的教学形式似乎翻转了我此前的学习模式。一方面，老师作为课程的主持人时，先由学生进行讨论，非常克制地在最后表达自己的观点，而作为讨论者时平等地与同学们讨论或对话。我也在这门课上尝试与老师探讨法律问题与主持心得等内容，不迷信或不假思索地全盘接受老师的观点，而是在积极思考后，接受我认为正确的，自由表达我认为可能存在的疑惑。另一方面，与此前上过的讨论课所不同的是，在这门课上的讨论激烈而精彩，很多同学甚至提出了老师此前也没有考虑到的问题或观点，我作为听众，有时候也“高兴得想要转圈圈”。而课下，开始只是因为觉得提前阅读同学们的作业能够帮助我更好地参与课堂，但最后我却感受到，同学们的研究、提问、综述与感想能够让我看到多个视角、多种思路的多面思考，真的是“三人行，必有我师焉”。

第四，阅读速度与阅读方法方面的收获。我感觉自己的英语水平欠佳，并且由于对 WTO 中很多条款，以及专家组或上诉机构论证方式的不熟悉，在阅读时，确实阅读速度较慢，并且总是希望一遍就读懂，所以经常感觉效率不高。后来我改进了自己的阅读方法，先阅读杨老师为案例撰写的中文详解或评析，了解案件发生的背景及大致的论证问题；再认真通读案例的节选部分，标注重要的事实、观点或论述，做中文批注，记录下自己的提问，并列出大概的提纲，方便在课上及时查找；随后借着每个专题对报告论证思路的梳理再阅读两遍，就基本上对报告的内容有了比较细致与清晰的掌握。总的来说，就是降低自己第一遍就要把所有的内容理解透彻的期待，同时在多读几遍中增加对文本思考的自我要求。

第五，表达能力的提高。关于表达能力，可以分为两个部分，一部分是书面表达，一部分是口头表述。关于书面表达，我个人感觉这同阅读及检索能力分不开，随着对课程阅读与思考的不断拓展与深入，表达的内容也会更为全面。不过，在表达的简洁凝练、思想的深度等方面，我仍然需要继续写作与锻炼。在阅读文献或其他资料时，我也非常喜欢阅读杨老师的文字，其重点突出、流畅简洁、满怀真诚与热情、叙述画面感强等长处，值得我学习。

而关于口头表达，我相信是每一位课程参与者的共同进步。正如杨老师在《讨论式教学法的理论与实践》一文中所言，同学们的表达“从含糊其辞到清晰明确，从长篇大论到言简意赅”，也是我认为两个比较重要的方面。一方面体现在澄清问题中，作为一名听众，坦率来说前几次课在围绕问题进行讨论时，我感到非常吃力，一旦课上讨论的问题是我课下没有作比较细致的学习与思考的问题时，就只有在课上努力听懂大家的发言，很难主动形成自己对问题的思考。在讨论的过程中，老师要求大家“站起来”发言，“大点声”“你说的是哪一段哪一句，可以念一下吗”“《WTO 协定》中是怎么规定的，能发在群里吗”“可以到黑板上给大家展示一下吗”等，其实都是在从“听众友好”的角度来引导同学们更为清晰地表达自己的观点。我学到的是，作为一名表达者，不能仅仅停留在把自己的想法表达出来，同时还要能够站在听者的角度把自己想要表达的意思传达到位，使得听者能够理解清楚，不至于产生混乱或歧义，实现彼此的理解。并且在各方都明确对方意思的前提下，再来展开讨论。一个明显的例证是，第一次做专题的课程综述与感想时，我其实非常迷茫，看着自己的笔记上记着“同学的姓名：表达的内容”，很难理清楚一条主线，只是像做课堂实录一样记录课上同学们的讨论与表达。而在后几次再完成这项作业时，我却能清楚地知道讨论的主线是什么，其基础的文本或知识是什么，我们因为什么而继续往下推进，在哪些问题上有进展，哪些问题却悬而未决。我在整理课程讨论时对脉络的清晰把握，离不开杨老师对大家口头表达的引导，也离不开大家在口头表达上有意识地锻炼与进步。

另一方面，则呈现在表达个人观点并说明理由时的凝练与简洁。同学们都非常优秀，总是知道非常多的信息，并且乐于分享，这是我应当学习的。不过，如何能够在最短的时间内将复杂的思考说清楚，是一件难事，并且应当有意训练。我在综述时的感想是，我们在每一专题下讨论的内容越来越丰富，程度也越来越深入，我对大家所表达的内容的理解程度也越来越高，恰恰说明了我们在课堂上的表达也在朝着准确、简练方面进步。杨老师对于我们的表达，向来持鼓励和尊重的态度，没有打断或要求大家压缩发言时间，只是在时间实在来不及的时候提醒一句：“尽可能将自己的提问简单明白地表达出来。”更多的时候，杨老师在这方面对我们的培养，我认为体现在“身教”。有时候上课，感觉自己想不明白的地方，或者是找不到方法的时候，老师点拨了一句，可能就把我点通了，或者马上就有思路和方法知道从哪里下手来解决和研究问题，那个瞬间就感觉很通透。比如对磋商是否有最长期限，我啰啰唆唆、拉拉杂杂只能表达出这样的疑惑，觉得是不是争端持续较长时间而得不到解决是一种不稳定的状态。而老师却用很简短的话表达出了两层含义：一是从实然的层面上有没有规则或者实践，以及应然上该不该设置最长期限，都是可以研究的思路与方法；二是不设置最长期限的根本问题在于，对争端双方的保护可能是不均衡的，允许起诉方请求设立专家组的权利的同时，如果不设置最长期限，那么被要求磋商的一方就会一直被“吊着”，得不到程序规则的保护。这样的表述，让我回味无穷。还有对非市场经济问题的背景性介绍，不仅让我了解到这一问题的轮廓与争端的核心问题，同时也激发起了我对这个问题的兴趣，当周课下就学习了这一问题。虽然目前我还不能做到简练准确的表达，但也正在朝着这样的方向努力锻炼。

第六，提出问题与寻找方法解决问题的意识。之前虽然知道读书学习提不出问题并不代表自己都懂了，而恰恰是代表自己懂得太少，实际上却并没有重视和学会如何提问，所以一开始的提问作业对我来说有点困难，而之后在阅读中我似乎能够非常顺畅地找到自己的困惑并记录下来，形成自己的课前提问，也让我在这个过程中认识到提问是一种非常好的学习方法。我个人感觉，容易产生的疑惑的点可能在于找到问题的矛盾，比如事实与报告之间的矛盾；报告与报告之间的矛盾；理论与报告之间的矛盾；个人想法与报告之间的矛盾。当然也在于一些此前没有接触过的新鲜内容，比如 cogent reason 的表述、少数意见出现在专家组报告中；industry source 作为文意解释的依据等。我们关注新的事物，帮助自我增长知识，也在关注到矛盾点的时候学会如何有理有据地去质疑。同时，我们又不满足于停留在问题的层面，反而试图在课上和课下的学习与思考中尝试去解释与回应这些问题。我们不断找到和掌握了新的解决问题的方法，学会从实然和应然的两方面来看待这些问题，同时也学会了平常心，明白不是所有问题都能够找到答案，但我们可以找到材料帮助我们形成自己的观点并支撑它。

虽然这些方法或能力上的提高不一定是那么具体或者是明显的，甚至也会如同会遗忘的知识一样用进废退，但于我而言非常重要，因为这让我明白了应该如何学习知识，特别是自主学习知识；如何正确看待国际经济法上的问题；如何解决本专业学习中产生的问题与疑惑。当然也希望之后可以有这样宝贵的机会继续熟练方法，提升能力。

二、感想与收获

我对课程的感受其实已经写在了标题中。在开启这学期的课程之时，我自觉并不是很有天赋可以上这门课，不光是因为这门课看起来对学生的要求极高，同时也有自身不自信、背包袱背得太重的因素。我总是觉得自己的表达能力和专业素养都较为欠缺，可又不想错过这样的锻炼机会，所以本身觉得这是一项艰巨的任务，是一场严峻的挑战。我甚至当时还给自己设定了每周都必须发言的目标，逼迫自己在课下做好充分的准备，课上积极跟随大家讨论并主动思考。

现在回过头再来看当时的心态，会觉得自己有点可笑，课程并没有那么遥不可及，课堂的氛围也很活跃友善，我并不应该在还没有去尝试的时候担心这些本不需要去担心和考虑的问题。上课逐渐成为一种自在的、享受的事情，我发现自己似乎就是会对课上大家的讨论感兴趣，就是会不由自主地产生困惑或想法从而形成发言，就是会在课下对某个问题特别想要知道答案或现实中的情况，这并不需要外在量化目标式的“逼迫”。虽然我的课堂表现，不论是在参与讨论还是有幸进行主持，仍有诸多不足，但我逐渐在这门课上找到了自己的节奏和方式，体验了“求知是人的本性”。杨老师说：“担任主持人或参与讨论，是与别人进行知识和思想的交流，是快乐的智力活动。相比之下，独角戏式的演讲，只是将自己准备好的内容讲出来，就没有这么多乐趣了。”我深表赞同，准备好的内容讲出来，对演讲者而言只是一次复述，而并没有什么实际的收获，只是觉得心里踏实。可是在体验了临场即兴加入讨论或者是在课上突然有了新的发现并且急切地想要分享的那种感觉，又会觉得心里踏实，远不如与他人真正交流，了解他人的所思所想，又围绕着这些所思所想形成新的想法来得快乐。我逐渐放下了心里的包袱，开始期待和享受课程的学习与交流。这就是我最为真实的感受吧。

此外，还有几点零碎的感想也列在这里，希望自己之后也可以带着在这门课上的收获，继续努力前进。

首先是勇敢与坦然。不仅是前面我对自己心路历程的讲述，勇敢还包括敢于怀疑，不盲目相信权威的观点，敢于与老师平等地探讨这些问题（这一点主要是感谢老师）。坦然也意味着在自己提出观点时，坦然接受他人的质疑与挑战，努力尝试在自己的立场上进一步回应，形成有效的交流，还包括坦然接受自己的想法可能是错误或片面的。

其次是真实与敬畏。WTO 的研究面向的并不单单是冷冰冰的法律条文规则与法律解释，背后是国际社会、历史、政治的矛盾与协调；WTO 的案例也并不是停留在纸面上的文字，而是如彭俊律师所分享的那样每个人都有现实的目标，并朝着这一目标不断去尝试做到最好。就比如作为律师，其责任并不是列举出所有能够被援引的法条，说明其中的法理，甚至采用一些极端或激进的观点力证己方观点，而更多的是以法官或仲裁员为听众，提出一套系统的、合理的、平衡的方案分析与解读争端的法律问题，从而帮助法官或仲裁官快速公正地处理案件。我从中感受到了世界的真实运转。此外，正如曼彤在提到讨论解释方法时所言，WTO 的规则不仅反映了现实的国际社会中所达成的共识，同时它也在留白之处展现了一些信息，从而形成了各方对条文不同的解释方法，这背后的道理可能是非常复杂的，并不能满足于这一学期的所学，自认为读了《WTO 协定》和几个案例就已经掌握了 WTO 的法律制度是不够的，还需要保持一颗敬畏之心，常看常新，常思常新。

再次是收获了真诚与热情。在课堂上一些讨论的话题虽然不涉及专业的法律问题，但从中我感受到了杨老师和同学们对 WTO 法律制度及本课程的真诚坦率和热情激情。杨老师在这方面有很多令我印象深刻的事情。比如在同学提出美国反补贴和反倾销案的上诉机构报告第 590 段为什么上诉机构可以在没有明确论证说明、给出观点的情况下，直接否定了专家组的观点与论证，这又是否违反了 DSU 第 17.12 条。杨老师真诚地说，自己也并不能给出确切的答案，而是在大家讨论过后给出了自己当下的一些想法。另外，杨老师不仅对 WTO 法律制度研究具有真诚与热情，同时还对教育，特别是讨论式教学法具有独到的见解。我在尝试了一次主持后发现从理念到实践，讨论式教学都对主持人和讨论者提出了极高的要求（具体可见主持心得体会）。但总之，讨论式教学法，杨老师不仅在法学专业课上使用，同时还应用在其他课程、讲座、中学生等场景中，我觉得这是一场在参与者都很真诚与热情的情况下能够发生奇妙效果的社会实验。同学们必然也是真诚而热情地参与到课堂中，我还记得韵锦在第一堂课上迅速跟上老师的思路，展开对上诉程序的讨论，搬出了一堆自己因为热爱而探索的知识或收集的资料，曼彤和心颜对 MPIA 的内容和背景如数家珍；也记得最后一次正式讨论课上凌堃学长坦率地表达自己对 DSU 的改革方案……每一位同学都是因为“真爱”才来到课堂，真诚而热情地参与课上的探索与讨论，参与课下的学习与研究。

最后是感谢合作与分享。前文已经提到，我虽然也在此前上过讨论课，但并没有充分体会到这样的课堂形式所带来的向老师与同学学习的乐趣。正是老师与同学们在课堂上的主动思考、勇于表达、耐心倾听，课下细致认真严谨的研究，以及“微信群”这种独特的分享机制，才让我体会到进行知识与思想交流的快乐。我虽只做了一个人的学习任务，却收获了十几倍的知识与信息。希望在这样的学习氛围中努力做到最好，分享自己的所见所得、所思所想。

最后的最后是真诚而热烈的感谢！谢谢杨老师带来这样独特的教学方式，以及极其精彩的教学内容；谢谢华骏师兄一学期以来的辛苦付出，他总是第一时间整理好大家的作业，他在课堂上的发言也给了我启发；谢谢同学们的互帮互助、乐于分享、优秀上进！能够上到这样的好课，我觉得非常荣幸，也很开心，这会是我研究生生活中非常宝贵的回忆。我希望自己可以带着这些知识、方法、能力、感想继续轻装前进，不断锻炼和磨炼自己！期待下学期疫情形势好转到清华“蹭课”，也期待下学期和师兄师姐、同学们在其他的课上继续加油！继续向大家多多学习！

“WTO 法律制度研究”主持心得体会[56]

在“WTO 法律制度研究”课程的后半段，我们的课程稍微改变了形式，由学生作为主持人，主持三节课的讨论，而老师则作为讨论者参与同学们的讨论。

我们尝试在不同的角色之间转换，而这些角色也各有其规范，需要精心准备、认真思考，掌握得当的方法，并遵守潜在的规则，并非随心所欲；同时，不同的角色之间也需要良性的互动，在互动关系中发挥各自的功能，共同完成一节精彩的讨论课。

选修这门课，就开启了一学期承担讨论者角色的过程，我们也相对熟

56 特此感谢杨老师的鼓励和建议，本文为综合所有主持人的心得体会而作。同时感谢郝曼彤、刘凌堃、张文嘉、岳芳好同学审阅初稿并提出了宝贵意见。

悉这一角色的规范。课下认真完成作业，认真深入阅读案例段落，积极思考，提出问题并尝试查阅相关资料研究学习，同时关注群聊里的消息，了解近期与课程相关的重大新闻。课上聆听老师及其他同学的讨论，跟随整堂课程的思路积极思考并发言，在困惑时查阅资料分享到群里或者是公开提问……

而从开学到期末，我们也在这一角色中不断成长，我个人的体会是，在学习的状态上从“自顾不暇”[57] 走向从容淡定，在思维与研究能力上从懵懂无知到有了“抓手”，表达上也“从含糊其词到清晰明确，从长篇大论到言简意赅”[58]。在课下，我有时候也在思考，老师是怎么做好一个主持人的，如何才能高效地承担主持人的角色？幸运的是，曼彤、凌堃学长、文嘉、芳妤和我获得了四次讨论课主持的宝贵机会（其中一次是芳妤和我共同主持），我在老师提供的经验与自己主持的实践中，对主持人有了理念与方法上切实的收获。从前期的准备到真正上台完成一个多小时的主持的这个过程使我认识到自己存在的问题，因此希望尝试总结和反思本次主持的经验与教训。

一、主持人的角色定位

在准备主持工作时，首要的、绕不开的问题是，作为主持人，其角色是什么？功能是什么？

在我的理解中，主持人是引导者的角色，功能是引导大家讨论与参与，而并非演讲者或者提问者。所以在角色的定位上，主持人是一个穿针引线的“配角”，虽然决定着讨论课的主线、时间安排、具体的主题等，但并不能提出太多实质性的观点、资料或知识，也不宜进行叙事性的表达。课程的“主角”仍然是讨论者，讨论的问题与主题应当从讨论者来，围绕着讨论者的问

57　正如同何一丹学姐在一次感想中提出如何兼得记笔记、听讲、发言的困惑，我在刚开学的课程中，也苦苦挣扎在这三者之中。但很惭愧的是，我依然没有放弃记录较为详细的笔记的习惯，反而在曼彤主持的那次讨论课后我与曼彤讨论，感觉记笔记也有意义，在于通过耳朵和眼睛的双重作用，更好地理解讲话人所想要表达的意思，并且更不容易走神。当然我也觉得自己仍然需要努力在纯粹聆听中理解对方之表达以获得提高。

58　杨国华：《讨论式教学法的理论与实践》，2021 年，第 17 页。当然我认为自己并没有彻底做到清晰明确、言简意赅，只是意识到自己表达上存在的问题，并且愿意在课程的训练中朝着这个方向加以努力。

题、知识与思考进行，并且由其提供大部分实质性的讨论内容，营造共同学习的氛围。

二、主持人的准备工作

1. 务虚——心态与认知的调整

总的来说，我认为自己的思维与表达能力都有欠缺。一方面，我认为自己的随机应变能力较差，在没有课下研究学习的情况下直接加入同学们的讨论较为困难；另一方面则体现在当有了一些思考，尝试组织语言进行表达时，往往不够准确或简洁。因此准备主持工作在当时看来需要花费大量的精力，要事先对讨论的专题和新闻作全面和深入的了解，希望确保自己在同学们讨论任何话题时，都能够像已经主持过的曼彤、凌堃学长和文嘉一样，在有了解的基础上积极引导，补充相关的信息，并且尝试澄清、梳理和总结同学们的讨论甚至争论。特别是在阅读了杨老师发送给我的《讨论式教学法的理论与实践》论文中教师的条件部分[59]，不仅要求教师高超的主持技巧，正确的理念，并且要求“专业精深，知识面广”。为此我花费了大量时间，现场参加研讨会，通读同学们两次课程的作业，并就我的部分（预计80分钟）准备了超过2万字的文字材料。

主持的前一天晚上，我陷入极度的焦虑中，于是请教了主持了本专题第一次讨论课的文嘉，很受启发。准备上当然是要认真对待，不然可能会脱离同学们的讨论，无法起到很好的引导作用；但是也不需要做过多额外的准备，应当尽可能与同学们日常的课下学习和准备相对应，否则主持就很难形成共同的讨论，而转变为叙事或介绍性的个人演讲。

由此我才切实体会到“相信同学，将课程还给同学”这一理念的意义，认识到自己课前的准备与课上的表达应该是分开的。课前的准备要认真与全面，确保自己的知识和了解能够覆盖同学们的关切与兴趣，而在课上又不能将自己所知所读都抛出来，而是应该鼓励同学们先就自己了解或感兴趣的内容进行表达，甚至是阅读与学习中的感想与情绪等。并且在讨论中，应该以比较客观中立的态度引导同学们完成讨论，克制自己的观点与情感的表达，应对课堂上随时的变化，判断讨论主题的价值，在同学们讨论的诸多话题中

59　杨国华：《讨论式教学法的理论与实践》，2021年，第16页。

选定适于讨论、便于学习的内容展开集中讨论。

2. 务实——全面扎实的阅读思考、课程设计与效果浅评

一堂讨论课一般分为两个部分，第一是新闻相关，第二是专题相关。

就新闻的部分，需要根据当周的实际情况进行确定，主要来源是老师和同学们分享在微信群的链接或文章。第四次同学主持讨论课讨论的新闻比较多，我的准备基本上是首先阅读或观看新闻本身的内容，不论是WTO官网，还是其他的媒体报道，演讲视频等，并做详细笔记。其次，就这些内容概括提炼出一些问题点，尽可能保证对这一部分的课堂讨论有全局性、条理性的把握，使得讨论能够有序进行，不至于“东一榔头，西一棒子”。最后，做广泛的阅读，确保自己正确全面地理解新闻文本以及所涉专业问题，避免在主持中出现同学们都理解，而主持人却不太理解、跟不上思路的情况；并且尽量在主持中迅速理解、准确把握同学们表述的主题及延伸的思考，做恰当的引导或选择，或抓住讨论的脉络，顺利完成总结。

就专题讨论的部分，一个专题两次课的准备是不太一样的。第一次课在我看来，有两个作用，一是案例中知识背景的了解与掌握；二是启发与鼓励同学们积极提问并思考。曼彤与文嘉分别负责两个专题第一次课的讨论，对美国反倾销和反补贴案（DS 379）和美国反补贴和反倾销案（DS 449）中涉及的双重征税和双重救济问题，中国电子支付服务案（DS 413）中多方交易模式，以及EPS服务是什么，事先进行详尽了解；并在复杂难懂的部分，事先设计了板书来为大家介绍。在基本理解这些问题之后，再对专家组和上诉机构报告中的问题进行讨论，非常符合同学们的认知和学习过程。此外，第一次课的主持人还在极短的时间（周二当天的课前）内通读了十几位同学的提问，并或初步或深入地思考。两位同学虽然都通读了同学们的提问，并且做了“合并同类项”的处理，但是具体采取了不同的课堂讨论组织方法。曼彤的方案是请同学依次表述自己的提问，再请同学们尝试做解答，最后再提出自己的思考，启发同学们打开思路，从多角度思考这些问题。而文嘉则更类似于杨老师在前半学期课程的方式，抓住了条约解释的顺序和industry source两个问题，引导同学们顺着这一问题深入思考、查阅资料并且讨论。作为讨论者的一员，我认为这两种方法各有优劣。曼彤的方法能够让我们全面关注到同学们的关注点或兴趣，比如当时有同学的问题是“非市场经济的方法有什么依据，其他国家是否存在争议”。虽然这一问题与专家组和

上诉机构论证中运用的具体思路或方法的关联性没有那么高，但我们收获了杨老师对这一问题的大致介绍，知道了美国和欧盟对此的态度。曼彤也表达了自己就“市场经济”标准与CPTPP、RCEP关于国有企业规制的联想等，让我们很受启发。而文嘉的方式则让我们聚焦于某一个问题进行深挖，为了能够参与讨论而“逼迫”自己去查阅资料或重新阅读报告原文来寻找答案。或许全面和深入不能两全，并且两位主持人可能也是基于案件和阅读段落内容的不同性质而给予了讨论者不同的体验，但总之都是不错的尝试。

第二次课我则认为，主持人一方面要给予同学们一些时间，就任选题（即任选同学们在第一次课上提出的问题）的学习研究做简要的分享；另一方面则需要带领大家梳理、理解、反思专家组或上诉机构报告。凌堃学长、芳妤和我也恰好采用了不同的方式。由于“美国反倾销和反补贴案”和“美国反补贴和反倾销案”没有布置论证思路，所以没有邀请同学做总体性的梳理与总结，而是由凌堃学长就特定的段落提出了值得深入探讨的问题，并组织同学们沿着这些问题参与讨论（大部分的讨论者都没有事先作思考或研究的准备）。而在中国电子支付服务案专题，由于布置了论证思路的必做题，以及同学们大多自然而然选择了与专家组报告最为相关的条约解释方法的研究，芳妤决定先请同学做综述，再结合同学们的提问和专家组论证的结构按照事先设计的顺序依次进行讨论或分享。为了保证同学们的学习效果，并与第一次课程做衔接，我的部分也试图就同学们深入讨论的内容做一些整理与澄清，并且也请课下研究涉及这些内容的同学作了分享。从这两种课堂组织方法来看，同学们的接受程度不尽相同。凌堃学长提出的问题非常合适讨论，一方面与我们学过的专家组、上诉机构在论证中arguendo或者是司法经济原则相关，可以尽可能扩大能够参与讨论的同学的范围；另一方面，由于同学们基本没有做过事先的准备，便都会临场思考。因此，一位同学发言提出自己的初步意见后，便会跟进产生很多同学的发言，或支持或补充或反驳第一位发言同学的看法，提升讨论的热度和深度。芳妤的方式则照顾了阅读段落的大部分值得关注的内容，事先准备了一些争议点和同学的研究，对论证思路的全部段落都非常熟悉，并且查阅了大量周边的资料。对此，我的感受是，由于有了芳妤的总结，以及同学们扎实认真研究之后的分享，总体的内容质量很高，讨论主线非常集中和有条理，并且因为有作业这一文字性的材料，不论是对知识吸收还是复习回顾都很有帮助。但也存在一定的问题，比如当设计的讨论点比较全面详细时，囿于时间没能做有来有回的讨论或辩论；并且同学们可能会将注意力集中于自己的研究中，而对主持人提问所作临场思考不足。在问答的形式中，“讨论式教学法”优势的体现可能有一些薄弱。

三、现场的主持

1. 如何安排发言顺序

我觉得几位主持人的想法基本都是按照举桌签的顺序来安排发言。不过由于我当时没戴眼镜，加上后排物体容易遮挡，所以看漏了同学竖起的桌签，深表歉意。

此外，在一些热度较高的讨论中，同学们以极短的对话展开辩论，而两位主持人的风格是不同的，一位是不作打断，安静聆听辩论；另一位则稍微暂停了辩论，提醒同学们立桌签有序进行。这或许是对维护同学们讨论的热情与讨论秩序之间的衡量。不过在同学们热烈讨论时，我的观察是，提醒同学们有序发言，并不一定会干扰到同学们的积极思考与热情发言；在维护讨论秩序的同时，也使得其他同学能够通过立桌签的方式加入讨论。所以，我暂时认为后者的处理可能是更为妥当的。

2. 如何对待杨老师竖起的桌签

另外想要探讨的是，应该如何看待杨老师“竖起”的桌签。对这个问题我是有些纠结的，这与如何看待杨老师的发言、对杨老师的“角色”定位密切相关。一种想法是，老师同样作为讨论者，应当享有同等权利。并且经过半学期对“讨论式教学法”的实践，同学们能够正确对待老师的观点，不迷信或依赖权威，那么按照老师与其他讨论者举桌签的顺序来组织发言即可。而另一种想法是，杨老师对案件的了解、对报告的熟悉度非常高，对其中的专业问题具有自己成型、成熟的看法或观点，并且对案件办理过程中发生的事情以及案件的相关背景都亲身经历，所以为了避免老师先发言对同学们可能造成观点表达上的压力[60]，请老师后发言可能比较妥当。而且在经历了几次老师作为讨论者的课堂之后，我也感受到，老师后发言往往也能够总结和回

60 参见杨国华：《讨论式教学法的理论与实践》，2021 年，第 12—13 页。

应同学们提出的观点和想法，对于我们全面深入把握讨论的主题也会起到很好的效果。所以最终在实践中，我还是"委屈"了老师，请老师作最后的发言。

3. 如何对待过冷和过热话题

这个问题其实比较难回答。就过冷话题，面对全场沉默，有时是主持人提出一些自己的想法或回答，试图启发同学们思考并发言；而也有主持人采用了跳过的方法。在过冷话题上是应该主持人多说一点，还是跳过，非常难把握，这两种方法也都具有其合理性。前者是帮助同学们了解自己不够熟悉的知识或资料，或者是引发同学们的思考，形成一些讨论。比如曼彤在谈到市场经济问题时提到了 CPTPP 国有企业相关的内容，使得杨老师发言作了进一步补充，同学们也对这个问题有了更深刻的理解。反面例子是我主持的 SCM 讨论。由于老师是在上课前两周分享的材料，谈判的内容及草案的文本或许对于讨论者来说可能存在一些遗忘。我试图提出其与海洋划界、与其他国际组织职能划分方面的问题，并且试图提问对此有了解的同学，但提供的信息仍然比较有限，也没能起到鼓励促进讨论的效果。而直接跳过的好处是，课堂时间有限，应当尽可能留给同学们都感兴趣或关心的问题，如此形成的讨论才能启发彼此的思路，并且开阔眼界，加深对讨论主题的认识与理解。

就过热话题，主持人的职责有二：第一，课堂时间宝贵，往往设计讨论的内容非常多，就需要把控好时间，适当收住话题；第二，一些讨论可能会存在偏离中心主线的情况，或者讨论的内容过于发散，对此需要出面做一些引导，甚至是对于同学们出现明显的知识或理解错误时，及时纠正。我记得曼彤主持的那次讨论课，就补贴为什么要征收反补贴税的问题，韵锦和我持的观点是，补贴只要没有影响价格，就不会对他国的经济贸易造成负面影响；而迎春和心颜则认为会存在负面影响，大家争论得不可开交。杨老师此处的发言是很值得学习的。老师第一步总结了双方的争议点，第二步直截了当指出，补贴如果不影响价格，也会使得企业在营销、库存、产能等方面产生额外的优势，从而影响到公平竞争。我也因此明白了自己的问题出在哪里，迅速结束了这场与专家组上诉机构报告关系不太密切的争论。然而，对于主持人来说，想要"修炼"到如此功底非常困难，不仅要认真听取并提炼同学们的争论点，还要对所争论的内容有正确的认识，此外还要用简洁明了的语言作出表达。学生主持人目前一般会在同学发言后稍作总结，再提炼问题，并且按此组织讨论，这也不失为是一种方法。这样一方面是梳理可能较为混乱的争议问题，理清思路；另一方面，也是给发言的同学们“降降温”，给大家更多的思考时间，重新组织语言，再展开讨论。

4. 如何应对准备内容与现场内容的偏离

我在准备新闻部分的主持时，也出现了同学们讨论的内容和我预先设想不同的部分。比如我准备的关于SCM的讨论、多边贸易谈判的新进展以及李成钢大使和彭俊律师的演讲视频的主体内容基本没有被讨论，而大家却非常关注专家组上诉机构报告过长的问题，以及“不睡觉”办WTO案子的问题。作为主持人，其中一项技能也是要应对课堂随时的变化，迅速判断同学们自行提出的讨论主题是否具有可讨论的价值。我的做法是没有试图扭转话题，而是就着同学们提出的这两个感想而向下讨论。当时的考虑是：第一，经过对报告一学期的阅读、学习与研究，需要在最后一次讨论课上做一些感想的总结与抒发；第二，这些感想从同学中来，是同学们关心和感兴趣的问题，值得讨论；第三，其中可能涉及我们作为学习者的角色定位、学习目的及未来职业生涯规划的问题，可以作进一步的拓展。确实，从课堂的效果来看，这一段的讨论我个人认为比较精彩，也让我收获了老师和同学们真诚的思考与感受，以及一些实在的、得当的认知；从课堂综述来看，同学们也对这一部分的内容印象深刻。

芳妤认为她的部分也出现了一些偏离。在谈到VCLT第31条的几种解释方法之间关系的时候，同学们讨论之后，杨老师提出了整体解释的概念，随后凌堃学长主要就有效解释的标准进一步提问——如何在进行有效解释的同时与其他解释方法不冲突。凌堃学长随后和老师、韵锦一起就有效解释展开讨论，但是芳妤认为她对有效解释并没有充分理解，课前也没有就这一部分做特别准备，最后虽然同学老师提出了很多有趣的问题，但她认为自己的主持效果有“戛然而止”之感。她对此的反思是：第一，每一轮“论战”结束后，主持人需要总结同学的观点，不然同学们讨论的方向可能会继续“偏离主线”，或者再对同一问题进行重复讨论；第二，如果没有准备相关内容，可以在已有知识框架内建立问题之间的联系，比如有效解释原则在很多个阅读案例中都出现过，那么主持人在当时完全可以让大家分析在不同的案例中专家组或上诉机构对于有效解释原则究竟采取的是什么标准；第三，可以让大家现场进行检索，并分享检索成果，这样也可以增加课堂讨论度，避免课堂讨论不足。

四、主持反思

最后，我想再对自己的部分做一些反思。我认为自己从准备到上台主持的过程中存在如下问题。

第一，课程设计有些僵硬。主持开篇就和大家说明了今天要讨论的五项内容，没有留下一定的空间，会让大家直接产生对本次课讨论的预期，不仅可能会使得同学们对讨论内容丧失期待和惊喜，还会导致同学们预设性过强，难以让同学们自发产生讨论话题。

第二，没有事先将讨论中可能会用到的材料在周二讨论课当天整理好发送给同学们。一个问题是，为何一些我准备好的、自我感觉很有讨论价值的内容，却面临了冷场。我的反思是并非因为大家的积极性不高，而是我没有做好准备工作。如果提前把所涉及的新闻整理好发在群里，并且将报告中涉及的条文分享给大家，或许在课前会有更多的同学查看或回顾，进而在对话题熟悉度提高的基础上，形成更为热烈的讨论。

第三，由于新闻讨论的时间比较长，涉及专家组报告回顾和请同学澄清问题时，时间比较匆忙，没有给大家充分思考和主动回答的机会，而是直接请作业中涉及这部分内容的同学作分享，把讨论变成了问答，同时也剥夺了没有在作业中写明但可能想要表达自己的观点或思考的同学的发言机会。

第四，主持的技巧和能力有待提高。主持人看上去不需要准备和提供过多的实质性的内容，而应当把时间留给同学们作思考与讨论，但一场好的讨论课，却离不开主持人的技巧与能力，这是需要长期实践与反思才能够达到的境界，体现着临场应变能力、课下长期知识积累、表达能力、个人魅力等方面的综合素质。我也从杨老师和其他几位主持人那里学到了很多。

虽然不知道是否还会在其他的课程或场合担任此种类型的主持人，但是我还是期待未来还能有这样宝贵的机会。最后，感谢杨老师和同学们对主持人们的大力支持，是大家在课下的认真学习与研究，课上的积极参与讨论才使得课程精彩美妙，谢谢大家！

沈子尧

一、课程综述

“WTO 法律制度研究”课程遵循着由浅入深的学习思路，从课程开始之前，杨老师便已将本学期课程将用到的学习材料整合完备并向我们提供，同时要求开课之前对 WTO 相关知识进行全面预习，对于刚接触这方面知识的我而言，在打开文件夹的那一刻便感觉到了强大的压力——全英文的阅读材料、完全陌生的制度范畴，这一切都让我有一种复归法律学习之初的感觉。还记得第一节课上，杨老师让同学们自行提出问题进行探讨，但仅厘清第一个问题，便已花费了一两个小时，这种自主性学习的培养虽然看似耗费时间，实则对法学生的思维培养和培训都具有极其重要的意义，杨老师并未直接将我们“领”进门，而是让我们在课程的门槛前自行求索前路。不过，在优秀的同学们集思广益之下，大家很快便对 WTO 制度有了基本的认知和了解，进而得以进行往后每个主题案例的分析与研究。在本学期之中，我们一共进行了六个专题、七个相关案例的研习，包括 WTO 概述、知识产权案、出版物和音像制品案、原材料案、稀土案、“双反”案与电子支付服务案。

（一）WTO 概述

1. 问题探讨

Q1：WTO 争端解决程序的流程（见图 1）

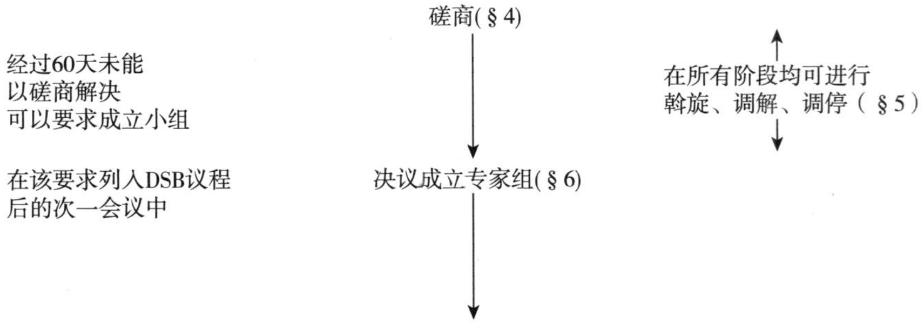

图 1　WTO 争端解决流程

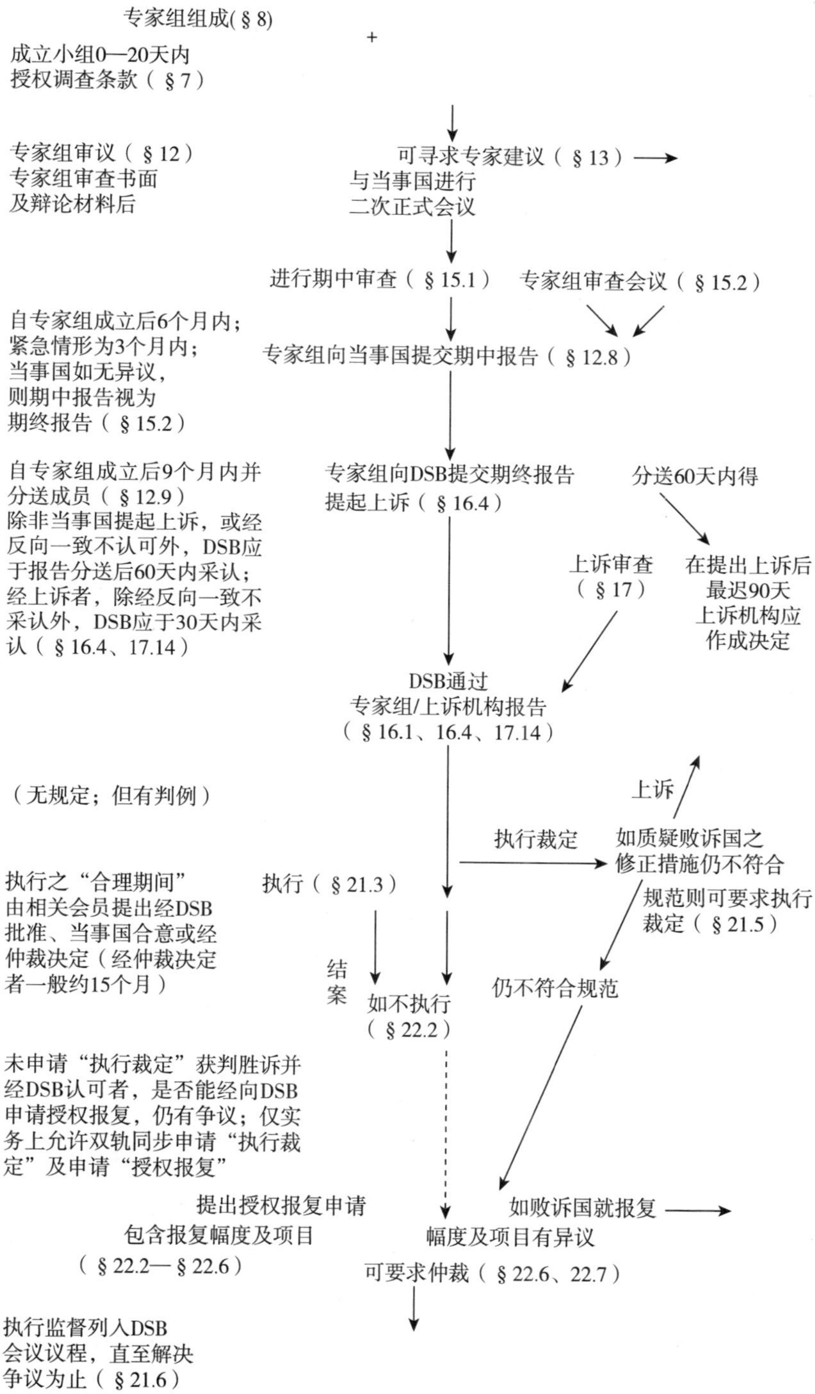

图1 WTO争端解决流程（续）

Q2：如何理解比较优势（Comparative advantages）理论

（1）概述

要理解比较优势理论，首先须厘清比较优势理论与绝对优势理论之间的关系。绝对优势理论由英国古典经济学家亚当·斯密提出。他认为国际贸易的原因是国与国之间的绝对成本的差异（如果一国在某一商品的生产上所耗费的成本绝对低于他国，该国就具备该产品的绝对优势，从而可以出口；反之则进口）。各国都应按照本国的绝对优势形成国际分工格局，各自提供交换产品。该理论解释了产生国际贸易的部分原因，但缺陷在于：无法解释各种产品生产上都具有绝对优势的国家与不具有绝对优势的国家之间的贸易往来。大卫·李嘉图提出了比较成本贸易理论，在更普遍的基础上解释了贸易产生的基础和贸易利得。比较优势理论认为，国际贸易的基础是生产技术的相对差别（而非绝对差别），以及由此产生的相对成本的差别。

比较优势可以表述为：在两国之间，劳动生产率的差距并不是在任何产品上都是相等的。每个国家都应集中生产并出口具有比较优势的产品，进口具有比较劣势的产品，双方均可节省劳动力，获得专业化分工提高劳动生产率的好处。

（2）理论背景

1815年英国政府为维护土地贵族阶级利益而修订实行了《谷物法》。《谷物法》颁布后，英国粮价上涨，地租猛增，它对地主贵族有利，而严重地损害了产业资产阶级的利益。昂贵的谷物，使工人货币工资被迫提高，成本增加，利润减少，削弱了工业品的竞争能力；同时，昂贵的谷物，也增加了英国各阶层的吃粮开支，而减少了对工业品的消费。《谷物法》还招致外国以高关税阻止英国工业品对他们的出口。

为了废除《谷物法》，工业资产阶级采取了多种手段，鼓吹谷物自由贸易的好处。而地主贵族阶级则千方百计维护《谷物法》，认为，既然英国能够自己生产粮食，则根本不需要从国外进口，因而反对在谷物上自由贸易。这时，工业资产阶级迫切需要找到谷物自由贸易的理论依据。李嘉图在1817年提出了著名的比较优势原理（Law of Comparative Advantage）。他认为，英国不仅要从外国进口粮食，而且要大量进口，因为英国在纺织品生产上所占的优势比在粮食生产上大；故英国应专门发展纺织品生产，以其出口换取粮食，取得比较利益，提高商品生产数量。

（3）意义

整体来看，比较成本理论在加速社会经济发展方面所起的作用是不容置疑的。它对国际贸易理论的最大贡献是其首次为自由贸易提供了有力证据，并从劳动生产率差异的角度成功地解释了国际贸易发生的一个重要起因。

（4）缺陷

首先，该理论认为世界是永恒的，是一个静态均衡的世界，李嘉图提出了九个假定作为其论述的前提条件：①只考虑两个国家两种商品；②坚持劳动价值论；③生产是在成本不变的情况下进行的；④没有运输费用；⑤包括劳动在内的生产要素都是充分就业的，它们在国内完全流动，在国际之间不能流动；⑥生产要素市场和商品市场是完全竞争的市场；⑦收入分配没有变化；⑧贸易是按物物交换的方式进行；⑨不存在技术进步和经济发展，国际经济是静态的。

其次，李嘉图解释了劳动生产率差异如何引起国际贸易，但没有进一步解释造成各国劳动生产率差异的原因。

最后，该理论的一条重要结论是：各国根据比较优势原则，将进行完全的专业化生产。现实中，难以找到一个国家在国际贸易中进行完全的专业化生产。一般来说，各国多会生产一些与进口商品相替代的产品。

（5）发展

20 世纪初，赫克歇尔和俄林两位从生产要素比例的差别而不是生产技术的差别出发，解释了生产成本和商品价格的不同，以此说明比较优势的产生。自此，比较优势理论体系的学者们引入规模经济、产品差异等概念体系，以及从专业化、技术差异、制度、博弈以及演化等不同角度完善和拓展了传统比较优势理论。

20 世纪 80 年代，克鲁格曼和赫尔普曼引入规模经济来分析比较优势，发展了一个基于自由进入和平均成本定价的垄断竞争模型，将产品多样性的数目视为由规模报酬和市场规模之间的相互作用内生所决定。

Q3：我国在 WTO 中应如何推动国际电子商务的发展并发挥出该领域的优势？

第一，积极支持 WTO 框架下对于国际电子商务议题的讨论，促进谈判，并参与制定国际规则。WTO 早在 1998 年便通过了《全球电子商务宣言》以及《电子商务工作计划》，但对彼时的中国而言，电子商务还是新生事物，时至今日，中国电子商务领域无论是市场规模还是从业人员数量，毫无疑问领跑全球，并处于持续增长的状态，因此中国在电子商务领域具有充足的经验，可为各国及国际电子商务发展提供宝贵意见，而中国正好可借 WTO 谈判提出“中国方案”，服务全球电商。

第二，与世界各国解决目前电子商务的障碍，包括：①国际物流成本；②跨境支付；③信用支付不互通；④数据保护等问题。

第三，联合亚太地区的新兴市场国家探索区域性合作路径，打造国际电子商务的先行示范。

第四，提高国内商品生产质量，突破核心技术瓶颈，国际电子商务推行意味着国门的进一步打开，在拥抱无数机遇的同时也存在着挑战，我国电子商务长期主要以境内消费为主，参与到国际贸易的环节还需不断提升核心竞争力，优化产品质量。

第五，加强与电子商务相关国内法的构建，从消费者、平台、商家等多角度完善相关规范，同时进一步加强对于知识产权的保护与管理，保障电子商务的公平性与安全性，打造可以让世界各国参考学习的电子商务法律模板。

2. 课程感想

虽然在“WTO 法律制度研究”的课堂上仅仅进行了两周的学习，但是这门课程对于我而言有着深刻的影响。还记得在第一节课之前，老师便在群里分享了本学期的课件，并让我们阅读其中的 Understanding the WTO，同时将自己的疑问发到群里。当打开课件的那一刻，我多少有一丝茫然，茫然于在短短的时间内将一百多页的英文材料读完似乎是“mission impossible”，也茫然于如何对自己几乎完全陌生的知识领域提出有意义的疑问。然而，也是从那一刻起，我似乎领悟到本课程的意义所在，杨老师的“放羊”式教学，或许是对于一个研究生，尤其是法律专业研究生的思维方式和学习习惯最好的锻炼。由于同学们最终提出的问题都丰富而有意义，因而我原本以为，在第一节课上，是单纯由老师引导我们对所有问题进行简要的探讨，从而达到对 WTO 及有关制度概览的目的。但令我感到惊讶的是，由于第一位同学提出的问题较为细致，涉及 WTO 争端解决机制的程序性问题，具体而言还涉及专家组报告、上诉机构报告和争端解决机构的决议之效力问题，仅第一个问题就探讨了一节课时间有余，同时在此过程中，杨老师的教学方式又一次给我带来冲击。尽管老师了解到在座同学大部分对于 WTO 并不熟悉，但并没有直截了当地回答我们的疑问，而是“以问题回应问题”，在耐心引导发问者澄清问题之余，也将所有同学带入该问题的思考和探究当中，在课堂上，所有同学都一起搜索相关问题的介绍和法律依据并将成果分享到群里，同时对问题发表自己的见解和补充，我似乎从未见到过课堂参与度如此高的景象。仅通过这一个问题，就发散出很多需要学习和思考的知识点，我们也在课堂上逐渐地从一无所知变得“一知半解”，慢慢地积累着对 WTO 的认知。这样的思维方式和 Mind-map 有异曲同工之妙：由一个点开始放射，引出多个点的思考，同时由于散乱的知识点有着共同的指向性，从而在潜移默化中形成体系，妙哉！课堂上的第一个问题甚至还引申出了第一节课的课后作业——对于 WTO 争端解决机制程序的认识和整理。

到了第二节课，感觉同学们逐渐适应了这样的教学模式，活跃度逐渐变高，在大家对 DSU 框架都有了解的情况下，开展的讨论便更容易具体化、深入化，对于解决问题的思路也更加清晰，对于相关法律依据搜索的效率也显著提高。这节课程主要围绕刘同学所提出的三个问题展开讨论：第一，第 4 条 11 款——第三方的加入对于磋商的时限有无影响，是否可以延长，该事项 DSU 未作规定，那么应当如何确定？第二，既然在逻辑上不可能全体否决，反向一致的决策机制设置的原因何在？或者说反向一致的决策方式的由来是否有独特的历史渊源？第三，DSU 第 25 条提及的仲裁的具体程序，DSU 没有进行规定，那么我们应当如何确定该仲裁的具体程序呢？是否要通过参与仲裁的有关方协商一致进行确定？在刘同学对其问题进行陈述和澄清后，所有同学共同参与探讨。第一个问题主要涉及参与磋商的第三方之“实质利益”问题应当如何界定我认为关键在于“substantial trade interest”中的“trade”，亦即其关注点在贸易上之直接影响或间接影响。第二个问题涉及反向一致机制的意义，反向一致即对一项决策或者提议进行表决时，除非一致不同意，否则视为同意。我认为之所以反向一致存在于 WTO 争端解决机制当中，与 WTO 自身的性质有着密不可分的关系。由于 WTO 事实上并不具有“强硬”的执法能力，但是必须通过自身发挥管制作用，反向一致原则无论在争端解决的权威上和效率上都有相当的优势。至于第三个问题，通过对 DSU 第 21、22、25 条的研读和对比，同学分别提出了不同的看法。其中刘同学认为 DBS 的建议和裁决和第 25 条并无实质性区别，因而该裁决是否由仲裁方式作出实则并不影响执行程序与监督，我对刘同学的看法较为赞同。

尽管在第一节课结束后，有同学选择了退课，问其原因，答曰英文材料阅读量过于庞大，课程难度过高，日于学业繁重实在无法兼顾。诚然，修读这门课程对于我而言也绝非一件容易之事，但即使自身能力或许难以很好应付，我还是乐于修读学习“WTO 法律制度研究”的课程。这门课程仅两节课，也带给我不少冲击，但更多的是惊喜。首先，它赋予了我国际化的视野，尽管 WTO 看似离我们很远，但实则对其制度的研究对于学习法律，尤其是学习国际商法都有着极大的积极效用，我们得以跳脱出现行法、国内法的单一框架，从国际贸易制度、比较法的角度反观我国法律，收获全新的视角。其次，杨老师的教学给我们提供了全新的学习思维和学习方式，有助于养成更好的学习习惯，在过去的教育当中，我们绝大多数时间只在扮演一个听众，多数的场合里都处于一种“被动学习”的状态；而在杨老师的课堂上，每个人都身兼知识的接受者和输出者，每个人都必须保持思想活跃，思路清晰的状态，真正地在学习上做到全身心的自主。在研究生阶段，自主学习的习惯，或是技能的养成，无疑是至关重要的，我们不再有“冗长”而详细的教材，也不再有细致入微的讲解，更多的时候像是一个赶赴前线的新兵，时常须有“死马当作活马医”的觉悟，而这门课程，正在张弛有度的节奏中，逐渐培养着我们这样的能力。

（二）知识产权案

该两周课程主要围绕美国在 WTO 诉中国的 Intellectual property 案件进行讨论学习。本案中美国主要针对中国对于知识产权侵权的执法措施提出挑战和质疑，其中包括对于行政、刑事立法和执法层面上的挑战，在刑法上涉及犯罪数额的“门槛”问题，以及对“commercial scale“的理解，个人认为能从专家组报告中在美方发表的意见中看出，中美在关于“门槛”的立法技术中存在较大差异，体现在中方需大费周章向专家组与美方阐述定罪门槛的含义和设计目的，而对“commercial scale”的解释也尤为复杂，从美方的定义到中方的定义再到专家组的认定，洋洋洒洒几十页的论述，寻求了各种解释方得结果。本案例通过两次课程进行研读，以同学们的课前问题为导向，展开对案件细节的探讨。在第一次课程中，围绕“prima facie case”展开了详细的讨论，其中专家组报告中的第 7.631 段成为同学们讨论的一大焦点，主要设涉及对“The information in the exhibits would not necessarily have been sufficient and, even if it were, it would not be appropriate for the Panel to trawl them for evidence to which the United States did not refer to make the United States' case for it." 一句的理解，该句中 "would not necessarily have been sufficient" 的表达理解在同学之间产生了分歧，对于该句的理解之所以重要，是因为其涉及对美方所提出证据的重要性的判断，从而判断美方的证据是因不足而无法得到专家组支持还是其提出的证据没有针对性意义，就该问题展开探讨后，同学们基本达成一致意见，该句含义应是后者。同时，prima facie case 中 "evidence and legal argument" 也是专家组审议主张和证据之间的逻辑连接点，我认为专家组之所以并未支持美方的主张，是因其无法将两者建立紧密而有效的逻辑关系。除此之外，同学们还提出了一些"脑洞大开"且很有意思的问题，比如为什么专家组在解释词语含义的时候都采用《新牛津简明英语词典》的释义。另外，在本次课程还引出了对 "commercial scale" 的解释问题，包括美方、中方的解释方法及专家组的解释逻辑，同时引申至课后作业——探讨专家组是如何运用 VCLT 第 31、32 条对该词语进行合理解释的。而至本案件的第二次课程，由于上节课围绕着证据展开了各种讨论，本节课便是证据规则的延伸探讨，并在 DSU 的语境之下，延展到我国民诉法的证据规则，包括举证责任、证明力、证明标准、依职权取证等问题，再回归到 WTO 争端解决程序中的举证责任问题的研究，这样的比较法思维能够让我们更好地对 DSU 规则有更好的认知，也能跳脱出国内民诉法的视野再反观之。同时，在课堂上还回归到 interpretation 的问题对作业涉及的 VCLT 第 31、32 条规定进行了探讨。这两节课是我们正式开始接触 WTO 的案例研习，深刻体会到英文材料的阅读量着实不小，但是课堂质量很高，有很多优秀的同学对于案例的把握都比较透彻，因此提出的问题都比较细致且有深度。

（三）中国出版物与音像制品案

中国出版物与音像制品案的第一节课主要涉及几个问题的讨论，包括上诉机构职权范围、arguendo 的适用问题，随后涉及上诉机构论证关于中国是否能够援用 GATT 1994 第 20 条进行抗辩的问题便是第一节课的课后作业。

1. 关于上诉机构职权范围

对于上诉机构职权范围的问题，是从刘凌堃同学所提出的问题进行切入的，其问题是，上诉机构处理的是"上诉"相关问题，而在专家组并未对

《入世议定书》的第5.1条进行解释。上诉机构审查范围是否基于该条？上诉机构是否有权对该条进行解释？如此一来，是否有剥夺美国上诉权之嫌疑，而探讨该问题首先要从DSU的相关条文规定出发，即DSU第17.6条：An appeal shall be limited to issues of law covered in the panel report and legal interpretations developed by the panel。从上述表述可以看出，上诉机构的审查范围应该被专家组报告以及专家组的法律解释所限定，同学们针对此问题给出了自己的看法，主要思路有三种：其一是，对于上诉机构审查上述DSU第17.6范围以外的例外，此处主要涉及false judicial economy的问题；其二是arguendo是否看作一种legal interpretation；其则是，上诉机构对此问题进行解释和分析是否属于对issue of law的审查。对于第一种思路，涉及judicial economy问题，WTO中的judicial economy在国际司法裁判中也广为接受和引用，在课后参考了Alberto Alvarez-Jiménez在*Journal of International Economic Law* 2009年第2期中The WTO Appellate Body's Exercise of Judicial Economy对于judicial economy的定义为："The concept of judicial economy is well accepted in World Trade Organization（WTO）litigation, and it stands for the proposition that WTO panels do not need to rule on every single claim made by complaining parties, only on those required to settle the dispute in question."，即WTO专家组无须裁定投诉方提出的每一项主张，而只需裁定解决争端所需的主张即可，但同时其也在文中提到，"little has been discussed about the possibility of the Appellate Body's; exercising judicial economy itself. Article 17.12 of the Understanding on Rules and Procedures Governing the Settlement of Disputes（DSU）seems to prevent the existence of judicial economy at the appeal level by providing that 'the Appellate Body shall address each of the issues raised in accordance with paragraph 6 during appellate proceeding'. However, despite this understanding of the scope of Article 17.12, held by some of the original members, the Appellate Body began freeing itself from a strict reading of this provision, and in its report in United States-Subsidies on Upland Cotton, without any these members on the bench, made a clear statement in this regard." 指的是关于上诉机构运用judicial economy可能性的讨论很少。DSU的第17.12条似乎阻止了上诉层面judicial economy的存在，其规定"上诉机构应在上诉期间处理根据第6款提出的每个问题"。但上诉机构仍开始摆脱对这一规定的严格理解，如在United States-Subsidies on Upland

Cotton 中。关于第二种思路，还涉及 judicial economy 与 arguendo 之间的关系，两者并非简单的包含，其范围虽有重叠，但也有不一样的地方。至于第三种思路，在专家组报告第 215 段，上诉机构称其基于法律解释对《入世议定书》第 5.1 条进行相应的法律解释，即属于解决法律问题的范畴。

2. 关于 arguendo

arguendo 是一个拉丁语词汇，意思是"for the sake of argument"，也就是假定前提成立的一种解释技巧，其核心在于改变其论述顺序。而在 CBD 案中该方法得以认可，在本案中却遭到上诉机构的否定，其最大的原因或许有三：其一是使用 arguendo 的阶段并不相同，在 CBD 案已经针对实体事项作出裁决，而本案中专家组在开头便运用了这一技巧；其二是上诉机构并不倾向于使用该方法；其三是本案的情况并不适用于使用 arguendo 的方法，我认为第一种原因可能性较大，因为使用 arguendo 论证需要一定前提条件，而在 CBD 案中因为具备该条件使用而并无大碍。专家组在审议该案的过程中，认为其与 US-Customs Bond Directive 案在法律适用问题上关于 GATT 1994 第 20 条的适用存在相似的情形，因此选择参照该方法进行分析。然而，arguendo 适用于美国海关关税案，却不适用于中国出版物案，要探究其中原因，需要看到该两者之间的存在的差异。

在 US-Customs Bond Directive 案中，印度对于美国加强持续性保证金的要求以及海关保税指令提出了挑战，认为其违反 WTO 下的义务，而美国愿用了 GATT 1994 XX（d）进行抗辩，辩称该措施属于允许之例外。在该案中，专家组便是直接运用 arguendo，假设美国可以援引该条，直接对措施的必要性进行分析。该案与本案对于 arguendo 的适用主要差别在于适用顺序和条件：在美国案中，系于上诉机构在专家组已经解决实体问题的基础上对法律适用的可能性进行判别，由于实体性问题已经厘清，对于法律适用的假设便有了基础，自然是逻辑清晰的；但是在中国出版物案中，对于实体问题尚未清楚的专家组在该阶段便直接采用了该方法进行假设分析，有本末倒置之嫌，且其无法排除该 20 条适用与否对于案件争议审理的影响，自有不合理之处。

3. 上诉机构适用 GATT 1994 第 20 条的论证思路

本案中，对于美方有关中国出版物和视听娱乐产品的交易权和分销服务的措施之挑战，中方提出根据《入世协定书》的第 5.1 段内容，可援引 GATT 1994 第 20 条作为抗辩，因此在对该抗辩分析的初始思路，是从《入世协定书》第5.1条推至，可引用《WTO协定》项下内容进行抗辩，而《WTO协定》之中包括GATT 1994，GATT 1994包含着其中的Article XX（a），而对于该抗辩理由的分析思路也是基于此展开的，只是专家组运用的arguendo方法被上诉机构否认，上诉机构从而提出其认为正确的分析思路。上诉机构认为，运用arguendo的假设无助于解决该案争议问题，因此必须对《入世议定书》第5.1条、GATT 1994第20条规定之含义进行澄清和阐释，由于中方主张《入世议定书》的第5.1条的介绍性条款使其能够根据GATT 1994第XX（a）条，证明被认定为与贸易权承诺不一致的措施是正当的，因此出发点应从理解该introductory clause的含义以及它与句子其余部分的关系开始。上诉机构的思路是"总—分"式的。首先分析第5.1条第一句的整体结构，因其包含中国承担的承诺或义务，即逐步开放贸易权，并确保在加入后三年内所有中国企业有权进出口所有货物，但是该义务受到第一句介绍性条款的限制——"在不损害中国以符合《WTO协定》的方式规范贸易的权利的情况下"，因此上诉机构认为须对其中包含的关键词语进行理解上的诠释，包括"不损害""权利""贸易""监管"等，而后对于两个关键性短语进行澄清。其一，"中国有权监管贸易"，是指中国对国际商业进行监管的权力，分析结果表明：只要中国以符合《WTO协定》的方式监管贸易，中国授予贸易权的义务就不会削弱这种权力；其二"以符合《WTO协定》的方式"，其中《WTO协定》是指整个《WTO协定》包括其附件，于此，上诉机构发现"监管权"属于成员政府固有的权力而非基于条约而赋予，在引言中提到的"符合《WTO协定》"限制了监管权力的形式，因此中国的监管措施必须符合世贸组织的纪律。该要求实则包括两种方式：①监管权根本不违反任何世贸组织义务；②监管违反了WTO的义务，但在例外情形可能因其正当性而被允许。于此，上诉机构将该短语解读为两重含义，即其包括协定肯定承认的权力以及虽减损《WTO协定》所规定的义务，但例外适用。因此，该介绍性条款至此已经能够解释得相对清楚，即中国队贸易监管权的任何行使，只有在符合《WTO协定》的情况下，才会受到第5.1条的保护，如果中国的贸易管制措施属于《WTO协定》承认成员，则在满足规定的纪律和规定的条件时可以采取的措施，即是被允许的情况。随后，上诉机构转至第二个问题的探究——第5.1条与GATT 1994第20条的联系，由于基于GATT 1994第20条，中方反复强调的点在于中国对于道德、文化的保护程度高，需要进行严格的监管，且其不针对进口商品，即使国内商品亦如是，因此该类措施属于“broader regulatory scheme”的一部分，且相关的审查机制并非单独存在，而是存在于监管系统当中。经过上述论述，上诉机构认为中国寻求证明其合理性的条款与中国对相关产品贸易的监管有着明显的、客观的联系。直到最后，上诉机构再对措施的“必要性”进行审查和分析。

（四）原材料案和稀土案

本专题涉及两个案件，即原材料案和稀土案，但实际上这两个案件是具有关联性的，并且指向同一问题，虽然涉及的内容和方面不同，但均是关于中国在违反《入世议定书》中第11.3条的约定时，是否能够通过援用GATT 1994的第20条进行相应的抗辩。这两堂课涉及的主要问题综述如下。

1. 原材料案和稀土案中的论证思路比较

在原材料案中，专家组宏观思路为：首先评估中国是否有权针对违反《入世议定书》第11.3条的行为援用GATT 1994第20条进行抗辩，如第20条适用于中国，专家组再考虑中国是否已经证明根据第20条（b）项或第20条（g）项对这些原材料征收关税是合理的。那么第一个问题就是：GATT 1994的第20条是否可以作为中国《入世议定书》第11.3条项下的抗辩。首先关于体系性问题，专家组及各方均达成共识，即中国《入世议定书》属于《WTO协定》的一部分，而后专家组根据国际公法的习惯规则（包括VCLT第31、32、33条）将中国《入世议定书》当作《WTO协定》涵盖的条款一样对其进行解释。之后涉及的问题就是GATT 1994第20条对于中国违反《入世议定书》第11.3条抗辩的适用性。但专家组认为，本次争议并不设计《入世议定书》第5.1条的介绍性条款问题，而是应该把重点落在对第11.3条的解释，从而确定是否可以使用GATT 1994第20条抗辩。专家组对中国《入世议定书》的第11.3条进行了解读并认为该条并未明确提及GATT 1994第20条，也未提及相关条款，而在第11.3条中也不包括第5.1条的介绍性条款，因此分析重点只能放在第11.3条的例外之上，即附件6和GATT 1994第8条涵盖的例外。专家组认为附件6的普通含义表述得很清楚，而第8条旨在管理特定情况下征收的费用和收费，因此专家组认为除了附件6或第8条所述情况外，第11.3条并不具有一般性例外授权中国维持出口关税，原因在于在第11.3条中规定例外的措辞和选择上，中国并未打算将GATT 1994第20条囊括在内。此外，专家组还审查了中国的报告第170条并指出，第170条并未提及中国对出口关税的具体义务，还认为第5.1条的语言表达并不能等同于《入世议定书》第11.3条或中国工作组报告的第170条。在分析第20条的适用无果，专家组还考虑了GATT 1994其他条款能否支持中国的主张，发现也并没有。因此，专家组采用了反向逻辑，即假设GATT 1994第20条意在适用于《入世议定书》第11.3条，但得到的答案依旧是否定的。因此，专家组认为第11.3条措辞和上下文都否定了中国援引GATT 1994第20条抗辩的可能性。但同时也抛出来一个问题，就是孤立地看待第11.3条可能会对中国造成不平衡的义务，但其又无法找到法律依据允许中国援用GATT 1994第20条。而在上诉机构的分析中，讨论的点是GATT 1994的第20条可以作为中国在出口关税的抗辩，但这与《入世议定书》第11.3条不符。首先还是从第11.3条出发的，但开始考虑附件6和GATT 1994第8条的问题，在附件6中未能发现中国可以援引GATT 1994第20条证明中国已承诺根据第11.3条取消出口关税的暗示，上诉机构在附件6中没有看到允许中国对未列入附件6的产品征收出口关税和在特殊情况下提高附件6所列产品出口关税，由此否定专家组关于中国对附件6未列出的原材料征收出口关税之前未与其他WTO相关成员协商的认定。上诉机构随后审查议定书第11.3条与GATT 1994第8条的相关性，认为其明确排除了涉案争议的出口关税，并不包含出口关税的问题，其与出口关税并无必然关系，无法作为抗辩的依据。在审阅第11.3条后，上诉机构开始检查上下文以及中国组报告第170条，最后也分析了中国监管贸易的权利，但结论依然是，议定书第11.3条并未为中国提供适用GATT 1994第20条的例外，并肯定专家组的结论。

在稀土案中，由于原材料案中专家组和上诉机构已经得出了一致的结论，认为出口税不能援引GATT 1994第20条作为抗辩理由，而中国要求再次就此问题进行分析，是否有违诉讼经济，而专家组认为由于这是a complex issue of substance，因此决定再次进行审查。专家组是从中国提出的理由出发的，而重点落在了议定书条款与GATT 1994之间的体系性问题上，专家组将中国就该理由的主张分为两个前提：①议定书第1条第2款和《WTO协定》第12条第1款的法律效果使得议定书成为《WTO协定》的一部分，也使议定书的具体条款成为《WTO协定》附件的贸易协定的组成部分；②确定议定书的某个具体的条款到底属于哪个多边贸易协定部分，应当评价议定书的条款与哪个多边贸易协定在本质上就有相关性。对于第一个前提，首先，专家组认为议定书第1条第2款不能认定议定书的某条款是多边贸易协定的组成部分，且GATT 1994明确规定了其组成部分，其采用的是封闭的列举。同时，关于减让表相关规定的条文也可读出《入世议定书》和GATT 1994条款的相互独立性，中国对于上述问题的解释是与国际公法的习惯解释规则相悖的。因此专家组认为，中国与其他成员本可就出口税问题达成协议，使其成为GATT 1994项下之承诺，但中国并未如此，因此不支持中国的理由。其次，专家组还认为中国错误解读了《WTO协定》的第12条第1款，正确的理解是成员在加入世贸组织的时候应该接受该协定的全面适用，而不是只接受其中的某些部分，即其是排除《入世议定书》成为体系的一部分，中国只能在加入议定书后细化自己相应的义务，议定书的某个条款并不会自动成为GATT 1994的组成部分。至于第二个前提，专家组认为否定了第一个前提，实质上也不需要审查，但为了做到更充分的分析，专家组还是进行审查并提出一些有意义的意见。首先，GATT 1994不具有要求成员取消出口税的条款，第2条中规定减让表虽然可以让成员将出口税问题纳入其中，但也没有中国的减让表，而第11条第1款的规定目的与《入世协定书》第11.3条目的不同。其次，专家组也认为对于第11.3条的表达很清楚，字面上已经清晰规定了中国的义务，因此中国的抗辩理由依然不成立，但同时专家组也有一位成员提出了少数意见认为出口税问题可以用GATT 1994第20条抗辩，原因在于存在一个矛盾问题，即为什么出口税本身违反议定书第11.3条不可以援用GATT 1994第20条抗辩，但是差别实施出口税却可以。

2. GATT 1994第1条与《入世议定书》第11.3条之间的关系

如果要分析两者间关系，首先，我们需要知晓GATT 1994第1条以及《入世议定书》第11.3条的规定内容。GATT 1994第1条规定有关最惠国待遇：

1. With respect to customs duties and charges of any kind imposed on or in connection with importation or exportation or imposed on the international transfer of payments for imports or exports, and with respect to the method of levying such duties and charges, and with respect to all rules and formalities in connection with importation and exportation, and with respect to all matters referred to in paragraphs 2 and 4 of Article III, * any advantage, favour, privilege or immunity granted by

any contracting party to any product originating in or destined for any other country shall be accorded immediately and unconditionally to the like product originating in or destined for the territories of all other contracting parties.

2. The provisions of paragraph 1 of this Article shall not require the elimination of any preferences in respect of import duties or charges which do not exceed the levels provided for in paragraph 4 of this Article and which fall within the following descriptions:

(a) Preferences in force exclusively between two or more of the territories listed in Annex A, subject to the conditions set forth therein;

(b) Preferences in force exclusively between two or more territories which on July 1, 1939, were connected by common sovereignty or relations of protection or suzerainty and which are listed in Annexes B, C and D, subject to the conditions set forth therein;

(c) Preferences in force exclusively between the United States of America and the Republic of Cuba;

(d) Preferences in force exclusively between neighbouring countries listed in Annexes E and F.

3. The provisions of paragraph 1 shall not apply to preferences between the countries formerly a part of the Ottoman Empire and detached from it on July 24, 1923, provided suchpreferences are approved under paragraph 51, of Article XXV, which shall be applied in this respect in the light of paragraph 1 of Article XXIX.

4. The margin of preference * on any product in respect of which a preference is permitted under paragraph 2 of this Article but is not specifically set forth as a maximum margin of preference in the appropriate Schedule annexed to this Agreement shall not exceed:

(a) in respect of duties or charges on any product described in such Schedule, the difference between the most-favoured-nation and preferential rates provided for therein; if no preferential rate is provided for, the preferential rate shall for the purposes of this paragraph be taken to be that in force on April 10, 1947, and, if no most-favoured-nation rate is provided for, the margin shall not exceed the difference between the most-favoured-nation and preferential rates existing on April 10, 1947;

(b) in respect of duties or charges on any product not described in the appropriate Schedule, the difference between the most-favoured-nation and preferential rates existing on April 10, 1947.

In the case of the contracting parties named in Annex G, the date of April 10, 1947, referred to in subparagraph (a) and (b) of this paragraph shall be replaced by the respective dates set forth in that Annex.

而《入世议定书》第 11.3 条的内容为：

11.3 China shall eliminate all taxes and charges applied to exports unless specifically provided for in Annex 6 of this Protocol or applied in conformity with the provisions of Article VIII of the GATT 1994.

我个人的观点是，在上述规定中，我们并不能得出中国能够借助 GATT 1994 第 1 条来援引第 20 条进行抗辩的结论，原因在于，首先从宏观结构上说，GATT 1994 第 20 条仅针对该协议之下的和面，而《入世议定书》的第 11.3 条含义很清晰，其并未表明该条考虑了将 GATT 1994 第 20 条作为免责事由，也没有证据能够表明其属于 GATT 1994 的一部分。其次，GATT 1994 第 1 条关于最惠国待遇的规定里面虽然有关于区别征税的相关规定，却没有关于出口税设置的豁免例外规定，因此其与议定书第 11.3 条之间的规定存在本质上的差别。综上，其无法作为援引 GATT 1994 第 20 条的桥梁，而这一观点也是大部分同学所持有的。但是也有同学对于该问题持怀疑的态度，原因在于按照此种解释意味着，中国在违反一项要求更为普遍的义务时可以援用 GATT 1994 第 20 条进行抗辩，但是在违反一项比较严格而具体的承诺时，却不能援引该条，有违公平。但我认为，专家组和上诉机构在对争议案件处理时，由于《WTO 协定》框架下相关法律文本的内容众多，而且对于内容的解释在各方成员的理解上经常存在差异，再结合每个成员的《入世议定书》，还是倾向于严格地总从条文的文义解释和体系解释去把握，便会相应减少一定的价值取向考虑，但这也具有一定合理性。

3. 超 WTO 义务

所谓超 WTO（WTO-plus）义务，即是存在于成员的《入世议定书》当中，但是不在《WTO 协定》之内的由该成员承担的义务。典型如本案当中，中国《入世议定书》的第 11.3 条约定了对出口税的承诺，但是该项义务不存在于 WTO 协定框架下的其他多边贸易协定当中。WTO 一直以来强调并且从设立伊始便竭力维护的贸易秩序之核心便是公平，但是在超 WTO 义务的承担方面，显然对某些成员有违公平的义务设定，中国对于超 WTO 义务的态度也是“不公平，不接受”。但要对超 WTO 义务的承担与否进行评价实则是个复杂的问题，因其涉及意思自治和公平原则的价值取向。一来，《入世议定书》是成员基于自愿而拟定的，从外观上看是该成员加入世贸组织时的真实意思表示，但另一方面，该成员或许会因此负担其他成员无须承担的额外义务，违背了成员间权利义务的公平。诚然，某成员在加入 WTO 时可能正是因其《入世议定书》的承诺而得以顺利加入，但是同时也存在着成员在加入时并不知道《入世议定书》中的某些承诺或者条款会对其设立彼时无法预见的负担。WTO 本是一个讲求公平、效率的组织，其最大的核心要求和追求是结构和制度的稳定性，但是成员间权利义务的参差、争议解决的差别，都是无形中隐隐减损着世贸组织多边框架稳定性的锯刀。

(五)“双反”案

1. 关于“cogent reasons”的问题

在阅读“双反”案材料的时候，我便在课前提问中提出了关于其认定是否具有标准的问题，而在课上也有同学注意到了这一点并进行了探讨。该问题主要涉及专家组或上诉机构针对某一问题是否应当遵循前案作出的裁决进行相应的裁判，其中包含了专家组与上诉机构之间的关系。由于上诉机构和专家组在等级机构上具有差别，且前者负有对后者所作出裁判在法律上的审查义务，而在争议案件当中存在遵循前案作出裁判的现象，也存在后案认为前案裁判有误而作出其他裁判的情形，因此对该问题同学们具有一定的困惑。而杨老师在课堂上对该问题给予了回应和澄清，即前案裁决对后案实际上并不具有强制约束力，后案遵循前案的思路仅是惯常做法，以求维持裁决的统一性，专家组和上诉机构的裁决文件并不具有普遍约束力，而应当被看作一种说理理由的存在。

2. 反补贴税与反倾销税的区别

(1) 反倾销税的定义

反倾销税是对于实行商品倾销的进口货所征收的一种进口附加税，其目的在于抵制商品倾销，保护本国产业和国内市场。倾销就是将一国产品以低于正常价格的办法挤入另一国贸易内的行动。正常价格是指相同产品在出口国用于国内消费时在正常情况下的可比价格；如果没有这种国内价格，则是相同产品在正常贸易情况下向第三国出口的最高可比价格，或产品在原产国的生产成本加合理的费用和利润。征收反倾销税必须符合下列要求：

①倾销存在；

②倾销对国内工业造成严重损害或威胁；

③严重损害是倾销所致，在征收反倾销税之前，应对倾销的进口。

产品对国内市场的同类产品和对国内同类产品的生产者的影响进行客观审查，并应考虑此种产品的进口数量是否显著增加等因素，进口国要证明倾销品的进口与对国内产业的损害之间有因果关系。

（2）反补贴税的定义

反补贴税是指对直接或间接接受出口津贴或补贴的外国商品低于正常价格进口时所征收的一种特别税。世贸组织的《补贴与反补贴措施协议》授权每一个缔约国一旦发现出口国存在出口补贴时即可征收反补贴税，目的在于增加进口商品成本，以抵消其所享受的贴补额，使进口国家的相同商品能与其在市场上公平竞争。

（3）反补贴税与反倾销税的区别

A. 征收标准不同

反补贴税，是指对进口商品使用的一种超过正常关税的特殊关税，目的在于抵消国外竞争者得到奖励和补助产生的影响，从而保护进口国的制造商。反补贴税是按补贴数额进行征收的。出口国为其出口商品提供补贴的目的是提高出口商品在国外的竞争力。进口国征收反补贴税的目的则在于使得到补贴的商品失去人为因素的竞争效力。进口商品被征收反补贴税后其价格就会提高，这样就抵消了其所享受的补贴金额，从而削弱其竞争能力，使其不能在进口国市场上进行低价竞争或倾销。反补贴税的征收期限和承诺的履行期限不超过 5 年，但是，经复审确定终止征收反补贴税有可能导致补贴和损害的继续或者再度发生的，反补贴税的征收期限可以适当延长。反倾销税是为抵制外国商品倾销进口，保护国内生产而征收的一种进口附加税，即在倾销商品进口时除征收进口关税外，再征收反倾销税。

B. 所针对的行为主体不同

倾销行为的主体是出口国的企业，补贴行为的主体是出口国的政府或其他机关。

C. 对象不同

反倾销使用面最广，可以针对市场经济国家、非市场经济国家或混合经济国家的产品出口行为；反补贴措施通常针对市场经济国家。

3. 双重征税与双重救济

双重征税是指某一或不同征税主体如果对某一或不同的征税对象或税源同时进行了两次或两次以上征税，其产生原因在于国家之间的税收管辖权在同一征税对象或同一税源上重复行使权力而发生的法律冲突。具体而言包括三种类型：税制性双重征税、法律性双重征税、经济性双重征税。而双重救济主要是指美国在对中国开展反倾销调查和反补贴调查时，以 NME 方法计算倾销幅度时，不采用出口国的国内价格而采用替代国价格作为正常价值，与出口价格进行比较。由于该替代国价格未包含补贴，而出口价格因国内补贴而降低。通过该不对称的比较，得出的倾销幅度已经包含了补贴的影响，然而美国又对中国征收了反补贴税，导致施加于同一进口产品的补贴被抵消了两次，由此产生了双重救济的问题。《WTO 协定》框架之下，对双重征税并无禁止，但双重救济则是违法的。实际上，双重征税不必然意味着双重救济，只有在计算补贴的同时计算倾销幅度，才会导致双重救济。

4.“非市场经济国家”与“市场经济国家”认定标准问题

GATT 1994 第 6 条注释：“经证明，如果进口商品的国家贸易存在完全垄断或者是潜在的完全垄断，其所有的国内价格是政府决定的，那根据第 6 条第一段的目标，决定价格可比性将会特别困难。在这种情况下，进口合同各方有必要考虑到在这样一个国家严格比较其国内价格可能是不适当的。”该款中的“一个国家”是指非市场经济国家，依据在于其价格是由政府决定而非市场决定的。

（1）美国标准

《美国 1930 年关税法案》（the Tariff Act of 1930）为其反倾销制度奠定了基础。首先，非市场经济国家在第 771（A）条里被界定为：成本或定价体系由行政职权决定，不基于市场原则进行操作的国家，在该国家的商品销售不能反映商品的真实价值。

关税法案第 773（C）条提到，如果“受到影响的商品是从一个非市场经济国家出口的，而行政职权部门发现有效信息不能保证商品的正常价值”，则正常价值的计算将会基于市场经济国家提供的最有效的信息对商品生产要素进行估价，而提供信息的市场经济国家是行政职权部门认为合适的国家。这里的“有效信息”条件经常引用来证明产业是市场为导向的途径，此时必须满足特定的条件以避免实施替代推定价值的计算方法。虽然市场导向的途径有一些例外，但美国支持替代推定价值的计算方法。因此美国反倾销制度对非市场经济国家的说明是遵守 GATT 1994 第 6 条的注释而非前面解释的第 2.4 条。一旦确定了非市场经济地位，行政职权机关可以自主地采取“最有效的信息”来计算商品的正常价格。这被认为是第一个有效处理非市场经济的规则。在此，笔者提请注意其局限性——没有任何条件来界定什么是“最有效的信息”。

（2）欧盟标准

欧盟提到，如果从非市场经济国家进口，商品的正常价值必须以第三个市场经济国家的价格或者推定价值为基准，然而欧盟列举了明确的非市场经济国家的清单，其授予先前的社会主义国家一定程度上的特权地位，这些先前的社会主义国家均是正在快速地加入世界贸易体系的国家。这些国家中，尤其是中国和俄罗斯，在某些情况下可以视为市场经济国家，即其被调查的生产者提出实质性的权利主张，主张符合标准，而且程序符合规定，则该生产者或者生产和销售相似产品的生产者将成功享有市场经济地位。

规则进一步列举出五个授予以上地位的要素。这与美国的做法存在一定程度的差别。美国先是列举出决定非市场经济地位的要素，然后用替代推定价值的方法。而欧盟不仅列举出了预先认定的非市场经济国家，且另外列举出一些国家——当其能够符合特定的条件时，将被授予市场经济地位。总体而言，欧盟的做法与美国相似，不过欧盟在采用替代推定价值方法时享有高度的自由。

（3）探讨成果

在课堂上，同学展开对 ME 和 NME 的详细讨论，关于我国是否属于“非市场经济国家”的问题存在不同意见。实际上该问题的疑点在于，在 WTO 的框架下并无关于判断一个国家是否市场经济国家的统一标准，在争议之中对于某国的市场经济地位判断均是基于成员国的国内法开展的，正如上述美国与欧盟的判断标准，存在一定的差别，但现状便是美国和欧盟均未认可我国关于该认定标准的主张。对该问题，杨老师在课堂上进行了讲解，其核心是：要判断一个国家是否属于市场经济国家实际上并不是一个法律层面的问题，而是一个事实上的判断，因此计算倾销幅度的时候，应当考虑该国的国内市场价格是否具有正常价值意义上的可比性，如是，则按照正常计算即可，反之应当寻求一个正常价值作为计算标准。

(六) 电子支付服务案

1. 专家组审查思路

在中国电子支付服务案中，美国认为："电子支付服务"是指处理涉及支付卡的交易及处理并促进交易参与机构之间的资金转让服务，而中国在《入世议定书》中减让表之下的金融服务项下，在 GATS 第 16、17 条下作出了一系列有关金融服务的承诺，但中国采取了一系列的措施，意图在设置市场准入限制，同时并未为其他成员国提供国民待遇，如中国要求"由银联处理中国大陆发行的支付卡发生于澳门或香港的人民币交易；以及任何发生于中国大陆且使用中国香港或中国澳门发行的人民币支付卡的人民币交易""中国境内所有商户的支付卡处理设备、所有的自动柜员机及所有的销售点终端与中国银联系统相兼容并且能够授理银联支付卡"等，上述诸项规定在美方看来都构成中方对 GATS 第 17 条之下的义务之违反——提供国民待遇。在减让表中，中国确实作出了一系列有关金融服务的承诺，但问题在于电子支付服务是否能够囊括在该些承诺的范畴之内以及中国对于电子支付的相关规定是否属于美国声称违反承诺和义务的措施。此处，便将问题引至两点：①中国的承诺是否包含电子支付服务领域？②中国对电子支付服务的相关规定是否构成违反义务的措施？专家组运用了条约解释的方法，认为中国确实对于电子支付服务作出了相应的承诺，但对于中国所采用的措施的分析，专家组并未一概而论，而是认为美国对某些措施进行了相关的证明，但还有部分并未作出证明，从而专家组应当审查的对市场准入限制和国民待遇义务违反的措施仅限于美国证明的范围之内。因此，本案的焦点就在于中国的措施是否违反 GATS 的市场准入条款及国民待遇条款。

专家组对于中国是否违反市场准入条款的问题从 GATS 第 16 条以及减让表出发，在减让表之中，金融服务分为四个板块，即跨境支付、境外消费、商业存在和自然人流动，但专家组只就其中的"跨境支付"和"商业存在"进行分析，即中国是否对上述两个板块作出承诺。通过分析减让表（d）的内容和措辞，专家组认为中国并未就电子支付对于跨境支付进行承诺。而至于在商业存在的范畴，中国在使用外国金融机构的（d）和商业存在的方面有作出相应的市场准入承诺，对此并未产生分歧，但该类承诺能否限于外国金融机构，且电子支付服务的提供者是否属于外国金融机构，在理解上存在差异，因此专家组决定通过对“外国金融机构”的含义结合减让表的上下文对上述概念进行认定，在银行的业务方面，应当包含提供（a）—（f）的外国公司。之后专家组开始审查当时中方关于外国金融机构以商业存在的形式提供服务的有关市场准入的承诺。在商业存在方面，中方承诺的电子支付服务相关业务属于本币业务，同时虽然并未限制服务提供者的数量，但对外国机构从事本币服务提出了一定的资格上的要求。所以，专家组认为应当让其他成员的电子支付服务作为商业存在进入中国的市场，才能满足其资质要求并实际上能够在中国从事本币业务。而专家组对于中国是否违反 GATS 第 16 条项下的相关义务进行审查，其基于先前的结论进行进一步的分析，但对“唯一提供者要求”以及“跨地区/银行要求”并未作出认定，但由于中国的措施包括四种要求，即发卡机构要求、终端要求、收单机构要求以及香港/澳门要求，因此对于上述四种要求应当结合第 16 条进行审查。其中对于前三者，专家组都认为该类要求并未对电子支付服务以公正构成数量上的限制，也就是说，银联并不属于垄断者专营服务提供者。除此之外，中国并没有对于电子支付服务提供方面进行明确限制的法律文件。但是在香港/澳门要求方面，专家组认为银联形成垄断。专家组在对中国是否违反国民待遇承诺的审查中，要求美国证明中国违反 GATS 第 16 条的前提有三，即中国在服务方面作出过国民待遇承诺——中国的措施会对服务提供造成影响——采取的措施对外国服务提供者的待遇劣于国内同类服务提供者。专家组对于发卡机构要求、终端要求以及收单机构要求作出审查，对发卡机构要求主要考虑了银联标志的问题以及互联互通的问题，这两种规定均会对其他成员的服务提供者造成不利影响；对终端要求方面，专家组认为其改变了竞争的条件，也是对其他成员服务提供者给予比较不利的待遇；而在收单机构要求方面，由于中国要求收单机构满足多项与银联相匹配的要求，因此也会改变竞争条件，使得银联处于优势地位从而对其他服务提供者形成不公平的待遇。

2.“目的与宗旨”（object and purpose）的问题

（1）“目的与宗旨”在解释上的地位

在日本酒税 II 案中，上诉机构曾指出，“条约的‘目的和宗旨’可用于确定‘条约词语’的含义，却不能成为独立的解释基础。”在服务贸易减让表的解释上，在美国赌博案中，上诉机构认为GATS目标，如透明度、成员具体承诺的安全性和可预见性，不能对“赌博服务”应属于美国减让表哪一部门提供specific assistance而由此直接越过了对GATS“目的与宗旨”的审查。该案中上诉机构轻视“目的与宗旨”的做法受到一些学者的批评。此后，在中国出版物案中，上诉机构转变做法，虽然同样认同GATS的目的不能对中国GATS减让表之“录音制品分销服务”的正确解释提供specific guidance，但表示不认为“逐步自由化原则支持对成员已作出并在受约束的具体承诺范围作出限制性解释”。

假若说中国出版物案上诉机构是根据“目的与宗旨”，对同一词语在不同时代的语义之间作出选择，那么中国电子支付服务案专家组报告走得更远，将GATS的目的与宗旨解释为对减让表的解读应符合商业现实，但是此种解释的适当性值得探讨。在中国电子支付服务案中，中方认为，美方对中国减让表和《关于金融服务的附件》词语的解释是“任意、不合逻辑和完全不可预见的”“完全不是其字面意思”，不符合GATS目的和宗旨之一，即“成员具体承诺的安全性和可预见性”。美方则指出，假若一项集成服务不能被归类到同一个服务部门，将无法实现GATS序言中的“逐步自由化”目标对于中方认为GATS的目的和宗旨要求更大程度的“透明”，美方认为，中方自身的理论将使得WTO成员减让表“难以辨认和无法适应其所指服务的商业现实”。

专家组几乎全然接受了美方的观点。专家组认为，其对中国在减让表7.B(d)分部门下承诺范围的解释，也即将结合起来构成一项新的、独特服务(集成服务)的多项服务归入同一个分部门下，符合透明度原则；并且其解释使电子支付服务的分类适应这些服务的商业现实，强化了GATS具体承诺的可预见性、安全性和明确性。基于同样的原因，专家组认为其解释同样符合GATS序言规定的逐步自由化目标。

(2)专家组报告对GATS目标与宗旨的分析

A.“透明”的要求

在美国赌博案中专家组指出，依据“透明”要求，减让表的起草应当准确和清楚，并且可为所有其他WTO成员、服务提供者和消费者很容易地理解(readily understandable)。上诉机构亦认同专家组的上述阐述。由此，减让表所列内容表述的准确、清楚和易于理解，是“透明”的核心要求。

B. 电子支付服务案中的“透明”

电子支付服务案中，美方做出了与上述不同的解读，强调 WTO 成员减让表应适应服务的商业现实。在美方看来，假若成员承诺在某一特定服务分部门实现自由化，却以某一集成服务的若干方面属于成员未作出承诺的独立服务为由，将原本落入该分部门的集成服务排除出去，将不符合透明度原则。

但此种解读须满足两项前提条件：WTO 成员对“集成服务”的定义及其分类规则已经形成了广泛接受的共识。假若尚无此共识，则将如中方所言“服务尚未得到清楚界定，因此具体承诺的列明与解释不可能有任何程度的安全性和可预见性。“透明”的内在含义要求服务的归类应适应商业现实。目前上述两项假设均不成立。

首先，集成服务是指当若干服务组合起来，构成一个新的独特服务时，即属于“集成服务”——是本案专家组发展出来的，但 GATS 并无规定。其次，集成服务究竟如何归类，以及现有服务分类规则与商业现实之间的不适应之处与解决方案，是 GATS 具体承诺委员会主持之谈判的重要内容，在成员间尚无此共识。然而，遗憾的是，在电子支付服务案中，专家组接受了此种“透明”解读。

(3) 逐步自由化原则

电子支付服务案中，专家组以适应商业现实和符合逐步自由化为目标，“证实”其对中国减让表 7. B (d) 项下承诺的解释，即作为“集成服务”，将电子支付服务所涉的多种服务归入同一服务分部门——“支付和汇划服务”。然而，“逐步自由化”的含义是否支持将原本固定的“现有承诺”转变成一个动态的、不断演化的“承诺”以反映商业现实？答案应该是否定的。逐步自由化是成员谈判的原则和目标，而不应是扩大成员已经达成的“现有承诺”的工具；否则将既不符合 GATS 序言本身，也不符合 DSU 第 3. 2 条关于“DSB 的建议和裁决不得增加或减少适用协定所规定的权利和义务”的规定。因此，服务贸易自由化水平的逐步提高，或是适应不断发展的商业现实，应通过连续的多边谈判来实现，而非由 WTO 专家组和上诉机构通过条约解释，尤其是非常抽象和内涵不清晰的协定“目的与宗旨”实现。

二、课程感想

在本学期的学习当中，对于 WTO 法律制度的认知经历了从无到有的过程，无论是因通过对于争议解决思路流程的剖析还是对于 WTO 协定与制度的认识，都使我对 WTO 有了更为具象的了解，似乎逐渐地触及了这个知识框架，虽然每周的作业都伴随着大量的英语材料阅读，每节课上都要保持精神紧绷才能跟上老师和同学们的思路，但是在这潜移默化之中我也逐渐发现了自己的成长：从原本觉得 WTO 离自己过于遥远，甚至在学习过程中产生过诸多困惑和不解，到当下在学习分析之余，会主动思考制度设计的合理性和正当性问题，同时结合我国在国际政治经济活动中扮演的角色对我国未来国际贸易发展的前景思考，一种微妙的使命感油然而生。另外，在课堂上聆听老师和同学们对诸多问题的澄清、看法，收获不同视角的理解，不仅使我对这门课程的理解进一步深入，更对我的法律学习生涯提供了启发和帮助。

或许本学期课程中学习到的知识离我们的法学和职业生涯仍显遥远，但在课程结束之时我恍然大悟的是，杨老师通过一个学期传授和赋予我们的除了 WTO 法律制度研究的知识外，更重要的是法学人的思维、视角和方法论。

梁凯丰

杨老师在第一节课上课之前，就通过微信群向我们介绍本门课将采用研讨式的授课方式，课堂以讨论为主，并向我们发放了课程大礼包。当我们满怀好奇打开礼包时，浩瀚如海的课程资料呈现在我们的眼前：WTO 概述、参考资料、课程介绍、相关法律法规等。尽管资料如此之多，但还是让我在未上课前就对这门课产生了极大的期待。

本学期，我们总共讨论了七个专题。专题一为 WTO 概述，同学们围绕 WTO 的有关制度和 WTO 是否面临危机等展开讨论。在这个过程当中，大家对 WTO 的基础知识和整体情况，特别是争端解决机制的运行情况，为案例研讨做好准备，为课程的开展打好基础；也对于 WTO 现状有了更多的了解，让我们不只学到书本上的知识，更能走进活生生的 WTO。从专题二开始，我们进入案例的讨论，按照每两周一个专题的节奏有序推进。专题二围绕 DS 362 知识产权案展开，主要讨论了举证责任、条约解释以及 DSB 报告是否过长等问题。专题三讨论的是 DS 363 中国出版物与音像制品案，讨论的主要问题为 assumption *arguendo* 方法的运用，judicial economy 的内涵及其与 assumption *arguendo* 方法之间的关系以及《WTO 协定》和中国《入世议定书》之间的关系问题。专题四我们讨论了中国原材料案和中国稀土案，讨论的问题包括中国能否援引 GATT 1994 第 20 条的一般例外为其《入世议定书》当中的义务违反进行辩护、如何对中国《入世议定书》第 11.3 条的立法沉默进行解读以及超 WTO 义务的问题。专题五我们讨论了 DS 379 和 DS 449 “双反” 案，对中美谁应当以及如何承担关于双重救济的举证责任、SCM 和《反倾销协议》的关系等问题进行了讨论。专题六讨论的 DS413 中国电子支付服务案，主要对涉案措施电子支付服务是否属于中国所承诺的“金融服务”、中国所提出的 GATS“关于金融服务的附件”中的相关内容和中国所提出的 GATS“关于金融服务的附件”中的相关问题进行了讨论。

前两周的课堂，我们围绕着“WTO 概述”及提出的相关问题展开了讨论，课程压力还不算太大。国庆节后，我们才可以说真正体会到这节课的精髓，这是因为我们要开始研读真正的 WTO 案例报告了。实际上，本课主要就是围绕专家组报告或上诉机构报告展开，通过课前阅读、提出问题、课堂发言、研究问题、课堂发言、课程综述的训练，培养我们对 WTO 案例报告的阅读和理解能力，而不仅仅在于从某个案件中学到那些有限的知识。初读这些全英文的报告，我感觉到了不小的压力。这些压力除了来自不够高的英文水平，还包括对专家组和上诉机构论证逻辑的不解：对同一问题论证篇幅过长，分析过后又得出否定结论。总之，初次对案例的研读让我又有些无所适从。但是，这种不适感很快就消失了。

在 WTO 法律制度研究课上，我更多的还是一个聆听者的角色。通过倾听大家的发言，从最开始脱离文本抽象地讨论到现在聚焦于某几个重点问题深入地研讨。在每一专题结束后，我都能清楚知道自己收获了什么，有哪些问题还需要澄清，有哪些问题还需要讨论和解决。让我影响深刻的是原材料案和稀土案，其中涉及的一个问题是超 WTO 义务条款。当年中国为了加入 WTO，额外承担了一些义务，导致了中国相较于其他 WTO 成员处于不平等的地位。一方面，这反映了当时我国在国际经济贸易中的弱势地位；另一方面，《入世议定书》第 11.3 条 GATT 1994 的缺失也体现了当时我们对国际经济贸易规则掌握的不足。经过对专题四的探讨，我对于《入世议定书》和《WTO 协定》之间的关系有了更加清晰的认识。最初，我想每个人都希望能够找到一个确切的答案，迫切地探求《WTO 协定》到底是什么，都希望能够用几句话就概括清楚《WTO 协定》和《入世议定书》之间的体系性关系。但在讨论的过程中，我渐渐明白，很多问题都没有所谓的标准答案。经过半个多学期的探寻，我发现，WTO 的条文解释和应用很多都是 case by case 的问题。这也启示着我们，不仅仅要能做一个“理论家”，更要能踏踏实实深入案件，到具体的层面上去进行分析。直到今天，我学习了原材料案和稀土案，更是深有体会。杨老师在课堂上也提及，当时在《入世议定书》谈判时，未曾想过第 11.3 条不能援引 GATT 1994 第 20 条，因为对第 20 条的运用本是理所应当的。但专家组和上诉机构的报告给了我们一次重击，即正是因为当初规定的漏洞导致了我们的败诉。

作为本学期最充实的一门课程，WTO 法律制度研究终落下了帷幕。回顾每周二下午的三节课，一切历历在目。十五周的课程里，我们用前两周来阅读和讨论“WTO 概述”；用十二周来研讨案例：专家组报告和上诉机构报告；用最后一周进行论文开题答辨。这样的课程安排，让我们对 WTO 法律制度有了初步浅显的认识。回顾过去的十五周，该课程带给我们的不只是对个别案例的了解，更是培养了我们多方面的能力，比如发现问题、研究问题等，同时，我的英语阅读能力也有了一定的提高。该课程带给我很大的收获，也有一点遗憾。就是我没能像其他同学那样在每节课都积极地参与讨论。但作为研究生阶段让我印象深刻的一门课，我真诚地希望充满人格魅力的杨老师能把这门课一直开设下去。同时，疫情终将消散，WTO 争端解决机制一定会重返正轨，发挥其应有的作用。

张文嘉

距离课程结束已有将近一个月的时间，当我再次提笔写下“课堂综述与感想”这一标题时仿佛时光又回到了为每个周一 DDL 奋斗的日子。我将在最后一次综述和感想中首先简单回顾本学期的课程内容，然后再谈一谈一个学期下来的收获与感想。

一、课堂综述

专题一是 WTO 制度的导论，主要围绕同学们在课前阅读 WTO 概况后提出的有关问题进行学习讨论。其中以贺韵锦同学的问题入手，围绕“上诉机构停摆后，争端解决机构的决议如被上诉但无法再次形成决议，原决议的效力如何？能否被此后的争端决议援引？被上诉的未决争端是否还有别的解决途径？”这一问题，我们首先梳理了争端解决机制的程序以及各环节之间的关系。在第一节课讨论这一问题时的窘迫仍历历在目，我本以为课程的第一节课会是基础知识的介绍或者较为轻松的导论，没想到一上来便是毫无准备的讨论式课堂，回忆起已被搁置大半年的零零碎碎的国际经济法知识，拼凑起专家组和上诉机构的程序后，却被老师一句“你说的这些依据在哪，相关的法律条文是什么”堵得哑口无言，以至于整节课我几乎都处于“回忆有关知识”以及“寻找法律依据”的手忙脚乱中。

专题二则进入了具体案例的讨论，本学期第一个 WTO 案例是中美知识产权案。在课前阅读专家组报告后，大家感兴趣的问题主要集中于举证责任和证据问题、字典和条约解释问题、司法经济问题。其中让我感到比较诧异的便是有关字典问题的讨论，也是我们第一次碰到将会贯穿本学期学习始终的条约解释问题。在解释 commercial scale 时，有同学提出疑问：为什么专家组在查字典时选择的是《新牛津简明英语词典》而不是其他字典？在这一问题被提出之前我从未对“究竟选择何种字典”产生过什么关注，甚至在讨论时也一度觉得这只是一个无足轻重的问题，并不会对法律推理和结论产生什么影响。但直到参与讨论后才发现，这其中也关联着对“通常含义”的解释等问题，以及思辨过程本身便是问题讨论最大的意义。另外，本专题中让我较为感兴趣的则是证据和证明责任问题，这也成为我课后研究的主题，在讨论中老师也引导我们将 WTO 的证据和证明问题同我国民诉中的有关规定作类比，同已有知识产生衔接后第一次让我感受到 WTO 规则不再那么抽象以及遥不可及。

专题三则开启了中国出版物与音像制品案的学习，本案中 arguendo 的论证方法第一次进入大家的视野。arguendo 的含义、适用方式、与 judicial economy 的关系，为什么 CBD 案能用 arguendo 方法而本案不行等一系列问题成为大家重点讨论的对象。这节课上的我是煎熬的，在刘凌堃同学指出这本质上是第 20 条的适用顺序问题，能不能引用第 20 条的问题，就是能不能满足第 20 条引言的问题后，问题便变得复杂了起来，引言前半段与后半段以及第 20 条具体内容是何关系成为课堂上集中讨论的问题。此外，我们还讨论了上诉机构在本案中的论证思路，并不复杂的论证思路也让同学们产生了更多的质疑。

专题四主要讨论了原材料案和稀土案，四份专家组和上诉机构报告让本专题的学习在一开始便充满困难。这两个案件的本质问题是同一个，即中国在违反《入世议定书》中第 11.3 条的约定时，是否能够通过援用 GATT 1994 的第 20 条进行相应的抗辩。课程的讨论从专家组报告中并不常见的异议意见开始，异议意见指出没有人会怀疑中国需要满足 GATT 1994 第 1 条最惠国待遇的要求，即便在《入世议定书》第 11.3 条中也没有对 GATT 1994 第 1 条有任何援引。基于此，老师提出了一个假设性的情况，即对美欧日三国都征收出口税，但是税额分别为 10%、20%、30%，那么在违反最惠国待遇原则地征收出口税的情况下，是否能对征收出口税援引 GATT 1994 第 20 条的抗辩？亦即 GATT 1994 第 1 条 MFN 的规定在这种情况中能否作为 GATT 1994 第 20 条和《入世议定书》第 11.3 条之间的连接桥梁？我仍记得在阅读到这一部分异议意见时，未经仔细思考的我觉得这十分有道理，但是在课堂上经过和大家的讨论后才意识到这并不能作为正解，因为“税”和“率”是两个不同的问题，无法混淆合并适用。另外，在经过课后研究后，本专题中我们也进行了关于“超 WTO”义务和条约沉默问题的讨论。

专题五是关于“双反案”的讨论，上课方式由以往老师主持、同学讨论的模式变更为同学自己主持、老师作为讨论参与者，感谢曼彤和凌堃同学的精彩呈现。这一专题的重点问题在于对“双重救济”的理解，其中需要对双重补贴、国内补贴、出口补贴、倾销等含义有较为清晰的把握。也正是在这个专题中我更加感受到了案例学习的重要性，比起前面专题中司法经济原则、假设成立方法、交叉援用等相对陌生的知识，反倾销和反补贴是我们在以往国际经济法的学习过程中，在 WTO 一章会重点关注的问题，因此我们的基础知识储备相较之前专题也更多。但直到真正通过案例开始学习后我才发现以往单纯的概念式学习对知识的掌握是多么浅薄，而只有真正理解补贴和倾销对于市场价格的扭曲，才能够明白双重救济的含义。由于非市场经济国家替代国价格计算方法的提出，中国非市场经济国家地位以及《入世议定书》第 15 条到期的问题也成了本专题重点讨论内容之一。

专题六则由我、晓臻、芳好共同担任主持人，就电子支付服务案展开了讨论。由于案件中涉及较多银行支付系统相关知识，因此在学习理解专家组报告时需要一定的银行金融知识作为背景辅助学习。在本专题中我们花了相当一部分时间讨论减让表（d）节和 GATS 附件（14）节的关系问题，以及条约解释问题，譬如 industry sources 的应用，VCLT 中通常含义解释与上下文解释、目的与宗旨解释的关系。

二、课程感想

写下上述综述时，我翻阅了本学期每周提交的每一份作业，回望后才惊觉一学期下来自己真的看完了一本厚厚的英文阅读案例汇编，也和大家一起进行了如此多的讨论。想起在课程开始前便收到了杨老师在群里发送的“大礼包”，阅读前人的课程攻略手册后发现这门课的任务竟如此繁重，不仅要阅读 300 多页的英文报告，每周还需提交课后问题研究或是综述及感想。同时，第一次课上完后的手忙脚乱和窘迫疲乏也让我真切感受到了讨论式课堂的压力。我不是没有萌生过退课的想法，但当初抱着“就当逼着自己锻炼”的想法仍然决定试试，现在的我则无比感恩当时勇敢的自己，一学期下来总算是“不虚此行”。

（一）自由与开放

在课程开始前阅读学长学姐的综述和感想时，我对这门课程的第一印象是“自由”。事实证明确实如此。如果让此刻的我再给出一个关键词来描述这一课程，我也想不出比“自由”“开放”更精准的形容词了。课程讨论方式是自由的，同学们既是课程的参与者，也是课程的主导者。每节课的内容均以大家的课前提问或课后研究成果作为串联，杨老师作为课程主持人更多是起到把握课程方向、在思路混乱或讨论僵局时梳理思路的辅助作用，而课程的重要内容都是由同学们的讨论构成。上课前我本还在担心：就课上这几个人的发言真的可以撑起 3 个小时的内容吗？显然是我多虑了，也低估了同学们天马行空的发散式思维，杨老师也从不限制我们的讨论方向，不会因为一个问题“没有意义”便阻止大家的讨论，也不会因为一个问题“过于简单”而不屑于讨论。其实所有的问题都是有意义的，每一个问题的提出都是大家思考后的结果，而通过群策群力的讨论后，又能将问题剖析到一个更为深入的层面，这种经讨论后茅塞顿开的酣畅淋漓，是所有单向授课或是自己埋头苦读都无法获得的。

课程的讨论内容是开放的，除了法律层面的案例研习，杨老师在商务部的工作经验、参与国际多边和双边活动的实务经验，以及 WTO 上诉仲裁员的身份，都为我们在单纯的法律学习之外提供了更多了解 WTO 生动鲜活一面的机会，这也正是我最喜欢本课程的地方之一。在授课内容上老师从不局限于事先安排好的授课大纲和阅读案例，而是会结合最新的时事进展，在同学们讨论的基础上发表自己的看法，或者分享一些鲜为人知的“内幕”消息，这是我们单纯阅读新闻材料所远不能收获的知识。让我印象最为深刻的一次是在学习稀土案时，大家都非常愤慨为什么当时中国签条约时不能再签得更好一些，更周全一些，甚至觉得中方在两个案子中提出的理由也都非常薄弱并且站不住脚，颇有强词夺理之感。但老师分享了当年的“入世”场景：面对拖着满行李箱材料的欧美谈判方，我国在当时是仅仅只会拿着一页 A4 纸宣读“原则和精神”的水平，对于当时的法律人来说要怎么快速掌握游戏规则，有效维护国家利益，是一个不小的难题。我们在争议发生之后，基于现成的专家组和上诉机构报告做事后诸葛亮，对有关法律问题评头论足自然容易；但如果时间回到 20 年前，面对长达 1000 多页的议定书及大量 WTO 协议规则，做到面面俱到几乎就是不可能的事情。随后我又产生一个疑问：如果说当年的 GATT 才堪堪十余人，那 20 年后的今天国内的法律人才足够了吗？恐怕也不是的。经过老师分享后我才知道，争端解决程序中代表中国的一线律师无外乎来自华盛顿、日内瓦、斯德哥尔摩（布鲁塞尔），有且仅有部分少数的北京律师也仅仅能够参与二线作战。虽然随着经济地位和政治力量的提升，中国在国际交往中的话语权日益提高，但在法律领域上想要弥补和他国几十年的差距，克服语言和实务的困难，仍然道阻且长。讲完这些，一个小时的课程便过去了，面对我们不断提出与课程无关的问题，老师也丝毫没有不耐烦或想要“赶进度”的意思，包括在开题时老师也分享了许多作为上诉仲裁员的亲身体验。这种鲜活的第一手经验分享对于 WTO 法律制度的认识和学习是弥足珍贵的。

（二）收获与锻炼

一学期下来对于知识性的收获自不必多言，打开电脑上的课程文件夹看到满满的作业和参考文献便可见一斑。更多的收获其实来自团队合作的力量，课堂上的小伙伴们与其说是一起上课的同学，不如说是共同研讨的队友，我们在老师的引导下每周就共同的话题各抒己见，课后对各自感兴趣的话题独立研究、互相分享。通过阅读其余同学的课堂综述，我能够及时了解课堂上未能完全理解或者理解有误的内容；通过学习大家的课后研究，我能够快速对许多来不及研究的问题有一定的了解，也为每个专题第二节课的深入讨论提供了有效的知识铺垫。常常都说法学院的学生习惯单打独斗，我自己也深以为然，不论是文献的阅读还是作业的撰写，大多是一个孤独的过程；即使是号称团队合作的小组展示，实际情况往往也都是分工后各自做简单的拼接，大家仍然是各自展示。但只有在这节课上，我才真正有大家在“共同战斗”的体验，无论是课堂上激烈的思维碰撞，还是课后大家就各自感兴趣的话题互相分享，正是人与人之间的互动和交流，才成就了一学期如此饱满的课堂内容，再次感谢各位小伙伴和老师的付出。

另外值得一提的是，做主持人的体验与收获。这学期我有幸能够在电子支付服务案第一周的课堂中担任主持人。小组 pre 常常做，可是三个小时的课堂主持者却是第一次做，上台之后我才发现自己低估了主持人这个工作的难度。原本以为既然课堂内容都由同学们自己讨论，那主持人的任务是不是只要在有人举牌的时候按顺序点名就好了。可等到我真正站上讲台，看着所有人的目光时才发现自己果然太天真。这种并非一味地输出而是高度依赖同学们和老师的讨论推进课程进度的授课方式，对主持人的节奏把握能力和知识掌握程度都提出了很高的要求。正如杨老师在其《讨论式教学法的理念与实践》一文中对教师提出的要求，首先需要有一定的主持技巧，能够有效处理冷场和过热的问题；其次需要专业精深，知识面广，才能在讨论式课堂中有效应对同学们提出的各种专业和非专业问题；当然最重要的仍然是“相信同学们，将课堂还给大家”，但还给大家的前提是作为主持人需要能够充分理解大家的发言内容，以及发言的逻辑和关键点，这样才能够在有观点冲突或碰撞时及时发现并梳理、澄清。主持人还需能够时刻抓住讨论的主轴，发挥有效引导作用，否则就只是一个“无情的点名机器”了。不过挑战的同时也是一种成长，再一次感谢自己的勇敢，虽说有许多不足和脑袋空白时刻，但这三小时对我的表达能力、控场能力、逻辑梳理能力和临场反应能力都是一次极好的锻炼；也再一次感谢老师和小伙伴们的支持与包容，不论是冷场时的救场还是在课堂上的积极讨论参与，对我而言都是莫大的鼓励和支持。

总的来说，作为本学期付出最多、参与度最高的一门课程，我真切体会到了付出和收获总会是成正比的。如果再问我 WTO 离我们如此遥远，还要学习它的意义何在，我会回答是对于国际视野和法律思维的锻炼，比起具体的某一个知识点，一学期下来形成的这种发现问题—分析问题—解决问题的思维习惯，这种对法律条文的字斟句酌，这种对论证的严密推理才是我们将受用终生的财富，也是一个良好的法学教育意义之所在。

何一丹

一、课程综述

在第一个专题中，我们讨论了WTO的一些基本概念，并对DSU的机制和程序进行了探讨，为之后的学习打下了基础。在此专题中，我印象最为深刻的是关于仲裁机制的讨论。上诉机构存在最低法官人数要求，但美国的刻意阻挠致使空缺席位始终无法得到填补，从而导致上诉机构停摆。在上诉机构停摆后，目前的发展趋势是将仲裁机制作为争端解决的替代手段，可能形式为双边上诉仲裁与多方上诉仲裁，后者主要为“多方临时上诉安排”(MPIA)。在后续的课程中，我们也讨论过《美欧就铝钢贸易争端发表的声明》中对仲裁机制使用，美国与欧盟在其中决定暂停双方在WTO争端解决机制中提起的548号与559号案件，援引DSU第25条将以上争端通过仲裁程序解决。课程前后对于仲裁机制的讨论让我意识到，WTO及其争端解决机制并不是一个既定的、僵化的体制，在其制度设计中有许多可供挖掘和灵活使用的突破口，也存在许多具有争议的问题点。在不同的情境下，对于同一概念或问题可能会有不一样的解释，平时习以为常的概念或制度可能被用于意想不到的目的。这其实也是整个课程的基本理念——不是将WTO及其争端解决机制看作一个稳定和权威的制度整体，而是要认识到其不稳定性，在阅读专家组和上诉机构报告时敢于质疑当事方和专家组及上诉机构的意见。

在第二个专题中，我们学习了DS 362案专家组报告。在本专题中，我们的学习重点是条约解释通则，即VCLT第31、32条的规定。根据VCLT第31条，条约解释通则的要件包括：①in good faith；②ordinary meaning (of the terms)；③context；④object and purpose。以上对应条约解释的四种规则，包括善意解释、通常含义解释、上下文解释和目的解释。至于以上四种规则的适用顺序，VCLT第31条本身并未有强制规定，但通过阅读课程中的专家组和上诉机构报告可见，其解释结构基本是先使用通常含义解释确定术语的基本含义范围，再联系上下文进行解释，同时运用目的解释方法，最后引用

VCLT 第 32 条进行补充解释。

第三个专题研究的是 DS 363 案专家组和上诉机构报告。本专题的选段聚焦于两个报告中对“中国否是有资格援引 GATT 1994 第 20 条对其违反《入世议定书》第 5.1 条的措施进行抗辩”的讨论，在后续的学习中我们了解到，中国《入世议定书》与 GATT 1994 第 20 条的关系是与中国利益攸关的问题。专家组报告运用了 assumption *arguendo*（假设成立）的法律技巧，认为中国的行为不符合 GATT 1994 第 20 条对必要性的要求，即便其有权援引该条例外也不符合该条所规定的要件，所以中国违反了其义务。实际上，专家组报告回避了中国能否援引 GATT 1994 第 20 条例外的问题。上诉机构否定了专家组的做法，认为在本案中使用 assumption *arguendo* 会削弱各国对 WTO 规则理解的确定性和可预见性，也会导致中国在日后的贸易管制中失去确定方向的指引，这些都与 WTO 争端解决机制的宗旨与目的不相符。

在第四个专题中，我们进一步研究了中国《入世议定书》与 GATT 1994 第 20 条的关系。本专题阅读的是 China—Raw Materials（原材料案）和 China—Rare Earths（稀土案）的专家组和上诉机构报告。在上一专题中，上诉机构认为，由于违反《入世议定书》第 5.1 条的义务与违反 GATT 1994 的义务之间有内在的联系，因此前者可以援引后者第 20 条作为抗辩，这是一种实质上关联性的审查。在本专题中，专家组和上诉机构偏重于形式审查，即判断 GATT 1994 第 20 条是否被《入世议定书》的某一条或整体合并或交叉引用，如果答案是肯定的，那么 GATT 1994 第 20 条就可以作为这一条或议定书整体的例外规定。在以上两个专题的六份专家组或上诉机构报告中，我们看到了对同一问题的不同切入点和分析方式。

第五个专题讨论的是反倾销、反补贴措施中的双重救济问题。较之前几个专题，本专题的讨论涉及的经济因素和政治因素更多。在课堂讨论中，我们用了比较多的时间讨论何种情况下同时征收反倾销税和反补贴税会导致双重救济的问题，也重点讨论了中国的非市场经济地位问题。可见，对事实层面的专业问题的理解是讨论法律问题的前提，对法律问题的讨论也往往绕不开政治立场的影响。回到法律问题，本专题讨论的一个重要法律问题是条约沉默时的法律解释问题。专家组报告认为，条约沉默的部分是禁止的，或者对被沉默的部分与对明确规定的部分不应做出相同的解释。上诉机构报告则认为，沉默在条约解释中并非起到决定性作用，对于某一事项的未规定并不能得出该事项就一定是被禁止的结论，也不能直接推断出成员国不希望对其做出与明确规定的部分相同的解释。大多数同学都同意上诉机构的观点。

最后一个专题研究的是中国电子支付服务案。本案重要的法律问题之一是如何解释 including 的含义。《WTO 协定》中包含了多种 including 的用法：①including, but not limited to；②including；③（including…）。在英文中，including 的含义具有不确定性，虽然其在一般情况下表示非穷尽式列举，但在特定情况下也可表示穷尽式列举，因此需要结合语境进行具体分析。但从条约的有效解释出发，“including, but not limited to” 和 “including” 的解释结果不应相同，因此若明确前者为非穷尽式列举，后者则应解释为穷尽式列举。但也有不同意见认为，有效解释原则并不意味着不同的文本表达解释结果必须有所不同。在课程的最后，我们仍未对有效解释原则的含义与适用方式达成一致。这或许是一种遗憾，但作为一门研讨式课程，如何提出问题并展开讨论才是最值得我们关注和学习的，一个极具讨论价值的问题或许是这门课最合适的句点。

纵观整学期，我认为本课程有两条主线：一是 WTO 争端解决机制中的法律问题，重点为条约解释的原则与方法；二是中国作为 WTO 成员所面对的政治经济问题。在第一条主线中，除了具体知识方面，我们学习的是如何搭建一个完整的逻辑架构，将一个问题说清楚、说透彻。在第二条主线中，我们则是通过多个案例的学习和课外资料的补充学习，了解中国作为一个成员国和行动者是如何加入 WTO，如何参与 WTO 的运作，甚至最终影响 WTO。两条主线的穿插进行展现了 WTO 作为一个国际组织的魅力——它并不是一套既定的、稳定的规则，它会随着不同成员国的利益需求和国际形势的变化而展现不同的面貌；但它也不是任意的、不可预测的，任何一方要主张其行为的合理性，都不可脱离 WTO 的协定文本。

二、课程感想

（一）课程综述：知识内化的良好途径

在写课程整体综述过程中，一堂堂课仿佛被一根线串联起来，之前并未留意的各堂课之间的联系与承接也在梳理中渐渐浮现出来。在本学期课程的开始，我曾经非常不解为何老师要求我们在每次专题后写课程综述。在一个学期的学习后，我发现课程综述有两个非常重要的功能：反思和交流。一方面，写课程综述是对一个专题进行整理和反思的过程，可以通过梳理课程讨论焦点而系统地固定和内化该专题涉及的知识点。另一方面，在看其他同学的课程综述时，我们又能拾回很多被自己忽略或者遗忘的碎片，感受不同的切入视角和思考方式。也正是在撰写课程整体综述的过程中，我重新审视自己在整个学期的学习过程和心路历程，发现自己在学习方法和能力上都有新的收获和进步。

（二）提出问题：积极主动的学习方法

在课程的一开始，我并不会质疑专家组或上诉机构报告，很多情况下都同意其观点和论证思路。专家组或上诉机构报告作为 WTO 争端解决机制的“判决书”，是权威性很强的文书，且其逻辑结构和行文往往十分清晰可读，阅读者很容易被其思路说服和同化。但在课程的讨论中我意识到，专家组或上诉机构报告也会存在逻辑瑕疵和不扎实的论据。对此，我们在阅读报告中应该时刻保持敏感和警惕，抓住细节、追根问底，即从接受作者观点的被动学习思维转向积极发现问题的主动学习模式。正如我在课程综述中所言，后期的课程充斥着种种极富争议的问题，甚至许多问题经过激烈的课堂讨论之后仍然没有得出答案。这并不是一种遗憾，在课程中发现问题、不断辩论的过程恰恰是我们宝贵的财富。

（三）WTO：探索和奋斗的舞台

杨老师作为 WTO 的“局内人”，为我们提供了观察和思考 WTO 的不同视角。以前我学习有关 WTO 的知识，都是以局外人的视角，学习的都是既定制度，了解的都是终局性的事件。比如，就中国加入 WTO 而言，在学习本课程前，我所了解的只是中国于 2001 年加入了 WTO，中国因入世而获得了良好的发展机会，或者中国在 WTO 受到了一些不合理的待遇。但在本课程中，我了解到中国加入 WTO 是一个极为复杂和困难的过程，中间经历了许多妥协和坚守，是众多工作人员的心血凝结。WTO 不仅仅是一堆规则和程序的集合，还是不同利益主体博弈的舞台，也是无数工作者和学者探索和奋斗的舞台。

黄睿旸

本学期 WTO 法的学习收货良多。本学期课程总共六个专题，课程的形式很新奇，老师不再是“纠问式”的课堂主导者，而是采取“对抗式”的上课模式，由同学们自己提出问题并且试图回答，在互相切磋之间将问题越辩越明。

本学期前几次课首先对WTO的程序问题进行了介绍和学习。在这个过程中我第一次感受到了人与人之间的差距。同样是国际商法或经济法方向的学生，为什么别人比我的基础知识更扎实，别人的作业做得更完美，别人检索速度也更快，在课堂上思维很活跃。其实这些疑问和压迫感伴随了我整个上半学期的学习，除了学业繁重和投入时间不足，我确实无法找出其他借口。法律是一门经验主义的学科。换言之，投入多少就产出多少，容不得一丝懈怠和懒散，所有的松弛和疲惫也会直接反映在作业的质量上，因此在高手如云的WTO课堂，要做到时刻准备着属实不易。

本学期在实体问题方面，我们学习了中美反补贴反倾销案、电子支付服务案、音像制品案等多个涉及中国在专家组和上诉机构唇枪舌战维护我国贸易利益的案件。贯穿全程的是VCLT第31、32条的条约解释方法，是WTO专家组和上诉机构对《新牛津简明英语词典》使用的执着，是对一系列专业术语的通常含义的解释问题。具体到个案，我们通过中美知识产权案了解了commercial scale和司法经济原则（judicial economy）；在“双反”案中讨论了SCM第19条、GATT 1994第6条，以及对于第6.5条的沉默，不能理解为穷尽式列举，而应当解读为通过明示允许出口补贴从而排除其他形式的补贴；在电子支付服务案中讨论了为什么能将专业手册纳入专家组考虑范围以及GATT 1994的宗旨目的的研究，并探讨了作为贸易争端领域纠纷解决的最重要的国际组织，WTO专家组报告的case law依据和实体法依据；音像制品案围绕中国《入世议定书》能否援引GATT 1994第20条作为抗辩，在原材料案和稀土案中也围绕着中国违反《入世议定书》第11.3条能否援引GATT 1994第20条作为抗辩。

一学期结束得很快，除了课堂知识，杨老师还为我们讲解了很多关于WTO的现状问题，中国入世20周年国家内在法制体系如何在一次次案件中不断调整、完善并适应国际贸易游戏规则，履行我国的国际义务；以及在WTO上诉机构停摆后的WTO时代，如何重启多边贸易规则；作为一个未来的涉外法律人才，如何才能走出去，真王成为为外国提供法律服务的具有全球视野的人。

本学期的课程告一段落，但是 WTO 的影响力和故事未曾远离。希望有一天能够把学到的课程知识乃至基本的 WTO 思维真正运用到工作和学习中，成为我的国际法知识框架的一部分。感谢杨老师和同学们一学期的分享。

滑迎春

开学时选课的场景似乎还历历在目，转眼间已经到了写期末课程总结的时候了。犹记得选课时，还曾对是否要选这门课有过一丝纠结，毕竟我本科在国际经济法课程中对 WTO 的学习只是浮于表面，而且我将来的职业规划和 WTO 好像一点关系都没有，可谓既没有知识基础，又没有学习动力。后来看到室友们都选了，想着一起上课也方便交流，就也“从众”地选了课。现在想起来真是庆幸自己当时阴差阳错的选择。这学期得益于 WTO 这门课充实丰富的法律知识、杨老师恰到好处的引导以及和同学们思想的交流碰撞，让我在知识、交流能力和开阔视野方面都收获颇丰。

（一）知识层面：对《WTO 协定》及其争端解决机制有了更深入的认识

在知识层面，通过一学期以来对六个专题的研习讨论，不但让我对 WTO 的争端解决机制有了更直观的认识，也让我对《WTO 协定》条款有了更深刻的理解。

专题一是 WTO 概述，在第一次上课前，杨老师让我们阅读了世贸组织出版的一份小册子——*Understanding the WTO*，其中简要介绍了 WTO 及其起源——从哈瓦那到马拉喀什、从 GATT 到 WTO，也阐述了 WTO 在贸易、关税、农业、知识产权等领域的相关协定和 WTO 争端解决机制，并且对环境、投资、电子商务、劳动标准等前沿交叉或新的领域进行了简要探讨。第一节课后，老师给我们留的作业是梳理 WTO 争端解决机制程序，并针对该程序提出自己的问题。第二次课上，老师主要围绕刘凌堃同学在作业里提到的三个问题来带领全班同学进行讨论，分别是：第三方的加入对于磋商的时限是否有影响；既然在逻辑上不可能全体否决，反向一致的决策机制设置的原因何在；以及如何确定 DSU 第 25 条提及的仲裁的具体程序。通过初步阅读和探讨，这让我们对 WTO 有了一个宏观概括的认识，也为接下来的案例研讨打下了一个好的基础。

从专题二开始，我们进入了 WTO 具体案例的研讨。第一个案例我们讨论的是中美知识产权案（DS 362），涉及的问题主要是如何运用 VCLT 第 31、32 条解释 commercial scale，举证责任问题以及专家组在解释“commercial scale”时为什么要引用词典来解释，为什么不选用其他同样为 WTO 官方语言的词典而选用《新牛津简明英语词典》。专题三是中美出版物和音像制品案（DS 363），我们主要讨论了 judicial economy、arguendo 方法及其是否可以被专家组或上诉机构使用《WTO 协定》和中国《入世议定书》之间的关系问题［具体而言是上诉机构对中国《入世议定书》第 5.1 条的介绍性条款是否允许中国根据第 20 条（a）款提出抗辩］。专题四我们讨论了中国原材料案（DS 394、DS 395、DS 398）和中国稀土案（DS 431、DS 432、DS 433），分析了 GATT 1994 第 1 条与议定书第 11.3 条之间的关系，前者能否作为援引 GATT 1994 第 20 条的桥梁，如何理解中国《入世议定书》第 11.3 条的立法沉默等问题。专题五我们讨论了中美“双反”措施案（DS 379），涉及的主要问题是双重救济的认定以及证明责任由谁承担、《反倾销协定》和《反补贴协定》之间的关系、中国《入世议定书》第 15 条、有效解释原则等问题。专题六是电子支付服务案（DS 413），我们首先讨论了该案分析的起点，即应该以 GATS 关于金融服务的附件的（xiv）分项，还是以中国附表的（d）分项开始；其次分析了在确定约文的“通常含义”时是否应该考虑 industry sources，接着讨论了专家组在运用目的和宗旨解释的方法时，当各方对 GATS 目的和宗旨的理解不同时该如何处理；最后着重探讨了 VCLT 第 31 条规定的通常含义解释（ordinary meaning）和上下文解释、目的解释，以及第 32 条运用补充资料进行解释之间的逻辑关系。

虽然由于时间有限（中间遇上了两次假期，以及提前一周放假），我们只探讨了为数不多的几个案例，但是我们依然对《WTO 协定》的具体制度、专家组和上诉机构对《WTO 协定》条款的解释方法，以及争端解决机制有了深入的了解和体会。在本科国际经济法课程上，我也曾学过 WTO 的相关知识，不过都停留在表面上，只有一些粗浅的认识，自然也无法领略到 WTO 制度的精妙之处。而通过这学期的学习，我得以将之前死记硬背的知识融入具体的案例讨论中，让这些知识在脑海中都鲜活起来、生动起来。

（二）交流层面：增强了我思辨能力和讨论技巧

通过上课来提升自己的交流能力和思辨能力，是我上其他课程不曾有过的体验。杨老师上课的方式——以学生提问为导向，全班同学一起进行讨论，老师在一旁点拨和指引，是我上学那么多年未曾体验过的。我们自己凭着经验和感觉提出的每一个问题，老师都要求我们找到相应的条文原文，并用严谨的法律语言准确地表述出来。这种方法的好处在于一方面可以让提问的同学逐步澄清自己的问题，另一方面可以让其他同学针对性地进行回答。有时，还没等到其他同学回答，提问者已经在这种澄清的过程中得到了想要的答案。此外，其他同学也可以对所提问题进行补充提问，从而深化对该问题的探讨或拓展讨论的范围。在这种提问和回答的过程中，通过不断地澄清确认、缩小范围、查询资料，让一个个具体问题得到解决。此外，“魔鬼”往往隐藏在细节里，通过对这个案例的讨论，我也发现同学们提的很多问题就藏在案件文本中，只要仔细对专家组或上诉机构的报告加以阅读和思考，对文本的一些细节多加推敲，就能得到答案。

杨老师在其中所起的作用尤其重要，因为他引导着整个讨论的方向，把控讨论的节奏，并且经常给予我们画龙点睛式的点拨。相比传统的“老师讲，学生听”的教学方式，这种以问题为导向的学习方式，颇有些苏格拉底式教学法的感觉，不但使课堂氛围非常活跃有激情，也让我们对所学知识理解得更为透彻。从最初同学们都不敢发言，到最后大家纷纷“排队”等着发言，这种改变，也在不断的讨论和交流中发生。在这种师生互动中，我深深体会到讨论对于提高人的交流能力，增强思辨能力的重要性。

此外，杨老师在最后两个案例讨论中，让同学们去主持课程的讨论。我很佩服最后上去主持的那五位同学挑战自我的勇气，毕竟坐在下面听讲讨论和站在讲台主持讨论，对人提出的要求是不可相提并论的。前者只需要了解案情，就自己不懂的地方提出质疑以及就自己感兴趣的部分参加讨论即可，没有其他要求；而主持人却需要对案子有全面且深入的阅读与掌握，能把握全局，敏锐地察觉到台下同学所提的特定问题，并且引领大家对问题进行讨论。

（三）视野层面：丰富了我对中国与国际法治的认识

这门课讨论的几个案例都和中国有关，中国要么作为原告，要么作为被告，我想这种选择本身就蕴含着老师开课的某种期许。作为中国大学生，我们无论学习的是哪种国际（经济）法，最终都离不开对中国的探讨和研究。

2021年是中国入世20周年，在这个特殊的年份学习有关WTO的课程，讨论中国在WTO的案件，这也是一种难得的经历。

想起在讨论中美“双反”措施案（DS 379）时，美国等国家对中国的产品适用NME方法确定反倾销税依据是中国《入世议定书》第15条，杨老师为我们介绍了该条的背景知识。这个条款俗称“非市场经济条款”，中国认为，这一条明确规定WTO其他成员到2016年底就不能在对华反倾销中使用替代国方法，但美国等国家持相反观点。中国在2016年到期当天起诉美国和欧盟（DS 515/516），但因后面发生特殊事情，最后也都不了了之。可是现实中，美国仍然在使用第15条，欧盟换了说法也仍然在用，这个问题迄今没有解决。这也让我们思考，中国在签订条约时，或许是因为缺乏相关的经验，文本方面写得不是特别严谨，才导致这样的争议。这可能是中国融入世界法治所必须付出的代价，为之后的国际条约的签订提供了经验教训。

至于实践层面，曾有同学想作为律师代理中国在WTO的案件，并问杨老师该从何做起。杨老师说，中国并不会为了培养WTO领域的专业律师，而把相关争议交给没有经验的律师来做，可是律师有经验的前提是在WTO有参与争议解决的经历。这仿佛是一个死循环，看来中国律师在WTO争端解决中代理中国案件，光有决心、努力、才能还是不够的，真是任重道远。

此外，在2021年12月，北大法学院以及其他院校、组织机构都举办了庆祝中国入世20周年的活动。我本人恰好参与了北大法学院举办的庆祝研讨会的幕后准备工作，也有幸去现场聆听了很多专家学者的演讲，因此感慨颇多。中国入世20年，对中国的经济社会发展起到了极大的促进作用，中国国民生产总值跃居世界第二，进出口贸易额也增长了10倍多。除此之外，中国入世也促进了中国法治的建设和完善。一方面，政府作为贸易政策的制定者，在履行入世承诺的过程中，各级政府部门的法治水平得以提升，法治能力得到提高。另一方面，通过开展宣传和培训，世贸组织所秉持的法治精神更加深入人心，人民的生活水平和公民的素质全面提升。

正如杨老师所说：“入世20年让我们明白，开放和法治是中国未来经济发展和社会进步的必要条件。”相信中国通过既往20年在世贸组织舞台上的经验，会继续以开放的勇气和决心，不断增强经济发展水平和法治建设水平的同时，在国际社会发挥更大作用。面对当前民粹主义回潮，WTO多边的贸易谈判推进困难，争端解决机制陷入了瘫痪的境况，中国作为多边主义坚定的支持者和践行者，也会与世贸组织其他成员一道推进世界贸易组织规则的不断发展，支持多边的体系的健全和完善。

龚　正

时光飞逝，16 周的“WTO 法律制度研究”课程落下了帷幕。回忆起本学期课堂上的点滴，感慨学习的过程收获与遗憾并存。通过本学期最后的课程综述与感想，既是为课程画下圆满的句号，也是对我本学期学习过程的再一次反思与总结。

一、课程综述

本学期课程的课堂内容庞杂但有序，“WTO 法律制度研究”可以说是我上过的最具挑战性的课程，而挑战性的表现之一就在于每节课前需要阅读的大量资料与文献。

因为假期的缘故，本学期的课程共涉及六个专题：从专题一的 WTO 概述，到中国知识产权案、中国出版物与音像制品案、中国原材料案和中国稀土案、美国反倾销和反补贴案、中国电子支付服务案等案例的研习与讨论。

在专题一关于 WTO 概述的讨论中，我们对《WTO 协定》、DSU 争端解决机制有了进一步的认知。通过对 WTO 具体文本的探究与解读，我们对《WTO 协定》的认识不再流于表面，而是更深入地看到了其内在的逻辑与环环相扣，体会到了《WTO 协定》设计时的严谨。也正是通过对这一专题的学习，为我们接下来的五次案例研习打下了坚实的基础，此后每一专题的讨论几乎都对专题一的内容有所涉及。

在接下来的五个案例讨论中，我们按照每个案例两周学习时间的进度推进。这五个案例均是中国作为争端当事方的案件，杨老师精心选择了这些案例，帮助我们从不同维度探析 WTO 专家组与上诉机构的争端解决思路、方法与原则。在中国知识产权案中，我们通过专家组报告关于“commercial scale”这一形式门槛的解释，了解了专家组运用的条约解释方法；在中国出版物与音像制品案中，我们讨论了“中国是否可以直接援用 GATT 1994 第 20 条，以作为其背离《入世议定书》项下的贸易权承诺之抗辩”的问题，对 WTO 各协定之间的关系有了更细致的解读；在中国原材料案和中国稀土案中，我们继续对 GATT 1994 第 20 条的援引进行学习，这个案件与上一个案件形成了对比，让我们感受到WTO各协定之间严谨、并行不悖的关系；在美国反倾销和反补贴案中，我们大大拓展了学习的知识面，为了解读这一案件，课堂上我们对“反倾销税”“反补贴税”本身进行了学习，在这一关键经济学知识的基础上，展开对专家组和上诉机构报告的法律解读；与“双反”案类似，在中国电子支付服务案中，我们也在学习电子支付服务相关金融知识的基础上，分析了专家组对“电子支付服务”所采用的解释方法，剖析了复杂的论证过程。

二、课程感想

对于WTO法律制度研究这门课，我的课程感受可谓是“五味杂陈”，也随着课程的不断推进发生不同的变化。正如开头所言，这门课对我而言是收获与遗憾并存，复杂的心情难以通过简单的文字加以抒发。

（一）探索之趣

对于“WTO法律制度研究”一课，首先我报以极大的兴趣和期待，杨老师在第一堂课中为我们制作了印有每个人名字的桌签，并向我们介绍了课程的展开方式：每节课自由讨论，发言时立起桌签，对其他同学发言的评论、回应、相关资料随时转发至课程微信群中……这种新奇的课堂组织形式深深吸引我，仿佛让我们置身于WTO组织的讨论之中。正是这种课堂形式，让我们全身心沉浸于WTO式讨论之中，在发言时也更严谨仔细，大大提升了我们的课堂发言与组织能力。

除了自由的课堂发言，课后的自主学习过程也由我们自由探索。在每个专题的第一周课程之前，我们会提前阅读课程相关资料，并根据资料提出自己在阅读学习过程中的疑问。在第一周的课程上，同学们就自身提出的问题加以阐释，课后由同学自由选择对这些疑问进行解答，并在第二周的课堂上集中解决大家的疑问。通过自主选择问题研究，我们在每一个专题内都能就自己感兴趣的问题加以研究，基于个人兴趣选择下的研究对自身的学习与提高而言更有益。

与传统的老师输出为主的课堂不同，在“WTO法律制度研究”的课堂上同学们各抒己见，每堂课上都会碰撞出不同的思维火花，而我们对文本乃至整个WTO理解的加深也在辩论的过程中得到提升。每堂课上的头脑风暴都是对自身学习与探究能力的提升，而杨老师也并不对我们的自由讨论过多干涉，犹如大海上航行船舶的舵手，起到讨论方向引导的作用。有时老师也会加入我们的辩论之中，对同学的发言进行提问。起初，对于没有 WTO 相关知识基础的同学会觉得一些问题过于简单、基础而不敢提问，但杨老师恰恰扮演了这一新手的角色，让我们对基础知识加以掌握，并让我们迅速融入课堂自由讨论的氛围之中，不会因自己的问题过于简单而不敢参与讨论，杨老师还会鼓励我们多加以提问。

（二）阅读之艰

然而 WTO 法律制度的学习并非“一帆风顺”，其中最大的挑战在于课程材料的阅读，WTO 材料的阅读艰辛不仅在于语言，语言仅是第一道难关，更难的地方在于专家组和上诉机构报告的逻辑、思路、用词上。在阅读过程中，我们有时会为专家组和上诉机构富有逻辑与思路缜密的论证所折服，但也经常会因其论证的模糊、跳跃、避重就轻而感到苦恼。此外，报告中的用词也是一门学问，我们曾在课堂讨论中不止一次就专家组、上诉机构的某一用词而展开争论，本着条约有效解释原则，尽力使报告的每一个用词都有意义。

此外，与其他法院的判决书相比，WTO 专家组和上诉机构报告的内容更长，涉及的专业知识更广泛。有时一个案例，光专家组报告的有关部分就长达几十页，而上诉机构就同一问题可能展开更翔实的论证。而 WTO 组织作为与贸易有关的国际组织，其争端均涉及经济、贸易、金融等有关领域的专业知识，如果不对这些基础的知识加以理解，很难展开相关的法律论证。

因此每周的材料阅读对我而言都是一大挑战，我也曾不止一次认为 WTO 法律制度研究这门课太“虐”、课程压力大。但经过一学期与厚厚的课程资料的“相爱相杀”，我产生了深深的自豪感，也深感自己在高压学习下的飞速进步：阅读速度大大提高，对阅读材料的提炼能力也大大增强，更能抓住论证的重点，也更能发现论证中的问题。通过大量案例资料的阅读，越发觉得专家组和上诉机构的论证思路真是“深似海”：灵活又有说服力，看似圆滑，但也在实质上有助于争端的解决，对于法学生的思维训练真的大有裨益。

（三）一点遗憾

最后的一点遗憾在于，作为“慢热”的人，我没能在 WTO 课堂上积极参与讨论，我非常敬佩在课堂上不断举起桌签提问并有理有据回应问题的同学，时常感叹身边高手如云，大家思维敏捷、知识丰富，我作为初接触 WTO 制度的“小白”，从大家身上学到了很多。虽然我也有时鼓起勇气参与讨论，但与更加积极主动参与课堂讨论所带来的收获和成长肯定不能相提并论。

同时我还想对后半学期主持课堂讨论的同学表达感谢，虽然同学们是第一次主持长达三小时的课程，但他们准备得十分充分，在课堂上对节奏的把握也游刃有余，为我树立了良好的学习榜样，在这里对他们表示感谢与敬佩。

总而言之，本门课程带给我的，既有知识上的收获，也有思维上的丰富，还结识了优秀的老师和同学，可以说付出与收获“不成正比”：收获远远超出了我在学习上的付出。这是一门让我受益颇丰的课程，最后感谢杨老师，感谢各位同学为我带来难以忘怀的一学期！

蒲　毅

一、课程综述

本学期的课程分为六个专题，分别是：WTO 概述、中国知识产权案、出版物及音像制品案、原材料及稀土案、反倾销反补贴案和电子支付服务案。每一个专题都涉及课前问题讨论以及课后的问题研究。

（一）WTO 概述

第一是课前的阅读。主要针对阅读材料 *Understanding the WTO* 展开，老师提前让我们对材料进行了阅读和思考，一是让我们对 WTO 有初步的认识，二是让我们通过自己的阅读发现自己的疑问，并整理出来在课堂上大家进一步讨论。这样的过程既是一个阅读材料增长知识的过程，更是一个发现问题和为后续课堂活动做准备的过程。

第二是课堂的讨论。老师首先介绍了这堂课大概的思路和学习方法，并为我们简单介绍了课程所需要用到的一些资料。课堂最主要的活动是就我们课前提交的问题进行讨论，不同的同学会从不同的角度出发对同一份材料提出不一样的问题，又由于不同的同学所掌握的知识是不一样的，所以有的同学的问题，其他同学就能回答。老师即使知道问题的答案，在课堂上也不会直接告诉我们，而是通过引导的方式，让我们自己通过网络找到相应的答案。

此次课程因为包括我在内的一些同学之前对 WTO 没有深入的了解，所以很多问题都集中于在后面看来比较基础的内容，比如说 DSU，DSB 还有 Panel 到底是指什么，以及它们之间是怎样一种关系。这些问题虽然很基础，但确实是了解 WTO 不可避免的问题。第二类则是之前学习过 WTO 相关内容的同学提出的相对有深度的问题。但是由于一开始自己缺乏背景知识，所以对这些问题的内容和回答印象都比较模糊。第三类问题是从了解到的现实出发提出的对 WTO 的现状及将来的问题。比如上诉机构的停摆以及能否恢复正常运转的问题。

（二）中国知识产权案

在本专题中一个很重要的问题是专家组报告对 VCLT 第 31、32 条的使用。

专家组对 VCLT 第 31、32 条的使用是这一报告中比较核心的问题，只有理清楚这一问题，才能理解专家组具体的分析思路以及结论的得出。杨老师认为要理清这一问题，应首先明确 VCLT 第 31、32 条的具体内容，即它们确立了怎样的条约解释规则；再结合报告去看报告中所体现的对应规则。

首先，应该明确 VCLT 第 31、32 条究竟确立了怎样的条约解释规则。VCLT 第 31 条确立的是一般解释规则，在其包含的要素上同学们之间就出现了分歧：有的同学认为它包含了五项要素，即 good faith、ordinary meaning、terms、context 和 object and purpose.

而另一些同学则对 terms 和 good faith 是否属于要素提出质疑。我个人是认为该条确立的解释规则的要素只有四项，即不包含 terms 在内，因为根据第 31 条之一的完整规定 terms 指的应该是被解释的词语本身，它不应该作为解释规则所应考虑的要素之一。

第二个问题是关于第 31 条和第 32 条的关系问题。一开始，有同学可能认为第 31 条和第 32 条之间是并列关系，即在适用中没有先后顺序。但是在仔细阅读原文和讨论之后，基本达成的共识是第 32 条是在第 31 条的基础上所进行的补充的解释，这既体现在这两条的名称上，也体现在第 32 条具体内容中。第 32 条应该是在适用第 31 条得出了一个结论之后，再利用该条的规定来确认该结果或对该结果进行补正修订。

在明确了上述内容之后，一个很重要的步骤便是在专家组的报告中寻找适用这些规则的痕迹。但这一过程并不容易，因为在有的解释内容上可能很难确定到底适用的是哪一个解释的规则，因此我们找寻之后得出的结论也并不明确。同时在对该条的适用上，杨老师似乎认为不能任意选择其中的几个规则进行使用，而舍弃另一些不使用。但是我的想法是，第 31 条和第 32 条给出的是条约的解释规则，条约解释的最终目的是想要得出一个具有说服力和合理的结论。因此在规则的选取上，如果要机械地使用这些规则，可能并不能得出一个令人满意的结果，但是如果能够在解释的过程中对使用的解释规则进行选取，可能更能赋予法官主观能动性。同时只要选取的解释规则在条约规定的范围之内，也并没有违反该条约。

（三）出版物及音像制品案

中国音像制品案为中国贸易措施被以违反《入世议定书》义务为由在 DSB 申诉的第一案，因此本课的讨论主要集中于专家组和上诉机构对《入世议定书》于 GATT 1994 的关系的论述。具体而言，即中国在《入世议定书》第 5.1 条下的义务能否适用 GATT 1994 第 20 条下的各项例外（本案中国主张适用的为 a 项公共道德例外）。重点对以下几个问题进行了讨论：①上诉机构的审议范围能否超出专家组的审查范围；②arguendo 与 judicial economy 的关系问题；③本案与 DS 345（US-CBD 案）的关联；④上诉机构对 DS 363 论述中国能否援用 GATT 1994 第 20（ε）条的解释存在的问题。

（四）原材料及稀土案

本专题涉及两个案例，但是两个案例实际上涉及的是同一个法律问题：对中国《入世议定书》第 11.3 条的违反能否援引 GATT 1994 作为抗辩的问题。本次专题主要涉及以下几个内容：

1. 两个案件中专家组和上诉机构的思路及其递进关系

针对专家组和上诉机构各自的分析思路，大家采用了思维导图或文字的形式进行了阐述，在此也就不再赘述。在这两个案件中，专家组或上述机构采取的方式都是针对中国的具体主张进行分析，然后得出结论。其实，当把这两个案件放在一起看，个人觉得比较有意思的是，两个案件所涉及的几乎是同样的法律条文之间的关系，在原材料案中的专家组和上诉机构已经做出了一个结论的情况下，稀土案的专家组和上诉机构再对同样的问题进行审理的条件是什么，而这一问题在稀土案的专家组报告的理论分析部分也进行了说明。

专家组认为，美国不锈钢案的上诉机构报告确立了一项原则，即在缺乏令人信服的理由的情况下，一个裁判机构应该在后续案件中以同样的方式处理相同的法律问题，以确保稳定性和可预测性。因此在本案中，他们考虑了以下因素。

当事人依据新的论据要求专家组偏离上诉机构先前做出的判决，对这些能引起复杂法律问题的论据进行探索会在上诉时有所帮助。同时在决定如何进行时，专家组针对本案特别考虑了以下因素：没有任何一方或第三方主张专家组不对这一问题重新审查；本案的当事方与原材料案当事方有所不同；该法律问题是本争议的核心层面，并且具有基础性和体系性意义上的重要性；专家组认为中国关于《入世议定书》条款和 GATT 1994 条款之间的体系性关系的论点是一个新的论点，也是一个复杂的法律问题。同时专家组还考虑了中国提出的论点是否达到了“令人信服的理由”的标准，在上诉机构并未对这一词组定义的情况下，专家组认为这一表达可能可以理解为只是概括性地设定了一个高门槛，但是具体条件是什么并没有进行说明，专家组甚至也没有明确中国的提出的论点是否构成了令人信服的理由，但通过其后面对这个案件的审理，应当理解为其认为中国提出的论点已经具有“令人信服的理由”。

因此在两个案件的递进关系上，我觉得在第二个案件一开始对同一法律问题重新审理的理论说明比较值得关注，它奠定了专家组和上诉机构对这一案件进行审理的基础。

2. 中国在原材料案中提出的附件 6 中“exceptional circumstances”和 GATT 1994 例外的关系的思路问题

具体来说，是在原材料案的专家组报告的第 7.125 段中，中国提出第 11.3 条和对附件 6 例外情况（exceptional circumstances）的援引支持了中国援引 GATT 1994 第 20 条作为抗辩的权利。中国在此的论证思路是什么？

由于我们只阅读了节选段落，所以中国论述的相关段落并没有在阅读的内容中详细展现出来。但是在上述机构报告的第 282 段中，上述机构对中国的论述有相关的引用：

“China argues that the term ‘exceptional circumstances’ in the Note to Annex 6 indicates ‘a substantive overlap between the scope of the exceptions set forth, respectively, in Annex 6 and Article XX of the GATT 1994’.”

中国认为附件 6 中的“例外情形”与 GATT 1994 第 20 条中的例外在范围上有实质性重合。通过允许中国在例外情形下可以征收与 WTO 不相符的出口关税，中国和其他 WTO 成员已经表现出了一个相同的意愿，即允许中国直接或间接援用第 20 条中的例外情形来对这些关税进行正当化说理。中国认为这些例外情形不仅能用来抗辩超过附件 6 中针对 84 种产品设定的最高额征税的行为，还可以用来抗辩对没有列在 84 种产品中的产品进行征税的行为。

一个相关的问题是在该案的上诉机构报告第 287 段中，上诉机构不同意专家组报告，认为中国没有在征税前与受影响的成员进行协商违反了附件 6 下的义务。但是上机构认为，中国征收关税这个行为本身就不符合附件 6，因而也谈不上需要协商的问题。有的同学提出，似乎在专家组的报告中没有看到相关的论述，最后发现相关论述只是没有在我们现阶段的讨论范围内。

但是引起的一个问题是之前老师也在课上提到过的，如果专家组在自己的报告中并没有对相关问题进行论述，上述机构可否对其进行解释？根据 DSU 第 17.1 条的规定“The Appellate Body shall hear appeals from panel cases.”；而第 17.6 条又规定“An appeal shall be limited to issues of law covered in the panel report and legal interpretations developed by the panel.”。由此的推理过程是，第 17.1 条规定上诉机构审理的是来自对专家组裁决案子的上诉，而上诉内容又限于对专家组报告中涉及的法律问题和专家组进行的法律解释，因此上诉机构的审理范围也应当是专家组报告中涉及的法律问题和专家组进行的法律解释。因而我认为在专家组对某一问题并没有进行阐述的情况下，上诉机构也许不应当对相关问题进行审理。但是让我困惑的是，如果专家组对某一个问题的忽略本身就是一个法律问题，上诉机构是否应该就相关问题进行审理？

3. 关于“超 WTO 义务”的问题（WTO-plus）

有很多问题比如关税，在 GATT 中并没有进行规定，而是在一些国家的《入世议定书》中进行了规定，这些超越 WTO 的义务被称为超 WTO 义务。

张文嘉同学通过课后的研究发现有学者提出，其实超 WTO 义务的内容可能普遍存在，只是有的比较明显，并且在实践中也在贸易活动中产生了争议，通过争端解决被大家知道；而实际上除了已经显现的这些内容外，还可能存在大量潜在的超 WTO 义务的存在。

她认为虽然超 WTO 义务的存在并不违反现在的协定，同时还有一些国际法上的理论为其合法性背书，但是其在实体上和程序上都很难说具有公正性。首先，从实体上来说它并不符合公平贸易的原则；其次，从程序上来说正是因为 WTO 的加入程序没有明确的程序和内容，这才给了超 WTO 义务存在的余地，并且超 WTO 义务在透明性上也有所缺失。

（五）反倾销反补贴案

本专题我们就中国诉美国的反倾销与反补贴案件进行了讨论，涉及两个案子，但是我们在课堂上只重点针对中国主张美国采取用 NME 方法征收反倾销税后又征收反补贴税的做法构成双重救济进行了讨论。专家组和上诉机构进行的分析都需要解决两件事：首先他们要论证美国是否存在双重救济的情况，在得出肯定答案的情况下还需要考虑双重救济是否被禁止的问题。

双重征税与双重救济的问题。首先从概念上来说，双重征税是指对同一产品同时采取反倾销措施和反补贴措施，同时征收反倾销税和反补贴税。而本案中，上诉机构也对双重救济的概念作了界定。当对同一进口产品同时征收反补贴税和反倾销税时，就可能出现双重救济。然而，双重救济一词并不仅仅指对同一产品同时征收反倾销税和反补贴税这一事实。相反，双重救济，也称为双重计算（double counting），是指同时对同一进口产品征收反倾销税和反补贴税，至少在某种程度上导致两次抵消同一补贴的情况。在使用 NME 方法计算倾销幅度的情况下，双重救济很可能发生。

在市场经济中给予国内补贴的背景下，当同时对同一产品征收反倾销税和反补贴税，并且在反倾销调查中使用无补贴、建构的或第三国正常价值时，也可能出现双重救济，从而在一定程度上导致对同一补贴行为的两次抵扣。然而，如果正常价值以国内销售为基础，在市场经济内给予国内补贴的情况下，双重救济就不大可能发生。在这种情况下，正常价值和出口价格都会因国内补贴而降低，因此不应影响倾销幅度。

在计算来自非市场经济国家的产品倾销幅度时，调查当局用正常价值与出口价格比较，而这种正常价值基于第三国的替代成本或价格。在计算倾销幅度时，调查当局将产品的推定正常价值与产品的实际出口价格比较。这样，产生的倾销幅度通常高于其他情况下所得的结论。

（六）电子支付服务案

本专题讨论的案例是电子支付服务案。该案起因于中美两大银行组织的商业利益之争，即中国银联公司（CUP）和美国维萨公司（VISA）。作为中国唯一合法的清算组织，中国银联总揽了在中国发生的人民币计价和支付的支付卡交易的相关服务；VISA 等外国卡组织只能从事外币交易的清算，无法从日益成长的中国市场获利。在国际上，自 2004 年开始，中国银联在诸多国家铺设网络，并由于使用银联卡可免除外币兑换费等好处，选择银联结算的双币卡（带有“银联”和“VISA”双标识）越来越多，VISA 的海外市场有被蚕食的危险。2010 年，VISA 被报道封堵中国银联海外通道。三个月后，2010 年 9 月 15 日，美国向争端解决机构提出与中国进行磋商的请求，指控中国对支付卡交易的电子支付服务和服务提供者规定了一系列限制和要求，违反了 GATS 第 16 条和第 17 条下的义务。

本案的首要问题是中方是否对系争服务做出了具体承诺。中美立场完全不同。美方认为，系争服务属于中国减让表 7. B 类“银行及其他金融服务”之（d）项“所有支付和汇划服务”，中方已经做出了承诺。中方则主张，其起草减让表 7. B 之（d）项的基础是 GATS《关于金融服务的附件》。作为涉案服务的核心要素，清算和结算服务属于《关于金融服务的附件》第 5 段（a）之第（xiv）项“金融资产的结算和清算服务”，故涉案服务也应落入第（xiv）项，而中国未对该服务做任何承诺。

二、课程感想

时间匆匆，转眼“WTO 法律制度研究”的课程已经结束。我仍然记得第一次走进杨老师的课堂时，心中的那份忐忑和局促。从未了解过 WTO 相关法律制度的我，不太敢在课堂上发言说出自己的想法，但随着课堂的不断展开，让我不仅了解到了 WTO 相关的基本法律制度，也敢于在课堂上说出自己或许很幼稚的想法。

最后的综述，感谢杨老师的教导和传授知识，感谢一起学习的同学给我的启发。

贺韵锦

选择杨国华老师的“WTO 法律制度研究”课前，我其实已经从上一届的师姐处听闻了这门课对阅读量的高要求。看到了老师发来的课程资料包后，我进一步确定了我对这门课的“想象”：要求大量阅读 WTO 案例文本的案例研讨课。但到真正走进课堂之后，我才发现我的想象与现实有多大的差距。

杨老师的第一节课就让我了解到了一种全新的讨论式教学。课堂中将讨论大家在课前提出的问题，是我在上课前的预期。但我本以为老师会选择同学们疑问中较为集中或是较为具有典型性的组织讨论和解答，并没有料到老师会让大家依次澄清自己的问题并针对每个问题组织讨论。由于我在课程群内第一个提出了问题，很“不幸”地，成为第一个发言的同学。在老师逐步引导我澄清疑问的具体内容的过程中，我开始对自己提出的问题的语言进行修正：将 WTO 争端解决机制中的各个程序、机构、报告名称以及上述内容在 DSU 中的文本依据一一明确，改变了本科学习国际经济法时仅以中文学习、对各种术语的概念理解似是而非的状态。随后，我被老师请上讲台将自己的问题进一步细化为了两个部分，即“报告的通过与生效”和“报告的援引”。关于前者，我与同学们在阅读 DSU 的基础上深入学习了 DSB 组成 Panel 产生专家组报告、专家组报告被争议方上诉或是获得通过、组成 Appellate Body 产生上诉机构报告、上诉报告获得通过的具体程序，明确了报告生效的条件——获得 DSB 反向一致的通过。其间，我们还共同讨论了“反向一致”的具体内涵、采取该模式的原因等。关于“报告的援引”，我们明确了，“引用”此前的报告内容属于 DSB 专家组和上诉机构的一种惯常做法，但该种“引用”并不必然导致此前的报告具有了普通法意义上的“先例”的效力；同时“能否引用”与“报告是否生效”也不存在真实的因果联系。

在进行上述讨论的过程中，我们每个人都需要不停地通过各种途径（当然，主要是通过 WTO 官网这一最为权威的途径）为我们提出的各种“课本知识点”找到条约依据，为“上诉机构因美国阻挠停摆”这一“新闻事实”找到具体的 WTO 文件支撑，同时也在检索和讨论的过程中深入了解了 DSB 的组成和运行机制，了解了关于 DSB 上诉的最新动态。我的感受是，这种在不断产生问题、不断试图解决问题的过程中的学习，其效果较直接阅读课本或是文献相关介绍、直接听老师的讲授更容易在我的脑中留下深刻的印象。

在总论的第二部分，同学们进一步讨论了大家针对 WTO 争端解决机制提出的问题，包括 DSU 中的磋商程序、DSU 中的仲裁机制与上诉仲裁机制、成为 DSU 中第三方的条件、DSU 反向一致制度等问题。第一单元两节课的讨论也让我们初步认识了 WTO 的争端解决机制，为后续讨论争端解决机构处理的各个案件打下了基础。

在随后的课程中，我们按照专题依次阅读了中国加入 WTO 以来在争端解决机构中参与的主要案件。

我们讨论的第一个案例是中国知识产权案，本案的阅读材料主要集中于对中国刑法中对侵犯知识产权类犯罪的入刑标准（即 500 张、5 万元）是否符合 TRIPS 第 61 条项下的有关义务。在阅读和讨论中，大家主要集中研究了 WTO 争议解决机构对 TRIPS 条约的解释问题，和 WTO 争端解决程序中的证据规则问题。

接下来，我们学习了中国音像制品案。这是中国贸易措施被以违反《入世议定书》义务为由在 DSB 申诉的第一案，因此本课的讨论主要集中于专家组和上诉机构对《入世议定书》与 GATT 1994 的关系的论述。具体而言，即中国在《入世议定书》第 5.1 条下的义务能否适用 GATT 1994 第 20 条下的各项例外（本案中国主张适用的为 a 项公共道德例外）。

随着我们对案例研读愈加得心应手，第四单元的学习给我们带来了更大的挑战。在这两周学习中，我们集中研读了“中国原材料案”与“中国稀土案”的专家组和上诉机构报告中关于中国对原材料和稀土加征出口关税违反《入世议定书》第 11.3 条义务后，能否援引 GATT 1994 第 20 条进行抗辩的段落。在研读和讨论的过程中，大家主要聚焦于以下几个问题：专家组和上诉机构报告中提交“独立意见”的合法性、独立意见中“以 GATT 义务条款为《入世议定书》义务援引 GATT 例外条款的桥梁”的合理性、《入世议定书》与《WTO 协定》以及各多边贸易协定的关系。在报告文本以外，大家还讨论了中国入世的历史和入世谈判的流程、《入世议定书》及《入世工作组报告》的关系及法律地位，老师还介绍了在商务部（外经贸部）参与 WTO 工作的有关情况。

接下来一个单元阅读的案例是中国诉美国征收反倾销税和反补贴税时存在的双重救济情形违反 SCM。从这个单元开始，我们的课堂从杨老师组织大家进行讨论改为由同学自己报名主持，课堂氛围也更加活跃。本案中，在中美将争议提交至 WTO 前，实际上中国企业已经在美国国内进行了一系列与“双反”征税有关的诉讼程序。2008 年 9 月 9 日，GPX 及其中国出口企业河北兴茂不满美国商务部对中国适用反补贴法，将美国商务部诉至美国国际贸易法院。2008 年 9 月 19 日，中国向 WTO 提出了磋商请求。2009 年 9 月 18 日，美国国际贸易法院判决要求美国商务部采取措施避免“双反”情况下的双重救济。2010 年 4 月，GPX 及河北兴茂公司认为美国商务部的决定仍然不合理，再次向美国国际贸易法院起诉，该法院于2010年8月认定对同一产品实施“双反”可能构成双重救济，因而违法。2010年10月，WTO专家组认定美国商务部的做法不违反《WTO协定》，中国向WTO上诉机构提出上诉。2011年5月，WTO上诉机构认定美国商务部“双反”做法违反SCM第19.3条。2011年12月，美国政府针对国际贸易法院的判决向美国联邦上诉法院上诉，法院认定美国商务部对非市场经济国家征收反补贴税违反美国国会的立法意志，没有法律依据。紧接着，美国国会开始了紧锣密鼓的修法历程。2012年3月13日，新关税法经总统签署成为法律，明确授权美国商务部将反补贴税应用于非市场经济国家，同时设置了“双反”情况下避免双重救济的制度。根据新关税法的规定，美国商务部于5月31日调整了反倾销税，6月31日颁布最终认定结果，按照URAA第129条（b）款第（2）项的程序执行了WTO判决。本专题的讨论中，同学们主要集中研讨了以下几个问题：第一，反补贴税和反倾销税的征收方式以及非市场经济国家方法（NME）导致双重救济的原因；第二，中国《入世议定书》第15条规定与美、欧等成员运用NME方法的关系；第三，专家组和上诉机构“推翻”在前报告的理由；第四，专家组和上诉机构报告中的细节问题。

我们讨论的最后一个案例是中国电子支付服务案。本案为美国诉中国不对外国服务提供商开放银联相关的电子支付服务违反GATS下第16条第1款、第16条第2款（a）项、第17条的义务，阅读的核心段落为专家组报告中论证电子支付服务是否属于中国在GATS下的承诺减让表中作出了承诺的金融服务（d）项“All payment and money transmission services, including credit, charge and debit cards, travellers cheques and bankers draft (including import and export settlement)”中承诺的内容。该部分主要是对该项承诺的解释，包括对其通常含义的解释、上下文的解释以及目的宗旨解释，并在最后认定无须对该部分进行补充解释。

在第一次课堂讨论中，有很大一部分时间被用来讨论本案中提及的“China Schedule”具体指什么，以及其与GATS金融服务附件。在讨论中，大家错误地将专家组报告中的“China Schedule”理解为了中国《入世议定书》下的“服务贸易特别承诺表”，并就该表与中国在GATS下的“承诺减让表”的关系以及该表和GATS的关系进行了讨论。然而，这一讨论的前提即错误的，因此讨论的内容和大家发表的观点也没有实际的意义和价值。即便如此，对该问题的讨论也引发了同学们对中国《入世议定书》下的“服务贸易特别承诺表”是如何转化为 GATS 下的“承诺减让表”的研究。同学们关心的其他内容则集中于专家组对条约解释方法的应用上，如是否能够或是应当采用“industrial sources”作为通常含义解释的依据、如何确定上下文解释中的上下文、VCLT 第 31 条中的各种解释方法在适用上的关系、“目的和宗旨”解释时如何确定和论证条约的目的和宗旨、VCLT 第 31 条和第 32 条之间的关系等。最后，同学们还在对中国入世 20 周年有关新闻的讨论中着重讨论了专家组报告的撰写和研读问题，并进一步讨论了中国律师对我国在 WTO 有关争议解决程序中的参与问题。

经过这一学期的阅读、讨论和研究，极大地加深了我对 WTO 的理解和认识，英语阅读的能力和速度得到了极大的提升，也锻炼了自己组织语言、有理有据地公开发表观点的能力。虽然在第一节课时，我曾短暂地担任过主持讨论的角色，但我认为自己更乐于发表观点并参与讨论，因此最终并没有报名参加讨论主持。即便如此，我本学期依然收获了很多。

在学习方法方面，首先，我认识到，在了解一个法律领域或是学习一个国际组织相关的法律制度时，原文文本的阅读非常重要，而这不仅局限于案例本身，其他所有相关文件都应该纳入阅读的范围。具体到 WTO 而言，我们应当重视对专家组报告的文本阅读，明确对专家组各项表述和用语的理解。仅仅阅读专家组或上诉机构报告的选读部分有时是不够的，答案很可能在报告的其他部分。阅读案件需要不断地回归文本，以加深对案件和论证的理解。初次阅读报告时，我可能并不能完全理解专家组或上诉机构的论证思路而仅了解了结论，而到第二周再次仔细阅读和总结时，才能对思路有了更加清晰的理解和认识。这样反复阅读的方法使我受益颇多。同时我们也需要适当参考与案件相关的各项文件和记录，如两国在争议中提交的陈述、案件涉及的有关条约。在文件的整合和公开上，WTO 是非常成功的。这些文件也给我们学习和研究 WTO 提供了非常丰富的材料，我们可以对其进行充分的利用。在对一个案例进行研习时，阅读范围不应当仅限于本案的报告材料，有需要时还应参考本案报告中提及的所有前案的报告、与本案相似的后案的报告。赵宏大法官还进一步指出，研习案件还应当研习各争议方提交的书面材料和主张。上述文本都是我们研究和学习 WTO 的重要材料，需要反复进行阅读。

其次，讨论课给我最大的收获在于思想的碰撞，在不断地思考、检索、发言、反驳和探讨中，我们对问题的认识和理解也不断加深。同时，在讨论时，务必确定一个正确合理的前提，且不能凭空谈论自己的想法，而是要更多地寻求文本、条约乃至相关文献和论述的依据，这样才能有助于我们更好地学习、理解和研究 WTO。讨论不仅需要表达观点，更重要的是对观点进行论证，在论证中提供支撑观点的论据。否则，讨论就会陷入无谓的同义反复，或是在没有共同前见时的情感抒发。

而在对 WTO 的认识和理解，我有以下几点体会。

第一，争议解决机构中的各个案件看似相互独立，实际上互相之间有千丝万缕的联系。在遇到新的案件时，争议解决机构必须考虑 DSU 第 3.2 条中强调的“security and predictability”问题，无论是要沿用前案的分析方法或是结论，还是要推翻前案的内容，都需要经过缜密的考虑。虽然有时候这种考虑未必呈现在报告中，我们在研究时也不能忽略前案对当前案件的影响。按照赵宏大法官的话说，DSU 第 3.2 条的核心就是要求达到“同案同判”的结果，从而加强 DSB 的司法权威性和可靠性。然而，也正是由于对本条的坚持和对前案的重视，DSB 上诉机构受到了以美国为首的国家的质疑，而最终陷入瘫痪。在新的一轮部长级会议即将召开的当下，DSB 进行改革势在必行。而在改革中是否仍然需要坚持 DSU 第 3.2 条中的“security and predictability”甚至建立事实上的先例制度，必然是需要着重加以考虑的内容。

第二，专家组和上诉机构并不完美。即使是冗长详细的论证和分析，也可能存在纰漏，而这种纰漏在后续有关国家产生了相同或是类似的案件时更显关键（例如日后的中国原材料案与中国稀土案，既建立在“中国音像制品案”对《入世议定书》的分析和论证的基础上，也部分是为了纠正或是填补本案中专家组和上诉机构论证的漏洞和空白）。因此，在阅读和学习案件中，需要有更多的批判和钻研精神。

第三，将当前学习的内容与 WTO 的最新动态联系起来，有助于更好地体会和理解 WTO 的现状和发展。本案涉及了 DSB 最具有争议的“先例”问题，与当前对 DSB 改革的探讨紧密相连，结合本案和当前的发展，我们能够对该问题形成更加深刻的认识。同时，由于部长级会议即将举行，很多新的发展、新的成果也必然与我们在研习案例中遇到的问题产生关联，我们也应当更多地对这些问题进行关注。WTO 的案件本身是冰冷的，但中国在这些案件中具体经历的事件、中国对外开放以来在对外经济贸易工作中作出的努力，以及参与了这些工作的人们的故事是鲜活生动的。不得不承认，比起阅读和讨论WTO的案例，我更感兴趣的是老师给我们分享的入世回忆录和老师自己的经验。在阅读“冰冷”的案件更加深入地学习WTO有关知识的时候，可以更多地了解案件背后的有关故事和背景，增进我们对整个事件来龙去脉的理解，也使得单纯的阅读不再枯燥。

最后，在这门课对我法律学习生涯和职业选择也产生了影响。我明白了学习不应该抱有太多的功利心，因为学习一个东西不一定是为了“有用”，知识增长的本身也有其意义和价值。当前中国律师在中国参与的WTO案件，或者说在国际公法、私法案件中，都鲜有参与和表现的机会，这一方面是能力的欠缺，另一方面也是经验积累的困难。但作为新时代的法律人，作为有志于从事涉外、国际事务的学子，我们必须有“明知不可为而为之”的勇气和斗志，从磨炼自己的知识储备和业务能力开始，一步一个脚印地向国际法律舞台的中心靠近。即使面临质疑和否定，为了让中国法律人真正站上国际舞台，成为中国的国际律师，唯有拼搏与努力一条路径。

最后的最后，再次感谢杨老师这一个学期以来的谆谆教诲，也感谢所有同学在课堂上贡献的精妙思想和精彩发言。

张心颜

随着大家在各自座位上“会心一笑”的一张相当自然而温馨的合影，一个学期的“WTO法律制度研究”课程落下了帷幕。之后一个周二的早晨，从宿舍出发前近乎下意识地从书架上取下自己的名牌准备带走，却在随后意识到课程已然结束时，我脑海中又浮现出第一节课杨老师说起“立名牌代表相发言”的规则时的情景，亲切而令人想念。

在此综述本课程一学期的内容、记录自己的成长与感悟，并对课程提出自己的几个小建议，算是为课程划上最后的休止符。

一、课程综述

本学期我们共进行了六个专题、六个案例的讨论，从不同的角度对WTO多边贸易体制进行了观察和探讨

（一）专题一：WTO概述

本专题主要内容有二：一是对作为国际组织的WTO与作为多边贸易体制

的 WTO 的总体面貌进行概览，为后续不同层面更为深入的探究奠定基础；二是选取 WTO 独具特色的争端解决机制进行了重点讨论，集中聚焦了 DSU 中第三方加入的磋商期限，DSB 在专家组设立、专家组报告通过、上诉机构报告通过、授权报复四个事项上独特的“反向一致”表决规则及其设置意图，DSU 第 25 条仲裁的程序规则，以及“上诉机构停摆”与“多方临时上诉仲裁安排”的建立这个前沿问题。

（二）专题二：中国知识产权案

从本专题开始我们进入了具体的案例研究。本案核心是对“commercial scale”的解释，我们以其为线索，主要研究了以下问题：一是 VCLT 作为专家组解释 WTO“涵盖协议”的依据；二是专家组对 VCLT 第 31、32 条中文义解释、上下文解释、目的宗旨解释、善意解释与补充解释方法的运用以及上述解释方法各自的关系；三是查字典的方式作为专家组确定解释对象之“通常含义”的文义解释的起点问题；四是 DSU 的举证责任与证明标准问题。

（三）专题三：中国出版物与音像制品案

本案的核心问题是中国能否援引 GATT 1994 第 20 条的“一般例外”条款来正当化其违反中国《入世议定书》第 5 条“贸易权义务”。围绕该问题以及专家组和上诉机构报告，我们进行了以下几方面讨论：一是专家组对 arguendo 跳过中国能否就《入世议定书》第 5.1 条援引 GATT 1994 第 20 条这个“复杂的法律问题”而直接审查中国的措施与 GATT 1994 第 20 条的符合性依据；二是上诉机构能否审查被专家组用 arguendo 方法跳过的问题；三是 arguendo 方法的来源和后续适用情况及其与 judicial economy 的关系；四是本案上诉机构的分析思路，即中国《入世议定书》第 5.1 条与 GATT 1994 第 20 条的关系。

（四）专题四：中国原材料案与中国稀土案

本专题是对两个具有相同主题的案例的合并研究，两个案例的核心问题都是中国能否就没有《入世议定书》第 5.1 条“导入条款”的第 11.3 条援引 GATT 1994 第 20 条进行抗辩。我们在前一专题“中国出版物与音像制品案”的基础上进一步进行了以下几方面讨论：一是能否对没有“导入条款”的“立法沉默”进行反推的问题，以及反推和“有效解释原则”之间的关系；

二是 GATT 1994 第 1 条、GATT 1994 第 20 条与《入世议定书》第 11.3 条三者之间的关系；三是中国稀土案中“单独意见”的问题；四是该案中涉及中国的“WTO-plus”义务的问题。

(五) 专题五：美国反倾销与反补贴措施案

本案的核心问题是美国在同时采取反倾销与反补贴措施的情况下使用 NME 方法计算倾销幅度是否合法。我们围绕专家组和上诉机构报告内容进行了以下几点讨论：一是澄清 NME 方法很可能导致双重救济效果的原理和逻辑；二是专家组以中国未能论证美国的措施与有关条款不符为由不再分析双重救济是否存在，是否是对 arguendo 或 judicial economy 的运用；三是上诉机构在认定美国措施违反 SA 第 19.3 条后就直接运用 judicial economy 不再分析 SA 第 19.4 条，直接宣布专家组的有关分析“no legal effect”是否越权；四是中国的市场经济地位问题以及 NME 方法与市场经济地位的关系；五是重新审查已有结论理由的“congent reasons”的标准和运用；六是以 SA 第 19.3 条的“export subsidies”为对象再次辨析反推和有效解释原则、目的宗旨解释与有效解释原则的关系。

(六) 专题六：中国电子支付服务案

本案的核心问题是中国是否在其 GATS 承诺表中对银联服务作出了承诺。我们讨论了该问题以及专家组报告中的若干有关问题：一是对 CPC 规则的澄清；二是审查顺序是否可能影响专家组的结论；三是中国在 GATS 附件与中国《入世议定书》中两份承诺表的关系；四是 industry sources 作为判断 ordinary meaning 的依据问题；五是中国承诺表中“including”的用法问题；六是体系解释中“上下文”的范围问题；七是对 GATS 减让表解释的特殊性；八是以承诺表为对象进一步研究文义解释、上下文解释与目的宗旨解释的位阶关系。

二、课程感想

本课程讨论的专题内容极为丰富且有代表性，课程中同学们的观点碰撞十分精彩，且同学们课后的努力研究也贡献了珍贵的成果。得益于这些，我在每个专题中都有点滴的收获，经过一学期的累积，确实在以下四个方面收获颇丰。

（一）知识体系的完善

六个专题的学习让我从不同层面拓展和加深了对 WTO 同时作为国际组织和多边贸易制度的认识。本科阶段，我对 WTO 的理解基本上停留于通过背诵形成的平面性的、表层的知识堆砌，而本学期第一个专题对 WTO 的概览让我回忆起了已经忘却的知识并对知识进行了更为系统的整合。接下来的五个专题所聚焦的核心问题更是为我打开了一个新的视野，呈现出 WTO 更为生动的面貌：我了解到专家组和上诉机构运用 VCLT 第 31、32 条的基本模式，了解到《入世议定书》与 GATT 1994 之间微妙而复杂的关系、NME 方法和"双反"背后的经济机制、GATS 承诺表的真实面目和解释的特殊性等；同时，杨老师每次课前分享的新闻，如多方临时上诉仲裁安排、第十二届部长级会议、渔业补贴和服务贸易国内规制的新进展、WTO 成立 20 周年庆祝活动等，也更新了我关于 WTO 的知识。经过这个学期的学习，我对 WTO 的了解早已不同于本科阶段，而是趋于立体，深度、广度、新鲜度也得到了极大的提升，知识的增量带给了我极大的欣悦感和满足感。

尤其值得一提的是我从本课程中获得的约文解释方法的系统性知识。虽然本学期的每个专题案件侧重点有所不同，但均离不开对《WTO 协定》的解释方法的问题。经过"中国知识产权案"中围绕"commercial scale"展开的对 VCLT 第 31 条各个要素的初步了解，到"中国出版物和音像制品案""中国原材料案""中国稀土案"中对反推方法和"立法沉默"的研究，再到美国"双反案"中对反推方法、"立法沉默"和有效解释原则的联系与区别，以及对善意解释原则地位更为深入的思考，最后到本案中对"通常含义解释""上下文解释""目的宗旨解释""善意解释原则""有效解释原则"、对 GATS 特殊性可能导致的解释方法等各要素的课堂讨论，我对约文解释方法有了较为系统的理解和把握，不仅对 WTO 规则解释，对其他国际法领域文件，乃至国内法的理解都有极大的裨益。

（二）学习方法的掌握

本课程的特征在于课堂讨论强度、集中度和文献阅读的任务量都十分可观，这些具有相当挑战性的任务既是对我学习能力的考验，也让我在训练中掌握了若干学习方法，提高了自身的学习能力。

首先是自主获取知识的能力。不同于传统课程的教师单方面讲授知识的形式，本课程以学生研讨为主、以问题为导向，让知识在同学们的“提问—解答”的过程中逐步呈现，在此过程中我需要充分运用各种有关网站、公众号、数据库等媒介主动查询有关信息并充分调动思维运转以参与讨论，完成了从单纯被动接受知识到主动寻找信息，在与同学们的思维碰撞中“邂逅”知识的转变。虽然这个过程看似零散，但是一个个问题的线索却着实能够有效地打通整个知识体系，也培养了我在今后没有教师讲授的情况下根据自身需要自主获取知识的能力。

其次是文献阅读的方法。本课程采取的“阅读材料—提取问题—澄清问题”的课堂流程给了我阅读文献方法的启发，现在我阅读文献，尤其是英文文献时，多会标明不甚理解之处，待通读全文之后再携带这些疑问再次到文献中去寻找答案，寻找答案的过程也是对阅读对象进行更为深度的梳理和思考的过程，即便最终仍然没能找到答案，但是对文献的理解着实提升了一个层次；本课程还提高了我阅读文献的严谨性：本学期课堂中我提出的若干问题是对文本中单词的遗漏或误读所致，讨论与解答让我认识到了自己对细节理解的误区，让我领悟到细节对理解条文规范内容的重要性，所谓“失之毫厘，谬以千里”，在今后的文献阅读中，我将努力关注到每一个词汇、注重培养自己更加严谨的阅读习惯。

最后是用图表辅助理解的方法。自从专题三杨老师提及我们可以在课后作业中使用图表的形式，我对此进行尝试之后发现，该方法能够帮助我形成对文献内容结构和脉络的直观认识，更好地进入文献作者的逻辑并与其对话，故而此后我每次分析专家组或上诉机构报告对案件的分析思路都会采取绘制图表的方式，让自己对报告的理解更为全面和透彻。

（三）对理论与实践、历史与现实关系的认识

本课程的辐射范围并不限于案件中包含的 WTO 制度理论的研究，还更为广阔地涉及 WTO 多边贸易体制的发展历程以及运行的现实情况。例如，对专家组和上诉机构报告措辞的讨论让我看到了规则背后专家组、上诉机构与当事方之间微妙的博弈；对新闻的讨论更是让我的眼光不再停留于 WTO 制度的文本以及过去的案件，而是触碰到了 WTO 的前沿，了解到了 WTO 新近的成果和目前正在努力的事情，如国内贸易规制、渔业协定、诸边谈判的推进、

WTO 的改革构想等，WTO 制度绝非纸面理论，最终要在现实中服务于多边贸易体制的维护和完善，也让我认识到规范之外的现实情形的复杂性；对 WTO 历史及案件中涉及的有关规则形成与发展历程的了解也让我超出纯粹的规范内容，不再单纯埋怨规范本身不够清晰，而是能够真正将其置于特定的历史情境之中，形成更为客观的、更具同理心的理解。

在此要特别感谢杨老师一直在坦诚地同我们分享我国加入 WTO 后首次参与磋商的情景、“非市场经济地位条款”意想不到的效果、中国律师进入 WTO 实务的困难现状等我不曾知晓的故事，无论是 WTO 法律体系还是其他制度，其形成与发展都是从现实到规范而非从规范到现实，理论和规范仅是对现实的概括和解释，WTO 之所以呈现出当前的面貌，其背后有自己独特的历史脉络；WTO 法律体系在内的制度也不可能被禁锢，而是鲜活的、不断生成发展的。

（四）交流表达能力的提升

作为一个生性内向的人，我此前从未选过此类需要充分互动的课程，也极少向他人表达自己的问题和观点；然而，在本课程进行的过程中，我逐步认识到，与他人的交流与观点碰撞并非我想象中的那么困难，也开始敢于在课堂上向同学甚至杨老师提出自己的困惑和相反的意见，逐渐习惯于临时组织语言、在同学和老师面前阐述自己的观点、对于立名牌也从一开始的犹豫不决到最后的几乎跃跃欲试。感谢这门课程提供了一个温暖而友好的氛围，让我在克服社交障碍上有了很大的进步，我相信这将是让我终身受益的、无比珍贵的财富。

三、建议

整个学期的课程相当丰富充实，在这里仅提出两个小建议：一是或许可以考虑将梳理专家组或上诉机构的思路这个问题放在每一专题之前、由一至两名同学以绘图等形式完成，让同学们能够在对案情和主要问题有基本共识的基础上展开讨论；二是或许可以考虑将同学们的课前问题略做归类、简化澄清环节，让课堂时间更有效地集中在分歧较大、同学们较为感兴趣的问题或者案件的核心争点上。

最后再次感谢杨老师和同学们对我一学期的陪伴和包容，WTO 不会关门，对 WTO 的关注和研究也不会结束，希望今后能够有机会再次回到杨老师的课堂上，一起探讨 WTO 的曾经、当下和未来。

郝曼彤

三年前一个秋末午后，我和小伙伴漫步在日内瓦莱芒湖畔，湖光天色浑然一体。我们决定在 WTO 门前的石凳驻足，殊不知这成为开启我和 WTO 缘分的起点。这学期我修读了 WTO 案例研讨课程，收获了一段丰富而精彩的独特经历。丰富在于这门课程讨论的内容丰富，并不局限于中国在 WTO 的案例报告；精彩在于同学们的自由发言组成了这门课的大部分；独特在于老师会时不时讲述一些 WTO 相关趣闻，使冷冰冰的案例变得鲜活。为了给这门课画上一个圆满的句号，我想尝试总结本学期讨论过的自己比较感兴趣的话题，以及谈一谈我的收获与感想。

一、课程综述

这一学期，我们讨论了六个专题，除专题一讨论 WTO 概述，帮助大家建立起对 WTO 的概览以外，其余专题均围绕中国在 WTO 的案件展开讨论。还记得老师在学期初所说，我们将在本学期见证 WTO 的历史性时刻——第十二届部长级会议召开。我们一起期待这次会议给危机重重的 WTO 带来转机与希望，但遗憾的是迎来了 MC12 又一次延期。失望在所难免，但我们要用发展和变化的眼光看待事物，不应放弃践行多边主义的正确道路。虽然本学期没能讨论更多专题和案例，但幸运的是我们都能有所收获。下面我想总结每个专题的讨论线索，尝试将本学期讨论内容串联起来，也是我对学期所学的简单回顾。

（一）专题一

作为学期讨论的开端，专题一围绕 DSB 机制和最新动态展开了讨论。我们通过研究 DSU 的文本对 WTO 争端解决机制有了基本了解，还了解到上诉机构停摆以及一些成员声明达成 MPIA 的最新动态。上诉机构正面临停摆危机，恢复运作前景渺茫，国际社会也充斥着各种批评的声音，这为我们接下来的专题研究上诉机构报告埋下了欲扬先抑的伏笔。同时，我们研究了 MPIA 的仲裁员池的成员，惊讶地发现杨老师也是其中一员。但是 MPIA 参加成员少，也未能涵盖所有争端解决的主要使用成员，因此 MPIA 能否发挥理论上的效用也是未知数，我们只能等待诉诸 MPIA 第一案的裁决结果，观察其未来的运作情况。

除以上内容外，我们在专题一还讨论了争端解决机制的运作流程，还对一些问题如磋商程序、“实质利益” 的规定、仲裁条款，以及贯穿 DSU 核心的“反向一致” 规则展开讨论。在老师的引导下，我们仔细研究 DSU 的文本，掌握了争端解决程序的运作规则，也尝试了解这些规则背后的目的。也是从这一专题开始，我明白了认真研读《WTO 协定》 文本是学习 WTO 的基础，老师在之后的专题讨论中也反复强调这一点的重要性。

（二） 专题二

从专题二开始，我们真正进入案例讨论。专题二讨论的是中国知识产权案，我们研读了专家组报告中解释论证部分，讨论了之前从未接触过的问题，在学习中也逐渐掌握了基础知识。

首先，搭建起专家组报告主线的问题是条约解释问题，专家组运用了 VCLT 的解释规则开展了解释条约的工作。从上帝视角来看，之所以说这个问题十分重要，是因为接下来的专题讨论多次涉及这个问题，讨论持续整个学期，这说明该问题的一些方面可能没有确定的答案，也说明我们对该问题的讨论不够透彻。该问题的伊始是，专家组为什么采用 VCLT 规则进行解释？回到 DSU 文本，我们发现 DSU 第 3.2 条有所规定，同时 WTO Index 对该问题也有进一步澄清，表明 VCLT 的相关条文已经获得了国际法习惯规则的地位。我也是从这里了解到，WTO 对 DSU 文本会作出一个类似引导实践的指引文件，里面会解释 DSU 的一些词语，以一些已经发生的案件为例帮助解释具体用语的含义。至此，WTO Index 成为我学习和研究 WTO 案例的重要资料。

其次，我们讨论了 VCLT 第 31 条的具体解释过程，具体研究了文本中的四个要素，分别是通常含义解释、上下文解释、宗旨与目的解释、善意解释。这四个要素贯穿专题讨论的始末，在接下来每一次讨论我们都会尝试澄清一些新问题。本专题讨论我们主要澄清专家组具体如何运用该条约进行解释，以及如何解释条约的通常含义（包括为什么专家组查询特定字典的问题）。我们发现，专家组在解释条约时，不是运用天马行空的想象力“想” 出对条约合理的解释，而是遵循一套固定的解释规则，更像是将条约代入公式一步一步求得解释的结果。此外，还出现了两个新的解释规则，即善意解释和有效解释，我们在之后的专题也进一步讨论了这些问题。

（三）专题三

专题三的主题是中国出版物与音像制品案，我们围绕 GATT 1994 第 20 条一般例外的适用问题，讨论了专家组解释程序中运用的方法和原则。我认为本专题讨论的最有意义也是最有意思的问题就是 arguendo 的问题，大家对这个名词比较陌生，因此讨论的进程也相对缓慢。其中讨论到 arguendo 和 judicial economy 的关系，我们尚且达成初步结论，即二者是存在差别的，无论在概念上和性质上还是在运用的层面上都不能将二者画等号。如果对二者做简单明了的解释，我们可以理解成 judicial economy 是审判的一般准则，而 arguendo 是一种解释的法律技巧，是实施广泛意义上的 judicial economy 的一种实践方法。arguendo 这一方法并非适用于所有案件，只有在运用这种方法不会对裁决结果产生影响的情况下，专家组或上诉机构才能使用 arguendo 这一方法，跳过对某些问题的审理。

（四）专题四

专题四的主题是原材料案与稀土案。本专题我们讨论的主要问题包括专家组报告中的单独意见、《WTO 协定》与成员《入世议定书》的关系、超 WTO 义务以及条约沉默的解释等，一些问题与 DSU 确立的解释规则息息相关。关于单独意见的问题，不光是专家组，上诉机构也会存在成员发布个别意见的情况，虽然这种意见的发表符合 DSU 条文的规定，但也受到一些限制，成员仍需要遵守裁判的独立性、客观性和保密性等义务。本专题讨论的核心问题是《WTO 协定》及其附件与成员《入世议定书》的关系，这是由于我国在《入世议定书》中的条款规定不清，专家组对此解释出了超 WTO 义务问题，该问题曾引起学界的广泛讨论。成员《入世议定书》是《WTO 协定》的一部分，WTO 各协定作为《WTO 协定》的附件也是其组成部分，可以据此推测《入世议定书》和各附件之间是并列关系而非从属关系，但彼此能否直接援引尚存争议。对于超 WTO 义务问题，从形式上看本身并不违反 WTO 的规定，但实质上可能缺乏公平性和合理性，缺乏实质公正和程序透明。不少学者对超 WTO 义务持批判态度，认为这些义务可能在未来引发争端，而且只有争端真正发生了才能引起承诺成员的注意。但是凡事都要辩证看待，因为在法律适用过程中对条款的解释存在分歧是正常现象，超 WTO 义务可能只是由于解释不同对条款产生了不同的理解。如果单看本专题下我国在《入世议定书》中承诺的超 WTO 义务，貌似缺乏权利义务的平衡，但我国加入 WTO 以来也获得了众多好处，这些已经取得的利益似乎可以构成让渡某些权利的理由，所以从这个角度看我国的权利义务是公平的。对于条约沉默的解释问题，我通过研究发现，一般国际法会借助交叉引用方法解释条约沉默，且专家组或上诉机构在解释过程中，即使使用了相同方法也不能避免得出不同结论。这意味着，即使解释规则被视为公式代入实际案件，经过不同的推导过程也可能得出不同的结果。此外，沉默的含义也千差万别，可能暗含交叉引用，可能也是对故意放弃援引某些条款的明示。严格遵循解释规则可能背离成员订立条约的本意，但即使这样也需要成员方广泛遵守条约，以便督促成员在订约时保持勤勉，维护 WTO 的可预见性和一致性。

（五）专题五

专题五的主题是“双反”案件。该专题下我们讨论了双重救济、双重征税、NME 方法以及中国市场经济地位等问题。虽然我们在课上花费了大量时间澄清一些基础概念，但澄清之后我们的讨论推进得更加顺利。其中市场经济地位问题源自对我国《入世议定书》条款的质疑，虽然条款明确规定仅涉及市场价格可比性问题，和我国的市场经济地位无关，但近年来对该条款的争论大多与我国的非市场经济地位相联系，认为我国并未取得市场经济地位，学界的观点也不统一。其实，一个国家是否是市场经济体是一个事实问题，而非法律问题，不能仅依据各国或各协定中的认定标准就独自判定某一国家是否取得市场经济地位。我国有关该问题的相关案件已经撤诉或中止，并不代表我国已经承认了非市场经济地位，只能看作我国为了顾全大局不得已作出的妥协之举。

（六）专题六

专题六的主题是电子支付服务案。本专题下讨论的主要问题包括 CPC 分类规则、行业来源的地位、including 的用法以及 GATS 附件与成员减让表的关系等。对于 CPC 分类规则，这是案例报告中出现的我从未听说过的名词，是一种涵盖货物和服务的完整产品分类，构成一种国际标准。CPC 规则与 WTO 的关系在于，目前 WTO 使用的产品分类文件从 CPC 文件改编而来，所以 WTO 争端解决程序可以适用 CPC 规则。对于行业来源，该含义作为解释通常含义的一种方式，很少被使用。WTO Analytical Index 澄清了行业来源的用途，即可以作为 VCLT 第 31 条解释通常含义的一种方法。对于 including 的用法，GATS 减让表中对该词的用法并不统一，如果发生了争端也很难解释清楚每个 including 所代表的真实含义。对于 GATS 附件即各成员减让表之间的关系，GATS 金融服务附件和其他服务部门附件是并列的关系，互相之间不能作为彼此解释的依据。由于各成员减让表也是 GATS 的一部分，所以 GATS 金融服务附件和成员方的减让表也是并列的关系。

（七）专题之外——热点问题

抛开专题讨论，我认为每节课开始的热点讨论更加有趣，更契合特殊时代的发展。在 MC12 尚未推迟之际，我们讨论了李成钢大使在 WTO 一线工作的一些观察和思考。各成员对该会议既期待又焦虑，期待的是 MC12 可能成为 WTO 发展改革的转机，带来积极的一面，所有成员对 MC12 也都抱有期待，希望 WTO 通过该次会议启动改革。担忧的是，如果成员未能在 MC12 达成诸多共识，特别是在一些敏感领域（渔业补贴、知识产权豁免、WTO 改革等议题）未能取得显著进展，成员可能会对 WTO 丧失信心，转向寻求其他途径推进贸易自由化进程。因此，成钢大使表示 MC12 能否取得成就以及取得哪些成就，对世界范围内重振 WTO 十分关键。

我们还讨论了美欧钢铝联合声明的内容，大家发表了不同的观点。该联合声明对 DSU 第 25 条仲裁机制的适用在历史上最具创造性，美欧在专家组即将散发报告之际达成协议暂停专家组程序，由此可知相关争端并未得到实质性解决，但争端双方已经达成协议，却将专家组程序转为仲裁程序并无限期拖延争端解决程序，于是我们质疑了美欧援引 DSU 第 25 条的合理性。

在进博会开幕式上，习近平主席发表主旨演讲，其中对我国履行 WTO 下的削减关税的程度作出了总结。我国自主实施了较之承诺更低水平的关税，体现了我国充分遵守入世承诺的态度，还体现了我国主动实施扩大对外开放取得的成果。其中我国入世给 WTO 带来了哪些好处或许无法衡量，但我们也无从估计入世给我国带来哪些积极变化和发展契机。习近平主席在讲话中还提到了我国对多边主义的态度，表示我国是多边主义坚定的支持者和践行者，我国的发展实践也让我们相信多边主义的道路是正确的选择。

当课程进行到十一月底，我们得到了 WTO 总理事会决定无限期延迟 MC12 的消息，虽然是由于新一轮疫情的意外发展，但不可避免地引发大家对延迟原因的猜想和疑虑。在此之前，各成员对 MC12 均寄予厚望，希望就一些重要分歧的事务达成协议，但 MC12 的延期使得一些协议草案无法在会议上获得通过。成员在某些领域付出的努力毋庸置疑，例如 2021 年九月一些成员就服务贸易的国内规制达成一种开放式的诸边协议——JSI，在渔业补贴领域也获得重大进展。虽然 WTO 前景渺茫，前进道路上屡遭困难挫折，但我们仍然要对这一多边组织抱有希望，因为坚持和践行多边主义才是正确的道路。

二、收获

（一）在发现问题中学习知识

该课程的研讨方式一个很大特点是通过“澄清—讨论—再澄清—再讨论”逐渐触及问题实质，揭开未解谜团。我们经常以一个问题为起点进行延伸和拓展，引出其他问题，通过讨论发现问题，澄清问题后重启新一轮讨论。讨论式教学可以引导大家讲出自己的想法和分析问题的角度，彼此互补还有助于共同发现新的问题。其实，如果单纯研究 DSU 的条文，我很难对基础知识产生深刻记忆，反倒是从发现问题中学习知识，通过问题寻找答案的方法帮助我获得更深刻的记忆。如果课后对一些问题非常感兴趣，我也会进一步思考研究以揭开谜团。其实研究案例并不是我们的根本目的，只是我们学习的工具和研究的切入点，案例蕴藏的各类问题才是我们真正研究讨论的对象，虽然这些问题对解决案件争议没有多大帮助，但能帮助我们达到学习案件背后知识的目标。掌握了这些知识，我们就仿佛获得了解决争议的钥匙。

在讨论的同时，我也发现了自己的不足。由于大家的切入点和想法差别较大，我的思路无法完全集中于所有同学的讨论，可能会被一些感兴趣的话题引导而忽略随后的讨论。希望我能早日培养提高自己的能力，认真倾听同学们讨论的每一个问题。

（二）敢于质疑的精神

在开始的专题讨论中，无论是论证方法还是论证结果，我们从未对上诉机构产生质疑，更因为上诉机构能够改变专家组的调查结果，我们对上诉机构一直深信不疑。直到专题三讨论中，我们首次对上诉机构抱有怀疑的态度。上诉机构对同一问题态度不一，未能形成统一观点，比如对能否采用arguendo方法跳过相关问题的审理，上诉机构曾经做出不同的裁决，也并未在所有案件作出说明。我们倾向于理解成上诉机构能够使用该方法，或许会在报告中对这一问题作出说明更加负责任，杨老师也赞同这种看法。

上诉机构工作量大，任务繁重，我们应充分尊重上诉机构成员的劳动成果，而不应质疑他们的专业能力，但正如老师所说，没有事物是完美的，上诉机构也不例外。这是我们第一次抱有怀疑的态度研读上诉机构报告，也充分认识到上诉机构报告也是人作出的，存在缺陷和瑕疵是无法避免的。我们要做的是充分学习上诉机构报告中论证严谨、逻辑严密的方面，不应揪着那些小瑕疵而忽视了整体论证的完美逻辑。

（三）关于主持

本学期的研讨课程有四节课程由同学担任主持人，我很幸运地成为初次尝试主持的同学。在这一尝试后，我既有所收获也有很大感触。

阅读了晓臻总结的主持心得，我对其中的一个问题感触很深，即“如何对待老师竖起的桌签”。此前，我一直认为既然老师让渡了主持人的权利，相应就收获了作为讨论者的权利，因此应该与其他讨论的同学享有同等的发言机会。但是老师对案件的了解程度以及对报告的熟悉程度非常高，对一些讨论的问题可能形成了较为成熟的看法和观点，甚至对一些案件的审理过程也有亲身经历，所以老师如果率先发言可能给其他想发表看法的同学造成表达的压力。因此晓臻总结出相关经验，认为请老师后发言可能比较妥当。这一点是我在主持中没有考虑的细节，所以没有成功避免“冷场”这种尴尬局面的出现。除此之外，为了确保课程进展顺利，我认为还应努力提高自己的专业深度和知识广度，以便尽量为讨论课堂增加风趣，更好地提升同学们的注意力和课程参与热情。

我抱着初生牛犊不怕虎的心态尝试了第一次身份转变，也深刻体会了不同角色给我带来的不同感受。作为台下的听者在课程全程时刻保持头脑清醒和思路清晰十分不易，作为主持人走上讲台更要克服这些问题。只有真正尝试过，才知道自己存在哪些缺点，哪些地方需要改进，也非常感谢杨老师给了我这次宝贵经历，让我有机会发现自己的不足以便更好地进步。

三、感想

整个学期让我感触最深的是杨老师在课上谈到的中国律师完全代表中国政府到 WTO 开庭的必要条件，分别是决心、努力、能力和经验。决心是很容易获得的，努力是可以获得的，能力是因人而异的，而经验是我国律师普遍缺少的。我们无法为自己辩护，并不意味着我们不需要学习和研究 WTO 多边规则，恰恰相反，我们学习和研究 WTO 案例，其直接目标不是为了代表主权国家发表辩护意见，而是为了开拓我们的国际视野，通过学习 DSB 完整的论证过程和严密的论证逻辑培养我们的法律思维。

经过一学期的案例讨论，我们在知识的获得和思维的培养上都取得进步，我们甚至会发现之前没有人注意到的细节问题。学习和讨论 WTO 案例的课程就像是尝试重走别人已经走过的路的过程。庆幸的是，我们发现了不一样的风景，我相信这是属于我们的独特风景，值得我们驻足和品位。老师也会分享曾经参加 WTO 案例的所见所闻，讲述每个案例背后的故事，正是这些分享赋予案例鲜活的生命，陪伴着我们一起进步和成长。

范熙唯

一、课程综述

（一）WTO 概述

专题一的主要内容为对 WTO 争端解决机制的梳理。WTO 争端解决机制主要包括磋商、专家组程序、上诉审议程序以及建议与裁决的监督与实施程序等。课堂中主要讨论的问题包括以下内容。

1. 磋商的时限以及相关问题

同学提问，若有第三方根据 DSU 第 4.11 条申请加入磋商，整个磋商的进程是否会因第三方的加入而被迫延长。对于这个问题，同学们的讨论首先在于第三方的加入是否必然会延长磋商的进程。即使有第三方的加入，磋商也可以适用60天的时限。因为尽管WTO鼓励双方当事国通过磋商的方式解决纠纷，双方当事国也完全可以通过后续程序设立专家组等程序解决纠纷。

对于磋商60天的时限，有同学提问实践中有没有磋商超过60日的情况。根据WTO官网的信息，至今还有很多案件停留在磋商阶段，其中最早的案件发生于1995年，显然已经远超60日。这一现象产生的原因有各国在解决纠纷时的具体考量；其同时也在程序方面显示出尽管DSU第4.7条规定了“磋商超过60天申请方可以请求设立专家组”，但这一规定是申请方的权利而非义务。也即DSU对于磋商时限的规定只有下限，没有上限。这种规定可以充分保护起诉方的起诉权利，却同时也会导致被诉方的权利一直处于悬而未决的状态。有同学提出，DSU应当规定一个请求设立专家组的最长期限，以平衡起诉方与被诉方的权利。此外，有同学担心是否存在被起诉方不理会磋商的请求，从而拖延时间。对此，DSU第4.3条规定争端方应当在收到磋商请求的10天内对请求作出答复，在收到请求后的30天内真诚地开始协商。从而避免争端方恶意拖延时间情况的发生。

此外，有同学提问磋商是否是WTO争端解决的必经程序，是否存在通过DSU第4.7条“双方一致认为磋商无法解决争议”而跳过磋商程序的可能性。对于这个问题，老师指出实践中很少出现此种情况，因为被告方通常更希望在磋商程序解决争议，而没有动机跳过磋商阶段直接进入专家组审议。但如果不考虑实践而单从程序的角度考虑，这一问题仍可以探讨。

2. DSU中第三方加入争端解决程序的条件问题

这一问题由上一问题引出。有同学提出疑问：DSU第4.11条中规定，只有具备substantial trade interest的第三方才能请求加入磋商程序，然而既然有了“实质利益”，为何不直接起诉呢？以第三方身份加入磋商的意义在哪？且DSU中对于第三方加入条件的措辞并不统一：DSU第4.11条的措辞为“substantial trade interest”，而第10.2条的措辞为“substantial interest”，第10.4条的措辞为“benefit accruing to state is nullified and impaired”。不同的措辞必然有不同的意义，而这些条件的差异具体如何表现？

3. DSU第25条仲裁

DSU第25条规定仲裁作为一种替代性争端解决措施。对于仲裁所能替代的具体对象存在两种看法：一是以仲裁代替WTO争端解决的整个一般程序，二是以仲裁代替一般程序的具体阶段。当前上诉机构停摆，MPIA 对于上诉阶段的替代体现了后一种观点。DSU 第 25 条对于纠纷解决机制的替代具有较大的灵活性。

DSU 第 25.4 条中规定“第 21、22 条经修改可以适用于仲裁”。DSU 第 21 及第 22 条分别为“执行建议和裁决的监督程序”以及“补偿的执行和中止减让程序”，是对于一般程序裁决结果执行的规定，理应同样可以适用于仲裁裁决的执行。而 DSU 第 25.4 条提到的“修改”除了一些细节的修改之外还包括哪些值得继续思考。

4. 反相一致投票机制的意义

DSU 中反向一致的投票机制体现在 DSU 第 6.1 条专家组的设立、第 16.4 条专家组报告的通过、第 17.14 条上诉机构报告的通过以及第 22.6 条授权报复条文之中。有同学提出，在这些程序中，反向一致投票机制似乎并不具备什么实质性的意义。例如在专家组设立的程序中，申请方必然不会不赞同，因此专家组实际上是一定能够设立的；在专家组报告的通过程序中，似乎也很难存在所有成员方都不满意的情况。在这两种情况下，规定专家组依申请即可设立，或专家组报告自动通过不是更为方便吗？反向一致的意义究竟何在？对于这个问题，有同学提出 WTO 对反相一致投票机制的适用可能是出于对传统的继承。由于一致同意通过太难实现，不利于争端的解决，因此改为反向一致的形式。老师提出，反向一致制度的保留可能意在维持 WTO 机构成员驱动的特征。

（二）中国知识产权案（DS 362）

本案的争议焦点为中国刑法中关于知识产权犯罪的“刑事门槛”是否符合 TRIPS 的问题。TRIPS 第 61 条却要求对具备“commercial scale”的侵权给予刑事处罚，而中国刑法规定，假冒盗版达到 5 万元或 500 张光盘，才应承担刑事责任。美国认为，“5 万元或 500 张”这一“刑事门槛”，不符合 WTO 的规定。但是专家组通过条约解释方法，运用 VCLT 第 31、32 条对“commercial scale”进行解释，驳回了美国的请求。

本专题主要讨论的内容也即 VCLT 第 31、32 条是如何运用在本案之中的。大体上，本案专家组报告对于“commercial scale”含义的论证首先从“commercial”和“scale”的词典解释出发，而后探寻 TRIPS 以及其他国际知识产权领域文件的上下文，明确“commercial scale”意指“the magnitude or extent of typical or usual commercial activity”，即 commercial scale 的具体含义会随着不同的产品及其市场而变化。因此美国若意图证明中国的刑事门槛违背了 TRIPS 第 61 条第一句中对于“cases of wilful trademark counterfeiting or copyright piracy on a commercial scale”提供刑事制裁的要求，首先应根据“profitability”来确定在具体的知识产权领域中的 commercial scale 的标准。

然而老师提出，要考察专家组在报告中是如何运用 VCLT 第 31、32 条进行解释，只有一个大体的轮廓还不够清晰。一个更为明确的方法是，以 VCLT 第 31、32 条作为分析工具，从其条文的文本规定出发，分解 VCLT 第 31、32 条中所具体包含的要素，将这些要素与专家组报告一一比对，由此将专家组报告的行文思路与 VCLT 第 31、32 条建立起一个更为清晰的联系。

1. VCLT 第 31、32 条的要素

（1）VCLT 第 31、32 条文本

Article 31: *General rule of interpretation*

1. A treaty shall be interpreted in good faith in accordance with the ordinary meaning to be given to the terms of the treaty in their context and in the light of its object and purpose.

2. The context for the purpose of the interpretation of a treaty shall comprise, in addition to the text, including its preamble and annexes:

(a) any agreement relating to the treaty which was made between all the parties in connexion with the conclusion of the treaty;

(b) any instrument which was made by one or more parties in connexion with the conclusion of the treaty and accepted by the other parties as an instrument related to the treaty.

3. There shall be taken into account, together with the context:

(a) any subsequent agreement between the parties regarding the interpretation of the treaty or the application of its provisions;

(b) any subsequent practice in the application of the treaty which establishes the agreement of the parties regarding its interpretation;

(c) any relevant rules of international law applicable in the relations between the parties.

4. A special meaning shall be given to a term if it is established that the parties so intended.

Article 32：*Supplementary means of interpretation*

Recourse may be had to supplementary means of interpretation, including the preparatory work of the treaty and the circumstances of its conclusion, in order to confirm the meaning resulting from the application of article 31, or to determine the meaning when the interpretation according to article 31：

（a）leaves the meaning ambiguous or obscure；or

（b）leads to a result which is manifestly absurd or unreasonable.

（2）VCLT 第 31、32 条的要素

参考 VCLT 第 31 条的解释性报告，第 31 条第 1 款所运用的解释要素可以划分为“ordinary meaning of the terms”“context”“object and purpose”以及“in good faith”。第 31 条第 2 款、第 3 款具体解释了“context”以及应与“context”一同考虑的其他文件。第 31 条第 4 款提出要素“special meaning”；第 32 条的要素包括“preparatory work”以及“circumstance of its conclusion”。

在具体运用这些解释要素对条文进行解释时，应当先明确的是这些要素之间的关系是什么，是否存在适用上的先后顺序。

首先，在第 31 条与第 32 条的适用顺序上，从两条文的名称“General rule of interpretation”以及“Supplementary means of interpretation”即可看出，第 31 条之地位为解释之通则，而第 32 条仅作为解释的补充方式。第 32 条的适用应当是后置于第 31 条的适用的。

其次，应当考虑 31 条与 32 条内部要素的关系：第 32 条的条文结构较为简单，其“preparatory work”“circumstance of its conclusion”两要素应为并列关系，即两者可同时适用，并没有一个明确的先后顺序；而第 31 条要素之间的关系则略显复杂。单从第 31 条第一款对于不同要素的表述语言来看，“in good faith”似乎处于总领位置，其后的“context”以及“object and purpose”则意图于找到条文的“the ordinary meaning”。

根据 VCLT 第 31 条的解释性报告，VCLT 第 31 条第 1 款的四个要素没有一个适用顺序，四要素应当在一个具体的解释过程中被同时考虑适用。同时，报告将第 31 条的第 1 款的内容解析出三个单独的原则：

“Article 31 paragraph 1 contains three separate principles and combines them in one single rule of interpretation. The first, interpretation in good faith, flows directly from the rule pacta sunt servanda (Article 26). The second requires every interpretation to have recourse to the ordinary, as opposed to a special, meaning of the terms used in the treaty, and the third principle is that the ordinary meaning is not to be determined in the abstract but in the context of the treaty and in the light of its object and purpose."

也即第31条所提供的解释方法是一个整体的运作过程（single combined operation），目的是为找到条文的通常含义（ordinary meaning）。而条文的表述一般可以找到多个通常含义，这就需要同时考虑"terms""context""object and purpose"以及"in good faith"等具体要素，确定条文在当前情境下所适用的含义。

2. VCLT 第31、32条不同要素在案件分析中的运用

（1）第31条

1）Ordinary meaning of the terms

根据VCLT第31条的解释性报告，"ordinary meaning of the terms"意指条约"通常、一般、习惯性的含义"。在WTO争端解决程序的实践中，专家组及上诉机构经常通过运用词典、分析语法形式来考察条文的通常含义。在本案的报告中，专家组在第7.559段中引用上诉机构在EC-Chicken Cuts中的表述，将词典作为分析条文通常含义的一个"useful starting point"。在专家组报告第7.533—7.538段中，专家组首先将词组"commercial scale"拆分成"commercial"和"scale"分别查询词典中的含义，再将两者结合起来，初步得出"commercial scale"的含义，即"a relative magnitude or extent (of those) engaged in buying and selling, or a relative magnitude or extent pertaining to, or bearing on, buying and selling"。

在运用词典解释条文含义的同时，专家组也明确这种词典解释的方法所得出的结构并不必然是决定性的。条文的通常含义还应根据条文运用的特定情况加以确定。

然而同时存在的一个问题：为什么专家组在援用词典进行解释时选用了《新牛津简明英语词典》，而非其他词典？WTO争议解决程序中第一次采用《新牛津简明英语词典》是在1996年Gasoline案。然而在该案的报告中，专家组也仅是直接使用了这一词典进行解释，并未对为何使用词典，为何使用该词典进行说明。老师提问，是否有必要对这两个问题进行说明。对此我认为一方面，首次运用该词典，对此进行适当说明合情合理；另一方面，也可能专家组在首次适用该词典进行条文解释时并未想由此形成一个先例，当时对于《新牛津简明英语词典》的使用仅意图作为一种个案上的参考。

2）Context

第 31 条的解释性报告中明确，解释条约的过程绝不仅仅是一个语法的解释过程；第 31 条所说的“通常含义”不应仅仅是一个抽象的通常含义。这意味着条约的解释者应当同时考察条约文本整体系统结构，甚至是超越本条约（正如第 31 条第二款及第三款所展示）。

在本案的报告中，由于“commercial scale”一词在 TRIPS 文本中没有再出现过，专家组于是将 TRIPS 中的近似短语进行分析。专家组报告在第 7.539 段列举了 TRIPS 中其他与“commercial”一词连用的短语。专家组发现，在 TRIPS 的其他条文中多次出现过“commercial purpose”一词，而 TRIPS 第 61 条的第一句及第四句还是使用了“commercial scale”而非沿用“commercial purpose”。专家组由此在第 7.543 中推断，“scale”一词应当是制定者有意选择使用的。若制定者在 TRIPS 第 61 条中仅想表达商业目的的含义，则没有必要刻意在条文中使用“commercial scale”一词进行表达。因此应当注重对于“scale”意义的解读。

据此，专家组认定美国及一些第三方国家对于“commercial scale”的解读并不恰当。这些解读将“commercial scale”简单理解为“commercial purpose”或仅仅是“commercial”的含义，而没有对“scale”一词给予恰当的重视。其后，美国对于“commercial scale”一词的解释重新作出了澄清，认为该词不包含一些琐碎的（trivial）商业活动。然而专家组对这一解释仍不满意，认为若制定者仅仅意在排除一些琐碎的商业活动的侵害，可以直接采取 TRIPS 第 60 条所采用的规定模式，或直接说明“except for minor or personal use”，而不必使用“commercial scale”。由此推断，制定者在 TRIPS 第 61 条中对“commercial scale”的使用的本意并不仅仅在于排除琐碎的商业活动侵权。

3）Object and purpose

第 31 条的解释性报告对于该要素的分析包含一个细节，即此处的“object and purpose”的表述均为单数。而事实上，绝大部分国际条约都存在着不同的，甚至是相互冲突的“purposes”。从这一条文表述细节可以推断，第 31 条所表达的“object and purpose”应为条约首要的、终极的目标。笔者未找到本案专家组报告关于“commercial scale”的解释中运用“object and purpose”进行分析的部分。

4）In good faith

根据第 31 条的解释性报告，本要素应为条约解释奠定基调并提供指引：

“Good faith must be used during the entire process of interpretation, ie. when examining the ordinary meaning of the text, the context, object and purpose, the subsequent practice of the parties, etc.”

本要素的具体含义很难明确说明，但可以明确的是，“in good faith”要求当运用第 31 条的各要素进行条文解释时，需要满足“基本的合理性”(fundamental requirement of reasonableness)。也是因此，在专家组报告关于“commercial scale”的解释过程中可能并不存在明确指明运用“in good faith”进行解释的表述，但事实上该要素存在于运用其他要素进行分析的过程中。

5）其他

此外，在本案的专家组报告中还提到了第 31 条第 3 款的“subsequent practice”以及第 4 款的“special meaning”，但因专家组未认定或是当事双方没有提及而没有做过多的分析。

（2）第 32 条

在专家组报告第 7.582 段中方提交了示范条文草案（Draft Model Provisions）作为“commercial scale”的补充解释材料。专家组对该文件的性质进行考察，认为其并不能体现出 WIPO 专家委员会的共同意图，因此也未予采纳。

（三）中国出版物与音像制品案（DS 363）

本案涉及一个“复杂的法律问题”，即“中国是否可以直接援用 GATT 1994 第 20 条，以作为其背离《入世议定书》项下的贸易权承诺之抗辩”问题。在本案的专家组阶段，专家组采取了一种“回避”的策略（arguendo），而没有对这一问题做出正面回答。但在上诉阶段，上诉机构对这一问题进行了分析，认为中国有权援引 GATT 1994 第 20 条进行抗辩。在本专题中，同学们主要针对上诉机构论证思路以及 arguendo 方法的使用进行讨论。

1. DS 363 案中上诉机构论证思路再考虑

DS 363 案中，美国认为中国对于贸易者贸易权利的限制违反了中国《入世议定书》中第83（d）与第84（a）的规定。而中方的抗辩则提出，中国限制贸易者贸易权利的措施是属于议定书5.1条中的“以符合 WTO 协定的方式管理贸易的权利”。其中，“符合 WTO 协定”可以从两方面来理解，一是由WTO 协定明确认定的、符合 WTO 的规范及特定标准的对贸易的管理权力，二是对 WTO 权利有所减损，但可被认定为协定之例外的对贸易的管理活动。本案中中方以 GATT 1994 第 20 条（a）项对这些限制措施进行抗辩，是选择了后一种思路对其措施进行合理化。因此上诉机构的论证重点在于：GATT 1994 第 20 条能否被直接援引以论证中国限制措施之合法性的问题。

这一问题在专家组阶段被认定成一个“复杂的法律问题”。其复杂之处在于：尽管议定书第 5.1 条中的“WTO 协定”为广义，即包含附件在内的一切 WTO 文件，也就必然包括 GATT 1994；然而中国能否根据议定书第 5.1 条指向 GATT 1994 并适用 GATT 1994 第 20 条进行抗辩，仍是一个不能直接下定论的问题。原因在于 GATT 1994 第 20 条 chapeau 部分将这一条的适用范围限定于“in this agreement”，而此处的“this agreement”仅指 GATT 1994。

已知上诉机构对于这一问题的结论是中方有权援引 GATT 1994 第 20 条（a）项对其限制措施进行抗辩，而同学们对于上诉机构在这一结论的论证思路仍有疑惑。课堂上张心颜同学提出问题：上诉机构究竟是通过“客观联系”把 GATT 1994 第 20 条适用于议定书第 5 条的“放宽贸易权的义务”，还是因为中国针对 trader 的措施与 trade 有“客观联系”，所以可能违反 GATT 1994、进而可以援引 GATT 1994 第 20 条？

在对上诉机构报告进行反复研读后，我认为本案中上诉机构所采用的是后一种论证思路，即通过将中国对贸易者（trader）的限制措施与货物贸易（trade in goods）建立联系，从而将中国的措施归到 GATT 1994 的管辖范围中，推导出中方可以援引 GATT 1994 第 20 条（a）项对其限制措施进行抗辩。下文将对笔者所理解的上诉机构论证思路进行总结。

上诉机构通过分析指出中国对贸易者放宽贸易权的义务与其作为 WTO 成员承担的货物贸易（trade in goods）方面的义务，特别是 GATT 1994 第 3 条和第 11 条是紧密联系的：首先，在中国加入 WTO 的谈判中，就有成员明确表明中国对贸易权的限制必须符合 GATT 1994 第 3 条及第 11 条。其次，这种联系也反映在议定书第 5 条第 1 款的文字中。从整体上看，这一条文明显与关于货物的贸易（trade in goods）有关。议定书第 5 条第 1 款第 3 句表明“这些货物都必须依照 GATT 1994 第 3 条给予国民待遇（national treatment）”。最后，此前的 GATT 1994 以及 WTO 判例中也曾认定对贸易主体的限制与 GATT 货物方面的义务之间有密切联系，一些不直接管理货物或货物尽快的措施，也被认定为违反了 GATT 1994 义务。

基于以上三点的分析，上诉机构认为限制贸易者（trader）权利的措施也可能侵犯 GATT 1994 关于货物贸易（trade in goods）的义务。在具体的案件中，若认定当事国限制贸易者（trader）权利的措施与 GATT 1994 关于货物贸易（trade in goods）的义务之间存在“客观联系”，则可以援引 GATT 1994 第 20 条进行抗辩。

根据上诉机构的分析可以得出，上诉机构并未提及议定书与 GATT 1994 条文的关系。事实上，无论如何也无法将议定书理解为 GATT 1994 第 20 条中的“this agreement”，议定书中也并未明示将 GATT 1994 第 20 条纳入其中。相反，上诉机构在论证中将中国所采取的限制贸易权的措施（管理货物贸易的权力）与 GATT 1994 中的货物贸易规定建立“客观联系”，从而将该措施定性为 GATT 1994 下的问题，进而得出可以援引 GATT 1994 第 20 条的结论。“中国援引 GATT 1994 条款的抗辩权，不应由于起诉方仅仅挑战第 5 条第 1 款却没有根据 GATT 1994 提出挑战而受到影响。”

总结来说，DS 363 案中上诉机构通过论述中国限制贸易者贸易权（即中国所谓的“管理贸易”）的措施与货物贸易（trade in goods）之间的客观联系，指出中国对贸易者贸易权的限制在实质上就是对货物贸易（trade in goods）的规制，因此也应符合 GATT 1994 的规定，因此中国有权援引 GATT 1994 第 20 条进行抗辩。

2. 为何 CBD 案与本案在 arguendo 的适用上采取了不同的做法

在课堂讨论过程中，同学们对于本题的回答大致可以分为两类观点：观点一认为 CBD 案与 DS 363 案在 arguendo 的适用上采取了不同的做法的原因在于两案存在不同的情形，“不同案”自然“不同判”；观点二则认为两案之间没有本质的差别，而“同案”却又“不同判”则是出于上诉机构的观念转变，即在 CBD 案中，上诉机构对于 arguendo 的适用采取较为宽松的态度，而在 DS 363 案中则倾向于限缩对 arguendo 的适用。

笔者的看法倾向于观点一，即认为两案是由于在案情和适用法律上不同的情况导致了上诉机构对适用 arguendo 的不同态度。

笔者认为，DS 363 案以及 CBD 案之间存在着一个可以直接影响到 arguendo 的适用效果的不同之处，即“GATT 1994 第 20 条的能否适用的问题是否是一个‘复杂的法律问题’”。

（1）DS 363 案中，GATT 1994 第 20 条的适用何以成为一个“复杂的法律问题”

DS 363 案中主要涉及的问题在于中方能否直接援引 GATT 1994 第 20 条对其限制贸易权的措施进行抗辩。这一问题的复杂性在上文已有论述，即虽然《入世议定书》第 5.1 条中提出一种以“符合 WTO 协定的方式管理贸易的权利”作为入世议定书承诺之例外的途径，且“WTO 协定”中包括 GATT 1994；但中国所援引的 GATT 1994 第 20 条本身的 chapeau 部分将这一条的适用范围限定于“in this agreement”，而此处的“this agreement”仅指 GATT 1994，不包括中国的《入世议定书》。

DS 363 案中，GATT 1994 第 20 条的适用是一个“复杂的法律问题”。同时，GATT 1994 第 20 条在 DS 363 案中的可适用性问题是一个“先决问题”，是继续分析中国措施是否符合 GATT 1994 第 20 条（a）项的不可跳过的前提。若按照专家组的分析方式，跳过可适用性这一先决问题而直接往下分析，会造成的问题包括：①专家组对于后续问题的推理在一定程度上是依赖于 GATT 1994 第 20 条能否援引这一前提条件的。跳过先决问题而往下分析的做法不仅逻辑不通，在事实上也存在障碍。②专家组在本案中适用 arguendo 的做法也会导致中国对裁决的执行造成困难。

（2）CBD 案中，GATT 1994 第 20 条的适用为何不是一个“复杂的法律问题”

根据上文的思路，单纯从 GATT 1994 第 20 条（d）项的适用上来讲，本案中美国能否（对于违反 ADA 的措施）援引 GATT 1994 第 20 条同样也是一个“先决问题”。但与 DS 363 案不同的是，CBD 案中对于 GATT 1994 第 20 条的适用并非一个“复杂的法律问题”。

原因在于，首先，《反倾销协定》本身就是 GATT 1994 第 6 条的延伸，与 GATT 1994 有“天然”的联系。其次，在中国原材料案的阅读中发现，“GATT 1994 第 20 条只适用于 GATT 1994”这一规定本身存在一个例外，即若《WTO

协定》的其他相关条款将 GATT 1994 纳入其中，则可以援引第 20 条。而 CBD 案所涉及的《反倾销协定》第 18.1 条特别指出可适用 GATT 1994：“No specific action against dumping of exports from another Member can be taken except in accordance with the provisions of GATT 1994, as interpreted by this Agreement”。因此在 CBD 案中，GATT 1994 第 20 条的适用性问题并非一个“复杂的法律问题”。GATT 1994 第 20 条在 CBD 案中的可适用性问题通过《反倾销协定》第 18.1 条即可解决，而不必于 GATT 1994 第 20 条（d）项适用的分析部分再单独分析 GATT 1994 第 20 条的可适用性问题。因此笔者认为在 CBD 案中，上诉机构通过 arguendo 在 GATT 1994 第 20 条（d）项的分析部分跳过 GATT 1994 第 20 条的可适用性问题，而直接分析是否符合（d）项的做法是合理的。此时不仅不会造成上文 DS 363 案中可能出现的不利后果，还符合司法经济的原则。

总结来说，尽管对于 DS 363 案以及 CBD 案来说，GATT 1994 第 20 条的适用是一个必须解决、不能跳过的先决问题。但在 CBD 中这一适用性问题可以直接通过《反倾销协定》第 18.1 条解决，而在 DS 363 案中则没有其他途径可以论证 GATT 1994 第 20 条的可适用性。因此在 GATT 1994 第 20 条具体问题的分析上，CBD 案能够通过 arguendo 跳过适用性分析，而 DS 363 案则不行。

（四）中国原材料案（DS 394/395/398）和中国稀土案（DS 431/432/433）

本专题所涉及的主要问题与上一专题有所联系，均为 GATT 1994 第 20 条援引的问题，却得出了相反的结论。在 DS 363 案中，上诉机构最终认定中国有权援引 GATT 1994 第 20 条进行抗辩，而在本专题的中国原材料案中，专家组同样根据 VCLT 第 31、32 条进行条约解释，认为 GATT 1994 第 20 条这个例外条款仅适用于 GATT 1994 中的义务；要想第 20 条适用于议定书中的义务，就必须在议定书中做出规定，从而得出结论认为出口税承诺不能援引 GATT 1994 第 20 条。

本专题中，同学们的讨论主要围绕两个方面：一是对原材料案和稀土案中专家组、上诉机构论证思路的讨论，二是对于 GATT 1994 第 1 条与议定书第 11.3 条关系问题的讨论。

1. 专家组、上诉机构论证思路

在本专题第一周，同学们整理了原材料案以及稀土案的专家组、上诉机构的论证思路。以下是同学针对该论证思路，在第二周课堂上提出的问题。

（1）关于原材料案专家组报告第 7.125 段

在原材料案专家组报告第 7.125 段中，中国提出议定书第 11.3 条中提及的附件 6 中，除规定了 84 种可征一定限额出口税的产品，还提到了一种“例外情况”。中国认为这一“例外情况”的规定使其可以援引 GATT 1994 第 20 条进行抗辩。

对于这一问题，专家组并没有多作回应。中国提出上诉，上诉机构在其报告第 285 段才作出回应。上诉机构认为附件 6 中的“例外情况”仅适用于附件 6 所规定的 84 种产品，而不能扩张到 84 种以外的产品上。

（2）原材料案上诉机构与专家组对于“磋商”的意见

针对原材料案中国的涉案措施，专家组在报告中认为该措施的问题在于实施前没有与其他成员进行磋商。而上诉机构在报告第 287 段中则完全否定了中国援引附件 6 对涉案措施进行豁免的可能性，即根据上诉机构的意见，即使中国在实施出口税前与成员进行磋商，也不能将该措施合法化。有同学提出，上诉机构的这一解释相较于专家组的观点更加严格了。类比来看，其似乎违反了“上诉不加刑”的原则。

2. GATT 1994 第 1 条与议定书第 11.3 条的关系

原材料案专家组报告个别意见中提出的假想案例引出“若中国违反议定书第 11.3 条的措施同时违反了最惠国原则，该措施能否通过援引 GATT 1994 第 1 条从而援引 GATT 1994 第 20 条的抗辩”的问题，也即 GATT 1994 第 1 条能否作为一个跳板，使违反议定书第 11.3 条的措施援引 GATT 1994 第 20 条作为抗辩？

（1）GATT 1994 第 1 条与议定书第 11.3 条之间的关系

要回答这一问题，首先需要明确的是 GATT 1994 第 1 条与议定书第 11.3 条之间的关系。部分 WTO 成员对这一问题给出了自己的看法。

在美国的回答中，美方认为 GATT 1994 第 1 条与议定书第 11.3 条中分别规定了不同的义务，而这两个义务之间是分离且不同的。GATT 1994 第 1 条适用于所有 WTO 成员，在适用的内容上该条并没有一个具体的限制；而议定书第 11.3 条为中国加入 WTO 应履行的义务，且具体适用于产品的出口税措施。美方举例道：若中国对所有成员一视同仁地实施了高于附件 6 中的出口税，该行为将违反议定书第 11.3 条；而若中国对不同国家歧视性地施加了不高于附件 6 的出口税，则该行为并不违反议定书第 11.3 条，而违反 GATT 1994 第 1 条所规定的义务。

欧盟在回答中认为，本案中中国违反议定书第 11.3 条的行为与 GATT 1994 第 1 条无关。欧盟认为，只有中国在对列于附件 6 中的产品施加歧视性出口税时，才与 GATT 1994 第 1 条有关。只有在这种假设的情况下，议定书中的规定才有可能被 GATT 1994 第 1 条所涵盖。

日本对这一问题的看法与欧盟相似，认为中国对于议定书第 11.3 条所不禁止的出口税行为应当符合 GATT 1994 第 1 条的要求。由于 GATT 1994 第 1 条所规定的成员国最惠国义务是对所有商品的出口税所施加的，因此对于中国来说，其出口税行为应同时符合 GATT 1994 第 1 条以及议定书第 11.3 条所规定的义务。对于排除了议定书第 11.3 条义务的附件 6 下的产品，其出口税的实施不必符合议定书第 11.3 条，但仍应符合 GATT 1994 第 1 条的规定。

美国、欧盟以及日本的观点总结来说都强调了议定书第 11.3 条与 GATT 1994 第 1 条内容的差异性，两条文的规定并没有必然的联系。违反议定书第 11.3 条的行为并不必然会违反 GATT 1994 第 1 条，反之亦然。专家组不同意见中提出的假想案例找到了两条文重叠的部分，但并不能直接建立议定书第 11.3 条以及 GATT 1994 第 1 条之间的联系。而中国的观点则是认为假想案例中其实施出口税的行为应同时符合议定书第 11.3 条以及 GATT 1994 第 1 条的规定，GATT 1994 第 1 条的可适用性恰恰证实了议定书第 11.3 条与 GATT 1994 之间的内在联系。

（2）GATT 1994 第 1 条能否作为中方援引 GATT 1994 第 20 条的跳板

那么具体应如何处理假想案件中的跳板问题呢？同学们的作业中首先呈现出两种不同的结论：一种是中国违反议定书第 11.3 条的措施无法将 GATT 1994 第 1 条作为跳板，从而援引 GATT 1994 第 20 条进行抗辩；另一种是 GATT 1994 第 1 条可以作为跳板，实现议定书第 11.3 条对于 GATT 1994 第 20 条的援引。

持第一种意见的同学大体上接受了美国等成员对于议定书第 11.3 条以及 GATT 1994 第 1 条关系的观点，即认为两条并无天然性的关系。在假想案件中，两条文应累积适用，即一个措施应当同时受到两个条文的约束，即使该措施违反 GATT 1994 第 1 条的部分可以通过 GATT 1994 第 20 条豁免，该措施违反议定书第 11.3 条的部分还是不能够被豁免。

持第二种意见的同学则提出，上述观点将会得出一个权利义务不相平衡的结论：即成员违反一个相对基础的 GATT 1994 第 1 条义务的行为可以援引 GATT 1994 第 20 条进行抗辩，然而当违反了议定书第 11.3 条这一更为严苛的义务时，却不能援引 GATT 1994 第 20 条。

我更赞同第一种意见，即中国违反议定书第 11.3 条的措施无法将 GATT 1994 第 1 条作为跳板，从而援引 GATT 1994 第 20 条进行抗辩。理由在于即使是在一个措施应同时适用 GATT 1994 第 1 条和议定书第 11.3 条的情况下，两种抗辩也不可混为一谈，即可以通过 GATT 1994 第 20 条对于行为违反最惠国待遇的部分进行抗辩，而行为违反议定书第 11.3 条的部分只能援引第 11.3 条的抗辩。在本假想案例中，这一问题体现得更为明显，因为议定书第 11.3 条解决的是能不能征税的问题，而 GATT 1994 第 1 条解决的是能不能差别征税的问题，两者的说理与抗辩事实上是存在一定顺序的。应首先援引议定书第 11.3 条能够援引的抗辩，论证能够征税，然后才是适用 GATT 1994 第 20 条论证能否差别征税的问题。前一论证无法直接援引后一论证的抗辩。老师在课堂上提出可以将假想案例中的问题拆分为“税”与“率”分别进行考虑，分别运用不同的抗辩，也是类似的思路。

（五）美国反倾销和反补贴案（DS 379）和美国反补贴和反倾销案（DS 449）

本专题的两个案子主要涉及对于反倾销税和反补贴税的征收时存在的“双重救济”的问题。DS 379 案的专家组承认了“双重救济”出现的可能，但认为中美双方援用的《反补贴协议》第 19 条第 4 款和第 19 条第 3 款适用的对象是反补贴税，而不是反倾销税；进口国只要按照反补贴调查程序认定了补贴的存在并且按照补贴数额征收，就没有必要考虑该项补贴是否已经被别的措施抵消的问题。然而，上诉机构认为如果构成“双重救济”，则该数额不能被认定为是“适当”的，不符合第 19 条第 3 款的“适当数额”。

在 DS 449 案中，专家组认为美国所提出的“新理由”并不构成令人信服的理由（cogent reason），因此不足以让专家组背离前案的裁决。

本专题中同学们讨论的主要问题包括：

1. 上诉机构报告第590段

However, since we have already found that the imposition of double remedies is inconsistent with Article 19. 3 of the SCM Agreement, we need not continue our analysis and address China's appeal with respect to the interpretation and application of Article 19. 4 of the SCM Agreement and Article VI: 3 of the GATT 1994. We consider, rather, that a ruling on the interpretation of Article 19. 4 of the SCM Agreement or Article VI: 3 of the GATT 1994 is unnecessary for purposes of resolving this dispute. The Panel's interpretation of these provisions is, in our estimation, moot and of no legal effect.

可以发现，第590段前半部分提出，既然上诉机构已经明确双重救济违反了SCM第19. 3条的规定，上诉机构就不必再考察中国所提出的该双重救济是否违反了SCM第19. 4条以及GATT 1994第6. 3条的上诉请求。此处上诉机构明显运用了司法经济原则进行省略论证。然而问题是根据DSU第17. 12条（The Appellate Body shall address each of the issues raised in accordance with paragraph 6 during the appellate proceeding.），上诉机构应当对“每一个”上诉请求都进行论证与分析。此处上诉机构似乎违反了DSU第17. 12条的义务。

此外，在第590段的后半段，上诉机构在并未对每一个问题都进行分析的情况下，直接得出了专家组对于这些问题的论证是“moot and of no legal effect”的结论。这一做法是否合理？

2. 上诉机构对于GATT 1994第6. 5条的解释是否合理

在对于GATT 1994第6. 5条的论证中，专家组的论证可以分为两个步骤：首先，根据有效解释原则，GATT 1994第6. 5条中的“export”一词必然是有意义的。若第6. 5条中的补贴可以扩展到除出口补贴以外的任何补贴之上，“export”一词则失去了意义。其次，专家组根据反证法（a contrario）得出，第6. 5条只明确提到出口补贴而未提到其他补贴，意味着第6. 5条明确排除了其他补贴适用该条规定的可能性。

然而上诉机构报告推翻了专家组的这一结论。上诉报告第567段中认为专家组的解释是一种机械的反证法，条约中的沉默并不必然具有决定性的意义。上诉机构通过目的解释着重论证了第6. 5条中的“same situation”一词，认为虽然第6. 5条中仅仅明示了出口补贴，但不意味着第6. 5条排除了其他补贴。

上诉机构认为专家组的论证是机械的，然而专家组的结论却是依据有效解释原则以及反证法得出的。而上诉机构依据目的解释得出的结论确实跳过了第 6.5 条中的“export”一词的限制，那么上诉机构的论证是否使“export”一词失去意义，从而违反了有效解释原则呢?

针对这一问题，有同学提出上诉机构主要是反对专家组所使用的反证法，而并未推翻专家组所采用的有效解释原则。也有同学指出，条约起草中可能存在一种“故意沉默”，即条约所明确表达出来的仅仅是条约当事方达成一致的部分，而条约所沉默的部分则为一种“建设性的模糊”，并不意味着条约所沉默的问题就是其所反对的。因此不能使用明示其一，即排除其他的反证法。

我认为这一问题体现的是目的解释与有效解释之间的冲突。有效解释可以理解为 VCLT 第 31 条第一款中对“good faith”的延伸，仍属于文义解释；而目的解释的结论可能会对条文文本本身的含义进行限缩或扩张。本案上诉机构对于第 6.5 条的解释是将其理解为一种“提示性规则”，即在第 6.5 条明示的出口补贴情况下最容易出现“same situation”而双重救济，但这并不意味着出口补贴以外的其他出现“same situation”的情况不适用该条关于双重救济的规定。

（六）中国电子支付服务案（DS 413）

本案的争议焦点是涉案措施电子支付服务（Electronic Payment Service，EPS）是否属于中国所承诺的“金融服务，B. 银行及其他金融服务（d）all payment and money transmission services”。专家组运用条约解释的方法，对（d）进行了全面的分析：在“通常含义”方面，专家组查找词典和行业惯例，分析了“payment”“money”“transmission”等词的含义，以及这些词的组合“payment and money transmission services”的含义，甚至“all”的含义；在“上下文”方面，专家组分析了（d）中“including”后面的内容；分析了减让表中的其他内容；并且特别分析了中国所提出的 GATS“关于金融服务的附件”中的相关内容；最后，专家组还从“宗旨与目的”的角度进行了分析。最终认定（d）包括 EPS。也就是说，中国对 EPS 作出了承诺。

本专题课堂内，同学们讨论的重点主要包括以下几个方面。

1. 专家组扩大解释的嫌疑

本案中，专家组对于减让表（d）的解释结论为“payment and money

transmission services”包括为支付和转移资金提供管理、设备的服务。而从中国的角度来看，专家组对于（d）的解释使之不仅包括银行所提供的服务，而且包括向银行所提供的的服务。中国认为，根据《2001 年减让表指南》EPS 服务属于“投入”（input）服务，应当单独进行归类，而专家组这种扩大解释的方法会导致分类系统的崩溃。

对于这个问题，我总体上认同专家组将本案的涉案服务看作一个整合服务，也能够接受本案中专家组所得出的结论。但问题是，专家组的这种论证方法只提供了一种将个别服务整合解释的路径，却没有明确这种解释路径的边界在哪。有同学在课堂上提出，金融服务是一个无限延展的链条，客观上很难确定其边界在哪里。杨老师认为，“边界”的问题涉及累积悖论，是专家组无法解决的。

尽管客观上难以确定“边界”，但如果完全没有“边界”则可能推出一些不合理的结论，也无法保证成员承诺的可预测性，会导致成员承担其完全没有意思要承担的义务。具体的“边界”可能需要在具体的个案中逐个分析。

2. 专家组报告中对于“including”的解释

课堂上有同学提出，根据字典中的解释，“including”一词通常表示非穷尽式的列举。但是在特殊情况下，其列举也可能是穷尽式的。在本案的专家组报告中，也可以找到多种对于“including”的适用方法。杨老师指出，专家组报告以及各 WTO 文件中对于“including”的用法是非常混乱的。以 GATS 附件 10 中对于“including”的适用为例：

(x) Trading for own account or for account of customers, whether on an exchange, in an over-the-counter market or otherwise, the following:

(A) money market instruments (including cheques, bills, certificates of deposits);

(B) foreign exchange;

(C) derivative products including, but not limited to, futures and options;

(D) exchange rate and interest rate instruments, including products such as swaps, forward rate agreements;

(E) transferable securities;

(F) other negotiable instruments and financial assets, including bullion.

在附件 10（A）项中，“including”用于括号内；（D）和（F）项中为逗号加“including”的用法；而在（C）项中，“including”后又加上了“but not limited to”。暂且不论前两种“including”的用法有何具体差别，这两处的“including”表示的应为一种非穷尽式的列举；然而在（C）项中“including, but not limited to”的“including”则应解释为一种穷尽式的列举，因为若“including”在此时仍意表穷尽式列举，那么其后的“but not limited to”则失去了意义，这是违背有效解释原则的。

3. 上下文的范围

VCLT 第 31 条对于上下文的范围的规定是很广泛的。从文义上看，其包括约文（text）、序言（preamble）、附件（annex），以及①全体当事国间因缔结条约所订立的与条约有关的任何协定；②一个以上当事国因缔结条约所订立并经过其他当事国接受为条约有关文书的任何文书；上下文以外应与上下文一起考虑的还有：①当事国嗣后所订立的关于条约解释或其规定之适用的任何协定（subsequent agreement）；②嗣后在条约适用方面的实践（subsequent practice）；③适用于当事国之间的任何有关国际法规则。然而在 WTO 争端解决机制中，不同专家组、上诉机构在不同的案件中，对于上下文的认定不甚相同，没有一个统一的答案。

4. VCLT 四种解释方法之间的关系

有同学提出，在阅读本专题专家组报告中，感觉到专家组似乎是以通常含义确定基调。通常含义解释后，对于其他解释方法（上下文、目的）的运用似乎只是为了对通常含义得出的结果进行验证。与此相关的问题还有专家组论证顺序的问题：专家组报告中最开始对于减让表（d）项的分析是否可能会导致专家组形成一个“前见”，而影响后续的分析？如果改变专家组的论证顺序是否会对专家组的论证结论产生影响？

根据 VCLT 第 31 条的解释性报告，第 31 条的四个解释要素之间并不存在先后顺序，该条文的适用应当为一种整体解释。实践中，在运用第 31 条进行解释的惯例时通常从条文的通常含义开始分析，然而解释的起点并不等于优先。通常含义所得到的解释结果仍有可能被后文的上下文解释、目的解释所推翻，且确实存在以上下文解释或目的解释的结论作为决定性因素的案件。

5. 对有效解释原则的理解

有效解释原则指条文中的每一个词语都应当具有含义，对于条文解释的结果不应使条文中的某个词语失去意义。杨老师由此推论，对于某一具体的条文来说，“含某一词语的条文”的解释与“不含该词语的条文”的解释结果必然不相同。若相同，则意味着将该词语的意思“解释没了”，该词语便无具体含义，不符合有效解释原则的要求。然而有同学对这一推论持反对意见，因为该词语的含义可能仅仅是“加固、促进”了原条文的含义。因此即使对于“含某一词语的条文”的解释与“不含该词语的条文”的解释结果相同，也并不意味着必然会违反有效解释原则。

对于这一问题，我认为在后一意见举例的情况中，即使该词语仅“加固、促进”了原条文的含义，也不能说“含某一词语的条文”的解释与“不含该词语的条文”的解释结果是相同的，此时至少也存在程度上的不同。因此我仍然赞同前一种意见，即对于某一具体的条文来说，“含某一词语的条文”的解释与“不含该词语的条文”的解释结果必然不相同。

二、课程感想

（一）课堂形式

第一节课一开始老师就说本门课的形式同其他课程不太一样，是一种“问题导向”的课堂。我从前并未体验过这种课堂形式，本以为是同学们尴尬地被迫回答问题。没想到在第一节课接下来的时间中，随着老师的引导、同学们的讨论，我也渐渐投入课堂。一节课三个小时的时间很快就过去，我也在不知不觉中学习了很多知识。第一周的课后作业是由同学们自己总结 WTO 争端解决机制的程序，我对照书和 DSU 原文认真进行了梳理。虽然遗留了一些问题，但自己总结确实比单纯听老师在课堂上讲要更有印象。这种问题导向的课堂加上课后延伸的自我学习给我打开了新世界的大门。

在课堂上，老师主要作为一个客观中立的引导者，引导同学们思考和发言。其中说的最多的话是“在哪看到的”“依据是什么”老师不断强调权威材料来源的重要性，强调阅读一手资料。使我对自己从前的学习方式进行了反思：从前我局限于通过教科书给出的材料与分析了解知识，却从未深究过材料的原文与出处。在老师的强调下，我也开始探究：书上的这一观点究竟出自哪一本官方资料？究竟是官方文本的用语还是教科书作者的解读？从“学习别人的观点”逐渐转化为“形成自己的观点”。

（二）学习方法

在本门课程独特的形式中，我形成了一套从阅读、理解到形成自己的观点的学习方法。

阅读具体内容有详有略，时刻把握文章脉络。

在本门课中，每一专题开始前都需要阅读一份几十页甚至上百页的裁决报告原文。最开始我只是直接翻看文本，生硬地看，在阅读过程中企图对每个词、每句话精雕细琢地看完，不得要领。这导致在最初即使是面对前几专题相对较短篇幅的材料，我也看得很慢。往往是翻开材料时干劲满满，看到最后筋疲力尽，且过长的阅读过程导致我看了后面、忘了前面，看到最后回忆整篇材料才发现脑子里空空如也。可谓是阅读届的“熊瞎子掰苞米”。

在本门课程的学习过程中，我在阅读中不断反思总结，改善了自己的阅读方法。首先，阅读材料的具体内容时要做到有详有略，“一视同仁”的阅读方法只会让文章的核心焦点被淹没。对于应“略”的地方，只要做到理解内容大意；而对于应“详”的部分，则要做到“锱铢必较”，细抠每一个词、句，甚至是标点符号的作用。至于哪部分应“详”，哪部分应“略”，在课堂讨论的过程中就会逐渐明晰。有详有略地阅读材料不仅会提高阅读效率，而且可以突出重点，让阅读思路更加清晰。其次，要做到时刻把握文章脉络。在阅读过程中，头脑里要始终有意识地回顾文章脉络，清楚地认识到当前所读的部分处于文本地图上的哪一位置，与上下文内容又有着什么样的推进或转折关系。

1. 理解的基础

我意识到理解需要建立对全文及其他背景资料的整体把握基础之上。很多时候，当对于文章的具体表述不甚理解之时，与其抠字眼，不如转变视角，把具体的表述结合上下文、其他背景资料实现对表述的理解。在一节课上，同学们讨论了《美欧关于钢铝的联合声明》。关于这篇声明，虽然老师只要求读一部分，但若对这一事件的背景，整个声明文件没有一个整体的把握，将会对很多问题感到难以理解。在建立起对事件背景的整体认识之后，很多第一次阅读的困惑自然迎刃而解。此外，在电子支付服务案专题中，案件事实背景作为理解的基础之重要性也得以显现。该案的事实部分较为复杂，涉及金融背景知识，专家组的法律分析也建立在对事实认定的基础之上。只有对于案件的事实背景有了一个清晰、形象的认识，才能对事实进行法律层面的认定；对于我们来说，才能够对于专家组报告结论的合理与否做出自己的判断。这同时也让我认识到，尽管法律体系本身是一个相对独立的系统，有其内在运行的逻辑和价值，但法律系统依然根植于整个社会之中，与社会中的其他各部门存在着或紧密或松散的联系，而无法完全“遗世独立”。因此作为法律人，除了应擅于运用法律方法进行推理之外，对法律之外的其他学科的了解也必不可少。

2. 理解的过程

在搭建好基础后，要进入理解的过程之中。理解的过程不应当是一次性的，而要常读常新。在对文本进行解释时，要根据文本细节来理解其整体，又根据文本的整体来理解其细节的不断循环过程。目光来回流转于文本的部分与整体之间，实现对文本的螺旋式理解。这也是“解释学循环”概念的内容。案例材料往往不是一遍就能完全理解的。尤其是“看懂”和“理解”之间的差距还是很大的：每个词都认识，但是合在一起还是差了点意思。在对案例的反复研读中，我读出了很多第一遍没有读出的意思，发现了一开始完全没有注意到的细节。对于案情的理解，也在课上老师同学们的讨论以及课下自己的思索中逐步深入。每一专题结束后，回头再看最开始的案例导读以及导读，每次都有新的收获。

3. 形成自己的观点

在阅读、理解之后，要形成自己的观点，进行输出。而要形成自己观点的关键在于阅读和理解时融入自己的思考，不应将阅读文本的内容不加反思地全盘接受，而是批判地接受文本的观点。在课程的学习过程中，专家组、上诉机构报告是学习的材料，也是质疑的对象。在捋清专家组报告的说理逻辑的同时，找出专家组报告论证的不甚合理之处。本课的课堂形式也有助于观点的形成。一个观点的“雏形”在课堂的观点碰撞中不断清晰化、具体化，最终改进并形成自己的观点。

刘凌堃

在对话中收获与众不同的知识与能力

当初在选择 WTO 法律制度研究这门课之前，便听学长学姐们谈论过这门课的独特授课方式，丰富的课后阅读和极高的课程参与度。抱着好奇的心态，我在犹豫中选择了这门课程。在经历了一个学期、六个专题的学习后，我可以毫不犹豫地说，WTO 法律制度研究这门课是我大学阶段上过的收获最大的课，甚至可以说，WTO 这门课让我重新认识了自己，发现了一个不一样的自己。

一、案例研讨综述

对于在这门课上学到的知识性的内容，我个人认为并不是这门课带给我们最重要的东西，即便如此，回顾整个学期的案例研习，在 WTO 法律制度的规则层面，我也收获颇丰。

本学期我们一共研究了五个专题案例，分别是知识产权案、出版物与音像制品案、原料案和稀土案、“双反”案和电子支付服务案。针对每一个案例，我们重点只研究了其中的某一个法律问题，或者说，我们以其中的某一个法律问题为逻辑起点，通过我们的课前研究、课中讨论和课后反思不断进行扩展，发散出了许多其他的法律问题。从知识增长的角度来说，在这些案例中，我印象最深刻的是知识产权案、出版物与音像制品案，以及原料案和稀土案。

知识产权案主要围绕着 DS 362 美国诉中国的知识产权案展开讨论。所涉及的问题主要包括，对“on a commercial scale”的解释及解释过程中专家组如何对 VCLT 第 31、32 条进行适用、对初步事实证明（prima facie）的理解、WTO 争端解决中对证明责任的分配和证明标准的确认以及其与中国民事诉讼法相关规定的比较、中国刑法有关“500 张”“5 万元”等数量门槛的规定是否符合 CPTPP 的第 18.77 条。我从中收获了很多有关条约解释、证据规则等方面的知识，更重要的是这种课堂讨论的方式引导我在课前对案件中的争议点自行研究，这在很大程度上培养了我利用原始资料分析问题的能力。

出版物与音像制品案应该算是我深度参与讨论的第一个案例，本案主要围绕中国违反《入世议定书》中承诺的行为是否能够援引 GATT 1994 第 20 条进行抗辩的问题展开，涉及条约的解释、WTO 法律体系的梳理、对中国《入世议定书》的理解等。令我印象深刻的是，不同思想的碰撞能够对问题澄清和答案的寻找提供巨大的帮助，也能拓宽我们看待问题的视角。一个争议案件的核心争议点往往有多个侧面，从不同的角度切入会导致不同的疑问。我一开始只是从上诉机构能否以 DSU 第 17.6 为由来解释中国《入世议定书》

第 5.1 条这一很小的角度切入，经过和老师与同学的讨论后，我发现自己的问题其实是上诉机构审议范围的问题，从更根本上来说，是管辖权的问题。这无疑拉高了我们看待问题的视角。而当我们的视角更开阔后，相关的问题便如泉水一般喷涌而来。例如 arguendo 与 judicial economy 的关系问题、上诉机构在 US-CBD 案和本案中持不同态度的问题等。

原料案与稀土案其实可以被视为前一专题出版物与音像制品案的一个延伸，它们所研究的问题是类似的，即 GATT 1994 第 20 条所规定的一般例外条款是否可以被用于抗辩中国实施的违反《入世议定书》承诺的措施。在出版物案中，中国被控违反是《入世议定书》第 5.1 条，在原料案和稀土案中，中国被控违反《入世议定书》第 11.3 条。然而，对于这两种看似类似的情形，专家组和上诉机构经过分析给出了不同的结论，对于中国被控违反《入世议定书》第 5.1 条的措施，上诉机构认为中国有资格援引 GATT 1994 第 20 条作为抗辩，而对于中国被控违反《入世议定书》第 11.3 条的措施，专家组和上诉机构认为中国无权援引 GATT 1994 第 20 条作为抗辩。原料案与稀土案给我带来了两点启发。第一是对同一问题的审查需要我们同时考察多个关联案例才能获得更全面的理解。如果只看出版物案的上诉机构报告的话，我能够理解上诉机构的推理逻辑，但是并不能理解上诉机构为何就能得出 GATT 1994 第 20 条能够被适用到《入世议定书》第 5.1 条之中。但是当我又研究了原料案和稀土案的专家组和上诉机构对于 GATT 1994 第 20 条是否可以被适用于《入世议定书》第 11.3 条的分析后，我从另一个角度对这个问题又有了新的理解。第二是稀土案的专家组报告中出现了 Dissenting Opinion，这是我第一次见到这种做法。一般来说，Dissenting Opinion 所呈现的思路和观点与报告的主要观点是不同的，这也能帮助我从反面去考察报告的结论。

二、课程感受和心得

就像前文所说的，知识性的东西并不是“WTO 法律制度研究”这门课真正带给我们的，当然，这门课的一个基本目标是上完这门课的同学将对 WTO 的法律体系有一个基本的认识，对于 WTO 如何运作有一个基本的了解。但是杨老师所采用的苏格拉底式的教学方法给我带来了一种全新的教学体验，让我真正感受到了自由、开放、兼容并包的北大学术氛围。个人认为，当一个法学院的研究生不知道应该如何开展自己的学术研究时，杨老师的这门 WTO

法律制度研究将成为一个不错的参考。

我对于“WTO 法律制度研究”这门课的感性和心得可以大致如此划分——一个基本感想和两个深刻印象。

这个基本感想我相信是每位认真参与这门课的同学都会有的，那便是杨老师为我们搭建的这个无障碍交流平台。在这个平台上，各位同学可以畅所欲言，只要是和研究内容相关的观点可以任意表达，同学之间对于某一问题持有不同想法时，也可以随时进行小规模的辩论。这种开放式的教学模式真正解放了我们的思想，与传统的老师站在讲台上授课，同学们坐在下边听讲不同，在 WTO 法律制度研究的课堂里每位同学既是输入者，也是输出者，知识在思想的交锋中没有障碍地传播。从这种研讨会式的教学模式中，我也深深体会到，只有自主思考了，知识才能真正内化为自己的东西。

两个深刻印象之一来自我第一次站上讲台澄清自己所提出的疑问，在这个过程中，我所提出的问题从原本并不清晰的状态到最后越辩越明。这还不是最重要的，最重要的是，在这个你来我往的过程中，我们以这个不起眼的小问题出发，引申出了许多其他的问题，而这些问题有的甚至涉及 WTO 制度层面。回头看看，这样的讨论是有效且美妙的，经历过这种讨论我才会发出感慨，原来思想的碰撞远比自己闷头苦想来的有用得多，我认为杨老师在课堂上教会我们的是一种研究问题的方式，而不仅仅是给了我们问题的答案。

两个深刻印象之二来自我作为主持人，主持了整个 3 小时的讨论课。这次经历对我来说十分难忘，因为我本身其实并不太擅长作为对话的主导者进行讨论，我往往更愿意扮演一个讨论的参与者，而这次主持经历让我重新认识了自己，看到了自己身上更多的可能，也明白和理解了老师作为以往课堂讨论主持者的不易之处。站在不同的角度，对同一事物便会有不同的理解，当我站在主持人的视角来看待课堂讨论时，我也会有不同的收获。我不仅要同以往那样，作为讨论的参与者输出自己的观点，和同学进行讨论，我还要做一个聆听者，收集各位同学的不同看法，并将其总结归纳，以促进讨论的顺利进行。这次难得的课堂主持经历让我再次感叹，杨老师的这种授课方式实现了对个人能力的综合打造，让我有了在其他课程中不可能有的体验。

我对“WTO 法律制度研究”这门课的感想颇多，从这门课中收获的更多。排在首位的毫无疑问是英文案例的阅读、归纳能力。为了更好地参与到每周的课堂讨论中，我们必须对所讨论的案例充分了解，于是我们不得不每周阅读大量的英文报告书，并将专家组或者上诉机构的观点总结归纳出来，以便我们在讨论中引用。通过一个学期的训练，我已经习惯了阅读英文材料，并从材料中总结归纳出核心观点和焦点问题。其次，我的口头表达能力在这学期的课程讨论中得到了充分的锻炼，我更加敢于向他人表达自己的观点，也更加敢于用自己的理解与其他同学就同一问题进行辩论。在这种辩论中，我不仅可以发现自己知识体系的漏洞，还能更好地总结归纳自己原有的认知，使其真正成为自己的东西。最后，也是最重要的，WTO 这门课程培养了我的法律逻辑思维。在整个学期的讨论中，我深深明白了一个道理，那就是任何观点的输出都要以充分的论理为前提，即便自己所持的是少数观点。对于法律人来说，以理服人是自己观点权威性的根本来源，不论是在以后的学习生活中，还是在未来的法律职业道路上，学会说理对我们来说至关重要。

一个学期转瞬即逝，每周二下午在教室与老师、同学激烈辩论、探讨的场景仿佛就发生在昨天，“WTO 法律制度研究”是一门真正自由、包容的课，希望多年以后，当自己再回首看这个学习的学习经历时，能无愧于所学、所感。谨以此纪念 2021 年秋冬，令人难忘的 WTO 法律制度研究课程。谢谢杨老师的悉心指导，谢谢同学们的精彩发言和课后研究。

岳芳好

三个月转瞬即逝，“WTO 法律制度研究”课程也暂告段落。这门课与我本科及研究生其他的课程在课堂体验及学习方式均有所不同。以下我将从三个方面总结这学期的收获和思考：知识收获、方法收获以及课程建议。

一、知识收获

本学期对于 WTO 的学习整体的思路从 WTO 的整体情况入手，前期的案例学习主要侧重于了解 WTO 争端解决机制中的基本制度，后期则过渡到对涵盖《WTO 协定》的具体解读，整体知识学习遵循由深入浅的模式。

（一）WTO 争端机制的发展与前景

在前两周关于 WTO 整体情况的课程中，鉴于上诉机构停摆以及 MPIA 的出炉，大家主要围绕 WTO 争端解决机制的前景进行讨论。基于 DSU 文本厘清了 WTO 争端解决机制及其整体运作方式之后，大家讨论了上诉机构停摆后可能的解决方案，以及 MPIA 的法理基础与程序要件。在第六周的课堂上，杨老师也通过美欧联合发表相关声明介绍了“后上诉机构时代”各国诉诸 WTO 下争端解决机制的最新尝试。在讨论中，大家也并未局限于法律的视角，而是从经济、政治各个角度发散思考。这个过程中，我也更加深刻地感受到 WTO 争端机制并非仅是一种法律制度，依托于 WTO 这个多边平台，结合 WTO 促进贸易的组织宗旨，WTO 争端机制背后有着深刻的经济政治逻辑。在第十二周课上，大家又阐述了自身对 WTO 争端解决机制新的理解：裁判者是否过于死板？如何理解之前裁决的先例性质？裁决是否有过于冗长之嫌？也正是上述讨论让我对以仲裁方式替代上诉程序的可能非常感兴趣，最终也促成我和小组成员共同选择这一主题作为最终的期末论文研究方向，探讨这一模式的合法性和可执行性。

（二）条约解释及具体方法

从第三周开始，条约解释成为每个案例都会涉及的主题。虽然之前本科国际公法学习的时候老师也会将条约解释作为一个重要知识点，但在这学期的课程中，在了解 VCLT 具体文本之后，我得以结合各个案例理解裁判者如何通过条约解释具体阐述涉案具体问题。首先，条约解释的顺序及层级。大家在第三周课堂上就提出了这一问题，经过简单的检索不难发现这一问题在 VCLT 第 31 条内部并无强制顺序，VCLT 第 32 条则具有辅助功能。在课程的学习中，杨老师反复说明，WTO 条约解释其实是一种整体解释，各种解释方法并非独立而是相辅相成，共同说明涉案问题。在经过一学期的学习后，大家发现裁判者基本上仍是遵循“通常含义解释——上下文解释——目的解释”的思路，而本学期案例中通常含义解释又往往具有一锤定音的决定性效果。在最后一周课堂上，大家通过课后案例检索发现，实践中也存在上下文解释或目的解释发挥“决定性”作用的案例，但那是在其他解释方法难以达成有效解释目的情况下运用的，这也恰恰体现了解释方法的整体性。其次，条约解释的各种方法。从 DS 363 案开始，大家发现专家组或上诉机构通常使用某些解释方法来提高论证效率。例如，从轻解释、条约沉默、assumption *arguendo*、expression unius est exclusion alterius、的解释方法等。大家在课堂讨论中也会讨论它们之间的关系以及适用顺序。

(三)《WTO 协定》及各协定之间的关系

课程中后期，大家主要讨论的是涉案《WTO 协定》的具体规则。其中包括 TRIPS 第 61 条、GATT 1994 第 20 条、中国《入世议定书》《反倾销协定》《反补贴协定》、GATS 减让表。通过阅读专家组和上诉机构对具体文本的解释，大家对 WTO 的实体法律内容有了更深刻的了解。同时，阅读案例往往不局限于讨论某一协定，而是努力界定协定之间的关系。例如，DS 363 案中，我们学习了 GATT 1994 第 20 条与中国《入世议定书》第 5 条之间的关系。原材料案和稀土案中，我们则通过阅读四份裁决，了解了专家组对与 GATT 1994 第 20 条与中国《入世议定书》第 11. 3 条之间的关系。这就使我们跳出单一协定的框架，结合 WTO 争端解决机制，对 WTO 实体法律框架结构有了初步的认识。

二、方法收获

这门课带给我最大的收获其实在于方法与思维层面，也启发我在之后的学习过程中保持这样的学习方法与习惯。本课程采取“案例阅读——案例讨论与检索——综述感想”的方式推进。因此，我将从课前案例阅读，课中动态关注、案例讨论和资料检索，以及课后课程总结这几个方面说明我本学期在方法层面的收获。

(一) 课前——案例阅读

虽然我在本科期间也选修过案例讨论课，也会被要求阅读英文案例，但通过本课程我对案例阅读方法有了新的认识。在以往的英文案例课程中，老师通常会采取“issue-rule-analysis-conclusion”的分析结构，而我对于国际法案例其实并无了解。在第一次案例中，即使我在课前花了较长时间阅读，但由于对条约解释方法的具体运用还不甚了解，也未明确案例讨论重点，不能迅速跟上老师同学的思路。之后，我参考了往年学长学姐在经验分享中的做法，采取“略读+精读”的方法，并做好案例分析笔记。在阅读每周案例时，我会做以下几步。

1. 了解案例背景

首先，我先会阅读杨老师对该案例写的介绍性文章，对案例的背景知识及争议焦点有大概了解。同时，进入后期案例聚焦于特定 WTO 的协定时，由于我对协定本身并无太多了解，我也会先去查看相关教科书或者笔记，对该协定的内容结构有初步认识。

2. 精读案例段落

在对案例背景有所了解之后，我会精读本周案例选取段落，并做好详细的阅读笔记。由于 WTO 裁判者往往会遵循 VCLT 第 31、32 条的框架，并会采取不同层级的标题说明自己的分析顺序。虽然表明上裁判者未明确的采用"issue-rule-analysis-conclusion"的分析结构，但内在逻辑是一样的。选取段落本身就聚焦于某特定 issue，裁判者的各级标题通常会明确他们分析的具体协定条款，在进行分析后最终得出结论。因此，私法案例中的分析结构对我阅读 WTO 案例也有一定的帮助。我会大致阅读案例各级标题，在对裁判者思路有了基本了解之后，向这个框架中不断"填充"裁判者的关键论证思路。

3."延伸"特定段落

我会在第一周课堂讨论后再次精读特定段落。在第一周课堂讨论中，同学们往往会针对特定段落进一步提出更深入的问题。这时，再次阅读案例就需要更细致、更发散。更细致是指，需要仔细阅读专家组和上诉机构句与句之间的逻辑，脚注往往也是第一次精读时容易遗漏的要点。更发散是指，专家组和上诉机构的分析往往与 WTO 其他案例有所联系，需要联系其他案例加深对本案例的了解。例如，DS 363 案中，同学们在第一次讨论中聚焦于 assumption *arguendo* 的概念与运用，在报告中也明确表示 US-Customs Bond Directive 案中也采取了此种论证思路。因此，在第一次讨论课下，我也会去阅读 US-Customs Bond Directive 案的相关段落，了解裁判者对于这种解释方法的态度变化。

（二）课中——案例讨论与资料检索

虽然我本科期间参加过案例讨论小班课，但案例讨论通常有固定的框架，助教会引导大家讨论作业中的特定问题。但在这门课中"讨论无边界"，完全由同学们就案例阅读中的问题展开讨论，杨老师只在适当的时候发挥主持和点评作用。

1. 坚持问题意识

老师在每次案例阅读之前都要求同学们就案例阅读提出问题，我觉得自己在前几周的提问题并没有抓住相关案例的争议焦点。个人认为一个比较高效的做法是在阅读之前简单看一下之前学长学姐的综述感想，对案例中的可能焦点有大致的认识。但是不要仅仅局限于往年讨论的问题，可以把往年的讨论记录作为一个启发点。课程开始时，我往往只会提出自己的观点或进行回应。但质疑意识其实是本课程尤其注重培养的能力，因此到后期，我和其他同学一样，开始对同学及老师的观点进行反驳，说明自己的理由。同时，也会有同学对专家组和上诉机构报告的思路进行质疑：为什么专家组在几个案件中对 GATT 1994 和中国《入世议定书》的关系采取了不同的论证思路？cogent reason 究竟有无实质性意义？为什么裁判者只侧重分析了《反倾销协定》？正是在不断讨论的过程中，大家加深了对案例与整个 WTO 争端解决机制运作的理解。

2. 跟上讨论思路

区别于普通课堂，讨论课是在与同学们的讨论交锋中不断深化自己对某一问题的理解，因此如何跟上讨论思路是课堂参与的重要环节。何一丹学姐曾经提出一个问题：在课堂上如何平衡记笔记与参与课堂讨论两个环节。对我个人而言，更倾向于将更多时间用于参与课堂讨论，只会记下讨论主题的关键词，简单描述整堂课的知识走向。

首先，梳理并分享自己的规定。在课堂上论述自己观点的过程也是重新梳理自己对特定问题的理解，同学和老师才能就你的理解或者疑惑进行回应与解答，自己能够更快地发现观点的不足。

同时，锻炼自己观点输出的能力。对于一个“社恐”属性的人来说，课堂讨论是锻炼输出自身观点的宝贵机会。就我自身课堂经验而言，跟着课堂节奏随时“打断”，提出疑惑与分享之后，往往就会对整节课有更为清晰的记忆。

3. 参与课堂检索

杨老师鼓励大家在同学们提出问题之后随时将自己对这一个问题的检索成果分享在课程群里，这一过程充分锻炼了我的检索能力。

第一，快速提炼检索主题。参与课堂检索就要求我仔细倾听同学们的观点分享，快速提炼其中的不足或者疑惑。

第二，搜集检索参考资料。在课堂检索的过程中，我发现了学习 WTO 案例的各种宝藏材料。例如，第一周有同学提出“DSU 是否将专家组程序作为磋商失败后的强制程序”。通过 WTO 官网对现有争端的总结不难发现，WTO 某些案例一直处于磋商阶段，这不仅从实证角度上解决了这一问题，即磋商程序可以一直进行，DSU 并无相关规定；也为我之后的学习提供了参考资料。在之后需要对多个案例的情况进行大致了解时，我都会略读 WTO 官网对上诉案例的总结。又如，也正是在课堂检索的过程中，我们发现了 WTO Analytical Index 是对特定法律规则的解释运用较为权威的参考资料。再如，在杨老师提供的参考资料包中有很多对于课堂讨论有启发性的资料，包括杨老师自己对课堂讨论所有案例写的总结，以及各方 submission 等。

（三）课中——WTO 发展动态

在课程进入中后期的时候，杨老师会在每节课之前在群里分享关于 WTO 发展动态的最新消息。在最开始的几周，我并不会很细致地阅读相关动态，因为觉得与本周的课堂内容并无直接关系，但是我逐渐发现这对我们了解整个 WTO 争端解决机制乃至 WTO 机构都有重要的意义。

例如，就美欧联合发表声明援引 DSU 第 25 条进行仲裁，同学们分享了不同的观点。有同学认为，联合声明的程序适用可以节省裁判时间。事实上虽然磋商期限从 DSU 第 4.7 条的 60 日缩短至 30 日，但原案已经完成了磋商程序进入了专家组程序，因此这并非联合声明的主要目的。我在课堂上提出，联合声明的程序适用是解决上诉机构停摆，争端“无处可解”的困境，但又能跳过上诉机构程序。随后，杨老师从经济政治以及争端解决机制运作三个层面分享了自己的看法。在这整个讨论过程中，我们不仅回顾了 DSU 的条文，也能感受到 WTO 体制的总体发展。

再如，在最后一堂课上，王晓臻同学作为主持人分享了她在 WTO 主题讲座了解的最新观点，大家就“WTO 裁决是否过于冗长”展开了讨论。贺韵锦同学认为或许是因为 WTO 裁决没有法定的先例制度，造成 WTO 裁决过于冗长，需要对类似问题重复说明裁决理由。刘凌堃同学指出，是否可以区分正式裁决与简要裁决，从而加快整体流程。事实上，WTO 争端解决机制尤其是其中的上诉机构效率较低是美国攻击指责、阻拦上诉机构遴选成员的主要原因之一，这也引起了 WTO 成员的反思。从 MPIA 的文本来看，其一大创新就是允许仲裁员行使建议权，并且通过时间限制、页数限制等方式提高上诉仲裁程序效率。

（四）课后——综述感想

在每两次课后，杨老师都会要求我们对这两周讨论的案例写下综述感想。此种总结意识也可以适用于我之后其他课程的学习。

1. 复盘课堂笔记

我认为较好的课程综述感想需要回应这两周课堂提出的所有重要问题，因此，我会在写综述感想之前回顾这两周的课程笔记，对案件的讨论思路有一个大致了解。但是，我认为对课程的总结并不应该是简单的课程实录，而是按照逻辑顺序梳理讨论内容，并对课堂未讨论的内容进行研究。例如，在稀土案与上诉机构案的综述感想中，我会先分析四份报告的总体思路，然后总结讨论重点：专家组的个别意见、GATT 1994 第 13 条和中国《入世议定书》第 11.3 条的联系、条约文本沉默的解释等。最后，我对课堂上未解决的问题进行了简单研究。此种“基本思路—重点问题—课后研究”的框架对于我之后进行课程总结大有裨益。

2. 适当参考同学作业

杨老师会要求大家将自己的作业分享到课程群当中，我认为课程群进行综述感想的一大利器。受限于课堂时间，同学们在课堂上分享自身观点与研究成果时往往不会进一步展开，但是在作业中他们往往会涵盖细致的思路与参考的资料。这一方面有助于我在进行综述时充分了解同学们的思路，对某一问题有更深刻的了解，同时也让我在其研究基础上进一步思考与回应。例如，在 DS 362 案中，我在第一周课后研究中并没有检索关于 prima facie 的内容，但是张文嘉同学和郝曼彤同学在第一周课后研究中都对 prima facie 以及 WTO 举证责任制度进行了研究。因此我在写课程综述之前，先读了张文嘉同学和郝曼彤同学的作业，对 prima facie 的概念有了基本的理解，再在此基础上进一步回忆课堂讨论并查阅相关资料。

（五）课程主持

在最后一周课上，王晓臻和我一起主持了一堂课堂讨论，从课堂参与者变成了主持者，让我又有了一些新的体验与感受。其中最重要的便是注重回应和启发。

我和晓臻在课后一起复盘主持经验时都提到了如何调动同学们的讨论氛围。我觉得这就需要主持人充分总结并回应同学们的观点。在之前的课堂上，仅仅作为课堂参与者时，我并没有十分注重回应同学们的观点，只是单纯地输出自身观点、记录他人观点。但是，在主持的课堂上，我发现回应与启发是推动课堂进行的重要方式。例如，杨老师、刘凌堃同学及贺韵锦同学最后都对条约解释说明了自己看法。在对于有效解释的标准上杨老师和刘凌堃同学提出了不同的观点。受限于知识储备，我在讨论“第一回合”结束的时候只是简单总结了双方各自的观点，但并未及时引导大家继续思考，没有维持好刚刚建立起的良好讨论氛围。但我后来发现，回应或许不是需要提出一个准确的答案，而只是需要一个大致的方向。例如，我对有效解释的了解有限，并不知道 WTO 案例中对于有效解释究竟采取过什么立场，但我可以在总结讨论结果之后，引导大家回忆我们之前涉猎的有效解释方法的案例，带领大家一起在课堂上加深对有效解释的理解。

三、课程建议

我认为可以适当扩展案例的选择。虽然本学期案例大致遵循了由浅入深的知识布局，但我觉得可以适当加入一些拓展性的参考阅读：将现有的课堂案例作为必读案例，同时不再局限中国为争端解决方，增加 WTO 案例中的某些经典案例，作为选读案例。

大多数同学是第一次接触 WTO 案例，对于 WTO 争端解决机制下的分析方式、解释方法等都不太熟悉，在几百个现有 WTO 案例中也难以挑选阅读。在本学期的课程学习中，可以发现有一些案例被反复提及。例如，US - Gambling 案，其中关于“GATS 第 XV 条（a）中的必要性”标准问题对我们学习 GATS 市场准入制度能够起到非常重要的启发作用。因此，尤其是在课堂前期，杨老师和助教可以在同学阅读某些案例之前，提示同学参考阅读 WTO 相关案例段落，能够对特定问题有更深刻全面的理解。

总而言之，“WTO 法律制度研究”带给我的不仅是知识的提升，更多是学习方式与体验的收获。感谢杨老师开设这样一门平等讨论、注重课堂参与的课程，也感谢同学们的积极参与，在观点的碰撞交锋中，我收获良多。

最后的最后，上诉机构停摆就一定标志着 WTO 争端解决机制的失败吗？或许在课程开始的时候我抱着较为悲观的态度，但随着对 WTO 争端解决机制了解的深入，我逐渐意识到 WTO 虽然存在某些难以调和的内在矛盾，但多数 WTO 成员都在积极推动争端解决机制的改革，这或许反映着 WTO 争端解决机制不久之后的新生。

附录三　课程大纲

“世界贸易组织法”系列课程[61]之“世界贸易组织法　中国案例研究”

世界贸易组织法　中国案例研究

1．课程特色

英文案例，小班研讨；注重培养国际视野、法律思维、主动学习和表达能力。

2．课程小贴士

①建立班级微信群；

②课前在微信群提交问题与感想；

③制作桌签，申请发言时立起桌签；

④案例讨论段落，建议打印成纸质版阅读；

⑤课堂注意倾听，积极发言，少做笔记；

⑥对其他同学发言的评论和回应，请发到微信群；

⑦等待发言时，请把发言要点发到微信群；发言结束后，请把发言概要发到微信群；

⑧每节课一般分为两个阶段：自由发言打开思路和集中讨论分析问题；

⑨课程后半学期由同学主持课堂讨论；

61　“世界贸易组织法”为系列课程：一、初级课程：“世界贸易组织法概论”。此课程旨在学习WTO法律框架和基本原则，适合本科生。二、中级课程：“世界贸易组织法　中国案例研究”。此课程旨在培养法律推理能力，适合高年级本科生和研究生。三、高级课程：“世界贸易组织法专题研究”。此课程旨在研究WTO的前沿问题，适合研究生。四、特色课程：“中国经济与法律制度”。此课程旨在学习中国的经济与法律制度，但是教学资料为WTO中国案例中的相关内容，适用于外国学生，也适用于本科生。

⑩每个专题（两节课）后撰写课程综述（包括讨论内容、课程感想和课后研究），并于下节课前分享到微信群；

⑪每个专题的课程综述及感想，请一位同学汇总并综述；

⑫课程结束后完成一篇论文，另外撰写一篇学期课程综述及感想；

⑬课程最后一节课为课程论文大纲展示（论文开题，抽签决定，同类合并，鼓励合作）；

⑭课程论文、综述及感想，请一位同学汇总并综述；

⑮学期所有论文、综述及感想，请一位同学汇总；

⑯邀请部分同学撰写课程攻略；

⑰课程考核包括课堂发言、专题综述和学期论文。

3. 课程说明

第一，这是一个全球化的时代，世界经济日趋融合，国际贸易蓬勃发展。世界贸易组织（World Trade Organization，WTO）为各国管理贸易的政策和法律，建立了一整套规则，包括最惠国待遇、国民待遇、降低关税、取消进出口数量限制、服务业市场开放、保护知识产权等。这些规则得到了普遍遵守，促进了世界经济和世界和平的发展。从规则建立和遵守的角度看，WTO 在国际关系的一个重要领域，即影响深远的国际贸易领域建立了一种“法治”（rule of law），是当代国际法的最新发展，并且为国际关系其他领域法治的构建提供了借鉴。

与此同时，WTO 以其完整的知识体系（货物贸易、服务贸易、知识产权、争端解决等一系列协议），丰富的争端实践（606 个案件，截至 2021 年 9 月 9 日）和中国的全面参与（加入 WTO 谈判和承诺、新回合谈判、贸易政策审议、争端解决等），为国际法教学提供了丰富的资料，并且在开拓国际视野和培养法律思维方面独具特色。

目前，WTO 在规则制订和解决争端方面遇到了很大的挑战；由于美国的阻挠，2019 年 12 月 10 日开始，上诉机构只剩下一名成员，已经不能受理案件。但是 WTO 所开创的多边贸易体制，必定具有永久活力，成为未来国际贸易关系的基本模式，而 WTO 案例在国际法（条约解释）方面具有独立价值，是法律思维训练的珍贵资料。

第二，WTO 的成功，很大程度上得益于其争端解决机制。这是一套具有强制管辖权和强制执行力的法律机制。在短短 20 多年时间里，WTO 处理了众多贸易纠纷，做出了 200 多份裁决，并且这些裁决都在 WTO 法律框架内得到了执行。

中国加入 WTO 20 余年来，积极使用这套机制解决与其他成员的贸易纠纷，已经有 69 起案件。这也是中国使用法律手段解决国际争端的先例。

第三，WTO 有丰富的案例。这些案例都有详尽的法律分析，专家组报告一般长达 400 页，而上诉机构报告一般长达 150 页。古今中外、国际国内的法院判决书，鲜有如此详尽者。

在这些分析中，我们看到了 WTO 协议和承诺运用过程中所体现的坚定的理念、独特的创造和严密的论证。坚定的理念，是坚守自由贸易的宗旨，要求所有限制贸易的行为必须符合严格的条件，并且以规则为基础，澄清成员的权利和义务。独特的创造，是在纷繁复杂的事实和众说纷纭的观点中，抓住重点，独辟蹊径，找到裁决案件的思路。严密的论证，是将“法律”适用于事实的过程，在准确理解“法律”的前提下，充分解释其适用于本案事实的原因，从而得出令人口服心服的结论。

这些分析的重大特色，是对“法律条文为何适用于本案事实”有详尽的论述。为了确定一个协议条款的含义，专家组和上诉机构往往会从词典查找其“通常含义”，从该条款的前后左右甚至其他协议对照“上下文”，从该条款所在协议的前言和整体明确“宗旨和目的”。在此过程中，常常会参照大量先例。这些先例为条款的理解提供了多样的思路。在初步确定了条款的含义后，专家组和上诉机构还会参考“补充资料”，例如协议谈判时的文件，以印证其理解的准确性。然后，他们会拿着“条款的含义”这个“放大镜”，仔细查看案件的事实，一点点确定两者是否相符。经过这样的法律论证、法律推理，读者会对“法律”及其“法律”适用于事实的过程有一个清晰的了解。

第四，本课程从上万页的中国案件裁决中，选取了相对独立的精彩段落，希望通过对这些案例的深入研讨，提高同学们的法律思维能力（案例选择也兼顾了 WTO 的知识体系，即 WTO 的三大领域：货物贸易、服务贸易和知识产权）。

法律思维是一种能力，是在复杂的社会现象中敏锐地抓住本质的能力。法律思维更体现了一种理念，是借用法律分析的方法展现法律背后的法治（以及公平和正义）的理念。法律思维的内涵，包括法律理解、事实归纳及法律适用。法律理解，是使用适当的方法，给法律一个合理的解释。事实归纳，是从复杂的事实中，发现关键的问题。法律适用，则是将法律适用于事实的过程，对“为什么这个法律适用于这个事实”进行充分论证。法律理解、事实归纳及法律适用，是法律思维的一个完整过程，体现在书面上，就是法律解释清晰、事实归纳准确及法律论证充分的法院判决书。在这些中国案件裁决中，我们就看到了这样的法律思维过程。

我们如此评价 WTO 裁决中的法律分析，并非表明这些法律分析是“唯一正确”的方法和答案，也并非表明我们完全同意这些法律分析的结论。事实上，法律的思维，应当是质疑和思辨的，而不是盲从盲信的。但是这些法律分析，为我们的法律学习和研究，提供了重要的思路和参照，并且在有些情况下，为我们提出更加高明的法律分析奠定了基础。

4. 课程方法

本课程每个专题为两次课。

上课采用讨论式，培养同学们的自主学习、相互学习、法律思维、批判思考和公开表达等能力。请同学们课前阅读相关资料，以便充分参与课堂讨论。

5. 课程考核

课程结束后，在规定时间内完成一篇论文。

课程考核分为三个部分：课堂讨论的表现，专题综述的质量，课程论文的水平。

一、WTO 概述

学习 WTO 的整体情况，特别是争端解决机制的运行情况，为案例研讨做准备。

（一）阅读资料

1. WTO 官方出版物

Understanding the WTO；*20 Years of the WTO*：*A Retrospective*

2. WTO 总干事咨询专家报告（2004）

The Future of the WTO：*Addressing Institutional Challenges in the New Millennium*, *Report by the Consultative Board to the Director General*, 2004.

3. EU WTO Reform Proposal

4. CRS：World Trade Organization：Overview and Future Direction

5. 杨国华文章

《WTO 的理念》

《中美贸易战与 WTO 文集》

（二）说明

1. WTO 官方出版物

（1）*Understanding the WTO*

共 112 页，分为 4 章，图文并茂，全面而生动地介绍了 WTO 的主要内容。

第一章　基础：何为世界贸易组织，贸易体制的原则，开放贸易的原因，GATT 岁月（从哈瓦那到马拉喀什），乌拉圭回合

第二章　协议：概述，关税（更加约束，近乎为零）；农业（对农户更加开放的市场），标准与安全，纺织品（回归主流），服务（关于增长与投资的规则），知识产权（保护与实施），反倾销、补贴、保障措施等，非关税壁垒（红头文件等），进口许可（让规则清晰），海关估价规则，装船前检验（对货物的进一步检查），原产地规则（何处制造），投资措施（减少贸易扰乱），诸边协议（少数成员的利益），贸易政策审议（确保透明度）

第三章　解决争端：独特的贡献，专家组程序，案例研究（实践中的时间表）

第四章　综合议题及新议题：区域主义（朋友还是敌人），环境（特别关注），投资、竞争、采购和更加简易的程序，电子商务，劳工标准（高度争议）

（2）20 *Years of the WTO*：*A Retrospective*

该文件图文并茂，介绍了 WTO 的成就。

2. WTO 总干事咨询专家报告（2004）

这份报告共 90 页，为 WTO 总干事约请 8 位著名专家撰写，内容涉及 WTO 现状评估，WTO 作为一个国际组织所面临的挑战以及 WTO 应该如何改革以应对这些挑战。本报告有利于比较深入地理解 WTO。

3. EU WTO Reform Proposal

该文件反映了 WTO 面临的挑战和改革基本思路。

4. CRS：World Trade Organization：Overview and Future Direction

在该文件中，美国国会研究局对 WTO 的概况和挑战进行了全面介绍。

5. 杨国华文章

文章介绍了 WTO 的主要内容，还着重介绍了争端解决程序。文章内容多为作者参与争端解决的亲身经历，为随后进行的案例讨论做了知识铺垫。中美贸易战对 WTO 产生了很大影响。

二、中国知识产权案（China—Intellectual Property Rights，DS 362）

China—Measures Affecting the Protection and Enforcement of Intellectual Property Rights

研究“中国知识产权案”中“刑事门槛”部分的法律分析

（一）阅读资料

1. 专家组报告中关于“刑事门槛”的部分（VII. C. Criminal Thresholds，第 82—134 页，第 7. 396—7. 682 段）

2. 杨国华文章

《四载精心筹备，一朝全盘皆输——知识产权案始末》

《四两拨千斤——知识产权案专家组裁决的思路》(见北大法律信息网“杨国华专栏”；杨国华编著：《WTO 中国案例评析》，知识产权出版社，2015 年 1 月)(电子版另发)

（二）说明

案件基本信息

起诉方：美国

专家组报告公布时间：2009 年 1 月 26 日

在本案中，中国刑事法律规定，假冒盗版达到 5 万元或 500 张光盘，才应承担刑事责任，而 WTO 的 TRIPS 第 61 条却要求对具备“commercial scale”的侵权给予刑事处罚。美国认为，“5 万元或 500 张”这一“刑事门槛”，不符合 WTO 的规定。但是专家组认为,“commercial” 和 “scale” 是两个词,不能说凡是 “commercial” 行为就是具备 “scale” 的行为,而 “scale”(规模)是一个相对概念,必须证明 “5 万元或 500 张” 所在的市场有多大,才能确定是否具备 “scale”。由于美国没有证明这一点,所以美国没有证明中国刑事法律的这一规定不符合 WTO 规则。本案专家组运用条约解释方法,创造性地解释了 “commercial scale”。本专题选择的 52 页专家组报告英文原文,对这个解释过程进行了全面的介绍,而两篇中文文章则为本案提供了一些背景资料。

三、中国出版物与音像制品案(China—Publications and Audiovisual Products, DS 363)

China—Measures Affecting Trading Rights and Distribution Services for Certain Publications and Audiovisual Entertainment Products

研究 “中国出版物与音像制品案” 中 “是否有权援用 GATT 1994 第 20 条” 部分的法律分析。

(一)阅读资料

1. 专家组和上诉机构报告中关于 “是否有权援用 GATT 1994 第 20 条” 的部分

专家组报告:VII. C. 2 China's defence based on the “right to regulate trade” and Article XX(a)of the GATT 1994,第 270—277 页,第 7. 707—7. 744 段

上诉机构报告:VI. China's Defence under Article XX(a)of the GATT 1994),第 91—104 页,第 205—233 段

2. 杨国华文章

《探路——出版物案专家组裁决的思路》

《技高一筹——出版物案上诉机构裁决的思路》

(二)说明

案件基本信息

起诉方:美国

专家组报告公布时间:2009 年 8 月 12 日;上诉机构报告公布时间:2009 年 12 月 21 日

本案涉及一个“复杂的法律问题”（“complex legal issue”，本案专家组语），即“中国是否可以直接援用 GATT 1994 第 20 条，以作为其背离《入世议定书》项下的贸易权承诺之抗辩”问题。根据美国的提议以及上诉机构先前的一些做法，专家组决定采取一种“回避”的策略，没有作出裁决。但上诉机构经审查后认为，中国的被诉措施虽然是关于贸易权承诺的，即只允许某些企业从事相关货物的进出口，但与中国对相关货物的管理，即对涉案货物的内容审查，是密切相关的；限制进出口商，是为了对相关货物进行内容审查，而 GATT 1994 恰恰关于货物贸易，因此中国有权援引 GATT 1994 第 20 条进行抗辩。本专题选择了 20 页专家组和上诉机构报告英文原文，对这个问题进行了全面介绍，而两篇中文文章则为本案提供了一些背景资料。

四、中国原材料案（China—Raw Materials，DS 394/395/398）和中国稀土案（China—Rare Earths，DS 431/432/433）

China—Measures Related to the Exportation of Various Raw Materials

China—Measures Related to the Exportation of Rare Earths, Tungsten and Molybdenum

研究“中国原材料案”和“中国稀土案”中“是否有权援用 GATT 1994 第 20 条”部分的法律分析。

（一）阅读资料

1. 专家组和上诉机构报告

（1）中国原材料案专家组和上诉机构报告中关于“是否有权援用 GATT 1994 第 20 条”的部分

专家组报告：VII. B. 5（a）Whether Article XX of the GATT 1994 is available as a defence to a claim under Paragraph 11. 3 of China's Accession Protocol，第 50—59 页，第 7. 110—7. 160 段

上诉机构报告：VI. Applicability of Article XX，第 109—124 页，第 270—307 段

（2）中国稀土案专家组和上诉机构报告中关于“是否有权援用 GATT 1994 第 20 条”的部分

专家组报告：7. 3. 2 China's Defence under Article XX（b）of the GATT

1994，第47—71页，第7.49—7.133段

上诉机构报告：5.1.3 Interpretation of Article XII：1 of the Marrakesh Agreement and Paragraph 1.2 of China's Accession Protocol，第92—109页，第5.18—5.74段

2. 杨国华文章

《规则——中国原材料出口案专家组裁决的思路》

《条约解释的局限性——以“原材料案”为例》《专家组的难题——中国稀土案专家组裁决的思路》《上诉机构的定论——中国稀土案上诉机构裁决的思路》

（二）说明

案件基本信息

1. 中国原材料案

起诉方：美国、欧盟、墨西哥

专家组报告公布时间：2011年7月5日；上诉机构报告公布时间：2012年1月30日

2. 中国稀土案

起诉方：美国、欧盟、日本

专家组报告公布时间：2014年3月26日；上诉机构报告公布时间：2014年8月7日

中国原材料案涉及一个重要的法律问题，即中国的出口税承诺是否可以援引GATT 1994第20条进行抗辩的问题。专家组按照VCLT的条约解释方法，对中国《入世议定书》、报告书和WTO协议的相关条款进行了分析。专家组认为，WTO有众多协议，但并不存在一项适用于所有协议的例外条款（general umbrella exception），而是每个协议都有自己的例外条款；GATT 1994第20条规定了WTO成员在若干情况下可以背离义务，但这个例外条款仅适用于GATT 1994中的义务；要想第20条适用于议定书中的义务，就必须在议定书中做出规定。因此，鉴于议定书中没有这样的规定，专家组认为出口税承诺不能援引GATT 1994第20条。上诉机构支持了专家组的结论。

在中国稀土案中，面对同样的法律问题，专家组对中国提出的“新理由”，即议定书条款与GATT 1994之间的体制性关系问题进行了审查，最终得

出了同样的结论。上诉机构支持了专家组的结论。本专题选择了两个案件四份报告共 80 页英文原文，对这个问题进行了全面介绍，而四篇中文文章则为本案提供了一些背景资料。

五、美国反倾销和反补贴案（US—Anti-Dumping and Countervailing Duties，DS 379）和美国反补贴和反倾销案（US—Countervailing and Anti-Dumping Measures，DS 449）

United States—Definitive Anti-Dumping and Countervailing Duties on Certain Products from China

United States—Countervailing and Anti-dumping Measures on Certain Products from China

研究"美国反倾销和反补贴案"以及"美国反补贴和反倾销案"中双重救济部分的法律分析。

（一）阅读资料

1. 专家组和上诉机构报告

（1）DS 379 案专家组和上诉机构报告中关于双重救济的部分

专家组报告：XIV. China's claims pertaining to "Double remedies"，第 206—208 页，第 14. 1—14. 6 段；第 220—245 页，第 14. 46—14. 130 段

上诉机构报告：VII. Articles 10，19. 3，19. 4，and 32. 1 of the SCM Agreement and Article VI：3 of the GATT 1994："Double Remedies"，第 199—219 页，第 538—591 段

（2）DS 449 案专家组报告中关于双重救济的部分

7. 7 "Double Remedies"：Articles 19. 3，10 and 32. 1 of the SCM Agreement，第 98—114 页，第 7. 298—7. 352 段

2. 杨国华文章

《认定——美国反倾销和反补贴案专家组裁决的思路》

《纠偏——美国反倾销和反补贴案上诉机构裁决的思路》

《WTO 上诉机构的条约解释——以"双重救济案"为例》

《专家组的易事——"美国反补贴和反倾销案"（DS 449）专家组裁决的思路》

（二）说明

案件基本信息

1. DS 379 案

起诉方：中国

专家组报告公布时间：2010 年 10 月 22 日；上诉机构报告公布时间：2011 年 3 月 11 日

2. DS 449 案

起诉方：中国

专家组报告公布时间：2014 年 3 月 27 日；上诉机构报告公布时间：2014 年 7 月 7 日

在 DS 379 案中，专家组认为，双重救济是可能出现的，但是中美双方援用的《反补贴协定》第 19 条第 4 款和第 19 条第 3 款适用的对象是反补贴税，而不是反倾销税；进口国只要按照反补贴调查程序认定了补贴的存在并且按照补贴数额征收，就没有违反《补贴与反补贴措施协定》，而没有必要考虑该项补贴是否已经被别的措施抵消的问题。也就是说，反补贴是反补贴，反倾销是反倾销；在反补贴的时候考虑反倾销的问题，于法无据。然而，上诉机构抓住了问题的关键，对第 19 条第 3 款进行了详尽的解释。上诉机构认为，该款“适当数额”（appropriate amount）中的“适当”一词，是一个相对概念，是相对于补贴所造成的损害而言的；如果损害不复存在，那么就不能说反补贴税的数额是适当的。也就是说，如果不考虑针对相同产品、抵消相同补贴的反倾销税，反补贴税数额的适当性便无法确定。反补贴税代表了全部补贴数额，而反倾销税至少在一定程度上是根据相同的补贴计算的，并且同时征收以消除对国内产业的相同损害，在这种情况下，反补贴税的数额就不可能是“适当的”。按照非市场经济方法计算出来的倾销幅度，有可能包括了一些属于补贴的组成部分。上诉机构认定：双重救济，即同时征收反补贴税和按照非市场经济方法计算出来的反倾销税，两次抵消相同的补贴，不符合第 19 条第 3 款。

在 DS 449 案中，专家组经过对美国所提出的“新理由”与前案的比对审查，认为这些“新理由”已经在前案中提出，并非什么“新理由”，因此也认定没有令人信服的理由以背离上诉机构在前案中的裁决。

本专题选择了两个案件三份报告共55页英文原文，对这个问题进行了全面介绍，而四篇中文文章则为本案提供了一些背景资料。

六、中国电子支付服务案（China—Electronic Payment Services，DS 413）

China—Certain Measures Affecting Electronic Payment Services

研究“中国电子支付服务案”中“中国承诺是否包括电子支付服务”部分的法律分析。

（一）阅读资料

1. 专家组报告中有关中国承诺是否包括电子支付服务的部分

VII. D. China's Specific Commitments Concerning the Service at Issue，第28—61页，第7.63—7.207段

2. 杨国华文章

《详解——中国电子支付服务案专家组裁决的思路》

（二）说明

案件基本信息

起诉方：美国

专家组报告公布时间：2012年7月16日

本案的一个争议焦点，是涉案措施电子支付服务（Electronic Payment Service，EPS）是否属于中国所承诺的“金融服务，B. 银行及其他金融服务（d）all payment and money transmission services”。这是个归类（classification）问题，即能否将EPS归为（d）。专家组运用条约解释的方法，对（d）进行了全面的分析。在“通常含义”方面，专家组查找词典和行业惯例，分析了“payment”“money”“transmission”等词的含义，以及这些词的组合“payment and money transmission services”的含义，甚至“all”的含义。在“上下文”方面，专家组分析了（d）中“including”后面的内容；分析了减让表中的其他内容；并且特别分析了中国所提出的GATS“关于金融服务的附件”中的相关内容。专家组甚至分析了GATS的结构和对比了其他成员的减让表。最后，专家组还从“宗旨与目的”的角度进行了简要分析。专家组认定，（d）包括

EPS。也就是说，中国对EPS作出了承诺。专家组报告的篇幅虽然只有32页，但是论证过程比较复杂。中文文章为本案提供了一些背景资料。

七、中国汽车零部件案（China—Auto Parts，DS 339/340/342）

China—Measures Affecting Imports of Automobile Parts

研究“中国汽车零部件案”中“国内税的认定”部分的法律分析。

（一）阅读资料

1. 专家组和上诉机构报告中有关“国内税”的认定部分

专家组报告：VII. B. Article III of the GATT 1994，第171—206页，第7.102—7.213段

上诉机构报告：V. Characterization of the Charge Imposed under the Measures at Issue，第59—79页，第127—181段

2. 杨国华文章

《是非——汽车零部件案专家组裁决的思路》

（二）说明

案件基本信息

起诉方：欧盟、美国、加拿大

专家组报告公布时间：2008年7月18日

本案涉及一个有趣的问题，即向海关上交的费用，也可以属于“国内费用”。本案中，根据涉案的中国措施所规定的具体标准，如果中国汽车生产中使用的进口汽车零部件具备“整车特征”，则需对这些进口零部件征收25%的关税，而高于适用于汽车零部件的平均关税率10%。起诉方认为，以上措施违反了GATT 1994第3条所规定的国民待遇原则。专家组的理解是：这种费用实际上属于GATT 1994第3条第2款所指的“国内费用”（internal charges），而不是GATT 1994第2条第1款（b）项所指的是“普通关税”（ordinary customs duties）。由于对国内产品不征收这笔费用，因此专门针对进口产品的费用就违反了国民待遇原则。专家组的论证用了30页篇幅，涉及内容非常广泛。上诉机构支持了专家组的结论。中文文章为本案提供了一些背景资料。

八、美国禽肉案（US—Poultry，DS 392）

United States—Certain Measures Affecting Imports of Poultry from China

研究“美国禽肉案”中“第727节是否为SPS措施”部分的法律分析。

（一）阅读资料

1. 专家组报告中关于第727节是否为SPS措施的部分

C. Whether SECTION 727 IS AN SPS MEASURE WITHIN THE SCOPE OF THE SPS AGREEMENT，第102—112页，第7.70—7.124段

2. 杨国华文章

《解扣——美国禽肉进口案专家组裁决的思路》

（二）说明

案件基本信息

起诉方：中国

专家组报告公布时间：2010年9月29日

2009年美国《农业，农村发展，食品与药品管理，以及相关机构拨款法案》第727节规定：“本法案所列任何资金，不得用于建立或实施允许中国禽肉产品进口到美国之规则。”这条规定是专门针对中国的，而法案对其他国家并没有类似规定。这条规定限制了美国农业部及其下属的食品安全检疫局使用资金，从事与进口中国禽肉相关的工作，进而影响了中国鸡肉等禽肉产品输美。这是明显的歧视性规定。本案中，专家组认为，从表面上看，第727节仅仅是一项行政部门的拨款措施，但事实上属于《实施卫生与植物卫生措施协定》《SPS协定》所界定的“卫生与植物卫生措施”（SPS措施），而采取SPS措施，是必须具备一定条件的，例如要进行“风险评估”，要有“科学证据”。第727节作为拨款法案中的一项规定，在其制订过程中，从来没有提到过要符合《SPS协定》中的这些条件。这样，第727节就是不符合《SPS协定》的。本主题所选择10页英文原文，是专家组如何经过论证，将一项拨款法案界定为“卫生和植物卫生措施”。中文文章为本案提供了一些背景资料。

九、美国反补贴和反倾销案（US—Countervailing and Anti-Dumping Measures，DS 449）

United States—Countervailing and Anti-dumping Measures on Certain Products from China

研究“美国反补贴和反倾销案”中“美国追溯性立法是否违反 WTO 透明度规定”部分的法律分析。

（一）阅读资料

1. 专家组和上诉机构报告中关于美国追溯性立法是否违反 WTO 透明度规定的分析

专家组报告：Whether Section 1 effects an advance in a rate of duty or other charge on imports under an established and uniform practice，第 55—71 页，第 7.141—7.191 段

上诉机构报告：4.2 Article X：2 of the GATT 1994，第 55—69 页，第 4.53—4.118 段

2. 杨国华文章

《困惑——“美国反补贴和反倾销案”（DS 449）专家组裁决的思路》

《水中望月——“美国反补贴和反倾销案”（DS 449）上诉机构裁决的思路》

（二）说明

案件基本信息

起诉方：中国

专家组报告公布时间：2014 年 3 月 27 日；上诉机构报告公布时间：2014 年 7 月 7 日

2012 年 3 月 13 日，美国国会通过一项法律（PL 112-99），规定反补贴税可以适用于来自非市场经济国家的产品，并且适用于 2006 年 11 月 20 日之后所启动的所有调查。中国将该法律诉诸 WTO 争端解决机制。在这个案件中，中国认为 PL 112-99 违反了 GATT 1994 第 10 条（“贸易法规的公布与管理”）中的若干规定。其中，在该法律是否属于 GATT 1994 第 10 条第 2 款的“effecting an advance in a rate of duty or other charge on imports under an established and uniform practice”问题上，中美双方展开了激烈的辩论。专家组认定，在2006年11月至2012年3月之间，美国商务部存在一项确定、统一的做法。按照这样的理解，新法就没有产生提高税率的效果，因为新法只是维持了已经存在的相同税率。因此，上诉阶段的争论，主要集中在税率是否得到提高的“比较基准”(baseline of comparison）上。也就是说，应该用哪两个时间段进行对比，以确定税率是否得到了提高。上诉机构认为，专家组将美国商务部的做法作为比较基准是错误的；正确的方法是，专家组应该明确原有法律的含义，以确定现有法律是否提高了税率等；也就是说，正确的比较基准是原有法律。本专题选择两份报告共30页英文原文，全面展现了专家组和上诉机构的论证过程。中文文章为本案提供了一些背景资料。

十、参考资料

（一）WTO法律文本

《世界贸易组织乌拉圭回合多边贸易谈判结果法律文本》(中英文)(The Legal Texts: The Results of the Uruguay Round of Multilateral Trade Negotiations) [M]. 北京：法律出版社，2000.

电子版：WTO legal texts, http://www.wto.org/english/docs_e/legal_e/legal_e.htm.

（二）中国加入WTO法律文本

《中国加入世界贸易组织法律文件》(中英文)(Compilation of the Legal Instruments on China's Accession to the World Trade Organization) [M]. 北京：法律出版社，2002.

电子版：中国加入世界贸易组织法律文件（WT/L/432, WT/ACC/CHN/49)(中英文) [EB/OL]. http://www.law-lib.com/zdtj/wto/flwj/.

（三）WTO法律文本详解

1. WTO Analytical Index—Guide to WTO Law and Practice [EB/OL]. https://www.wto.org/english/res_e/publications_e/ai17_e/ai17_e.htm.

2. WTO Appellate Body Repertory of Reports and Awards [EB/OL]. https://www.wto.org/english/tratop_e/dispu_e/repertory_e/repertory_e.htm.

（四）条约解释

1. Principles and Concepts of General International Law Related to Dispute Settlement [EB/OL]. https://www.wto.org/english/res_e/booksp_e/analytic_index_e/dsu_10_e.htm#princsdis.

2. Principles and Concepts of General Public International Law [EB/OL]. https://www.wto.org/english/tratop_e/dispu_e/repertory_e/p3_e.htm.

3. Vienna Convention on the Law of Treaties (1969) (VCLT) [EB/OL]. https://www.wto.org/english/tratop_e/dispu_e/repertory_e/index_article_e.htm#index25.

4. Isabelle Van Damme, Treaty Interpretation by the WTO Appellate Body [M]. New York: Oxford University Press, 2009.

（五）WTO 争端解决机制概况及案例库

电子版：http://www.wto.org/english/tratop_e/dispu_e/dispu_e.htm.

（六）中国参与 WTO 相关信息

1. 中华人民共和国商务部：http://www.mofcom.gov.cn/.
2. 商务部世界贸易组织司：http://sms.mofcom.gov.cn/.
3. 商务部条约法律司：http://tfs.mofcom.gov.cn/.

（七）其他资料

1. WTO 官方网站：www.wto.org.

2. 杨国华. 我们在 WTO 打官司：参加 WTO 听证会随笔集 [M]. 北京：知识产权出版社，2015.

3. 杨国华. 我与 WTO：法律人的视角 [M]. 北京：知识产权出版社，2016.

4. 杨国华. WTO 中国案例评析 [M]. 北京：知识产权出版社，2015.

十一、中国参与 WTO 案件统计

中国参与 WTO 案件统计

（2021 年 9 月 9 日）

起诉方 22 起案件（美 16 起，欧 5 起，澳 1 起）

1. DS 252 US-Steel Safeguards（钢铁保障措施）

United States-Definitive Safeguard Measures on Imports of Certain Steel Products

WTO 收到磋商请求：26 March 2002

专家组裁决公布：11 July 2003；上诉机构裁决公布：10 November 2003

2. DS 368 United States-Preliminary Anti-Dumping and Countervailing Duty Determinations on Coated Free Sheet Paper from China（铜版纸反倾销）

WTO 收到磋商请求：14 September 2007

3. DS 379 US-Anti-Dumping and Countervailing Duties（China）（反倾销和反补贴）

United States-Definitive Anti-Dumping and Countervailing Duties on Certain Products from China

WTO 收到磋商请求：19 September 2008

专家组裁决公布：22 October；2010 上诉机构裁决公布：11 March 2011

4. DS 392 US-Poultry（禽肉）

United States-Certain Measures Affecting Imports of Poultry from China

WTO 收到磋商请求：17 April 2009

专家组裁决公布：29 September 2010

5. DS 397 EC-Fasteners（China）（紧固件）

European Communities-Definitive Anti-Dumping Measures on Certain Iron or Steel Fasteners from China

WTO 收到磋商请求：31 July 2009

专家组裁决公布：3 December 2010；上诉机构裁决公布：15 July 2011

（2013 年 10 月 30 日，中国就执行问题提起磋商，启动 DSU 第 21 条第 5

款的执行程序；专家组裁决公布 7 August 2015，上诉机构裁决公布 18 January 2016）

6. DS 399 US-Tyres（China）（轮胎）

United States - Measures Affecting Imports of Certain Passenger Vehicle and Light Truck Tyres from China

WTO 收到磋商请求：14 September 2009

专家组裁决公布：13 December 2010；上诉机构裁决公布：5 September 2011

7. DS 405 EU-Footwear（China）（鞋）

European Union-Anti-Dumping Measures on Certain Footwear from China

WTO 收到磋商请求：4 February 2010

专家组裁决公布：28 October 2011

8. DS 422 US-Shrimp and Sawblades（虾和锯片）

United States - Anti - Dumping Measures on Certain Frozen Warmwater Shrimp from China

WTO 收到磋商请求：28 February 2011

专家组裁决公布：8 June 2012

9. DS 437 US-Countervailing Measures（China）（反补贴）

United States-Countervailing Duty Measures on Certain Products from China

WTO 收到磋商请求：25 May 2012

专家组裁决公布：14 July 2014 上诉机构裁决公布：18 December 2014

（2016 年 5 月 13 日，中国就执行问题提起磋商，启动 DSU 第 21 条第 5 款的执行程序；专家组裁决公布 21 March 2018，上诉机构裁决公布 16 July 2019）

10. DS 449 US-Countervailing and Anti-Dumping Measures（China）（反补贴和反倾销）

United States-Countervailing and Anti-dumping Measures on Certain Products from China

WTO 收到磋商请求：17 September 2012

专家组裁决公布：27 Mar 2014；上诉机构裁决公布：7 July 2014

11. DS 452 European Union and certain Member States-Certain Measures Affecting the Renewable Energy Generation Sector（欧盟光伏补贴案）

WTO 收到磋商请求：5 November 2012

12. DS 471 US–Anti–Dumping Methodologies（China）（反倾销方法）

United States regarding the use of certain methodologies in anti–dumping investigations involving Chinese products

WTO 收到磋商请求：3 December 2013

专家组裁决公布：19 October 2016；上诉机构裁决公布：11 May 2017

13. DS 492 EU–Poultry Meat（China）（禽肉）

European Union – Measures Affecting Tariff Concessions on Certain Poultry Meat Products

WTO 收到磋商请求：8 April 2015

专家组裁决公布：28 March 2017；双方达成协议：30 May 2019

14. DS 515 United States–Measures Related to Price Comparison Methodologies（价格比较方法）

WTO 收到磋商请求：12 December 2016

15. DS 516 EU–Price Comparison Methodologies（价格比较方法）

European Union–Measures Related to Price Comparison Methodologies

WTO 收到磋商请求：12 December 2016

专家组停止工作（专家组裁决没有公开）：15 June 2020

16. DS 543 United States–Tariff Measures（关税措施）

United States–Tariff Measures on Certain Goods from China

WTO 收到磋商请求：4 April 2018

专家组裁决公布：15 September 2020；美国上诉：26 October 2020

17. DS 544 United States–Steel and Aluminium Products（钢铁和铝产品）

United States–Certain Measures on Steel and Aluminium Products

WTO 收到磋商请求：5 April 2018

专家组组成：25 January 2019

18. DS 562 United States–Safeguard Measure on PV Products（光伏产品保障措施）

United States–Safeguard Measure on Imports of Crystalline Silicon Photovoltaic Products

WTO 收到磋商请求：14 August 2018

专家组裁决公布：2 September 2021

19. DS 563 United States-Certain Measures Related to Renewable Energy（可再生能源）

WTO 收到磋商请求：14 August 2018

20. DS 565 United States-Tariff Measures on Certain Goods from China II（关税措施之二）

WTO 收到磋商请求：23 August 2018

专家组请求：18 October 2018

21. DS 587 United States-Tariff measures on certain goods from China III（关税措施之三）

WTO 收到磋商请求：2 September 2019

22. DS 603 Australia—AD/CVD on Certain Products（China）（反倾销和反补贴措施）

WTO 收到磋商请求：24 June 2021

被诉方：47 起案件（按措施统计为 33 个案件，美 23 起）

1. DS 309 China-Value-Added Tax on Integrated Circuits（集成电路增值税）

起诉方：United States

WTO 收到磋商请求：18 March 2004

磋商达成协议通报：6 October 2005

2. DS 339/340/342 China-Auto Parts（汽车零部件）

China-Measures Affecting Imports of Automobile Parts

起诉方：European Communities，United States，Canada

WTO 收到磋商请求：30 March 2006（EC and United States），13 April 2006（Canada）

专家组裁决公布：18 July 2008；上诉机构裁决公布：15 December 2008

3. DS 358/359 China-Taxes（税收补贴）

China-Certain Measures Granting Refunds，Reductions or Exemptions from Taxes and Other Payments

起诉方：United States，Mexico

WTO 收到磋商请求：2 February 2007（United States），26 February 2007

(Mexico)

磋商达成协议通报：19 December 2007 (United States), 7 February 2008 (Mexico)

4. DS 362 China–Intellectual Property Rights（知识产权）

China–Measures Affecting the Protection and Enforcement of Intellectual Property Rights

起诉方：United States

WTO 收到磋商请求：10 April 2007

专家组裁决公布：26 January 2009

5. DS 363 China–Publications and Audiovisual Products（出版物和音像制品）

China–Measures Affecting Trading Rights and Distribution Services for Certain Publications and Audiovisual Entertainment Products

起诉方：United States

WTO 收到磋商请求：10 April 2007

专家组裁决公布：12 August 2009；上诉机构裁决公布：21 December 2009

6. DS 372/373/378 China–Measures Affecting Financial Information Services and Foreign Financial Information Suppliers（金融信息服务）

起诉方：European Communities, Canada, United States

WTO 收到磋商请求：3 March 2008 (European Communities and United States), 3 March 2008 (Canada)

磋商达成协议通报：4 December 2008

7. DS 387/388/390 China–Grants, Loans and Other Incentives（名牌产品补贴）

起诉方：United States, Mexico, Guatemala

WTO 收到磋商请求：19 December 2008

磋商达成协议通报：18 December 2009

8. DS 394/395/398 China–Raw Materials（原材料）

China–Measures Related to the Exportation of Various Raw Materials

起诉方：United States, European Communities, Mexico

WTO 收到磋商请求：3 June 2009 (United States and European Communities) 21 August 2009 (Mexico)

专家组裁决公布：5 July 2011；上诉机构裁决公布：30 January 2012

9. DS 407 China-Provisional Anti-dumping Duties on Certain Iron and Steel Fasteners from the European Union（紧固件）

起诉方：European Union

WTO 收到磋商请求：07 May 2010

10. DS 413 China-Electronic Payment Services（电子支付服务）

China-Certain Measures Affecting Electronic Payment Services

起诉方：United States of America

WTO 收到磋商请求：15 September 2010

专家组裁决公布：16 July 2012

11. DS 414 China-GOES（取向电工钢）

China-Countervailing and Anti-Dumping Duties on Grain Oriented Flat-rolled Electrical Steel from the United States

起诉方：United States of America

WTO 收到磋商请求：15 September 2010

专家组裁决公布：15 June 2011；上诉机构裁决公布 18 October 2012

（2013 年 5 月 3 日，关于合理执行期的仲裁裁决公布；2014 年 1 月 13 日，美国就执行问题提起磋商，启动 DSU 第 21 条第 5 款的执行程序；专家组裁决公布 31 July 2015）

12. DS 419（风能设备措施）

China-Measures concerning wind power equipment

起诉方：United States of America

WTO 收到磋商请求：22 December 2010

2011 年 2 月 16 日举行磋商。相关措施已经撤销。

13. DS 425 China-X-Ray Equipment（X 射线设备）

China-Definitive Anti-Dumping Duties on X-Ray Security Inspection Equipment from the European Union

起诉方：European Union

WTO 收到磋商请求：25 July 2011

专家组裁决公布：26 February 2013

14. DS 427 China-Broiler Products（白羽肉鸡）

China-Definitive Anti-dumping and Countervailing duties on Broiler Products from the US

起诉方：United States

WTO 收到磋商请求：20 September 2011

专家组裁决公布：2 August 2013

15. DS 431/432/433 China-Rare Earths（稀土）

China-Measures Related to the Exportation of Rare Earths, Tungsten and Molybdenum

起诉方：United States, European Union, Japan

WTO 收到磋商请求：13 March 2012

专家组裁决公布：26 March 2014；上诉机构裁决公布：7 August 2014

16. DS 440 China-Autos（US）（汽车）

China-Countervailing and Anti-Dumping Duties on Certain Automobiles from the United States

起诉方：United States

WTO 收到磋商请求：5 July 2012

专家组裁决公布：23 May 2014

17. DS 450 China-Certain Measures Affecting the Automobile and Automobile-Parts Industries（汽车和零部件产业补贴）

起诉方：United States

WTO 收到磋商请求：17 September 2012

18. DS 451 China-Measures Supporting the Productions and Exportation of Apparel and Textile Products（纺织品和服装补贴）

起诉方：Mexico

WTO 收到磋商请求：15 October 2012

19. DS 454/460 China-HP-SSST（EU）（无缝钢管）

China-Definitive Anti-Dumping Duties on High-performance Stainless Steel Steemless Tubes from Japan

起诉方：Japan, European Union

WTO 收到磋商请求：20 December 2012（Japan）, 13 June 2013（European Union）

专家组裁决公布：14 February 2015；上诉机构裁决公布：14 October 2015

20. DS 483 China-Anti-Dumping Measures on Imports of Cellulose Pulp from Canada（浆粕进口）

起诉方：Canada

WTO 收到磋商请求：15 October 2014

21. DS 489 China-Demonstration Bases（示范基地）

China-Measures Related to Demonstration Bases and common Service Platforms Programmes

起诉方：United States

WTO 收到磋商请求：11 February 2015

专家组设立：22 April 2015

2016 年 4 月 14 日，达成谅解。

22. DS 501 China-Tax Measures Concerning Certain Domestically Produced Aircraft（国产飞机）

起诉方：United States

WTO 收到磋商请求：8 December 2015

23. DS 508/509 China-Raw Materials II（原材料之二）

China-Duties and other Mearures concerning the Exportation of Certain Raw Materials

起诉方：United States，European Union

WTO 收到磋商请求：13 July 2016（United States），19 July 2016（European Union）

专家组设立，8 November 2016；23 November 2016

24. DS 511 China-Agricultural Producers（农业生产者）

China-Domestic Support for Agricultural Producers

起诉方：United States

WTO 收到磋商请求：13 September 2016

专家组裁决公布：28 February 2019

25. DS 517 China-Tariff Rate Quotas for Certain Agricultural Products（农产品关税配额）

起诉方：United States

WTO 收到磋商请求：15 December 2016

专家组裁决公布：18 April 2019

26. DS 519 China-Subsidies to Producers of Primary Aluminium［原铝（电解铝）补贴］

起诉方：United States

WTO 收到磋商请求：12 January 2017

27. DS 542 China-Intellectual Property Rights II（知识产权之二）

China-Certain Measures Concerning the Protection of Intellectual Properties

起诉方：United States

WTO 收到磋商请求：23 March 2018

专家组组成：16 January 2019；专家组停止工作（措施取消）：8 June 2020

28. DS 549 China-Certain Measures on the Transfer of Technology（技术转让措施）

起诉方：European Union

WTO 收到磋商请求：1 June 2018

29. DS 558 China-Additional Duties（加征关税）

China-Additional Duties on Certain Products from the United States

起诉方：United States

WTO 收到磋商请求：16 July 2018

专家组组成：25 January 2019

30. DS 568 China-Certain Measures Concerning Imports of Sugar（食糖）

起诉方：Brazil

WTO 收到磋商请求：16 October 2018

31. DS 589 China-Measures Concerning the Importation of Canola Seed from Canada（油菜籽）

起诉方：Canada

WTO 收到磋商请求：9 September 2019

32. DS 601 China—AD on Stainless Steel（Japan）（不锈钢）

WTO 收到磋商请求：11 June 2021

33. DS 602 China—AD/CVD on Wine（Australia）（葡萄酒反倾销和反补贴）

WTO 收到磋商请求：22 June 2021

附录四　选课学生名单

学生姓名	年级	学生姓名	年级
范熙唯	2020 级	黄睿旸	2021 级
龚　正	2020 级	梁凯丰	2021 级
何一丹	2020 级	沈子尧	2021 级
刘凌堃	2020 级	王晓臻	2021 级
蒲　毅	2020 级	席幕天	2021 级
赵悦旭	2020 级	岳芳好	2021 级
郝曼彤	2021 级	张文嘉	2021 级
贺韵锦	2021 级	张心颜	2021 级
滑迎春	2021 级		